国家社科基金后期资助项目

楚简新出字研究

A Study on the New characters of Chu Bamboo Slips

蒋德平 著

商务印书馆

2019年·北京

图书在版编目(CIP)数据

楚简新出字研究/蒋德平著.—北京:商务印书馆,2019
ISBN 978-7-100-16877-9

Ⅰ.①楚… Ⅱ.①蒋… Ⅲ.①竹简文—研究—中国—楚国(?-前223) Ⅳ.①K877.54

中国版本图书馆 CIP 数据核字(2018)第 281536 号

权利保留,侵权必究。

楚简新出字研究
蒋德平 著

商 务 印 书 馆 出 版
(北京王府井大街36号 邮政编码100710)
商 务 印 书 馆 发 行
北 京 冠 中 印 刷 厂 印 刷
ISBN 978-7-100-16877-9

2019年2月第1版　　开本787×1092 1/16
2019年2月北京第1次印刷　印张47½
定价:138.00元

国家社科基金后期资助项目
出版说明

　　后期资助项目是国家社科基金设立的一类重要项目,旨在鼓励广大社科研究者潜心治学,支持基础研究多出优秀成果。它是经过严格评审,从接近完成的科研成果中遴选立项的。为扩大后期资助项目的影响,更好地推动学术发展,促进成果转化,全国哲学社会科学工作办公室按照"统一设计、统一标识、统一版式、形成系列"的总体要求,组织出版国家社科基金后期资助项目成果。

全国哲学社会科学工作办公室

目　　录

序（刘志基） ………………………………………………………………………… 1

绪　论 ………………………………………………………………………………… 5

第一章　楚简新出字与《说文解字》 …………………………………………… 17
第一节　楚简新出字与《说文》中的正篆（一） ……………………………… 17
第二节　楚简新出字与《说文》中的正篆（二） ……………………………… 36
第三节　楚简新出字与《说文》中的古文 ……………………………………… 57
第四节　楚简新出字与《说文》中的籀文 ……………………………………… 102
第五节　楚简新出字与《说文》中的或体 ……………………………………… 111
第六节　楚简新出字与《说文》中的新附字 …………………………………… 129

第二章　楚简新出字与《说文》之外的其他字韵书 …………………………… 142
第一节　楚简新出字与《广雅》 ………………………………………………… 143
第二节　楚简新出字与今本《玉篇》中的增收字（一） ……………………… 156
第三节　楚简新出字与今本《玉篇》中的增收字（二） ……………………… 179
第四节　从楚简新出字看《龙龛手镜》增收字的构成 ………………………… 187
第五节　从楚简新出字看《广韵》的文字学价值 ……………………………… 209
第六节　楚简新出字与《集韵》中的增收字 …………………………………… 229

第三章　后世失传的楚简新出字研究 …………………………………………… 257
第一节　从后世失传的楚简新出字看秦始皇的"书同文" …………………… 257
第二节　从后世失传的楚简新出字看战国时期的"文字异形" ……………… 277

第四章　楚简新出字中的异体字研究 …………………………………………… 305
第一节　楚简新出字中异体字的类型举例 ……………………………………… 305
第二节　从楚简新出字中的异体字看战国时期的"文字异形" ……………… 315
第三节　楚简新出字中地域性差异的"同字异词"与《说文》中的"重出字" …… 350
第四节　楚简新出字中的异体字字例 …………………………………………… 359

第五章　楚简新出字中的分化字研究 …………………………………………… 461
第一节　楚简新出字中文字分化的方式、特点分析 …………………………… 461

第二节　从楚简新出字的文字分化看战国时期的"文字异形" ………… 491

第三节　从楚简新出字中的文字分化看古文字构形中羡符的认定与处理 …… 513

第四节　从楚简新出字中的文字分化看楚简文字构形中从艸从屮的差异 …… 520

楚简文字著录简称表 ……………………………………………………… 530

附录一：见于《说文解字》的楚简新出字字表（968例）……………… 537

附录二：见于《说文解字》之外其他字韵书的
　　　　楚简新出字字表（678例）……………………………………… 591

附录三：未见于后世字韵书的楚简新出字字表（2766例）……………… 617

附录四：楚简传承字字表（1344例）……………………………………… 721

主要参考文献 ……………………………………………………………… 748

序

刘志基

近年来，陈寅恪关于"新材料"的一段名言频频为学人所引用："一时代之学术，必有其新材料与新问题，用此新材料，以研求问题，则为此时代学术之新潮流。治学之士，得预于此潮流者，谓之预流（借用佛教初果之名）。其未得预者，谓之未入流。此古今学术史之通义，非彼闭门造车之徒，所能同喻者也。"[①] 陈氏"新材料"论之所以被当今学者们奉为圭臬，自然与近几十年来地下资料频频出土发现相联系。毫无疑问，对于以古文献为主要研究材料的诸多研究门类而言，地下发掘的新材料，往往可以铺成突破创新的捷径，故新材料的重要性，是怎么估计都不为过的。

然而，新材料的"新"，对于不同专业门类来说，并非一视同仁播撒阳光雨露。对于蒋德平博士所从事的文字学研究来说，新出楚简的恩赐似乎有些吝啬。不妨做这样一个比较：如果研究文书载体，那新出楚简的每一支简，哪怕残破断简，自然也都是实实在在的新材料；而文字研究主要关注的是简上的字，而新出简上的大部分文字一般都不是新见的，需要全覆盖地系统调查比对，才可能将其中真正的新见字梳理出来，形成系统完整的研究对象。显然，这种新见字研究，是一种吃功夫、费力气的研究。当然，新见字研究，也可以选择不这么费事的方式，走马观花，信手拈来，也同样可以写出大块文章。而蒋德平博士的《楚简新出字研究》，选择的是那种吃功夫、费力气的新见字研究模式。

平心而论，关于楚简新字的研究，涉足者已不稀缺，而蒋德平博士的研究成果则有鲜明的特色，这主要表现在他的新见字研究，以穷尽材料定量分析的方式，着眼于传统文字学研究的诸多方面，细化了楚简新见字研究的门类，而做到这一点所需要付出的工作量之大，可以从本书的论述，以及诸多

---

① 陈寅恪：《陈垣〈敦煌劫余录〉序》，《海潮音》1932年第1期。

大数据附录中窥见一斑。关于这一点，读者开卷自明，这里不必赘说。

　　作者在"绪论"中说："人们的视野，客观上总是存在着一定的局限，并且还会出现这样或那样的盲区……因此，我们所清理出的楚简新出字当中肯定会存在不当之处。"这固然是作者自谦之词，但也表明了作者在新材料研究实践中的一种切身体悟，这就是：对于新材料的认识，需要我们不断拓展视野，走出盲区。对于这种观点，我是非常赞同的，因此想接着这个话题，也谈一点个人想法。

　　文字学研究，特别是出土文字研究的新材料，如果只是依赖于地下文字材料的新发现，难免会有局限性。虽然近几十年来地不爱宝，但考古发掘的收获总具有一定的偶然性，老是等着天上砸下馅饼来，显然是不现实的奢望。那么，除此以外，是否还有其他途径来获取新材料？近年来，有的学者试图通过特定整理性工作来获得新材料，如黄天树先生在论及甲骨缀合时说："甲骨学新材料的来源有两条途径：一是源于甲骨出土，二是源于甲骨缀合。"①这种认识，源自黄先生的研究实践，无疑是很有见地的。然而，如果仔细推敲前文所引陈寅恪先生的"新材料"论，可以发现陈氏"新材料"思想的另一种特别：在关于"新材料"的寥寥数语中，陈寅恪先生两次提及"时代"这个关键词，这表明，陈氏所谓新材料是与时代的发展联系在一起的。联系文字学研究的当今现实状况来看，陈氏的此种逻辑，可谓远见卓识。

　　对于文字学研究来说，当今时代尤为相关的最新发展，无疑是文字处理手段的数字化革命。在数字化进程不断推进的今天，古文字新材料是不是还有拜时代发展所赐的来源？答案是肯定的。我曾表达过这样的看法：

　　　　传统文字学研究的第一手资料是以印刷、墨拓或抄写刻写等手段形成的纸张等自然物载体形式，数据库文字学研究的资料是数字化形式的数据库资源。……从查询检索的角度看，自然物载体形式的一手资料是以无次序、无条理状态存在的，因此出于特定研究目的处理，一般都需要人工目验查找、编辑整理。而人工查检手段一旦遭遇大量资料，便会出现力不从心的困窘，进而导致资料的深度利用障碍；而数字化载体的资料则是以被有序编码的状态存在的，只要数字转化过程是规范到位的，每一个具体的材料单位都会领到一个唯一编码的身份证，获得被"GPS定位"的资格，于是出于特定研究目的材料处理就可以让计算机来代替人工，进而获得无可比拟的效率提升。材料还是那种材料，但遭遇了更有效的处理手段，它的作用是可以升级的。从这个意义上说，数字化提升了传统材料的有

---

① 黄天树：《甲骨拼合集序》，《甲骨拼合集》，北京：学苑出版社 2010 年 8 月第 1 版。

用性，使之转化成了一种新材料。[①]

很显然，虽然新材料的来源不止一途，但真正属于陈先生所谓"一时代之学术"必有之新材料大概只能是来源于数字化整理的新材料。存在决定意识，由于时代发展带来了文字处理方式的进步，以数字化整理提升材料研究价值的工作必然被提上古文字研究的议事日程。这可以同当今社会流行的"大数据"现象作比。"大数据"无疑是一种数字化时代的新材料。在前数字化时代，构成所谓"大数据"的信息资源客观上也是同样存在的，只是因为没有"云计算"之类技术，人们无从认识和把握其认识价值。而随着数字化手段的出现，"大数据"才能拨云见日，在当今社会各领域发挥重要作用。很显然，古文字材料的在前数字化时代潜在的"大数据"，随着数字化时代的到来，也同样有着浮出水面的物质依据。而这种由潜在大数据到现实大数据的转化，对于古文字研究而言，则是一种实实在在的新材料。

近年来，这种来自于数字化加工整理的新材料，已支持我们在古文字研究的一些问题上提出了一些新见。比如，运用数字化手段从字频的角度就殷商甲骨文、西周金文、战国楚简帛文和秦简文的四书分布状况进行了系统调查分析，从而揭示了先秦汉字结构发展的诸多未知信息。就整个文字系统的历时演变来说，四书中呈直线变化且变化程度较为显著的是象形和形声，前者历时减量，后者历时增量，最终互换了在总字形数和总字频中的主体位置，其字频统计远低于字形统计的增减幅度，更加真实地显示了文字结构的发展速度。会意自西周金文较甲骨文有较大增长后即在字形系统中占据相对稳定的比重，同样体现了正常发展轨迹。只有指事的比重发展缺乏规律，表现了结构发展的某种复杂性。就单个文字的常用度来看，指事第一、象形其次、会意第三、形声最末的格局从殷商至战国从未发生变化。[②] 立足数字化平台，在完成殷商甲骨文、西周金文、战国楚简帛文和秦简文形声字及其偏旁（声符与义符）的定量调查统计的基础上，通过字头与偏旁数量之比，证明先秦形声字偏旁具有历时发展的精简化趋向；通过声符与义符数量之比揭示了在"标类"与"标声"两大形声字发展途径中，前者始终占据愈益强势的主导地位；通过各类型文字偏旁构频之比，证明了不同类型文字对偏旁各有不同的选择性，这种选择的差异既由文字

[①] An introduction to database grammatology, *Journal of Chinese Writing Systems*, Vol 1, Issue 1, pp. 11-18

[②] 刘志基：《字频视角的古文字"四书"分布发展研究》，《古汉语研究》2009年第4期。

系统历时发展所促发，也有文献类型差异的成因。① 以《郭店楚简》与《包山楚简》为例，尝试提出一种认定出土文献语料类型的研究思路：在对相关文献逐字进行语境字义认定描述的数字化处理后，将其纳入一个能够全面反映语言交际内容各个方面的意义分类框架，进而根据各义类语境字义的频率和单位数量状况分析相关文献语言的话题热点、话题边缘乃至话题盲区所在，只有话题热点的义类，才认定其能够反映相应断代真实语言状况，具有充分的汉语史研究价值。② 针对某些文字上古存否无解的问题，本文立足语料特点判断理论，以甲骨文、西周金文"信"字探究为例，提出新的研究思路：在能够全面反映断代用字存在实际，并要求相关字必须露脸的语境内，通过地毯式搜索来给出答案。既然我们能够确定甲骨文和西周金文中"信"字应该出现的语境，而这种语境又属于"信"字若有便一定会出现的文献话题热点，那么，现有甲骨文、西周金文不见"信"字，则意味着该字在殷商西周文字系统中也不可能存在。③ 通过殷商金文的穷尽调查和花园庄东地甲骨文的抽样定量调查，证明殷商文字镜像式避复异写的发生概率与反向字出现概率大致对应，据此可以认为，镜像式避复异写是殷商文字方向不定的重要成因。④

毫无疑问，数字化虽然可以通过"大数据"挖掘，将传统材料提升为新材料，却并不会取消原生态新材料的研究价值的不可替代性。而原生态新材料又可以作为"大数据"挖掘的对象，被数字化加工整理提升出新的认识价值。

数字化赋予了人们有效处理海量材料的能力，而海量材料遭遇了数字化手段，又提供了处理方向、方式上的海量可能。对于这一点，蒋德平博士的认识应当比我更透彻，这部著作的基础平台，便是一个楚简数据库；作者在表述"本书的特色与创新之处"时又强调了"对所清理出的楚简新出字进行了穷尽性的考察、系统性的分析与总体性的归纳。"我们有理由期待，立足于本书厚实的研究基础，作者将会源源不断地为学界奉献楚简新见字研究的新成果。

---

① 刘志基：《偏旁视角的先秦形声字发展定量研究》，《语言科学》2012年第1期。
② 刘志基：《先秦出土文献语料类型分析刍议——以包山楚简与郭店楚简为例》，《语文研究》2015年第4期。
③ 刘志基：《基于语料特点判断的上古出土文献某字存否研究——以"信"字为例》，《华东师范大学学报》（哲社版）2015年第5期。
④ 刘志基：《殷商文字方向不定与同辞重见字镜像式异写》，《中国文字研究》2016年01期。

绪　论

一

　　文字是记录语言的书写符号。文字又是人类社会发展的产物，并伴随着人类社会的发展不断地进行着"新旧更替"：新的文字不断地产生、形成，旧的文字又不断地被遗忘、消失。如同人类社会其他事物一样，文字是在继承中发展，又在发展中继承。

　　就汉字而言，新产生出的文字形体，通常来说有两种情形，即新出字与新出字形。严格来说，新出字与新出字形是两个不完全相等的概念，不在同一个层面上，所具有的研究价值也有所不同。新出字是指新产生的一个文字单位，而新出字形则是指已有字发展出的新字形。以楚简文字材料为例，"箸""闺""竿"等文字形体在此前的古文字材料如甲骨文、金文中并未出现，属新出字；"豪""夅""宙"等字则是在甲骨文、金文"家""余""中"构形的基础上分别增一"爪""丨""宀"符而成，属新出字形。

　　新出字形反映的是某一文字形体的发展变化，而新出字则更多的是反映文字系统整体的发展变化。本书所清理出的楚简新出字材料中新出字形的字例较少，新出字与新出字形之间的差异可略而不论，为行文方便，统称为新出字。如无特别说明，我们所说的楚简新出字包括了少数楚简新出字形的字例在内。

　　新出字是相对于传承字而言的一个文字学概念，具有很强的时间性。就某一特定时代的文字而言，不外是由传承字与新出字所组成。所谓传承字、新出字，是以时代为时间坐标，在此之前的古文字中已经出现的文字属传承字，而在此之前的古文字中没有出现的字或字形则属新出字（形）。因此，本书关于楚简新出字的判断标准是，就《楚文字数据库》所涵盖的出土楚简文献材料而言，只要是出现了此前古文字材料如甲骨文、金文等中没有出现过相同结构的文字（形），我们均视作楚简新出字（形）。

在汉字发展史的研究上，楚简新出字具有特殊的研究价值与意义：

其一，揭示了战国时代楚国文字的发展与变化，承载的是一个时代的语言文字信息。众所周知，文字具有很强的时代特征性，这是因为从产生、形成的层面上说，文字总是带有特定的、与生俱来的时代烙印。也就是说，一个时代，总是有属于这一个时代特有的文字。从这个意义上说，文字又不仅仅是语言记录的书写符号，它还承载了一个时代诸多的语言文字信息。正是由于文字所具有的这一特殊属性，决定了从断代层面清理出的新出字材料在文字发展史研究上的特殊研究价值；也正是基于文字的这一特殊属性，本书选择了从楚简新出字这一断代文字材料入手进行汉字发展史的研究。楚简新出字，从某种程度上可以说是真正意义上的战国时代楚国文字，因此，对楚简新出字进行考察、分析与研究，不仅有助于我们揭示战国时期楚简文字的特点、规律及其在汉字发展史上的地位，更有助于我们正确认识并解决诸多汉字发展史上遗留下的疑问。

其二，再现了战国时代文字发展变化的历史面貌。我们之所以选择战国楚简文字材料进行新出字研究，不仅仅是因为自二十世纪中叶以后大量楚简材料的发掘、出土，尤其是近年来的一大批新楚简材料的公开发表，利用这些公开发表的材料，华东师范大学中国文字研究与应用中心编制成了《楚文字数据库》，更重要的是因为在汉字发展的历史上，战国文字最值得关注。由殷商、西周至战国，汉字的形体发生了巨大的变化，正如汤余惠先生所说："战国时期是汉字形体发展史上空前混乱的一个阶段。"[①] 不仅如此，战国时代又是汉字系统急剧扩张、文字数量大大增加的时期。这一时期，伴随着社会经济文化的急速发展，在汉字形体发生巨大变化的同时，大量的新出字也应运而生。可以说，"文字异形"是这一历史时期汉字发展变化的真实写照。然而，秦始皇统一天下后的"书同文"这一汉字发展史上空前的动荡变化，致使战国时期大量的新出字，尤其是东方六国文字中的新出字退出了历史舞台。许慎在其《说文解字·叙》中就有这么一段描述："其后诸侯力政，不统于王，恶礼乐之害己，而皆去其典籍。分为七国，田畴异亩，车涂异轨，律令异法，衣冠异制，言语异声，文字异形。秦始皇帝初兼天下，丞相李斯乃奏同之，罢其不与秦文合者……是时秦烧灭经

[①] 汤余惠：《略论战国文字形体研究中的几个问题》，载《古文字研究》第十五辑，北京：中华书局1986年6月第1版。

书，涤除旧典，大发隶卒，兴役戍，官狱职务繁，初有隶书以趣约易，而古文由此绝矣。"战国文字这样一种非常特殊的"承上启下"——上承殷周甲骨文、金文，下启秦汉及以后的篆、隶、楷，决定了其在汉字发展史上的地位，也决定了楚简新出字研究的价值与意义。

其三，弥补了以往战国文字研究的材料缺陷而提升研究的科学性。对战国文字的研究，二十世纪中叶以前，由于缺乏更多的出土文字材料，人们只是凭借《说文》《汗简》等字书中辗转流传的"古文"和少量的出土铜器铭文，因而多沿袭旧说而少创见。二十世纪中叶以后，随着大量的战国文字材料的出土，尤其是楚文字材料不断有惊人的发现，战国文字研究出现了一个崭新局面。李学勤先生曾指出："现代的战国文字研究是从楚国开始的。"[1] 在现代战国文字的研究中，楚文字一直占据着主体地位。近几年，几批战国楚简竹书的公开发表，更是掀起了自甲骨文问世以后出土文献研究的第二个高潮。然而，目前楚简文字材料的研究更多的是致力于文字本体的单字考释、文字的汇编、楚地语言文化以及文物考古、历史文化及文献内容等方面的研究，而于出土文献中的新见文字材料则缺乏必要的清理和系统的研究。历史遗留下来的许多疑问依然没有令人信服的说法。比如，战国时期的"文字异形"，究竟是传承过程中的历时性差异，还是共时层面上的地域性不同？又比如，秦始皇的"书同文"，是汉字发展史上一次文字使用的规范，还是一次用秦小篆取代其他国别文字的文字变革？等等。因此，借助于已有研究成果，从断代的层面着手对楚简文献材料中的新出字进行穷尽性清理，并从古文字学及汉字发展史角度对新出字的特点、规律及其在汉字发展史上地位等方面进行系统的分析与研究，既可以在相当程度上弥补以往研究中的材料不足，也为我们重新审视汉字发展史上遗留下的诸多疑问提供全新的材料和全新的视角。

其四，有助于补充和发展已有的研究。汉字发展史的研究是一个非常重要而有意义的课题。利用出土的文献文字资料，从断代的层面清理出一个时代（时期）的新见文字材料，并从汉字发展史的角度对其进行考察、分析与研究，这是前人所没有做过，又是汉字发展史研究所迫切需要做的一项工作。因此，楚简新出字的清理与研究，将有助于补充和发展已有的研究。

诸多的历史遗留问题呼唤着我们进行汉字发展史的断代层面研究。大

---

[1] 李学勤：《〈郭店楚简文字编〉序》，载《郭店楚简文字编》，北京：文物出版社2000年5月第1版第5页。

量的战国时期楚竹简的发掘、发表，尤其是在楚简文字研究中数字化手段的介入，在为我们提供了丰富的战国时期文献、文字材料的同时，也使我们利用断代的文字材料进行汉字发展史的研究有了可能。

二

目前已经公开发表的楚简文献资料，对于楚国历史文化以及楚国语言文字的研究具有弥足珍贵的价值，也为文字学、历史学、哲学、文献学、古典文学等学科提供了丰富的新材料，这其中许多都是汉代人也未能见到的佚籍，因而引起了学术界的高度重视，许多学者积极参与，从文字、文献、思想、文化等各个方面展开深入研究，涌现出大量优质论著；因特网上也建立了诸如"简帛研究网""简帛网"等网站，为楚简研究提供了一个交流研究成果的平台。可以说，楚简研究是当前学术界的一个热门话题。本书着眼于汉字发展史的角度对楚简新出字进行清理与研究，这是一项前人所未做过的工作，因此，尽管当前楚简研究轰轰烈烈，热闹非凡，但许多方面的研究与本书所将要进行的工作关系不大或没有关系，可供本书直接凭借的成果不太多。归纳起来看，与本书相关的研究大致有以下三个方面：

一是简文的释读与注释

文字释读是对出土文字资料进行诸方面研究的基础。楚简材料的释文与注释是本书整理新出字过程中非常重要的参考资料。主要有：

1. 刘雨：《信阳楚简释文与考释》，收于河南省文物研究所编的《信阳楚墓》，文物出版社 1986 年 3 月第 1 版；

2. 朱德熙、裘锡圭、李家浩：《望山一、二号墓竹简释文与考释》，此文 1987 年定稿，1995 年 6 月出版，收于湖北省文物考古研究所、北京大学中文系合编的《望山楚简》一书，中华书局 1995 年 6 月第 1 版；

3. 裘锡圭、李家浩：《曾侯乙墓竹简释文与考释》，收于湖北省博物馆编的《曾侯乙墓》一书，文物出版社 1989 年 7 月第 1 版；

4. 刘彬徽等四人：《包山二号墓简牍释文与考释》，收于湖北省荆沙铁路考古队编的《包山楚简》一书，文物出版社 1991 年 10 月第 1 版；

5. 彭浩等人：《郭店楚简》的释文与注释，收于荆门博物馆编的《郭店楚墓竹简》一书，文物出版社 1998 年 5 月第 1 版；

6. 李家浩：九店竹简的《释文与考释》，收于湖北省文物考古研究所、北京大学中文系合编的《九店楚简》一书，中华书局 2000 年 5 月第 1 版；

7. 马承源主编：《上海博物馆藏战国楚竹书（一）》中的释文与注释，上海古籍出版社 2001 年 11 月第 1 版；

8. 马承源主编：《上海博物馆藏战国楚竹书（二）》中的释文与注释，上海古籍出版社 2002 年 12 月第 1 版；

9. 马承源主编：《上海博物馆藏战国楚竹书（三）》中的释文与注释，上海古籍出版社 2003 年 12 月第 1 版；

10. 马承源主编：《上海博物馆藏战国楚竹书（四）》中的释文与注释，上海古籍出版社 2004 年 12 月第 1 版；

11. 马承源主编：《上海博物馆藏战国楚竹书（五）》中的释文与注释，上海古籍出版社 2005 年 12 月第 1 版；

12. 马承源主编：《上海博物馆藏战国楚竹书（六）》中的释文与注释，上海古籍出版社 2007 年 7 月第 1 版；

13. 马承源主编：《上海博物馆藏战国楚竹书（七）》中的释文与注释，上海古籍出版社 2008 年 12 月第 1 版；

14. 马承源主编：《上海博物馆藏战国楚竹书（八）》中的释文与注释，上海古籍出版社 2011 年 5 月第 1 版；

15. 马承源主编：《上海博物馆藏战国楚竹书（九）》中的释文与注释，上海古籍出版社 2012 年 12 月第 1 版；

16. 李学勤主编：《清华大学藏战国竹简（壹）》中的释文与注释，中西书局 2010 年 12 月第 1 版；

17. 李学勤主编：《清华大学藏战国竹简（贰）》中的释文与注释，中西书局 2011 年 12 月第 1 版；

18. 李学勤主编：《清华大学藏战国竹简（叁）》中的释文与注释，中西书局 2012 年 12 月第 1 版；

19. 李学勤主编：《清华大学藏战国竹简（肆）》中的释文与注释，中西书局 2013 年 12 月第 1 版；

20. 李学勤主编：《清华大学藏战国竹简（伍）》中的释文与注释，中西书局 2015 年 4 月第 1 版。

这些高水平的释文与注释，为通读文献材料扫清了文字障碍，从而为楚简文字材料的进一步研究奠定了良好的基础，也对本书的文字材料整理工作提供了很大的帮助。

另外，有关楚简材料的校读、补释、文字考证等方面的论著，如：

21. 李零：《长沙子弹库战国楚帛书研究》，中华书局 1985 年 7 月第 1 版；

22. 陈伟：《包山楚简初探》，武汉大学出版社 1994 年 4 月第 1 版；

23. 李零：《郭店楚简校读记》，北京大学出版社2002年3月第1版；

24. 刘钊：《郭店楚简校释》，福建人民出版社2003年12月第1版；

等等，更是如雨后春笋，层出不穷，其中不乏精品，多有创见。这方面的工作是当前楚简研究的重头戏。这些论著，对于本书的研究具有很好的参考价值。限于篇幅，此不一一列举。

二是竹简文字编的编著

古文字编是以简明扼要的形式集中表现释字成果的著作，是最新研究成果的及时反映，专业性很强，可以当作工具书使用，对本书的研究来说，也具有较高的参考价值。主要有：

1. 张光裕、袁国华编：《包山楚简文字编》，台北艺文印书馆1992年11月第1版；

2. 张光裕、袁国华编：《郭店楚简研究·第一卷·文字编》，台北艺文印书馆1999年1月第1版；

上述两部字编，都是原字剪贴，有字必收，下附辞例，非常方便使用，但篇幅庞大，并且是台湾出版，内地一般学者很难见到，本书研究也无幸凭借。

3. 张守中等人编：《包山楚简文字编》，文物出版社1996年8月第1版；

4. 张守中等人编：《郭店楚简文字编》，文物出版社2000年5月第1版；

5. 滕壬生编：《楚系简帛文字编》，湖北教育出版社1995年7月第1版，此编有三个特点：一是资料齐全；二是收字丰富，并且下附辞例，方便使用；三是摹写认真，字形基本可信。不足的是对最新研究成果吸收不够充分，释字也或有疏误。李零撰有《读楚系简帛文字编》（载《出土文献研究》第五辑，文物出版社1999年）一文，对其中的不足多有订正。

6. 郭若愚编：《战国楚简文字编》，上海书画出版社1994年2月第1版；此编为仰天湖、信阳两批楚竹简的文字编，成书较早，释字上少有突破；

7. 曾宪通编：《长沙楚帛书文字编》，中华书局1993年2月第1版；

8. 商承祚编：《战国楚竹简汇编·字表》，齐鲁书社1995年11月第1版；

9. 李守奎编：《楚文字编》，华东师范大学出版社2003年12月第1版。此编收字广博，不限楚简，对楚文字研究是一部很有参考价值的工具书。其收字截止时间为2000年，《上海博物馆藏战国楚竹书》（一～九册）《新蔡》《清华大学藏战国竹简（壹～伍）》等一批新近出版的楚简文字材料未能收于其间，因而对本书研究的参考价值有限。

10. 程燕编：《望山楚简文字编》，中华书局2007年11月第1版；

11. 孙伟龙等编：《上海博物馆藏战国楚竹书（1～5）：文字编》，作家出版社2007年12月第1版；

12. 饶宗颐编：《上博藏战国楚竹书字汇》，安徽大学出版社 2012 年 10 月第 1 版；

13. 李守奎等编：《包山楚墓文字全编》，上海古籍出版社 2013 年 1 月第 1 版；

14. 李学勤编：《清华大学藏战国竹简（壹～叁）文字编》，中西书局 2014 年 5 月第 1 版。

三是文字学理论方面的研究

从理论上探讨楚文字的构形、特点、流变等的论著主要有：

1. 马国权：《战国楚简文字略说》，载《古文字研究》第三辑；
2. 黄锡全：《楚系文字略论》，载《华夏考古》1990 年第 3 期；
3. 彭浩等四人所撰：《包山楚简文字的几个特点》，收于《包山楚简》；
4. 王仲翊：《包山楚简文字偏旁之不定形现象试析》；《95 黄侃国际学术研讨会论文》；
5. 刘信芳：《包山楚简近似之字辨析》，载《考古与文物》1996 年第 2 期；
6. 李运富：《楚国简帛文字构形系统研究》，岳麓书社 1997 年 10 月第 1 版；
7. 林清源：《楚国文字构形演变研究》，东海大学博士学位论文，1997 年 12 月；
8. 张传旭：《楚文字形体演变的现象与规律》，首都师范大学博士学位论文，2002 年 5 月；
9. 张静：《郭店楚简文字研究》，安徽大学博士学位论文，2002 年 5 月；
10. 吴建伟：《战国楚文字构件系统分析》，华东师范大学博士学位论文，2004 年 4 月；此文与本书的研究，都是依托华东师范大学中国文字研究与应用中心构建的《楚文字数据库》这一平台，因而具有一定的借鉴意义；
11. 陈伟等：《楚地出土战国简册（十四种）》，经济科学出版社 2009 年 9 月第 1 版；
12. 陈剑：《战国竹书论集》，上海古籍出版社 2014 年 1 月第 1 版；
13. 董珊：《简帛文献考释论丛》，上海古籍出版社 2014 年 3 月第 1 版。

以上我们从三个方面简要概述了与本书研究相关的楚简研究情况，从中可以看出，着眼于汉字发展史角度对楚简新出字及其在汉字发展史上的地位、特点、规律等方面的分析研究比较薄弱，尤其是穷尽性的考察、系统性的分析与总体性的归纳，几乎是个空白。前人做过的所有有关的工作，都是可以借鉴、参照的珍贵材料。只是对于我们将要进行的《楚简新出字研究》这个课题来说，能够直接凭借的成果并不太多，这不能不说是一个不利的因素，也正因为如此，说明了我们所做工作的意义与价值。

三

本书所依据的新出楚简文字资料，是华东师范大学中国文字研究与应用中心编制成的《楚文字数据库》，该库包括以下诸种楚简文字资料，列简表如下：

序号	书　　名	字数
1	《曾侯乙墓》	6586
2	《包山楚简》	12635
3	《战国楚竹简汇编》	4175
	其中：《信阳长台关一号楚墓竹简》	1478
	《望山一号楚墓竹简疾病杂事札记》	1287
	《望山二号楚墓竹简遣策》	960
	《五里牌四〇六号楚墓竹简遣策》	108
	《仰天湖25号楚墓竹简遣策》	333
4	《郭店楚墓竹简》	11851
5	《九店楚简》	2898
6	《长沙子弹库战国楚帛书研究》	902
7	《上海博物馆藏战国楚竹书》（一）	3232
8	《上海博物馆藏战国楚竹书》（二）	3851
9	《上海博物馆藏战国楚竹书》（三）	3162
10	《上海博物馆藏战国楚竹书》（四）	3617
11	《上海博物馆藏战国楚竹书》（五）	3822
12	《上海博物馆藏战国楚竹书》（六）	3210
13	《上海博物馆藏战国楚竹书》（七）	3406
14	《上海博物馆藏战国楚竹书》（八）	1892
15	《上海博物馆藏战国楚竹书》（九）	2497
16	《新蔡葛陵楚简》	10404
17	《清华大学藏战国竹简》（壹）	3279
18	《清华大学藏战国竹简》（贰）	3790
19	《清华大学藏战国竹简》（叁）	2855
20	《清华大学藏战国竹简》（肆）	2694
21	《清华大学藏战国竹简》（伍）	3206
	合计	93964

总体来说，楚文字数据库共收集战国楚简帛文字材料二十余种，总字数为93964（字迹不清及残泐者除外），几乎涵盖了所有已公开发表的楚简

帛文字资料。这些出土的楚简帛文字材料断代明确，而且能够确定比较具体的书写年代；时间跨越战国早、中、晚期；内容包括了儒道典籍、神话传说、天文音律、关税交通、占祷记录，记事及遣册，涉及社会生活的方方面面，基本上能够比较客观地反映这一历史时期楚文字的用字情况。而且这部分楚简帛文献材料的地域分布有一定的代表性，书写风格也不尽相同，基本上能反映楚简帛文字系统内部的形体差异。因此，依据该数据库进行新出字资料的整理并进行系统分析与研究，是足以能够反映战国时期楚国文字的特点与规律的。

需要说明的是，1978年在湖北随州发掘的曾侯乙墓墓主是姬姓诸侯国曾国的国君乙。曾国早在战国初期就已完全沦为楚国的附庸，社会生活的方方面面都受到楚国的影响。裘锡圭先生在谈到曾侯乙墓文字资料特点时就曾指出："正如曾国跟楚国在政治上的关系一样，在战国初期，曾楚二国文字上的关系也是非常密切的。"[①]因此，曾侯乙墓虽不属楚墓，但将其竹简文字资料归入楚简文字一并进行分析研究是没有问题的。

四

作为战国时代的实物文献，楚简为我们提供了一笔丰厚的历史汉字新材料，清理这份材料，可以令我们对汉字发展史的诸多方面产生新的认识。我们试图通过对楚简中新见文字材料的考察、分析与研究，以期揭示战国时期楚简文字的特点规律及其在汉字发展史上的地位，解决前文提到的诸多历史遗留下的疑问。

因此，我们研究的具体目标是：

1. 整理出楚简材料中的全部新出字（含新出字形）和传承字，分别编制单字总表，为汉字发展史研究提供国别文字的基本素材；

2. 将新出字中见于后世字书的这部分字与后世字书（如《说文》《玉篇》等）进行逐字的比勘、校读，分析字词关系，研究传承情况，为各种传世字书的研究、现代辞书的编纂提供新的历史资料；

3. 对楚简新出而未见于后世传承的这部分字，进行总体性的结构分析，看看楚简文字是否有自身的构形特点及规律，揭示诸多为秦始皇"书同文"

[①] 裘锡圭：《谈谈随县曾侯乙墓的文字资料》，原载《文物》1979年第7期，后收入《古文字论集》，北京：中华书局1992年8月第1版。

所淘汰的具体文字单位；并与同时代的列国文字及传世文字进行必要而可能的比较，从而对战国时期"文字异形"、秦始皇"书同文"等传统命题做出定性解释；

4. 对新出字中属异体字类型的这部分字进行对比分析，揭示某些在历史演变中被扭曲了原貌的造字理据，为字理、本义研究乃至汉字教学提供全新的资源；揭示某些人们前所未知的声韵关系，为古音研究提供富于启发意义的资料；揭示某些与战国时代特定国别文字形成一定程度的对应规律，丰富汉字发展史研究的内容；

5. 新出的异写字形，集中体现了楚简文字的构形特点，具有诸多楚文字构形的专题研究价值。通过对这部分异写字形的分析研究，发掘某些构件混同规律，揭示无意构件现象，探究某些具有替代符号特点的字符现象；

6. 希望通过上述诸方面的研究考释出一批楚简材料中的疑难文字，并对前人已释的部分有争议的疑难字进行考辨。

基于上述目标，在对楚简新出字研究的过程中，我们拟采取的研究方法是：穷尽性的考察、系统性的分析及总体性的归纳。需要特别说明的是，华东师范大学中国文字研究与应用中心编制的《楚文字数据库》是本书选题与进行研究的依托；数据库强劲的计算、统计功能为本书研究提供了强有力的技术保障。

依托华东师范大学中国文字研究与应用中心编制的《楚文字数据库》，借助现代大型工具书及古文字编，如《汉语大字典》《古文字诂林》《甲骨文编》《金文编》《金文形义通解》《古文字类编》等，和已有的楚简文字材料考释成果及相关的古文字研究成果，我们对《楚文字数据库》中所涉及的每一个楚简文字采取逐字比对、归类而进行了穷尽性的清理。

依据前文所说的判断楚简新出字的标准，在具体的操作过程中，我们清理的步骤是：

1. 依据楚简文献考释成果中的隶定文字，先检索《汉语大字典》，再检索《古文字诂林》《甲骨文编》《金文编》《金文形义通解》《古文字类编》及华东师范大学中国文字研究与应用中心编制的《甲骨文字集》《西周金文集》等，并将楚简文字的原篆与工具书所载的甲骨文、金文字体进行构形比照，对所要检索的楚简文字是传承字还是新出字（形）做出初步的判断；

2. 凡在《汉语大字典》中能够检索到的字（形），再依据《汉语大字典》进行是否见于《说文》的归类：见收于《说文》者，依《说文》的正篆、重文（古文、籀文、或体）及新附字分别进行归类；未见收于《说文》者，按后世字韵书的年代顺序：见收于《尔雅》者归《尔雅》类、见收于《方言》者归《方言》类……，依次归类，不重复计算。

3. 凡在《汉语大字典》中未能检索到的字（形），再检索《古文字诂林》等工具书进行清理，未见收者统一归于"后世失传字"类。其中包括少量的在《汉语大字典》能够检索到，但《汉语大字典》未载见收于后世字韵书的字例。如："俤"，《汉语大字典》："日本字。"又如："邻"，《汉语大字典》："'鄰'的简化字。"

4. 对所有初步清理出来的楚简新出字，依托数据库的计算、统计功能进行字频统计，并将其与楚简文献材料的原文逐字进行核校，最后核定是否为新出字（形）。

严格按照上述的判断标准及清理步骤，我们共清理出楚简传承字1344例，楚简新出字4412例。楚简新出字中，文字构形见于《说文》者凡968例，见于《说文》之外其他字韵书者凡678例，未见后世字韵书者凡2766例（详见书后附表）。在接下来的章节里，我们着眼于汉字发展史，从是否传承后世、文字异体、文字分化等方面对所清理的楚简新出字进行穷尽性的系统分析与研究。本书的特色与创新之处在于，着眼于汉字发展史而对楚简新出字及其在汉字发展史上的地位、特点、规律等方面进行分析与研究，尤其是对所清理出的楚简新出字进行了穷尽性的考察、系统性的分析与总体性的归纳。这是前人所没有做过，同时又是汉字发展史研究所迫切需要做的一项工作，从这个意义上说，我们所做的工作既是一次大胆的尝试，也可以说是一项空白的填补。

五

需要说明的是，我们所说的文字材料清理过程中的穷尽性是相对而言的。其相对性就在于：

一是相对于目前已经公开发表的出土古文献文字材料而言，并不包括也不可能包括未发掘或未公开发表的出土的古文献文字材料。随着新的出土文献文字材料尤其是战国时期以前的古文字材料的发掘、发表，我们目前所清理出的楚简新出字中一定会有不少的字并非新出字（形），当然也会增加不少新的新出字。

二是相对于我们的视野而言。人们的视野，客观上总是存在着一定的局限，并且还会出现这样或那样的盲区，而出土的古文献文字材料从发掘、考释、发表到汇集成编，又总是存在着一个时滞问题。在我们对楚简新出字材料进行清理的过程中，肯定还有许多新出土的古文字材料正在考释之中，或已经考释但散见于各种考释文章之中而非我们视野能及，因此，我们所清理出的楚简新出字（形）当中肯定会存在不当之处。

　　三是相对于我们的能力而言。尽管我们有《楚文字数据库》之依托，有数据库之计算统计功能做保障，但新出字材料的清理、统计本身是一项浩繁的工程，且大量的新出字（形）的比对、认定必须靠人力进行而非电脑所能完成，因此，在如此浩繁的工程面前，仅一个人的有限能力不可能避免所有清理出的楚简新出字和传承字不会出现这样或那样的疏忽。

　　好在这所有的相对性都只是对楚简新出字的量的增加或减少，尽管其中可能会出现不应该有的所谓的"硬伤"，但有一点可以肯定，就目前的楚简文字材料而言，楚简新出字的量的增加或减少并不影响整体的研究及相关的结论，而这一点恰恰是我们在顾虑或担心会出现这样或那样错误的同时又稍觉安慰之处，也正是由于这一点，我们才敢冒如此大的风险而从事这项前人未曾做过的研究工作。

　　本书整体以简体字为主，在以下情况下一般使用繁体字、旧字形等，未作统一处理：一是列举的字例及字体构形；二是引用《楚文字数据库》中的文例，除对其中的符号、格式作必要调整外，一仍原貌，不作文字的简化处理。

　　凡书中出现的传承字字例，均在字头的右上部标"*"符以示或在行文中随文说明。

　　书中所引而未标注出处者，均转引自《汉语大字典》中的相关字条，在此一并说明，并致谢忱。

　　由于作者资质愚钝，学养不够，且所从事的研究又是一项前人所未曾从事过的尝试性的工作，无范式可借鉴而只能是"摸着石头过河"，书中错误之处在所难免，敬祈方家批评指正。

第一章　楚简新出字与《说文解字》

在汉字发展史的研究上，许慎《说文解字》（简称《说文》，下同）的地位举足轻重，无以替代，是我们释读与研究古文字的桥梁。然而，有关《说文》诸多问题的研究，如《说文》正篆的性质、正篆与重文的关系、古文的性质、或体的性质，等等，或限于材料，或泥于成见，而一直未能有令人信服的结论。楚简新出字这一断代的文字材料，其时空属性非常清楚，因而在有助于我们考察文字传承、发展的同时，也为我们重新审视《说文》中的相关问题提供了丰厚的文字材料，而这也正是我们之所以以楚简新出字而不是以所有的楚简文字与《说文》进行比较研究的原因所在。在本章，我们将利用所清理出的楚简新出字中构形见于《说文》的例字分别与《说文》中的正篆、重文进行比较研究，并在此基础上就相关的问题做些讨论。

楚简新出字中，构形与《说文》中的正篆、重文相同或相近的字凡 968 例，其中：

构形与《说文》中的正篆相同或相近者凡 799 例；

构形与《说文》中的古文相同或相近者凡 95 例；

构形与《说文》中的籀文相同或相近者凡 14 例；

构形与《说文》中的或体相同或相近者凡 42 例；

构形与《说文》中的新附字相同或相近者凡 18 例。

本章欲以这部分楚简新出字为例，分别与相应的《说文》中的正篆、重文进行比较分析。《说文》中的新附字虽非许慎编纂《说文》时所原有的文字，但鉴于其在汉字发展史上的特殊地位与作用，故置于此章一并讨论。

第一节　楚简新出字与《说文》中的正篆（一）

《说文》中的正篆，即《说文》中所收录的 9353 个被释的篆字字头。

关于《说文》正篆的研究，最早可以追溯到北魏的江式。此后一千多年里，有关《说文》正篆的研究从未间断，学者多泥于文字字体及相关的文献记载进行比较分析，关于《说文》正篆的性质，就有小篆说、古文说和综合说，[①] 聚讼纷纭，迄无定论。楚简新出字是从断代的层面集中清理出一个时点（时期、地域）的出土文献而得到的古文字资料，从某种程度上说，是真正意义上的战国时期古文字。利用楚简新出字与《说文》正篆进行比较研究，有助于我们正确认识《说文》正篆的性质及其与重文的关系，而这对于《说文》学和古文字学的研究都是至关重要的。

在楚简新出字中，构形与《说文》正篆相吻合者凡799字。本节拟以这部分楚简新出字为例，对与《说文》正篆相关的两个问题做些讨论：一是关于《说文》正篆的性质问题；二是关于《说文》正篆与重文之间的关系问题。下面分别予以讨论。

一 关于《说文》正篆的性质问题

在我们对《说文》正篆性质进行讨论之前，先来比较一下楚简新出字与《说文》正篆之间的字用关系。

将构形与《说文》正篆相吻合的799例楚简新出字与《说文》正篆进行字用比较，大致有三种情况：一是构形、字用均相吻合，可以明确构成传承关系；二是构形相同而所记录的词有别，不构成传承关系；三是简文中用作人名、地名，或因音同音近而借作他用，或字用不详等，与《说文》正篆难以进行直接的字用比较，据现有的材料无法判断是否构成传承关系。

在构形、字用均与《说文》相合的字例中，其字用用同《说文》正解者占绝大多数，亦偶有用同"一曰""引经说"的字例。下面我们从中选取14例字例分别予以比较讨论。

[禱]

"禱"字原篆作 （《包》简246）、 （《包》简200），构形从示、壽声，与《说文·示部》"禱"字正篆相同。《说文·示部》："禱，告事求福也。从示、壽声。 ，禱或省； ，籀文禱。"

简文中，"禱"字凡280见，是楚简新出字中字频最高的字，均用同《说文》。如：

[①] 参见赵铮：《〈说文〉正篆性质研究评说》，载《新疆大学学报》（哲学·人文社会科学版）2005年11月。

(1) 凡吉日，秭（利）以祭祀、禱襫（祠）。(《九·五六》简 41)
(2) 頗（履）旨（以）愳（祈）禱曰：帝之武尚吏是句（后）禝（稷）之母也。(《上二·子》简 12～13)

[閟]

"閟"字原篆作 （《郭·语四》简 4）、 （《上六·用》简 3），构形从門、必声，与《说文·門部》"閟"字正篆相同。《说文·門部》："閟，閉門也。从門、必声。《春秋传》曰：'閟門而与之言。'"

简文中，"閟"字 15 见，均用同"閉"。如：

(1) 口不誓（慎）而戾（户）之閟（閉），惡言復己而死無日。(《郭·语四》简 4)
(2) 亓（其）又（有）成慙（德），閟（閉）言自闓（關）。(《上六·用》简 3)

例（2），原整理者云："閟言，当读为'閉言'。郭店楚简《语丛四》简四：'口不慎而戾之閟（閉），惡言復己而死無日。'闓，读为'關'。《说苑》：'口者，關也；舌者，兵也，出言不当，反自伤也。''閉言自關'，犹言慎言、讷言耳。"①

[枲]

"枲"字原篆作 （《郭·六》简 28）、 （《上六·王与》简 4），构形与《说文·枲部》"枲"字正篆相同。《说文·枲部》："枲，萉之总名也。枲之为言微也。微，纤为功。象形。"又，《麻部》："麻，与枲同，人所治在屋下。从广，从枲。"段注"枲"字下云："枲、麻古盖同字。"朱骏声《说文通训定声》："枲已缉绩曰麻。古无木棉，凡言布，皆麻为之。"

简文中，"枲"字 16 见，用同《说文》。字今作"麻"。如：

(1) 齊戌枲（麻）實，爲昆弟也，爲奡（妻）亦肰（然）。(《郭·六》简 28)
(2) 曰："旨（以）穜（種）枲（麻）。"王子曰："可（何）旨（以）枲（麻）爲？"舍（答）曰："旨（以）爲衣。"(《上六·王与》简 2)

例（1），刘钊云："'枲'即'麻'字初文。"②

[桯]

"桯"字原篆作 （《上三·彭》简 8）、 （《包》简 250），构形从

---

① 马承源主编：《上海博物馆藏战国楚竹书（六）》，上海：上海古籍出版社 2007 年 7 月第 1 版第 289 页。
② 刘钊著：《郭店楚简校释》，福州：福建人民出版社 2003 年 12 月第 1 版第 116 页。

木、豆声，与《说文·木部》"桓"字正篆相同。《说文·木部》："桓，木豆谓之桓。从木、豆。"徐灏《说文解字注笺》："桓即豆之重文，因豆假为尗豆，故增偏旁耳。"

简文中，"桓"字8见，用同"豆"。如：

  贛（貢）之衣裳各三禹（稱）；禜祷䇂（巫）一全獵、虛（俎）桓（豆），保逾之。（《包》简244）

原整理者云："虛，读如俎。桓，豆。"①

按：楚简中另有"豆"字，原篆作豆（《郭·老甲》简2）、豆（《汇·信二》简23），亦用同《说文》。《说文·豆部》："豆，古食肉器也。从口，象形。昷，古文豆。"简文中"豆"未借用作"尗豆"之"豆"，徐灏之说恐误。如：

  亓木器，十弄豆，屯郊彫彜＝之墓，二敛豆，一橪，二棗，屯。（《汇·信二》简23）

[骨]

"骨"字原篆作㕣（《上四·昭》简4）、㐫（《上六·用》简17），构形从肉、从冎，与《说文·骨部》"骨"字正篆相同。《说文·骨部》："骨，肉之覈也。从冎，有肉。"林义光《文源》："冎者，骨形。象肉附于冎。"饶炯《部首订》："冎即骨之象形字，因形不显义，而骨乃加肉以箸之也。人身惟头多骨，故篆象人头隆骨。"

简文中，"骨"字凡15见，用同《说文》，或借用作"滑"。如：

  (1) 让（卜）命（令）尹陳省見日告：鹽（僕）之母（毋）辱君王不敓（逆），鹽（僕）之父之骨才（在）於此室之隮（階）下。（《上四·昭》简3）
  (2) 用曰：莫眾而粗（迷），𩰙（競？）之不骨（滑），而庶之亦不能韓（違）。（《上六·用》简17）

[帬]

"帬"字原篆作帬（《汇·信二》简4），构形从巾、君声，与《说文·巾部》"帬"字正篆相同。《说文·巾部》："帬，下裳也。从巾、君声。

---

① 湖北省荆沙铁路考古队：《包山楚简》，北京：文物出版社1991年10月第1版第58页注482。

20

裙，帬或从衣。"

简文中，"帬"字1见，用同《说文》。如：

組粿，緄緣，十布幅，一絲裏，一紡帬，與絹紫裏。(《汇·信二》简4)

[鼠]

"鼠"字原篆作🐭(《上四·柬》简5)、🐭(《上五·鬼》简6)，构形与《说文·鼠部》"鼠"字正篆相同。《说文·鼠部》："鼠，穴虫之总名也。象形。"徐锴《系传》："上象齿，下象腹爪心尾。"

简文中，"鼠"字6见，均用同《说文》。如：

(1) 王曰："女（如）麋（表），速祭之䶣（吾）瘮鼠疕（病）。"(《上四·柬》简5)

(2) 頪（類）獸非鼠，类（蹼）逡（後）飘口。茂帀（師）見兇，毁折鹿戋（踐），隹（惟）紁（茲）俀（作）章（彰）。象皮（彼）戦（獸）鼠，又（有）足而。(《上五·鬼》简6)

[槈]

"槈"字原篆作🪵(《上五·弟》简20)、🪵(《上二·容》简14)，构形从木、辱声，与《说文·木部》"槈"字正篆相同。《说文·木部》："槈，薅器也。从木、辱声。鎒，或从金。"

简文中，"槈"字2见，均用同《说文》。如：

(1) 窔（舜）於是虖（乎）卽（始）孚（免）葝（刈）蓻剔槈（耨）萎（鍂），㐱（謁）而坐之。(《上二·容》简14)

(2) 口困（淵）敄（馭），至老丘，又（有）脀植其槈而歌安（焉）。(《上五·弟》简20)

例（1），原整理者云："槈，疑读'耨'，是锄类的农具。"[①] 例（2），原整理者云："'槈'，乃農具之屬，《說文·木部》：'薅器也。'段玉裁注：'蓐部曰，薅，披去田艸也。槈者，所以披去之器也。'"[②]

---

① 马承源主编：《上海博物馆藏战国楚竹书（二）》，上海：上海古籍出版社2002年12月第1版第261页。

② 马承源主编：《上海博物馆藏战国楚竹书（五）》，上海：上海古籍出版社2005年12月第1版第279页。

按："槈""耨"古本一字。"槈"字无须破读为"耨"。朱骏声《说文通训定声》："槈，亦作耨。"《广韵·候韵》："槈，《纂文》曰：耨如铲，柄长三尺，刃广二寸，以刺地除草。"《国语·齐语》："及耕，深耕而疾耰之，以待时雨；时雨既至，挟其枪、刈、耨、镈，以旦暮从事于田野。"

[爨]

"爨"字原篆作█（《上二·鲁》简4），构形从火、从雥，与《说文·火部》"爨"字正篆相同。《说文·火部》："爨，火所伤也。从火、雥声。焦，或省。"邵瑛《群经正字》："今经典从或体。"

简文中，"爨"字1见，用同《说文》。字今通作"焦"。如：

　　夫山，石吕（以）爲膚，木吕（以）爲民，女（如）天不雨，石酒（將）爨（焦），木酒（將）死，丌（其）欲雨或甚於我，或（何）必寺（恃）虖（乎）名虖（乎）？（《上二·鲁》简4）

[敀]

"敀"字原篆作█（《上五·季》简11）、█（《包》简143），构形从攴、白声，与《说文·攴部》"敀"字正篆相同。《说文·攴部》："敀，迮也。从攴、白声。"段注："迮，起也。敀者，起之也，与迫音义同。"《广韵·陌韵》："迫，逼也，近也，急也；附也。敀，同迫。"

简文中，"敀"字6见，用同《说文》。如：

　　氏（是）古（故），夫敀（迫）邦甚，難民能多一矣。（《上五·季》简11）

原整理者云："'敀'，《说文》：'敀，迮也。'《玉篇》：'敀，附也。'《广韵》：'敀，同迫。逼也，近也，急也，附也。'急附之意。"[①]

[含]

"含"字原篆作█（《郭·性》简52）、█（《上六·庄》简7），构形从口、今声，与《说文·口部》"含"字正篆相同。《说文·口部》："含，嗛也。从口、今声。"《释名·释饮食》："含，合也，合口亭之也。"《韩非子·备内》："医善吮人之伤，含人之血，非骨肉之亲也，利所加也。"

简文中，"含"字73见，72例用作"今""禽"，仅1例用同《说文》。如：

---

① 马承源主编：《上海博物馆藏战国楚竹书（五）》，上海：上海古籍出版社2005年12月第1版第219页。

未赏而民懽（勸），含福者也。(《郭·性》简52)

刘钊云："'懽'读为'勸'。'福'读为'愊'，《说文·心部》：'愊，诚志也。'……简文说君子……未赏赐民众，民众就能勉力，是因为君子怀有诚志。"①

按：楚简文字中的"含"字，过去一直以为就是楚文字的"今"字。李守奎先生说："如'含''吟'在《说文》中是音义不同的两个字，但在楚文字中，二者音义完全相同，但与小篆完全不同，它们全部读为'今'，应该就是楚之'今'字。"②在简文中，"含"字也的确多用作"今"。然而由上揭之例来看，恐也不尽然，这也可能是一个特例。

［楒］

"楒"字原篆作 ■（《上五·三》简11）、■（《曾》简74），构形从木、耑声，与《说文·木部》"楒"字正篆相同。《说文·木部》："楒，箠也。从木、耑声。一曰楒度也。一曰剟也。"段注："楒与揣，音义略同，如椵与揆。皆训度也。"

简文中，"楒"字5见，或用同《说文》"一曰"。如：

耻父胜（兄）；毋助贫，毋芙（笑）型（刑）；毋楒（揣）深，毋尾（度）山；毋猎（逸）亓身，而多亓言。(《上五·三》简11)

原整理者云："'楒'同'揣'，揣度。'深'，指水深。"③

［汙］

"汙"字原篆作 ■（《上五·三》简12）、■（《九·五六》简47），构形从水、于声，与《说文·水部》"汙"字正篆相同。《说文·水部》："汙，薉也。一曰小池为汙。一曰涂也。从水、于声。"

简文中，"汙"字2见，或用同《说文》"一曰小池为汙"。王筠《说文句读》："此义与洿同。"《集韵·模韵》："洿，《说文》：'浊水不流也。'或从于。"如：

監川之都，罢齻（岸）之邑，百輮（乘）之豪（家），十室之俈（？），宫室

---

① 刘钊著：《郭店楚简校释》，福州：福建人民出版社2003年12月第1版第103～104页。
② 李守奎：《略论楚文字与小篆的关系》，载《北华大学学报》，2003年6月第4卷第2期。
③ 马承源主编：《上海博物馆藏战国楚竹书（五）》，上海：上海古籍出版社2005年12月第1版第296页。

汙池，各愻（慎）亓尼（度），毋遊（失）亓道。（《上五·三》简12）

[渚]

"渚"字原篆作![](（《郭·语四》简17）、![](《上四·逸》简2），构形从水、者声，与《说文·水部》"渚"字正篆相同。《说文·水部》："渚，水。在常山中丘逢山，东入湡。从水、者声。《尔雅》曰：'小洲曰渚。'"

简文中，"渚"字3见，用同《说文》引经说。如：

交（＝交交）鸣鵻，集于中渚，戠（愷）俤芊茻，若豹若虎。（《上四·逸》简2）

原整理者云："《尔雅·释丘》：'如陼者陼丘。'郭璞注：'水中小洲为陼。'《诗·召南·江有汜》'江有渚，之子归，不我与'，《诗经集传》：'渚，小洲也，水歧成渚。''陼'、'渚'通假。《小雅·鸿雁之什·鸿雁》：'鸿雁于飞，集于中泽。'《毛亨传》：'中泽，泽中也。''中渚'亦为'渚中'。"①

以上我们只是讨论了一小部分楚简新出字中构形、字用均与《说文》正篆相同的字例。楚简新出字中的这种文字构形、字用均与《说文》正篆相合的现象，很容易将我们引向《说文》正篆古文说。

《说文》正篆的字体为小篆，这是没有疑问的，但我们不能由此就得出《说文》正篆的性质即小篆的结论。同例，我们也不能因为大量的楚简新出字构形、字用均与《说文》正篆相合而得出《说文》正篆即古文的结论。那么，我们究竟该如何认识《说文》正篆的性质呢？这的确是一个值得重新讨论的问题。

在对《说文》正篆性质进行讨论之前，有一点是需要先弄明白的：作为记录汉民族语言书写符号的汉字，有文字字体与文字构形之别。正如刘又辛先生所云："汉字演变的历史可以分为两个方面：一是字体的演变；二是文字本身的演变。这两者合起来就是汉字古今历史演变的全貌。……历来的文字学著作多半着重讲述字体的演变，对于汉字本身的实质性变化，或是略而不谈，或是语焉不详，因而不能深入地探讨汉字发展的历史。"②而以往有关《说文》正篆性质的讨论，无论是"小篆说""古文说"，还是

---

① 马承源主编：《上海博物馆藏战国楚竹书（四）》，上海：上海古籍出版社2004年12月第1版第175页。

② 刘又辛、方有国著：《汉字发展史纲要》，北京：中国大百科全书出版社2000年1月第1版第50～51页。

"综合说"，其局限性都在于拘泥于文字字体的不同而忽略了汉字字体与汉字构形并非一事的事实，因而无法揭示《说文》正篆之性质。

关于《说文》正篆，许慎在《说文·叙》中有"秦始皇帝初兼天下，丞相李斯乃奏同之，罢其不与秦文合者。斯作《仓颉篇》，中车府令赵高作《爰历篇》，太史令胡毋敬作《博学篇》，皆取史籀大篆，或颇省改，所谓小篆者也"，"三曰篆书，即小篆，秦始皇使下杜人程邈所作也"，"今叙篆文，合以古籀"等语。班固在《汉书·艺文志》中亦云："《史籀篇》者，周时史官教学童书也，与孔氏壁中古文异体。《苍颉》七章者，秦丞相李斯所作也；《爰历》六章者，车府令赵高所作也；《博学》七章者，太史令胡毋敬所作也：文字多取《史籀篇》，而篆体复颇异，所谓秦篆者也。"在这里我们应该注意到这样的一个事实：无论是班固的"秦篆"，还是许慎的"秦文""小篆"，都是就字体而言，且都是从史籀大篆发展而来，都属"篆书"体；以《史籀篇》为范本的自秦文至小篆（或称篆文、秦篆）的发展演变只是文字字体间的变化，至多也只是"或颇省改""篆体复颇异"，而于文字的构形并未发生根本的变化。

同样，在讨论《说文》正篆性质的时候，我们不应忽略汉字发展史上的这样一个重大的历史事件，即秦始皇的"书同文"，也即"罢其不与秦文合者"。在"书同文"的过程中，秦始皇所要罢者是战国时期东方六国文字中构形与秦文不合者而绝不仅仅是字体的不合。秦始皇"书同文"是汉字发展史上的一个关键性的问题，过去学者多误以为"书同文"仅仅是一次文字使用的规范整理，是文字字体的规范与整理。以楚简新出字为例，我们依据《楚文字数据库》清理出的楚简新出字共计4412个字，其中构形与《说文》正篆及重文相合者仅968例，占整个楚简新出字的21.94%，而未见收于《说文》者凡3444字（包括见于后世其他字韵书的678字及后世失传的新出字2766字两部分），占整个楚简新出字的78.06%，也就是说，楚简新出字中有四分之三强的文字为秦始皇"书同文"所淘汰（参见第三章相关的讨论）。很显然，秦始皇的"书同文"是一次文字变革，而不仅仅是一次文字使用的规范整理。那么，这一历史事件所传递给我们的信息是什么呢？它要告诉我们的是，"书同文"之后，东方六国文字中（可能还应当包括其他的古文字资料，如籀文等）就只剩下了构形与秦文（小篆）相合的文字。换句话说，就文字构形而言，在《说文》正篆中，包括了东方六国文字、籀文在内的大量的与秦文（小篆）构形相合的古文字资料。因此，当我们以《说文》正篆与相关的古文字相比照时就会发现，《说文》正篆中既有合籀文者，也有合"古文"（指战国时期东方六国文字）者，更有合甲、金文者，因而也就很容易得出《说文》正篆的古文说、综合说之结论。然而，这样的一些结论是无助于我们正确认识《说文》正篆的性质的。因为，在《说文》正篆中，大量的古文字资料（包括甲骨文、金文及战国文字等）是找不到对应的关系的。

我们不妨换一个角度去看《说文》正篆的性质。

众所周知，在中国的字韵书史上，历代字韵书的编纂都有一个传统，就是对前代字书的继承与发展。就现有的史料而言，中国最早的字书大概是《史籀篇》。《说文·叙》中所谓的《仓颉篇》、赵高《爰历篇》、胡毋敬《博学篇》"皆取史籀大篆，或颇省改，所谓小篆者也"这就是继承，"皆"是大部或全部，可见李斯等人的字书并不是新造的文字，大部或全部都是取自《史籀篇》。更早的《汉书·艺文志》亦有类似的记载，其在指出《苍颉》《爰历》《博学》"文字多取《史籀篇》，而篆体复颇异，所谓秦篆者也"之后，又进一步说："汉兴，闾里书师合《苍颉》《爰历》《博学》三篇，断六十字以为一章，凡五十五章，并为《苍颉篇》。武帝时，司马相如作《凡将篇》，无复字。元帝时，黄门令史游作《急就篇》；成帝时，将作大匠李长作《元尚篇》，皆《苍颉》中正字也。《凡将》则颇有出矣。至元始中，征天下通小学者以百数，各令记字于庭中。扬雄取其有用者，以作《训纂篇》，顺续《苍颉》，又易《苍颉》中重得之字，凡八十九章。臣复续扬雄作十三章，凡一百二章，无复字，六艺群书所载略备矣。《苍颉》多古字，俗师失其读，宣帝时征齐人能正读者，张敞从受之，传至外孙之子杜林，为作训故，并列焉。"

由中国字韵书史上的这一传统，我们可以推断，《说文》也是在前代字书的基础上编纂而成的，这一点可由以下两点事实得以佐证。

其一，历史上，秦始皇焚书，禁民藏书，至汉惠帝才废除禁藏书令，汉武帝又"广开献书之路"，"建藏书之策，置写书之官，下及诸传说，皆充秘府"（《汉书·艺文志》）；至汉成帝时，"百年间，书如山积"（《文选·任彦昇为范始兴作求立太宰碑表》注引《七略》）。东汉时期，曾"以诏书校书东观"[①]的许慎，历二十二年编著《说文解字》，是不可能没有见过这些"如山积"之书的，这些"如山积"之书，既有汉初之时的文献，更有战国时期的文献材料，而这些文献材料中所涵盖的文字之字数绝非仅如《说文》正篆所收的9353个字（即便是包括《说文》中的重文字数，也是如此），楚简新出字中未见于《说文》者凡3444例就是一个很好的例

---

① ［东汉］许冲：《上说文解字表》，载《说文解字》卷十五，北京：中华书局1963年12月第1版第320页。

证。许慎之所以未将其中的文字悉数收于《说文》，并非其未见，亦非其不收，而是其所依据的前代字书未收（这其中恐怕也包括"书同文"的因素在内）。关于这一点，容庚先生亦云："当时（指汉代班固之时——引者）所作一百二章，章六十字，凡六千一百二十字，无非编纂章句，以便诵习。观其所云'取其有用者'，与'六艺群书，所载略备'，非谓文字尽于此也。即《说文》所取九千三百五十三文，亦仅足供学童讽书之用，盖'太史试学童能讽书九千字以上乃得为吏'，亦非谓文字尽于此也。罗先生《殷虚书契·待问篇》取录甲骨文之不可遽释者千名，而此编各部所附、及附录所载亦逾千名，殆皆《说文》所无者，则其遗佚多矣。昔之治《说文》者，于《说文》所无之字，略依音训，于《说文》中求之。即偏旁逸者，亦必牵强傅会以明非逸，以蒿为希，以兔为免，以粤为粤，以出为由，不其惑欤！"①

其二，大量的见于经传的文字，包括见于《说文》之前字韵书如《尔雅》《方言》等中的文字，并未见收于《说文》的这一事实亦表明许慎编纂《说文》时主要是依据前代的字韵书。如果将经传中的文字未见收于《说文》这一现象解释为许慎编纂《说文》时的失收，恐怕于"五经无双"之称号是不相符的，于情于理也是说不过去的。

基于上述的几点事实，我们认为，《说文》中的正篆，是许慎编纂《说文》时依据某一文献资料（这一文献可能就是《史籀篇》，② 也可能还包括其他的文献）进行规范整理而得到的一套新的文字系统，其形式是以小篆字体（秦篆、秦文）为载体，而就其文字构形来说，既与籀文（主体应是《史籀篇》）相合，亦与古文（战国时期东方六国文字）相合，更与小篆相同。因此，在某种意义上我们甚至可以说，许慎之《说文》是秦始皇"书同文"的继续。

二 关于《说文》正篆与重文之间的关系问题

当我们将《说文》正篆的性质认识清楚了之后，有关《说文》正篆与重文之间的关系也就比较好理解与把握了。

说到《说文》正篆与重文之间的关系，③ 一般来说，应当包括三层含义：

---

① 容庚编著：《金文编·容序》，北京：中华书局 1985 年 7 月第 1 版。
② 参见赵平安先生《新出〈史律〉与〈史籀篇〉性质》一文，载武汉大学简帛网 2006 年 3 月 12 日。
③ 关于《说文》重文与正篆的关系，学术界大致有两种意见。第一种意见认为：重文跟正篆是彼此音义相同而外形不同的异体字；第二种意见认为：除了多数是"异体"关系之外，还有少数是"假借"和"同义换读"关系。（参见黄天树：《〈说文〉重文与正篆关系补论》，载《语言》第一辑第 157 页，首都师范大学语言研究中心 2000 年）这与本文所要讨论的《说文》正篆与重文之间的关系稍有不同。

其一，就文字字体而言，正篆与重文分属于不同的文字字体，有小篆与古文、籀文、俗字之别。其二，就文字构形来说，因存在构形上的差异，正篆与重文之间又构成文字异体关系（或称之为异构关系）。其三，如就许慎收字所依据的文献材料来说，正篆与重文则分别源自于不同的文献资料，如"古文"的主体源于孔子壁中书，"籀文"则属于《史籀篇》中的"或颇省改"者等。正是因为源于不同的文献资料，正篆与重文之间才会存在字体的不同或出现构形的差异。

因此，究其实质而言，正篆与重文之间的关系，是许慎编纂《说文》时所依据的文献材料的不同而并非不同时期的文字。关于这一点，最好的例证恐怕莫过于大量的《说文》同一字头下的正篆、重文同见于楚简文字，其中相当一部分是同一字头下的正篆、重文同见于楚简新出字。也正是因为许慎编纂《说文》所收的正篆、重文有文献材料的不同，才会出现在《说文》有正篆与重文之别而在楚简文字中则只是文字构形的不同，除此，别无其他解释。

《说文》同一字头下的正篆、重文同见于楚简新出字的情形，大致有五：一是正篆与古文同见；二是正篆与籀文同见；三是正篆与或体同见；四是俗字与正篆同见；五是正篆与篆文同见（包括正篆下的古文、篆文同见之例）。下面分别予以举例讨论。

（一）正篆与古文同见之例

［㤅］

"㤅"字原篆作 、，构形从心、旡声，与《说文·心部》"㤅"字正篆相同。《说文·心部》："㤅，惠也。从心、旡声。㤅，古文。"字今作"爱"。

简文中，"㤅"字48见，均用同《说文》。如：

（1）訇（匍）民㤅（愛），则子也；弗㤅（愛），则戠（仇）也。（《郭·尊》简26）

（2）出於眚（性），㤅（愛）類（類）七，唯眚（性）㤅（愛）爲近悉（仁）。（《上一·性》简34）

按：楚简中另有"惡"字，构形与《说文·心部》"㤅"之古文相同，亦为新出字。简文中，"惡"用作"愛"，或用作"氣"。例略。

［弇］

"弇"字原篆作 、，构形从廾、从合，

与《说文·廾部》"弇"字正篆相同。《说文·廾部》:"弇,盖也。从廾、从合。𢍱,古文弇。"朱骏声《说文通训定声》:"古文从廾,从日在穴中。"段注:"《释言》曰:弇,同也;弇,盖也;此与'奄,覆也',音义同。"

简文中,"弇"字10见,用同"掩"。如:

　　君祝敛,毋専青(情),忍皋(罪)虐(乎),则言不聖(聽),青(請)不隻(獲),女(如)川(順)言弇亞(惡)虐(乎),则忎(恐)後敢(誅)於吏(史)者。(《上六·競》简7)

原整理者云:"'弇',掩蔽。《管子·八观》:'弇其迹。'"①

按:楚简中,"弇"字或作"𥦗""穼",原篆作𥦗(《郭·六》简31)、𥦗(《郭·成》简16),构形与《说文》"弇"之古文相同或相近。

[詩]

"詩"字原篆作𧥷(《郭·语一》简38)、𧥷(《上四·曹》简21),构形从言、寺声,与《说文·言部》"詩"字正篆相同。《说文·言部》:"詩,志也。从言、寺声。䛗,古文詩省。"

简文中,"詩"字2见,用同《说文》。如:

　　(1)《詩》所以會古含(今)之恃(志)也。(《郭·语一》简38~39)
　　(2)《詩》於又(有)之曰:"幾(豈)俤(弟)君子,民之父母。"(《上四·曹》简21~22)

按:楚简中,"詩"字或从言、从止作"𧥷",原篆作𧥷(《上一·孔》简1),与《说文》"詩"之古文相同。又或从口、从止作"告",原篆作𧥷(《上一·紂》简7),即"𧥷"字变体。古文字构形从口、从言可通。简文中,"𧥷""告"均用同"詩"。例略。

[近]

"近"字原篆作𨒫(《郭·五》简7)、𨒫(《上三·中》简20),构形从辵、近声,与《说文·辵部》"近"字正篆相同。《说文·辵部》:"近,附也。从辵、斤声。岓,古文近。"

简文中,"近"字13见,均用同《说文》。如:

---

① 马承源主编:《上海博物馆藏战国楚竹书(六)》,上海:上海古籍出版社2007年7月第1版第179页。

（1）司（始）者近青（情），終者近義。(《郭·性》简3)

（2）孔=（孔子）曰："含（今）之君子所 滦（竭）亓青（情）、惇（盡）亓 斳（慎）者，三害近與矣。"(《上三·中》简20)

按：楚简中，"近"字或从止、斤声作"岅"，原篆作 ![] (《上一·性》简34)，与《说文》"近"之古文相同。古文字构形从辵、从止可通。简文中，"岅"字用同"近"。例略。

[表]

"表"字原篆作 ![] (《上二·容》简22)、![] (《包》简262)，构形从衣、从毛，与《说文·衣部》"表"字正篆相同。《说文·衣部》："表，上衣也。从衣，从毛。古者衣裘，以毛为表。襺，古文表从麃。"徐锴《系传》："古以皮为裘，毛皆在外，故衣毛为表。会意。"

简文中，"表"字4见，均用同《说文》。如：

（1）二筲，□缯纯，以繮青之表，紫裏，繡純，繪純，素繪純。(《包》简262)

（2）丑、寅、卯、唇（辰）、巳、午、未、申、栖（酉）、戌、亥、子，是胃（謂）禾日，秒（利）以大祭音=（之日），秒（利）以完（冠），□車馬，折（製）衣締（裳）、表紇。(《九·五六》简36)

按：楚简中，"表"字或从衣、从鹿作"襹"，原篆作 ![] (《上三·周》简6)，构形与《说文·衣部》"表"之古文近似。字又省作"襃"，原篆作 ![] (《上四·柬》简5)、![] (《上四·柬》简5)。《集韵·小韵》："表，古作襃。"《古今韵会举要·篠韵》："表，亦作襃。"简文中，"襹""襃"均用同"表"。

[卦]

"卦"字原篆作 ![] (《上六·天甲》简11)、![] (《上六·天乙》简10)，构形从卜、从兆，兆亦声，与《说文·卜部》"卦"字正篆相同。《说文·卜部》："卦，灼龟坼也。从卜，兆，象形。兆，古文兆省。"《玉篇·兆部》："兆，事先见也，形也。卦，同上。"邵瑛《说文解字群经正字》："今经典从古文。《周礼·大卜》：'掌三兆之法。'陆氏《释文》本作'卦'。官本从《释文》，而亦不尽改。惟些一节，经、注俱作卦。"

简文中，"卦"字2见，均用作"兆"。如：

临卦（兆）：不言 阇（亂），不言歸（寢），不言威（滅），不言友（拔），

不言尚（短），古（故）鼃又（有）五异（忌）。（《上六·天甲》简 11）

原整理者云："'𠁁'，卜兆之'兆'的专用字，同'兆'。《说文》：'𠁁，灼龟坼也。从卜，兆象形。'《说文》本篆作'𠁁'，古文省作'兆'。邵瑛《说文解字群经正字》：'今经典从古文。《周礼·大卜》"掌三兆之法。"陆氏《释文》本作"𠁁"。''臨𠁁'，察看卜兆，以判断吉凶。"①

按：楚简中，"兆"字另见，原篆作 ![] （《包》简 265），构形与《说文·卜部》"𠁁"之古文相同。简文中借用作"朓"。例略。

[懼]

"懼"字原篆作 ![] （《上五·三》简 4）、![] （《上六·王问》简 3），构形从心、瞿声，与《说文·心部》"懼"字正篆相同。《说文·心部》："懼，恐也。从心、瞿声。愳，古文。"

简文中，"懼"字 7 见，均用同《说文》。如：

競坪（平）王豪（就）奠（鄭）壽，譹（諆）之於层（宗）富（廟），曰：禞（禍）敗因（因）童於楚邦，懼䰧（鬼）神，曰（以）取芡（恕）。（《上六·王问》简 1）

按：楚简中，"愳"字另见，原篆作 ![] （《上五·姑》简 8）、![] （《上二·从乙》简 3），构形从心、从眲，与《说文·心部》"懼"之古文相同。简文中，"愳"字均用同"懼"。例略。

（二）正篆与籀文同见之例

[話]

"話"字原篆作 ![] （《郭·缁》简 30），构形从言、昏声，与《说文·言部》"話"（語）字正篆相同。《说文·言部》："話，合会善言也。从言、昏声。《传》曰：'告之話言。'譮，籀文話从會。"

简文中，"話"字 1 见，用同《说文》。如：

古（故）大人不昌（倡）流。《寺（詩）》員（云）："昚（慎）尔出話，敬尔悢（威）義（儀）。"（《郭·缁》简 30）

刘钊云："'![]'即'話'字古文。"②

按：楚简中，"譮"字另见，原篆作 ![] （《上六·用》简 18），构形从

---

① 马承源主编：《上海博物馆藏战国楚竹书（六）》，上海：上海古籍出版社 2007 年 7 月第 1 版第 329 页。
② 刘钊著：《郭店楚简校释》，福州：福建人民出版社 2003 年 12 月第 1 版第 62 页。

言、會声，与《说文·言部》"話（话）"之籀文相同。例略。

[贛]

"贛"字原篆作🈳（《上六·用》简7）、🈳（《上五·君》简11），构形与《说文·貝部》"贛"字正篆相同。《说文·貝部》："贛，赐也。从貝、竷省声。🈳，籀文贛。"

简文中，"贛"字21见，用作人名"子贛"（后世文献写作"子貢"），或借用作"坎"。如：

(1) 孔（=孔子）退，告子贛（貢）曰："虗（吾）見於君，不昏（問）又（有），而昏（問）䢦，不亦墜（欽）虐（乎）？"子贛（貢）曰："虗（吾）子之答也可（何）女（如）？"孔（=孔子）曰："女（如）訑（斯）。"（《上四·相》简4）

(2) 贛＝（坎坎）䧹＝（險險），亓（其）自視之泊。（《上六·用》简7）

例（2），原整理者云："'贛贛'疑可读同'坎坎'。《周·坎卦》：'习坎，有孚维心。亨。行有尚。'汉帛书本'坎'书作'贛'。'坎'乃险陷之象。《汉书·贾谊传》：'易"坎为险"，遇险难而止也。'《释名·释天》：'子，孳也。阳气始萌，孳生于下也。于《易》为坎，坎，险也。''贛贛險險'，亟言其险陷也。"①

按：楚简中，"贛"字另见，原篆作🈳（《包》简244）、🈳（《上二·鲁》简3），构形从貝、歆声，与《说文·貝部》"贛"之籀文相同。简文中，"贛"字5见，与"贛"字的字用相同，亦用作人名"子贛"。例略。

(三) 正篆与或体同见之例

[常]

"常"字原篆作🈳（《包》简203）、🈳（《包》简203），构形从巾、尚声，与《说文·巾部》"常"字正篆相同。《说文·巾部》："常，下帬也。从巾、尚声。裳，常或从衣。"

简文中，"常"字11见，均用同《说文》。如：

(1) 一常（裳），緙環。一綢，緙環。（《曾》简123）
(2) 覨（舉）石被裳之祟（祟），罷祷於邵王戠牛，饋之。（《包》简203）
(3) 珥、衣常（裳），虗（且）祭之目（以）一猎於東陵。占之：吉。（《新·甲三：207》简232）

---

① 马承源主编：《上海博物馆藏战国楚竹书（六）》，上海：上海古籍出版社2007年7月第1版第294页。

按：楚简中，"裳"字另见，字非新出，原篆作■（《包》244）、■（《上二·容》简47），构形从衣、尚声，与《说文·巾部》"常"之或体相同。《玉篇·巾部》："常，帬也。今作裳。"简文中，"裳"字均用同《说文》。例略。

[匈]

"匈"字原篆作■（《新·零：291》简935），字迹不清，据整理者考释，构形从勹、凶声，与《说文·勹部》"匈"之正篆相同。《说文·勹部》："匈，声也。从勹、凶声。胷，匈或从肉。"段注改"声"为"膺"。字即今"胸"字。

简文中，"匈"字1见，用同《说文》。如：

匈所丧者。（《新·零：291》简935）

按：楚简中，另有"胷"字，原篆作■（《汇·望一》简10），构形从肉、凶声，与《说文·勹部》"匈"之或体相同。字或从肉、匈声作"胷"，原篆作■（《汇·望一》简12），即"胷"之异体。《字汇·肉部》："胷"同"胸"。简文中，"胷""胷"均用同"匈"（胸）。例略。

[詘]

"詘"字原篆作■（《郭·老乙》简14）、■（《郭·性》简46），构形从言、出声，与《说文·言部》"詘"字正篆相同。《说文·言部》："詘，詰詘也。一曰屈襞。从言、出声。譎，詘或从屈。"《广韵·物韵》："詘，辞塞。"朱骏声《说文通训定声》："詘，字从言，当与吃同意。"《史记·李斯列传》："轻财重士，辩于心而诎于口。"

简文中，"詘"字四见，或用同《说文》。如：

大致（巧）若伷（拙），大成若詘，大植（直）若屈。（《郭·老乙》简14～15）

刘钊云："'詘'意为穷尽、不足。"①

上揭例（2）之"詘=（詘詘）"，《上博一·性》原整理者云："'詘詘'，同'出出''咄咄'，《左传·襄公三十年》'或叫于宋大庙，曰"譆譆出出"'，《周礼·秋官·庭氏》郑玄注引此作'詘詘'，《通雅》卷十：

---

① 刘钊著：《郭店楚简校释》，福州：福建人民出版社2003年12月第1版第35页。

'《左传》叫于庙中"諨諨出出",当作"嘻嘻咄咄",皆是状鬼神之声。'"[1]

按：楚简中,"諨"字另见,原篆作𧩟(《上六·用》简7),构形从言、屈声,与《说文·言部》"詘"之或体相同。例略。

（四）俗字与正篆同见之例

[肣]

"肣"字原篆作𦜉(《上二·容》简5)、𦙶(《上二·容》简16),构形从肉、今声,与《说文·马部》"圅"之俗体相同。《说文·马部》:"圅,舌也。象形。舌体马马。从马,马亦声。肣,俗圅从肉今。"邵瑛《群经正字》:"今经典作函。"《正字通·口部》:"圅,函本字。"

简文中,"肣"字2见,均用作"禽"。如：

（1）肣（禽）獸（獸）朝,鱼鼈（鳖）献。(《上二·容》简5)
（2）堂（当）是时也,殹（瘄）役（疫）不至,袄（妖）羕（祥）不行,桀（祸）才（灾）达（去）亡,肣（禽）獸（獸）肥大,卉木晉（薦）長。(《上二·容》简16)

按：楚简中,"圅"另见,字非新出,原篆作𢎘(《上六·王问》简7),构形与《说文·马部》"圅"字正篆相同。简文中,"圅"字1见,借用作"谦"。如：

甍（丧）,圅（谦）龏（恭）罣（淑）惪（德）,民是覞（觀）䀛（望）。(《上六·王问》简7)

原整理者云："'圅龏罣惪',读为'谦恭淑德'。'谦恭',《汉书·于定国传》:'为人谦恭。'《后汉书·北海靖王兴传》:'而睦性谦恭好士。'皆为谦逊之意。'淑德',《后汉书·窦融传》:'脩成淑德,施及子孙。'《汉书·王莽传》:'以淑德累世为周氏太师。'是指好的德行,美德。"[2]

（五）正篆与篆文同见之例

[仝]

"仝"字原篆作仝(《包》简241),构形从入、从工,与《说文·入部》"仝"字正篆相同。《说文·入部》:"仝,完也。从入,从工。全,篆

---

[1] 马承源主编：《上海博物馆藏战国楚竹书（一）》,上海：上海古籍出版社2001年11月第1版第273页。

[2] 马承源主编：《上海博物馆藏战国楚竹书（六）》,上海：上海古籍出版社2007年7月第1版第263页。

文仝从玉。纯玉曰全。🀆，古文全。"段注："按篆当是籀之误。仝全皆从人，不必先古后篆也。今字皆从籀，而以仝为同字。"

简文中，"仝"字1见，用同"全"。如：

> 弎䀉吉之祭，言祭，筥之高至（丘）、下至（丘）各一仝（全）𤢜。（《包》简241）

按：楚简中，"仝"字或从入、从玉作"全"，原篆作🀆（《包》简237）、🀆（《上五·鲍》简3），构形与《说文》"全"之篆文相同。简文中"全"字6见，均用同《说文》。例略。

[畎]

"畎"字原篆作🀆（《上六·慎》简5）、🀆（《上六·慎》简5），构形从田、犬声，与《说文·〈部》"〈"之篆文相同。《说文·〈部》："〈，水小流也。《周礼》：'匠人为沟洫，耜广五寸，二耜为耦，一耦之伐，广尺深尺谓之〈。'倍〈谓之遂，倍遂曰沟，倍沟曰洫，倍洫曰〈〈。甽，古文〈从田，从川；畎，篆文〈从田、犬声。六畎为一亩。"

简文中，"畎"字2见，用同《说文》。如：

> 古（故）曰：信（居）首普（之首），茅芙楮（？）筱，執櫨巡畎備畎。（《上六·慎》简5）

原整理者云："畎，田间的小沟。"[1]

按：楚简中，"〈"字古文"甽"另见，原篆作🀆（《上二·子》简8），构形从田、川声。"甽"即"甽"，古文字构形上下、左右多无别。

简文中，"甽"字1见，用同《说文》。如：

> 古（故）夫 𡔷（舜）之息（德）丌（其）城（誠）㴴（賢）矣，釆（播）者（諸）甽（畎）畮（畝）之中，而吏（使）君天下而 戛（偶）。（《上二·子》简8）

原整理者云："'甽'同'畎'，'畮'同'畝'。'畎畝'，泛指市廛以外田野壟畝中生活的庶民。《集韵·上铣》：'《说文》：水小流也。《周礼·匠人》为沟洫，耜广五寸，二耜为耦，一耦之伐，广尺深尺谓之畎，

---

[1] 马承源主编：《上海博物馆藏战国楚竹书（六）》，上海：上海古籍出版社2007年7月第1版第281页。

倍畎谓之遂，倍遂曰沟，倍沟曰洫，倍洫曰巜。古从田川，篆从田，犬声.'……《国语·周语下》：'天所崇之子孙，或在畎亩，由欲乱民也.'韦昭注：'下曰畎，高曰亩。亩，垅也.'"[1]

第二节　楚简新出字与《说文》中的正篆（二）

　　战国时期文字的一大特点是地域性差异或者说文字的国别间差异非常突出，这种差异不仅表现为文字构形上的不同，所谓"文字异形"，即"同词异字"；同时也表现为文字的表词差异，同一个文字形体在不同的地域或不同的国家所记录的词是不相同的，即"同字异词"（这与因音同音近的关系而临时借用文字形体所形成的"同字异词"现象有本质上的不同[2]）。战国时期，文字的"同字异词"现象不仅存在于不同的国家之间，即使是同一个国家的文字系统中也存在"同字异词"的现象，楚简文字中就存在这种文字的"同字异词"现象（参见第四章中的有关讨论）。汉字的"同字异词"现象的产生是由汉字形义间的特定关系所决定，在文字未被统一、规范的时期，不同地域或者说不同国家的造用字者可以为不同的词造字选择构形相同的字体。[3]对于战国文字，以往学者更多关注的是文字的构形差异，

---

[1] 马承源主编：《上海博物馆藏战国楚竹书（二）》，上海：上海古籍出版社2002年12月第1版第192页。

[2] 关于"同字异词"，传世文献亦偶有记载。《四部丛刊》本之《尹文子·大道下》云："郑人谓玉未理者为璞，周人谓鼠未腊者为璞。周人怀璞，谓郑人曰：'欲买璞乎？'郑贾曰：'欲之.'出其璞视之，乃鼠也，因谢不取。"相同的记载也见于《战国策·秦策三》，只是个别文字略有差异："郑人谓玉未理者璞。周人谓鼠未腊者朴。周人怀朴过郑贾曰：'欲买朴乎？'郑贾曰：'欲之.'出其朴，视之，乃鼠也。因谢不取。"这种"同字异词"，说到底也应当是同音借用，而非为不同的词造字选择了构形相同的字体。

[3] 关于文字的"同字异词"现象，裘锡圭先生在其《文字学概要》中云："在早期的文字里，存在着表意的字形一形多用的现象。同一个字形可以用来代表两个以上意义都跟这个字形有联系，但彼此的语音并不相近的词。例如：……在古汉语里，象成年男子的'大'最初既是'夫'字又是'大'字（'夫'的本义就是成年男子），象月亮的'夕'最初既是'月'字又是'夕'字。""早期和晚期汉字里的表意字同形现象，是有相当大的区别。在早期汉字里，一形多用曾经是相当普遍的一种现象，而且这种现象通常是存在于同时同地的文字里。在晚期汉字里，表意字同形的现象是罕见的，而且这种同形字极少在同时同地文字里一起使用。"并自注云："沈兼士对古汉字早期表意字的这种特点曾作过研究。他指出这种一形多用的现象'在形非字书所云重文、或体之谓，在义非训诂家所云引申、假借之谓，在音非古音家所云声韵通转之谓。而其形其音其义皆后世认为断断乎不相干者.'（《初期意符字之特性》，《沈兼士学术论文集》208页，中华书局，1986年。）"《文字学概要》，北京：商务印书馆2013年7月修订版第5～6页、205页、6页。

即"同词异字"现象，而于文字的表词差异，即文字的"同字异词"现象则因其复杂性而缺乏必要的研究。

在构形与《说文》正篆相同的楚简新出字中，因表词不同而与《说文》正篆构成"同字异词"关系的字，据粗略统计，凡43例，就数量而言，字数不多，但就一种文字现象来说却颇值关注，这是因为：

其一，有助于我们认识汉字发展过程中地域性因素对汉字构形系统的影响。楚简新出字与《说文》正篆之间的"同字异词"，在某种意义上说，可以视作是战国时期楚系文字与秦系文字之间字用的不同。其实，这种战国时期国别文字间字用的不同在《说文》中也有记载，《说文》中的"重出字"可以说是这种国别文字间的"同字异词"现象的另一种形式的表现（参见第四章第3节）。

其二，有助于我们进一步认清《说文》正篆的性质。在前一节的讨论中，我们曾指出：《说文》中的正篆是许慎编纂《说文》时依据某一文献资料进行规范整理而得到的一套新的文字系统。换句话说，正是因为许慎确定正篆所依据的是某一或某些文献资料，而其所依据的文献又并不能涵盖当时所有的文献，包括大量的字用不同的现象，才会出现出土文献中的某些文字的字用与《说文》正篆的不同，即"同字异词"。

其三，有助于我们认识《说文》正篆训释的局限性，而这对于我们今后编纂大型工具书极具指导意义。许慎于正篆的训释，虽如其所云"博采通人，至于小大，信而有证，稽譔其说，将以理群类、解谬误、晓学者、达神恉"，于体例亦有"一曰""通人说""引经说"等，但其泥于某一或某些文献资料，或者说泥于所谓本形本义的考察而置其他诸多文献资料中的不同字用于不顾，以至于出现《说文》正篆的训释与出土文献中许多文字的字用并不一致，包括与后世其他字韵书的训释并不相同（详见下文的讨论），这就与其所云"万物咸睹，靡不兼载"颇有出入。

与《说文》正篆构成"同字异词"关系的这部分楚简新出字，就其所记录的词而言，大致可以分为两种情况：一是异于《说文》，亦不同于传世文献及后世其他的字韵书；二是异于《说文》，但与传世文献或后世字韵书相同。下面分别予以讨论。

一　异于《说文》，亦不同于传世文献及后世其他字韵书

这部分楚简新出字凡20例，其所记录的词，既不同于《说文》，亦有别于传世文献及后世其他的字韵书。换句话说，这部分楚简新出字带有地域性特色的用法，在后世的文字传承过程中已经消失。如：

[柲]

"柲"字原篆作 ![字] (《曾》简62)、![字] (《曾》简68)，构形从木、殳声，简文中凡16见，均见于《曾侯乙墓》简。如：

(1) 一柲，二旆，屯八翼之翻，旗貽。(《曾》简3)
(2) 一晋柲，二旆，屯八翼之翻。(《曾》简14)

原整理者云："从简文看，墓中的'柲'和'晋柲'都是起旆旗之杆的作用的，这是与古书所记之殳不同之处。"①

按：楚简文字中"柲"字"起旆旗之杆作用"的这一用法非常独特，既不同于《说文》，亦未见于传世文献及后世其他的字韵书。《说文·殳部》："柲，军中士所持殳也。从木，从殳。《司马法》曰：'执羽从柲。'"很显然，楚简文字中的"柲"字，因地域性差异或国别间的用字差异而与《说文》中的"柲"字构成"同字异词"关系。

"柲""殳"或为一组古今字，"柲"当是"殳"的后起今字。王筠《说文句读》："'柲'当是'殳'之重文。"朱骏声《说文通训定声》："柲，按此字当为殳之或体。"《急就篇》第十七章："铁锤挝杖棁柲柲。"颜师古注："柲与殳音义同。"

值得注意的是，《说文》所记录的"殳"字之用亦存在差异，有"以杸殊人也"与"所以旋也"之别。如，《说文·殳部》："殳，以杸殊人也。《礼》：'殳以积竹，八觚，长丈二尺，建于兵车，车旅贲以先驱。'从又、几声。"又《舟部》："般，辟也，象舟之旋。从舟，从殳。殳，所以旋也。舫，古文般从攴。"②

其实，"般"字构形中的"殳"为"攴"的讹变，与"殳"无关。"般"字甲骨文作 ![字] (甲五九〇)、金文作 ![字] (兮甲盘)，构形均从攴作，与《说文》"般"之古文"舫"相同。商承祚《说文中之古文考》："甲骨文金文皆从攴作，与此(指'般'之古文'舫'。——引者)同，篆文从殳者，讹变也。"③因此，《说文》中"殳"字的"以杸殊人也"与"所以旋也"之别，既可能是字形讹变的结果("攴"讹作"殳")，也不排除是"殳"字在汉代使用时地域性差异遗留的可能。

---

① 湖北省博物馆：《曾侯乙墓》，北京：文物出版社1989年7月第1版第505页注31。
② 《说文·舟部》原作"舫，古文般从攴"，段注："各本作'支'，误，今正。从攴犹从殳也。"今据段注本。
③ 商承祚著：《说文中之古文考》，上海：上海古籍出版社1983年3月第1版第81页。

[軖]

"軖"字原篆作█（《曾》简167）、█（《曾》简154），构形从車、㞷声，简文中15见，用作车名。如：

(1) 审賏敓（令）䚩所馭少軖（廣）。（《曾》简18）
(2) 高都之駟爲右驂。篝（乘）馬駟。篝（乘）軖（廣）。（《曾》简167）
(3) 大（太）官之駟＝（駟馬）。行軖（廣）。（《曾》简155）

原整理者云："《说文·車部》：'軖，纺车也。从車、㞷声。读若狂。一曰一轮车。'此与简文'軖'不同义。简文有少軖、乘軖、行軖。'軖'均用为车名，当读为廣车之'廣'。'軖'从'㞷'声，'㞷''廣'古音极近。《左传·宣公十二年》'楚子为乘廣三十乘，分为左右。'又襄公十一年'廣车、軘车淳十五乘'，杜预注：'廣车、軘车，皆兵车名。'《周礼·春官·车僕》'廣车之萃'，郑玄注：'廣车，横陈之车也。'……'廣车'似是指旆、殿等兵车，'行廣'则是其他性质的廣车。"①

按：依据汉字构形的一般规律，楚简文字的"軖"字构形从車，疑即"廣车"之"廣"的本字，与《说文》"纺车"之"軖"当属"同字异词"。

[駐]

"駐"字原篆作█（《曾》简163），构形从馬、主声，简文中1见，用作马名，与《说文》有别。《说文·馬部》："駐，马立也。从馬、主声。"《玉篇·马部》："駐，马立止也。"如：

旔（陽）城君之駟爲左驌（服），鄭君之駟駐爲右驌（服），麗郚君之肇＝（駙車）。（《曾》简163）

原整理者云："'駐'字所从右旁原文作'█'，与古文'宝'所从'主'作'█'者相同，故将此字释为'駐'。简文'駐'是马名，与《说文》训为'马立'之'駐'当非一字，其确义待考。"②

[倀]

"倀"字原篆作█（《郭·五》简8）、█（《上四·曹》简18），构形从人、長声，简文中20见，均用同"長"，与《说文》异。《说文·人部》："倀，狂也。从人、長声。一曰什也。"段注本改"什"为"仆"。朱骏声

---

① 湖北省博物馆：《曾侯乙墓》，北京：文物出版社1989年7月第1版第513页注78。
② 同上书，第527页注231。

39

《说文通训定声》："倀，俗作倡。"如：

（1）子曰：倀（長）民者 斅（教）之以悳（德），齊之以豊（禮），則民又（有）懽（歡）心，斅（教）之以正（政），齊之以型（刑），則民又（有）孚（欺）心。（《郭·緇》简 23～24）

（2）虗（且）臣翻（聞）之：衮（卒）又（有）倀（長），三軍又（有）衙（帥），邦又（有）君，此三者所㠯戬（戰）。（《上四·曹》简 28）

[肧]

"肧"字原篆作 ▨（《新·甲三：301-2、301-1》简 321）、▨（《新·甲三：100》简 138），构形从肉、不声，简文中 2 见，用同"脊背"之"背"，与《说文》异。《说文·肉部》："肧，妇孕一月也。从肉、不声。"桂馥《义证》："《集韵》引作胚。"《正字通·肉部》："肧，俗作胚。"如：

貞：既肧（背）、雕（膺）疾，弖（以）胛疾，弖（以）心。（《新·甲三：100》简 138）

按："肧"当即楚简文字的"脊背"之"背"字。字或从骨作"骺"，或从人作"伓"，均从不得声，文字构形从人、从肉、从骨可通，简文中"肧""骺""伓"均用同"脊背"之"背"。楚简文字"體"字构形或从人作"僼"，或从肉作"膿"，与之同例。

又，楚简文字的"伓"字又由"脊背"之"背"引申有动词"背离""背叛"之义，与传世文字"背"字的引申轨迹相同。如："至忠亡譌，至信不伓（背），夫此之胃（謂）此。"（《郭·忠信之道》简 4）后世文献还保留了"伓"字的这种用法。如《马王堆汉墓帛书·经法·四度》："伓约则窘（窘），违刑则伤。"《马王堆汉墓帛书·经法·论约》："伓天之道，国乃无主。"《马王堆汉墓帛书·十六经·五正》："反义伓宗，其法死亡以穷。"诸"伓"字均用作动词"背叛""违背"之义，与楚简文"伓"字相同。

[柜]

"柜"字原篆作 ▨（《包》简 261）、▨（《汇·信二》简 7），构形从木、巨声，简文中 6 见，用同"籧"，与《说文》异。《说文·木部》："柜，木也。从木、巨声。"段注："柜，今俗作櫸，又音讹为鬼柳树。"如：

（1）一瘠桱，一房柜，二居枭。《汇·望二》简 6）

（2）一彫鼓，二棗，四桄，一弍盟之柜遷土甄。（《汇·信二》简 7）

《战国楚简研究》:"柜即鐻字,《考工记·梓人》为虡,本以木,始皇乃易以金,李斯小篆乃改从金豦声。司马赋云:千石之钟万石之钜,正谓秦物。按此将钜写鐻,原从木制之钜可写成柜,故柜即后之钜字,也即鐻、虡(虞)字,词指钟鼓之栒(萼足)也,《说文》作虞,隶省为虞。"①

[敷]

"敷"字原篆作𢾾(《包》简142)、𢾿(《包》简144),构形从攴、尃声,简文中4见,均用同"捕",与《说文》异。《说文·攴部》:"敷,妝也。从攴、尃声。《周书》曰:'用敷遗后人。'"《玉篇·攴部》:"敷,布也。亦作敷。"如:

(1)尐=(小人)牂(將)敷之,夫自傷,尐=(小人)女獸(獸)之,以告。(《包》简142)

(2)州人牂(將)敷尐==(小人,小人)信以刀自戕(傷),州人女以尐=(小人)告。(《包》简144)

按:楚简文字中的"敷"字疑即"捕"字,古文字构形从手、从攴,义近可通。《说文·手部》:"捕,取也。从手、甫声。"《广雅·释言》:"捕,搏也。"《字汇·手部》:"捕,擒捉也。又逮捕。逮者,其人在而直追取之;捕者,其人亡当讨捕之。"《庄子·秋水》:"骐骥骅骝,一日而驰千里,捕鼠不如狸狌。"陆德明释文:"捕,本又作搏。"

[弞]

"弞"字原篆作𢎭(《上三·周》简44)、𢎨(《郭·穷》简8),构形从弓、从矢,简文中10见,用同"射",与《说文》异。《说文·矢部》:"弞,况也,词也。从矢、引省声。从矢,取词之所之如矢也。"段注:"今俗所云已如是,况又如是也。《尚书》多用弞字,俗作矧。"如:

(1)孫叴(叔)三躳鄒(慚)思少司馬,出而爲命(令)尹,遇(遇)楚臧(莊)也。(《郭·穷》简8)

(2)九二:菐浴(谷)弞(射)𩇕(蜂)。(《上三·周》简44)

按:"弞"字或隶作"躳"。刘钊先生云:"'躳'是'射'字的楚文字写法,读为'谢'。"②《说文·矢部》:"躳,弓弩发于身而中于远也。从矢,

---

① 中山大学古文字研究室编:《战国楚简研究》第二辑第22页,未刊稿。
② 刘钊著:《郭店楚简校释》,福州:福建人民出版社2003年12月第1版第173页。

从身。射，篆文躲从寸。寸，法度也，亦手也。"商承祚《说文中之古文考》："射，为篆文，则躲为古文矣……是躲从弓从矢，或从弓从矢从又，象张弓注矢而射。此从身，乃弓形之讹。"今由楚简文字构形可证商说甚确。楚简文字中的"弞"当即"射"字，构形从弓、从矢，与《说文》"况词"之"弞"非一字。

[罷]

"罷"字原篆作⿱（《汇·信二》简19），构形从网、从能，简文中1见，用作某器名，与《说文》异。《说文·网部》："罷，遣有罪也。从网、能，言有贤能而入网，而贳遣之。"徐灏《说文解字注笺》："许意'入网'犹犯罪也。有贤能而犯罪，则贳其罪而罷遣之。"如：

　　一艸罷虘，絵鸞又盍，一長羽翣，一翌翣。（《汇·信二》简19）

《战国楚简研究》："虘是器物的名称。"①

[唇]

"唇"字原篆作⿱（《汇·望一》简143）、⿱（《上二·容》简52），构形从口、辰声，简文中3见，用同"辰"，与《说文》异。《说文·口部》："唇，惊也。从口、辰声。"段注："后人以震字为之。"《集韵·震韵》："唇，惊声。"如：

　　頉月酉唇昏＝（之日），登遣以少。（《汇·望一》简52）

按：楚简文字的"唇"即"辰"字繁构，构形从口，与"丙"字构形或从口作"酉"同例。字或从日作"唇"、作"晨"，简文中均用同"辰"，均为"辰"字异体。

[鼩]

"鼩"字原篆作⿱（《汇·望一》简63）、⿱（《包》简277），构形从鼠、勺声，简文中12见，均用同"豹"，与《说文》异。《说文·鼠部》："鼩，胡地风鼠。从鼠、勺声。"《广韵·效韵》："鼩，鼠属，能飞，食虎豹。出胡地。"如：

（1）蓏柿之駢爲左驂，豹裘爲左騑（服），高駃爲右騑（服）。（《曾》简167）

---

① 中山大学古文字研究室编：《战国楚简研究》第二辑第29页，未刊稿。

(2) 交交鳴鴬，集于中渚，戔（愷）俤芋竺，若豹若虎。（《上四·逸》简2）

《曾侯乙墓》整理者云："简文'貘'、'豻'、'貍'、'貂'等字所从'豸'旁，原文均写作'鼠'。古代'豸'、'鼠'二形旁往往混用。《隶释》所录魏三体石经《春秋》宣公三年'叔孙豹'之'豹'古文作'鼩'。'貂'字在古书中亦作'鼦'，《集韵》所收异体有'鼦'。故释文径书上引诸字所从'鼠'旁为'豸'旁。"①

[囩]

"囩"字原篆作 ▨（《曾》简45）、▨（《上三·亙》简9），构形从囗（匸）、云声，简文中15见，均用同"圓"，与《说文》异。《说文·囗部》："囩，回也。从囗、云声。"段注："凡从云之字皆有回转之义。"《正字通·囗部》："囩，回旋貌。"如：

（1）囩軒，紡榡（襮），紫裏，貂毟。（《曾》简4）
（2）於是虖（乎）方囩（圓）千里，〈於是於〉垔板正立（位），四向陊，禾（和）宷（懷）㠯逑天下之民。（《上二·容》简7）
（3）先又（有）囩（圓），焉又（有）枋（方）。（《上三·亙》简9）

按：楚简文字中"圓"字另见，原篆作 ▨（《曾》简203），用与《说文》同。《说文·囗部》："圓，圜。全也。从囗、員声，读若員。"《玉篇·囗部》："圓，周也。"古文字构形从員得声的字或从云得声。"媛"字异体或从云作"妘"，"䪼"字异体或从云作"䪺"，即其证。楚简文字的"囩"字当即"圓"之异体，与《说文·囗部》的"囩"非一字。

[妁]

"妁"字原篆作 ▨（《汇·杨》简34），构形从女、勺声，简文中1见，用作女奴之名，与《说文》异。《说文·女部》："妁，酌也。斟酌二姓也。从女、勺声。"桂馥《义证》："丁公著云：谓媒氏酌二姓之可否，故谓之媒妁。"《广韵·药韵》："妁，媒妁。"《集韵·药韵》："妁，媒也。"《孟子·滕文公下》："父母之命，媒妁之言。"如：

妁。（《汇·杨》简34）

《战国楚简研究》云："妁，当为一种女奴之称，用作'媒妁'之妁，是

---

① 湖北省博物馆：《曾侯乙墓》，北京：文物出版社1989年7月第1版第503页注15。

后来的事。"①

[縱]

"縱"字原篆作▇（《上五·鲍》简4）、▇（《上五·鲍》简4），构形从糸、夶声，简文中2见，均用同"放縱"之"縱"，与《说文》异。《说文·糸部》："縱，緩属。从糸、从從省声。"如：

　　不吕（以）邦豢（家）爲事，縱（縱）公之所欲，庚（更）民韍（怫）樂，箴（敦）谌（堪）怀（背）忞（愿），皮（疲）▇（敝）齊邦，日城（盛）于縱（縱），弗覬（顧）前逡（後）。（《上五·鲍》简4）

按：简文中的"縱"字疑即"縱"字之省形。简文中，"從"字或省作"夶"，原篆作▇（《上四·内》简6），可证。

[櫨]

"櫨"字原篆作▇（《上六·慎》简5），构形从木、盧声，简文中1见，用作某生产工具，与《说文》异。《说文·木部》："櫨，果似梨而酢。从木、盧声。"桂馥义证："櫨，字又作楂。"《广雅·释木》："櫨，梨也。"王念孙疏证："櫨，亦作楂。……王氏《农书》云：櫨似小梨，西山唐、邓间多种之，味劣于梨，与木瓜而入蜜煮汤，则香美过之。"如：

　　古（故）曰：信（居）首菩（之首），茅芙櫨（？）筱，執櫨迻畎備畎，必於遂迄。（《上六·慎》简5～6）

原整理者云："'櫨'似不应读为'楂'，应是一种生产工具，具体不详。"②

[罣]

"罣"字原篆作▇（《上六·天甲》简4）、▇（《上六·天乙》简4），构形从网、从隹，简文中2见，用同"羅"，与《说文》异。《说文·隹部》："罣，覆鸟令不飞走也。从网、隹。读若到。"字今作"罩"。徐锴系传："罣犹罩也。"段注："《网部》有罩，捕鱼器也，此与罩不独鱼鸟异用，亦且罣非网罟之类，谓家禽及生获之禽虑其飞走而笼罣之，故其字不入

---

① 中山大学古文字研究室编：《战国楚简研究》第四辑第27页，未刊稿。
② 马承源主编：《上海博物馆藏战国楚竹书（六）》，上海：上海古籍出版社2007年7月第1版第281页。

网部。今则罩行而罦废矣。"王筠句读:"捕鱼为罩,覆鸟为罦,皆同意。"《字汇·网部》:"罦,覆鸟者。"如:

(1)必中青(情)吕(以)罦(羅)於勿(物),幾殺而邦正。(《上六·天乙》簡4)

(2)型(刑)屯用青(情),邦芒(喪);屯用勿(物),邦芒(亡)必中青(情)吕(以)罦(羅)於勿(物),幾殺而邦正。(《上六·天甲》簡4～5)

原整理者云:"'罦',即'羅'之本字。'羅',包罗,囊括。"①

[佖]

"佖"字原篆作𠈇(《郭·语四》简10)、𠈇(《上五·鲍》简5),构形从人、必声,简文中4见,均用同"匹",与《说文》异。《说文·人部》:"佖,威仪也。从人、必声。"段注:"此当作'威仪佖佖'也。佖佖,无威仪。"如:

(1)佖(匹)婦禺(愚)夫,不知其向之小人、君子。(《郭·语四》简10～11)

(2)佖(匹)夫鳏(寡)婦之獄訟,君必身聖(聽)之。(《上四·曹》)

刘钊先生云:"'佖'读为'匹'。典籍有'匹夫匹妇'的说法,指平民男女、普通百姓。典籍'匹夫'意为'独夫',多指有勇无谋的人,含贬意。'匹妇'用法同于'匹夫',亦含有无知愚昧的轻蔑意味。"②

按:古音"必"属帮母质部,"匹"属滂母质部,声为一系,韵部相同,二字古音相近。楚简文字的"佖"字疑即"匹"字的分化字。字或从馬从必作"駜"。如:"子曰:唯君子能好其駜(匹),少=(小小)人豈能好其駜(匹)。"(《郭·緇》简42)又或从馬、从匹作"騽"。如:"晶(參)騽(匹)鈦(漆)甲,黃紡之繁。"(《曾》简129)《曾侯乙墓》云:"'騽'字……从'馬''匹'声,即马匹之'匹'的专字。"③疑楚简文字中的"佖""駜""騽"均为"匹"字的分化字,指人用"佖",指马则用"駜"、用"騽"。

---

① 马承源主编:《上海博物馆藏战国楚竹书(六)》,上海:上海古籍出版社2007年7月第1版第316页。

② 刘钊著:《郭店楚简校释》,福州:福建人民出版社2003年12月第1版第228～229页。

③ 湖北省博物馆:《曾侯乙墓》,北京:文物出版社1989年7月第1版第523页注194。

[㭬]

"㭬"字原篆作▨（《汇·信二》简16），构形从木、豕声，简文中1见，用作某器名，与《说文》异。《说文·木部》："㭬，击也。从木、豕声。"段注："此与《攴部》毅音义皆同。"如：

□脛廿=【又】五，純□彖，一亥脛，一簦㭬。（《汇·信二》简16）

[枳]

"枳"字原篆作▨（《上五·鬼》简4）、▨（《郭·唐》简26），构形从木、只声，简文中10见，字即"枝"字异文，与《说文》异。《说文·木部》："枳，木似橘。从木、只声。"如：

子曰："剌（列）虐（乎）亓（其）下，不疕（折）亓（其）枳（枝），飤（食）亓（其）實，女（汝）安（焉）能 也。"（《上五·弟》简23～24）

原整理者云："'枳'，即'枝'之异文。郭店楚简《尊德义》第二十六间'四枳（肢）倦惰'，假'枳'为'肢'。马王堆帛书《五十二病方》：'魃，禹步三，取桃束枳（枝）。'皆可为证。"[①]

[裛]

"裛"字原篆作▨（《汇·信二》简4）、▨（《曾》简25），构形从衣、邑声，简文中3见，用作人名，或用同"絕"。《说文·衣部》："裛，书囊也。从衣、邑声。"《广雅·释器》："裛谓之袭。"王念孙疏证："帙，书衣也，或作袭。"如：

(1) 哀裛所馭左襌輨（䡅）。（《曾》简25）
(2) 十布幅，一絲裛，一紡帛，與絹紫裛。（《汇·信二》简4）

按：上揭例(1)之"裛"为人名，例(2)之"裛"用作某丝织品。《集韵·缉韵》："裛，香袭衣也。"从文例来看，简文中的"裛"字用作名词，指某丝织品，与《说文》"书囊也"之义有别，与《集韵》的动词之用"香袭衣也"亦有别。又，《篇海类编·衣服类·糸部》："絕，臭衣。"臭衣即香衣。古文字构形从糸、从衣可通，疑楚简文字的"裛"字与"絕"字即一字之异体。

[①] 马承源主编：《上海博物馆藏战国楚竹书（五）》，上海：上海古籍出版社2005年12月第1版第281页。

二 异于《说文》，但与传世文献或后世字韵书相同

这部分楚简新出字凡 23 例，其所记录的词，不同于《说文》，但与传世文献或后世其他的字韵书相同。换句话说，这部分楚简新出字带有地域性特色的用法，虽未见收于《说文》，但在后世的文字传承过程中，借助传世文献或后世其他的字韵书，依然保留于汉字系统之中。如：

[箸]

"箸"字原篆作 ![字形] （《包》简 14）、![字形] （《上五·鲍》简 3），构形从竹、者声，简文中 22 见，字用有二：用作"著"，用作"書"，与《说文》异。《说文·竹部》："箸，饭攲也。从竹、者声。"如：

（1）凡君子二夫，敦是，其箸（著）之。（《包》简 4）
（2）時（詩）、箸（書）、豊（禮）、樂，其司（始）出，皆生於人。（《郭·性》简 15～16）
（3）孔子曰："丘昏（聞）之孟者（子）吴（餘）曰：'夫箸＝（書者），呂（以）書箸（著）君子之悳（德）也。'"（《上五·季》简 6）

按：《广韵·御韵》："著，明也，处也，立也，补也，成也，定也。陟虑切，又张略、长略二切。箸，上同。"《集韵·御韵》："箸，明也。或从艸。"《荀子·王霸》："致忠信，箸仁义，足以竭人矣。"杨倞注："箸，明也。""箸"字之用与楚简文字同。然而，楚简文字"箸"用作"書"的这一用法也未见于传世文献及后世字韵书。

[厭]

"厭"字原篆作 ![字形] （《包》简 216）、![字形] （《新·乙三：42》简 527），构形从厂、猒声，简文中 2 见，用作"厭飫"之"厭"，与《说文》异。《说文·厂部》："厭，笮也。从厂、猒声。一曰合也。"段注："《竹部》曰：'笮者，迫也。'此义今人字作壓，乃古今之字殊。"如：

（1）叡爲 ![字] 縊（繃）繻（佩），遝 ![字] 之厭一貓於埅宔；賽禱禁一白犬，遅（歸）冗（冠）繻於二天子。（《包》简 216）
（2）是＝（是日）祭王孫厭一冢，酉（酒）食。（《新·乙三：42》简 527）

《包山楚简》云："厭，《礼记·曾子问》：'摄主不厭祭'，注：'厭，厭飫神也。'"[①]

[①] 湖北省荆沙铁路考古队：《包山楚简》，北京：文物出版社 1991 年 10 月第 1 版第 56 页注 434。

按："厭飫"之"厭"，《说文》字作"猒"。《说文·甘部》："猒，饱也。从甘，从肰。猒，猒或从目。"段注："'厭'专行而'猒'废矣……'猒'、'厭'古今字。"徐灏《说文解字注笺》："猒者，猒飫本字，引申为猒足，猒恶之义。俗以厭为厭恶，别制饜飫，饜足，又从厭加土为覆壓字。"《国语·周语中》："内宫不过九御，外宫不过九品，足以供神祇而已，岂敢猒纵其耳目心腹以乱百度？"韦昭注："猒，足也。"《集韵》则字作"厭"。《集韵·豔韵》："厭，足也。"《书·洛诰》："万年厭于乃德。"陆德明释文："马云：厭，飫也。"《史记·货殖列传》："原宪不厭糟糠，匿于穷巷。"司马贞索隐："厭，饱也。"字今作"饜"。又，楚简文字中，"猒"字另见，用同"厭"，"猒""厭"当为一字之异体。

［賫］

"賫"字原篆作 ▨（《包》简129），构形从贝、齊声，简文中1见，意为"行道所用"，与《说文》异。《说文·貝部》："賫，持遣也。从貝、齊声。"如：

　　甘臣之戢（歲），左司马迏以王命＝（命命）恆思畬枼异（具）王之臭一青𦧅之寶，足金六勻（鈞）。（《包》简129）

《包山楚简》云："賫，《周礼·天官·外府》：'共其财用之幣賫，'注：'行道之财用也。'"①

按：《玉篇·贝部》："賫，行道所用也，持也，备也，给与也，付也。赍，俗。"楚简文字"賫"用同《玉篇》。

［促］

"促"字原篆作 ▨（《包》简185）、▨（《汇·仰25》简8），构形从人、足声，简文中3见，用作"细密"之义，与《说文》异。《说文·人部》："促，迫也。从人、足声。"如：

　　促纙之綟，促纙经已之綱。（《汇·仰25》简8）

《战国楚简研究》："促有短促和细密二义，在此当属后者。……'促纙之綉'当指佩剑之带，用细纙织成。"②

---

① 湖北省荆沙铁路考古队：《包山楚简》，北京：文物出版社1991年10月第1版第48页注222。
② 中山大学古文字研究室编：《战国楚简研究》第四辑第8页，未刊稿。

48

按：《广雅·释诂三》："促，近也。"《字汇·人部》："促，密也。"《文选·左思〈蜀都赋〉》："合樽促席，引满相罚。"张铣注："酒将阑，故合并其樽，促近其席。""促"字之用与楚简文字相同。

[茜]

"茜"字原篆作䒑（《包》简255），构形从艸、酉声，简文中1见，用同"蓨"，与《说文》异。《说文·酉部》："茜，礼祭，束茅加于祼圭而灌鬯酒，是为茜，象神歆之也。一曰：茜，槌上塞也。从酉，从艸。《春秋传》曰：'尔贡包茅不入，王祭不供，无以茜酒。'"如：

茜（蓨）䘏（芯）之庪（鑘）一砳（缶）。（《包》简255）

《包山楚简》云："茜，读如蓨。"①

按：《尔雅·释草》："茜，蔓于。"郭璞注："草，多生水中。一名轩于，江东呼茜。"郝懿行义疏："茜，当为蓨。《说文》：'蓨，水边草也。'《系传》云：'似细芦，蔓生水上，随水高下，汎汎然也。故曰：蓨，游也。'"楚简文字"茜"用与《尔雅》同，依《尔雅》，简文中的"茜"字无须破读。

[埒]

"埒"字原篆作㘴（《九·五六》简48），构形从土、多声，简文中9见，用同《玉篇》，与《说文》异。《玉篇·土部》："埒，治土地名。"《说文·土部》："埒，恀也。从土、多声。"段注："《广韵》曰：'埒，恀土地也。'疑所见是完本。恀土地者，自多其土地，故字从多土。"如：

凡宫埒於西南之南，尻（居）之贵。（《九·五六》简48）

《九店楚简》云："《玉篇》土部：'埒，充是切，治土地名。'秦简《日书》甲种相宅之书借'多'为'埒'。"②

[兇]

"兇"字原篆作㒫（《上五·鬼》简6）、㒫（《上六·用》简11），构形从人、从凶，简文中7见，均用作"凶"，与《集韵》同，与《说文》异。《集韵·锺韵》："凶，恶也。通作兇。"《说文·凶部》："兇，扰恐也。从人

---

① 湖北省荆沙铁路考古队：《包山楚简》，北京：文物出版社1991年10月第1版第60页注511。

② 湖北省文物考古研究所：《九店楚简》，北京：中华书局2000年5月第1版第115页。

49

在凶下。"王筠《说文句读》:"扰,其狀也;恐,其意也。加声字,而兇之声情始备。"桂馥《说文解字义证》:"兇,字又作匈。"如:

(1) 又(有)夏(得),西兇(凶),【南見】疾。(《九·五六》简65)
(2) 若罔之未爻(弹),而自嘉樂,司民之降兇(凶)而亦不可逃。(《上六·用》简11)

按:楚简文字中"凶"字另见,用与"兇"同,"兇""凶"当为一字之异体。

[終]

"終"字原篆作 ❏（《郭·语一》简49）、❏（《上三·中》简24），构形从糸、冬声,简文中3见,用作"结局""终止"之义,与《说文》异。《说文·糸部》:"終,絿丝也。从糸、冬声。"如:

(1) 又(有)盍又(有)卯,又(有)終又(有)絧(始)。(《郭·语一》简49)
(2) 亘=(一日)昌善立,所學(學)皆終。(《上三·中》简24)

按:楚简文字"終"字之用与传世文献相同。《易·系辞下》:"《易》之为书也,原始要終,以为质也。"《国语·鲁语上》:"終则讲于会,以正班爵之义。"韦昭注:"終,毕也。"

[昆]

"昆"字原篆作 ❏（《郭·六》简28）、❏（《郭·六》简29），构形与《汗简》《古文四声韵》所收古文相同,如 ❏（汗简）、❏（古文四声韵·碧落文）。简文中"昆"字3见,用同《广韵》而与《说文》异。《说文·日部》:"昆,同也。从日,从比。"段注:"从日者明之义也,亦同之义也;从比者,同之义。"如:

(1) 齊戌粎實,爲昆弟也,爲夐(妻)亦肰(然)。(《郭·六》简28)
(2) 爲昆弟 凶(絕)夐(妻),不爲夐(妻)凶(绝)昆弟。(《郭·六》简29)

按:《广韵·魂韵》:"昆,兄也。"《诗·王风·葛藟》:"终远兄弟,谓他人昆。"毛传:"昆,兄也。""昆"字之用与楚简文字相同。

[蜠]

"蜠"字原篆作 ❏（《郭·老甲》简33）构形从蚰、鬼省声,古文字构形从蚰、从虫可通。简文中"蜮"字1见，用同"虺"，与《说文》异。《说文·虫部》："蜮，蛹也。从虫、鬼声。读若溃。"如：

蜮（虺）蠚＝（蠚蠚）它（蛇）弗蠚（蠚）。（《郭·老甲》简33）

按：传世文献亦或以"蜮"为"虺"，与楚简文字相同。《颜氏家训·勉学篇》："吾初读《庄子》'蜮二首'。《韩非子》曰：'蟲有蜮者，一身两口，争食相龁，逐相杀也。'茫然不识此字何音，逢人辄问，了无解者。案：《尔雅》诸书蚕蛹名蜮，又非二首两口贪害之物。后见《古今字诂》，此亦古之虺字，积年凝滞，豁然雾解。"

[練]

"練"字原篆作 （《郭·五》简39），构形从糸、柬声，简文中1见，用作"简練""干練"之"練"，与《说文》异。《说文·糸部》："練，湅缯也。从糸、柬声。"如：

東〈柬（簡）〉之爲言猷（猶）練也，大而晏（罕）者也。（《郭·五》简39）

刘钊先生云："'練'即'简練'之'練'，意为简要精练。"[①]

按：传世文献中"練"字亦或用作"简练""干练"之义，与楚简文字相同。《孙子·始计》："兵众孰强，士卒孰練。"晋陆机《辩亡论下》："其野沃，其兵練，其器利。"

[瞿]

"瞿"字原篆作 （《郭·语二》简32）、 （《郭·语二》简32），构形从隹、䀠声，简文中3见，用同"懼"，与《集韵》同而与《说文》异。《说文·瞿部》："瞿，鹰隼之视也。从隹，从䀠，䀠亦声。读若章句之句。"如：

（1）瞿生於眚（性），監生於瞿。（《郭·语二》简32）
（2）有祱（祟）见于大川有乏，少（小）臣成敬之瞿。（《新·零：198、203》简847）

按：《集韵·遇韵》："懼，恐也。或省。"《尸子·明堂》："听言，耳目不瞿，视听不深，则善言不往焉。"孙星衍校："瞿字《长短经·钓情篇》引作'懼'。"《礼记·杂记下》："见似目瞿，闻名心瞿。"诸"瞿"字之用均

[①] 刘钊著：《郭店楚简校释》，福州：福建人民出版社2003年12月第1版第84页。

与楚简文字相同。又，"瞿"之本字当作"䀠"。《说文·目部》："䀠，左右视也。从二目。读若拘。又若良士瞿瞿。"饶炯部首订："会意。从二目，左右视也，即申释二目会意之旨，盖惊恐者目善摇。"徐灏注笺："左右视者，惊顾之状。"《正字通·目部》："䀠，瞿本字。"

[錟]

"錟"字原篆作 （《汇·信二》简15），构形从金、炎声，简文中1见，用作"锋利"之义，与《说文》异。《说文·金部》："錟，长矛也。从金、炎声。读若老聃。"如：

　　一膚肓，一錟杝，一脛。（《汇·信二》简15）

《战国楚简研究》："錟，《集韵》：'錟，同銛，利刃也。'杝为匕之异体，以木制，故从木。"①

按：楚简文字的"錟"疑即"剡"字异体，古文字构形从金、从刀，义近可通。王念孙《广雅疏证·释器》："錟之言剡也。《尔雅》云：'剡，利也。'"《史记·秦始皇本纪》："鉏櫌棘矜，非錟于句戟长铩也。"又，《苏秦列传附苏代》："彊弩在前，錟戈在后。"张守节正义引刘伯庄云："（錟），利也。"诸"錟"字均用同楚简文字。

[濫]

"濫"字原篆作 （《汇·信二》简11），构形从水、監声，简文中1见，用与《说文》异。《说文·水部》："濫，氾也。从水、監声。一曰濡上及下也。《诗》曰：'觱沸濫泉。'一曰清也。"《广韵·阚韵》："濫，汎濫。"《孟子·滕文公上》："当尧之时，天下犹未平，洪水横流，氾濫于天下。"如：

　　二方濫，屯彫裏。（《汇·信二》简11）

《战国楚简研究》："濫从水，说明是用于盥洗之器。'屯彫裏'意谓里面有彩绘纹饰。另一种说法以为濫即鑑，'二方濫'是指二个方镜，'屯彫裏'指此二方镜皆有镜套，里子是有花纹的。"②

按：简文"濫"字的"盥洗之器"或用同"鑑"，均见于后世文献及字韵书。《字汇·水部》："濫，浴器。"《庄子·则阳》："夫灵公有妻三人，同

―――――――――
① 中山大学古文字研究室编：《战国楚简研究》第二辑第27页，未刊稿。
② 中山大学古文字研究室编：《战国楚简研究》第二辑第26页，未刊稿。

灆而浴。"陆德明《释文》:"灆,浴器也。"又,《集韵·阚韵》:"鑑,陶器,如甄,大口,以盛冰。《周礼》:'春始治鑑。'或从水。"《墨子·节葬下》:"鼎、鼓、几、梴、灆、戈、剑、羽、旄、齿、革,寝而埋之。"

[綊]

"綊"字原篆作▨(《汇·仰25》简24),构形从糸、夾声,简文中1见,用与《说文》异。《说文·糸部》:"綊,絼綊也。从糸、夾声。"如:

　　　　一□,又紋綊。(《汇·仰25》简24)

《战国楚简研究》云:"紋綊从糸,为丝织物。字书有綊无紋,《说文》綊:'絼綊也。'絼:'乘舆马饰也。'此紋綊当非马饰类,而为衣着饰。"①

按:简文"綊"字之用或与《玉篇》同,指古代覆在冠冕上的装饰。《玉篇·糸部》:"綊,綖也。"又,"綖,冕前后垂。"《集韵·獼韵》:"綖,冕上覆。"《左传·桓公二年》:"衡、紞、纮、綖,昭其度也"。杜预注:"綖,冠上覆。"孔颖达疏:"冕以木为干,以玄布衣其上,谓之綖。"

[訓]

"訓"字原篆作▨(《郭·性》简27)、▨(《上四·曹》简51),构形从言、川声,简文中22见,用同"顺",与《说文》异。《说文·言部》:"訓,说教也。从言、川声。"如:

　　(1)凡達(動)民必訓(順)民心,民心又(有)恆,求其羕,童(重)義葉(集)釐(理),言此章也。(《郭·尊》简39)
　　(2)虐(吾)戬(戰)啻(敵)不訓(順)於天命,反(返)帀(師)牉(將)返(復)。(《上四·曹》简51)

按:简文"訓"字之用亦见于后世文献及字韵书。《广雅·释诂一》:"訓,顺也。"《书·康王之诰》:"皇天用訓厥道。"孙星衍疏:"訓与顺通。"《诗·大雅·抑》:"无竞维人,四方其訓之。"《左传·哀公二十六年》引作"四方其顺之。"

[詘]

"詘"字原篆作▨(《郭·老乙》简14)、▨(《郭·性》简46),构形从言、出声,简文中4见,用与《说文》异。《说文·言部》:"詘,诘詘也。

---

① 中山大学古文字研究室编:《战国楚简研究》第四辑第12～13页,未刊稿。

53

一曰屈襞。从言、出声。詘，詘或从屈。"段注："二字双声，屈曲之意。"如：

大攷（巧）若伳（拙），大成若詘，大植（直）若屈。（《郭·老乙》简14～15）

刘钊先生云："'詘'意为穷尽、不足。"①

按：简文"詘"字之用与后世文献同。《墨子·公输》："公输盘之攻械尽，子墨子之守圉有余，公输盘詘，而曰：'吾知所以距子矣，吾不言。'"孙诒让间诂："谓般技已尽，墨守有余。"《管子·国蓄》："利出于一孔者，其国无敌；出二孔者，其兵不诎；出三孔者，不可以举兵；出四孔者，其国必亡。"尹知章注："诎与屈同。屈，穷也。"

[禼]

"禼"字原篆作 （《上二·子》简10）、 （《上二·子》简12），简文中"禼"字2见，用作商人始祖之名，与《说文》异。《说文·内部》："禼，虫也。从厹，象形，读与偰同。 ，古文禼。"如：

禼（契）之母，又（有）酉（乃、娥）是（氏）之女。（《上二·子》简10）

原整理者云："禼，亦作' '、'契'，传说中商人始祖。《说文·内部》：'禼，虫也，从厹象形，读与偰同。 ，古文禼。'所列古文与简文相近，但简文笔划更繁。简文字形象头上出有三歧的动物，上下肢都有所象征，此为契名的本字。"②

按：简文"禼"字之用与后世文献及其他字韵书相同。《广韵·薛韵》："禼，殷祖也。或作偰，又作契。"《汉书·司马相如传》："禹不能名，禼不能计。"王筠《说文释例》："《人部》'偰'下云：'尧司徒，殷之先。'《尚书》作'契'，'偰'之省借，《汉书》作禼，盖正字也。"

[柅]

"柅"字原篆作 （《上三·周》简40），构形从木、尼声，用同《集韵》而异于《说文》。《说文·木部》："柅，木也，实如梨。从木、尼声。"又："㭒，簺柄也。从木、尸声。柅，㭒或从木、尼声。"如：

---

① 刘钊著：《郭店楚简校释》，福州：福建人民出版社2003年12月第1版第35页。
② 马承源主编：《上海博物馆藏战国楚竹书（二）》，上海：上海古籍出版社2002年12月第1版第195页。

初六：繫于金柅，貞吉。(《上三·周》简40)

原整理者云："'柅'，塞在车轮下阻止其启动的木块。"①
按：简文"柅"字之用与后世文献及其他字韵书相同。《集韵·旨韵》："柅，止车轮木。"《易·姤》："系于金柅。"王弼注："柅者，制动之主。"孔颖达疏引马融曰："柅者，在车之下，所以止轮令不动者。"又，"系于金柅"之"柅"字，《说文》作"檷"。段注"屎"字下云："《中山经》注曰：'檷音络柅之柅。'《易姤》初六'系于金柅'，《释文》曰：'柅，《说文》作檷。'"《说文·木部》："檷，络丝檷。从木、爾声。读若柅。"段注本作"檷，络丝柎也。从木，爾声。读若昵。《易》曰：'系于金檷'"，并注云："柎各本作檷，今依《易释文》、《玉篇》、《广韵》正。……('系于金檷')六字各本无，今依《易释文》补。"

[漸]
"漸"字原篆作 (《上三·周》简50)、 (《包》简61)，构形从水、斬声，简文中7见，与《说文》异。《说文·水部》："漸，水。出丹阳黟南蛮中，东入海。从水、斬声。"如：

六二：鳿(鴻)漸于堅(阪)，舍(飲)飤(食)吉矗=(衎衎)，吉。九晶(三)：鳿(鴻)漸于陸，夫征不返(復)。(《上三·周》简50)

按：简文"漸"字之用亦见于后世文献及其他字韵书。《广雅·释诂二》："漸，进也。"段注"漸"字下云："按：《走部》有'趣'字训进也。今则皆用漸字，而趣字废矣。"《易·漸》："象曰：漸之进也。"王弼注："之于进也。"《汉书·东方朔传》："故淫乱之漸，其变为篡。"

[主]
"主"字原篆作 (《上三·亙》简7)，简文中1见，用与《说文》异。《说文·丶部》："主，镫中火主也。从呈，象形；从丶、丶亦声。"段注："按：丶、主，古今字；主、炷，亦古今字。凡主人、主意字，本当作丶，今假主为丶，而丶废矣。假主为丶，则不得不别造镫炷字。"如：

羞(詳)宜利主，采(採)勿(物)出於乍(作)，焉又(有)事不乍(作)無事舉(舉)。(《上三·亙》简7)

---

① 马承源主编：《上海博物馆藏战国楚竹书（三）》，上海：上海古籍出版社2003年12月第1版第190～191页。

原整理者云："读'詳宜利主'，疑指详察其所宜，而利合于主。"①

按：简文"主"字之用或与后世文献及其他字韵书相同。《玉篇·丶部》："主，家长也。"《诗·周颂·载芟》："侯主侯伯，侯亚侯旅。"毛传："主，家长也。"又，《正字通·丶部》："主，宾之对。"《礼记·檀弓下》："宾为宾焉，主为主焉。"

［丈］

"丈"字原篆作 ![] (《郭·六》简27)、![] (《上三·周》简16)，构形从又、从十，简文中4见，用与《说文》异。《说文·十部》："丈，十尺也。从又持十。"如：

（1）綎（疏）斬布實丈，爲父也，爲君亦肰（然）。(《郭·六》简27)
（2）貞，丈人吉，亡（无）咎。(《上三·周》简7)

按：上揭例（1）之"丈"用同"杖"。《郭店楚墓竹简》裘按："'布實丈'当读为'布經，杖'。"②刘钊先生亦云："'丈'读为'杖'。"③例（2）之"丈"用于对长辈男子的称谓。简文"丈"字之用亦见于后世文献及其他字韵书。《大戴礼记·本命》："丈者，长也。"《玉篇·丈部》："丈，扶也。"《六书正伪·养韵》："丈，借为扶行之丈。老人持丈，故谓之丈人。别用杖通。"《战国策·齐策六》："坐而织蒉，立则丈插。"又，奚世幹校案："丈，当是杖之本字。从又，象持杖形，非九、十之十字也。"奚氏之说或可从。

［檐］

"檐"字原篆作 ![] (《九·五六》简1)，构形从木、㑇声，"㑇"即楚简文字的"詹"字。简文中"檐"字18见，均用作量词，同"擔"，与《说文》异。《说文·木部》："檐，㮰也。从木、詹声。"段注："檐之言隒也，在屋边也。"如：

畲五稺又五來，敢秭之十檐（擔）一檐（擔）。畲六稺，敢秭之十檐（擔）二檐（擔）。(《九·五六》简3)

按：简文"檐"字之用亦见于后世文献。《吕氏春秋·异宝》："荆国之

---

① 马承源主编：《上海博物馆藏战国楚竹书（三）》，上海：上海古籍出版社2003年12月第1版第294页。
② 荆门市博物馆：《郭店楚墓竹简》，北京：文物出版社1998年5月第1版第189页。
③ 刘钊著：《郭店楚简校释》，福州：福建人民出版社2003年12月第1版第116页。

法，得五员者，爵执圭、禄万儋、金千镒。"高诱注："万儋，万石也。"毕沅校："檐与儋古通用，今作擔。"字或从人、詹声作"儋"，"儋"即楚简文字的"儋"字，简文中亦用同"擔"。"檐""擔""儋"或疑古本一字。《集韵·谈韵》："儋，《说文》：'何也。'或从手。"段注《人部》："儋，俗作擔。"又，《集韵·阚韵》："擔，负也。或从木。"是"檐""擔""儋"当为一字之异体。《管子·七法》："不明于则而欲出号令，犹立朝夕于运均之上，檐竿而欲定其末。"尹知章注："檐，举也。夫欲定末者，必先静其本，今既举竿之本，其末不定也。"《楚辞·严忌〈哀时命〉》："负檐荷以丈尺兮，欲伸要（腰）而不可得。"王逸注："背曰负，荷曰檐。檐，一作擔。"均可为证。

第三节　楚简新出字与《说文》中的古文

《说文》中的古文，凡 474 字。[①] 关于《说文》古文的研究，历史久远，并且一直是《说文》研究的重要方面，前人为之倾注了大量心血，论著丰富。近几十年，不断有战国时期六国出土文献资料的发现、公布，《说文》古文的研究更是进入了一个新的阶段，创获甚丰，《说文》古文的真实性也不再有人怀疑了。[②] 尽管如此，目前的研究依然更多的还是关注古文的考释、考证，或部分地利用出土文献材料印证《说文》古文，或借助《说文》古

[①] 历代学者关于《说文》"古文"的认定不同，统计口径不一，因而得出的古文字数也有出入。明杨慎《六书索隐》认为"其（指《说文》—引者）所载古文三百五十六"；清蔡惠堂《〈说文〉古文考证》认为是"四百余字"；王国维《〈说文〉所谓"古文"说》认为"全书中所有重文古文五百许字"；胡光炜《〈说文〉古文考》共收单字六百一十二字；舒连景《〈说文〉古文疏证》收单字四百五十七个；商承祚《〈说文〉中之古文考》收单字四百六十一。本文依据的是南唐徐铉校定本《说文解字》，中华书局 1963 年第 1 版，其在字形后明确标出为"古文"者，凡 474 字。

[②] 康有为极力否定《说文》"古文"的真实性，其在《新学伪经考》云："自春秋至战国，绝无异体异制，凡史载笔，士载言，藏天子之府，载诸侯之策，皆籀书也，其体则今之《石鼓》及《说文》所存籀文是也。……秦之为篆，不过体势加长，笔画略减，……而秦权、秦量即变方匾，汉人承之而加少变，体在篆、隶间。……孔子手写之经，自孔鲋、孔襄传之孔光十余世不绝，别有秦、魏之博士贾山、伏生及鲁诸生手传之本，师弟亲授，父子相传，安得变异！则汉儒之文字及孔子之文字，更无别体也。……（刘）歆既好博多通，多搜钟鼎奇文以自异，稍加窜伪增饰，号称'古文'，日作伪钟鼎，以其古文刻之，宣于天下以为征应。以刘歆之博奥，当时不能辨之，传之后世，益加古泽；市贾之伪，不易辨其伪作，况歆所为哉！许慎谓'鼎彝即前代之古文'，古文既伪，则鼎彝之伪，虽苏、张之舌不能为辨也。……然《史记》共王得古文事，张苍传授亦歆伪托，则是实无古文。"（《新学伪经考》，北京：古籍出版社 1956 年 3 月第 1 版 106～111 页）

文考释出土文献，而立足汉字发展史的角度，从断代层面集中清理出一个时点（时期、地域）的出土文献文字资料与《说文》古文进行系统的比较研究还很不够。

楚简新出字中共有95例字的构形与《说文》重文中的古文相同或相近。结合楚简文中的实际用例，将这部分楚简新出字与《说文》古文进行比较研究是非常有意义的，不仅可以使我们认清《说文》古文的性质、属系，更将有助于汉字发展史的研究。

以楚简新出字为例，对《说文》古文进行重新考察后，关于《说文》古文，我们有了一些新的认识：一、古文与正篆表明的是所依据的文献材料的不同而非不同时期的文字；二、孔子壁中书属楚系文字；三、新出字与古文之间字用的不同反映的是文字系统内部的地域性差异。下面逐一讨论。

一 古文与正篆表明的是所依据的文献材料的不同而非不同时期的文字

关于古文，《说文·叙》中有"宣王太史籀著《大篆》十五篇，与古文或异。至孔子书《六经》，左丘明述《春秋传》，皆以古文，厥意可得而说"，"初有隶书，以趣约易，而古文由此绝矣"，"时有六书：一曰古文，孔子壁中书也"，"郡国亦往往于山川得鼎彝，其铭即前代之古文，皆自相似"，"今叙篆文，合以古籀"等语句，由此可知许慎是以"古文"来指称早于籀文的古字体的，认为古文经书的书写年代虽然晚于《史籀篇》，但它们所用的字体却早于籀文，因为孔子等人有意用比较古的字体来写经书。[①]受许慎的影响，过去一直都误以为《说文》中的古文与正篆是不同时期的文字，古文的年代要比正篆更加久远。[②]因此，当《说文》中的部分古文，依据汉字构形规律分析明显要晚于正篆时，学者则强为之索解，认为是古文奇字而非古文。例如段玉裁在"一"字下注云："一、二、三之本古文明矣，何以更出弌、弍、弎也，盖所谓即古文而异者，当谓之古文奇字。"

关于《说文》古文的性质，我们究竟该如何来认识？

有学者依据《说文》古文中的部分文字构形与更早期的甲、金文字形体相合的事实以及"许慎明明说古文经成于春秋晚期"（当是指《说文·叙》中的"至孔子书六经，左丘明述《春秋传》，皆古文"一语——引

---

① 参见裘锡圭著：《文字学概要》，北京：商务印书馆1988年8月第1版第54页。

② 《汗简》序言有语云："《汗简》者，古之遗像，后代之宗师也。苍颉而下，史籀已还。"即对包括《说文》古文在内的《汗简》古文年代说得非常清楚。（李零、刘新光整理：《汗简·古文四声韵》，北京：中华书局1983年12月第1版第1页上）

者)而认为《说文》古文是"在春秋晚期以前形成的古文字"①。而王国维依据文献资料认定《说文》中的古文是战国时期的"东土文字",②这一观点已为学界多所认同,③且为近几十年出土的六国文字资料所印证。近几十年大量出土的战国时期文献材料中的文字构形,包括本节将要讨论的95例楚简新出字(形),多与《说文》古文相印证,这很容易使我们得出这样的结论:《说文》中的古文是"战国文字"。

在对《说文》古文的性质进行重新考察时,有一点是需要我们先弄清楚的,那就是《说文》中的"古文"并不等同于现代文字学意义上的"古文字"。在前面的章节,我们曾指出,作为记录汉民族语言书写符号的汉字,是有字体与构形的不同(参见本章第一节)。字体是形式,汉字字体的变化反映的是汉字书写形式的变化,并且随社会的发展变化而发展变化,如由甲骨文至金文至小篆至隶书,就是字体的发展变化,这种变化并非是汉字本身实质性的变化。而汉字构形则不同,汉字的性质决定了汉字形、义间的特殊关系,汉字构形的变化则反映的是汉字内部结构的变化,这种变化甚至会影响到文字的形、义间的关系。《说文》中的古文,作为一种曾在中国历史上通行于某区域的文字字体,与其同时代的文字如籀文,就现

---

① 参见祝敏申著:《〈说文解字〉与中国古文字学》,上海:复旦大学出版社1998年12月第1版第123页。

② 王国维云:"至许书所出古文,即孔子壁中书,其体与籀文篆文颇不相近,六国遗器亦然。壁中古文者,周秦间东土之文字。"(《〈史籀篇疏证〉序》)又云:"《说文》《叙》云,郡国往往于山川得鼎彝,其铭即前代之古文,皆自相似。……则郡国所出鼎彝,许君固不能一一目验,又无拓本可致,自难据以入书。全书中所有重文古文五百许字,皆出壁中书及张苍所献《春秋左氏传》,其在正字中者亦然。故其所谓籀文与古文或异者,非谓《史籀》大篆与《史籀》以前之古文或异,而实为许君所见《史籀》九篇与其所见壁中书时或不同。以其所见《史籀篇》为周宣王时书,所见壁中古文为殷周古文,乃许君一时之疏失也。……不知壁中书与《史籀篇》文字之殊,乃战国时东西二土文字之殊,许君既以壁中书孔子所书,又以为即用殷周古文,盖两失之。"(《〈说文〉所谓"古文"说》)见《观堂集林》,北京:中华书局1959年6月第1版第1册第255页、第2册第314~316页。

③ 裘锡圭云:"王国维又根据大量资料断定所谓古文是战国时代东方国家的文字,其说见《桐乡徐氏印谱序》(《观堂集林》卷六)、《战国时秦用籀文六国用古文说》(同上卷七)等文,以及1926年就古文问题答容庚的信(《王国维全集·书信》436~438页)。王氏认为籀文是秦国文字,实不可从,但是他对古文的看法则是正确的。近几古年来出土的大量六国文字资料,给王氏的说法增添了很多新的证据。"(《文字学概要》,北京:商务印书馆1988年8月第1版第55页)何琳仪云:"因此我们倾向壁中书是战国晚期以后的竹简,下距汉景武之际不算太久,其被偶然发现于墙壁之中,当属可能。以现代文字学的眼光,壁中书属齐鲁系竹简(或以为属楚系竹简),西晋发现的汲冢竹书属三晋竹简,都是以战国流行的六国古文书写的典籍。建国后新发现的大批楚简与它们应是同时代的产物,而大量出土的战国文字资料也应是它们的一家眷属。"(《战国文字通论(订补)》,南京:江苏教育出版社2003年1月第1版第45页)

有的材料来看，更多的只是字体的不同，虽然其中很多字例也有构形上的差异，但就整体而言，古文、籀文均传承自殷商西周文字，同属于汉字系统，并不存在根本性的不同，所谓"宣王太史籀著《大篆》十五篇，与古文或异"。因此，无论是"春秋晚期文字说"还是"战国文字说"，都无法从真正意义上认识《说文》古文的性质。

首先，"春秋晚期文字说"是缺乏说服力的。理由很简单，就像我们不能因为出土的楚简材料中有大量的文字形体结构与早期的甲骨文、金文相合而说楚简材料是商周时期的文献一样，我们不能因为部分文字形体与甲骨文、金文相合而认为《说文》古文是"在春秋晚期以前形成的古文字"。至于"许慎明明说孔子书六经，左丘明述《春秋传》"，对此，我们暂且不考虑其所说的真实性，但其中的一个问题是不应忽略的，这就是书的形成年代与抄写年代并非一回事。据有关学者研究，"壁中古文并非孔子时代的手笔。因为壁中书所包括的《礼记》《论语》《孝经》等书均七十子及后学者之所为"，[①]据此推断《说文》古文为"春秋晚期"的古文字显然是不足信的。

同样，"战国文字说"也是有欠缺的。因为，即使出土的战国时期文献材料中大量的文字构形可与《说文》古文相印证，我们也至多可以说：《说文》中的古文形体更多地见于战国时期的文献文字材料，或者说《说文》古文的主体源于战国时期的文献文字材料。再者，"战国文字说"依然不能合理地解释《说文》古文中的部分文字构形与早期文字如甲骨文、金文相合的现象。

我们不妨换一个角度去考察《说文》古文的性质。在前文讨论《说文》正篆性质时，我们曾指出，在中国的历史上，自秦始皇焚书，禁民藏书，至汉惠帝才废除禁藏书令，汉武帝"建藏书之策，置写书之官，下及诸传说，皆充秘府"，"广开献书之路"，再至汉成帝时，"百年间，书如山积"。这些"如山积"之书，可以推断，既有汉初之时的文献，但绝大多数应该是战国时期的文献材料，而许慎曾"以诏书校书东观"[②]，历二十二年编著《说文解字》，是不可能没有见过这些"如山积"之书的。由此我们可以推论，许慎编纂《说文》时所依据的"古文"材料远非"壁中古文"一种。这也可由楚简新出字得到印证。在楚简新出字中，有799例字的构形与《说文》正篆相同，并且其中绝大多数字的字用与《说文》正篆相合，这在印证段

---

① 何琳仪著：《战国文字通论（订补）》，南京：江苏教育出版社2003年1月第1版第45页。
② [东汉] 许冲：《上说文解字表》，载《说文解字》卷十五，北京：中华书局1963年12月第1版第320页。

玉载"正篆多古文"说的同时,也足以说明许慎收字时选用了大量的战国时期的文献材料,绝非"壁中书"一种。何琳仪先生在比较了诸多文字材料之后亦说:"这些现象都说明,《说文》古文的来源并非一种,而是多头的。"①

另外,在下文我们将要讨论的构形与《说文》古文相同或相近的95例楚简新出字中,共有36例字是与其所对应的《说文》正篆同见于楚简文字材料,其中仅有10例正篆属新出字。换句话说,在这部分同见于楚简文字材料的正篆、古文中,绝大多数正篆的出现要早于其所对应的古文。而将这部分古文与正篆进行比较时,我们可以发现,其中一部分古文的构形是在正篆的基础上增加或增繁形符而成,如"圭"增形符"玉"而成"珪","丘"增形符"土"而成"坴"。这就进一步表明,《说文》古文的出现并不比正篆早,有的反而要晚于正篆。因此,《说文》中的古文与正篆并非表明不同时期的文字。

基于此,关于《说文》古文的性质,我们认为,《说文》中的所谓"古文"并非严格意义上的文字学术语,而更多的是表明许慎编纂《说文》时其收字所依据的文献材料,是战国时期用"古文"写成的文献材料。②正因为许慎所收古文依据的是战国时期的文献材料,所以"《说文》古文不仅与小篆形体有别,有些与殷周文字形体也距离较大,唯独在六国古字中可以找到它们的前身",而这些"前身"中的大多数应当就是战国时期的新出字,不仅如此,其文字的书写风格依然还保留有战国时期的独特韵味。同时,也正因为许慎所收古文依据的是战国时期的文献材料,"《说文》古文与殷周文字相吻合更是不胜枚举。凡此都说明《说文》古文是继承殷周文字的一种古文字转抄字体",③而这些"转抄字体"就应当是源于殷商时期的传承字。

---

① 何琳仪著:《战国文字通论(订补)》,南京:江苏教育出版社2003年1月第1版第45页。
② 《说文·叙》:"其称《易孟氏》、《书孔氏》、《诗毛氏》、《礼周官》、《春秋左氏》、《论语》、《孝经》,皆古文也。"对此"古文",段注云:"古书之言'古文'者有二:一谓壁中经籍;一谓仓颉所制文字;虽命名出相因,而学士当区别,如古文《尚书》、古文《礼》,此等犹言'古本',非必古本字字皆古籀,今本则绝无古籀也。且如许未尝不用鲁《诗》、公羊《传》、今文《礼》,然则云'皆古文'者,谓其中所说字形字音字义,皆合《仓颉》、《史籀》,非谓皆用壁中古文明矣。"王国维云:"此古文二字,乃以学派言之,而不以文字言之,与《汉书地理志》所用古文二字同意,谓说解中所称多用孟、孔、毛、左诸家说,皆古文学家而非今文学家也。"沈兼士云:"许氏之意,盖谓书中所采取诸经传之说,皆合于'古文'造字之谊者,就是说明上文'厥谊不昭,爰明以谕'两句的意思。"诸家拘泥于"一曰古文,孔子壁中书也"而说解不畅。其实,这一"古文"二字别无深意,即指许慎所引用的文献材料为战国时期的"古文"所写而已。
③ 何琳仪著:《战国文字通论(订补)》,南京:江苏教育出版社2003年1月第1版第57页。

接下来，我们逐一讨论构形与《说文》古文相同或相近，且与其对应的正篆同见于楚简文字材料的新出字。

[弌]

"弌"字原篆作🔣（《郭·穷》简14）、🔣（《新·乙四：148》简661），构形从戈、从一，与《说文·一部》"一"之古文相同。《说文·一部》："一，惟初大极，道立于一，造分天地，化成万物。……弌，古文一。"古文字构形从戈、从弋同。商承祚云："案：一二三即古文。甲骨文金文魏三字石经之古文皆作一二三。……一二三笔画简略，书写之时，不能与它字相称，至晚周遂增弋戈以填密之。"①

简文中，"弌"字21见，均用同"一"。如：

(1)《詩》員（云）："畱（淑）人君子，其義（儀）弌（一）也。"（《郭·缁》简39）
(2) 四海（海）之内其害（性）弌（一）也。（《郭·性》简9）

又，简文中另有"一"字，非新出，凡972见，原篆作━（《曾》简2）、━（《上三·彭》简7），构形与《说文·一部》"一"之正篆相同。

[弍]

"弍"字原篆作🔣（《郭·语三》简67上）、🔣（《上三·彭》简8），构形从戈、从二，与《说文·二部》"二"之古文相同。《说文·二部》："二，地之数也。……弍，古文二。"构形从戈，与"弌"字同例。

简文中，"弍"字7见，均用同"二"。如：

(1) 名弍（二），勿（物）参（三）。（《郭·语三》简67上）
(2) 狗（耇）老弍（二）拜旨（稽）首曰："朕孳不勖（敏），既尋（得）昏（聞）道，忐（恐）弗能守。"（《上三·彭》简8）

又，简文中另有"二"字，非新出，凡577见，原篆作═（《上三·周》简9）、═（《上三·周》简20），构形与《说文·二部》"二"之正篆相同。

[至]

"至"字原篆作🔣（《包》简237）、🔣（《上四·采》简2）、🔣（《上

---

① 商承祚著：《〈说文〉中之古文考》，上海：上海古籍出版社1983年3月第1版。

62

五·季》简9），构形从土、丘声，与《说文·丘部》"丘"之古文相同。《说文·丘部》："丘，土之高也，非人所为也。从北，从一。一，地也。人居在丘南，故从北。中邦之居在崐崘东南。一曰四方高中央下为丘。象形。乇，古文从土。"

简文中，"乇"字7见，均用同"丘"。如：

《嬰（要）丘又（有）敔》，《奚言不從》，《豊又酉（酒）》。（《上四·采》简2）

又，简文中另有"丘"字，非新出，凡50见，原篆作凸（《上一·孔》简22）、凸（《上二·鲁》简3），构形与《说文·丘部》"丘"之正篆相同。

[珪]

"珪"字原篆作珪（《上六·竞》简1）、珪（《郭·缁》简35），构形从玉、圭声，与《说文·土部》"圭"之古文相同。《说文·土部》："圭，瑞玉也。上圜下方。……从重土。楚爵有执圭。珪，古文圭从玉。"段注："古文从玉，谓颁玉以命诸侯，守此土田培敦也。小篆重土而省玉，盖李斯之失与。今经典中圭珪错见。"《广韵》："圭，圭璧。珪，古文。"《集韵》："圭，古作珪。"

简文中，"珪"字12见，均用同"圭"。如：

（1）器必罿（侸）耆（视），毋内（入）錢器，犐（犧）生（牲）、珪璧必全，女（如）儰，伽（加）之吕（以）敬。（《上五·鲍》简3）

（2）割狀（癘）與梨（梁）丘盧（據）言於公曰：「虐（吾）幣帛甚娀（媺）於虐（吾）先君之量矣，虐（吾）珪琛（寶）大於虐（吾）先君之□。（《上六·竞》简1）

又，简文中另有"圭"字，非新出，1见，原篆作圭（《上二·鲁》简3），构形从二土，与《说文·土部》"圭"之正篆相同。

[迟]

"迟"字原篆作迟（《上六·竞》简12）、迟（《上四·内》简8），构形从辵、己声，与《说文·走部》"起"之古文相同。《说文·走部》："起，能立也。从走、己声。迟，古文起，从辵。"商承祚："案：《说文》彳，'小步也'；辵，'乍行乍止也'；走，'趋也'，皆行动意，故能通用。如《说文》返或作仮，述或作征，逗或作徂，延或作征。甲骨文金文此例最多。"

63

简文中，"㐀"字58见，均用同"起"。如：

(1) 思亓志记（起），戠（勇）者思憙（喜），綮（蒽）者思㤰（悔），肰（然）句（後）改㠯（始）。（《上四·曹》简55）
(2) 公弜（強）记（起），退筶（席）曰："善才（哉），虘（吾）口晏子是壤（讓）追之言也。"（《上六·競》简12）

又，简文中另有"起"字，非新出，8见，原篆作 （《新·甲三：109》简145），构形从走、己声，与《说文·走部》"起"之正篆相同。

按："起"字只见于《新蔡》楚简，而"㐀"字则见于《新蔡》之外的其他楚简，楚简文字内部用字的地域性差异由此可见一斑。

[床]

"床"字原篆作 （《郭·语四》简4）、 （《上三·周》简52），构形从木、户声，与《说文·户部》"户"之古文相同。《说文·户部》："户，护也。半门曰户。床，古文户从木。"桂馥《说文解字义证》："《广韵》：'床，庸也。一曰小户。'《通俗文》：'小户曰床。'"段注："从木而象其形。按此当是籀文加木，惟古文作户。故此部文九皆从户也。"段说误。

简文中，"床"字3见，均用同"户"。如：

(1) 口不誓（慎）而床（戶）之閟（閉），亞（惡）言復己而死无日。（《郭·语四》简4）
(2) 坶丌（其）豪（家），閭（闕）丌（其）床（戶），戠（闋）丌（其）亡（无）人，三戠（歲）不覿，凶。（《上三·周》简52）

又，简文中另有"户"字，非新出，10见，原篆作 （《新·乙一：28》简461），构形与《说文·户部》"户"之正篆相同。

[闲]

"闲"字原篆作 （《上六·用》简9）、 （《新·甲三：158》简187），构形从门、从外，与《说文·門部》"閒"之古文相同。《说文·門部》："閒，隟也。从门、从月。闲，古文閒。"

简文中，"闲"字19见，均用同"閒"。如：

(1) 内闲（閒）謁 衆，而焚亓（其）反昊（昃/侧）。禍（禍）不降自天，亦不出自陲（地），隹（唯）心自惻（賊）。（《上六·用》简9）
(2) 曰："四與五之闲（閒）虘（乎）？"王曰："女（如）四與五之闲（閒），

載（載）之塼（傳）車吕（以）走（上）虖（乎）？"（《上六·莊》簡3）

［䦹］

"䦹"字原篆作✿（《上四·曹》簡26）、✿（《上五·三》簡4），構形從門、從夕、從刀，字即"䦹"之異體，簡文中13見，均用同"閒"。如：

是吕視㱚（賢）：頡（履）地戠（戴）天，竺（篤）義與信，會才（在）天地之䦹（閒），而橐（包）才（在）四海（海）之内，運（畢）能亓事，而立爲天子。（《上二容》簡9）

簡文中，"䦹"字構形或從門、從夕、從刃，原篆作✿（《上四·逸》簡3）、✿（《上四·逸》簡4），即"䦹"字變體。古文字構形從刀、從刃相通。

又，簡文中另有"閒"字，非新出，2見，原篆作✿（《郭·語三》簡27）、✿（《郭·語三》簡29），構形從門、從月，與《說文·門部》"閒"之正篆相同。

［臿］

"臿"字原篆作✿（《上五·競》簡6）、✿（《郭·緇》簡9），構形從臼、牙聲，與《說文·牙部》"牙"之古文相同。《說文·牙部》："牙，牡齒也。象上下相錯之形。臿，古文牙。"段注："從齒而象其形，曰，古文齒。"商承祚："……從牙又從齒，于義不可通，緟複無理。殆非古文。"商說誤。

簡文中，"臿"字15見，均用同"牙"。如：

（1）六五：芬（豶）豖之臿（牙），吉。（《上三·周》簡23）
（2）級（隰）俚（朋）與鞄（鮑）昏（叔）臿（牙）從。日既，公昏（問）二夫＝（大夫）："日之飤（食）也害（曷）爲？"鞄（鮑）昏（叔）臿（牙）會（答）曰："星變。"（《上五·競》簡1）

又，簡文中另有"牙"字，非新出，4見，原篆作✿（《郭·語一》簡109）、✿（《郭·語一》簡110），構形與《說文·牙部》"牙"之正篆相同。簡文中，"牙"均借用作"邪"。楚簡文字中的"臿""牙"已經分化（參見第五章）。

［舁］

"舁"字原篆作✿（《上六·孔》簡14）、✿（《郭·唐》簡22），構形從廾、從与，與《說文·舁部》"與"之古文相同。《說文·舁部》："與，黨與也。從舁，從与。舁，古文與。"段注："黨當作攩。攩，朋群也。"

65

简文中，"异"字20见，用同"與"。如：

(1) 以其不静（争）也，古（故）天下莫能异（與）之静（争）。（《郭·老甲》简5）

(2) 不飲五毃（穀），鳴尻（居）危朳，则不難唐（乎）？毆（廁）异（與）民之行也。（《上六·孔》简14）

又，简文中另有"與"字，非新出，凡281见，原篆作▇（《郭·语四》简14）、▇（《上一·孔》简4），构形与《说文·舁部》"與"之正篆相同。

[各]

"各"字原篆作▇（《上四·昭》简7）、▇（《郭·老甲》简8），构形从夂、从日，与《说文·夂部》"冬"之古文相同。《说文·夂部》："冬，四时尽也。从仌，从夂。夂，古文终字。各，古文冬从日。"《玉篇·日部》："各，同冬"。《字汇·日部》："各，古文冬字。"

简文中，"各"字33见，用作"冬天"之"冬"。如：

(1) 敳（撞）鼓，垔（禹）必速出，各（冬）不敢昌蒼臽（辭），頯（夏）不敢昌屑（暑）臽（辭）。（《上二·容》简22）

(2) 曰："前各（冬）言曰：'邦必芒（亡），我及含（今）可（何）若？'"（《上六·王问》简5）

又，简文中另有"冬"字，非新出，凡27见，原篆作▇（《郭·老甲》简15）、▇（《郭店·成》简30），构形与《说文·夂部》"冬"之正篆相同。简文中，"冬"均用为"終"，与《说文》异，与金文同。郭沫若《金文丛考》："（金文中）冬字多见，但均用为终。"

[遊]

"遊"字原篆作▇（《包》简7）、▇（《上五·弟》简4），构形从辵、从斿，与《说文·水部》"游"之古文近似。《说文·水部》："游，旌旗之流也。从㫃、汓声。▇，古文游。"商承祚："甲骨文无从水之游，有斿，……象子执旗。此从辵，故《玉篇》收入辵部，谓为'遊之古文，与游同。'而《说文》无遊。据之当补入。窃谓斿、遊、游当分训。旌旗之游应作斿，俗作旒。遊为遨遊之专字。游则水流皃。今以游为旗流者，借字也。"《玉篇·辵部》："遊，遨游。与游同。"《集韵·尤韵》："遊，行也，或从斿，通作游。"

简文中，"遊"字27见，字用与《说文》有别。如：

66

(1)遊於央（瑤）臺之上，又（有）鼹鼠（衡）卵而階（錯）者（諸）丌（其）前，取而軟（吞）之。（《上二·子羔》簡11）

(2)謥（吟）游忮（哀）也，臬（譟）遊樂也，湫（啾）遊聖（聲），蕿（戲）遊心也。（《郭·性》簡33）

按："遊"字原篆構形從辵、從斿，"斿"即"斿"，上部的"止"即"𠂉"形的省變。《說文》古文"遊"字即《集韻》之"逻"字，也即"遊"字，"子"上部的《《形，疑即由"𠂉→止→《《"之譌變而來。

[斿]

"斿"字原篆不清，構形從止、從子，字即"遊"之省形，簡文中3見，均用同"遊"。如：

臬（譟），斿（遊）樂也；湫，斿（遊）聖（聲）也；敨，斿（遊）心也。（《上一·性》簡21）

原整理者云："斿，亦'遊'字，《集韻》：'逻、迁、遊，行也。或從子、從斿。通作遊。'有放縱、放任義。《尚書·大禹謨》：'罔遊于逸，罔淫于樂。'孔穎達疏：'無遊縱于逸豫，無過耽于戲樂。'斿，《郭店楚墓楚簡·性自命出》作'遊'。"[①]

[壟]

"壟"字原篆作 （《匯·信一》簡61），從止、從斿，古文字構形從辵、從止相通，"壟"即"遊"字的省寫體，簡文中1見。如：

壟（《匯·信一》簡61）

又，簡文中另有"游"字，非新出，2見，原篆作 （《上五·三》簡21），構形與《說文·水部》"游"之正篆相同。

[返]

"返"字原篆作 （《上六·用》簡10）、 （《上四·曹》簡52），構形從辵（或從止，通）從及，與《說文·又部》"及"字古文"遷"相同。《說文·又部》："及，逮也。從又，從人。弋，古文及，《秦刻石》及如此。弓，亦古文及；遷，亦古文及。"《玉篇·辵部》："遷，至也，連也。古及

---

① 馬承源主編：《上海博物館藏戰國楚竹書（一）》，上海：上海古籍出版社2001年11月第1版第251頁。

字。"《集韵·缉韵》:"及,至也,逮也,连也,辞也。遭,古文。"

简文中,"迡"字28见,用同"及"。如:

(1) 亡(無)聖(聲)之樂,它(施)迡(及)孫=(孫子)。(《上二·民》简12)

(2) 迡(及)尔龜箸(策),皆曰勑(勝)之。(《上四·曹》简52)

又,简文中另有"及"字,非新出,凡53见,原篆作🔲(《郭·性》简2)、🔲(《郭·语三》简33)、🔲(《上二·容》简13),构形与《说文·又部》"及"字正篆相同。

[𠂆]

"𠂆"字原篆作🔲(《上一·紂》简15),构形与《说文·采部》"番"之古文相近。《说文·采部》:"番,兽足谓之番。从采,田象其掌。蹞,番或从足、从煩。🔲,古文番。"《玉篇·采部》:"番,兽足也。或作蹯。"

简文中,"𠂆"字仅2见,借用为"播"。如:

《吕型(刑)》員(云):"清型(刑)之由(迪)。"(《上一·紂》简15)

原整理者云:"'蹯'之古字。《正字通》:'𠂆,古蹯字。'简文从🔲从采,郭店简作'翻'。今本作'播'。"①

按:《郭店》简文作:"《吕型(刑)》員(云):'翻(播)型(刑)之迪。'"(《緇》简29)"翻"亦借用为"播"。"翻""播"均从"番"得声,故翻、播、番可通。后世也多借"番"为"播"。朱骏声《说文通训定声》:"番,叚借为播。"《楚辞·九歌》:"番芳椒兮成堂。"《马王堆汉墓帛书·十六经·三禁》:"天道寿寿,番于下土,施于九洲。"

简文中另有"番"字,非新出,凡30见,原篆作🔲(《上六·竞》简9)、🔲(《上六·用》简18),构形与《说文·采部》"番"之正篆相同。简文中,"番"字亦借用作"播"。如:

记(起)事乍(作)志,歆亓(其)又(有)审成,番(播)悁(绪)裕眾,台(以)字(置)民生。(《上六·用》简18)

---

① 马承源主编:《上海博物馆藏战国楚竹书(一)》,上海:上海古籍出版社2001年12月第1版第191页。

第一章　楚简新出字与《说文解字》

[禁]

"禁"字原篆作◻（《新·甲三：150》简179），构形从林、录声，与《说文·林部》"麓"之古文相同。《说文·林部》："麓，守山林吏也。从林、鹿声。一曰林属于山为麓。《春秋传》曰：'沙麓崩。'禁，古文从录。"《玉篇·林部》："麓，山足也。禁，古文。"

简文中，"禁"字1见，用同"麓"。如：

獵，酰（刉）於禁（麓）。（《新·甲三：150》简179）

又，简文中另有"麓"字，非新出，1见，原篆不清。如：

袿（社）一豢、一猎、一冢，酰（刉）於麓。（《新·甲三：405》简426）

[瞏]

"瞏"字原篆作◻（《上一·性》简9）、◻（《上一·性》简15），构形从目、雈声，"雈"即楚简文字的"萑"。"瞏"字构形与《说文·见部》"觀"之古文相近。《说文·见部》："觀，谛视也。从見、雚声。𥄉，古文觀从囧。"《玉篇·目部》字作"𥄉"："𥄉，古觀字。"又，"瞏"字构形与《说文·目部》"矔"字相同。《说文·目部》："矔，目多精也。从目，雚声。益州谓瞋目曰矔。"

简文中，"瞏"字3见，均用同"觀"。如：

聖人比丌（其）類（類）而侖（論）會之，瞏（觀）丌（其）先逡（後）而逆訓（順）之。（《上一·性》简15）

原整理者云："瞏，即'矔'。《字汇》：'矔，古觀字。'《说文》古文'觀'作'𥄉'，这里是指观察、分析。"[①]

又，简文中另有"觀"字，非新出，10见，原篆作◻（《上六·竞》简9）、◻（《上六·天乙》简11）。

[歖]

"歖"字原篆作◻（《郭·唐》简15）、◻（《郭·唐》简22），构形从欠、喜声，与《说文·喜部》"喜"之古文相同。《说文·喜部》："喜，乐

[①] 马承源主编：《上海博物馆藏战国楚竹书（一）》，上海：上海古籍出版社2001年11月第1版第233页。

也。从豆，从口。歖，古文喜从欠，与欢同。"又与《说文·欠部》"歆"字相同。《说文·欠部》："歖，卒喜也。从欠，从喜。"段注本改"喜"字古文"歖"为"歕"，并注："盖古文作'歕'，转写误耳。"商承祚："案欠部有歖字，训'卒喜也'，不当重出。故段氏改古文为歕，谓是转写之误。是也。甲骨文金文鍒文皆不从欠，与篆文同。"《汉语大字典》"歖"字条下云："同'喜'。"

简文中，"歖"字4见，均用作"矣"。如：

(1) 而弗利，窮（躬）悫（仁）歖（嘻）濺。(《郭·唐》简3)
(2) 從（縱）悫（仁）、聖可与，告（時）弗可秉〈及〉歖（嘻）。(《郭·唐》简15)

上揭例句中的"歖"，原整理者均训读为"嘻"。《郭店》裘按："'歖'当读为'矣'，下同。此二字上古音极近。"① 刘钊云："'歖'读为'矣'。'歖'从'喜'声，古音在晓纽之部，与匣纽之部的'矣'相通。"②

又，简文中另有"喜"字，非新出，11见，原篆作 (《包》简54)、 (《包》简165)，构形与《说文·喜部》"喜"之正篆相同。

[鴑]

"鴑"字原篆作 (《上四·逸》简2)、 (《上四·逸》简3)，构形与《说文·乌部》"乌"之古文相同。《说文·乌部》："乌，孝鸟也。象形。孔子曰：'乌，盱呼也。'取其助气，故以为乌呼。 ，古文乌，象形， ，象古文乌省。"

简文中，"鴑"字9见，用同《说文》。如：

交（＝交交）鸣鴑，集于中渚，戠（愷）俤芋卉，若豹若虎。(《上四·逸》简2)

原整理者云："'鴑'，从鸟，於声，即'乌'之古文。《说文·乌部》：'乌，孝鸟也。象形。孔子曰，乌亏呼也，取其助气。故以为乌呼。'又云：' ，古文乌，象形， ，象古文乌省。'"③

---

① 荆门市博物馆：《郭店楚墓竹简》，北京：文物出版社1998年5月第1版第159页。
② 刘钊著：《郭店楚简校释》，福州：福建人民出版社2003年12月第1版第151页。
③ 马承源主编：《上海博物馆藏战国楚竹书（四）》，上海：上海古籍出版社2004年12月第1版第175～176页。

又，简文中另有"烏"字，非新出，1见，原篆作🖼（《上五·弟》简4），用作"於"。如：

韋（回）子戁（嘆）曰："烏（於）！莫 我皆（知）也夫。"（《上五·弟》简4）

[菐]

"菐"字原篆作🖼（《郭·老甲》简2）、🖼（《郭·语四》简18），从臣、羋声，构形与《说方·羋部》"僕"之古文相同。《说文·羋部》："僕，给事者。从人，从羋，羋亦声。🖼，古文从臣。"桂馥《说文解字义证》："从臣者，《书·微子》：'我罔为臣僕。'《费誓》：'臣妾逋逃。'传云：'役人贱者，男曰臣，女曰妾。'《昭公七年左传》：'王臣公，公臣大夫，大夫臣士，士臣皂，皂臣舆，舆臣隶，隶臣僚，僚臣僕，僕臣台。'"商承祚："《书·费誓》'臣妾逋逃'，传曰：'役人贱者男曰臣。'此僕之所以从臣与。"

简文中，"菐"字2见，借用作"樸""仆"。如：

(1) 視索（素）保僕（樸），少厶（私）須〈寡〉欲。（《郭·老甲》简2）
(2) 蚰蝨（蚕）之足，眾而不割（害），割（害）而不僕（仆）。（《郭·语四》简18）

上揭例（1），原整理者云："'保'下一字，其下部从'臣'，与《说文》'僕'字古文从臣相合，故释为'僕'。"[1] 刘钊："'菐'读为'樸'，二字声旁相同。"[2] 例（2），原整理者云："'僕'，借作'仆'。《汉书·邹阳传》'卒僕济北'注：'僵仆也。'"[3] 刘钊："'菐'为'僕'字古文，读为'仆'。"[4]

[僕]

"僕"字原篆作🖼（《上三·周》简53）、🖼（《上四·昭》简4），构形从臣、菐声，即"菐"之繁构，简文中40见，均用作"臣僕"之"僕"。如：

辻（卜）命（令）尹陳省見日告：僕（僕）之母（毋）辱君王不敓（逆），僕（僕）之父之骨才（在）於此室之隮（階）下，僕（僕）牂（將）埭亡老。（《上四·昭》简3）

---

[1] 荆门市博物馆：《郭店楚墓竹简》，北京：文物出版社1998年5月第1版第114页。
[2] 刘钊著：《郭店楚简校释》，福州：福建人民出版社2003年12月第1版第6页。
[3] 荆门市博物馆：《郭店楚墓竹简》，北京：文物出版社1998年5月第1版第218页。
[4] 刘钊著：《郭店楚简校释》，福州：福建人民出版社2003年12月第1版第231页。

原整理者云："僅，'僕'之繁文。'僕'为自谦之称，《汉书·司马迁传》：'僕非敢如此也。'此字与《说文·菐部》'僕'之古文䑑为一字。"①

又，简文中另有"僕"字，非新出，3见，原篆作𰀀（《上六·孔》简13）。

[侚]

"侚"字原篆作𰀀（《郭·语一》简94）、𰀀（《郭·语三》简54），构形与《说文·人部》"備"字古文相近。《说文·人部》："備，慎也。从人、𦭝声。侚，古文備。"

简文中，"侚"字2见，用同"備"，原整理者径隶作"備"。如：

（1）樂，備（服）惪（德）者之所樂也。（《郭·语三》简54）
（2）備之胃（謂）聖。（《郭·语一》简94）

又，简文中另有"備"字，非新出，凡89见，原篆作𰀀（《上二·民》简6）、𰀀（《上四·昭》简1），构形均不从女。

[信]

"信"字原篆作𰀀（《上六·慎》简5）、𰀀（《包》简80），构形与《说文·刀部》"剛"之古文相同。《说文·刀部》："剛，彊，断也。从刀，岡声。信，古文剛。"

简文中，"信"字3见，用作"冶""居"。如：

（1）冬柰之月甲脣（辰）之日，少臧（臧）之州人信（冶）土石佢訟其州人信（冶）土石𦥑，言胃（謂）剔（傷）其弟石耻駞（？）。（《包》简80）
（2）古（故）曰：信（居）首𦯔（之首），茅芙楛（？）筴，執榸巡畎備畎。（《上六·慎》简5）

例（1），《包山楚简》："信，冶字。楚简铜器铭文的冶字多作此形。"②
例（2），原整理者云："'信'，居。……居首之首，首要的首要。"③

又，简文中另有"剛"字，非新出，5见，原篆作𰀀（《上三·瓦》简

---

① 马承源主编：《上海博物馆藏战国楚竹书（四）》，上海：上海古籍出版社2004年12月第1版第184页。
② 湖北省荆沙铁路考古队：《包山楚简》，北京：文物出版社1991年10月第1版第44页注125。
③ 马承源主编：《上海博物馆藏战国楚竹书（六）》，上海：上海古籍出版社2007年7月第1版第281页。

9)、❀(《郭·性》简8)，用同。如：

　　凡勿（物）亡不異也者。剛之桓（柷）也，剛取之也。(《郭·性》简8)

[慭]

"慭"字原篆作❀(《郭·语三》简30)、❀(《郭·语三》简40)，构形从心、既声，与《说文·心部》"恋"之古文相同。《说文·心部》："恋，惠也。从心、旡声。慭，古文。"朱珔《说文假借义证》："今惠恋字皆借爱字为之而恋废，即爱之本义亦废矣。"

简文中，"慭"字凡14见，使用情况有二，分布也很有规律：一是用作"氣"，凡6例，均见于《包山楚简》。楚简文字的"氣"或作"燹"，从火、既声，均与《说文》"氣"之或体"氣"（从米、既声）相近。二是用作"愛"，凡8例，均见于《郭店》楚简中的《语》篇。如：

　　(1) 慭（愛）生於眚（性），㪅（親）生於慭（愛）。(《郭·语二》简8)
　　(2) 慭（愛）即（親）則其蚄（方）慭（愛）人。(《郭·语三》简40)

又，简文中另有"恋"字，凡36见，原篆作❀(《郭·老甲》简36)、❀(《郭·缁》简25)，构形从心、旡声，与《说文·心部》"恋"之正篆相同，均用作"愛"，与《说文》同。

[㝫]

"㝫"字原篆作❀(《郭·六》简31)，构形从穴、从日、从廾，与《说文·廾部》"㝫"之古文相同。《说文·廾部》："㝫，盖也。从廾，从合。㝫，古文㝫。"朱骏声《说文通训定声》："古文从廾，从日在穴中。"商承祚："案篆文从合，古文从穴，《义证》曰：'深邃意也。'《吕氏春秋》'君子斋戒处必㝫'，高注：'㝫，深邃也。'则从穴之为深邃，其义尤切。……又案㝫即掩之初字，《礼记·月令》'仲夏，君子斋戒处必掩身'，《吕氏春秋》作㝫，可证。后复增手作揜，今掩行而㝫废矣。"

简文中，"㝫"字仅1见，用作"掩"，与《说文》同。如：

　　之絧紉㝫（㝫）宜（義），門外之絧宜（義）斬紉。(《郭·六》简31)

[穿]

"穿"字原篆作❀(《郭·成》简16)、❀(《上二·从乙》简1)、❀

73

(《上三·中》简10），构形从穴、从口、从廾，即"窨"字异体。楚简文字构形从曰、从口多混用无别。

简文中，"窨"字5见，亦用作"掩"。如：

(1) 中（仲）尼曰："夫殹（賢）才不可穽（弇）也。舉（舉）而（爾）所智（知），而（爾）所不智（知），人丌（其）豫（舍）之者。"《上三·中》简10)

(2) 敬道（導）也，而不可穽（弇）也；可馭（御）也，而不可堅（賢）也。(《郭·成》简16)

又，简文中另有"弇"字，亦为新出字，凡12见，原篆作❏（《曾》简60）、❏（《曾》简62），构形从合、从廾，与《说文·廾部》"弇"之正篆同。

[訾]

"訾"字原篆作❏（《上一·孔》简1）、❏（《上一·孔》简4），构形从言、止声，与《说文·言部》"詩"之古文相同。《说文·言部》："詩，志也。从言，寺声。訨，古文詩省。"古文构形左右、上下多无别。

简文中，"訾"字4见，均用同"詩"。如：

孔=（孔子）曰："訾（詩）亡隱（離）志，樂亡隱（離）情，旻（文）亡隱（離）言。"(《上一·孔》简1)

字或从口、从止，作"訾"，原篆作❏（《上一·紂》简5）、❏（《上一·紂》简7），即"訾"之异体。古文字构形从口、从言可通。简文中，"訾"字14见，均用作"詩"。

又，简文中另有"詩"字，亦为新出字，2见，原篆作❏（《上四·曹》简21）、❏（《郭·语一》简38），构形从言、寺声，与《说文·言部》"詩"之正篆相同。

[斤]

"斤"字原篆作❏（《上一·性》简2）、❏（《上一·性》简34），构形从止、斤声，与《说文·辵部》"近"之古文相同。《说文·辵部》："近，附也。从辵，斤声。斤，古文近。"字或隶作"丘"。

简文中，"斤"字9见，均用同"近"。如：

(1) 凡學者隶〈求〉其心爲難，從其所爲，斤（近）得之亘（矣），不女

（如）以樂之速也。（《郭·性》簡36）

（2）道司（始）於情＝（情，情）生於眚（性）。司（始）者肨情，佥（終）者近義。（《上一·性》簡2）

又，簡文中另有"近"字，亦為新出字，凡14見，原篆作🔲（《郭·性》簡56）、🔲（《郭·六》簡48），構形從辵、斤聲，與《說文·辵部》"近"之正篆相同。

[麃]

"麃"字原篆作🔲（《上三·周》簡6），構形從衣、從鹿，與《說文·衣部》"表"之古文近似。《說文·衣部》："表，上衣也。從衣，從毛。古者衣裘，以毛為表。襦，古文表從麃。"

簡文中，"麃"字1見，用同"表"。如：

朝晶（三）麃（表）之。（《上三·周》簡6）

原整理者云："'麃'，同'襦'，'表'之古文，《集韻》：'麃，同襦。'《說文·衣部》：'古文表，從麃。''表'，明。本句意為終朝再三明確此事。"①

又，簡文中另有"表"字，亦為新出字，4見，原篆作🔲（《上二·容》簡22）、🔲（《包》簡262），構形、字用與《說文·衣部》"表"之正篆相同。

[杍]

"杍"字原篆為🔲（《上四·逸》簡2），構形從木、子聲，與《說文·木部》"李"之古文相同。《說文·木部》："李，果也。從木、子聲。杍，古文。"段注本作"李，李果也。"並注："《尚書音義》曰：'梓材音子。本亦作梓。'馬云：'古作梓字，治木器曰梓。'《正義》曰：'此古杍字。今文作梓。'按《正義》本經作杍，《音義》本經作梓。據二家說，蓋壁中古文作杍，而馬季長易為'梓匠'之'梓'也。如馬說，是壁中文假借'杍'為梓匠字也。"商承祚《古文考》："此（指'杍'字——引者）非'李'之古文，乃'梓'之古文也。《尚書》'梓材'馬融云：'古文作杍。'《大傳》'橋梓'作'橋杍'，是作'杍'者，壁中古文也。此誤入。"

---

① 馬承源主編：《上海博物館藏戰國楚竹書（三）》，上海：上海古籍出版社2003年12月第1版第144頁。

简文中，"杍"字4见。如：

多＝新（＝多薪多薪），莫奴（如）松杍。(《上四·逸》简2)

原整理者云："'杍'，《说文·木部》：'李，李果也。从木要，子声。杍，古文。'《集韵》：'杍，治木器曰杍。通作梓。''松杍'也可读作'松梓'。"①

又，简文中另有"李"字，考释者均径隶作"李"，凡48见，原篆作 ![字] (《新·甲三：304》简324)、、，构形从來、从子，与《说文》正篆"李"字构形从木、从子有别。

简文中，"李"或借用作"理"，与后世文献同。段注："古李、理同音通用，故'行李'与'行理'并见，'大李'与'大理'不分。"朱骏声《说文通训定声》："李叚借为理。"如：

民又（有）余（餘）飤（食），無求不尋（得），民乃賽，喬（驕）能（態）䎽（始）复（作），乃立咎（皋）䘃（陶）吕爲㭋（李）。(《上二·容》简29)

原整理者云："'㭋'即'李'，法官。字亦作'理'。《书·皋陶谟》说舜命皋陶'作士'，《管子·法法》说'皋陶为李。''李'字，简文从來从子，郑刚《战国文字中的陵和李字》指出此字应释'李'（'來'、'李'都是來母之部字）。简文可以证明郑说之确。"②

"李"或用作姓。《包山》简中之"李"均用为姓。如"李聩"（22简）、"李瑞"（22简）、"李逗"（24简）等。

[兆]

"兆"字原篆作 ，构形与《说文·卜部》"卝"之古文相同。《说文·卜部》："卝，灼龟坼也。从卜、兆，象形。兆，古文卝省。"段注本作"兆，古文卝省。"《玉篇·兆部》："卝"同"兆"。文献中字多作"兆"。邵瑛《说文解字群经正字》："今经典从古文。《周礼·大卜》：'掌三兆之法。'陆氏《释文》本作'卝'。官本从《释文》而亦不尽改。惟此一篇，经、注俱作卝。"商承祚："案卜而后得兆，故篆文从卜，为会意字。古文象形也。今用古文，而卝废矣。"

---

① 马承源主编：《上海博物馆藏战国楚竹书（四）》，上海：上海古籍出版社2004年12月第1版第178页。

② 同上书，第273页。

76

简文中,"兆"字1见,借作"朓"。如:

"大兆之金器:一牛珥,一升珥,二喬珤。"(《包》简265)

原整理者云:"兆,借作朓。《说文》:'祭也。'字亦作祧,《广雅·释天》:'祧,祭先祖也。'大朓,大祭。"①

又,简文中另有"𠨑"字,亦为新出字,54见,原篆作 (《上六·天甲》简11)、 (《上六·天乙》简10),构形从卜、从兆,兆亦声,与《说文·卜部》"𠨑"之正篆相同。《玉篇·兆部》:"𠨑",同"兆"。

简文中,"𠨑"均用同"兆"。如:

臨𠨑(兆):不言阇(亂),不言帰(寑),不言威(滅),不言友(拔),不言尚(短),古(故)黽又(有)五昇(忌)。(《上六·天甲》简11)

原整理者云:"'𠨑',卜兆之'兆'的专用字,同'兆'。《说文》:'𠨑,灼龟坼也。从卜,兆象形。'《说文》本篆作'𠨑',古文省作'兆'。邵瑛《说文解字群经正字》:'今经典从古文。《周礼·大卜》"掌三兆之法。"'陆氏《释文》本作'𠨑'。'臨𠨑',察看卜兆,以判断吉凶。"②

[虐]

"虐"字原篆作 (《上一·孔》简1)、 (《上六·競》简11),构形从虎、从口,与《说文·虍部》"虐"之古文相同。《说文·虍部》:"虐,残也。从虍,虎足反爪人也。 ,古文虐如此。"王筠《说文句读》:"盖从虎口,《庄子·盗跖篇》所谓不免虎口也。""虍""虎"古本一字。字或隶作"唐"。

简文中,"唐"字115见,5例用同"虐",余多用作"乎"。如:

(1)湯乃専(輔)爲正(征)亥(籍),曰正(政)闈(關)市。民乃宜肙(怨),唐(虐)疾扂(始)生。(《上二·容》简36)

(2)汲(隰)俚(朋)會(答)曰:「公身 爲亡(無)道,不逯(踐)於善而斂(奪)之,可唐(虐)於?(《上五·競》简6)

(3)君祝敛,毋専青(情),忍皋(罪)唐(乎),则言不聖(聽),青(请)

---

① 湖北省荆沙铁路考古队:《包山楚简》,北京:文物出版社1991年10月第1版第63页注579。
② 马承源主编:《上海博物馆藏战国楚竹书(六)》,上海:上海古籍出版社2007年7月第1版第329页。

不隻（獲），女（如）川（順）言弇亞（惡）虡（乎）、則志（恐）後敌（誅）於吏（史）者。（《上六・競》简7）

例（1），原整理者云："虡疾，即'虐疾'，指第三十七简所述各种残疾。《说文・虍部》'虐'字古文作'虡'。"①

又，简文中另有"虐"字，非新出字，4见，原篆作 （《上六・孔》简11）、 （《上六・孔》简19），与《说文・虍部》"虐"之正篆相同。简文中，"虐"用同《说文》。如：

夫民虐之，求亓（其）述（術）多方安（焉）。（《上六・孔》简11）

［愳］

"愳"字原篆作 （《上五・姑》简8）、 （《上二・从乙》简3），构形从心、从䀠，与《说文・心部》"懼"之古文相同。《说文・心部》："懼，恐也。从心、瞿声。愳，古文。"

简文中，"愳"字8见，用同"懼"。如：

（1）少（小）人 樂（樂）则 涀（疑），怠（憂）则 餾（昏），芺（怒）则勅（勝），愳（懼）则怀（背），耻则靶（犯）。（《上二・从乙》简3）
（2）公愳（懼），乃命長魚鬻。（《上五・姑》简8）

又，简文中另有"懼"字，亦为新出字，6见，原篆作 （《上五・三》简4）、 （《上六・王问》简3），构形与《说文・心部》"懼"字相同。如：

競坪（平）王臱（就）奠（鄭）壽，緟（縣）之於層（宗）廟（廟），曰：褶（禍）敗因（因）童於楚邦，懼鬼（鬼）神，邑（以）取芺（恕）。（《上六・王问》简1）

［死］

"死"字原篆作 （《上六・用》简16）、 （《郭・鲁》简6），构形与《说文・心部》"恆"之古文相同。《说文・心部》："恆，常也。从心，从舟，在二之间上下。心以舟施恆也。死，古文恆从月。《诗》曰：'如月之恆。'"

---

① 马承源主编：《上海博物馆藏战国楚竹书（二）》，上海：上海古籍出版社2002年12月第1版第278页。

简文中，"死"字93见，均用同"恆"。如：

(1) 初六：散（浚）死（恆），貞凶，亡（无）卣（攸）利。(《上三·周》简28)

(2) 道死（恆）亡名，僕（樸）唯（雖）叀（微），天陞（地）弗敢臣。(《郭·老甲》简18)

又，"死"字构形或从心，原篆作■(《包》简223)、■(《上三·亙》简12)，即《说文·心部》"恆"字正篆，或隶作"恆"。简文中，"恆"字14见，均用同"恆"。例略。

[䜔]

"䜔"字原篆作■(《上二·容》简22)，构形从言、从谷，与《说文·言部》"訟"字古文相同。《说文·言部》："訟，争也。从言、公声。曰謂訟。■（䜔），古文訟。"徐锴《系传》"曰"前补"一"字。王筠《说文句读》："公、谷，古不同声。当依《玉篇》作諮，八、夂同义。谷盖古公字也。又案：金刻公作谷。八字重叠，取字形茂美。"

简文中，"䜔"字2见，用同"訟"。如：

晕（禹）乃 建鼓於廷，吕爲民之又（有）䜔（訟）告者矸（鼓）焉。(《上二·容》简22)

按："䜔"字原整理者隶作"訞"，并云："訞，是'訟'的异体字。"① 原篆右部构形从谷不从夭，隶作"訞"，误。今据楚简文字知《说文》所收古文不误，王筠谓"当依《玉篇》作諮"者，亦误。又，楚简文字中，"訟"字另36见，非新出，原篆作■(《上一·孔》简2)、■(《上三·周》简5)，构形从言、从谷，不从公，与金文作■（盂鼎）、■（䣄簋）者相同。楚简文字中，"仚""谷"二字不分，均用同"欲"，是"訟"字构形或可从谷作"䜔"。

二 孔子壁中书属楚系文字材料

《说文》古文的主体源于孔子壁中书，而孔子壁中书属于战国时期东方六国的文字资料，这已是没有疑问的。王国维云："至许书所出古文，即孔

---

① 马承源主编：《上海博物馆藏战国楚竹书（二）》，上海：上海古籍出版社2002年12月第1版第267页。

子壁中书，其体与籀文篆文颇不相近，六国遗器亦然。壁中古文者，周秦间东土之文字。"① 然而，孔子壁中书中的文字究竟属于哪个国别文字，学界的意见不一，主要有两种观点：一是认为属齐鲁系文字。王国维在《桐乡徐氏印谱序》一文中指出："魏石经及《说文解字》所出之壁中古文亦为当时齐鲁间书。"② 张政烺先生撰写的《中国大百科全书·语言文字》卷"古文"词条亦说："许慎所谓古文大约就是邹鲁（也许还有齐）儒生习用的文字。"③ 何琳仪先生在其《战国文字通论》一书中说："以现代文字学的眼光看：壁中书属齐鲁系竹简。"之后在其书订补版又修订为："以现代文字学的眼光，壁中书属齐鲁系竹简（或以为属楚系竹简）。"④ 杨泽生先生也曾撰文支持这一观点。⑤ 另一种观点是认为孔子壁中书属楚系文字。李学勤先生在《郭店楚简与儒家经籍》一文中说："所谓'古《尚书》'，即汉代前期孔壁发现的古文竹简《尚书》，传说是孔子后裔在秦代下令焚书时壁藏起来的。孔壁在曲阜，曲阜原为鲁都。鲁国在公元前二五六年已被楚国吞并，因而曲阜屡有战国晚年的楚国文物出土。孔家壁藏的竹简书籍，很可能是用楚文字书写的，从孔壁流传的古文和郭店简类似是自然的。"⑥

我们在将楚简新出字与《说文》古文进行比较时注意到，楚简新出字中构形与《说文》古文相同或相近的字共有95例，其中有70多例字的构形、字用均与《说文》古文相吻合。这里并没有算上楚简文字材料中的传承字，如果加上楚简文字材料中的传承字构形、字用均与《说文》古文相吻合的字例，可以肯定，楚简文字中构形、字用均与《说文》古文相吻合的字例会更多。而这一事实在进一步印证《说文》古文主要是来自于战国时期东方六国文献材料同时，也清楚地表明孔子壁中书当属楚系文字材料。

接下来我们继续讨论构形、字用均与《说文》古文相合的其他楚简新出字。

[牾]

"牾"字原篆作 ![] （《郭·老甲》简10）、![] （《郭·老丙》简9），构

---

① 王国维著：《〈史籀篇疏证〉序》，载《观堂集林》，北京：中华书局1959年6月第1版第1册第255页。

② 王国维著：《桐乡徐氏谱印序》，载《观堂集林》，北京：中华书局1959年6月第1版第1册第299页。

③ 《中国大百科全书·语言文字》，北京·上海：中国大百科全书出版社1988年第1版第102页。

④ 何琳仪：《战国文字通论（订补）》，南京：江苏教育出版社2003年1月第1版第45页。

⑤ 杨泽生：《孔壁竹书的文字国别》，载《中国典籍与文化》，2004年第1期。

⑥ 李学勤：《郭店楚简与儒家经籍》，载《郭店楚简研究》（《中国哲学》第二十辑），沈阳：辽宁教育出版社1999年1月第1版第20页。

形从酉、爿声,与《说文·酉部》"酱"之古文相同。《说文·酉部》:"酱,盬也。从肉,从酉,酒以和酱也,爿声。牆,古文。䌖,籀文。"段注本"盬"作"醢",并注:"从肉者,醢无不用肉也。"《正字通·酉部》:"酱,醬本字。篆作酱,经、史通作醬。"

简文中,"牆"字凡 177 见,使用情况有二:一、用同"酱",仅 5 例;二、余者均借用作"将要"之"将"。"將""牆"二字均从爿得声,于音可通。如:

(1) 一金比(匕);二牆(醬)白之席(𦈢),皆敝(彤)。(《包》简 253)
(2) 鉉一□□□之以䋛,一玶食牆(醬),一玶某(楳)牆(醬),一筵竿。(《汇·信二》简 17)
(3) 曰:昔(詩)亓(其)猷坪(平)門,與戔(賤)民而䋣之,亓(其)甬(用)心也牆(將)可(何)女(如)?曰:"邦風氏(是)也。民之又𢦏(罷)巻(倦)也,卡=(上下)之不和者,亓(其)甬(用)心也牆(將)可(何)女(如)?(《上一·孔》简 4)

例(1),《包山楚简》云:"牆,醬字,此指醬色。"①

[䋿]

"䋿"字原篆作 𦅻(《包》简 268)、𦅻(《包》简 277),构形从糸、見声,与《说文·糸部》"繭"之古文相同。《说文·糸部》:"繭,蚕衣也。从糸,从虫,芇省。䋿,古文繭,从糸、見。"段注云:"見声也。"《一切经音义》十四:"繭,古文䋿同。"

简文中,"䋿"字 4 见。如:

(1) 一紡窖,丹黃之絟,絓絤䋛,䋿組之𦆐(繮)。(《包》简 268)
(2) 一畬;一𦅻;一䋿,組綏;一緦;二馬之柲;二鑑。(《包》简 277)

按:"䋿"字原整理者隶作"䋺",误。据原篆,字形右旁显系"見"而非"艮",字当隶作"䋿"。简文中,"䋿"字与诸从糸构形的字同出于一个句中,字义显然与"糸"有关,合理地推测:"䋿"即用同"繭"。

[庀]

"庀"字原篆作 𠂤(《上五·竞》简 10)、𠂤(《上二·容》简 2),构

---

① 湖北省荆沙铁路考古队:《包山楚简》,北京:文物出版社 1991 年 10 月第 1 版第 59 页注 498。

81

形从广、乇声，与《说文·宀部》"宅"之古文相同。《说文·宀部》："宅，所讬也。从宀，乇声。用，古文宅。庀，亦古文宅。"

简文中，"庀"字6见，用同"宅"。如：

（1）君子簺箬（席）之上，叟（讓）而受挙；朝廷之立（位），叟（讓）而处戔（賤）；所庀（宅）不䝿悇（矣）。(《郭·成》简34)

（2）郢足命娶（嬎）王士，足娶（嬎）王士之宅。(《包》简155)

[厇]

"厇"字原篆作厇（《上五·三》简7）、厇（《郭·老乙》简8），构形从厂，乇声。古文字构形从广、从厂、从宀可通。"厇"即"庀"（宅）之异体。

简文中，"厇"字44见，亦用同"宅"。如：

䣜（禹）聖（聽）正（政）三年，不折（製）革，不釰（刃）金，不銘（銍）矢，田無蔡（蔡），厇（宅）不工（空），闦（關）市無賦。(《上二·容》简18)

[迩]

"迩"字原篆作迩（《上一·紂》简22）、迩（《上二·容》简19），构形从辵、尔声，与《说文·辵部》"邇"之古文相同。《说文·辵部》："邇，近也。从辵、爾声。迩，古文邇。"《字汇·辵部》："迩，同邇。"

简文中，"迩"字4见，用同"邇"。如：

古（故）㝅=（君子）之昏（友）也又（有）䚆，兀（其）惡也又（有）方，此以迩（邇）者不惑，而遠者不惥（疑）。(《上一·紂》简22)

原整理者云："迩，与'邇'同。《说文》：'邇，近也。从辵，爾声。'《尔雅·释诂下》：'邇，近也。'《诗·周南·汝坟》：'父母孔邇。'《国语·鲁语上》'又求自邇'，韦昭注：'邇，近也。'郭店简作'㝅'。今本作'邇'。"①

[甾]

"甾"字原篆作甾（《上二·子》简8），构形从田、川声，与《说文·巜部》"巜"之古文相同。《说文·巜部》："巜，水小流也。……

---

① 马承源主编：《上海博物馆藏战国楚竹书（一）》，上海：上海古籍出版社2001年12月第1版第197～198页。

畖，古文く从田，从川；畎，篆文く从田、犬声。六畎为一亩。""甾"即"畖"。古文字构形上下、左右多无别。

简文中，"甾"字1见，用同《说文》。如：

古（故）夫 夋（舜）之悳（德）丌（其）城（诚）臤（贤）矣，采（播）者（诸）甾（畎）畕（畝）之中，而吏（使）君天下而受（佾）。（《上二·子》简8）

原整理者云："'甾'同'畎'，'畕'同'畝'。'畎畝'，泛指市廛以外田野垄畝中生活的庶民。《集韵·上铣》：'《说文》：水小流也。《周礼·匠人》为沟洫，耜广五寸，二耜为耦，一耦之伐，广尺深尺谓之畎，倍畎谓之遂，倍遂曰沟，倍沟曰洫，倍洫曰巜。古从田川，篆从田、犬声。'……《国语·周语下》：'天所崇之子孙，或在畎畝，由欲乱民也。'韦昭注：'下曰畎，高曰畝。畝，垅也。'"①

［汬］

"汬"字原篆作 （《上三·周》简44）、 （《上三·周》简45），构形从水、井声，与《说文·井部》"阱"之古文相同。《说文·井部》："阱，陷也。从阜，从井，井亦声。窂，阱或从穴。汬，古文阱从水。"段注："穿地陷兽。于大陆作之如井。……锴本作：'阱或从水。'《玉篇》云：'古文作汬。'"

简文中，"汬"字12见，用同"阱"。如：

九晶（三）：汬杦（救）不飤（食），爲我心塞，可呂（以）汲，王明，並受丌（其）福。六四：汬匷（甃）。亡（无）咎。九五：汬冽（洌），寒㵻（泉）飤（食）。上六：汬杦（救）勿寞，有孚元。（《上三·周》简45）

原整理者云："'汬'，古文'阱'字。《说文·井部》：'阱，陷也，从阜、井，井亦声。窂，阱或从穴。汬，古文阱，从水。'或读为'井'，卦名，《周》第四十八卦，巽下坎上。……此字马王堆汉墓帛书《周》、今本《周》均作'井'。"②

---

① 马承源主编：《上海博物馆藏战国楚竹书（二）》，上海：上海古籍出版社2002年12月第1版第192页。
② 马承源主编：《上海博物馆藏战国楚竹书（三）》，上海：上海古籍出版社2003年12月第1版第196页。

[忈]

"忈"字原篆作🔲（《上六·孔》简22）、🔲（《上三·中》简26），构形从心、工声，与《说文·心部》"恐"之古文相同。《说文·心部》："恐，惧也。从心、巩声。忈，古文。"

简文中，"忈"字18见，均用同"恐"。如：

（1）愚忈（恐）怠虗（吾）子愳（憂），忈（愿）因（因）虗（吾）子而台（治）。（《上三·中》简26）

（2）迷，言之则忈（恐）舊（尤）坙子。赵（桓）子曰："虗（予）不赴，坙子迷，言之猶忈（恐）弗智（知），皇（恍）亓（其）女（如）……。"（《上六·孔》简22）

[剚]

"剚"字原篆作🔲（《上六·天乙》简8）、🔲（《上四·昭》简2），构形从刀、从叀，与《说文·斤部》"斷"之古文相同。《说文·斤部》："斷，截也。从斤，从𢇍。𢇍，古文绝。🔲，古文斷从皀，皀，古文叀字。《周书》曰：'🔲🔲猗无他技。'🔲亦古文。"邵瑛《说文解字群经正字》："今经典作'斷'。按'𢇍'即'繼'字，与'𢇍'字迥别。"

简文中，"剚"字25见，用同"斷"。如：

（1）僕（僕）军造言之：見日以陰人🔲慶之告詎僕（僕），命逮爲之剚。陰之正旣爲之累（盟）訐，慶逃，旌遠㝢，其余𢧢（執）牉（將）至旹（時）而剚之。（《包》简137）

（2）毋爲角言，毋爲人昌（倡）；毋俊（作）大事，毋卻棠（常）；毋厂（壅）川，毋剚（斷）陓（洿）；毋威（滅）宗，毋虗琳。（《上五·三》简10）

字或从刃作"剚"，原篆作🔲（《郭·六》简44）、🔲（《上四·采》简3），古文字构形从刀、从刃相通。"剚"即"剚"之异体。简文中，"剚"亦均用同"斷"。

[牂]

"牂"字原篆作🔲（《郭·语三》简29），构形从𡴘、丬声，与《说文·艸部》"莊"之古文相同。《说文·艸部》："莊，上讳。牂，古文莊。"段注："莊字篆文本不书，今书之者，后人补也。然则录古文注之曰古文莊，亦恐后人所加。且其形本非莊字，当是奘字之讹。古文士或作🔲，讹为卢也。凡古文经后人转写茫昧难知者，举以箭奘二字为例求之。"

84

简文中，"牂"字仅1见，用作"莊"。如：

牙（與）牂（莊）者処（處），益。逗習夐章，益。(《郭·语三》简9~10)

按：今据楚简文字，知段说有误。

[昇]

"昇"字原篆作⿱日廾（《上六·天甲》简11）、⿱日廾（《包》简36），构形从日、廾声，与《说文·月部》"期"之古文相同。《说文·月部》："期，会也。从月、其声。⿱日廾，古文期，从日、廾。"

简文中，"昇"字20见，用同"期"。如：

(1) 大忠不兑（悦），大信不昇（期）。不兑（奪）而足羕（養）者，陞（地）也；不昇（期）而可蟬（要）者，天也。（《郭·忠》简4~5）
(2) 八月丙（丙）戌之日，剃豹受昇（期）。（《包》简36）

[晃]

"晃"字原篆作⿱日几（《新·乙四：23》简566）、⿱日几（《新·甲三：43》简92），从日、几声，即"昇"之异体。

简文中，"晃"字5见，均见于《新蔡》楚简，且均用同"期"。如：

[占]之：麋亡（無）咎。中晃（期）君王又（有）亞（惡）於外。（《新·乙四：23》简566）

[昍]

"昍"字原篆作⿱日几（《包》简75）、⿱日几（《包》简22），构形从日、几声，亦即"昇"之异体，简文中凡36见，均用作"期"，且均见于《包》简。如：

八月己巳之日，邡司馬之州加公孝瑞、里公陸（隋）得受期。(《包》简22)

[晋]

"晋"字原篆作⿱日几（《包》简30）、⿱日几（《包》简33），构形从日、几声，字当是"昍"之形变，简文中凡42见，均用作"期"，只见于《包》(38例)、《新》简（3例）与《上八》（1例）。如：

85

八月癸未之日，新遊宮中猷之州加公弼罷受期。(《包》簡35)

按："旯""晋""旮"诸字均当是《说文》"期"字古文"朞"的变体。

[退]

"退"字原篆作█(《上六·競》简3)、█(《上六·競》简9)，构形从辵、从艮，与《说文·彳部》"復"之古文相同。《说文·彳部》："復，卻也。一曰行迟也，从彳、从日、从夂。彶，復或从内。退，古文从辵。"段注："今字多用古文，不用小篆。"

简文中，"退"字21见，均用同《说文》。如：

(1) 公不敛(悦)，耳(揖)而退之。(《郭·鲁》简2)
(2) 公弜(强)记(起)，退筈(席)曰："善才(哉)，虚(吾)口晏子是壤(讓)追之言也。"(《上六·競》简12)

[遏]

"遏"字原篆作█(《上五·姑》简8)、█(《郭·语二》简43)，构形从辵、从昌，即"退"之繁构，构形增一"口"符。

简文中，"遏"字4见，均用同"退"。如：

攻(功)述(遂)身退，天之道也。(《郭·老甲》简39)

[壤]

"壤"字原篆作█(《郭·唐》简28)，构形从土、从罒，与《说文·土部》"壤"之古文相同。《说文·土部》："壤，败也。从土、襄声。甌，古文壤；█，籀文壤。"字或当隶作"甌"。

简文中，"壤"字1见，用同《说文》。如：

者不才(在)上，天下北壤，幻(治)之，至羑(養)不枭；亂之，至滅旫(贤)。(《郭·唐》简28)

原整理者云："壤，简文与《说文》'壤'字古文同。"①

[頯]

"頯"字原篆作█(《上二·子》简12)、█(《包》简54)，构形从舟、

---

① 荆门市博物馆：《郭店楚墓竹简》，北京：文物出版社1998年5月第1版第160页。

从止、从頁，与《说文·履部》"履"之古文近似。《说文·履部》："履，足所依也。从尸，从彳，从夊，舟象履形。一曰尸声。𦝩，古文履从頁，从足。"古文字构形从止从足通。

简文中，"頿"字10见，均用同"履"。如：

（1）句（后）稷（稷）之母，又（有）窹（邰）是（氏）之女也，遊於串咎之内，冬（終）見芺攼而薦之，乃見人武，頿（履）㠯（以）祗（祈）禱曰：帝之武尚吏。（《上二·子羔》简12）

（2）是㠯視䝷（賢）：頿（履）地戴（戴）天，竺（篤）義與信，會才（在）天地之䦧（間），而𡦦（包）才（在）四海（海）之内，逞（畢）能亓事，而立爲天子。（《上二·容》简9）

[㤿]

"㤿"字原篆作𢛢（《上六·天乙》简5）、𢛢（《郭·语二》简26），构形从心、女声，与《说文·心部》"恕"之古文相同。《说文·心部》："恕，仁也。从心、如声。㤿，古文省。"

简文中，"㤿"字8见，6例用作"怒"，2例用作"恕"。如：

（1）公曰："尚（當）才（在）虞（吾），不淪二品（三）子，不諦㤿（恕），㝵（寡）人至於㝵（辯）日飤（食）。"（《上五·竞》简6）

（2）凡又（有）血𣪠（氣）者，𤖈（皆）又（有）憙（喜）又（有）㤿（怒），又（有）𢛢（慎）又（有）㦔。（《郭·语二》简25）

（3）洛（樂）尹行身咊（和）二：一憙（喜）一㤿（怒）。（《上六·天甲》简6）

例（1），原整理者云："'㤿'，'恕'字古文。《说文·心部》：'恕，仁也。从心，如声。㤿，古文省。'《礼记·中庸》'忠恕违道不远'，孔颖达疏：'恕，忖也，忖度其义于人。'"① 例（2），刘钊云："'㤿'为'怒'字古文。"②

按：商承祚云："案《尚书·无逸》'不啻不敢含怒'之怒，石经古文作㤿，敦煌本《尚书》同。《集韵》：'怒，古文作㤿。'恕怒声近故一字两用。"商氏的"一字两用"很有启发性。"㤿"训读"怒""恕"，疑即汉字发展史上特有的"反义同字"现象，即训诂学所说的"反训"，与"乱"字

---

① 马承源主编：《上海博物馆藏战国楚竹书（五）》，上海：上海古籍出版社2005年12月第1版第173页。

② 刘钊著：《郭店楚简校释》，福州：福建人民出版社2003年12月第1版第191页。

有"治理""紊乱"两义同例。

[睹]

"睹"字原篆作䁡（《包》简19），构形从見、者声，与《说文·目部》"睹"之古文相同。《说文·目部》：" 睹，见也。从目、者声。䁡，古文从見。"

简文中，"睹"字1见。如：

八月乙亥之日不逕葬（龏）倉以廷，阩門又敗。義䁡。（《包》简19）

[毀]

"毀"字原篆作毀（《上六·王问》简2）、毀（《上四·曹》简10），构形从攴、皇声，与《说文·土部》"毀"之古文相同。《说文·土部》："毀，缺也。从土、毇省声。毀，古文毀从壬。"朱骏声《说文通训定声》："从壬者俗字，非古文。"

简文中，"毀"字14见，均用同《说文》。如：

(1) 乃命毀鐘型而聖（聽）邦政。（《上四·曹》简10）
(2) 才（災）遼=（後之）殜（世）比𥤪（亂），邦相懷毀，衆必亞（惡）善。（《上五·季》简22）

按：楚简"毀"字原篆构形从壬，与《说文》古文吻合，朱氏"俗字"之说，误。

[䛇]

"䛇"字原篆作䛇（《上六·天甲》简13），构形从言、母声，与《说文·言部》"謀"之古文相同。《说文·言部》："謀，虑难曰谋。从言、某声。䛇，古文谋；𧥾，亦古文。"

简文中，"䛇"字1见，用同"謀"。如：

不韋（諱）所不孝（教）於帀（師）者三：㚇（強）行、忠䛇（謀）、信言，此所不孝（教）於帀（師）也。（《上六·天甲》简13）

原整理者云："'䛇'，古文'谋'字，见《说文》。《论语·学而》：'曾子曰："为人谋而不忠乎？"'正可为'忠谋'作注。"[①]

---

① 马承源主编：《上海博物馆藏战国楚竹书（六）》，上海：上海古籍出版社2007年7月第1版第333页。

［㾓］

"㾓"字原篆作▨（《郭·性》简62）、▨（《上五·君》简1），构形从囗、从水，与《说文·水部》"渊"字古文相同。《说文·水部》："渊，回水也。从水，象形，左右岸也，中象水皃。▨，渊或省水。㾓，古文从囗、水。"

简文中，"㾓"字18见，均用同"渊"。如：

（1）酓（顔）㾓（淵）時（侍）於夫＝子＝（夫子。夫子）曰："韋（回），君子爲豊（禮），吕（以）依於㤅（仁）。"酓（顔）㾓（淵）俊（作）而倉（答）曰："韋（回）不𢘓（敏），弗能少居也。"（《上五·君》简1）

（2）身欲靑（靜）而毋訦，慮谷（欲）㾓（淵）而毋㥾。（《郭·性》简62）

［𦯔］

"𦯔"字原篆作▨（《上五·三》简15），构形从林、从辰，与《说文·晨部》"農"之古文相同。《说文·晨部》："農，耕也。从晨、囟声。𦦤，籀文農从林。𦦥，古文農；𦯔，亦古文農。"《玉篇·晨部》："農，耕夫也，厚也。辳，同農。𦯔，古文。"《集韵·冬韵》："農，古作𦯔。"

简文中，"𦯔"字1见，用同"農"。如：

卬（仰）天事君，敢（嚴）夅（恪）必信；府（俯）視秋（務）𦯔（農）敬戒。（《上五·三》简15）

［誚］

"誚"字原篆作▨（《上六·天甲》简4）、▨（《上六·天乙》简3），构形从言、肖声，与《说文·言部》"譙"之古文相同。《说文·言部》："譙，娆譊也。从言、焦声。读若嚼。誚，古文譙从肖。《周书》曰：'亦未敢誚公。'"

简文中，"誚"字3见，用同《说文》。如：

古（故）亡豊（禮）大瀍（廢），亡義大誚。（《上六·天甲》简4）

原整理者云："'誚'原篆'肖'旁上部构形疑有讹误。'誚'，责备，《书·金縢》：'于后公乃为诗以贻王，名之以《鸱鸮》，王亦未敢誚公。'"[1]

---

[1] 马承源主编：《上海博物馆藏战国楚竹书（六）》，上海：上海古籍出版社2007年7月第1版第315页。

[箕]

"箕"字原篆作▨（《包》简5）、▨（《包》简12），构形从竹、典声，与《说文·丌部》"典"之古文相同。《说文·丌部》："典，五帝之书也。从册在丌上，尊阁之也。庄都说：'典，大册也。'箕，古文典从竹。"《玉篇·竹部》："箕，经也。"

简文中，"箕"字14见，均用作"典"。如：

於子＝左＝尹＝（子左尹，子左尹）詎之新俈迅尹丹，命爲僅（僕）至典，既皆至典，僅（僕）又（有）典，邵行無典。（《包》简12）

按："箕"字原整理者均径隶作"典"。

[嗇]

"嗇"字原篆作▨（《郭·老乙》简1）、▨（《上二·子》简2），构形从田、从來，与《说文·嗇部》"嗇"之古文相同。《说文·嗇部》："嗇，爱瀒也。从來、从亩。來者亩而藏之，故田夫谓之嗇夫。穑，古文嗇从田。"《集韵·职韵》："嗇，嗇，《说文》：'爱瀒也。从來，从亩，來者亩而藏之，故田夫谓之嗇夫。'古作穑。"

简文中，"嗇"字3见，用作"穑"。如：

（1）孔子曰：鈐也，夋（夋、俊、舜）嗇（來）於童土之田。（《上二·子》简2）

（2）絧（治）人事天，莫若嗇。夫唯嗇，是以杲（早）。（《郭·老乙》简1）

例（1），原整理者云："'嗇'，从田，來声，《说文》无，或依声符读为'徕'。《广韵·去代》：'徕，劳也。'《集韵·平咍》：來、徕、逨、赉，训为'行來之來'。此或当从《集韵》。"①

按：例（1）原整理者失检，释"嗇"为"來"亦误。"嗇"即《说文》"嗇"之古文，简文中用同"穑"。"嗇""穑"古本一字。朱骏声《说文通训定声》："此字本训当为收谷，即穑之古文也。"商承祚《殷虚文字类编》："卜辞从田，与许书嗇之古文合……穑字《礼记》皆作嗇，此穑、嗇一字之明证矣。"《字汇补·口部》："嗇，与穑同。"传世文献中，"嗇""穑"常混用无别。《仪礼·少牢馈食礼》："宰夫以筵受嗇黍，主人尝之，纳诸内。"

---

① 马承源主编：《上海博物馆藏战国楚竹书（二）》，上海：上海古籍出版社2002年12月第1版第186页。

郑玄注："收敛曰啬，明丰年乃有黍稷也。"《汉书·成帝纪》："《书》不云乎？'服田力啬，乃亦有秋。'"今本《尚书·盤庚上》作"若农夫服田力穡，乃亦有秋。"

[𠚕]

"𠚕"字原篆作🔲（《上五·三》简16）、🔲（《曾》简14），构形从刀、从丝，与《说文·糸部》"絕"之古文相近。《说文·糸部》："絕，断丝也。从刀、从糸、从卩。𠚕，古文絕，象不连体，絕二丝。"

简文中，"𠚕"字18见，均用作"絕"。如：

（1）不🔲口𠚕（絕）㠯（以）爲㠯（紀）。（《上六·孔》简15）
（2）敚（奪）民眚（時）㠯土攻（功），是胃（謂）頪（稽），不𠚕（絕）息（憂）卹（恤），必甕（喪）亓㥯（匹）。（《上五·三》简16）

按：楚简文字"絕"或作"🔲""🔲""🔲""🔲""🔲"，均当是"𠚕"字异体。

[烖]

"烖"字原篆作🔲（《上三·周》简21）、🔲（《上三·周》简56），构形从火、才声，与《说文·火部》"烖"之古文相同。《说文·火部》："烖，天火曰烖。从火、𢦑声。灾，或从火、宀；烖，古文从才；災，籀文从巛。"

简文中，"烖"字2见，均用同"灾"。如：

（1）{行}人之昜（得），邑人之烖（災）。（《上三·周》简21）
（2）上六：弗遇怾（過）之，飛鳥羅（離）之，凶，是胃（謂）亦烖（災）眚（眚）。（《上三·周》简56）

[勥]

"勥"字原篆作🔲（《郭·五》简34）、🔲（《郭·五》简41），从力、彊省声，即《说文·力部》"勥"之古文省形。《说文·力部》："勥，迫也。从力、强声。勥，古文从彊。"

简文中，"勥"字2见，用同"强"。如：

遙而不畏勥（强）語（禦），果也。（《郭·五》简34）

[堃]

"堃"字原篆作🔲（《上二·容》简38），构形从土、管声，与《说文·竹部》"築"之古文相近。《说文·竹部》："築，擣也。从竹、筑声。筜，古文。"

简文中，"筜"字1见，用同"築"。如：

妖北达（去）元邦，智爲召宫，筜（築）爲璿室，珇（飾）爲枀（瑶）壼（臺），立爲玉閨（門）。（《上二·容》简38）

[悝]

"悝"字原篆为 ▲（《上六·競》简9）、▲（《上三·中》附简），构形从心、王声，与《说文·犬部》"狂"之古文相同。《说文·犬部》："狂，狾犬也。从犬、王声。悝，古文从心。"段注："按此字（指'狂'——引者）当从古文作。小篆变为从犬，非也。"字或隶"恇"。

简文中，"悝"字凡8见，或用同"狂"。如：

今内寵又（有）割揘（瘍）外＝（外，外）又（有）梨（梁）丘▲（據）縈（縈）恇（狂），公退武夫亞（惡）聖人。（《上六·競》简9）

原整理者云："'恇'，古文'狌'。《说文》：'狌，狾犬也。从犬、垩声。巨王切。古文从心。'《集韵》：'一曰躁也。隶作狂。古作悝，或书作狱、恇。'"①

[帣]

"帣"字原篆作 ▲（《郭·语二》简24）、▲（《郭·语二》简24），构形与《说文·殺部》"殺"之古文作"斉"者相近。《说文·殺部》："殺，戮也。从殳、杀声。▲，古文殺；▲，古文殺；▲，古文殺。"

简文中，"帣"字5见，用同"殺"。如：

（1）豊（禮）不同，不害（害）不蛊（妨）。（《郭·语一》简103）
（2）悘（愛）即（親）则其蚄（方）悘（愛）人。（《郭·语三》简40）
（3）睪（親）古（故）孝，尊臤（賢）古（故）澗。孝之蚄（方），悘（愛）天下民。（《郭·唐》简7）

上揭例（1）、（2）、（3）之"帣"，原整理者隶释为"蛊（妨）"。刘

---

① 马承源主编：《上海博物馆藏战国楚竹书（六）》，上海：上海古籍出版社2007年7月第1版第184页。

钊改释为"希",并云:"'希'即'殺'字古文。简文此句即见于《礼记·礼运》的'故礼之不同也,不丰也,不殺也'。"又云:"'希'为'殺'字古文,《说文》作'羿'。'殺',减也,衰也。《广雅·释诂二》:'殺,减也。'《吕氏春秋·长利》:'是故地日削,子孙弥殺。'高诱注:'殺,衰也。'"① 刘说可从。

按:"希"字亦见于《说文·希部》正篆。《说文·希部》:"希,脩豪兽。一曰河内名豕也。从彑,下象毛足。读若弟。𢁫,籀文;𢁴,古文。"沈兼士撰有《希、殺、祭古语同原考》,② 可参。

[歽]

"歽"字原篆作▨(《包》简248)、▨(《包》简217),构形从死、古声,与《说文·辛部》"辜"之古文相同。《说文·辛部》:"辜,辠也。从辛、古声。𢁴,古文辜从死。"《集韵·模韵》:"辜,《说文》:'辠也。'古作歽。"古文字构形从歺、从死同意。

简文中,"歽"字5见,用同"辜"。如:

舉禱楚先老僮、祝鬻(融)、媸酓各一牂,由攻解於不歽。(《包》简217)

原整理者云:"不歽,歽字作▨,与《说文》辜字古文相同,也读作不辜。鬼名。睡虎地秦墓竹简《日书》:'人生子未能行而死,恒然,是不辜鬼处之。'(乙组59简背)"③

按:关于"不歽",徐中舒:"伍仕谦▨辜,从死,古声。《说文》古文辜作▨,与此同。不辜,谓不当其罪而受罚也。"戴家祥:"▨,▨鎣壶,《说文》'辜,罪也。'古文从死,与此铭下正同,不辜即无罪,在句子中用作冤曲之意。长沙马王堆帛书经法亡论有'三不辜',义与此同。"④

又,"歽"字亦见于《说文·歺部》正篆。《说文·歺部》:"歽,枯也。从歺、古声。"

[庿]

"庿"字原篆作▨(《上三·周》简42)、▨(《上六·天乙》简3),构形从宀、苗声,与《说文·广部》"廟"之古文近似。《说文·广部》:

---

① 刘钊著:《郭店楚简校释》,福州:福建人民出版社2003年12月第1版第190页、217页。
② 沈兼士著:《沈兼士学术论文集》,北京:中华书局1986年12月第1版第212页。
③ 湖北省荆沙铁路考古队:《包山楚简》,北京:文物出版社1991年10月第1版第56页注426。
④ 徐中舒:《中山三器释文及宫室图说明》,载《中国史研究》1979年第四期;戴家祥:《金文大字典下》,均转引自《古文字诂林》,上海:上海教育出版社2004年12月第1版。

"廟，尊先祖皃也。从广、朝声。庿，古文。"古文字构形从宀、从厂可通。"宔"即"庿"之异体。

简文中，"宔"字12见，用同"廟"。如：

清宔（廟）王惪（德）也，至矣。敬宗宔（廟）之豊（禮），以爲亓（其）杏（本），秉殳（文）之惪（德），以爲亓（其）糵。(《上一·孔》简5)

原整理者云："'宔'即'廟'，西周金文多作'廟'或'朝'，个别作'朝'，战国《中山王方壶》作'庿'，此诗郑玄笺云：'廟，本又作庿，古今字也。'《说文》古文与此相同。此字据金文例从广与从宀相通，则'宔'亦为古文。"①

[弃]

"弃"字原篆作 (《上六·用》简5)、 (《郭·老甲》简1)，构形与《说文·華部》"棄"之古文相同。《说文·華部》："棄，捐也。从廾推華棄之，从㐬，㐬，逆子也。 ，古文棄。"李孝定《甲骨文字集释》按："字象纳子凵中棄之之形。古代传说中常有棄婴之记载。"

简文中，"弃"字凡18见，均用同"棄"。如：

（1）弖（絕）智（知）弃攴（辯），民利百怀（倍）。弖（絕）攷（巧）弃利，覜（盜）惻（賊）亡又（有）。弖（絕）伪（僞）弃慮（慮），民复（復）季〈孝〉子（慈）。(《郭·老甲》简1)

（2）用：咎群言之弃（棄）。曼=柬=，亓（其）頌（容）之作。(《上六·用》简7)

[敊]

"敊"字原篆作 (《汇·信一》简44)，构形从攴、番声，与《说文·手部》"播"之古文相同。《说文·手部》："播，种也。一曰布也。从手、番声。 ，古文播。"

简文中，"敊"字1见，用同"播"。如：

"猷芑萊罟敊（播）盐。"(《汇·信一》简44)

---

① 马承源主编：《上海博物馆藏战国楚竹书（一）》，上海：上海古籍出版社2001年12月第1版第132页。

[敢]

"敢"字原篆作▨（《上三·中》简5）、▨（《郭·六》简17），构形与《说文·殳部》"敢"之古文相同。《说文·殳部》："敢，进取也。从殳、古声。▨，籀文敢；▨，古文敢。"

简文中，"敢"字凡92见，用同《说文》。如：

　　進，莫敢不進；後，莫敢不後；深，莫敢不深；潛，莫敢不潛。(《郭·五》简46)

[巨]

"巨"字原篆作▨（《上六·天乙》简6）、▨（《郭·语四》简14），构形与《说文·工部》"巨"之古文相同。《说文·工部》："巨，规巨也。从工，象手持之。榘，或从木、矢，矢者，其中正也。▨，古文巨。"字今作"矩"。高鸿缙《中国字例》："工象榘形，为最初文，自借为职工、百工之工，乃加画人形以持之……后所加人形变为夫，变为矢，流而为矩，省而为巨。后巨又借为巨细之巨，矩复加木旁作榘，而工与巨后因形歧而变其音，于是人莫知其朔矣。"

简文中，"巨"字8见，或用同"矩"。如：

　　天子坐，㠯（以）巨（矩）；飤（食），㠯（以）義；立，㠯（以）縣。(《上六·天甲》简6)

[凵]

"凵"字原篆作▨（《郭·六》简43）、▨（《上五·弟》简13），构形与《说文·曲部》"曲"之古文相同。《说文·曲部》："曲，象器曲受物之形。或说，曲，蚕薄也。▨，古文曲。"

简文中，"凵"字10见。如：

　　(1) 凵鞁；一▨；一俚几；一丩牀，又（有）策。(《包》简260)
　　(2) 堂（當）亓（其）凵㠯（以）城（成）之。(《上五·季》简23)

三　新出字与《说文》古文之间字用的不同反映的是文字系统内部的地域性差异

战国文字的一大特点是地域性差异非常突出。这种差异既表现为文字

95

构形上的不同，同时也表现为文字表词上的差异，同一个文字形体在不同的地域或不同的国家所记录的词是不相同的，即"同字异词"。

在前文，我们曾以楚简新出字与《说文》正篆之间的字用不同为例，对战国时期因地域性差异而产生的"同字异词"现象作了初步的讨论。如果说楚简新出字与《说文》正篆之间的字用不同揭示的是战国时期楚系文字与秦系文字之间的地域性差异或国别性差异，那么，楚简新出字与《说文》古文之间的字用不同则可以说是反映了战国时期东方六国文字（也可能只是楚系文字）内部的地域性差异。

见于《说文》古文的楚简新出字中，共有19例字的字用与《说文》古文不同。这当中除少数是因音同、音近借用外，更多的则当是因地域性用字的差异而构成的"同字异词"。在上文已讨论的"兆"用作"朓"、"翌"用作"播"、"歊"用作"矣"均当是同音假借，而"遊""杅""信"等字的字用不同则应当是文字系统内部的地域性用字差异。

楚简新出字中字用不同于《说文》古文的字例另外还有一些。如：

[巠]

"巠"字原篆作 （《郭·唐》简19）、 （《郭·尊》简13），构形与《说文·川部》"巠"之古文相近。《说文·川部》："巠，水脉也，从川在一下，一地也；壬省声。一曰水冥巠也。 ，古文巠不省。"

简文中，"巠"字5见，借用作"輕""勁"。"輕""勁"皆从巠得声，于音可通。如：

（1）退谷（欲） 而毋巠（輕），谷（欲）皆夔而毋惥。（《郭·性》简65）
（2）善（教）以豊（禮），则民果以巠（勁）。（《郭·尊》简13）

例（2）之"巠"，刘钊云："'果'谓果敢。'巠'读为'勁'。'果勁'意为果敢强劲。《吴越春秋阖闾内传》：'庆忌之勇，世所闻也，筋骨果勁，万人莫当。'又《三国志·吴志·诸葛恪传》：'恪以丹阳山险，民多果勁。'"[①]

[届]

"届"字原篆作 （《郭·语四》简27、27背），构形从厂、苗声，与《说文·广部》"廟"之古文近似。《说文·广部》："廟，尊先祖皃也。从广、朝声。届，古文。"古文字构形从厂、从广可通。商承祚云："案：古文

---

① 刘钊著：《郭店楚简校释》，福州：福建人民出版社2003年12月第1版第133页。

从苗声也。《士礼》十七篇，经皆作庿，注皆作廟。又《诗·清廟》释文：'廟，本又作庿，古今字也。'《孝经》释文：'廟，本或作庿。'金文大都作廟廟，与篆文近，无从苗作者，殆晚周间别字。"①

简文中，"庿"字仅1见，借用作"貌"。如：

保三殹兒。聖君而會，視庿（貌）而内（入）。（《郭·语四》简27、27背）

刘钊云："'庿'字，乃'廟'字异体，在此读为'貌'。《礼记·祭法》：'置都立邑，设廟祧坛墠而祭之。'注：'廟之言貌也，宗廟者，先祖之尊貌也。'此即以'貌'声训'廟'。"②

[津]

"津"字原篆作𣲙（《郭·尊》简1），构形从舟、从淮，与《说文·水部》"津"之古文相同。《说文·水部》："津，水渡也。从水、𦘔声。𣲙，古文津从舟，从淮。"

简文中，"津"字1见，原整理者隶作"灘"。如：

灘忿繇（鑾），改慉勅（勝），爲人上者之炏（務）也。（《郭·尊》简1）

刘钊云："'灘'读为'推'，推意为排除。"③李零读为"去忿戾"，并云："第一字，原释'灘'，从照片看似是'濩'字的省体，这里读为'去'（'去'是溪母鱼部字，'濩'是匣母铎部字，读音相近）。"④

按：此字原隶作"灘"，恐误。原篆构形从舟、从淮，与《说文》"津"之古文𣲙相同，只是构件的位置稍异。古文字构形，构件的位置随意是常有的事，字当即《说文》"津"之古文。简文中疑借用为"盡"，意为竭尽。《说文·皿部》："盡，器中空也。从皿、𦘔声。"又，《说文·火部》："𦘔，火余也。从火、𦘔省声。"是"津""盡"二字均由"𦘔"得声，可通。《广韵·轸韵》："盡，竭也。"《易·系辞上》："书不盡言，言不盡意。"《礼记·哀公问》："今之君子，好实无厌，淫德不倦，荒怠敖慢，固民是盡。"孔颖达疏："盡谓竭盡。"

以上"𡉈""庿""津"三字与前文讨论的"兆""쬥""歔""𧥷"四字

――――――――――

① 商承祚著：《说文中之古文考》，上海：上海古籍出版社1983年3月第1版第87页。
② 刘钊著：《郭店楚简校释》，福州：福建人民出版社2003年12月第1版第234页。
③ 同上书，第125页。
④ 李零著：《郭店楚简校读记（增订本）》，北京：北京大学出版社2002年3月第1版第141页。

97

同例，字用与《说文》古文有别，皆因音同音近而借为他用。

[㕵]

"㕵"字原篆作🀄（《上四·曹》简55），构形从口、母声，与《说文·言部》"谋"之古文相同。《说文·言部》："谋，虑难曰谋。从言、某声。㕵，古文谋；䛳，亦古文。"

简文中，"㕵"字4见，用作"悔"。如：

思亓志记（起），敢（勇）者思熹（喜），䓈（蒽）者思㕵（悔），肰（然）句（後）改勾（始）。（《上四·曹》简55）

原整理者云："敢者思 熹，䓈者思㕵，读'勇者思喜，蒽者思悔'。'蒽者'和'勇者'相反。《玉篇·艸部》：'蒽，畏惧也。''悔'和'喜'意思也相反。"①

[会]

"会"字原篆作🀄（《上六·天甲》简5）、🀄（《上六·天乙》简4）、🀄（《郭·太一生水》简8），构形从云、今声，与《说文·雲部》"䨪"之古文相同。《说文·雲部》："䨪，雲覆日也。从雲、今声。会，古文或省。🀄，亦古文䨪。"

简文中，"会"字凡25见，多用作哲学意义上的"陰陽"之"陰"，或以"会易"连文出现。如：

（1）会（陰）易（陽）者，神明斋=（之所）生也。（《郭·太一生水》简5）

（2）咎（皋）垔（陶）既已受命，乃支（辨）会（陰）易（陽）之䰈（氣），而聖（聽）亓訟獄。（《上二·容》简29）

（3）文会（陰）而武易（陽），信文㝸（得）事（吏），信武㝸（得）田。文㥒（德）滕（治），武㥒（德）伐，文生武殺。（《上六·天甲》简5）

按："会易"是中国古代哲学中的一个基本范畴，指宇宙间一切物质的两个对立面。这是"会易"词义的引申之用。段注："今人陰陽字小篆作䨪易。䨪者，雲覆日；易者，旗开见日。引申为两仪字之用。今人作陰陽，乃其中之一尚而已。䨪字仅见《大戴礼记·文王·官人篇》《素问·五帝政大论》"，"古文雲本无雨耳，非省也。陰字从此。""此最初古文也。会则

---

① 马承源主编：《上海博物馆藏战国楚竹书（四）》，上海：上海古籍出版社2004年12月第1版第280页。

以小篆法整齐之，云亦同。"《玉篇·雲部》："黔，今作陰。솔，古文。"

简文中的"솔易"二字与《说文·阜部》的"陰陽"有别。《说文·阜部》："陰，闇也。水之南，山之北也。从阜、솔声。""陽，高明也。从阜、易声。""陰陽"当是"솔易"的孳乳分化字。传世文献均混用作"陰陽"。

[玨]

"玨"字原篆作 (《包》简214)，构形从玉、丑声，与《说文·金部》"鈕"之古文相同。《说文·金部》："鈕，印鼻也。从金、丑声。玨，古文鈕，从玉。"《段注》："玺之籀文从玉，古文印鈕从玉。盖初作印时，惟以玉为之也。"

简文中，"玨"字1见。如：

逡（逯）古（故）籍，賽禱◇備玉一環，后土、司命、司禍各一少環，大（天）水備玉一環，二天子各一少環，峰山一玨。（《包》简213～214）

按："玨"字构形从玉，且在简文中又与"環"字出现于同一句子中，当为某玉器。是否为"印鼻"，无法肯定。

[㐬]

"㐬"字原篆作 (《上四·曹》简2)、 (《上二·子》简2)，构形从二兀，与《说文·垚部》"堯"之古文相同。《说文·垚部》："堯，高也。从垚在兀上，高远也。㐬，古文堯。"传世文献中，"堯"多用为古帝陶唐氏之号。《书·堯典》："曰若稽古帝堯，曰放勳。"

简文中，"㐬"字凡7见，均用同"堯"，指古帝陶唐氏之号，与传世文献同。如：

（1）……繇（由）其衍（道），唯（雖）堯求之弗得也。（《郭·六》简7）
（2）堯見夋（夋、俊、舜）之悳（德）殹（賢），古（故）讓之。子羔曰：堯之旻（得）夋（夋、俊、舜）也，夋（夋、俊、舜）之旻（德）則城（誠）善。（《上二·子》简6）

[迬]

"迬"字原篆作 (《郭·性》简34)，构形从辵、亡声，与《说文·手部》"撫"之古文相同。《说文·手部》："撫，安也，一曰循也。迬，古文从辵亡。"《集韵·噳韵》："撫，或作迬。"

简文中，"迬"字2见，用作"舞"，与《说文》异。如：

99

"惪（喜）斯慆＝（慆，慆）斯奮＝（奮，奮）斯羕＝（咏，咏）斯獻＝（獻，獻）斯迡＝（迡。迡），惪（喜）之終也。"（《郭·性》簡34）

刘钊云："'迡'即'舞'字异体，《说文》舞字古文作'翌'，亦从'亡'作。"①

按："迡"字亦见于战国时期中山国文字，字用亦与《说文》古文有别。如：

"不辨逆顺，故邦迡（亡）身死。"（《中山王䜌壶》）
"猶粯（迷）惑於子之而迡（亡）其邦。"（《中山王䜌鼎》）

张政烺云："迡，从辵、亡声，读为亡。此铭以亡为有无之无，故又作此丧亡之亡字。"②商承祚云："迡字《说文》以为古文撫。《字汇》训'逃去'是也。从字的形声义说，有逃亡之意，用为撫则借字。"③《战国古文字典》："中山王器迡，读亡。《广韵》：'亡，灭也。'"④

[丱]

"丱"字原篆作 <!--img--> （《上四·逸》简3）、<!--img-->（《上四·逸》简4），构形与《说文·石部》："磺"之古文相同。《说文·石部》："磺，铜铁朴石也。从石，黄声。读若横。丱，古文磺。《周礼》有丱人。"桂馥《说文解字义证》："《周礼》有丱人者，《地官·叙官》'丱人'注云：'丱之言磺也。金玉未成器曰磺。俗作卝。'《曲礼》注：'司货丱人也。'《释文》云：'丱人掌金玉锡石未成器者。'"

简文中，"丱"字2见，义与"磺"（礦）无关。如：

（1）敳（愷）紓（豫）是好，佳心是冀，闌丱愚司，皆（偕）上皆（偕）下。（《上四·逸》简3）

（2）闌丱愚司，皆（偕）少皆（偕）大。（《上四·逸》简4）

原整理者云："'丱'也作'卝'，《集韵》：'丱，束发皃，诗总角丱

---

① 刘钊著：《郭店楚简校释》，福州：福建人民出版社2003年12月第1版第99页。
② 张政烺：《中山王䜌壶及鼎铭考释》，《古文字研究》第一辑，北京：中华书局1979年8月第1版第219页。
③ 商承祚：《中山王䜌鼎、壶铭文刍议》，《古文字研究》第七辑，北京：中华书局1982年6月第1版第48页。
④ 何琳仪著：《战国古文字典》，北京：中华书局，1998年9月第1版第727页。

兮。'以丝贯杼为'卅',读作'关'。"①

[佋]

"佋"字原篆作㊙(《上五·三》简1),构形从人、从囟,与《说文·夕部》"夙"之古文相同。《说文·夕部》:"夙,早敬也。从丮。持事虽夕不休,早敬者也。佋,古文夙,从人、囟。佋,亦古文夙,从人、西。宿从此。"

简文中,"佋"字6见,用作"宿"。如:

> 卉木须昔(时)而句(後)畬(奮),天亞(惡)女(如)忻,櫙(平)旦毋哭,明毋訶(歌),弦望齊佋(宿),是胃川(順)天之裳(常)。(《上五·三》简1)

原整理者云:"'佋'读为'宿'。'齐宿',《孟子·公孙丑下》:'弟子齐宿而后敢言。'《史记·秦本纪》:'于是缪公虏晋君以归,令于国:"齐宿,吾将以晋祠上帝。"''齐'通'斋',是恭敬之义。'宿'通'素',是预先之义。两字连读是预为斋戒之义。"②

[尼]

"尼"字原篆作㇏(《上五·鬼》简3)、㇏(《包》简180),构形从尸、从二,与《说文·人部》"仁"之古文相同。《说文·人部》:"仁,亲也。从人,从二。忎,古文仁从千、心。尼,古文仁或从尸。"

简文中,"尼"字17见,用作"夷""鴺""遅"。如:

> 迓(及)五(伍)子疋(胥)者,天下之聖人也,鴺尼(夷)而死。(《上五·鬼》简3)

原整理者云:"'尼',古文'夷'。《玉篇》:'尼,古文夷字。'(《说文》误以为古文'仁'字。)《汉书·高帝纪》'司马尼将兵定楚地',《地理志》'苏示,尼江在西北',颜师古注:'尼,古夷字。'"③

按:楚简文字中的"仁"均写作"息",从心、身声,凡104见。

---

① 马承源主编:《上海博物馆藏战国楚竹书(四)》,上海:上海古籍出版社2004年12月第1版第176页。

② 马承源主编:《上海博物馆藏战国楚竹书(五)》,上海:上海古籍出版社2005年12月第1版第288页。

③ 同上书,第317页。

第四节　楚简新出字与《说文》中的籀文

籀文因《史籀篇》而得名，又名籀书、大篆，是汉字发展史上一种重要的字体。《史籀篇》早已遗失，如今能见到的籀文主要集中保存于《说文解字》之中，除重文籀文225例外，《说文》正篆之中亦收有大量的籀文。学界有关籀文的研究从未间断，其中籀文的年代问题一直是大家讨论的焦点之一。关于籀文的年代，有西周说、战国说，也有西周末春秋初说，还有春秋末战国初说，等等，众说不一，迄无定论。

楚简新出字中，构形与《说文》中的籀文相同或相近的字仅14例。以楚简新出字为例，对《说文》中的籀文进行重新考察后，我们有了两点新的认识：一、籀文并不是西周金文至战国时期六国文字的过渡文字；二、籀文与古文的使用空间存在地域的差异。下面逐一讨论。

一　籀文并不是西周金文至战国时期六国文字的过渡文字

关于籀文使用的时间与空间的研究，当属王国维"秦用籀文说"的影响最大。王国维在《战国时秦用籀文六国用古文说》一文中说道：

> 所谓秦文，即籀文也……六艺之书行于齐鲁，爰及赵魏，而罕流布于秦（犹《史籀篇》之不行于东方诸国）。其书皆以东方文字书之，汉人以其用以书六艺，谓之古文。而秦人所罢之文与所焚之书皆此种文字，是六国文字即古文也……故古文、籀文者乃战国时东西二土文字之异名，其源皆出于殷周古文。[①]

其后，王国维的"秦用籀文说"受到学界的广泛质疑。何琳仪先生认为古文字的发展序列应该是金文→籀文（周宣王）→ 籀文（秦、六国）→古文（六国），并在其《战国文字通论》中说道："这表明籀文和古文是横线时代关系和交叉地域关系的混合。换言之，秦文字和六国文字都是籀文的后裔，籀文也是战国文字的远祖。"[②]

依何先生的看法，籀文是西周金文至战国时期东方六国文字的过渡文字。今据楚简新出字的使用情况来看，何先生的"秦文字和六国文字都是籀文的后裔，籀文也是战国文字的远祖"之说恐怕也是有问题的。

[①] 王国维：《战国时秦用籀文六国用古文说》，载《观堂集林》卷7，北京：中华书局1959年6月第1版第305～306页。

[②] 何琳仪著：《战国文字通（订补）》，南京：江苏教育出版社2003年1月第1版第40页。

以楚简新出字为例，有一点情况是需要我们注意的，在14例构形与《说文》籀文相同或相近的楚简新出字中，有6例字与《说文》同一字头下的正篆同见于楚简文字，而其中的2例正篆字亦属新出字。这些始见战国时期，且与《说文》正篆共同出现于楚简文字中的籀文（字例虽然不多）至少可以说明两点：其一，籀文与古文是同一个时期的文字而并非是西周金文至六国古文的过渡文字；其二，如果说《说文》正篆的主体（或者说绝大部分）是源自于《史籀篇》，那么，构形与《说文》籀文（14例）、正篆（799例）相同或相近的楚简新出字就可以共同作为"籀文为战国文字说"的例证。

接下来，我们来看看这6例构形与《说文》籀文相同且与《说文》正篆同见于楚简中的楚简新出字。

[贛]

"贛"字原篆作❉（《包》简244）、❉（《上二·鲁》简3）、❉（《上二·鲁》简3），构形从贝、歁声，与《说文·貝部》"贛"之籀文相同。《说文·貝部》："贛，赐也。从贝，竷省声。❉，籀文贛。"

简文中，"贛"字5见，用作"貢"。如：

(1) 贛（貢）之衣裳各三禹（稱）；舉禱❉一全豬、虘（俎）桓（豆），保豸（？）之。（《包》简244）

(2) 出遇子 贛曰："賜，而（尔）昏（聞）巷（巷）迬（路）之言，毋乃胃（謂）丘之 含（答）非與（歟）？"子贛曰："否戝（也），虐（吾）子女（若）達（重）命（名）亓（其）與（歟）？女（如）夫政 坓（刑）與（歟）惪（德），㠯（以）事上天，此是才（哉）。"（《上二·鲁》简3）

例(1)，原整理者云："贛，借作貢。《广雅·释诂一》：'貢，上也。'《释言》：'貢，献也。'"[①] 例(2)，原整理者云："'贛'字从章、从貝，或从貝、从歁，又作'贛'。《汉印分韵合编》集贛字有贛、贛诸形，和简文相合。'贛'、'貢'通假。《书·顾命》'冒貢于非几'，陆德明释文：'貢，马、郑、王作贛。'又《礼记·乐记》'子贛见师乞而问焉'，《史记·乐书》'子贛'作'子貢'。《史记·仲尼弟子列传》：'端木赐，卫人，字子貢，少孔子三十一岁。子貢利口巧辞，孔子常黜其辩。'"[②]

---

① 湖北省荆沙铁路考古队：《包山楚简》，北京：文物出版社1991年10月第1版第58页注480。
② 马承源主编：《上海博物馆藏战国楚竹书（二）》，上海：上海古籍出版社2002年12月第1版第207页。

按：楚简中另有"贛"字，原篆作▨（《上六·用》简7）、▨（《上四·相》简4），构形与《说文·贝部》"贛"字正篆相同。简文中，"贛"字21见，用作"貢"，或用作"坎"。例略。

"贛""贛"二字均为新出字。

［譮］

"譮"字原篆作▨（《上六·用》简18），构形从言、會声，与《说文·言部》"話（話）"之籀文相同。《说文·言部》："話，合會善言也。从言，昏声。譮，籀文話从會。"

简文中，"譮"字1见，当用同《说文》。如：

    𨒥（遹）立師長，建殷（設）之政，譮諫𠶷口。（《上六·用》简18）

按：楚简中，"話"字另见，原篆作▨（《郭·緇》简30），构形从言、昏声，与《说文·言部》"譮（話）"字正篆相同。简文中，"話"字1见，亦用同《说文》。例略。

"譮""話"二字均为新出字。

［塝］

"塝"字原篆作▨（《上五·鲍》简8）、▨（《上一·孔》简4），构形从雨、从土、旁声，与《说文·丄部》"旁"之籀文相近。《说文·丄部》："旁，溥也。从二，闕，方声。▨，古文旁；▨亦古文旁；▨（霙），籀文。"

简文中，"塝"字3见。如：

    （1）寺也，文王受命矣。訟坪（平）悳（德）也，多言逡（後）。（《上一·孔》简2）
    （2）是戢（歲）也，晉人戔（伐）齊，既至齊陸（地），晉邦又（有）嬰（亂），帀（師）乃逞（歸），霅（雩）塝（旁）陸（地）至杞（杞）。（《上五·鲍》简8）

例（1），原整理者隶作"坪"，并云："'坪悳'一辞，古籍中未见，金文《平安君鼎》之'平'作从土从平，坪、平古通用。'坪悳'读为'平德'。《訟》之平德，必是指文王武王之德。伐商灭纣，奄有四方，是周初的大事，在《颂·维天之命》、《维清》和《我将》等诸篇中，都竭力颂扬'文王之德'、'文王之典'，《执競》之'执競武王，无競维列'，'自彼成

104

康，奄有四方'等等亦是，平德则可以理解为平成天下之德。"①。例（2），原整理者隶作"塝"，释读作"旁"。

按："塝"字原篆构形从雨、从方、从土，即"旁"之籀文"雱"之繁构，原整理者隶作"坪"，或隶作"塝"，均可商。

上揭例（1）之"雱"，疑当读作"方"，"雱德"犹言"方德"。《汉语大词典》云："【方德】犹常德。遵循正道之德。《逸周书·太子晋》：'温恭敦敏，方德不改。'朱右曾校释：'方德，常德也。'"又，楚简中，"旁"字另见，原篆作 𤕫（《帛·乙》行4～6），亦借用作"方"，可证。如：天旁（方）逄（動），攺（扞）斁（蔽）之青木、赤木、黄木、白木、墨木之精（精）。（《帛·乙》行4～6）

上揭例（2）之"雱"，与"雩（雩）"字连文，或当本读，意即"雨盛貌"。王国维云："按，鱼部魴下重文鳑，大徐本云：魴或从旁。小徐本云：籀文魴从旁。如小徐本是，则籀文固有旁字，而以雱为旁者，假借字也。雱之本义为雨盛。《诗》曰：雨雪其雱。（毛传：雱，盛皃）从雨，方声。"②

［隊］

"隊"字原篆作 𨹒（《郭·语四》简22）、𨹒（《郭·忠》简4），构形从阜、从土、豕声，与《说文·土部》"地"之籀文相近。《说文·土部》："地，元气初分，轻清阳为天，重浊阴为地，万物所陈列也。从土、也声。𨹒，籀文地从隊。"又，《康熙字典·阜部》："隊，古文地字。"《古今韵会举要·真韵》："地，籀文作𨹒。"

简文中，"隊"字3见，均用同"地"。如：

不兑（奪）而足羕（養）者，隊（地）也；不昇（期）而可蠅者，天也。卭（節）天隊（地）也者，忠信之胃（謂）此。（《郭·忠》简4～5）

原整理者云："隊，系'地'之异体。"③刘钊先生云："'隊'为'地'字古文。"④

按：楚简中，"地"字另见，非新出，原篆作 𡏇（《包》简149），构形

---

① 马承源主编：《上海博物馆藏战国楚竹书（一）》，上海：上海古籍出版社2001年11月第1版第127页。
② 王国维著：《史籀篇疏证》，转引自《古文字诂林》第1册第57页。
③ 荆门市博物馆：《郭店楚墓竹简》，北京：文物出版社1998年5月第1版第164页。
④ 刘钊著：《郭店楚简校释》，福州：福建人民出版社2003年12月第1版第164页。

105

从土、从它，"它""也"古本一字，与《说文·土部》"地"字正篆相同。又，楚简文字的"地"或作"陞"▨（《包》简219）、"徑"▨（《郭·语一》简6）等形，均当是"地"之异体。

[载]

"载"字原篆作▨（《上四·曹》简32）、▨（《汇·望二》简9），构形从戈、从车，与《说文·车部》"車"之籀文相近。《说文·车部》："車，舆轮之总名，复后时奚仲所造。象形。戁，籀文车。"古文字构形常单复同意。

简文中，"载"字4见，用同"車"。如：

（1）反芋之坒载，叏组之童，臺圉囗純，辛马皆畜長矛，羽侯。（《汇·望二》简9）

（2）來（来）告曰：亓迖（将）銜（帅）聿（尽）剔（伤），载連皆栽，曰牉（将）▨行。（《上四·曹》简32）

例（1），《战国楚简研究》云："坒载，即軒车。甲骨文金文车作▨、▨、▨、▨，象其车轮、车厢及辕轭之形。《说文》车之籀文作戁，左半之孪，实即▨或▨之讹变。今简文作载，则又其文之省。"[①]

按：楚简中，"車"字另见，非新出，原篆作車（《上三·周》简22），凡88见。

[壣]

"壣"字原篆作▨（《上六·竞》简9）、▨（《包》简176），构形从土、臧声，即"壣"字，与《说文·臣部》"臧"之籀文相近。《说文·臣部》："臧，善也。从臣、戕声。▨，籀文。"

简文中，"壣"字8见，用同"臧"。如：

（1）人勿贵，救民呂（以）踩（亲），大皋（罪）则夜（处）之呂（以）型（刑），壣（臧）皋（罪）则夜（处）之呂（以）罚，少（小）则訛之。（《上五·季》简20）

（2）今内寵又（有）割牂（痒）外＝（外，外）又（有）梨（梁）丘▨（据）築（築）恚（狂），公退武夫亞（恶）聖人，番涅壣（臧）菅（言）吏……（《上六·竞》简9）

---

① 中山大学古文字研究室编：《战国楚简研究》第三辑第49页，未刊稿。

例（2），原整理者径隶作"壏"，并云："'壏'，《正字通》：'壏，籀文臧。按：古臧与藏通，从土无义。'字亦见《包山楚简》（第一七六简、二〇五简）。'菖'，《字汇补》引《韵会》，即'盲'字。'吏'字下残文，疑读为'使'。"①

按：《字汇·土部》："壏，籀文字。"《汉语大字典》依据《说文》"臧"字籀文构形从上作"壏"而云："壏，'壏（臧）'的讹字。"今据楚简文字，疑《说文》籀文"壏"字构形从上乃从土之形讹，且为音化的结果。戕，古音为精母阳部，或从母阳部；上，古音为禅母阳部，戕、上二字古音相近。

又，楚简中，"臧"字另见，非新出。"臧"即"臧"，原篆作 （《上四·曹》简10），构形与金文 （王孙诰钟）相同。

二　籀文与古文的使用空间存在地域的不同

在楚简新出字中，构形与《说文》籀文相同或相近的字仅有14例，而构形与《说文》古文相同或相近者多达95例。如果仅就《说文》的古文、籀文而论而不考虑正篆的因素，楚简新出字见于古文与见于籀文的绝对数字相差如此之大，这一事实本身就表明：战国时期的籀文与古文，作为两种文字字体，虽不至于如王国维所说的"秦用籀文六国用古文"那么绝对，但在使用空间上存在地域的不同恐怕是可以肯定的。另外，我们在将楚简新出字与后世其他字韵书如《玉篇》《广韵》《集韵》等进行比较时，注意到一个现象，即楚简新出字或与其他字韵书中所收录的古文相同而无一例与其中的籀文相同，这一现象恐怕亦可作为战国时期古文、籀文存在使用空间不同的佐证（参见第二章中相关的讨论）。对此，我们或许可以这样理解，籀文是主要通行于西部秦国的文字字体，所谓"秦居宗周故地，其文字犹有丰镐之遗，故籀文与自籀文出之篆文，其去殷周古文反较东方文字（即汉世所谓古文）为近"（王国维语），但在国与国之间交往的过程中，其文字也偶有被相互借用的可能。

楚简新出字中，除上述6例与《说文》正篆同见的字例外，还有一些构形与《说文》籀文相同或相近的字例。这部分字例的字用绝大多数用同《说文》。如：

［悳］

"悳"原篆作 （《上二·民》简10）、 （《上三·周》简11）、

---

① 马承源主编：《上海博物馆藏战国楚竹书（六）》，上海：上海古籍出版社2007年7月第1版第184页。

(《曾》简73），构形从心、韋声，与《说文·是部》"韙"之籀文相同。《说文·是部》："韙，是也。从是、韋声。《春秋传》曰：'犯五不韙。'愇，籀文韙从心。"古文字构形左右、上下多无别。《汉书·叙传上》引班固《幽都赋》："岂余身之足殉兮？愇世业之可怀。"颜师古注："愇字与韙同。韙，是也。"

简文中，"愇"字7见，用同《说文》。如：

(1) 孔子曰："亡（無）聖（声）之樂，戁（氣）志不愇（違）。"（《上二·民》简10）

(2) 六五：氒（厥）孚洨（交）女（如），愇（威）女（如），吉。（《上三·周》简11）

例（1），原整理者云："'愇'同'愇'。《文选·幽通赋》'愇世业之可怀'，李善注引曹大家曰：'違或作愇，亦恨也。'《礼记·孔子闲居》郑玄注：'不違者，民不違君之气志也。'指内无所戾。"① 例（2），原整理者云："'愇'，即'愇'字，通'韙'。《集韵》：'韙，通作愇。'《说文·是部》：'韙，是也。从是，韋声。'明其是者，戒其非。或读为'威'、'委'。"②

[雺]

"雺"字原篆作[图]（《上三·周》简38），构形从雨、从矛，与《说文·雨部》"霧"之籀文相同。《说文·雨部》："霧，地气发，天不应。从雨、孜声。雺，籀文省。"徐铉曰："今俗从務。"《集韵·遇韵》："霧，《说文》：'地气发天不应。'古从矛，或作霧。"

简文中，"雺"字1见，用同《说文》。如：

九晶（三）：藏（藏）于冥（頎），又（有）凶。君子夬＝（夬夬），蜀（獨）行遇雨，女（如）雺又（有）礪（厲），亡（无）咎。（《上三·周》简38）

原整理者云："'雺'，《尔雅》：'天气下地不应曰雺，地气发天不应曰霧；霧谓之晦。'郑樵注：'雺，即蒙也。'《象》曰：'"君子夬夬"，终无

---

① 马承源主编：《上海博物馆藏战国楚竹书（二）》，上海：上海古籍出版社2002年12月第1版第170页。

② 马承源主编：《上海博物馆藏战国楚竹书（三）》，上海：上海古籍出版社2003年12月第1版第152页。

咎也。'本句马王堆汉墓帛书《周》作'君子缺缺，独行愚雨，如濡有温，无咎。'今本《周》作'君子夬夬，独行遇雨，若濡有愠，无咎。'"①

[敇]

"敇"字原篆作🗚（《郭·语三》简46），构形从攴、查声，与《说文·木部》"樹"之籀文相近。《说文·木部》："樹，生植之总名。从木、尌声。尌，籀文。"字或隶作"敇"。

简文中，"敇"字2见，或用同《说文》。如：

（1）㮈（噪），芋（遊）樂也；詠，芋（遊）聖（聲）也；敇，芋（遊）心也。（《上一·性》简21）
（2）彊（強）之敇（尌）也，彊（強）取之也。（《郭店·语三》简46）

例（1），原整理者云："'敇'，疑即'尌'字，《说文》'尌读若驻'，《玉篇·壴部》：'尌，立也，又作驻。'字待考，疑读作'粗'。《礼记·乐记》：'其怒心感者，其声粗以厉。'简文以一忧一喜为例论述。"②例（2），李零《郭店楚简校读记》释读为"樹"，并云："'強之樹也，強取之也'，《性自命出》作'剛之樹也，剛取之也'。"③

[遽]

"遽"字原篆作🗚（《包》简188），构形从辵、虘声，与《说文·辵部》"徂"之籀文近。《说文·辵部》："徂，往也。从辵、且声。䢋，齐语。徂，徂或从彳；𨖰，籀文从虘。"

简文中，"遽"字1见，用作地名。如：

己丑，郊𢾅（執）事人鄬奠、鄧丘邟遽之人果。（《包》简188）

按："且""虘"或本当一字。小篆从且得声字，籀文多从虘得声。如，《说文·网部》："罝，兔网也。从网、且声。䍙，籀文从虘。"

[龠]

"龠"字原篆作🗚（《郭·成》简32）、🗚（《郭·尊》简1），构形与

---

① 马承源主编：《上海博物馆藏战国楚竹书（三）》，上海：上海古籍出版社2003年12月第1版第188页。
② 马承源主编：《上海博物馆藏战国楚竹书（一）》，上海：上海古籍出版社2001年11月第1版第251页。
③ 李零著：《郭店楚简校读记》，北京：北京大学出版社2002年3月第1版第150页。

109

《说文·厶部》"侖"之籀文相同。《说文·厶部》："侖，思也。从厶，从冊。🔲，籀文侖。"段注："龠下曰：'侖，理也。'按……思与理义同也。思犹䚡也，凡人之思必依其理。"徐灝《笺》："侖、倫古今字。倫，理也。"《正字通·人部》："侖，叙也。"

简文中，"侖"字11见，多用作"倫"（7例），或用作"論"（4例），整理者径隶作"侖"，如：

(1) 古（故）爲正（政）者，或侖（論）之，或羕之，或繇（由）忠（中）出，或埶（設）之外，侖（論）隶其類（類）。（《郭·尊》简30）

(2) 酋（尊）悳（德）義，明虖（乎）民侖（倫），可以爲君。（《郭·尊》简1）

[坴]

"坴"字原篆作🔲（《上二·容》简18）、🔲（《新·乙四：136》简650），构形从土、丰声，与《说文·土部》"封"之籀文相同。《说文·土部》："封，爵诸侯之土地。从之，从土，从寸，守其制度也。公侯百里，伯七十里，子男五十里。🔲，古文封省；🔲，籀文从丰。""封"与"丰"古同字。甲骨文、金文象植树于土堆之形。《说文》所训为引申义。

简文中，"坴"字4见，用同《说文》。如：

(1) 墨（禹）乃因山陸（陵）坪（平）㘴（隰）之可坴（封）邑者而緐（繁）實之。（《上二·容》简18~19）

(2) 坴中尚大嘗占。（《新·乙四：136》简650）

[鴟]

"鴟"字原篆作🔲（《上五·鬼》简3），构形从鸟、氏声，与《说文·隹部》"雎"字籀文相同。《说文·隹部》："雎，雉也。从隹、氏声。鴟，籀文雎从鳥。"

简文中，"鴟"字1见，用同《说文》。如：

逯（及）五（伍）子疋（胥）者，天下之聖人也，鴟戹（夷）而死。《上五·鬼》简3）

原整理者云："'戹'，古文'夷'。《玉篇》：'戹，古文夷字。'（《说文》误以为古文'仁'字。）《汉书·高帝纪》'司马戹将兵定楚地'，《地理志》'苏示，巨江在西北'，颜师古注：'巨，古夷字。''鸱夷'，革囊。《史记·邹阳传》'臣闻比干剖心，子胥鸱夷'，《索隐》引韦昭曰：'以皮作鸱鸟形，名曰鸱夷。鸱夷，皮榼。'伍子胥鸱夷而死，见《史记·伍子胥列传》：'伍子胥仰天叹曰：嗟乎！谗臣嚭为乱矣，王乃反诛我。……乃自刭死。吴王闻之大怒，乃取子胥尸盛以鸱夷革，泛之江中。'"①

[䛿]

"䛿"原篆作 、、![字]（《汇·信二》简17），构形从糸、金声，与《说文·糸部》"紟"之籀文相同。《说文·糸部》："紟，衣系也。从糸、今声。䛿，籀文从金。"

简文中，"䛿"字38见，均用同"锦"。如：

（1）一白罿（獸），鋑（琨）纯；一缟箁，綠裹，䛿纯；二篗，□䛿纯，以鼢青之表，紫裹，繡纯，䛿纯，素䛿纯。（《包》简262）

（2）□□□□䛿以緅，一䛿索榙，一㡒芥，一㡒笿，屯结芒之纯，六簡笿，屯䛿纯，一梯杸，䛿纯，組纘，又骹緅榙杸。（《汇·信二》简18）

例（1），原整理者云："䛿，读如锦。"② 例（2），《战国楚简研究》云："䛿，《说文》以为紟之籀文。……按䛿实为锦之初字，锦行而䛿遂废而不用。"③

第五节　楚简新出字与《说文》中的或体

《说文》或体的研究历史久远。相对古文、籀文来说，或体的研究比较薄弱。在已有的研究中，学者多从共时的层面致力于或体的性质、来源、构成形式等方面的研究，而立足于汉字发展史的角度，利用一个时点（时期、地域）的出土文献资料对《说文》或体进行系统的考察研究还很不够。基于此，本节以楚简新出字为例，对《说文》中的或体进行考察。

楚简新出字中共有42个字的形体结构与《说文》或体（其中包括4例

---

① 马承源主编：《上海博物馆藏战国楚竹书（五）》，上海：上海古籍出版社2005年12月第1版第317页。
② 湖北省荆沙铁路考古队：《包山楚简》，北京：文物出版社1991年10月第1版第59页注505、第62页注553。
③ 中山大学古文字研究室编：《战国楚简研究》第二辑第18页，未刊稿。

篆文、2例俗字①）相同。这部分新出字为我们重新考察《说文》或体提供了宝贵的古文字资料。

以楚简新出字为例，对《说文》或体进行重新考察后，我们有了一些新的认识：一、正篆与或体之间不存在正体、俗体之别；二、先正篆后或体的排列不是分别文字起源先后的标准；三、部分或体来源于六国古文；四、或体与古文表明的是所依据的文献材料的不同。下面逐一讨论。

一　正篆与或体之间不存在正体、俗体之别

受《说文》先正篆后或体排列的影响，或以为或体是正体以外的，属于不正规形体的俗体。对此，王筠在《说文释例》中有一段精辟的论证："《说文》之有或体也，亦谓一字殊形而已，非分正俗于其间也。自大徐本所谓或作某者，小徐本间谓之俗作某，于是好古者概视或体为俗字，或微言以示意，或昌言以相排，是耳食也。"②王筠的这一观点多为后世学者认同。姚孝遂《许慎与说文解字》："所谓重文，即一字的不同形体。此不同的形体，包括有古文、籀文、或体、俗体等。古文、籀文与篆文是属于不同时期的形体上的差异，而或体、俗体则是同一时期的不同形体。"③

楚简新出字的用例可以补证王筠之说。在楚简新出字中，有8例所见的《说文》或体即"韗"（軸）"鎯""脑""謳""蛇""詝""氪"与其正篆"胄""鐘""匈""詘""它""唫""乙"错见，其中"脑"与"匈"、"謳"与"詘"同为楚简新出字。这种或体、正篆错见的现象足以说明，《说文》的正篆与或体之间没有正体、俗体之分。历时地看，后世如《说文》所谓"正篆""或体"，就其本质而言，只是字用的差异，不存在正、俗之别。因此，视或体为俗体、为非规范字是不正确的。如：

[韗]

"韗"字原篆作🖼（《曾》简1正）、🖼（《曾》简136），构形从革、由声，与《说文·冃部》"胄"之或体相同。《说文·冃部》："胄，兜鍪也。从冃、由声。韗，《司马法》胄从革。"段注："《荀卿子》《盐铁论》《大玄》皆作軸。"《玉篇·革部》："韗，今作胄。"《字通》："胄，或体作韗。兜鍪

---

① 楚简新出字中见于《说文》重文篆文、俗字的字例很少，且姚孝遂《许慎与说文解字》云："论者以为'或体'和'俗体'都是正规形体以外的，属于不正规形体的'俗体'，这种看法是错误的。……是或体与俗体并没有什么严格的区分，这只能证明'或'与'俗'是相同的。"（中华书局1983年7月第1版第18～19页）因此，我们将其与见于或体者一并讨论。

② [清]王筠著：《说文释例》，武汉：武汉市古籍书店影印1983年4月第224页。

③ 姚孝遂著：《许慎与说文解字》，北京：中华书局1983年7月第1版第18～19页。

也。从冃、由声。"

简文中，"䩷"字 53 见，均用同《说文》。如：

（1）一真吴甲，紫䋺之縢；䩷，䩵䩺，䩶䩺。（《曾》简 138）
（2）駕＝（乘馬）彤甲，黃紡之縢；䩷，䩵䩺䩺。（《曾》简 126）

原整理者云："'䩷'为甲胄之'胄'的异体，见《说文》，《荀子·议兵》作'䩷'。"[1]

[䩷]

"䩷"字原篆作 ▨（《包》牍 1）、▨（《包》牍 1），构形从革、由声，当是"䩷"之异体。古文字构形上下、左右多无别。唐玄应《一切经音义》卷十六："胄，古文䩷，同。"《集韵·宥韵》："胄，《说文》：'兜鍪也，从冃。《司马法》从革。'或书作䩷。"《荀子·议兵》："冠䩷带剑。"杨倞注："䩷与胄同。"商承祚《〈说文〉中之古文考》："案未箸或作，知亦古文也。《一切经音义》十六：'胄，古䩷同。'结构不同，偏旁相同。《荀子·议兵篇》'冠䩷带剑'注：'䩷与胄同。'《太玄经·争次七》'争干及矛䩷'，并从古文䩷。"[2]

简文中"䩷"字 4 见，亦用同"胄"。如：

一和龍䩺，音䩷，綠組之縢；馭右二甫䩺䩺，皆音䩷。（《包》牍 1）

又，楚简中另有"胄"字，原篆作 ▨（《上一·紂》简 11），与金文"胄"字作 ▨（《胄簋》）构形相同。如：

耴（聖），女丌＝（其其）弗克見，我弗貴耴（聖）。（《上一·紂》简 11）

按：此"胄"字原整理者隶作"貴"，误。《郭店》本作"迪"，今本作"由"。《说文》："迪，道也。从辵、由声。""迪""胄"皆从"由"得声，字可通，知此字当为"胄"字。

[鋪]

"鋪"字原篆作 ▨（《曾》简 58），▨（《包》简 262），构形从金、甬

---

[1] 湖北省博物馆：《曾侯乙墓》，北京：文物出版社 1989 年 7 月第 1 版第 501 页。
[2] 商承祚著：《〈说文〉中之古文考》，上海：上海古籍出版社 1983 年 3 月第 1 版第 72 页。

声，与《说文·金部》"鐘"之或体相同。《说文·金部》："鐘，乐鐘也。秋分之音，万物种成，故谓之鐘。从金、童声。古者垂作鐘。銿，鐘或从甬。"

简文中，"銿"字3见，用同《说文》。如：

二韐，紫緅之綏，敛軏，瑾（纁）緅之綏。齿銿。七聚環。(《曾》简58)

楚简中另有"鐘"字，非新出，原篆作🗆（《上四·曹》简1）、🗆（《上四·曹》简10），构形从金、童声，与《说文·金部》"鐘"之正篆相同。简文中"鐘"亦用同《说文》。如：

今邦愍（彌）少（小）而鐘愈大，君亓煮（圖）之。(《上四·曹》简10)

[䐉]

"䐉"字原篆作🗆（《汇编·望一》简10），构形从肉、凶声，与《说文·勹部》"匈"之或体相同。《说文·勹部》："匈，声也。从勹、凶声。䐈，匈或从肉。"段注改"声（聲）"为"膺"。《玉篇·勹部》："匈，膺也。或作臅。"

简文中，"䐉"字1见，用同《说文》。如：

以不能飲，以心穼，以歗（歔），䐉（胸）臘疾，尚遽瘳，毋以亓吉，又咎占之。(《汇·望一》简10)

楚简中另有"匈"字，原篆不清，据整理者考释，构形与《说文·勹部》"匈"之正篆相同。简文中，"匈"亦用同《说文》。例略。

"匈""䐉"二字均为楚简新出字。

[諨]

"諨"字原篆作🗆（《上六·用》简7），构形从言、屈声，与《说文·言部》"詘"之或体相同。《说文·言部》："詘，詰詘也。一曰屈襞。从言、出声。諨，詘或从屈。"

简文中，"諨"字1见，或用同。如：

亓（其）言之諨（詘），擇龏（恭）又（有）武。(《上六·用》简7)

原整理者云："'諨'即'詘'，字本通'屈'。《荀子·劝学》：'若挈裘领，詘五指而顿之，顺者不可胜数也。'注云：'詘与屈同。'詘用于言语则引申为钝拙。《史记·李斯列传》：'高曰：(胡亥)辩于心而詘于口。''其言之詘'与'詘于口'同义。"①

楚简中另有"詘"字，原篆作🖼（《郭·老乙》简 14）、🖼（《郭·性》简 46），构形从言、出声，与《说文·言部》"詘"之正篆相同。简文中，"詘"字 4 见。例略。

"譅""詘"二字均为楚简新出字。

[蛇]

"蛇"字原篆作🖼（《上八·兰》简 3），构形从虫、它声，与《说文·它部》"它"之或体相同。《说文·它部》："它，虫也。从虫而长，象冤曲垂尾形。上古艹居患它，故相问无它乎。蛇，它或从虫。"清邵瑛《说文群经正字》："今经典凡它虫字从或体作蛇。"

简文中，"蛇"字 1 见，用同《说文》。如：

戋〔残〕恻〔贼〕螻蛾〔蟻〕虫〔蟲〕蛇。(《上八·兰》简 3)

楚简中另有"它"字，原篆作🖼（《清三·赤》简 13）、🖼（《上九·卜》简 1），构形与《说文·它部》"它"之正篆相同，非新出字。简文中，"它"字凡 21 见，均用同《说文》。例略。

二　先正篆后或体的排列不是区分文字起源先后的标准

楚简新出字中共有 42 例字的形体结构与《说文》或体相吻合，这一事实表明，部分或体字的起源很早，或体中依然保存了较多的早期古汉字形体结构。受《说文》先正篆后或体排列的影响，而以为或体字的起源要晚于正篆的看法是错误的。在前文讨论的例证中，或体"裳""脑""譅"与正篆"常""匈""詘"同为楚简新出字就是很好的例证。就已有的材料来说，或体"裳""脑""譅"的起源并不晚于正篆"常""匈""詘"。

相反，部分或体字的起源甚至早于正篆，这也可由楚简新出字得以证实。如：

[簪]

"簪"字原篆作🖼（《曾》简 9），构形从竹、🖼声，与《说文·又部》

---

① 马承源主编：《上海博物馆藏战国楚竹书（六）》，上海：上海古籍出版社 2007 年 7 月第 1 版第 294 页。

"彗"之或体"篲"相同。《说文·又部》:"彗,扫竹也。从又持甡。篲,彗或从竹。簪,古文彗,从竹从習。"

简文中,"篲"字1见,用同"彗"。如:

　　　　屯九翼之翺,翬(翠)綌,白杸之首,翬(翠)頸,翬(翠)篲,紫羊。(《曾》简9)

原考释者云:"'篲',原文作䈼,从'竹'从'𦐈'。按'雪'字小篆作'雪',从'雨''彗'声。甲骨文作𩂣,从'雨'从'羽'。唐兰先生以'羽'为'彗'之本字。'𦐈'与甲骨文'羽'形近,故释此字为'篲'。"①

或体"篲"字的构形是在甲骨文"羽"的基础上增一形符"竹",其形体起源早于正篆"彗"是显然的。

前人的相关研究也表明,或体字的起源并不晚于正篆,部分或体甚至要早于正篆。王筠《说文释例》就曾指出:"是则或体中有古文也。"②罗振玉考释甲骨文"𤰀"字时云:"《说文解字》:'畴,从田,象耕屈之形。或省作𤰇。此与许书或体同,知许书之或体中每有古文矣。"③姚孝遂也指出:"作为'或体'的'𤰇'实际上比作为'正字'的'畴'更符合于原始形态。甲骨文即作𤰇,从田作畴肯定是后起字。"④因此,我们完全有理由认为《说文》先正篆后或体的排列不是区分文字起源先后的标准。

三　部分或体源自于战国时期东方六国古文

关于"篆书(小篆)",许慎在《说文·叙》云:"秦始皇帝初兼天下,丞相李斯乃奏同之,罢其不与秦文合者。斯作《仓颉篇》,中车府令赵高作《爰历篇》,太史令胡毋敬作《博学篇》,皆取《史籀》大篆,或颇省改,所谓小篆者也。"又云:"三曰篆书,即小篆,秦始皇帝使下杜人程邈所作也。"至于或体与篆书(小篆)之间的关系,受《说文·叙》的影响,目前学界较为一致的观点是,或体即小篆。刘叶秋云:"或体:凡是说解中说'或从某'的,都是小篆的异体。"⑤从共时层面看,这一说法或许合理。但

---

①　湖北省博物馆:《曾侯乙墓》,北京:文物出版社1989年7月第1版第511页。
②　[清]王筠著:《说文释例》,武汉:武汉市古籍书店影印1983年4月第224页。
③　罗振玉著:《增订殷虚书契考释中》,转引自《古文字诂林》,上海:上海教育出版社2004年12月第1版第十册第359页。
④　姚孝遂著:《许慎与说文解字》,北京:中华书局1983年7月第1版第19页。
⑤　刘叶秋著:《中国字典史略》,北京:中华书局1983年6月第1版第22页。

历时地看，这一认识是有问题的，而缘于这一认识所形成的、目前仍较多采用的或体（小篆）→秦篆→籀文→甲骨文、金文之溯源方法，同样也是有问题的。

作为出土的文献资料，楚简新出字并不支持"或体即小篆"的观点。如：

[篓]

"篓"字原篆作𥳑（《包》简260），构形从竹、妾声，与《说文·竹部》"箑"之或体相同。《说文·竹部》："箑，扇也。从竹、疌声。篓，箑或从妾。"

简文中，"篓"字5见，用同《说文》。如：

（1）一凵㸚，又（有）䇿；一𥎐朮，又有㭰；一羽篓；二篓＝（竹篓）。（《包》简260）

（2）一大羽翣，一大竹翣，一少（小）篓，一少（小）散羽翣。（《汇·望二》简5）

上揭例（1），原整理者云："篓，读作翣。《仪礼·即夕礼》：'燕器：杖、笠、翣'，注：'翣，扇也。'羽翣，以羽毛作的扇。"① 例（2），《望山楚简》："'篓'为竹翣之专字。《集韵》：'篓，竹翣。'"②

按：楚简文字的"篓""翣"因其制质不同而有别，"篓"为竹翣而"翣"则为羽翣，例（1）简文中的"篓"字无须破读。汉孔臧《杨柳赋》"暑不御篓，凄而凉清"之"篓"即用同楚简文字。又，"篓""翣"二字皆从妾得声，于音可通，传世文献中"篓""翣"或可互用。《集韵·狎韵》："翣，《说文》：'棺羽饰也。天子八，诸侯六，大夫四，士二，下垂。'或作篓。"段注"箑"字下云："《方言》：'扇，自关而东谓之箑，自关而西谓之扇。'……《士丧礼下》注：'翣，扇也。'此言经文假翣为箑也。"

[罔]

"罔"字原篆作𦉢（《上六·用》简11）、𦉞（《九·五六》简31），构形从网、亡声，与《说文·网部》"网"之或体相同。《说文·网部》："网，庖牺所结绳以渔。从冂，下象网交文。罔，网或从亡；𦉰，网或从糸；㒣，古文网；䋄，籀文网。"段注本作"罔，网或加亡"，并注云："亡声也。"

---

① 湖北省荆沙铁路考古队：《包山楚简》，北京：文物出版社1991年10月第1版第62页注558。

② 湖北省文物考古研究所：《望山楚简》，北京：中华书局1995年6月第1版第125页注102。

117

简文中，"罔"字 16 见，用同《说文》。如：

(1) 凡輚日，不秒（利）以□□，秒（利）以爲張罔（網）。(《九·五六》简 14 下)

(2) 若罔之未癹（發），而自嘉樂，司民之降兇（凶）而亦不可逃。(《上六·用》简 11)

[忞]

"忞"字原篆作![](）(《郭·性》简 47)、![](）(《上三·彭》简 7)，构形从心、矛声，与《说文·心部》"懋"之或体相同。《说文·心部》："懋，勉也。从心、楙声。《虞书》曰：'时惟懋哉。'忞，或省。"

简文中，"忞"字 9 见，或用同《说文》。如：

昏（聞）民 忞（懋）。(《上三·中》简 15)

原整理者云："'忞'，同'懋'，勤勉也。《说文·心部》：'懋，勉也。从心、楙声。《虞书》曰："时惟懋哉。"忞，或省。'"①

[悖]

"悖"字原篆作![](）(《汇·望一》简 106)，据整理者考释，构形从心、孛声，与《说文·言部》"誖"之或体相同。《说文·言部》："誖，乱也。从言、孛声。悖，誖或从心。![](），籒文誖从二或。"

简文中，"悖"字 2 见，用同《说文》。如：

以心悖，不能飮，以聚欯，足骨疾。(《汇·望一》简 106)

《战国楚简研究》："心悖，指心烦意乱。不能飮，不能饮食。"②

[飦]

"飦"字原篆作![](）(《汇·信二》简 14)，构形从食、干声，与《说文·鬻部》"鬻"之或体相同。《说文·鬻部》："鬻，鬻也。从鬻、侃声。![](），鬻或从食、衍声；飦，或从干声。![](），或从建声。"

简文中，"飦"字 1 见，用同《说文》。如：

---

① 马承源主编：《上海博物馆藏战国楚竹书（三）》，上海：上海古籍出版社 2003 年 12 月第 1 版第 274 页。

② 中山大学古文字研究室编：《战国楚简研究》第三辑第 29 页，未刊稿。

一篅圓飰截紡▢絞篅廑賮罩蹈。(《汇·信二》简14)

[迡]

"迡"字原篆作▢(《包》简198)、▢(《郭·老乙》简10)、▢(《上三·周》简14),构形从辵、尼声,与《说文·辵部》"遅"之或体相同。《说文·辵部》:"遅,徐行也。从辵、犀声。《诗》曰:'行道遅遅。'迡,遅或从尼。遟,籀文遅从屖。"

简文中,"迡"字9见,用同《说文》。如:

六晶(三):可(阿)夋(豫)愳(悔),迡(遅)又(有)愳(悔)。(《上三·周》简14)

[屔]

"屔"字原篆作▢(《汇·望一》简61)、▢(《汇·望一》简9),构形从止、尼声,古文字构形从止从辵可通,字即"迡"之异体。

简文中,"屔"字2见,用同"遅"。如:

(1)少屔瘥,以示古敚之,叀噩勮之祝。(《汇·望一》简61)
(2)無大咎,疾屔瘥,又祝,以示古敚之。(《汇·望一》简9)

商承祚:"屔、迡同字。《说文》古文仁作尼,遅作迡。《汗简》卷中尸部引古文《尚书》夷作尼,卷上目部睼作▢。《汉书樊哙传》:'与司马尼战砀东。'颜师古曰:'尼,读与夷同。'《淮南子原道训》:'冯夷、大丙之御。'注:'夷,或作遅。'是仁、迡、夷三字音近可通假。《说文》:'遅,徐行也。''夷,平也。''徲,平行易也。'由是知疾迡瘥为疾病慢慢减退,故言无大咎。"[①]

又,楚简文字的"遅"或写作"屖",原篆作▢(《上一·孔》简2)、▢(《新·甲三:173》简203),构形与"遅"之籀文"遟"的声符相同。简文中"屖"字2同见,用同"遅"。

[䋫]

"䋫"字原篆作▢(《上二·容》简28)、▢(《包》简126),构形从糸、呈声,与《说文·糸部》"緹"之或体相同。《说文·糸部》:"緹,缓也。从糸、盈声。读与听同。䋫,緹或从呈。"

---

① 商承祚:《江陵望山一号楚墓竹简疾病杂事札记考释》,载《战国楚竹简汇编》,转引自《古文字诂林》第2册第404页。

简文中,"経"字35见,多用同"縊"。如:

育＝(育月)丁亥音＝(之日),左尹寈(龏)甬車一輛,載絑絹之経,鹽萬之純,鹽萬之輕絹。(《包》简267)

[緩]

"緩"字原篆作🔲(《上二·容》简1)、🔲(《包》简76),构形从糸、爰声,与《说文·素部》"縗"之或体相同。《说文·素部》:"縗,黏也。从素、爰声。緩,縗或省。"

简文中,"緩"字5见,用同《说文》。如:

堯戔(賤)脃(施)而昔＝(時時),賁不竃(勸)而民力,不型(刑)殺而無貌(盜)惻(賊),甚緩而敏備(服)。(《上二·容》简6)

[鳿]

"鳿"字原篆作🔲、🔲(均为《上三·周》简50),构形从鳥、工声,与《说文·隹部》"雊"之或体相同。《说文·隹部》:"雊,鳥肥大雊雊也。从隹、工声。鳿,雊或从鳥。"

简文中,"鳿"字3见,用同《说文》。如:

初六:鳿(鴻)漸(漸)于龝(潤),少(小)子礪(厲),又(有)言,不冬(終)。六二:鳿(鴻)漸于堅(阪),酓(飲)飤(食)吉鱸＝(衎衎),吉。九晶(三):鳿(鴻)漸于陸,夫征不返(復)。(《上三·周》简50)

[砥]

"砥"字原篆作🔲、🔲(均为《上四·曹》39),构形从石、氏声,与《说文·厂部》"厎"之或体相同。《说文·厂部》:"厎,柔石也。从厂、氏声。砥,厎或从石。"

简文中,"砥"字3见,用同《说文》,如:

不砥 礪(礪),我兵必砥 礪(礪)。人之虘(甲)不緊(堅),我虘(甲)必緊(堅)。(《上四·曹》39)

[詢]

"詢"字原篆作🔲(《郭·五》简10)、🔲(《上五·三》简4),构形从言、句声，与《说文·言部》"詬"之或体相同。《说文·言部》："詬，謑詬，耻也。从言、后声。訽，詬或从句。"

简文中，"訽"字 5 见，用同《说文》。如：

毋訽（詬）政卿於神祇，毋宣（享）逸焉（安）救（求）利。(《上五·三》简 4）

［輽］

"輽"字原篆作 （《曾》简 76），构形从车、宜声，与《说文》"輗"之或体相同。《说文·车部》："輗，大车辕耑持衡者。从车、兒声。輨，輗或从宜。梶，輗或从木。"《龙龛手镜·车部》："輽，俗；輗，正。車辕端持衡木也。"《正字通·车部》："輽，《说文》輗。俗作輽。"

简文中，"輽"字 2 见，用同"輗"。如：

䡝輽車：鄗紫之加，㯱（綠）裏；紫因（絪）之筥（席），㯱（綠）裏，屯瑾（纁）愲之綏。（《曾》简 76）

《曾侯乙墓》："'輽'是"輗"的异体。见《说文》。《集韵·霁韵》于'䡝'字下注云：'䡝輽，車名。'于'輗'字下注云：'䡝輗，車也。'不知简文的'䡝輽'与《集韵》所说的'䡝輗'有无关系。"[①]

［餌］

"餌"字原篆作 （《上四·曹》简 55）、 （《郭·老丙》简 4），构形从食、耳声，与《说文·鬻部》"鬻"之或体相同。《说文·鬻部》："鬻，粉饼也。从鬻、耳声。餌，鬻或从食、耳声。"《急就篇》第二章："饼餌麦饭甘豆羹。"颜师古注："溲米而蒸之则为餌。"《方言》卷十三："餌谓之餻。"又，卷子本《玉篇·食部》："餌，《苍頡篇》云：'餌，食也。'野王案：凡所食之物也。"

简文中，"餌"3 见，用同《说文》。如：

埶（設）大象，天下往＝（往。往）而不害，安坪（平）大。樂與餌，悠（過）客止。（《郭·老丙》简 4）

［眽］

"眽"字原篆作 （《上六·慎》简 5）、 （《上六·慎》简 5），构形

[①] 湖北省博物馆：《曾侯乙墓》，北京：文物出版社 1989 年 7 月第 1 版第 520 页注 154。

从田、犬声，与《说文·く部》"く"之篆文相同。《说文·く部》："く，水小流也。《周礼》：'匠人为沟洫，耜广五寸，二耜为耦，一耦之伐，广尺深尺谓之く。'倍く谓之遂，倍遂曰沟，倍沟曰洫，倍洫曰巜。甽，古文く从田，从川；畖，篆文く从田、犬声。六畖为一亩。"

简文中，"畖"字 2 见，用同《说文》。如：

　　　　古（故）曰：信（居）首䇂（之首），茅芺楮（？）筱，埶㮛巡畖備畖。（《上六·慎》简 5）

原整理者云："畖，田间的小沟。"①

又，楚简文字中，"く"之古文"甽"另见，原篆作 （《上二·子》简 8），构形从田、川声，字隶作"畕"，即"甽"字异体。古文字构形上下、左右多无别。简文中，"畕"字用同"畖"。如：

　　　　古（故）夫埶（舜）之悳（德）丌（其）城（誠）叚（賢）矣，采（播）者（諸）畕（畖）畕（畝）之中，而吏（使）君天下而憂（偶）。（《上二·子》简 8）

原整理者云："'畕'同'畖'，'畕'同'畝'。'畖畝'，泛指市廛以外田野垄畝中生活的庶民。《集韵·上铣》：'《说文》：水小流也。《周礼·匠人》为沟洫，耜广五寸，二耜为耦，一耦之伐，广尺深尺谓之畖，倍畖谓之遂，倍遂曰沟，倍沟曰洫，倍洫曰巜。古从田川，篆从田，犬声。'……《国语·周语下》：'天所崇之子孙，或在畖畝，由欲乱民也。'韦昭注：'下曰畖，高曰畝。畝，垄也。'"②

"畖""畕"均为新出字。《说文》的古文、或体同见于楚简文字中，这一现象颇值关注。

[全]

"全"字原篆作 （《上五·鲍》简 3）、（《包》简 237），构形与《说文·入部》"仝"之篆文相同。《说文·入部》："仝，完也。从入，从工。全，篆文仝从玉。纯玉曰全。，古文全。"段注："按篆当是籒之误。仝全皆从人，不必先古后篆也。今字皆从籒，而以仝为同字。"

---

① 马承源主编：《上海博物馆藏战国楚竹书（六）》，上海：上海古籍出版社 2007 年 7 月第 1 版第 281 页。

② 马承源主编：《上海博物馆藏战国楚竹书（二）》，上海：上海古籍出版社 2002 年 12 月第 1 版第 192 页。

简文中,"仝"字凡 8 见,均用同《说文》。如:

(1)舉禱鼠䘏一全狄;舉禱社一全貒;舉禱宫、梁(行)一 白犬、酉(酒)飤。(《包》简 210)

(2)器必罿(俻)書(視),毋内(入)錢器,牪(犧)生(牲)、珪璧必全,女(如)耆,伽(加)之㠯(以)敬。(《上五·鮑》简 3)

又,楚简文字中,"仝"字另见,原篆作 ●(《包》简 210)、● (《包》简 241),简文中 2 见,用同"全"。

"仝""全"均为新出字。

[審]

"審"字原篆作 ●(《上六·孔》简 12)、● (《上一·孔》简 21),构形从宀、番声,与《说文·釆部》"宷"之篆文相同。《说文·釆部》:"宷,悉也,知宷谛也。从宀、从釆。審,篆文宷从番。"

简文中,"審"字 2 见,用同《说文》。如:

亓(其)易(賜)與罝(䚗)之民,亦㠯(以)亓(其)勿審二逃者㠯(以)觀於民,唯又(有)訆(?)弗遠。(《上六·孔》简 12)

原整理者云:"'審',《说文·宀部》:'宷,悉也,知宷谛也。从宀,从釆。審,篆文宷从番。徐锴曰:"宀,覆也。釆,别也。包覆而深别之。宷,悉也。"''審',引申为'详察''考察'意。《新书·过秦下》:'審权势之宜。'"①

[頤]

"頤"字原篆作 ●(《上三·周》简 24)、● (《上三·周》)简 25),构形从頁、臣声,与《说文·臣部》"臣"之篆文相同。《说文·臣部》:"臣,顄也。象形。頤,篆文臣。●,籀文从首。"段注:"此为篆文,则知臣为古文也。先古文后篆文者,此亦先二后上之例。不如是则䶪篆无所附也。"

简文中,"頤"字 7 见,均用同《说文》。如:

(1)觀頤,自求口實。初九:緣(舍)尒(爾)霝(靈)龜,觀我敓(微)

---

① 马承源主编:《上海博物馆藏战国楚竹书(六)》,上海:上海古籍出版社 2007 年 7 月第 1 版第 210 页。

123

颐，凶。六二：曰遉（顛）颐，鼅（弗）經于北涊（頤），征凶。六晶（三）：鼅（弗）颐，貞凶。(《上三·周》简 24)

（2）六四：遉（顛）颐，吉，虎見（視）䡣=（眈眈），丌（其）猷伇=（逐逐），亡（无）咎。六五：鼅（弗）經，尻貞，吉，不可涉大川。上九：繇（由）颐礪（厲）吉，利涉大川。(《上三·周》简 25)

[竢]

"竢"字原篆作 ![] (《上二·容》简 24)、![] (《上六·慎》简 3)，构形从立、巳声，与《说文·立部》"竢"之或体相同。《说文·立部》："竢，待也。从立、矣声。竢，或从巳。"

简文中，"竢"字 4 见，用同《说文》。如：

勿㠯（以）坏身，中尻（處）而不皮，責（任）惪（德）㠯（以）賜（竢）。(《上六·慎》简 3)

原整理者云："'竢'，《说文·立部》：'竢，待也，从立、矣声。竢，或从巳。'同竢、俟，等待。《左传·成公十六年》：'若唯郑叛。晋国之忧可立竢矣。'"①

从上揭诸例看，楚简新出字与《说文》或体不仅构形相同，字用也吻合。这种高度一致的现象充分说明：部分《说文》或体（包括篆文、俗字）源于战国时期的六国古文字。而这给我们的启示是：《说文》或体既来自于西域（秦），也源于东土（六国）。以往的一些认识，如以为或体即小篆，以及由此而形成的或体→秦篆→籀文→甲骨文、金文的溯源思路显然是狭隘的；认为或体在"东周时代，它存在生长的主要区域是秦"，②也是值得商榷的。

四 或体与古文表明的是所依据的文献材料的不同

关于古文，《说文·叙》中有"宣王太史籀著《大篆》十五篇，与古文或异。至孔子书《六经》，左丘明述《春秋传》，皆以古文"，"时有六书：一曰古文，孔子壁中书也"，"今叙篆文，合以古籀"等语句。关于《说文》

---

① 马承源主编：《上海博物馆藏战国楚竹书（六）》，上海：上海古籍出版社 2007 年 7 月第 1 版第 278～279 页。

② 祝敏申著：《〈说文解字〉与中国古文字学》，上海：复旦大学出版社 1998 年 12 月第 1 版第 142 页。

古文，王国维依据文献资料认定是战国时期的"东土文字"，^①这一观点已为学界所认同，^②也为近几十年出土的六国文字资料所印证。准此，楚简新出字也属古文范畴。在将楚简新出字与《说文》进行校读时，我们注意到，楚简新出字既有见于《说文》古文者（共计95例，参见前文讨论），也有不少字与《说文》或体相合（42例）。由此，相应的疑问也就产生了：《说文》中的或体与古文究竟是一种什么样的关系？或者说我们究竟应该如何看待《说文》中的或体与古文？

在楚简新字中，除上文已经讨论构形、字用均与《说文》或体相吻合的诸例外，还有一部分是与或体的构形相同而字用有异，而这种字用上的差异或因为是同音通假，或因为是用为人名，并不能排除楚简新出字与或体之间文字构形上的传承关系。如：

[蝈]

"蝈"字原篆作 （《郭·唐》简21）、 （《郭·唐》简21）、 （《郭·忠》简2），构形从虫、爲声，与《说文·辵部》"逶"之或体相同。《说文·辵部》："逶，逶迤，衺去之皃。从辵、委声。蝈，或从虫、爲。"

简文中，"蝈"字3见，借用作"化"，或借用作"爲"。如：

---

① 王国维云："至许书所出古文，即孔子壁中书，其体与籀文篆文颇不相近，六国遗器亦然。壁中古文者，周秦间东土之文字。"（《《史籀篇疏证》序》）又云："《说文》《叙》云，郡国往往于山川得鼎彝，其铭即前代之古文，皆自相似。……则郡国所出鼎彝，许君固不能一一目验，又无拓本可致，自难据以入书。全书中所有重文古文五百许字，皆出壁中书及张苍所献《春秋左氏传》，其在正字中者亦然。故其所谓籀文与古文或异者，非谓《史籀》大篆与《史籀》以前之古文或异，而实为许君所见《史籀》九篇与其所见壁中书籀文或不同。以其所见《史籀篇》为周宣王时字，所见壁中古文为殷周古文，乃许君一时之疏失也。……不知壁中书与《史籀篇》文字之殊，乃战国时东西二土文字之殊，许君既以壁中书孔子所书，又以为即用殷周古文，盖两失之。"（《《说文》所谓"古文"说》）见《观堂集林》，北京：中华书局1959年6月第1版第1册255页、第2册第314～316页。

② 裘锡圭云："王国维又根据大量资料断定所谓古文是战国时代东方国家的文字，其说见《桐乡徐氏印谱序》（《观堂集林》卷六）、《战国时秦用籀文六国用古文说》（同上卷七）等文，以及1926年就古文问题答容庚的信（《王国维全集·书信》436～438页）。王氏认为籀文是秦国文字，实不可从，但是他对古文的看法则是正确的。近几十年来出土的大量六国文字资料，给王氏的说法增添了很多新的证据。"（《文字学概要》，北京：商务印书馆1988年8月第1版第55页）何琳仪云："因此我们倾向壁中书是战国晚期以后的竹简，下距汉景武之际不算太久，其被偶然发现于墙壁之中，当属可能。以现代文字学的眼光，壁中书属齐鲁系竹简（或以为属楚系竹简），西晋发现的汲冢竹书属三晋竹简，都是以战国流行的六国古文书写的典籍。建国后新发现的大批楚简与它们应是同时代的产物，而大量出土的战国文字资料也应是它们的一家眷属。"（《战国文字通论（补订）》，南京：江苏教育出版社2003年1月第1版第45页）

125

(1) 受（授）臤（賢）則民興效（教）而蝎（化）虖（乎）道。不徫而能蝎（化）民者，自生民未之又（有）也。（《郭·唐》简21）

(2) 至忠女（如）土，蝎（爲）勿（物）而不撃（弹）；至信女（如）旹（時），尤至而不结。（《郭·忠》简2）

[蚤]

"蚤"字原篆作 (《郭·尊》简28)、 (《上六·競》简10)，构形从虫、叉声，与《说文·蚰部》"蝨"之或体相同。《说文·蚰部》："蝨，啮人跳虫。从蚰、叉声。叉，古爪字。蚤，蝨或从虫。"段注："经传多叚为早字。"

简文中，"蚤"3见，借用作"早"，与后世文献同；又借用作"尤"。如：

(1) 以悖心，不内訟，尚毋爲大，蚤（早）占之。(《汇·望一》简14)

(2) 自古（姑）、蚤（尤）㠯（以）西，蓼（聊）、督（攝）㠯（以）東，丌（其）人妻（數）多已，是皆貧痔（苦）約豹（瘠）痊（疾），夫婦皆祖（詛）一支，夫埶（執）敓（婇）之幣三布之玉，唯是口……。(《上六·競》简10)

上揭例(2)，原整理者云："'蚤'，今本作'尤'，同源字，古地名。姑、尤指姑水、尤水，即今山东半岛中部的大沽河、小沽河。"①

[芬]

"芬"字原篆作 (《上三·周》简23)，构形从艸、分声，与《说文·屮部》"芬"之或体相同。《说文·屮部》："芬，艸初生，其香分布。从屮，从分，分亦声。芬，芬或从艸。"

简文中，"芬"字1见，借用作"貕"。如：

六五：芬（貕）豕之岙（牙），吉。(《上三·周》简23)

[䀉]

"䀉"字原篆作 (《包》简120)，构形从目、开声，与《说文·目部》"䀹"之或体相同。《说文·目部》："䀹，蔽人视也。从目、开声。读若携手。一曰直视也。䀉，䀹，目或在下。"

简文中，"䀉"字1见，用作人名。如：

---

① 马承源主编：《上海博物馆藏战国楚竹书（六）》，上海：上海古籍出版社2007年7月.第1版第185页。

犬＝(小人)命爲晉以傳(轉)之，易城公羕罜命▢郣解句(拘)，傳郣倖得之。(《包》簡 120)

[荇]

"荇"字原篆作▢(《包》簡 164)，构形从艸、行声，与《说文·艸部》"莕"之或体相同。《说文·艸部》："莕，菨餘也。从艸、杏声。荇，莕或从行，同。"

简文中，"荇"字 1 见，用作人名。如：

▢州加公黃監、鄾君之人利吉、大廄(廐)登茝、荇君之加公宋▢、婁逭。(《包》簡 164)

[說]

"說"字原篆作▢(《上二·從甲》簡 19)，构形从言、兌声，与《说文·言部》"訥"之或体相同。《说文·言部》："訥，说也。从言、匋声。訥，或省；說，訥或从兌。"

简文中，"說"字 1 见，字用待考。如：

聒(聞)之曰：行隓(險)至(致)命，饎滄而毋敓，從事而毋說(？)，君子不㠯流言戕(傷)人。(《上二·從甲》簡 19)

原整理者云："'饎滄而毋敓，從事而毋說'，待考。"[①]

[晨]

"晨"字原篆作▢(《上六·莊》簡 9)、▢(《包》簡 189)、▢(《包》簡 184)，构形从日、辰声，与《说文·晶部》"曟"之或体相同。《说文·晶部》："曟，房星，为民田时者。晨，曟或省。"又《玉篇·晶部》："曟，宿也。亦作辰。"

简文中，"晨"字 29 见，均用作"辰"。如：

甲晨(辰)，䀈怵；……丙(丙)晨(辰)，鄾君之州加公周膞、株易莫囂州加公張謹、邢競之州加公邱秦、鄔敏之州加苟睹。(《包》簡 189)

---

① 馬承源主編：《上海博物館藏戰國楚竹書(二)》，上海：上海古籍出版社 2002 年 12 月第 1 版第 232 頁。

[悊]

"悊"字原篆作🔲（《上五·三》简11），构形从心、折声，字见于《说文·心部》，亦与《说文·口部》"哲"之或体相同。《说文·心部》："悊，敬也。从心、折声。"又，《说文·口部》："哲，知也。从口、折声。悊，哲或从心。"《玉篇·心部》："悊，与哲同。"《康熙字典·心部》"悊"下云："盖大篆从心，小篆从口，今文多作哲，隶用小篆也。"段注："《口部》哲下曰：'知也。'悊与哲义殊，《口部》云哲或从心作悊，盖浅人妄增之，因古书圣哲字或从心而合之也。"

简文中，"悊"字1见，用作"惰"。如：

居毋悊，俊（作）毋康。善勿戚（灭），不羞（祥）勿爲。(《上五·三》简11)

原整理者云："'悊'，疑读'惰'（'惰'是定母歌部字，'悊'是端母月部字，读音相近）。"[①]

[灘]

"灘"字原篆作🔲（《上一·孔》简11）、🔲（《上二·容》简27），构形从水、難声，与《说文·水部》"灘"之俗字相同。《说文·水部》："灘，水濡而乾也。从水、鷉声。《诗》曰：'灘其乾矣。'灘，俗灘从隹。"

简文中，"灘"字6见，均用作"漢"，水名。如：

亞（禹）乃 從灘（漢）目南爲名浴（谷）五百。(《上二·容》简27)

[肣]

"肣"字原篆作🔲（《上二·容》简5）、🔲（《上二·容》简16），构形从肉、今声，与《说文·马部》"圅"之俗体相同。《说文·马部》："圅，舌也。……肣，俗圅。"邵瑛《群经正字》："今经典作函。"《正字通·口部》："函，函本字。"段注："《尔雅音义》引《说文》云：'圅，舌也。'又云：'口里肉也。'按口里肉也四字当在此下，释从肉之意也。从今者，今声也。"

简文中，"肣"字3见，均用作"禽"。如：

[①] 马承源主编：《上海博物馆藏战国楚竹书（五）》，上海：上海古籍出版社2005年12月第1版第296页。

(1) 肣（禽）嘼（獸）朝，魚蟲（鱉）獻。（《上二·容》简 5）

(2) 壄（當）是時也，歐（癘）役（疫）不至，祆（妖）羕（祥）不行，𥚁（禍）才（災）达（去）亡，肣（禽）嘼（獸）肥大，卉木晉（蓁）長。（《上二·容》简 16）

在对或体与古文关系做出定性分析之前，我们还必须考虑一个历史因素，即自秦至汉初所发生的一系列与书籍、文献相关的历史事件：秦始皇的焚书与禁民藏书令，汉初汉惠帝的废除禁藏书令，汉武帝的"建藏书之策，置写书之官，下及诸传说，皆充秘府"，"广开献书之路"（《汉书·艺文志》），汉成帝时的"百年间，书如山积"（《文选·任彦昇为范始兴作求立太宰碑表》注引《七略》），以及汉成帝河平三年（公元前 26 年）开始的中国历史上第一次规模浩大的图书整理[①]等。东汉的许慎，曾"以诏书校书东观"，[②] 历二十二年编著《说文解字》，是不可能没有见过这些各地所献"如山积"之文献的，而这些"如山积"之文献，可以推断，既有秦汉之时所作，更有战国时期的"古文"文献材料。

因此，基于上文的讨论，我们认为，从历时的层面看，见于楚简新出字的或体即古文；从共时的层面看，《说文》中的或体与古文表明的是许慎收字时所依据的文献材料的不同，即古文依据的是战国时期"古文"所写的文献材料，或体是依据秦汉之时篆书（小篆）所写的文献材料。

第六节　楚简新出字与《说文》中的新附字

《说文》中的新附字为南唐徐铉奉诏校定《说文解字》时所附益之字，计 402 字。徐铉在《上校定〈说文解字〉表》中说："乃诏取许慎《说文解字》精加详校，垂宪百代。……盖篆书堙替为日已久，凡传写《说文》者，皆非其人，故错乱遗脱不可尽究。今以集书正副本及群臣家藏者备加详考，有许慎注义序例中所载而诸部不见者，审知漏落，悉从补录；复有经典相承传写及时俗要用而《说文》不载者，承诏皆附益之，以广篆籀之路，亦

[①] 《汉书·艺文志》："至成帝时，以书颇散亡，使谒者陈农求遗书于天下。诏光禄大夫刘向校经传、诸子、诗赋；步兵校尉任宏校兵书；太史令尹咸校数术；侍医李柱国校方技。"［汉］班固：《汉书》，南京：江苏古籍出版社 2002 年 2 月第 1 版第 384 页。

[②] ［东汉］许冲：《上说文解字表》，载《说文解字》卷十五，北京：中华书局 1963 年 12 月第 1 版第 320 页。

皆形声相从，不违六书之义者。"① 由此可知徐铉附益文字的标准有二：一是"许慎注义序例中所载而诸部不见者"；另一是"经典相承传写及时俗要用而《说文》不载者"。《说文》中的新附字虽然非许慎《说文》所原有的文字，但毕竟是传世文字资料的一种，因此，就汉字发展史的研究而言，《说文》新附字仍是极有价值的一部分文字材料。

《说文》新附字，因其多"时俗要用"而遭后世学者颇多歧见。钱大昕在《说文新附考序》中就说："新附四百余文，大半委巷浅俗，虽亦形声相从，实乖苍雅之正。……予读徐氏书，病其附益字多不典。"② 段玉裁著《说文解字注》，即悉数删去新附字。尽管如此，依然还是有许多学者致力于《说文》新附字的研究。就已有的研究而言，主要是关于新附字的性质、来源及其考证，其中尤以新附字的考证，前人用力最勤，③ 而立足汉字发展史的角度，从断代层面集中清理出一个时点（时期、地域）的出土文字资料与《说文》新附字进行系统的比较研究还很不够。

楚简新出字中，有18个字的形体结构与《说文》新附字相同或相近，诚如徐铉所言，新附字中有一部分是"经典相承传写"而《说文》未收，而这部分新出字为我们重新考察《说文》新附字提供了宝贵的古文字资料。

接下来，依据简文中的实际使用情况，参照已有的考释成果及相关的文献资料，我们对这18例见于《说文》新附字的楚简新出字逐一予以比较、讨论。

[韧]

《说文新附·韦部》："韧，柔而固也。从韦、刃声。""韧"字原篆作𩍇（《曾》简16）、𩍇（《曾》简38），构形从韦、刃声。

简文中，"韧"字31见，用同《说文》新附字。如：

(1) 紡襮（襮），紫裏，貂定之毡，畋韧，畋眉，紫篇（席）。（《曾》简8）
(2) 紛韧，紫絓，革綏。（《曾》简43）

---

① [东汉] 许慎著：《说文解字》，北京：中华书局1963年12月第1版第321页。
② [清] 钮树玉著：《说文新附考》，北京：商务印书馆1939年丛书集成本第1～2页。
③ 胡朴安在《中国文字学史》中曾说："新附四百二文，段氏《说文解字注》悉删不录。其他诸家，或颇附录。徐氏既别为附录，不与本书相乱，不妨存之。段氏之删，未免太严其例。其著书专论新附者，有钮树玉之《说文新附考》、钱大昭之《徐氏说文新补新附考证》、郑氏珍之《说文新附考》。"（胡朴安著：《中国文字学史》，北京：中国书店1983年影印第514页。）近人黄侃、黄焯著有《说文新附字考原》（载《说文笺识四种》，上海：上海古籍出版社1983年版）。由此可见，致力于《说文》"新附字"的考证，是前人《说文》研究的一个重要方面。

"靭"字或作"纫"。《曾侯乙墓》原整理者云:"'敓靭'之'敓'所代表的词,他简或用'繽'、'貧'、'紛'等字表示。'貧'从'分'声。'繽'当是'紛'的异体,而'敓'则应当是'攽'的异体。天星观一号墓竹简'紛靭'作'紛纫'。"①

按:关于"靭"字,郑珍《说文新附考》云:"按,古无坚靭专字。《诗·皇皇者华》传'调忍'、《采薇》笺'坚忍'、《周官山虞》注'柔忍',皆借作'忍';《诗》'荏染柔木'笺'柔刃',《考工记》《士虞礼》《月令》注并言'坚刃',皆借作'刃';《楚辞九叹》'情素洁于纫帛'、古《焦仲卿诗》'蒲苇纫如丝',又借作'纫';《易革卦》王注'牛革坚仞'(依《释文》宋本,毕氏镜涛云'旧本《易》注皆作"仞",今改作"靭"'),又借作'仞';《吕氏春秋》:'黄白杂则坚且牣,良剑也。'高注:'《仲冬纪》云:"竹木调牣。"'亦借作'牣'。汉以后加刃从韦,以为坚刃专字。又从肉作'肕'。《众经音义》卷十四引《通俗文》'柔坚曰肕'。他书亦从革作'靭'。"②今由楚简文字知郑珍"古无坚靭专字"之说误。

[賽]

《说文新附·贝部》:"賽,报也。从贝、塞省声。"孔广居《疑疑》:"賽谐宾声,不必塞省。""賽"字原篆作 ![字形] (《包》简214)、![字形] (《郭·老甲》简27)、![字形] (《上二·容》简29),构形从贝、宾声。

简文中,"賽"字31见,字用有三。如:

(1)遝(遂)酃仺(會)之祝(祝),賽禱宫后土一䝙。遝(遂)石被裳之祝(祝),至和(秋)三月,賽禱邵王戠牛,饋之;賽禱文坪夜君、郚公子春、司馬子音、蔡(蔡)公子豪各戠豭(豢),饋之。(《包》简214)

(2)閟(閉)其門,賽(塞)其逸(兑),終身不碼。啓其逸(兑),賽(塞)其事,終身不逑。(《郭·老乙》简13)

(3)民又(有)余(餘)飤(食),無求不㝬(得),民乃賽,喬(驕)能(態)台(始)复(作),乃立咎(皋)甼(陶)吕爲李(理)。(《上二·容》简29)

上揭例(1)之"賽"用同《说文》新附字,指旧时行祭礼以酬神,可证徐铉收字不误。传世文献多借"塞"为"賽"。《史记·封禅书》"冬塞祷祠"唐司马贞《索隐》:"(塞)与赛同。赛,今报神福也。"例(2)之"賽"借用为"塞"。"賽""塞"二字均由"宾"得声,故可通。例(3)之"賽",

---

① 湖北省博物馆:《曾侯乙墓》,北京:文物出版社1989年7月第1版第502页注13。
② [清]郑珍著:《郑珍集·小学》,贵阳:贵州人民出版社2001年12月第1版第275页。

原整理者云:"'賽',指争利競胜。"①《正字通·貝部》:"賽,相誇胜曰賽。"

按:关于"賽"字,郑珍《说文新附考》:"按,古止借'塞'。《急就篇》'谒禓塞祷鬼神宠'(依皇象碑本),《周官·都宗人》注'祭谓报塞',《汉·郊祀志》'冬塞祷祠'、'春秋泮涸祷塞',《武五子传》'杀牛祷塞',《韩非子·外储说右下》同,《无极山碑》'白羊塞神'。盖自汉已前例作'塞'字。祀神字从贝,于义为远,盖出六朝俗制。"又,王念孙《读书杂志》亦云:"賽本作塞。古无賽字,借塞为之。"今据楚简文字,知郑、王之说皆误。

[芙]

《说文新附·艸部》:"芙,芙蓉也。从艸,夫声。""芙"字原篆作 （《包》简119）、（《上二·容》简15）、（《上六·慎》简5），构形从艸、夫声。

简文中,"芙"字4见,用作地名,或用同《说文》新附字。如:

（1）賤昜司馬牌、芙公牍爲賤昜賞燗異之金十益一益四兩。（《包》简119）

（2）古（故）曰：信（居）首眚（之首），茅芙楿（？）筱，執櫃巡畎備畎。（《上六·慎》简5）

上揭例（1）之"芙"为地名；例（2）之"芙"用同《说文》新附字。原整理者云："'茅',茅草,茅屋；'芙',芙蓉,芙蓉花；'楿',从木,从多从日,不识,但显然为木本的植物；'筱',《说文·竹部》：'箭属,小竹也。'四者均属花草木竹类。"②

[蓉]

《说文新附·艸部》:"蓉,芙蓉也。从艸,容声。""蓉"字原篆作 （《上八·李》简1背）（《上八·兰》简5），构形从艸、容声。

简文中,"蓉"字2见,均用作"容"。如:

（1）差＝〔嗟嗟〕君子，矆（觀）虖〔乎〕查〔樹〕之蓉〔容〕可〔兮〕。（《上八·李》简1背）

（2）蕑〔蘭〕又〔有〕異勿〔物〕，蓉〔容〕恻〔則〕柬〔簡〕頌〔逸〕，而莫之能教（教〔效〕）矣。（《上八·兰》简5）

---

① 马承源主编：《上海博物馆藏战国楚竹书（二）》，上海：上海古籍出版社2002年12月第1版第273页。

② 马承源主编：《上海博物馆藏战国楚竹书（六）》，上海：上海古籍出版社2007年7月第1版第281页。

上揭例（1），原整理者云："'蓉'，读为'容'，'蓉'从'容'得声，可以相通。容，容貌，仪容。《诗·周颂·振鹭》：'我容戾止，亦有斯容。'《孟子·万章上》：'舜见瞽瞍，其容有蹙。'《楚辞·招魂》：'二八齐容，起郑舞兮。'"①例（2）之"蓉"，原整理者隶作"苁"，并云："'苁'，即'葠'字，古文字'参'往往省作'厽'。葠，枝叶竦立貌。"②今隶作"蓉"，用作"容"，可从。黄浩波《上博八〈兰赋〉"容则"试解》认为，"容"可训为"仪容、容貌"，"则"应训为"法则、法度"；"容则"一词可训为"仪容法则、姿态风度"。传世文献又或以"容"为"蓉"。《尔雅·释草》"荷，芙渠"郭璞注"别名芙蓉"陆德明《释文》云："蓉，本亦作容。"

按：关于"芙""蓉"二字，钮树玉《说文新附考》："《汉书》司马相如及扬雄传中，夫容并不加艸，《博雅》《玉篇》已作'芙蓉'。"郑珍《说文新附考》："按，《说文》'蔺''荷'字注止作'夫容'，《汉书》凡'夫容'字皆不从艸。魏晋后俗加。"③今据楚简文字，知从艸、夫声的"芙"字和从艸、容声的"蓉"字早在战国时就已出现，钮、郑之说有误。

[緅]

《说文新附·糸部》："緅，帛赤青色也。从糸、取声。""緅"字原篆作 ![字形] （《包》牍1）、![字形]（《汇·信二》简24）、![字形]（《汇·信二》简25），构形从糸、取声。

简文中，"緅"字14见，用同《说文》新附字，可证徐铉收字不误。如：

（1）一敐敄，一緅絨之紿。（《包》简270）
（2）一繡（纑）緅衣，絵緅之夾純恵，组緣（緌）。（《汇·信二》简1）

上揭例（2），《战国楚简研究》："纑，《史记·货殖列传》：'夫山西饶材、竹、谷、纑、旄、玉石。'《集解》引徐广曰：'纑，紵属，可以为布。'《说文》段注：'言布缕者以别乎丝缕也。绩之而成缕，可以为布，是曰纑。'……《说文·新附》：緅，'帛赤青色也'。《周礼·考工记》谓染羽'三入为纁，五入为緅，七入为缁。'郑玄注：'染纁者，三入而成，又再染，以黑则为緅。緅，今礼俗文作爵，言如爵头色也。''一纑緅衣'是指一种苎

---

① 马承源主编：《上海博物馆藏战国楚竹书（八）》，上海：上海古籍出版社2011年5月第1版第240页。

② 同上页，第265页。

③ [清]郑珍著：《郑珍集·小学》，贵阳：贵州人民出版社2001年12月第1版第216页。

133

麻织物的青赤色上衣。"①

按：关于"緅"字，据郑珍《说文逸字》考证，《说文》原本收有"緅"字，后世传抄脱漏，而原释义部分并入了"纔"字条中，致使"纔"字的训释句义混乱，难以断读。郑珍《说文逸字》云："今本止有'纔'，注云：'帛雀头色。一曰微黑色，如绀。纔，浅也。读若谗。从糸，毚声。'无'緅'字。说者以'帛雀头色'与《考工记》'五入为緅'注'今《礼》俗文作"爵"，言如爵头色也'合，'微黑色，如绀'与《士冠礼》'爵弁服'注'爵弁，其色赤而微黑，与爵头然，或谓之緅'合，遂谓'緅'字许君止作'纔'。按，此注属文可疑。'一曰微黑色'是一义；'纔，浅也'又一义，不应不加'一曰'字，且止当云'一曰浅也'，不应另提'纔'字曰'纔，浅也'。又，毚声在侵覃部，更不应取鱼虞部中之'取'字为声，别造'緅'字。钱氏大昕、汪氏中诸人虽有'緅'、'纔'一声相转之说，要无所据。今考'纔'篆盖'緅'篆之误，下'纔，浅也'云云，乃'纔'字篆解。今本由'緅'、'纔'联文，误'緅'作'纔'，即上下成两'纔'篆；浅人不知，因删注'从糸，取声'不相应之文，以'纔'之篆注并入上注，令免重复。观'纔，浅也'一句，断然可知也。'纔'注恐亦未完。次'緅'之下，必系帛色。当云'帛浅某色'，今不可考。后人止取'浅'义，为仅'纔'字。"②郑说精当，可从。今本《说文·糸部》"纔"下作"帛雀头色一曰微黑色如绀纔浅也读若谗从糸毚声"，据郑珍考证，实含"緅""纔"二字之训释，可补文断读为："緅，帛雀头色。一曰微黑色，如绀。从糸、取声。""纔，浅也。读若谗。从糸、毚声。"

［嵩］

《说文新附·山部》："嵩，中岳，嵩高山也。从山，从高，亦从松。韦昭《国语》注云：'古通用崇字。'""嵩"字原篆作 （《郭·语三》简15），构形从山、从高。

简文中，"嵩"字1见，用同"崇"。如：

嵩志，益。才（在）心，益。（《郭·语三》简15）

按："嵩""崇"或古本一字。《尔雅·释诂上》："乔、嵩、崇，高也。"郭璞注："皆高大貌。"《汉书·扬雄传》："瞰帝唐之嵩高兮。"颜师古注："嵩亦高也。"又，《说文·山部》："崇，嵬高也。从山、宗声。"段玉

---

① 中山大学古文字研究室编：《战国楚简研究》第二辑第18页，未刊稿。
② ［清］郑珍著：《郑珍集·小学》，贵阳：贵州人民出版社2001年12月第1版第117页。

裁《说文解字注》改"嵬高"作"山大而高",并注云:"《大雅》'崧高维岳',《释山》《毛传》皆曰:'山大而高曰崧。'《孔子闲居》引《诗》'崧'作'嵩','崧''嵩'二形,皆即崇之异体。"《释名·释山》:"嵩,山大而高。"《广韵·东韵》:"嵩,山高也。"楚简文字的"嵩"字构形从山从高正会"山大而高"之意,疑"嵩"即"崇"字初文。《孔子闲居》引《诗》作"嵩"即其本用。字或作"崧""崇",当是后起的形声字。

关于"嵩"字,郑珍《说文新附考》云:"知同谨按,中岳原名嵩山。《国语》'融降于崇山'是也。汉武帝元封元年改名崇高山,见《武帝纪》。《郊祀志》《地理志》并作'崈',乃'崇'别体。厥后'崇'义之专言山高者,字别作'崧'。《诗》'崧高维岳'毛《传》与《尔雅·释山》并云'山大而高曰崧'是也;其崇高山之字,别又作'嵩'。汉《韩敕》《刘宽》《郑烈》诸碑皆有'嵩'字。高诱注《淮南子》云:'娀,读如嵩高之嵩。'知汉时别出'嵩'字,并别其音,已似今读。'崧''嵩'皆'崇'之俗,即亦通用。故《诗》'崧高维岳'《礼记》引作'嵩高'。《释名》'山大而高曰嵩',即《尔雅》之'崧'。《尔雅/释文》亦云:'崧,或作"嵩"。'仍有用'嵩'为'崇'字者。《汉·扬雄传》'瞰帝唐之嵩高'。'嵩高'即'崇高'。《蜀志·秦宓传》'贪寻常之高而忽万仞之嵩','嵩'亦即'崇'。汉碑有云:'如山如岳,嵩如不倾。'谓崇而不倾也。《古文苑王延寿〈桐柏庙碑〉》'宫庙嵩峻',即'崇峻'也。此益见'嵩'即'崇'字。若《尔雅·释诂》'嵩''崇'并列,此乃汉儒所为。近郝氏《义疏》以为古本有'嵩',与'崇'各字,说不可从。"① 今据楚简文字知郑氏"汉时别出嵩字"之说有误。

[呀]

《说文新附·口部》:"呀,张口皃。从口、牙声。""呀"字原篆作(《汇·信一》简25)、(《汇·信一》简59),构形从口、牙声,古文字构形,上下、左右多无别,字亦即"呀"。

简文中,"呀"字3见,用同"訝"。如:

(1) 一言呀也,式言怃也。(《汇·信一》简25)
(2) 呀剧(闻),庚申。(《汇·望一》简65)

上揭例(1),《战国楚简研究》:"訝,简文作,从口从牙(亦见第十八、五十九简),古文从言从口相通。《说文》:'訝,相迎也。从言,牙

---

① [清]郑珍著:《郑珍集·小学》,贵阳:贵州人民出版社2001年12月第1版第344页。

声。《周礼》曰：'诸侯有卿訝发'（按《周礼·秋官·掌訝》无'发'字，小徐本'发'字作'也'）。迓，訝或从辵。'"①例（2），《战国楚简研究》："第一字从口从牙，则为呀字，古言口通用。或是訝字，后世分为二字二义。其字亦见信阳第一组竹简。"②

按：关于"呀"字，郑珍《说文新附考》云："《御览》卷三百六十八引《通俗文》'唇不覆齿谓之齖'，韩昌黎《月蚀》诗用之曰'汝口开齖'（依注称古本，俗本作'呀'），又《太玄·争上九》云'两虎相牙'，皆是'呀'字。'齖'即《说文》'牙'之古文'𤘈'。古文于'牙'下加'𠚤'。'𠚤'者，古文'齿'字；隶书之，则作'齖'矣。然则'呀'古本作'牙''𠚤'，后易口作'呀'，又别从谷作'谺'，而'齖'乃转为龃龉之'龉'。"③郑说可从。古文字构形从言、从口本可通，且"呀""訝"二字义亦相近，疑"呀""訝"古本一字。

[砧]

《说文新附·石部》："砧，石柎也。从石，占声。""砧"字原篆作 𥑮（《上一·紂》简18）、𥑮（《郭·缁》简36），构形从石、占声。

简文中，"砧"字3见，均借用作"玷"。"砧""玷"二字均从占得声，可通。如：

（1）《大虽（雅）》員（云）："白珪（圭）之砧尚可磿（磨），此言之砧不可爲。"（《上一·紂》简18）

（2）此言之砧（玷），不可爲也。（《郭·缁》简36）

按：今本《诗·大雅·抑》作"白珪之玷，尚可磨也；斯言之玷，不可为也"。

[礪]

《说文新附·石部》："礪，䃔也。从石，厲声。经典通用'厲'。""礪"字原篆作 𥕲（《上三·周》简25）、𥕲（《上三·周》简33），构形从石、厲省声，与《说文新附·石部》"礪"字相近。

简文中，"礪"字15见，均用同"厲"，与《说文》新附字同。如：

（1）初六：榦（幹）父之盅（蠱），又（有）子，攷亡（无）咎，礪（厲）

---

① 中山大学古文字研究室编：《战国楚简研究》第二辑第7页，未刊稿。
② 中山大学古文字研究室编：《战国楚简研究》第三辑第19页，未刊稿。
③ [清]郑珍著：《郑珍集·小学》，贵阳：贵州人民出版社2001年12月第1版第228页。

冬（終）吉。(《上三·周》简18)

(2) 初六：脒（遯）丌（其）尾礪（厲），勿用又（有）由（攸）迋（往）。……九晶（三）：係脒（遯），又（有）疾礪（厲），畜臣妾，吉。(《上三·周》简30)

原整理者云："'礪'，从石、从厲省，同'礍''礪''厲'。从'厲'之字也往往省作从'萬'，如'蠣'又作'蛬'，'襧'又作'襔'等。《集韵》：《说文》："厲，旱石也。"或从薑，亦作礪、厲。一曰严也，急也危也，大带垂也。'"①

按："礪"字构形或增一"土"符作"礍"字，原篆作▨（《上四·曹》简39）、▨（《上三·周》简22），构形从石，从土，薑声，简文中3见，亦用同"礪"。如：(人)不砥 礍（礪），我兵必砥 礍（礪）。(《上四·曹》简39) "礍"当即"礪"字繁构。又，"礪"或径省写作"萬"。如："或敱（動）之，或灭（逢？）之，或交之，或萬（厲）之，或出之，或羕（養）之，或長之。"(《郭·性》简10) 郑珍《说文新附考》："按，《说文》'底'训'柔石'，'厲'训'旱石'，并磨石也。《儒行》'砥厲廉隅'，《左传》'磨厲以须'、'白公胜自厲剑'皆是。虚实义本无二字，俗乃加石。"郑云"俗乃加石"，误。

[覿]

《说文新附·見部》："覿，見也。从見，賣声。""覿"字原篆作▨（《上三·周》简52），构形从見、賣声。

简文中，"覿"字1见，用与《说文》新附字同。如：

坿丌（其）豕（家），閏（闚）丌（其）戻（户），歜（闃）丌（其）亡（無）人，三戠（歲）不覿，凶。(《上三·周》简52)

原整理者云："'覿'，見，显示，出现。《说文·見部（新附）》：'覿，見也。'《国语·周语中》：'武不可覿，文不可匿。'意三岁之间，亦无所出现，此凶道之象，自藏其光明，而不能发扬。本句马王堆汉墓帛书《周》作'三岁不遂，兇'；今本《周》作'三岁不覿，凶'。"②

[脬]

《说文新附·肉部》："脬，肥肠也。从肉、啓省声。""脬"字原篆作▨

---

① 马承源主编：《上海博物馆藏战国楚竹书（三）》，上海：上海古籍出版社2003年12月第1版第143页。

② 同上书，第207页。

(《新·乙四：61》简 596）、✺（《上五·君》简 7），构形从肉、攴声。

简文中，"脀"字 2 见，用同"綮"。如：

　　（1）脀毋癹（廢）、毋肩（痾），身毋妟（偃）、毋倩（静），行毋歪（眠）、毋欶（摇），足毋豖（墜）、毋高。（《上五·君》简 7）
　　（2）龙蠚（黿）爲君貞：吕（以）亓（其）脀怀（背）疾。（《新·乙四：61》简 596）

上揭例（1）原整理者云："'脀'宜读为'肯綮'之'綮'。《集韵》：'綮，肋肉结处也。'《山海经·海内北经》：'（蛇巫之山）蟜，其为人，虎文，胫有脀。'郭璞注：'言脚有膞肠也。''胫脀'当为俗称之小腿肚，亦筋肉结处也。又《海外北经》：'无脀之国在长股东，为人无脀。'郭璞注：'或作綮。'"①

按：依据汉字构形的一般规律，"脀"字从肉，疑即"肯綮"之"綮"的本字。"綮""脀"二字皆从攴得声，于音可通。《说文·糸部》："綮，撥繒也。一曰微帜信也，有齿。从糸、攴声。"后世经传及字韵书"肯綮"之"綮"，字写作"綮"，当是借"綮"为"脀"。《集韵·径韵》："綮，肯綮，肋肉结处也。"《庄子·养生主》："因其固然，技经肯綮之未尝。"王先谦集解引司马云："綮，犹结处也。"诸"綮"字均当是"脀"之借字。

又，郑珍《说文新附考》："按，《山海经》有'无脀之国'，'在长股东，为人无脀。'郭注：'脀，或作綮'。作'綮'正字。《庄子·养生主》所言'肯綮'，《释文》引司马云：'綮犹结处也。'肥肠为筋所结处，故谓之'綮'。肥肠《唐韵》作'腓肠'，《说文》'疋'字注及《广雅》《山海经》注并同。别作'肥肠'，亦见《山海经》注。又名'腨肠'，一作'膞肠'。"②郑云"作'綮'正字"恐误。

[昂]

《说文新附·日部》："昂，举也。从日、卬声。""昂"字原篆作✺（《上六·孔》简 13），构形从日、卬声。

简文中，"昂"字 1 见，用同《说文》新附字。如：

　　口易（賜）與民也，昂不僕此，言不忨（願）見於羣＝（君子）。（《上

---

① 马承源主编：《上海博物馆藏战国楚竹书（五）》，上海：上海古籍出版社 2005 年 12 月第 1 版第 259 页。

② [清]郑珍著：《郑珍集·小学》，贵阳：贵州人民出版社 2001 年 12 月第 1 版第 263 页。

六·孔》简 13）

原整理者云："'昂'，《集韵》：'昂，举目视。''僕'，归附，附着。《诗·大雅·既醉》：'君子万年，景命有僕。'毛亨《传》：'僕，附也。'"①

按：郑珍《说文新附考》："按，《说文》：'卬，望也，欲有所庶及也。'此俯仰古字。'仰，举也。'此低昂古字，角部'觖'注'用角低仰便'、马部'骧'注'马之低仰'用之。自卬望字通作'仰'，俗因别低仰字作'昂'。据《蒋君碑》、《衡方碑》已有'昂'，汉世所制，从日乃无谓。"②郑谓"昂"字为"汉世所制"，误。

[泯]

《说文新附·水部》："泯，灭也。从水、民声。"《尔雅·释诂》："泯，尽也。""泯"字原篆作 （《上六·用》简 19），构形从水、民声。

简文中，"泯"字 1 见，用同"惽"。如：

又（有）昧其不见，不邵亓（其）甚明，又（有）泯＝之不逵（达），而巿（散）亓（其）可章。（《上六·用》简 19）

按：简文"泯"字右下有重文符号"="，当读作"泯泯"，即昏乱、淆乱之义。《玉篇·水部》："泯，泯泯，乱也。"《字汇·水部》："泯，昏也。"经传多"泯乱"联文。《书·康诰》："今惟与我民彝大泯乱。"王引之述闻："泯亦乱也。"《论衡·偶会》："伯鲁命当贱，知虑多泯乱也。"又，或曰"泯"即"惽"字。郑珍《说文新附考》云："《说文》：'惽，怓也。''怓，乱也。''惽'即古'泯'字。《书·吕刑》'泯泯棼棼'，伪孔传以'泯泯'为'乱'解之，义与古合，字则从俗。……'惽'、'泯'本训'乱'，乱无不灭亡者，故有'灭'义，经典通用。"③

[惗]

《说文新附·心部》："惗，说也。从心、罨声。经典通用释。"《尔雅·释诂上》："惗，乐也。""惗"字原篆作 （《新·甲三：61》简 106）、 （《新·甲三：216》简 241），构形从心、罨声。

简文中，"惗"字 9 见，用作人名，或用同《说文》新附字。如：

---

① 马承源主编：《上海博物馆藏战国楚竹书（六）》，上海：上海古籍出版社 2007 年 7 月第 1 版第 211 页。

② ［清］郑珍著：《郑珍集·小学》，贵阳：贵州人民出版社 2002 年 10 月第 1 版第 298 页。

③ 同上书，第 377 页。

（1）□禨（遲），迷（速）從郢埜（來），公子見君王，尚忓（怡）懌，毋見。（《新·乙四：110、117》简629）

（2）㠯（以）陵尹懌之大保（寶）豪爲君貞。（《新·甲三：219》简244）

按：简文"懌"字构形或省，原篆作 ■（《包》简168）、■（《郭·遵》简41），从心、睪省声，字或隶作"㥷"，简文中8见，用同"懌"。如：

《寺（詩）》員（云）："備（服）之亡懌。"（《郭·緇》简41）

[藏]

《说文新附·艸部》："藏，匿也。臣铉等案：《汉书》通用臧字，从艸后人所加。""藏"字原篆作 ■（《上三·周》简40）、■（《上三·周》简54），构形从艸、臧声，"臧"即楚简文字"臧"。

简文中，"藏"字3见，均用同"藏"。如：

（1）九晶（三）：藏（藏）于冥（頇），有凶。（《上三·周》简38）
（2）女藏（臧），勿用取（娶）女。（《上三·周》简40）
（3）初六：拯馬 藏（壯），吉，慇（悔）亡（无）。（《上三·周》简54）

整理者云："'藏'，即'藏'字。音与'壯'通，或读为'壯'。"①

按：钮树玉《新附考》："汉碑已有藏字，知俗字多起于分隶。"郑珍《说文新附考》："按，汉《孔耽孙叔敖碑》《祝睦后碑》已有'藏'字。从艸汉人所加。"今据楚简文字，知徐、钮、郑的"藏"字构形从艸系后人所加之说均误。

[佾]

《说文新附·人部》："佾，舞行列也。从人、肸声。""佾"字原篆作 ■（《上七·吴》简5），构形从人、肸声。

简文中，"佾"字1见，用同《说文新附》字。如：

天不开〔其〕中〔衷〕，卑〔俾〕周先王佾□□。（《上七·吴》简5）

原整理者云："'佾'，古代乐舞的行列，八个人为一行，一行称一佾。

---

① 马承源主编：《上海博物馆藏战国楚竹书（三）》，上海：上海古籍出版社2003年12月第1版第188页。

《说文》新附:'佾,舞行列也。'《论语·八佾》:'八佾舞于庭。'"①。

按:佾,古代乐舞的行列,一行八人叫一佾。舞蹈用佾的多少,表示等级的差别。《白虎通·礼乐》:"八佾者何谓也?佾者列也,以八人为行列,八八六十四人也。"汉蔡邕《月令章句》:"天子八佾,诸侯六佾,大夫四佾。佾,列也,每佾八人。"又有说每行人数同佾数。《字汇·人部》:"佾,行数人数纵横皆相同,故曰佾。"

[倅]

《说文新附·人部》:"倅,副也。从人、卒声。""倅"字原篆作 ![字形] (《包》25),构形从人、翠声。

简文中,"倅"字1见,用作人名。如:

癸巳之日不 ![字] 玉 敓貴、玉婁绍㠯(以)廷,阩门又 敗(败)。秀倅。(《包》25)

按:"倅"字原篆从人、从翠,"翠"为楚文字的"卒",原隶作"俀",误;今隶作"倅",可从。

通过以上的比较、讨论,关于《说文》新附字,我们可以得到以下几点认识:

1.《说文》新附字中保存了相当一部分传承自战国时期的古文字,也即徐铉所言"先秦经典相承传写""而《说文》不载"的古字,而这部分古文字材料对于我们窥探古文用字、汉字形体演变等都是非常有价值的。关于《说文》新附字的价值,我们有必要进行重新认识。

2.《说文》一书,"历代移写,每非其人,或并下入上,或跳此接彼,浅者不辨,复有删易。逸字之多,恒由此作。"②徐铉所言"《说文》不载"者,既"有许慎注义序例中所载而诸部不见者,审知漏落,悉从补录",亦有历代传本写脱而并非许慎原书不载,如"緻"字。"新附字"为我们研究《说文》开辟了另一条新的途径。

3.《说文·叙》云:"今叙篆文,合以古籀,博采通人,至于小大,信而有证。"然而,大量先秦"经典相承传写"的古文字未见收于《说文》的事实表明,许慎著《说文》,于文字的取舍定有一个尺度。借助对《说文》新附字的历史比较研究,进而蠡测许慎收字之标准,这对于汉字的规范、汉字发展史的研究,乃至现代大型辞书的编纂都将是有所裨益的。

---

① 马承源主编:《上海博物馆藏战国楚竹书(七)》,上海:上海古籍出版社2008年12月第1版第317页。

② [清]郑珍著:《说文逸字》,载《郑珍集·小学》,贵阳:贵州人民出版社2001年12月第1版第29页。

第二章 楚简新出字与《说文》之外的其他字韵书

汉字发展史研究中的一个很重要的领域就是对不同时代所使用的文字进行比较研究。一般地说，判断不同时代所使用的文字之间是否存在传承关系，主要依据的是文字的构形与字用，只要构形相合，字用相同或相通，通常都可以认为构成传承关系，即后代的字是传承自前代或早期的古文字。如果只是构形相同而无音义关系，或只是构形相同、字音相近而无词义联系，则不能说构成传承关系。楚简新出字这一真正意义上的战国时期文字，为我们考察汉字的传承与发展提供了丰富的文字材料。在本章，我们将利用楚简新出字中见于《说文》之外后世其他字韵书的678例字与相关的字韵书进行比较研究，在此基础上，就楚简新出字是否与后世字韵书中的字构成传承关系及其原因进行分析，并就相关的问题作些讨论。

楚简新出字中见于后世字韵书的字凡1646例，除见于《说文》的968例外，见于后世其他字韵书的字凡678例。借助现代大型工具书如《汉语大字典》《古文字诂林》及相关的研究成果，我们将这678例楚简新出字与传世其他字韵书，如《尔雅》《方言》《广雅》《玉篇》等，依照字韵书形成年代的先后顺序，依次进行了比对、归类，不重复计算，其中：

见于《尔雅》的楚简新出字凡22例；

见于《方言》的楚简新出字凡19例；

见于《广雅》的楚简新出字凡30例；

见于《玉篇》的楚简新出字凡233例；

见于《龙龛手镜》的楚简新出字凡56例；

见于《广韵》的楚简新出字凡72例；

见于《集韵》的楚简新出字凡136例；

见于《改并四声篇海》的楚简新出字凡28例；

见于《字汇》《字汇补》的楚简新出字凡35例；

见于《正字通》的楚简新出字凡 20 例；

散见于一些其他字韵书如《小尔雅》《干禄字书》《一切经音义》《切韵》《汗简》《海篇》《篇海类编》《五音集韵》《康熙字典》《说文通训定声》《六朝别字记》等的楚简新出字合计 27 例（具体字例，详见附录字表）。

依据楚简新出字见于各字韵书的数量，且兼顾字韵书的代表性及其在汉字发展史上的地位，本章拟以见于《广雅》《玉篇》《龙龛手镜》《广韵》《集韵》的楚简新出字为例，分别与其所对应的字书韵书作比较，并就相关的问题作初步的分析讨论。

第一节　楚简新出字与《广雅》

魏张揖编著的《广雅》是我国雅学史上继《尔雅》之后的又一部重要著作，其于汉儒的笺注以及诸多古字书，繁征博引，[①] 在保存周秦两汉古训方面很有功绩，可以说是《尔雅》之后出现的"雅"书中最值得重视的一部古训诂词典。[②]《广雅》虽为训诂词典，在保存了先秦古训诂资料的同时，实也辑录了大量的传承自战国时期的古文字资料，以往学者对此关注不多，更多的是从训诂学、词典学等方面对《广雅》进行研究，而从文字学，尤其是利用出土的古文字材料对《广雅》所辑录的古文字材料进行梳理、研究还很不够。

楚简新出字中，首次见于《广雅》的字凡 30 例。本节拟以这部分楚简新出字为例，对《广雅》进行考察分析，讨论两个方面的问题：一是《广雅》所辑录的战国时期古文字例；二是校订《广雅疏证》中的一些错误。

一　《广雅》中所辑录的战国时期古文字例

《广雅》所辑录的战国时期古文字，很大一部分为此前的字韵书已经

[①] 张揖《上〈广雅〉表》云："窃以所识，择撢群艺，文同义异，音转失读，八方殊语，庶物易名，不在《尔雅》者，详录品覈，以箸于篇。凡萬八千一百五十文。"王念孙《广雅疏证序》亦云："魏太和中博士张君稚讓继两汉诸儒后，参考往籍，徧记所闻，分别部居，依乎《尔雅》。凡所不载，悉箸于篇。其自《易》《书》《诗》《三礼》《三传》经师之训，《论语》《孟子》《鸿烈》《法言》之注，楚辞、汉赋之解、谶纬之记，《仓颉》《训纂》《滂喜》《方言》《说文》之说，靡不兼载。盖周、秦、两汉古义之存者，可据以证其得失；其散逸不传者，可借以阐其端绪；则其书之为功于训诂也大矣。"《〈尔雅〉〈广雅〉〈方言〉〈释名〉清疏四种合刊》，上海：上海古籍出版社 1989 年 8 月第 1 版。

[②] 参见刘叶秋著：《中国字典史略》，北京：中华书局 1983 年 6 月第 1 版第 73 页。

收入，但其中也有相当一部分的古文字是此前字韵书失收而幸赖于《广雅》得以保存。接下来，我们利用楚简新出字的材料对此前字韵书失收而见收于《广雅》中的古文字作一些比较讨论。如：

[椇]

"椇"字原篆作🈯（《包》简258），构形从木、具声，字见于《广雅》。《广雅·释器》："椇、俎，几也。"又，《广韵·麌韵》："椇，枳椇。"《集韵·噳韵》："椇，枳椇，木名，曰白石李。"《礼记·曲礼下》："妇人之挚，椇、榛、脯、脩、枣、栗。"郑玄注："椇，枳也。有实。今邟郯之东食之。"孔颖达疏："椇，即今之白石李也。形如珊瑚，味甜美。"

简文中，"椇"字仅1见，用作木名，即"枳椇"之"椇"。如：

椇二筥、䕬二筥、菓（苔）二筥、䕬（姜）二筥、蓏一筥。（《包》简258）

原整理者云："椇，《礼记·内则》：'芝栭蔆椇。'注：'枳，椇也。'疏：'梨之不臧者。'《曲礼》：'妇人之挚椇榛。'疏：'即今之白石李也。'"①

按：《广雅》之"椇俎"之"椇"，即缘"枳椇"之"椇"而得名。《礼记·明堂位》："俎，有虞氏以梡，夏后氏以嶡，殷以椇，周以房俎。"郑玄注："椇之言枳椇也，谓曲桡之也。"孔颖达疏："椇枳之树，其枝多曲桡，故陆机《草木疏》云：'椇曲来巢，殷俎似之'，故云曲桡之也。"陈澔《礼记集传》云："椇者，俎之足间横木，为曲桡之形，如椇枳之树枝也。"

[轓]

"轓"字原篆作🈯（《曾》简75），构形从车、番声，字见于《广雅》。《广雅·释器》："轓谓之䡈。"王念孙《广雅疏证》："《说文》：'䡈，车耳反出也。'䡈、轓声近义同。䡈，字亦作版。《荀子·礼论篇》：'棺椁，其貌象版盖斯拂也。'杨倞注云：'版，谓车上障蔽者。'"

简文中，"轓"字仅1见，用与《广雅》同。如：

黄豊馭王僮车：荆轓之輪，革兼。（《曾》简75）

[諀]

"諀"字原篆作🈯（《上一·孔》简8），构形从言、卑声，字见于《广

---

① 湖北省荆沙铁路考古队：《包山楚简》，北京：文物出版社1991年10月第1版第60页注528。

雅》。《广雅·释诂二》:"諀,諈也。"又《释言》:"諀,訾也。"又,《广韵·纸韵》:"諀,恶言也。"《集韵·纸韵》:"諈,谤也。或作毁,通作毁。"

简文中,"諀"字1见,用与《广雅》同。如:

十月善諀言。雨亡政,即南山,皆言上之衰也,王公耻之。(《上一·孔》简8)

原整理者云:"'諀'字《说文》所无,从言、卑声,当读为'諞'。《尚书·泰誓》:'惟截截之善諞言,俾君子易辞。''善諀言'即《泰誓》之'善諞言'。毛亨传云:'惟察察便巧善为辨佞之言,使君子迴心易辞。'"①

按:简文中的"諀"字,依据简文"皆言上之衰也,王公耻之"推测,当即"诋毁"之意,恐无须破读。字或作"吡"。《庄子·列御寇》:"中德也者,有以自好也,而吡其所不为者也。"郭象注:"吡,訾也。"

[裀]

"裀"字原篆作 (《汇·信二》简17),构形从衣、从因,字见于《广雅》。《广雅·释器》:"裀,袴也。"又云:"复襂谓之裀。"王念孙《疏证》:"此《说文》所谓重衣也。襂与衫同。《释名》云:'衫,芟也。芟末无袖端也。'《方言》注以衫为襌襦,其有里者则谓之裀。裀,犹重也。"又,《玉篇·衣部》:"裀,衣身。"《古今韵会举要·真韵》:"茵,通作裀。"朱骏声《说文通训定声》:"茵,字亦作裀。"字或隶作"裵","裵"亦即"裀"字。

简文中,"裀"字3见,用同《广雅》。如:

一纁紫之帴裀,纁綠之裏,一絵紝裀纁。(《汇·信二》简17)

《战国楚简研究》云:"帴为寢之初字,裀指裀褥。"②

[琦]

"琦"字原篆作 (《汇·信二》简26),构形从玉、奇声,字见于《广雅》。《广雅·释训》:"琦,玩也。"王念孙《疏证》:"《说文》:'傀,伟也。或作瓌。'又云:'伟,奇也。'《玉篇》引《埤仓》云:'琦,玮也。'瑰玮,珍琦也。《史记·司马相如传》'椒桂瑰伟',《汉书》作'瑰玮'。鲁灵光殿赋作'瓌玮',并字异而义同。"又,《广韵·支韵》:"琦,玉名。"

---

① 马承源主编:《上海博物馆藏战国楚竹书(一)》,上海:上海古籍出版社2001年12月第1版第136页。
② 中山大学古文字研究室编:《战国楚简研究》第二辑第28页,未刊稿。

简文中,"琦"字1见,用同。如:

兀木器:八方琦,廿=豆。(《汇·信二》简 26)

[墿]

"墿"字原篆作▇(《汇·仰》简 27),构形从土、睪声,字见于《广雅》。《广雅·释宫》:"墿,道也。"王念孙《疏证》:"墿,通作驿。《玉篇》:'驿,道也。'墿之言绎也,绎远皆长意也,故《方言》云:'绎,长也;远,长也。'"又,《玉篇·土部》:"墿,《博雅》云:墿,街陌道也。"

简文中,"墿"字仅1见,用同《广雅》。如:

墿夅之囗(《汇·仰》简 27)

《战国楚简研究》:"墿,《广雅·释宫》读亦声。"[①]

[翻]

"翻"字原篆作▇(《曾》简 80)、▇(《曾》简 17),构形从羽、曾声,字见于《广雅》。《广雅·释诂一》:"翻,举也。"又《释诂三》:"翻,飞也。"《玉篇·羽部》:"翻,飞皃。"

简文中,"翻"字 58 见,用同《广雅》。如:

二戟,屯三菓,屯一翼之翻。二旆,屯八翼之翻。(《曾》简 6)

原整理者云:"简文所记的'戟'和'戈'几乎都加上'一翼之翻'、'二翼之翻'等说明。河北汲县山彪镇出土的水陆攻战纹鉴、四川成都百花潭出土的宴乐水陆攻战纹壶和故宫博物院藏宴乐水陆攻战纹壶等画像中的戈戟,秘上都有二至三对翼状物,疑简文的'一翼之翻'等即指此。"[②]

[藇]

"藇"字原篆作▇(《上四·逸》简 3),构形从艸、與声,字见于《广雅》。《广雅·释草》:"王延、藷藇,署预也。"王念孙《疏证》:"今之山药也。根大故谓之藷藇。"又,《玉篇·艸部》:"藇,酒之美也。"

简文中,"藇"字1见,用与传世文献同。如:

---

① 中山大学古文字研究室编:《战国楚简研究》第四辑第14页,未刊稿。
② 湖北省博物馆编:《曾侯乙墓》,北京:文物出版社 1989 年 7 月第 1 版第 505 页注 30。

愷豫是好，佳心是荑，闲卅愳司，偕上偕下。(《上四·逸》简 3)

原整理者云："《诗·小雅·鹿鸣之什·伐木》：'伐木许许，酾酒有荑。'《诗经集解》：'荑，美貌。'此指心境。"[①]

[愈]

"愈"字原篆作![图] (《上六·競》简 11)、![图] (《郭·穷》简 13)、![图] (《上三·彭》简 7)，构形从心、俞声，字见于《广雅》。《广雅·释诂》："愈，贤也。"又，《玉篇·心部》："愈，胜也。"

简文中，"愈"字 14 见，或用作"渝"，或用作"瑜"，或用作"愉"。"渝""瑜""愉"皆从俞得声，于音可通。如：

(1) 九四：不克讼，復即命愈（渝），安贞吉。(《上三·周》简 5)
(2) 無苔菫愈瀕山石不爲○○○○。(《郭·穷》简 13)
(3) 民日愈（愉）樂，迢相弋（弋／代）勋。(《上六·用》简 4)

例 (1)，原整理者云："'愈'，读为'渝'，《诗·郑风·羔裘》：'彼其之子，舍命不渝。'《尔雅·释言》：'渝，变也。'"[②] 例 (2)，刘钊云："'苔'字不解，'菫愈'读为'瑾瑜'。《说文》：'瑾，瑾瑜，美玉也。'"[③] 例 (3)，原整理者云："'愈（愉）樂'，《管子·七主七臣》：'从主之所欲也，而况愉乐音声之化乎？'《楚辞·九章·思美人》：'吾将荡志而愉乐兮。'《淮南子·人间训》：'譬犹缘高木而望四方也，虽愉乐哉，然而疾风至，未尝不恐也。'"[④]

按："愈""愉"或本一字。朱骏声《说文通训定声》："愉，字亦作愈。"《荀子·君子》："天子也者，执至重，形至佚，心至愈，志无所诎，形无所劳，尊无上矣。"晋庾亮《让中书令表》："今恭命则愈，违命则苦。"王念孙《读书杂志》："愈即愉字。"

[罼]

"罼"字原篆作![图] (《包》简 140)、![图] (《包》简 173)，构形从网、畢

---

① 马承源主编：《上海博物馆藏战国楚竹书（四）》，上海：上海古籍出版社 2004 年 12 月第 1 版第 176 页。

② 马承源主编：《上海博物馆藏战国楚竹书（三）》，上海：上海古籍出版社 2003 年 12 月第 1 版第 143 页。

③ 刘钊著：《郭店楚简校释》，福州：福建人民出版社 2003 年 12 月第 1 版第 175 页。

④ 马承源主编：《上海博物馆藏战国楚竹书（六）》，上海：上海古籍出版社 2007 年 7 月第 1 版第 290 页。

声，字见《广雅》。《广雅·释器》："罼，率也。"王念孙疏证："《说文》：'率，捕鸟毕也。'"又，《字汇·网部》："罼，兔罟，一曰网小而柄长谓之罼，执以掩物。""罼"即"毕"之繁构。

简文中，"罼"字7见，或用同"毕"。如：

  習层朔於瑩，顕（夏）层恚（奎），育＝（享月）胃，夏柰罼（毕），㲋＝（八月）東井。（《九·五六》简78）

《九店楚简》云："'罼'从'网'从'毕'声，即'毕'字的繁体。'夏柰'，夏历四月。'毕'，二十八宿西方七宿的第五宿。秦简《日书》甲种楚除：'四月，毕。'《礼记·月令》：'孟夏之朋，日在毕。'"①

[䓖]

"䓖"字原篆作𦯄（《上六·竞》简9），构形从艸、言声，字见于《广雅》。《广雅·释诂一》："䓖，通也。"又，《字汇补·艸部》："䓖，即'享'字，见《韵宝》。"

简文中，"䓖"字1见，用同"享"。如：

  今内寵又（有）割狀（瘝）外＝（外，外）又（有）梨（梁）丘𡏂（據）縈（縈）恚（狂），公退武夫亞（惡）聖人，番涅蠥（藏）䓖（享）吏……。（《上六·竞》简9）

原整理者云："'䓖'，《字汇补》引《韵宝》，即'享'字。"②

[蠚]

"蠚"字原篆作𧍙（《郭·老甲》简33），构形从虫、若声，字见于《广雅》。《广雅·释诂二》："蠚、蠚，痛也。"王念孙疏证："蠚、蠚，一字也。"又，《集韵·药韵》："蠚，亦作蠚。"《抱朴子·内篇·登涉》："今吴楚之野，暑湿郁蒸，虽衡霍正岳，犹多毒蠚也。"《说文·虫部》："蠚，螫也。从虫，若省声。"邵瑛《群经正字》："今经典作蠚。"《集韵·铎韵》："蠚，《说文》：'螫也。'或作蠚，亦作蠚、螫。"

简文中，"蠚"字2见，用同。如：

---

① 湖北省文物考古研究所：《九店楚简》，北京：中华书局2000年5月第1版第129页注285。
② 马承源主编：《上海博物馆藏战国楚竹书（六）》，上海：上海古籍出版社2007年7月第1版第184页。

舍（含）惪（德）之厚者，比於赤子，蝡䗉=（䗉䗉）它（蛇）弗螫（蠚），攫鳥戵（猛）獸弗哺（搏），骨溺（弱）堇（筋）秣（柔）而捉固。（《郭·老甲》简33～34）

原整理者云："蜷，'螫'字异体。《说文》：'螫也'。字亦作'蠚'。"①
[蓸]
"蓸"字原篆作🙵（《曾》简3），构形从艸、曾声，字见于《广雅》。《广雅·释草》："蓎，蓸也。"又，《广韵·登韵》："蓸，蓎草。"

简文中，"蓸"字1见，借用作"翿"。"蓸""翿"二字皆从曾得声，于音可通。如：

二戙、戈，屯一翼之蓸（翿）。（《曾》简3）

[莘]

"莘"字原篆作🌿（《上三·周》简43），构形从艸、从率，字见于《广雅》。《广雅·释诂一》："莘，始也。"又，"莘，出也。"王念孙《疏证》："莘者，《方言》：'䇟、律，始也。'律与莘通。《说文》：'肁，始开也。从户聿，聿亦始也。'声与莘近而义同。凡事之始，即为事之法，故始谓之方，亦谓之律，法谓之律，亦谓之方矣。"又云："莘者，《广韵》引《音谱》云：'莘，草之甲也。'《集韵》云：'草孚甲出也。'茁、出声相近，《说文》：'茁，草初生出地皃。'"

简文中，"莘"字1见，借用作"葎"。如：

上六：困于莘藟（蘽），于剌。（《上三·周》简43）

原整理者云："'莘'，《集韵》：'莘，《博雅》：始也，一曰艸孳甲出也。'或读为'葎'，《广韵》：'葎，蔓草有刺。'"②
[纃]
"纃"字原篆作🧵（《曾》简138）、🧶（《包》简271），构形从糸、从巺，字见于《广雅》。《广雅·释器》："纃，索也。"王念孙《疏证》："《方言》注云：槌，县蚕薄柱也，义与绁并相近。《方言》云：槌之横者，宋、

---

① 荆门市博物馆：《郭店楚墓竹简》，北京：文物出版社1998年5月第1版第116页。
② 马承源主编：《上海博物馆藏战国楚竹书（三）》，上海：上海古籍出版社2003年12月第1版第195页。

魏、陈、楚、江、淮之间谓之櫳。所以县櫳，关西谓之㯹，东齐、海岱之间谓之繣。"

简文中，"繣"字 11 见，或借用作"纂"。如：

二缇娄，皆繣纯。(《包》简 259)

原整理者云："借作纂。《汉书·景帝纪》：'锦绣纂组。'应劭曰：'纂，今五彩属粹是也。'可能是指用彩色丝线编成的绦。纯，《广雅·释诂二》：'纯，缘也。'"①

[䕮]

"䕮"字原篆作 （《包》简 258)，构形从艸、集声，字见于《广雅》。《广雅·释草》："䕮，菩也。"王念孙《疏证》："《说文》：'菩，草也。'《系传》引《字书》云：'黄菩草也。'"

简文中，"䕮"字 2 见，借用作"苔"，如：

椇二筲、蓎（葚）二筲、䕮（苔）二筲、薑（姜）二筲、蓏一筲、薴利（梨）二筲、檮（桃）脯一 夐。(《包》简 258)

原整理者云："䕮，疑读如苔。《说文》：'小尗也。'"②

[担]

"担"字原篆作 （《郭·缁》简 7)，构形从手、旦声，字见于《广雅》。《广雅·释诂三》："担，击也。"王念孙《疏证》："《说文》：'笪，笞也。'笪与担同。"又，《玉篇·手部》："担，拂也。"

简文中，"担"字 1 见，借用作"疸"(瘅)。如：

《大頀（雅）》員（云）："上帝板＝（板板），下民卒担（疸）。"(《郭·缁》简 7)

原整理者释读"担"为"疸"。刘钊则读为"瘅"，云："'担'读为'瘅'。'瘅'意为'劳苦'。"③

---

① 湖北省荆沙铁路考古队：《包山楚简》，北京：文物出版社 1991 年 10 月第 1 版第 61 页注 548。

② 同上书，第 61 页注 532。

③ 刘钊著：《郭店楚简校释》，福州：福建人民出版社 2003 年 12 月第 1 版第 54 页。

按：今本《诗·大雅·板》："上帝板板，下民卒瘅。"《毛传》："瘅，病也。"《释文》："瘅，沈本作癉。"《礼记·缁衣》引作"癉。"《说文·疒部》："瘅，劳病也。从疒，單声。"又，"瘅""疸"二字音近可通。朱骏声《说文通训定声》："瘅，叚借为疸。"《素问·玉机真藏论》："发瘅，腹中热，烦心出黄。"王冰注："脾之为病，善发黄瘅，故发瘅也。"《山海经·西山经》："（翼望之山）有兽焉，其状如狸……服之已瘅。"郭璞注："瘅，黄瘅病也。"

［舶］

"舶"字原篆作 ✺（《上四·曹》简6），构形从舟、从白，字见于《广雅》。《广雅·释水》："舶，舟也。"又，《玉篇·舟部》："舶，大船。"

简文中，"舶"字仅1见，用作人名，如：

莊公曰："昔池舶語寡人曰：君子得之失之，天命。"（《上四·曹》简6～7）

原整理者云："池舶，《国语·齐语》提到'施伯，鲁君之谋臣也'，即此人。韦昭注：'施伯，鲁大夫，惠公，惠公之孙，施父之子。'"①

［抅］

"抅"字原篆作 ✺（《包》简122），构形从手、从旬，字见于《广雅》。《广雅·释诂三》："抅，击也。"又，《集韵·耕韵》："抅，挥也。或作抅。"

简文中，"抅"字1见，用作人名。如：

孔言胃（謂）：女返既走於前，孔弗迻（逃），孔轚（執）竸不割，里公吳抅、亞□郙輔返。（《包》简122）

［佊］

"佊"字原篆作 ✺（《包》简163），构形从人、从皮，字见于《广雅》。《广雅·释诂二》："佊，衺也。"王念孙《疏证》："《玉篇》音陂发切。《广韵》又音彼，引《埤苍》云：佊，邪也。又引《论语》'子西佊哉'。今《论语》作彼。马融注云：'彼哉彼哉，言无足称也。'……案，彼字读偏侦佊之佊，于义为长。"章炳麟《新方言·释言》："今人呼邪人为佊子，俗吴书痎。"

---

① 马承源主编：《上海博物馆藏战国楚竹书（四）》，上海：上海古籍出版社2004年12月第1版第247页。

151

简文中,"彼"字1见,用作人名。如:

> 周惕之人脵、邹邑人郫彼、陆晨;酉(丙)寅,邸易君之人臧(臧)墒、隆君之人隋惕、臧(臧)煋。(《包》简163)

[寖]

"寖"字原篆作▨(《上五·竞》简4),构形从宀、从浸,字见于《广雅》。《广雅·释诂一》:"寖,积也。"王念孙《疏证》:"浸与寖同。"

简文中,"寖"字2见,用作水名。如:

> 含(今)此祭之夏(得)福者也,周量之旨(以)寖脊(汲),既祭之,遂(後)安(焉),攸(修)先王之瀍(法)。(《上五·竞》简4)

原整理者云:"'寖',水名;'脊',读为'汲',汲汲为不休息貌。'寖汲'是汲汲不休的寖水旁。"[①]

通过上文的比较讨论,我们可以看出,《广雅》中所辑录的这部字与楚简新出字之间不仅构形吻合,字用亦相同(通),虽然其中有些字在简文中是用作人名、地名,或借作他用,但透过文字的音义关系依然还是能够看出《广雅》中的文字与楚简文字之间存在着传承关系。因此,我们可以说,《广雅》中的这部分文字均当是传承自战国时期的古文字。张揖《上〈广雅〉表》云:"窃以所识,择撢群艺,文同义异,音转失读,八方殊语,庶物易名,不在《尔雅》者,详录品蔌,以箸于篇。"据此,我们可以进一步地推断,《广雅》中传承自战国时期的古文字不止于上文所论,即便是此前字韵书未收的古文字亦如此。从这个意义上说,《广雅》不仅仅是一部古训诂词典,实也兼字书之用。

二 校正《广雅疏证》之例

清人王念孙以十年之功编撰的《广雅疏证》一书,是《广雅》研究的代表作。周祖谟在《〈广雅疏证〉简论》中说:"总的来看,《广雅疏证》包容甚广,成就极大,是清人研究古代训诂的一部有代表性的著作,从单词意义的研究发展为义类和字族的研究,与段玉裁、程瑶田、阮元诸人声气

---

① 马承源主编:《上海博物馆藏战国楚竹书(五)》,上海:上海古籍出版社2005年12月第1版第171页。

相求，而蓄积深，范围广，独成一家之学，从理论到方法都给人以许多有益的启示。"[①] 然而，受材料的局限，王念孙时代的出土古文字资料远不及现在，《广雅疏证》中亦难免有疏漏、错误之处。这里，我们利用楚简新出字材料对其中的三例错误予以校正。

[敧]

《广雅·释器》："敧，臿也。"

王念孙疏证云：

"《尔雅》：'斛谓之疀。'郭注云：'皆古鍫锸字。'《管子·度地篇》云：'笼臿版筑各什六。'《齐策》云：'坐而织蒉，立则杖插。'并字异而义同。《释名》云：'锸，插也。插地起土也。'《方言》：'臿，燕之东北朝鲜洌水之间谓之斛，宋魏之间谓之铧，或谓之鏵，江淮南楚之间谓之臿，沅湘之间谓之畚，赵魏之间谓之喿，东齐谓之梩。'敧音妙汭之妙，字从臿攴声。敧从攴声而读若妙，犹有頍者弁之頍，从攴声而读若跬也。《说文》：'鈂，臿属也。读若妙。'高诱注《淮南子·精神训》云：'三辅谓臿为鍝字。'并与敧同。各本'敧'字皆作'敤'，音插。案音插，则与下文臿字重出，且《说文》《玉篇》《广韵》《集韵》《类篇》皆无'敤'字。此因'敧'字讹作'敤'，后人遂妄改曹宪之音耳。今考《集韵》《类篇》，敧，俱为切，引《广雅》'敧，臿也。'其音即本于曹宪，是《广雅》本作敧，不作敤，曹宪本音妙，不音插，今据以订正。"

按：王氏谓"敧"字构形从攴不从支，恐误。楚简"敧"字原篆作 ![] （《曾》简2）、![] （《曾》简11），构形即从支、臿声，可证。

简文中，"敧"字2见，即用同"臿"。如：

（1）二穌（緜）箙，褐紫鱼與彔（緑）魚，二貍貘之䩕，一穌（緜）箙，彔（緑）魚，敧䩕，屯璑（纁）緭之綏。（《曾》简2）

（2）紃，貂首之𩊜，豻䩕，鞍䪎䩗。䣻、鉏、敧、兼、鏶，旟𣃔。（《曾》简11）

原整理者："（敧）原文作 ![] ，左半从'芊'从'臼'。'芊'为倒'矢'形，即《说文》训为'撇'的'羊'。按《说文》篆文'臿'作 ![] ，从'干'从'臼'。'羊'、'干'二字形近，疑'![]'即'臿'字。《广韵》洽韵呼洽切下有'敧'字。"又云："原文在以上五字的右下方均句读号，这五

---

① 转引自胡继明：《广雅疏证同源词研究》，博士学位论文，四川大学2002年3月。

153

个字都应当是物名，疑‘敮’即训为锹的‘臿’，‘兼’读为‘鎌’。”①

今据楚简文字可证《广雅》“敮”字构形从支不误。《释名·释用器》：“鍤，插也。插地起土也。”毕沅曰：“当作臿，加金旁别也。”是“敮”“鍤”“插”诸字皆由“臿”得音义。“敮”字构形可分析为从支，从臿、臿亦声。

又，疑“敮”字构形从支乃从攴之讹。古文字攴、支二字形近，从攴之字易误从支作。如“豉”字或讹作“豉”。《正字通·支部》：“豉，俗讹。”《康熙字典·支部》：“豉，《集韵》从攴。《字汇》从支，音剥，误。”又如“轂”字或讹作“轂”。《广韵·豪韵》：“轂，平持。”周祖谟校本云：“《玉篇》、《集韵》此字并作轂，为操之或体。敦煌《王韵》同。”《正字通·支部》：“轂，同轂。讹从支。”均可证。

《汉语大字典》沿袭王氏之误，于“敮”字条下云：“‘敮’的讹字。”又，《广韵·洽韵》：“敮，呼洽切，尽也。”字即从攴不从支，与“各本‘敮’字皆作‘敮’，音插”同，而《汉语大字典》列于“敮”字条下，亦误。

［鐳］

《广雅·释器》：“鐳，瓶也。”

王念孙疏证云：“鐳，各本讹作鐳。影宋本皇甫本不讹。”

按：王氏谓“鐳”讹作“鐳”，误。楚简“鐳”字原篆作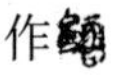（《包》简276），构形即从金、霝声。

简文中，“鐳”字3见，均用同“鐳”。如：

赤金之鈇；白金之銍；紩組之鐳（鑸）鈦。（《包》简272）

简文中，“鈇”“銍”“鐳”均为器皿之名，“鐳”亦当为器皿之名，字当即“鐳”。楚简中，“鐳”字或省作“霝”。如：

霝光之童，綅纓剸，紫緣紟卑鋯口，㚀組之霝，一紫箬賦膚=（膚膚）之裹，肙緅之純，白金之㚆鈞。（《汇·望二》简4）

《战国楚简研究》云：“㚀字简文屡见，不识，观其均与‘組’连文，殆指組之颜色、性质者。霝，在此简当为器物之名，实即鐳。金文鐳字亦有

① 湖北省博物馆编：《曾侯乙墓》，北京：文物出版社1989年7月第1版第503页注19、512页注73。

不从缶者（见《金文编》）。《说文》：'鑐，瓦器也。'案鑐似瓶有耳，与瓶壶同为盛酒器。此简言毳组之畾，疑指系有采色组带之鑐。"①

"畾"即"雷"之省。甲骨文"雷"字作 ❏❏（甲八〇六，令雷，人名）、❏❏（拾三·七），构形即从二口，可证。"鑐"从"雷"声，楚简文字或借"畾（雷）"为"鑐（鑐）"，可通。

今据楚简文字，知《广雅》各本作"鑐"不误。在后世文字传承的过程中"鑐"被"罍"字替代，故后世字书均作"罍"而未收"鑐"字。如：《说文·缶部》："罍，瓦器也。从缶，畾声。"王筠句读："字与《瓦部》瓺同。"《玉篇·缶部》："罍，瓦器，似瓶有耳。"《集韵·青韵》："罍、鈴，或从令。亦书作畾。"

王氏由于未见古文字之"鑐"而以为"鑐"字本当作"罍"，误。《汉语大字典》于"鑐"字条下云："'罍'的讹字。"沿袭王氏之误。

[祱]

《广雅·释天》："祱，祭也。"

王念孙疏证云："祱，本作餕。《说文》：'餕，小馂也。'《玉篇》：'餕，或作䭨。'《方言》：'䭨，饋也。'《说文》云：'吴人谓祭曰餽。'"

按：王氏谓"祱，本作餕"，恐误。楚简"祱"字原篆作 ❏（《包》简214）、❏（《新·甲三：219》简244），构形从示、从兑。

简文中，"祱"字36见，均用为祭祀，与《广雅》同。如：

（1）舉禱蝕❏一全狄；舉禱社一全貓；舉禱宫、㙒（行）一白犬、酉（酒）飤；逯（遂）鄁倉（會）之祱（祝），賽禱東陵。（《包》简210）

（2）與宫室，又敓，以亓吉祱之。（《汇·望一》简36）

例（1），《包山楚简》云："祱，祝字。楚简中，祝字多作此形。"②例（2），《战国楚简研究》云："《说文·示部》：'祝，祭主赞词者。从示，从人、口。一曰从兑省。《易》曰：兑，为口为巫。'简文祝从兑，不省。……故疑祱乃从示兑声。……或谓此当读为敓，《说文·又部》：'敓，楚人谓卜问吉凶曰敓，从又持祟，读若贽'（上古敓赘与从兑得声之悦、说、税、蜕、祱等字同音）。甲骨卜辞敓作❏，亦系祭名，或敓原为祭名，楚人于

---

① 中山大学古文字研究室编：《战国楚简研究》第三辑第45页，未刊稿。
② 湖北省荆沙铁路考古队：《包山楚简》，北京：文物出版社1991年10月第1版第55页注408。

设祭时兼施卜问吉凶。"①

今据楚简,知《广雅》字作"祱"不误,王氏谓"祱,本作餕",误。就"祱""餕"二字言,"祱"当为本字,"餕"当为后起字。依据汉字构形的一般规律,与祭祀活动有关的字多从示作,"祱"字构形从示即能说明问题。后世字书多以"祱"为"餕"之或体。撇开文字的正体、或体不论,仅就文字产生时间的前后而论,如此之安排,恐亦值得商榷。如:《原本玉篇残卷·食部》:"餕,始锐、始垂二反。《说文》:'小餕也。'《苍颉篇》:'门祭名也。'《字书》或为祱字,在示部。"《集韵·祭韵》:"餕、祱,式瑞切,小祭也。或从示。"

第二节　楚简新出字与今本《玉篇》中的增收字(一)

南朝梁顾野王编撰的《玉篇》,是继《说文》之后又一部重要的字典,也是我国现存的第一部用楷书建字头以辨析形义的字书。《玉篇》的编撰背景及编撰目的,顾野王在《玉篇序》中云:"但微方既绝,大旨亦乖,故五典三坟竟开异义,六书八体今古殊形,或字各而训同,或文均而释异,百家所谈差互不少,字书卷轴舛错尤多,难用寻求,易生疑惑,猥承明命预缵过庭,总会众篇,校雠群籍,以成一家之制,文字之训备矣。"②

《玉篇》问世,经唐代孙强的增字减注,宋代陈彭年、丘雍、吴锐等人的重修,成为了后世通行的《大广益会玉篇》,也即今本《玉篇》(简称《玉篇》。下同),而原本及孙强增字本遂渐亡佚。与《说文》相比较,原本《玉篇》收字多出6000余个。唐封演《封氏闻见记》卷二云:"梁朝顾野王撰《玉篇》三十卷,凡一万六千九百一十七字。"③今本《玉篇》收字总数为22561个,较原本《玉篇》增收了5644个字,比《说文》增加了近15000字。今本《玉篇》所增收的字,就其构成而言,究竟是一个什么样的状况,对此,学界少有学者做过深入的专题研究。

楚简新出字中,见于《玉篇》的字凡233例。这些字都是《玉篇》之前的字韵书未收入的字,因此,从理论上来说,《玉篇》中的这部分与楚简新出字相对应的字就是《玉篇》所增收的字。将这部分楚简新出字与《玉

---

① 中山大学古文字研究室编:《战国楚简研究》第三辑第14～15页,未刊稿。
② [梁]顾野王著:《大广益会玉篇·序》,北京:中华书局1987年7月第1版第1页。
③ [唐]封演著:《封氏见闻记》,北京:学苑出版社2001年10月第1版。

篇》中的字进行字用比较，大致有三种情况：一是构形、字用均相吻合，可以明确构成传承关系；二是构形相同而所记录的词有别，不构成传承关系；三是简文中用作人名、地名，或因音同音近而借作他用，或字用不详等，与《玉篇》中的字难以进行直接的字用比较，据现有的材料无法判断是否构成传承关系。

本节拟以构形、字用均与《玉篇》增收字相合，可以明确构成传承关系的楚简新出字为例分别与《玉篇》中相应正字、或体、古文进行比较，并对相关的问题做些简要的讨论。楚简新出字中与《玉篇》增收字之间只是构形相同而无意义关系的字例，我们将在下一节讨论。至于上述第三种情况，受材料限制，有关的讨论，且待来日。

一 楚简新出字与《玉篇》增收字中的正字构成传承关系的字例

一般地说，判断不同时代所使用的文字之间是否存在传承关系，主要依据文字的构形与字用，只要构形相合，字用相同或相通，通常都可以认为构成传承关系，即后代的字是传承自前代或早期的古文字。楚简新出字中与《玉篇》增收的正字构形、字用均相吻合，可以明确构成传承关系的字例较多，我们从中选取 24 例字予以简要的比较讨论。

［禠］

"禠"字原篆作▨（《上六·競》简8）、▨（《包》241），构形从示、虐声，字见于《玉篇》。《玉篇·示部》："禠，侧虑切，祝也。亦作詛。"又，《广韵·御韵》："詛，呪詛。亦作禠。庄助切。"

简文中，"禠"字4见，用同"詛"。如：

(1) 称（利）以敘（說）禩（盟）禠（詛）。（《九·五六》简34）
(2) 禠（詛）爲亡（無）戝（喪）祝亦亡（無）益。（《上六·競》简8）

例（1），《九店楚简》："'禩禠'见于望山一号楚墓竹简七八号和包山楚墓竹简二一一号等。《望山楚简》九八页考释'七一'说：'简文"禩禠"当读为"盟詛"，字皆从"示"，似指盟詛之神。'《汉书·五志上》'屈氂复坐祝禠要斩'，颜师古注以'禠'为古'詛'字；《玉篇》示部以'禠'为'詛'字或体。睡虎地秦墓竹简整理小组于上引秦简《日书》甲种楚除绝日占辞'利以兑（說）明（盟）组（詛）'下注说：'盟詛，在古籍中常见，《书·吕刑》："罔中於信，以覆詛盟。"《周礼·詛祝》："詛祝掌盟詛类造攻说檜（禬）禜之祝号。"注："盟詛主於要誓，大事曰盟，小事曰詛。"疏：

157

"盟者盟將來，……詛者詛过往。""①例（2），原整理者云："'禩'，古文'詛'，《集韵》：'詛、謯，古作禩。'祭神以求加祸于人。《左传·隐公十一年》：'以詛射颍考叔者。'"②

[䩛]

"䩛"字原篆作 （《曾》简98），构形从革、申声，字见于《玉篇》。《玉篇·革部》："䩛，革带。也作紳。"《原本玉篇残卷·糸部》："紳，《论语》：'子张书诸紳。'孔安国曰：'紳，大带也。'郑玄注《礼记》：'所以自紳约也。'《广雅》：'紳，束也。'或为䩛鞮字。在革部。"又，《集韵·真韵》："紳，《说文》：'大带也。'或从革。"

简文中，"䩛"字1见，用同"紳"。如：

朕䩛，兩馬之轡，鎓䭶。（《曾》简98）

[貎]

"貎"字原篆作 （《上五·三》简18），构形从豸、兒声，字见于《玉篇》。《玉篇·豸部》："貎，五兮切。豺貎，或作猊。"《字汇·豸部》："貎，同猊。"

简文中，"貎"字1见，用同。如：

豻貎猷（食）虎，天無不從。（《上五·三》简18）

原整理者云："'豻貎'，应即狻猊的别名。《尔雅·释兽》：'狻麑如虦貓，食虎豹。'（虦貓是浅毛虎）《穆天子传》卷一也提到'狻猊'，郭璞注：'狻猊，狮子，亦食虎豹。'"③

[迳]

"迳"字原篆作 （《上六·競》简12），构形从辵、巠声。字见于《玉篇》。《玉篇·辵部》："迳，吉定切。路迳也，近也。"又，《集韵·径韵》："徑，《说文》：'步道。'亦从辵。"

---

① 湖北省文物考古研究所：《九店楚简》，北京：中华书局2000年5月第1版第95页注128。

② 马承源主编：《上海博物馆藏战国楚竹书（六）》，上海：上海古籍出版社2007年7月第1版第180页。

③ 马承源主编：《上海博物馆藏战国楚竹书（五）》，上海：上海古籍出版社2005年12月第1版第301页。

第二章　楚简新出字与《说文》之外的其他字韵书

简文中，"迳"字 1 见，用同"徑"。如：

祭正不隻，未吕（以）至於此，神見虔（吾）迳……。(《上六·競》简 12)

原整理者云："'迳'，同'徑'。《集韵》：'徑，亦从辵。'"①

[盱]

"盱"字原篆作 (《上六·孔》简 15)、 (《上六·孔》简 15)，构形从目、它声，字见于《玉篇》。《玉篇·目部》："盱，弋之切。视也。"

简文中，"盱"字 2 见，用同。如：

孚（君子）盱之，以亓（其）所盱睍（睨）之，吕（以）亓（其）所谷（欲）智（知）不行矣。(《上六·孔》简 15)

原整理者云："'盱'，《字汇》：'盱，音移，视也。'"②

[腈]

"腈"字原篆作 (《上六·天乙》简 3)、 (《上六·天甲》简 3)，构形从肉、青声，字见于《玉篇》。《玉篇·肉部》："腈，子盈切。腈肉也。"又，《集韵·清韵》："腈，肉之精者。"

简文中，"腈"字 9 见，均用作"精"。如：

豊（禮）之於层（尸）宫（廟）也，不腈（精）爲腈（精），不娩（嬿）爲娩（嬿）。義反之，腈（精）爲不腈（精），娩（嬿）爲不娩（嬿）。(《上六·天乙》简 3)

原整理者云："'腈'，读为'精'，二字均从青得声，可通。'腈'字虽不见于《说文》，但从造字本意分析，米之精细者为'精'，则肉之精细者为'腈'。或即'腈'当为'精'字异构。《说文》：'精，择也。'训为纯净，精细，《论语·乡党》：'食不厌精，脍不厌细。'"③

[痕]

"痕"字原篆作 (《新·零：306》简 949)、 (《新·零：328》简

---

① 马承源主编：《上海博物馆藏战国楚竹书（六）》，上海：上海古籍出版社 2007 年 7 月第 1 版第 188 页。

② 同上书，第 213 页。

③ 同上书，第 314 页。

159

969），构形从疒、長声，字见于《玉篇》。《玉篇·疒部》："痕，知酿切。痕，满也。亦作脹。"又，《集韵·漾韵》："脹，腹大也。或从疒。"

简文中，"痕"字17见，均用同"脹"。如：

貞：怀（背）、膚疾，㠯（以）瘧（胖）痕（脹）、心悶。（《新·甲一：14》简12）

按：楚简文字中，"痕"或写作"瘇"，从疒、張声，简文中3见，均用同"脹"。《龙龛手镜·疒部》："瘇，俗；正作脹。"字今通作"脹"。"痕""瘇"均为"脹"之异体。

［輇］

"輇"字原篆作▲（《曾》简45），构形从車、隹声，字见于《玉篇》。《玉篇·車部》："輇，車盛皃。"《原本玉篇残卷·車部》："輇，《韩诗》：'大車輇輇。'輇輇，盛皃。軳，《字书》亦輇字也。"

简文中，"輇"字1见。如：

黄克馭輇車：眭輪，革兼。（《曾》简45）

原整理者云："《韩非子·八说》：'故智者不乘推（椎）国，圣人不行推政。'《盐铁论·散不足》：'古者椎车无柔，栈輿无植。'疑简文'輇車'即此'椎車'。"①

按："椎車"是指用整块圆木做车轮的简陋车子。汉桓宽《盐铁论·非鞅》："椎車之蝉攫，相土之教也。"王利器注引张敦仁曰："椎車者，但斲一木使外圆，以为車轮，不用三材也。"晋葛洪《抱朴子·钧世》："至於劘锦丽而且坚，未可谓之减於蓑衣；辋輧妍而又牢，未可谓之不及椎车也。"楚简文字中的"輇"字构形从車，疑即"椎車"之"椎"的本字。

［瑅］

"瑅"字原篆作▲（《曾》简138），构形从玉、是声，字见于《玉篇》。《玉篇·玉部》："瑅，大兮切。玉名。"又，《集韵·齐韵》："瑅，瑅瑭，玉名。"

简文中，"瑅"字1见，用同。如：

駕＝（乘馬）黄金之贵，翠（翠）瑅。（《曾》简138）

---

① 湖北省博物馆：《曾侯乙墓》，北京：文物出版社1989年7月第1版第515页注109。

[騏]

"騏"字原篆作🐎（《曾》简165）、🐎（《曾》简174），构形从馬、或声，字见于《玉篇》。《玉篇·馬部》："騏，馬名。"

简文中，"騏"字8见，均用作马名。如：

頤舀（牙）坪之騏爲左驂，晉旟駁爲左騙（服），贅尹之騏爲右騳（服），鄭騏爲右驂。（《曾》简165）

原整理者云："'騏'字所从'或'旁原文作🗡，与古文字中的'或'写法稍异。或疑🗡是'𢧵'的简体。《说文》以'𢧵'为'詩'的籀文，所以这个字也可能是'騞'字。今暂且将此字释作'騏'。"①

[板]

"板"字原篆作板（《郭·缁》简7）、板（《上二·容》简7），构形从木、反声，字见于《玉篇》。《玉篇·木部》："板，补简切，片木也。与版同。"又，《集韵·潸韵》："版，《说文》：'判也。'或从木。"《正字通·木部》："板，同版。解木为薄片也。"

简文中，"板"字6见，用同"板"，或用作"版"。如：

（1）亯=（十月）辛巳之日不逞（归）板於登人以至（致）命於郢，阩門又敗。（《包》简43）

（2）於是虞（乎）方圓（圓）千里，〈於是於〉 坴板正立（位），四向阹，禾（和）寐（懷）昌迻天下之民。（《上二·容》简7）

例（1），《包》原整理者云："板，读如版。《周礼·秋官·职金》：'则供其金版。'楚国金币有版金，自铭为'郢爯''陈爯'等。"② 例（2），原整理者云："坴板，疑读'持板'，指手持板笏一类东西。"③

[腬]

"腬"字原篆作🔹（《上六·用》简17）、🔹（《上五·季》简1），构形从肉、从頁，字见于《玉篇》。《玉篇·肉部》："腬，如由切，腬頓也。"又，《集韵·尤韵》："腬，《说文》：'面和也。'或从頁。"

---

① 湖北省博物馆：《曾侯乙墓》，北京：文物出版社1989年7月第1版第527页注236。
② 湖北省荆沙铁路考古队：《包山楚简》，北京：文物出版社1991年10月第1版第43页注81。
③ 马承源主编：《上海博物馆藏战国楚竹书（二）》，上海：上海古籍出版社2002年12月第1版第256页。

161

简文中，"脜"字 13 见，用同《玉篇》，或借用作"擾"。如：

(1) 脜（然）则邦坪（平）而民脜矣。(《上五·季》简 23)
(2) 凡五亥，不可以畜六牲脜（擾），帝之所以戮六脜（擾）之日。(《九·五六》简 40)

例（1），原整理者云："'脜'，《玉篇》：'脜，如由切，顿也。'《集韵》：'脜，面色和柔皃。'同'𦠅'，《集韵》：'𦠅，或从頁。'《玉篇》：'𦠅，如由切。《说文》："面和也。"野王案：柔色以蕴之是，今为柔字。'《古音丛目》：'𦠅，温。同《礼记》"柔色以𦠅之"，今作温，又去声。'"① 例（2），《九店楚简》云："简文'脜'当读为'擾'。'六擾'与'六牲'同义。《周礼·天官·膳夫》'凡王之馈，……膳用六牲'，《夏官·职方氏》'河南曰豫州，……其畜宜六擾'，郑玄注'六牲'、'六擾'，皆云'马、牛、羊、豕、犬、鸡'。所以简文'牲擾'连言，构成同义复词。"②

[逨]

"逨"字原篆作 ![字] (《上三·周》简 9)、![字] (《上五·三》简 6)，构形从辵（或从止）、来声，字见于《玉篇》。《玉篇·辵部》："逨，力材切，來也，至也，就也。又力代切。"又，《集韵·咍韵》："來，或从辵。"

简文中，"逨"字 11 见，均用同"來"。如：

不宓（宁）方逨（來），遂（後）夫凶。初六：有孚比之，亡（无）咎。又（有）孚海缶，冬（終）逨（來）又（有）它，吉。(《上三·周》简 9)

[緷]

"緷"字原篆作 ![字] (《汇·仰》简 7)、![字] (《包》简 268)，构形从糸、里声，字见于《玉篇》。《玉篇·糸部》："緷，力支切，文。"

简文中，"緷"字 4 见，用同。如：

(1) 鄹易公一紡衣，緑緷之 (《汇·仰》简 1)
(2) 一紫綌之𦁋，纁緷，文絟之纯。(《汇·仰》简 7)

---

① 马承源主编：《上海博物馆藏战国楚竹书（五）》，上海：上海古籍出版社 2005 年 12 月第 1 版第 201～202 页。

② 湖北省文物考古研究所：《九店楚简》，北京：中华书局 2000 年 5 月第 1 版第 103 页。

《战国楚简研究》:"緅字简文凡三见。此作'綠緅',第七简作'纊緅',第十六简作'缟緅'。緅为'裹'的异体字,从衣从糸的字过去每相通用;如褅、纃、褛、纏、袴、綺、裱、綵,一以物质来表示,一以成品作说明,其意在此。緅的字形字义,包涵这衣里是丝织品,《玉篇》下,以緅训'文',是后起之义。"①

[怂]

"怂"字原篆作 ✿(《郭·五》简12)、✿(《上三·周》简12),构形从心、冬声,见于《玉篇》。《玉篇·心部》:"怂,徒冬切,忧也。怪怂惶遽也。"字或隶作"忩"。

简文中,"怂"字3见,用同,或借用作"終"。如:

(1) 未見君子,惪(憂)心不怂=(忡忡);既見君子,心不能降。(《郭·五》简12)

(2) 佘(八八八)乑(一八八)厂(謙):卿(亨),君子又(有)怂(終)。(《上三·周》简12)

按:"怂""忡"二字义近可通。《说文·心部》:"忡,忧也。从心、中声。《诗》曰:'忧心忡忡。'"又,《玉篇·心部》:"怂,忧也。"

[綍]

"綍"字原篆作 ✿(《包》简268)、✿(《汇·信二》简1),构形从糸、革声,字见于《玉篇》。《玉篇·糸部》:"綍,轻革切,缺也,织纬也。"

简文中,"綍"字9见,用同。如:

緣,二纺絹,帛裏。組緣,一艸齊縰之斂,帛裏,組緣,七見梟之衣,屯又常,二籠,一塦箑,綍一尛塦箑,一紅介之留衣,帛裏,紾窅。(《汇·信二》简5)

《战国楚简研究》云:"綍维,綍是丝带,维,系也。磬有孔,用带子悬绑在架子之上,故曰'綍维'。"②

[坉]

"坉"字原篆作 ✿(《郭·老甲》简9),构形从土、屯声,字见于《玉篇》。《玉篇·土部》:"坉,徒混切,坉水不通,不可别流。"又,《广韵·混韵》:"沌,混沌。坉,同上。"

---

① 中山大学古文字研究室编:《战国楚简研究》第四辑第2页,未刊稿。
② 中山大学古文字研究室编:《战国楚简研究》第二辑第22页,未刊稿。

简文中，"坉"字1见，用同"沌"。如：

奴（如）𢝊（畏）四叟（鄰），敢（嚴）虗（乎）其奴（如）客，觀（渙）虗（乎）其奴（如）懌（釋），屯（惇）虗（乎）其奴（如）樸，坉（混／渾）虗（乎）其奴（如）濁。（《郭·老甲》简9）

刘钊云："'坉'读为'沌'，'沌'即'混沌'之'沌'。……'沌'意为模糊不清，引申指愚顽、糊涂。"①

[蓑]

"蓑"字原篆作 （《上二·容》简32）、 （《郭·语四》简22），构形从艸、衰声，字见于《玉篇》。《玉篇·艸部》："蓑，素和切，草衣也。素回切，草垂皃。"

简文中，"蓑"字3见，用同。如：

山亡陸則坨（陁），成（城）無蓑則坨（陁）。（《郭·语四》简22）

原整理者云："蓑，字亦作'衰'。《说文》：'草雨衣也。'《公羊传·定公元年》：'不蓑城也。'谓以草覆城。陁，《说文》：'小崩也。'"②

按：楚简文字中，"衰""蓑"二字已经分化，"衰"字用为"衰落""微弱"之义，而"蓑"则用为"草雨衣也"之义，与后世文献之用相同（参见第五章中的有关讨论）。

[雩]

"雩"字原篆作 （《包》简69）、 （《上一·紂》简20）、 （《上五·鲍》简8），构形从雨、于声，字见于《玉篇》。《玉篇·雨部》："雩，宇俱切，谓雨祭也。或作雩。"又，《龙龛手镜·雨部》："雩、雩，二同。"

简文中，"雩"字4见，用同"雩"。如：

是戠（歲）也，晉人戏（伐）齊，既至齊坓（地），晉邦又（有）嬰（亂），帀（師）乃逞（歸），雩（雩）塝（旁）坓（地）至㠱（杞）。（《上五·鲍》简8）

原整理者云："'雩'即'雩'，为求雨之祭名。《说文·雨部》：'雩，

---

① 刘钊著：《郭店楚简校释》，福州：福建人民出版社2003年12月第1版第10页。
② 荆门市博物馆：《郭店楚墓竹简》，北京：文物出版社1998年5月第1版第219页。

夏祭，乐于赤帝，以祈甘雨也。从雨、亏声。'"①

[遱]

"遱"字原篆作、，构形从辵、取声，字见《玉篇》。《玉篇·辵部》："遱，千后切，走。又七庾切。"《字汇·辵部》："遱，音取，义同。"

简文中，"遱"字4见，或用作"趣"，或用作"趋"。如：

(1) 之州人君夫人之敔（帛）愴（倉）之狗一夫，遊遱至州![]，父=（小人）牂（將）敔之，夫自傷，父=（小人）女獸（獸）之，以告。（《包》简142）、

(2) 韇（融）帀（師）又（有）成氏，瓱（狀）若生又（有）耳不龢（聞），又（有）口不鳴，又（有）目不見，又（有）足不遱（趨）。（《上五·鬼》简5墨節下）

例（1），原整理者云："遱，读如趣。《列子·汤问》：'汝先观吾趣。'注：'行也。'"② 例（2），原整理者云："'遱'即'趣'字，古文字从走旁之字或可写成从辵，楚简中这类例子甚多。如'赴'作'辻'；'起'作'迟'；'趪'作'遑'；'越'作'逑'等。'趣'义同'趋'，快步走。《韩非子·扬权》：'胫大于股，难以趣走。'又，'趣'通'趋'。《诗·大雅·棫朴》'左右趣之'，《晏子春秋·内篇·问下》引'趣'作'趋'；《礼记·月令》'乃趣狱刑'，《淮南子·时则》'趣'作'趋'；《荀子·哀公》'趋驾召颜渊'，《韩诗外传》卷三'趋'作'趣'；《礼记·乐记》'卫音趋数烦志'，《史记·乐书》'趋'作'趣'。"③

[幦]

"幦"字原篆作、，构形从巾、面声（或首声）字见于《玉篇》。《玉篇·巾部》："幦，弥兖切，幕。"字或隶作"帞"。

简文中，"幦"字13见，用同。如：

郰，屯四鈇頁，又鏁，竹器十笑，屯赤綿之幦。（《汇·信二》简10）

---

① 马承源主编：《上海博物馆藏战国楚竹（五）》，上海：上海古籍出版社2005年12月第1版第190页。

② 湖北省荆沙铁路考古队：《包山楚简》，北京：文物出版社1991年10月第1版第50页注267。

③ 马承源主编：《上海博物馆藏战国楚竹书（五）》，上海：上海古籍出版社2005年12月第1版第323页。

《战国楚简研究》:"'赤绵之帼帱'的'赤绵',指帼是赤色的,里面以绵铺之,故曰'绵帼',不作赤色的绵来解释。"又云:"帼,《玉篇》:'帼,幕也。'……应当是用于盥洗的巾类。"①

[鐱]

"鐱"字,原篆不清,据整理者考释,构形从金、佥声。字见《玉篇》。《玉篇·金部》:"鐱,金也。"

简文中,"鐱"字3见,用同"劍"。如:

(1)凡建日,大吉,杒（利）以取（娶）妻,祭祀,竺（築）室,立社禝（稷）,紳（帶）鐱（劍）、完（冠）。(《九·五六》简13下)

(2)紳（帶）鐱（劍）、完（冠）,吉。(《九·五六》简36)

按:《马王堆汉墓帛书·老甲本卷后古佚书·明君》:"夫故当壮奋于斗,老弱奋于守,三军之士握鐱者,（屠）其敌若报父母之咎（仇）者,尽德其君而利其利也。""鐱"字用法与楚简文字相同。

[池]

"池"字原篆作 、,构形从水、从也,字见于《玉篇》。《玉篇·水部》:"池,除知切,渟水,又差池也。"又,《广韵·支韵》:"池,停水曰池。"又,《说文·阜部》:"隉,城池也。有水曰池,无水曰隍。"字或隶作"沱"。

简文中,"池"字5见,均用同"池"。如:

(1)能迡沱（池）其翆（羽）,朕（然）句（後）能至哀。(《郭·五》简17)

(2)既爲金桎,或（又）爲酉（酒）池,諺（厚）樂於酉（酒）。(《上二·容》简45)

(3)臧（莊）公曰:昔池舶語暴（寡）人曰……。(《上四·曹》简6)

(4)宫室汙池,各愼（愼）亓尾（度）,毋遊（失）亓道。(《上五·三》简12)

按:"池""沱"古本一字。陈梦家《禺邗王壶考释》:"金文沱、池一字,以池为池沼,为停水,为城池,皆非朔义。池即沱,而沱者水之别流也……江之别流曰沱,亦曰渚,亦曰氾。"《集韵·支韵》:"沱,穿地钟水。亦作池。"王筠《说文句读》:"《初学记》（卷七）引云:'池者,陂也。'

---

① 中山大学古文字研究室编:《战国楚简研究》第二辑第25页,未刊稿。

《说文》无'池'字，而'陂'下云：'一曰沱也。'可知所引即'沱'下义，特从俗作'池'耳。"

[頄]

"頄"字原篆作𩑒（《上三·周》简38），构形从百、九声，即"頄"字，见于《玉篇》。《玉篇·頁部》："頄，渠周切，《易》曰：'壮于頄。'王弼云：'頄，面颧也。'又音逵。"字或隶作"頯"。

简文中，"頄"字1见，用同。如：

九晶（三）：藏（藏）于頄，又（有）凶。（《上三·周》简38）

原整理者云："'頄'，颊间骨，王弼注：'頄，面权也。'"[①]

通过上文的比较讨论，关于《玉篇》增收字中的正字，我们大致可得出以下几点认识：

1.《玉篇》增收的正字中有相当一部分是传承自战国时期的古文字。由上文的比较讨论可以看出，《玉篇》中的这24例正字与楚简新出字之间，不仅构形吻合，字用亦相同，因此，我们可以说，《玉篇》中的这部分增收的正字（包括未作讨论的构形、字用均相吻合的字）均当是传承自战国时期的古文字。结合顾野王"总会众篇，校雠群籍，以成一家之制，文字之训备矣"之语，我们似乎可以进一步推断：《玉篇》所增收的正字中传承自战国时期的古文字绝不仅仅只有上文所讨论的24例字。换句话说，《玉篇》所增收的正字中有相当一部分是传承自战国时期的古文字。简文中用作人名、地名，或因音同音近的关系而借作他用的这部分楚简新出字，不排除其中一部分字与《玉篇》增收正字之间构成传承关系的可能。

2. 魏晋南北朝时期，由于地方割据、南北阻隔以及文字使用趋于简易等多方面的原因，简字、俗字盛行。而这一时期的字韵书收字，如刘叶秋在其《中国字典史略》中所云："晋与南北朝通行的字书，多收后起字和异体，不排斥通俗的用法。"[②] 这一传统对后世字韵书的编纂影响很大，字韵书所收的字数明显多了起来，由原本《玉篇》至今本《玉篇》字数的不断增加，且其所增收的字之中收有大量的后世新出现的简字、俗字及异体字，可以说就是这一传统影响的最好说明。因此，结合上文的讨论，我们可以

---

① 马承源主编：《上海博物馆藏战国楚竹书（三）》，上海：上海古籍出版社2003年12月第1版第188页。

② 刘叶秋著：《中国字典史略》，北京：中华书局1983年6月第1版第67页。

说，今本《玉篇》所增收的正字，其构成有两个历史层面：其一，是汉魏齐梁包括唐宋时期新出现的流行的简字、俗字及异体字，这是主要的一部分，反映了汉字发展的趋势与潮流。其二，是一部分源远流长，传承自战国时期的古文字。这部分古文字，《说文》应收而未收，散见于《玉篇》的正字、古文、或体及俗字之中。

3. 文字的正体与俗体之间是相对的，亦是可以互相转化的。汉字自从有了使用规范之后，其字体亦就有了所谓的正体与俗体（亦称或体）之别。唐颜元孙撰《干禄字书》，将通行的文字分为俗、通、正三体，并对每一体都有所说明：“所谓俗者，例皆浅近，唯籍帐、文案、契券、药方非涉雅言，用亦无爽。倘能改革，善不可加。所谓通者，相承久远，可以施表奏、牋启、尺牍、判状，固免诋诃。（自注：若须作文言，及选曹诠试，兼择正体用之尤佳。）所谓正者，并有凭据，可以施著述、文章、对策、碑碣，将为允当。（自注：进士考试理宜必遵正体；明经对策贵合经注本文；碑书多作八分，任别询旧则。）”从共时层面上说，文字的俗体是相对于正体而言，但是从历时层面上说，文字的正体与俗体之间又是可以互相转化的，即俗字亦可转化为正字，所谓"倘能改革，善不可加"。

关于许慎编纂《说文》，为什么会出现不收见于部分先秦经传典籍中的文字的现象，清人郑知同曾作过如下之推断：

> 许君作书，所重者经典正文，旁及他书所应用字。若战国方言改易殊体，观其《叙》中訾议七国"言语异声，文字异形"之说，意甚轻之。虽有合乎六书，然且多不采录。故如《墨子》《韩子》《吕览》《楚辞》诸书所有罕见文语至夥，积古相传如此，非不出自先秦，而许君例舍置不及。其他如《山经》识怪等编所纪异物，无足征信，尤所不道。今读许君之书，不必执先秦已上之文尽归囊括，遂断古籍之字不见《说文》者，辄由后人用俗书改易。[①]

据此，见收于《玉篇》增收正字中的传承自战国时期的古文字，之所以未被《说文》收列，其原因恐怕即如郑知同所言，缘其"俗"而非许慎失收。然而，这部分战国时期的古文字，例如其中的楚简新出字，历经诸朝，终因其符合汉字的构形原理，符合人们用字的习惯与心理，而由俗体登堂入室进入了汉字的正体之领域，这是不以人的意志为转移的规律，而这一点，对于我们正确认识正体与俗体之间的关系以及如何规范使用汉字都是

---

① 郑珍著：《说文新附考》，载《郑珍集·小学》，贵阳：贵州人民出版社2001年12月第1版第302页。

有积极的借鉴意义。

二 楚简新出字与《玉篇》增收字中的或体构成传承关系的字例

《玉篇》的编纂，基本沿袭《说文》，但收字较多，于文字的古写、或体亦多加收列。对或体的处理，《玉篇》是在列出字头的同时，多标注"同上"或"与某同"等字样，与《说文》标作"或作某""或从某"等稍有不同。据统计，《玉篇》仅"同上"一类凡1434例，[①] 可以肯定，其或体之数要远远多于《说文》中的460例，其中多出的部分基本上应该就是《玉篇》增收的或体。[②] 关于《玉篇》增收的或体，鲜有学者作过深入的专题研究，利用出土的古文字材料与之比较也很不够。

楚简新出字中，与《玉篇》或体构形、字用均相合的字例不多，但这部分文字资料对于我们进行《玉篇》增收或体的研究弥足珍贵。接下来，我们从中选取8例字例，将其与《玉篇》或体逐一进行简要的比较讨论。

[瞂]

"瞂"字原篆作 （《曾》简6）、 （《曾》简61），构形从盾、伐省声，字见于《玉篇》。《玉篇·盾部》："瞂，扶发切，盾也。《诗》曰'蒙瞂有苑'。本亦作'伐'。郑玄云：'伐，中干也。'瞂，同上。"又，《广韵·月部》："瞂，盾也。或作瞂。"

简文中，"瞂"字24见，均用作"瞂"。如：

二瞂戈，屯一翼之菩（翿）。（《曾》简3）

原整理者："'瞂'，即'瞂'字的或体。《玉篇·盾部》：'瞂，扶发切，盾也。《诗》曰"蒙瞂有苑"。本亦作"伐"。郑玄云："伐，中干也。"瞂，同上。'据此，'瞂'似应分析为从'盾''伐'省声。"[③]

[綿]

"綿"字原篆作 （《包》简275）、 （《汇·信二》简10），构形从糸从帛，字见于《玉篇》。《玉篇·糸部》："綿，亡鞭切，与縣同。"又，《玉篇·系部》："縣，弥然切，新絮也，缠也，縣縣不绝。今作綿。"《说文·系部》："縣，联微也。从糸，从帛。"

---

① 此数是据华东师范大学中国文字研究与应用中心编制的《宋本玉篇数据库》统计而得。
② 这只是就绝对数而言，就具体的字例而言可能略有出入，因为两书对字的处理稍有不同，收字亦有差别，有的字《说文》收而《玉篇》未收。
③ 湖北省博物馆：《曾侯乙墓》，北京：文物出版社1989年7月第1版第506页注33。

169

简文中，"綿"字10见，用同《玉篇》。如：

䢅，屯四鈇頁，又鐶，竹器十笑，屯赤綿之幠幬。（《汇·信二》简10）

《战国楚简研究》："'赤綿之幠幬'的'赤綿'，指幠是赤色的，里面以綿铺之，故曰'綿幠'，不作赤色的綿来解释。"[①]

［綖］

"綖"字原篆作🙾（《郭·六》简27）、🙾（《郭·六》简27），构形从糸、疋声，字见于《玉篇》。《玉篇·糸部》："綖，所除、所去二切，亦疏（疏）字。"《玉篇·疋部》："疏，所居切，稀也，阔也，远也，通也，理也，分也，非亲也。又所去切，检书也。"《原本玉篇残卷》："所除、所去二反。《苍颉篇》：綖也。《字书》：亦疏字也，疏，书所记也。在疋部。或为疋字，在疋部。"又，《集韵·御韵》："疏，《博雅》：'条疎也。'或作綖。"

简文中，"綖"字4见，用同"疏"。如：

綖（疏）斬布實丈，爲父也，爲君亦肰（然）。（《郭·六》简27）

刘钊云："'綖'从疋声，读为'疏'，而'疏'即从'疋'声。"[②]

按："綖""疏"二字本一字之异体，无须破读。

［縐］

"縐"字原篆作🙾（《汇·望二》简1）、🙾（《汇·望二》简8），构形从糸、蜀声，字见于《玉篇》。《玉篇·糸部》："縐，之欲切，縐带也。縐，同上。"

简文中，"縐"字3见，用同《玉篇》。如：

雷㮣之純，丹緅之縐，二筓俾雷㮣之純，紒緅之縐。（《汇·望二》简8）

［瘵］

"瘵"字原篆作🙾（《上四·柬》简5）］、🙾（《上四·柬》简20），构形从疒、㫃声，字见于《玉篇》。《玉篇·疒部》："瘙，先到切，疥瘙。瘵，同上。"

---

① 中山大学古文字研究室编：《战国楚简研究》第二辑第25页，未刊稿。
② 刘钊著：《郭店楚简校释》，福州：福建人民出版社2003年12月第1版第116页。

简文中，"瘭"字 3 见，用同《玉篇》。如：

　　王曰："女（如）麋（表），速祭之虐（吾）瘭鼠疗（病）。"（《上四·柬》简 5）

原整理者云："'瘭'，同'瘜'，皮上起小痒疮。《玉篇》：'瘜，疥瘜。同瘭。'《集韵》：'瘜，疥也。'"①

[紣]

"紣"字原篆作（《上五·季》简 3），构形从糸、也声，字见于《玉篇》。《玉篇·糸部》："紉，直忍切，索也。縎、紣，并同上。"《原本玉篇残卷》："紣，《字书》亦紉字也。"

简文中，"紣"字 1 见，用同"紉"。如：

　　之上，蓺（執）民之中，紣（紉）䛑（訛）於百眚（姓），而民不備（服）安（焉），氏（是）㝅=（君子）之恥也。（《上五·季》简 3）

原整理者云："'紣'，后世字书收有此字。《玉篇》：'紉，直忍切，索也。'又：'縎、紣弛，并同紉。'《龙龛手鉴》：'紣，直引反，今作紉。'《五音集韵》：'紣，索也，'又《六书故》：'紣，商支切。徐铉曰：即繩字。'《类篇》：'繩，粗绪也。一曰缯属，或作繾、紣、繩。又佡支切，《博雅》：'纳也，一曰缯属。'"'紣'，或读为'施'。"②

[嚾]

"嚾"字原篆作（《上五·季》简 5），构形从口、雚声，字见于《玉篇》。《玉篇·口部》："嚾，荒旦切，与唤同。"

简文中，"嚾"字 1 见，用同《玉篇》。如：

　　□舀（擾）事皆夏（得）亓（其）嚾（勸）而弜（強）之。（《上五·季》简 5）

原整理者云："'嚾'，同'讙'、'唤'。《集韵》：'唤，《说文》："訏也。"或作嚾；亦从言，古通作奂。'《玉篇》：'嚾，与唤同。'"③

---

① 马承源主编：《上海博物馆藏战国楚竹书（四）》，上海：上海古籍出版社 2004 年 12 月第 1 版第 199 页。
② 马承源主编：《上海博物馆藏战国楚竹书（五）》，上海：上海古籍出版社 2005 年 12 月第 1 版第 204 页。
③ 同上书，第 210 页。

[薷]

"薷"字原篆作▇（《汇·信二》简17），构形从艸、帚声，字见于《玉篇》。《玉篇·艸部》："薷，炙久切，俗帚字。"

简文中，"薷"字1见，用同《玉篇》。如：

  一拼食䊶（酱），一拼某（楳）䊶（酱），一筏竽，一薷，一柜貴因。（《汇·信二》简17）

《战国楚简研究》："薷从艸，为草帚，腐朽无存，与箕相为用。"①

通过上文的比较讨论，关于《玉篇》增收字中的或体，我们大致可得出以下几点结论：

1.《玉篇》增收字中的"或体"有相当一部分是传承自战国时期的古文字。由上文讨论可以看出，楚简新出字与《玉篇》或体之间，不仅构形吻合，字用亦同（通），传承关系非常明确，可以肯定，《玉篇》中的这部分增收或体均当是传承自战国时期的古文字。结合顾野王《玉篇序》中所云"总汇众篇，校雠群籍，以成一家之制，文字之训备矣"，可以进一步肯定的是，《玉篇》所增收的或体中传承自战国时期的古文字绝不仅止于上述的8例，因此，我们完全有理由说，《玉篇》所增收的或体中有相当一部分是传承自战国时期的东方六国文字，这与《说文》或体的情形也是相同的（参见第一章第五节）。徐铉在《校订说文本序》中曾指出其收录"新附字"的标准是："有许慎注序例中所载而诸部不见者，审知漏落，悉从补录；复有经典相承传写及时俗要用而说文不载者。"而所谓"新附字"，其实就是徐铉校订《说文》时的增收字，因此，从共时层面上说，徐铉收录"新附字"的标准也基本适用于对《玉篇》增收或体构成的考察。但如果从历时的角度去考察汉字的传承，这一标准就有其局限性，容易忽略汉字的历时性，这是我们应该注意的。

2. 或体形成的主要途径或者说产生的主要原因是声符的替换。我们注意到，在《玉篇》构形与楚简新出字相合的24例或体中，有22例属《玉篇》的"同上"类，即同部或体，也就是说，有22例是因为声符的替换而形成或体，占绝大多数。这是一个值得关注的现象。这一现象所传递出的历史信息是，在汉字发展史上因声符替换而形成的或体多于其他方式。关于这一点，我们通过对《玉篇》或体之数进行粗略统计也可证明。《玉篇》

---

① 中山大学古文字研究室编：《战国文字研究》第二辑第28页，未刊稿。

对或体的处理，同部或体标注"同上"，异部或体则多标注"同某""与某同"。[①]我们以"同"字为检索条件对《玉篇》全文进行检索统计，凡1777例，其中"同上"为1434例，占绝大多数。换句话说，《玉篇》中的同部或体远远多于异部或体，这与上文所讨论的或体情形亦完全吻合。而这一现象其实也是文字发展规律的反映：作为语言的记录符号，文字的表音功能要强于其表意功能，汉字也不例外。出土的楚简文献及传世文献中文字通假现象的普遍存在可以说是这一规律的另一形式的表现。

三 楚简新出字与《玉篇》增收字中的古文构成传承关系的字例

《玉篇》的编纂，遇古文、籀文，则于字头之后标注出"古文""籀文"之字样。据统计，《玉篇》所收古文凡582例，[②]较《说文》古文多出108字。[③]理论上说，这多出的108例古文应该就是《玉篇》增收的古文。[④]关于《玉篇》所增收的古文性质及其释字术语"古文"的内涵，学界鲜有学者作过深入的专题研究。

见于《玉篇》古文的楚简新出字不多，但这部分文字材料对于我们进行《玉篇》增收古文的研究则是非常宝贵的。我们将从中选取8例构形、字用均与《玉篇》古文相合，可以明确构成传承关系的字予以讨论。可以肯定的是，与之对应的《玉篇》中的古文，都是《玉篇》所增收的古文。下面我们就将这8例楚简新出字逐一与《玉篇》古文进行简要的比较讨论。

---

① 《玉篇》的体例不统一，异部或体有时也标注"或作""亦作"等字样。据统计，《玉篇》中的"或作"凡413例，"亦作"凡776例。然而，《玉篇》的"或（亦）作"又不仅仅是指异部或体，更多的是指文字通假。如《玉篇·示部》："祡，仕佳切。《说文》云：烧祡樊燎以祭天神。亦作柴。《尔雅》曰：祭天曰燔柴。禧，古文。"《玉篇·木部》："柴，仕佳切。《说文》曰：小木散材。""祡""柴"之间显然是文字通假而非文字异体。又，《玉篇·示部》："禓，音俄。盛皃。或作娥。"《玉篇·女部》："娥，五何切。《说文》云：帝尧之女，舜妻娥皇字也。秦晋谓好曰姣娥。""禓""娥"之间显然亦是文字通假而非文字异体。鉴于此，文中对"或（亦）作"类中的或体数未作统计。

② 今本《玉篇》中的"古文"数，据华东师范大学中国文字研究与应用中心编制的《宋本玉篇数据库》统计而得。

③ 关于《说文》重文"古文"数，历来说法不一。明代杨慎《六书索引》认为"其所载古文三百九十六"；清代蔡惠堂《〈说文〉古文考证》认为"四百余字"；王国维《〈说文〉所谓'古文'说》认为"全书中所有重文古文五百许字"；胡光炜《〈说文〉古文考》共收单字612个；舒连景《〈说文〉古文疏证》收单字457个；商承祚《〈说文〉中之古文考》收单字461个。《说文》在字形后明确标出为"古文"的单字实为474个。本文即以此数为统计、参照。

④ 这只是就绝对数而言，就具体字例而言，因两书收字稍有不同而可能略有出入，有的字《说文》收而《玉篇》未收，如《说文》"訛"，古文"詩"省，但《玉篇》未收。

值得注意的是，楚简新出字中无一例字见于《玉篇》中的籀文，联系楚简新出字中见于《说文》籀文者仅 14 例而见于《说文》古文者多达 95 例这一事实来看，这种文字传承现象的本身是否也在说明：籀文实是战国时期西部秦国使用的文字，所谓"秦居宗周故地，其文字犹有丰镐之遗"（王国维语）？这是题外话。

[聋]

"聋"字原篆作❀（《郭·五》简23）、❀（《郭·五》简25），构形从米、从耳，字见于《玉篇》。《玉篇·耳部》："聞，武云切，《说文》云：'知声也，'《书》云：'予聞如何又音问。'䎽、聋，并古文。"

简文中，"聋"字10见，均用同"聞"，用同《玉篇》。如：

　　聋（聞）道而共（恭）者，好豊（禮）者也。聋（聞）道而䜽（樂）者，好悳（德）者也。（《郭·五》简50）

原整理者云："聋，'聞'字。简文字形与《汗简》'聞'字、《古文四声韵》引《古老子》及《古尚书》'聞'字同。"①

按：《说文·耳部》："聞，知聞也。从耳，門声。䎽，古文从昏。"未收古文"聋"字。胡吉宣《玉篇校释》云："二古文一出《说文》，次见魏三体石经，字当作䎽，从釆，非从米，釆古辨字，耳辨声为聋。"②楚简文字中的"聋"字构形从米、从耳，"米"，即古文辨字，今作釆，会耳辨声之意。《三体石经·君奭》"聞"字作❀，与楚简字构形相同。

[誇]

"誇"字原篆作❀（《郭·六》简24）、❀（《郭·六》简36），构形从言、从大，字见于《玉篇》。《玉篇·言部》："誇，口瓜切，逞也。誇，古文。"

简文中，"誇"字2见，用同《玉篇》。如：

　　行其戠（職）而犾誇亡繇（由）迮（作）也。（《郭·六》简24）

刘钊云："'誇'字从'言''大'声，即'誇'字。'誇'意为'大言相欺'。"③

按：《说文·言部》："誇，譀也。从言，夸声。"未收古文"誇"字。

---

① 荆门市博物馆：《郭店楚墓竹简》，北京：文物出版社1998年5月第1版第152页。
② 胡吉宣著：《玉篇校释》，上海：上海古籍出版社1989年9月第1版第904页。
③ 刘钊著：《郭店楚简校释》，福州：福建人民出版社2003年12月第1版第115页。

《原本玉篇残卷·言部》云:"誇,《尚书》:'憍淫矜夸将由恶。'孔安国曰:'憍恣过制以自夸大也。'《方言》:'夸,淫也。'《说文》:'誇,譀也。'野王案:以大言相誇诞也。《汉书》'上将誇胡人'是也。《谥法》:'华言不实曰誇。'今亦或为夸字,在大部。"① 亦未收古文"夻"字。疑古文"夻"字为宋时重修《玉篇》时所增。

[㜸]

"㜸"字原篆作 ![字形] (《上六·孔》简14)、![字形] (《郭·语二》简21),构形从子、丑声,字见于《玉篇》。《玉篇·子部》:"㜸,古文好字。"

简文中,"㜸"字19见,均用同"好"。如:

子曰:㜸(好)頪(美)女(如)㜸(好)紂衣,亞＝(惡惡)女(如)亞(惡)銜(巷)白(伯)。則民咸(咸)劮而型(刑)不刺。吿(詩)員(云):垔(儀)型文王,蓳(萬)邦复(作)孚。子曰:又(有)國者章㜸(好)章惡,以眂(示)民。(《上一·紂》简1)

按:《说文·女部》:"好,美也。从女、子。"未收古文"㜸"字。"好"字甲骨文作 ![字形] (《粹》八六四),金文作 ![字形] (《仲卣》),构形从女、从子,与《说文》同。楚简"㜸"字构形从子、丑声,从"丑"声,当为甲、金文"好"之"女"旁的形近音化。好,古音晓母幽部,丑,古音透母幽部,二字古音相近。胡吉宣《玉篇校释》云:"案字从丑为篆文女之形讹。"黄锡全亦云:"按,女旁古有作 ![字形] (![字形] 蚉壶)、![字形] (鄂君启车节)、![字形] (诅楚文婚旁)等形,与丑形近,疑㜸本即好字讹误。"② 又,楚简文字中的"好"字构形或从女,原篆作 ![字形] (《上六·用》简4),亦可证。

[㑹]

"㑹"字原篆作 ![字形] (《上四·柬》简13)、![字形] (《上六·競》简2),构形从曰、从合,字见于《玉篇》。《玉篇·會部》:"會,胡外切,岁计會也,对也,合也,又古外切。㑹、𣄣,并古文。"

简文中,"㑹"字97见,或用作"會"(2例),多用同"答"。如:

(1) 舉禱宮、埜(行)一白犬、酉(酒)飤;遷(遂)䣄㑹(會)之祝(祝),賽禱東陵。(《包》简210)

(2) 大䝻(宰)進㑹(答):此所胃(謂)之漙(旱)母,帝牒(將)命之

---

① [梁]顾野王编:《原本玉篇残卷》,北京:中华书局1985年9月第1版第19页。
② 转引自《古文字诂林》第9册第828页"好"字条。

伐（修），者（諸）侯之君之不。(《上四・柬》简 11)

按：《说文・會部》："會，合也。从亼，从曾省。曾，益也。㣛，古文會如此。"未收古文"畣"字。又，楚简文字中的"畣"字构形或从田、从合作"畣"，原篆作▨（《上三・中》简 6）。《尔雅・释言》："俞、畣，然也。"郭璞注："《礼记》曰：'男唯女俞。'畣者，应也，亦为然。"《玉篇・田部》："畣，当也，对也，然也。今作答。"是《玉篇》亦视"畣"字为古文"答"。闻一多《古典新义・敦煌旧钞楚辞音残卷跋附校勘记》："'屈原答灵氛曰'，《残卷》作'畣'。案：畣，古答字。《尔雅》有之，然已讹作畣，从田，于义无施。他书用古字者莫不皆然，盖习非胜是，沿误久矣。作畣者平生惟此一见。"①简文中，"畣""畣"错见，知闻氏之说不确。

[珤]

"珤"字原篆作▨（《上四・昭》简 6）、▨（《上四・昭》简 7），构形从玉、缶声，字见于《玉篇》。《玉篇・玉部》："珤，补抱切，《声类》云：古文寶字。"

简文中，"珤"字 2 见，用同"寶"。如：

王訇而㐱（余）之衽祼，龏（龔）之脨被之亓（其）裣，見▨挏逃（珧）珤（寶）。(《上四・昭》简 7)

按：《说文・宀部》："寶，珍也。从宀，从王，从貝，缶声。▨，古文寶省貝。"未收古文"珤"字。慧琳《一切经音义》云："寶，《字书》正从缶作珤，云：'珍也。'经从尒作寶，俗字也。"② 希麟《续一切经音义》云："寶，《切韵》：'珍也，瑞也，亦賮也。'《礼记》云：'地不藏寶也。'古文作珤，从玉，缶声。"③ 均与《玉篇》同。《后汉书・光武纪上》："今若破敌，珍珤万倍，大功可成。"李贤注："珤，古'寶'字。"《汗简》"寶"字或作▨（古文尚书），亦与简文构形相同。

[戩]

"戩"字原篆作▨（《上四・曹》简 55）、▨（《郭・语四》简 24），构

---

① 转引自《汉语大字典》"畣"字条。
② [唐] 释慧琳，[辽] 释希麟：《(正、续) 一切经音义》，上海：上海古籍出版社 1986 年 10 月第 1 版第 1470 页。
③ 同上书，第 4015 页。

形从戈、甬声，字见于《玉篇》。《玉篇·戈部》："戬，余种切，古勇字。"

简文中，"戬"字 7 见，均用同"勇"。如：

> 思亓志记（起），戬（勇）者思　惪（喜），紑（薏）者思晷（悔），肰（然）
> 句（後）改刮（始）。（《上四·曹》简 55）

按：《说文·力部》："勇，气也。从力，甬声。戬，勇或从戈、用；恿，古文勇从心。"未收古文"戬"字。唐慧琳《一切经音义》云："戬，容耸反，《字书》正作勇，敢悍也，健也。古文从甬作戬。"①《汗简》"勇"字或作𢧜（《勇出马日碑集群书古文》），构形均与楚简字相同。杨树达《积微居小学述林》："甬象钟形，乃钟字之初文也。知者：甬字形上象钟悬，下象钟体，中横画象钟带。"②《汉语大字典》："甬下体之钟形与用字形相似，故后期金文误从用。"据此，《说文》"勇"之或体"戬"构形从"用"当为"甬"之讹。

[鞌]

"鞌"字原篆作𤕟（《包》简 267）、𤕝（《上二·容》简 51），构形从车、乘省声，字见于《原本玉篇》。《原本玉篇残卷·车部》："鞌，时外反，《声类》：'古文乘字也。'乘车也，登也，胜也，治也。在桀部。"又，《集韵·蒸韵》："鞌，车一乘也。或作輚。"字或径隶作"輚"。

简文中，"鞌"字 74 见，均用同"乘"。如：

> （1）乘生於硒（怒），惎生於鞌（乘）。（《郭·语二》简 26）
> （2）是虖（乎）复（作）爲革車千輚（乘），𢃻（帶）虘（甲）萬人，戊午
> 旹＝（之日），涉於孟瀎（津），至於共、緻之閦（閒），三軍大軋（範）。（《上二·容》简 51）

按：《说文·桀部》："乘，覆也。从入、桀。桀，黠也。军法曰乘。椉，古文乘从几。"未收古文"鞌"。今本《玉篇·桀部》："椉，胜也，四马也，升也，理也，计也，覆也，守也，一也。古文作椉，今文作乘。"所收古文与《说文》相同。《汉语大字典》"鞌"字条未收《原本玉篇残卷·车部》的训释。容庚《金文编》："乘，从大在木上。《说文》从入桀，非。"李孝定《甲骨文字集释》："乘之本义为升、为登，引申之为加其上。许训覆也，

---

① ［唐］慧琳《一切经音义》，上海：上海古籍出版社 1986 年 10 月第 1 版第 3164 页。
② 转引自《汉语大字典》"甬"字条。

与加其上同意。字象人登木之形。"《汉语大字典》:"人登木形,即人登车形。车为木制。《鄂君车节》改'木'为'几',即象开口于后,供人上下之车箱形。"楚简文字中的"軬"字构形从车,易"木"或"几"为"車",会乘車之意更直观。

[紣]

"紣"字原篆作 (《上一·紣》简1),构形从糸、才声,字见于《原本玉篇》。《原本玉篇残卷·糸部》:"緇,《毛诗》:'緇衣之宜兮。'传曰:'緇,黑色也。'《考工记》:'染羽,七入为緇。'紣,《周礼》:'入币纯帛。'郑玄曰:'纯,实緇字也。古作緇以才为声。'"

简文中,"紣"字1见,用同"緇",证原本《玉篇》所收"古文"不误。如:

子曰:玽(好)美女(如)玽(好)紣,亞=(惡惡)女(如)亞(惡)巷白(伯)。(《上一·紣》简1)

按:《原本玉篇残卷·糸部》"纯"字下又云:"郑玄注《礼记》,古文緇字或作丝旁才,所以书家多误緇为纯字。"知顾野王亦视"紣"为"緇"之古文。《说文·糸部》:"緇,帛黑色也。从糸,甾声。"未收古文"紣"字。今本《玉篇·糸部》:"緇,侧其切,黑色也。紣,同上。"将"紣"字视作或体处理。《礼记·檀弓上》"天子之哭诸侯也,爵弁绖,紣",陆德明释文:"紣,本又作緇。"亦视"紣"为"緇"字或体。

通过上文的比较讨论,关于《玉篇》增收字中的古文,我们大致可得出以下几点结论:

1.《玉篇》中这8例增收的古文均当是传承自战国时期的古文字。这部分古文与楚简新出字,不仅构形吻合,字用亦同(通),可以肯定是传承自战国时期的古文字。据此,我们似可推断:《玉篇》中较《说文》所多出的108例古文(如果加上原本《玉篇》为"古文"而今本《玉篇》易为"或体"的字例,《玉篇》所增收古文的实际数不止于此),其中绝大多数应当是传承自于战国时期的东方六国文字。再进而推断:《玉篇》古文的来源之一,即《字书》《声类》等此前字韵书中的"古文",亦均当是传承自战国时期的古文字。

2. 基于上文的比较和上述的推断,我们可以认为,《玉篇》中的释字术语"古文",其基本内涵应当是与《说文》中的"古文"一词相同。这亦可由《玉篇》的文字部首、释字术语等基本沿袭《说文》得到佐证。不仅如此，《字书》《声类》等此前字韵书中的"古文"术语亦当是一脉相承，其基本内涵亦与《说文》的"古文"相同。

3. 关于《玉篇》增收中的古文，今本《玉篇》、原本《玉篇》可相互比较，以见得失。一是原本《玉篇》可补今本《玉篇》之缺失。原本有而今本无的字，如"䧺"字可据原本补上；今本虽有，却没有明确指明是古文，且视作或体者，如"紂""軟"等字，可据原本校订。二是今本《玉篇》亦可校补原本《玉篇》。如"眘"字，原本未收而今本收，即可据今本补缺。

第三节 楚简新出字与今本《玉篇》中的增收字（二）

在前一节，我们对与《玉篇》中的增收字（包括正字、或体、古文）构成传承关系的楚简新出字作了初步的考察。值得注意的是，楚简新出字中还有少量的字与《玉篇》中的增收字之间只是存在构形上的相同，部分字还存在字音上的联系，但在字用上则无任何联系，因此，《玉篇》中的这部分字我们不能说是传承自战国时期的古文字。它们之所以与楚简新出字之间存在构形上的相同，分析其中的原因，可能有三：

其一，与汉字的本质属性有关。"汉字是目前世界上唯一现存的具有表意特点的文字"[①]。汉字形、义间的特殊关系决定了不同地域、不同时代的造用字者，既可以为同一个词造字选择不同的文字构件，亦可以为不同的词造字选择相同的文字构件。前者产生异体字，后者则是同形字之源。因此，不同时代产生的文字之间只是构形相同而不存在字用上的关系，是完全可能的。而这一层原因也是楚简新出字中的字与其他字韵书中的字构成同形字的原因。

其二，与魏晋南北时期文字使用趋于简易，简字、俗字、异体极为盛行有关。这一时期"世易风移，文字改变，篆形谬错，隶体失真"[②]的状况，打破了秦汉以来文字统一的局，异体别字逐渐增多。《颜氏家训·杂艺》亦云：

晋、宋以来，多能书者。故其时俗，递相染尚，所有部帙，楷正可观，不无

[①] 刘志基：《汉字异体字论（代前言）》，载李圃主编：《异体字典》，上海：学林出版社 1997 年 1 月第 1 版。

[②] 《魏书·江式传》，中华书局 1974 年 6 月第 1 版第六册第 1963 页。

俗字，非为大损。至梁天监之间，斯风未变；大同之末，讹替滋生。萧子云改易字体，邵陵王颇行伪字；朝野翕然，以为楷式，画虎不成，多所伤败。至为一字，唯见数点，或妄斟酌，逐便转移。尔后坟籍，略不可看。北朝丧乱之余，书迹鄙陋，加以专辄造字，猥拙甚于江南。乃以百念为忧，言反为变，不用为罢，追来为归，更生为苏，先人为老，如此非一，徧满经传。①

《玉篇》增收字中所收的一些简字、俗字、异体，显然与这种世风有关。而这一世风与战国时期的文字未被统一、规范，新造字层出不穷且极富个性（差异）②的情形极为相似。因此，不同时代为不同的词造出来的字，在构形上相同是完全可能的，而楚简新出字与《玉篇》增收字之间无意义联系的构形相同，我们或许可以说，只是一种历史的巧合，并不存在传承关系。

其三，与魏晋时期字韵书多收后起字、异体字，不排斥通俗用法的编纂风格有关。刘叶秋先生在其《中国字典史略》中说到："北齐颜之推《颜氏家训·书证》即提到行阵之'阵'，古本作'陈'，惟王羲之《小学章》是'独阜傍作车'，用的是俗行写法；又谓葛洪《字苑》始将'景'字加'彡'作'影'；复引《要用字苑》云'馓'字音九伪反。《梁书·刘杳传》记刘杳与任昉等论榼酒之'榼'，杳谓葛洪《字苑》作木旁否。复叙沈约之语，云'何承天《纂文》奇博。'可见晋与南北朝通行的字书，多收后起字和异体，不排斥通俗的用法。"③在这一风格的影响下，《玉篇》增收字中即收有当时的一些简字、俗字及异体。顾野王在《玉篇序》中即说到其编纂《玉篇》的目的是："总会众篇，校雠群籍，以成一家之制，文字之训备矣。"④《玉篇》如此不排斥通俗用法地"总会众篇"，其中之文字与战国时期的文字出现构形相同而无字用联系是完全可能的。

楚简新出字中与《玉篇》中的字之间只是构形相同而无字用联系的字共有 10 例。接下来，我们对这部分文字逐一进行讨论。

---

① ［北齐］颜之推撰，王利器集解：《颜氏家训集解》，上海：上海古籍出版社 1980 年 7 月第 1 版第 514 页。

② 董琨先生在讨论楚系文字内部差异时曾说道："至于楚系文字内部的个性即差异，虽然并非带普遍性，却有着丰富的内涵，一定程度上足以影响整个书写文本的面目和风格。归纳起来，大致存在以下几种情况：地域不同导致的差异、文体不同导致的差异、书手不同导致的差异、同一书手由于不同书写环境和情绪导致的差异，等等。"（《楚系文字若干问题的思考》，载《古文字研究》第二十六辑，北京：中华书局 2006 年 11 月第 1 版第 438 页。）

③ 刘叶秋著：《中国字典史略》，北京：中华书局 1983 年 6 月第 1 版第 67 页。

④ ［梁］顾野王著：《大广益会玉篇·序》，北京：中华书局 1987 年 7 月第 1 版第 1 页。

[暊]

"暊"字原篆作🀄（《包》简224）、🀄（《郭·成之闻之》简38）、🀄（《新蔡·甲三：209》简234），构形从日、从頁，字见于《玉篇》。《玉篇·日部》："暊，孚武切，又思主切。明。"

简文中，"暊"字7见，用作姓即"夏姓"之"夏"，或借用作"夏"。如：

(1) 攻尹之釷（攻）䋺（執）事人暊臮、璽（衛）妝爲子左尹沱舉禱於新王父司馬子音戠牛。（《包》简224）

(2) 言訢（慎）求之於吕（己），而可以至川（順）天棠（常）悇（矣）。《康亯（誥）》曰"不還大暊，文王叏（作）罰"。（《郭·成》简38）

例（2），刘钊云："'暊'即'夏'字，读为'夏'。"①

按："暊"即"頭"字之省。楚简文字中，"頭（夏）"字另见，非新出，字见于西周金文。简文中，"頭"字用与传世文字中的"夏"同，用作"夏代"之"夏"、"春夏"之"夏"（如"夏 屋之月"）、"夏姓"之"夏"及人名"子夏"之"夏"，也或借用作"雅"。因"頭"字一身兼数职，楚简文字另省形分化出"虽""皀""頖""暊"来承担其不同的义项："虽"字用作"夏代"之"夏"，或借用作"雅"；"皀"字用作人名"子夏"之"夏"；"頖"字用作"春夏"之"夏"；"暊"用作"夏姓"之"夏"，且彼此间的字用区别非常清楚，绝不相混（参见第五章中有关讨论）。楚简新出字中的"暊"与《玉篇·日部》中的"暊"，这二字之间只是构形相同而无音义关系的同形字。

[迣]

"迣"字原篆作🀄（《包》简232）、🀄（《包》简234），构形从辵、羊声，字见于《玉篇》。《玉篇·辵部》："迣，与章切，进退皃。"又，《正字通·辵部》："迣，俗逆字。旧注不详考，迣即隶逆字省文。"字或隶作"徉"。

简文中，"迣"字7见，均用作动词"将"，即"统率""率领"之"将"。如：

(1) 大司馬悼（悼）愲（滑）迣楚邦之帀（師）徒以救（救）郚歕=（之歲）。（《包》简226）

---

① 刘钊著：《郭店楚简校释》，福州：福建人民出版社2003年12月第1版第147页。

(2) 大司馬悁（悼）骰（滑）徣楚邦之帀（師）徒以救郙戠=（之歲）。（《包》簡247）

按：楚簡文字中，"迋"字或增一"匚"符作"徣"，原篆作▨（《包》簡75）、▨（《包》簡76），字可分析為從辵、匡聲，即"徣"字繁構。簡文中，"徣"亦用同動詞"將"。如：大司馬悼滑徣（將）楚邦之師徒以救郙之歲。（《包》簡228）《包山楚簡》原整理者云："徣，簡文或作徣。徐中舒先生讀作將。將，率也。"①

又，楚簡文字中，另有"迋"字，原篆作▨（《上四·曹》簡27）、▨（《上四·曹》簡32），構形與"徣"字有別，多一"一"符。簡文中，"迋"字均用作名詞"將"，即"將率""將領"之"將"。如：

來告曰：亓迋（將）帥盡傷，戟連皆裁。（《上四·曹》簡32）

楚簡文字中，"徣（徣）""迋"二字已經分化：前者用為動詞，而後者用為名詞，其構形所多出的"一"符，當即分化符號（參見第五章有關的討論）。

楚簡新出字中的"迋"與《玉篇·辵部》中的"迋"，二字之間形、音相同（近）而所記錄的詞有別，非一字，不存在傳承關係。

[㠯]

"㠯"字原篆作▨（《上五·姑》簡5）、▨（《上六·用》簡13）、▨（《郭·窮》簡14），構形從口、己聲，字見於《玉篇》。《玉篇·口部》："㠯，居矣切，說也。"又，《集韻·止韻》："㠯，言也。"

簡文中，"㠯"字24見，用同"己"，或借用作"忌""紀"。如：

(1) 以昭百姓，則民致行㠯（己）以悅上。（《上一·紂》簡7）
(2) 不心口劉（絕）㠯（以）爲㠯（紀），拜昜（賜）民（《上六·孔》簡15）
(3) 不㠯（忌）於天，而㠯（忌）於人。（《上六·用》簡13）

例(1)，原整理者云："㠯，'己'之異體，古文字中常增益'口'字。郭店簡作'䛇'，今本作'己'。"②

---

① 湖北省荊沙鐵路考隊：《包山楚簡》，北京：文物出版社1991年10月第1版第42頁注54。
② 馬承源主編：《上海博物館藏戰國楚竹書（一）》，上海：上海古籍出版社2001年11月第1版第182頁。

按：楚简文字中，"己身"之"己"，字或作"弄"，原篆作🔣（《上二·从乙》简1）、🔣（《郭·缁》简11），构形从丌、己声。简文中，"弄"字用作"己身"之"己"。字或隶作"畀"。如：故長民者，章志以昭百姓，則民致行弄（己）以悅上。（《郭·缁》简11）

楚简文字中，"咠"或"弄"与"己"字已经分化。"己"另见，字非新出，均借用作天干第六位之"己"。字为借义所专，于是另造一个从口的"咠"字，或从丌的"弄"字。简文中，天干之"己"无一例用"咠"或"弄"字（参见第五章有关的讨论）。

楚简文字中的"咠"与《玉篇·口部》中的"咠"之间，"弄"与《说文·己部》中的"畀"（《说文·己部》："畀，长踞也。从己，其声。读若杞"）之间，只是形、音相同（近）而所记录的词有别，不构成传承关系。

[胉]

"胉"字楚简原篆作🔣（《上三·周易》简27）、🔣（《郭·语四》简19）、🔣（《上六·用》简10），构形从肉、舌声，字见于《玉篇》。《玉篇·肉部》："胉，古滑切，脂也。"又，《集韵·沽韵》："胉，肥也。或作胉。"

简文中，"胉"字3见，均用作"舌"，如：

(1) 若齒之事胉（舌），而終弗禁（憯）。（《郭·语四》简19）
(2) 上六：欽（感）頌（輔）夾（頰）胉（舌）。（《上三·周》简27）
(3) 言在家室，而莫鞪（執）朕 胉（舌）。（《上六·用》简10）

例（1），刘钊云："'胉'为'舌'字加义符之繁体。"① 例（2），马王堆汉墓帛书《周易》作"尚六：欽亓朕陝舌"；今本《周易》作"上六：咸其輔頰舌"。例（3），原整理者云："'胉'即'舌'字，见郭店楚简《语丛四》简十九：'若齒之事胉（舌）'。《诗·大雅·抑》：'无易由言，无曰苟矣，莫扪朕舌，言不可逝矣。'本简'莫執朕舌'，义与'莫扪朕舌'意同。"②

按：楚简文字中无"舌"字，"胉"即楚文字的"舌"字。字或增一"虫"作"䗞"，原篆作🔣（《上六·用》简12），从虫、胉声，即"胉"字繁构，简文中1见，用同"舌"。如：䗞（舌）非考（巧）字（置），斬（憯）良台（以）家。（《上六·用》简12）

---

① 刘钊著：《郭店楚简校释》，福州：福建人民出版社2003年12月第1版第232页。
② 马承源主编：《上海博物馆藏战国楚竹书（六）》，上海：上海古籍出版社2007年7月第1版第296～297页。

楚简文字中的"胅"与《玉篇·肉部》中的"胅",只是构形相同而无音义关系,不构成传承关系。

[戙]

"戙"字原篆作 、、,构形从戈、昜声,字见于《玉篇》。《玉篇·戈部》:"戙,与章切,戈也。"又,《字汇·戈部》:"戙,钺也。"《正字通·戈部》:"戙,钺属。"

简文中,"戙"字6见,用作"傷",或借作"喪"。如:

（1）翩（聞）之曰：行隥（險）至（致）命，餚滄而毋敆，從事而毋說(？)，君子不吕流言戙（傷）人。（《上二·从甲》简19）

（2）虐（吾）想立經行，遠憪（慮）煮（圖）逡（後），唯（雖）不登（當）牒（世），台（以）義毋售（舊），立死可（何）戙（傷）才（哉）？（《上五·姑》简7）

（3）禧（誼）爲亡（無）戙（喪）祝亦亡（無）益。（《上六·競》简8）

例（1）,原整理者云:"'戙'即'傷'。"① 例（2）,原整理者云:"'戙'即'傷',妨害、妨碍。《论语·先进》:'何傷乎？亦各言其志也。'"② 例（3）,原整理者云:"'戙',《集韵》:'戙,音阳,戈也。'读为'喪',失去、丧失。《春秋左传·庄公八年》:'傷足,喪履。'又《宣公十五年》:'我喪伯氏矣。''戙',或读为'傷',与'损'字音亦近。"③

按:楚简文字中无"傷"字,"戙"即楚简文字的"傷"字。字构形或从刀、昜声作"剔",原篆作 。古文字构形,从刀、从戈义近可通。简文中,"剔"14见,均用同"傷"。如:往言剔（傷）人,楳（來）言剔（傷）吕（己）。（《郭·语四》简2）

楚简文字中的"戙"与《玉篇·戈部》中的"戙",二字之间形、音相同（近）而所记录的词不同,不构成传承关系。

[昷]

"昷"字原篆作 、,构形

---

① 马承源主编:《上海博物馆藏战国楚竹书（二）》,上海:上海古籍出版社2002年12月第1版第232页。

② 马承源主编:《上海博物馆藏战国楚竹书（五）》,上海:上海古籍出版社2005年12月第1版第247页。

③ 马承源主编:《上海博物馆藏战国楚竹书（六）》,上海:上海古籍出版社2007年7月第1版第180页。

从皿、明省声，字见于《玉篇》。《玉篇·皿部》"䀴，於魂切，和也，或作温。"

简文中，"䀴"字仅11见，用作"明""盟"。如：

口𢡺＝（仁心）者䀴（盟），能行耽（聖）人之道，女（如）子皋（罪）𢡺（仁），行耽（聖）人之道。（《上六·孔》简4）

原整理者云："'䀴'，同'盟'。《说文·囧部》：'盟，《周礼》曰："国有疑则盟。"诸侯再相与会，十二岁一盟。北面诏天之司慎司命。盟，杀牲歃血，朱盘玉敦，以立牛耳。从囧，从血，武兵切。篆文从朙，古文从明。'古有'司盟'之职，《周礼·秋官司寇·司盟》：'司盟掌盟载之法。凡邦国有疑会同，则掌其盟约之载及其礼仪，北面诏明神，既盟，则贰之。盟万民之犯命者，诅其不信者亦如之。凡民之有约剂者，其贰在司盟；有狱讼者，则使之盟诅。凡盟诅，各以其地域之众庶，共其牲而致焉；既盟，则为司盟共祈酒脯。'"[①]

按：楚简文字的"䀴"疑即"盟"之省，构形当分析为从皿、明省声。《说文·囧部》："盟，《周礼》曰：'国有疑则盟。诸侯再相与会，十二岁一盟。北面诏天之司慎司命。盟，杀牲歃血，朱盘玉敦，以立牛耳。'从囧，从血。盟，篆文从朙；明，古文从明。"又，楚简文字"盟"或从示作"禜"，原篆作（《上五·三》简1），从示、明声，字即"盟"字异体。简文中，"禜"字24见，用同"盟"，或借作"明"。例略。《释名·释言语》："盟，明也，告其事于神明也。"

楚简新出字中的"䀴"与《玉篇·皿部》中的"䀴"，二字之间只是形、音相同（近）而无意义联系，不构成传承关系。

[望]

"望"字原篆作（《包》简145）、（《郭·穷》简4）、（《郭·语一》简1），构形从壬、亡声，字见于《玉篇》。《玉篇·壬部》："望，无昉切，诬也。今作罔。"

简文中，"望"字5见，均用同"望"。如：

（1）邵（吕）望（望）爲㳻枲漆，戰監門。（《郭·穷》简4）
（2）望（望）生於敬，耻生於惥（望）。（《郭·语二》简3）

[①] 马承源主编：《上海博物馆藏战国楚竹书（六）》，上海：上海古籍出版社2007年7月第1版第202页。

刘钊云："'室'为'望'字。"①

按："室"字构形从壬、亡声，即"望"字异体。字或增一"心"作"恴"（参见第四章相关的讨论）。又，《玉篇·壬部》所收古文望字作"皇"："朢，无放切。《说文》曰：月满与日相望，以朝君也。皇，古文。"与楚简文字有别。

楚简新出字中的"室"与《玉篇·壬部》中的"室"，二字之间只是形、音相同（近）而所记录的词不同，不构成传承关系。

［迱］

"迱"字原篆作 （《郭·语一》简6）、 （《郭·语二》简40），构形从辵、它声，字见于《玉篇》。《玉篇·辵部》："迱，徒何切，逶迱。迤，同上，俗。"又，《集韵·戈韵》："迱，逶迱，行皃。或作迤。"字或隶作"徏"。

简文中，"迱"字3见，均用作"地"，或借用作"它"。如：

（1）又（有）迱〈地〉又（有）型（形）又（有）澍。（《郭·语一》简6）
（2）又（有）生又（有）命，又（有）迱〈地〉又（有）悜（形）。（《郭·语一》简12）
（3）凡迡（過），正一以 逢（失）其迱（它）者也。（《郭·语二》简40~41）

刘钊云："'迱'从'它'声，读为'地'。"②

按：楚简文字中的"迱"即"地"字异体。楚简中"地"字另见，非新出，原篆作 （《包》简149）。字或作"墬"（或隶作"陊"）、"陸"（参见第四章的相关讨论）。

楚简新出字中的"迱"与《玉篇·辵部》中的"迱"，形义相同（近）而字用有别，不构成传承关系。

［憲］

"憲"字原篆作 （《郭·尊》简38）、 （《郭·尊》简23），构形从心、害声，字见于《玉篇》。《玉篇·心部》："憲，许建切，法也，诚也，制也。《说文》曰：'敏也。'憲，同上。"又，《说文·心部》："憲，敏也。从心，从目，害省声。"

简文中，"憲"字4见，用作"害"。如：

---

① 刘钊著：《郭店楚简校释》，福州：福建人民出版社2003年12月第1版第171页。
② 同上书，第184页。

又（有）利，迡而大又（有）悥（害）者，又（有）之。又（有）是敁（施）少（小）又（有）悥（害），迡而大又（有）利者，又（有）之。(《郭·尊》简38)

《郭店》裘按："疑当读为'害'。在文末第38简与'利'为对文。"①

按：此篆刘钊隶作"禹/心"，从心、从 禹，并云："'禹/心'字从'心'从'禹'，'禹'即'害'之本字。"②刘说可从。疑楚简文字中的"悥"即"害"字繁构。楚简文字构形常增繁一"心"符。又，楚简文字中，"害"字另见，字或写作"禹""禽""罨"，均当为"害"字异体。

楚简新出字中的"悥"与《玉篇·心部》中的"悥"，形音相同（近）而字用有别，不构成传承关系。

[㭨]

"㭨"字原篆作🔲（《包》简87）、🔲（《汇·望二》简6），构形从木、覃声，字见于《玉篇》。《玉篇·木部》："㭨，且连切。栒㭨木。㭨，同上。"又："栒，居云切，栒㭨木出交趾，子如鸡子。"字或隶作"欒"。

简文中，"㭨"字5见，用作某器物名。如：

一牛㭨，一豕㭨，一羊㭨，一酭㭨，一大房。(《汇·望二》简6)

《望山楚简》云："此简'㭨'字四见，据文义当是盛放牛、羊、豕等体积较大的食物的木器。《墨子·节葬》：'又必多为屋幕鼎鼓几梴……寝而埋之。''覃''延'音近，疑'㭨'当读为'梴'。此墓出大型'高足案'四，大小不等，疑即简文所记之'㭨'。"③

按：楚简新出字中的"㭨"字用作某器物名，与《玉篇·木部》中的"㭨"字，只是构形相同，字音相近而字用有别，并不构成传承关系。

第四节　从楚简新出字看《龙龛手镜》增收字的构成

一

《龙龛手镜》（亦名《龙龛手鉴》），是辽代僧人行均为佛徒研读佛经

---

① 荆门市博物馆：《郭店楚墓竹简》，北京：文物出版社1998年5月第1版第138页注9。
② 刘钊著：《郭店楚简校释》，福州：福建人民出版社2003年12月第1版第130页。
③ 湖北省文物考古研究所：《望山楚简》，北京：中华书局1995年6月第1版第123页注83。

187

而编撰的一部字书，收字26430余字，[①]较此之前的字韵书如《说文》《玉篇》都多。关于《龙龛手镜》增收的字，目前学界较为一致的看法是，主要为魏晋南北朝至唐五代时期盛行并出现在写本经卷中的俗字、异体，这一说法略显笼统。现在的问题是，历史地看，《龙龛手镜》所增收的字中主要有哪些成分构成？换句话说，《龙龛手镜》中的增收字，除写本经卷中的俗字、异体外，是否还有别的文字材料？关于这一问题，《龙龛手镜》的智光序未作交待。《龙龛手镜》的编写体例本身也无法解决，尽管行均于字下多标有正体、俗体、古体、今字以及或体等字样，但依然还有许多字未标出字样；在已标出字样的字中既有增收字，也有之前字韵书已收的字。在既有的《龙龛手镜》研究中，也鲜有学者对此问题作过系统而深入的分析，正如郑贤章所云："总的来说，人们对《龙龛》基本上还只是限于利用与参考层面上，对《龙龛》本身的研究多局限于体例、版本、术语、音韵等方面，对《龙龛》许多问题还没有深入研究。"[②]基于此，本节拟以首次见收于《龙龛手镜》的楚简新出字为例进行比较分析，对《龙龛手镜》增收字的构成作些初步的蠡测。

楚简新出字中，首次见收于《龙龛手镜》的字共有56例。这56例未见于之前字韵书的字，理论上说，应该都是《龙龛手镜》的增收字，它们与楚简新出字的构形完全吻合，而且其中相当一部分的字还存在着音义上的联系，也就是字用的相同（通），因此，通过与楚简新出字的比较，我们完全有理由相信，《龙龛手镜》的这部分增收的字是传承自战国时期的古文字。由此，我们可以说，《龙龛手镜》中的增收字，除魏晋南北朝至唐五代时期产生的俗字、异体外，还有相当一部分是传承自战国时期的古文字。接下来我们对这部分字进行讨论。

二

一般地说，使用于不同时代的文字之间，只要构形吻合，字用相同（通），都可以认为构成传承关系，即后代的字是传承自前代的古文字。

楚简新出字中共有56例字的构形与《龙龛手镜》增收的字相吻合，其中大部分字例与《龙龛手镜》增收字或字用完全相同，或存在着音义的联系。这部分字可以说均当是传承自战国时期的古文字，而在《龙龛手镜》

---

① 见《龙龛手镜》的智光序。[辽]释行均编：《龙龛手镜》，北京：中华书局1985年5月第1版。本文所引《龙龛手镜》，如无说明，均系中华书局1985年版，不再出注。

② 郑贤章著：《龙龛手鉴研究》，长沙：湖南师范大学出版社2004年9月第1版第9页。

第二章　楚简新出字与《说文》之外的其他字韵书

中则分别被标出俗字、今字、古文等字样，或者未标出字样。由此，我们似乎可得出这么一个结论：在《龙龛手镜》中不仅仅古文是传承自战国时期或更早时期的文字，在其今字、俗字或未标字样的字当中也有相当一部分是传承自战国时期的古文字。

接下来，我们从中选取 16 例构形、字用均与《龙龛手镜》中的字相吻合的楚简新出字予以讨论。如：

[箕]

"箕"字原篆作 ，构形从竹、从共，字见于《龙龛手镜》。《龙龛手镜·竹部》："箕，俗；簧，正，音芅，簧簶也。"① 又，《集韵·麦韵》："簧，竹器，《礼》'食於簧'徐邈读。"

简文中，"箕"字 27 见，用作竹器之名，与《龙龛手镜》同。如：

　　　飤室所以食箕：貘脯二箕、脩一箕、蒸豬一箕、炙豬一箕、白飽（飽）二箕。（《包》简 257）

《包山楚简》："箕，经与出土实物对照应是盛放食物的竹筒。"② 《战国楚简研究》："箕从竹共声，当为一种竹制器皿……因为这些器物皆系竹制，在墓中已散坏，作什么形状已不可知。"③

[偖]

"偖"字原篆作 ，构形从人、从者，字见于《龙龛手镜》。《龙龛手镜·人部》："偖，俗，昌者反，裂也。"

简文中，"偖"字 1 见，用与《龙龛手镜》同。如：

　　　愓（易）臿（牙）人之與偖而飤（食）人，亓（其）爲不仁厚矣，公弗偖（堵），必害公身。（《上五·鲍》简 6）

原整理者云："'偖'，'撦'之讹字，'撦'省作'偖'。《集韵》：'偖，裂也。'"④

---

① ［辽］释行均编：《龙龛手镜》，北京：中华书局 1985 年 5 月第 1 版。本节所引《龙龛手镜》，如无说明，均系中华书局 1985 年版，不再出注。
② 湖北省荆沙铁路考古队：《包山楚简》，北京：文物出版社 1991 年 10 月第 1 版第 60 页注 519。
③ 中山大学古文字研究室编：《战国楚简研究》第二辑第 33 页，未刊稿。
④ 马承源主编：《上海博物馆藏战国楚竹书（五）》，上海：上海古籍出版社 2005 年 12 月第 1 版第 188 页。

按：原整理者引《集韵》之"㑇"当是"撦"字之误。《集韵·马韵》："撦，裂也。"又，《玉篇·手部》："撦，开也。"《广韵·马韵》："撦，裂开。"《正字通·手部》："扯，俗撦字。"今据《龙龛手镜》，简文中的"㑇"字无须破读。

[埮]

"埮"字原篆作![字形]（《上四·昭》简3），构形从土从炎，字见于《龙龛手镜》。《龙龛手镜·土部》："埮，俗；壃，正，徒含反。瓯属也。或作罎。瓯音武。"又，《正字通·土部》："埮，瓯属。俗作壃。"

简文中，"埮"字2见，用作"壃"，与《龙龛手镜》同。如：

埮匕，一圬。（《汇·望二》简31）

《战国楚简研究》："埮，瓯属，酒器，中宽下直，上锐平底。又五升小罂亦称埮。匕，亦见第五简，为饭匙，在此云埮匕，当为附属于埮之陶质匕。圬，从土，疑亦陶器名。"①

[忞]

"忞"字原篆作![字形]（《上五·三》简20）、![字形]（《郭·老丙》简10），构形从心、从衣，字见于《龙龛手镜》。《龙龛手镜·心部》："忦，乌怀反，哀也。"《改并四声篇海·心部》引《龙龛手镜》："忦，哀也。"

简文中，"忞"字11见，均用作"哀"。如：

（1）悘（喜）蒸（怒）忞（哀）悲之叕（气），眚（性）也。（《郭·性》简2）
（2）大（太）子乃亡䎽（闻）、亡聖（听），不䎽（闻）不命（令），唯忞（哀）悲是思，唯邦之大㕿是敬。（《上二·昔》简4）

例（1），刘钊云："'忞'从'心''衣'声，为'哀'字古文。"②例（2），原整理者云："'忞'即'忦'。《改并四声篇海·心部》引《龙龛手鉴》：'忦，哀也。''忞悲'义同'哀悲'。"③

[仳]

"仳"字原篆作![字形]（《郭·老乙》简14），构形从人、从出，字见于

---

① 中山大学古文字研究室编：《战国楚简研究》第三辑第54页，未刊稿。
② 刘钊著：《郭店楚简校释》，福州：福建人民出版社2003年12月第1版第92页。
③ 马承源主编：《上海博物馆藏战国楚竹书（二）》，上海：上海古籍出版社2002年12月第1版第246页。

《龙龛手镜》。《龙龛手镜·人部》："仴，竹律反，短皃也，又音坠。"又，《集韵·术韵》卷九："䫻、𥄎、仴，短皃。或从矢，从人。"

简文中，"仴"字 1 见，用作"拙"。如：

大攷（巧）若仴（拙），大成若詘，大植（直）若屈。（《郭·老乙》简 14～15）

按：今本《老子》第四十五章作："大直若屈，大巧若拙，大辨若讷。"《说文·手部》："拙，不巧也。从手、出声。"段玉裁注："不能为技巧也。"《广雅·释诂三》："拙，钝也。""仴""拙"二字皆从出得声，且均有短意，可通。郑贤章云："'仴'音'坠'，乃'坠'字之俗。"① 今据楚简，郑说恐误。

[釰]

"釰"字原篆作 （《上二·容》简 18），构形从金、从刃，字见于《龙龛手镜》。《龙龛手镜·金部》："釰，音刃，剑刃也。"又，《集韵·质韵》："釰，钝也。"《集韵·验韵》卷八："剑，《说文》：'人所带兵也。'或从刀（劎）。俗作釰，非是。"

简文中，"釰"字仅 1 见，用作"刃"，与《龙龛手镜》同。如：

禹聖（聽）正（政）三年，不折（製）革，不釰（刃）金，不鉻（䰞）矢。（《上二·容》简 18）

原整理者云："釰金，即'刃金'，指砥砺兵刃。"②

[埱]

"埱"字原篆作 （《上二·容》简 29），构形即从土、从匋，字见于《龙龛手镜》。《龙龛手镜·土部》："埱，音陶。"

简文中，"埱"字 2 见，用作"陶"，与《龙龛手镜》同。如：

民又（有）余（餘）飤（食），無求不旻（得），民乃賽，喬（驕）能（態）始作，乃立咎（皋）埱（陶）目爲李。（《上二·容》简 29）

按："埱"即"陶"。"埱""陶"均由"匋"得声，可通。清蓝浦等

---

① 郑贤章著：《龙龛手鉴研究》，长沙：湖南师范大学出版社 2004 年 9 月第 1 版第 161 页。
② 马承源主编：《上海博物馆藏战国楚竹书（二）》，上海：上海古籍出版社 2002 年 12 月第 1 版第 264 页。

《景德镇陶录》："窯，或作窑、埳等字。"《广雅·释宫》"匋，窯也"清王念孙疏证："匋，通作陶，……陶与窯声相近……是陶即窯也。"

[衟]

"衟"字原篆作🔣（《郭·语二》简38），构形即从行、从首，字见于《龙龛手镜》。《龙龛手镜·彳部》："衟，古文，道字，术也，道路也。"

简文中，"衟"字1见，用同"道"。如：

凡悔，已衟（道）者也。（《郭·语二》简38）

[渁]

"渁"字原篆作🔣（《上三·周》简45）、🔣（《郭·成》简14），构形从水、从泉，字见于《龙龛手镜》。《龙龛手镜·水部》："渁，音泉，水名。"又，《字汇补·水部》："渁，与泉同。《汉相孙君碑》：'波障渁溉。'"《隶释·楚相孙叔敖碑》："波障源渁，溉灌波泽。"洪适注："渁，泉添水而为渁。"

简文中，"渁"字2见，用同"泉"。如：

九五：荥㪇（冽），寒渁（泉）飤（食）。（《上三·周》简45）

原整理者云："'渁'与'泉'同。《汉隶字源》：'《孙叔敖碑》"波障源渁"，盖泉字添水。'"[①]

[祅]

"祅"字原篆作🔣（《上二·容》简16），构形从示、夭声，字见于《龙龛手镜》。《龙龛手镜·示部》："祅，今；祺，正，於高反，灾也。"《说文·示部》："祺，地反物为祺也。从示、芺声。"段注："祺，省作祅。经传通作妖。"又，《集韵·宵韵》卷三："祺，《说文》：'地反物为祺。'或省。通作妖。"

简文中，"祅"字1见，用同"妖"。如：

堂（當）是時也，毆（癘）役（疫）不至，祅（妖）羕（祥）不行，㭫（禍）才（災）迖（去）亡，酓（禽）獸（獸）肥大，卉木晉（薦）長。（《上二·容》简16）

[①] 马承源主编：《上海博物馆藏战国楚竹书（三）》，上海：上海古籍出版社2003年12月第1版第198页。

第二章　楚简新出字与《说文》之外的其他字韵书

[綉]

"綉"字原篆作⬚（《包》简254）、⬚（《汇·仰》简35），构形从糸、秀声，字见于《龙龛手镜》。《龙龛手镜·糸部》："綉，音秀。"又，《集韵·俟韵》卷八："綉，吴俗谓绵一片。"

简文中，"綉"字4见，用同"繡"。如：

（1）二笲，囗繪純，以黝青之表，紫裏，繡純，繪純，素繪（錦）綉。（《包》简262）

（2）一筓梠，玉頁（首），一樸柜，又繪綉。（《汇·仰》简35）

例（2），原整理者云："綉为繡字的前身。"[①]

《说文·糸部》："繡，五采备也。从糸，肅声。"《集韵·蕭韵》："繡，绮属。"《史记·匈奴列传》："繡十匹，绵三十匹。"

[舄]

"舄"字原篆作⬚（《汇·信二》简14）、⬚（《汇·信二》简1），字见于《龙龛手镜》。《龙龛手镜·臼部》："舄，音昔，履也。又古文鵲字，亦人姓。"字或作"舃"。《说文·烏部》："舄，誰也。象形。誰，篆文舄从佳、昝。"段玉裁注："此以今字释古字之例。古文作舄，小篆作誰……自经典借为履舄字，而本义废矣。"孔广居《疑疑》："舄之象形可疑。昭孔谓舄善巢，故舄字下从鸟省，上从巢省，象舄作巢形。"朱骏声《通训定声》："今谓之喜鹊。字亦作鹊。"《广韵·药韵》引《纂文》："舄，古鹊字。"

简文中，"舄"字2见，用同。如：

黃金與白金之舄亓瑞。（《汇·信二》简1）

[㹻]

"㹻"字原篆作⬚（《包》简155）、⬚（《包》简155），构形从犬省、爰声，字见《龙龛手镜》。《龙龛手镜·犬部》："㹻，旧《藏》作猨。"

简文中，"㹻"字2见，用作人名。如：

囗囗囗陵公邵羞、襄陵之行僕（僕）宫於郊，郢足命㲸（躞）王士，足㲸（躞）王士之宅，僕（僕）命恒㹻若，足命郊少司城龏（龔）頡爲故㹻足於僕（僕），方郊左司馬競慶爲大司城故客戲，政五連之邑於㲸（躞）王士，不以告僕

[①] 中山大学古文字研究室编：《战国楚简研究》第四辑第17页，未刊稿。

193

(僕)。(《包》简 155)

原整理者云:"㹳,简文作 㹳,从犬省。"①

按:楚简"爱"字的原篆作 ㇍(《上六·孔》简 9),构形与"㹳"字右半部相同,疑楚简文字的"㹳"亦即"猨"字,与《龙龛手镜》同。"猨"同"猿"。《玉篇·犬部》:"猨,似猕猴而大,能啸也。猿,同猨。"《楚辞·九章·涉江》:"深林杳以冥冥兮,猨狖之所居。"

[矶]

"矶"字原篆作 ㇍(《上六·孔》简 14),构形从刀、石声,字见于《龙龛手镜》。《龙龛手镜·石部》:"矶,俗;砌,正。"又,《正字通·石部》:"矶,俗砌字。"

简文中,"矶"字 1 见,用同。如:

不飤五穀(穀),鳴尻(居)危杌,则不難唇(乎)?毆(歐)异(與)民之行也。好矶(砌)屵(嶽)以爲茁。(《上六·孔》简 14)

原整理者云:"'矶',同'砌'。《正字通》:'矶,俗砌字'引申为'造作'之意。"②

[癑]

"癑"字原篆作 ㇍(《新·零:221、甲三:210》简 235)、㇍(《新·甲三:219》简 244),构形从疒、張声,字见于《龙龛手镜》。《龙龛手镜·疒部》:"癑,俗;正作脹。"

简文中,"癑"字 3 见,用同"脹"。如:

(1) 爲君貞:怀(背)、膚疾,㠯(以)胖癑(脹)、心悶,辠(卒)歲(歲)或至顕(夏)尿夻=(之月)。(《新·零:221、甲三:210》简 235)

(2) 㠯(以)陵尹懌之大保(寶)豙爲君貞:怀(背)、膚疾,以胖癑(脹)、心悶。既爲貞,而效(說)亓(其)祝(祟),自顕(夏)。(《新·甲三:219》简 244)

按:简文中,字或作"痕",当是"癑"之省,亦用同"脹"。《玉

---

① 湖北省荆沙铁路考古队:《包山楚简》,北京:文物出版社 1991 年 10 月第 1 版第 51 注 295。
② 马承源主编:《上海博物馆藏战国楚竹(六)》,上海:上海古籍出版社 2007 年 7 月第 1 版第 212 页。

194

篇·疒部》："痕，痕满也。亦作脹。"《集韵·漾韵》："脹，脹大也。或从疒。"

[靬]

"靬"字原篆作![字形]（《包》牍1），构形从韋、从干，字见于《龙龛手镜》。《龙龛手镜·韋部》："靬，俗，音渾。"

简文中，"靬"字1见，用作某皮革器具之名。如：

豻䩞之鞁靬，紫紳，紫䩞；虎長。（《包》牍1）

按：《汉语大字典》引《龙龛》作"靬，音旱"，并云："按：疑为'靬'的异体。"其说可从。古文字构形从韋、从革，义近可通，从革构形的字或从韋作，从韋构形的字亦或从革作。《说文·革部》："鞄，攻皮治鼓工也。从革，軍声。读若運。鞄，鞄或从韋。"又如"鞘"或作"鞘"，"鞔"或作"韔"，"鞋"或作"韃"等。"靬"，《说文·革部》："干革也。武威有丽靬县。从革，干声。"

通过上述比较，我们可以看出，这16例楚简新出字与《龙龛手镜》中的字之间，构形吻合，字用相同。追溯其源，完全可以肯定，《龙龛手镜》中的这部分字均当是传承自战国时期的古文字。个别的字在《龙龛手镜》中还被标注有"古文"字样，如："衙，古文"，亦可说明。这部分产生于战国时期的文字，历经秦汉魏晋至唐宋，虽未能得到官方的认可，《说文》《玉篇》等字韵书也未收录，但却一直流行于民间，亦足见其生命力之强盛。从另一方面说，幸赖于《龙龛手镜》的增收，才使这部分战国时期的古文字资料得以保存、流传。

另外，楚简新出字中还有一部分字例，由于在简文中用作人名、地名，或假借作他用，或者是由于《龙龛手镜》只注音而未释义，难以进行直接的字用比较，然而从其存在的音或义方面的联系，我们依然还能看出彼此间的传承关系。换句话说，《龙龛手镜》中的这部分文字亦均当是传承自战国时期的古文字。接下来，我们从中选取21例字例予以比较讨论。如：

[逗]

"逗"字原篆作![字形]（《汇·仰》简9），构形从辵、桓声，字见于《龙龛手镜》。《龙龛手镜·辵部》："逗，俗，户官反。"又，《字汇补·辵部》："逗，音桓，见《篇韵》。"

简文中，"逗"字1见。如：

一齿䶙，又櫺，遜曰，又芏斲。(《汇·仰》简9)

《战国楚简研究》云："遜字不见于字书，《说文》有椢字，……恒、椢以及此之遜，为后起字。恒意为长、为久，椢为竟，亘为极、为通、为徧、为满，'遜齿'，殆言其齿密满，后世以枇或篦字代之，而古义遂亡。"[①]

按：原考释者云"遜字不见于字书"，误。据考释者，知"遜"字可分析为从辵，从桓，桓亦声。"遜"，《龙龛手镜》只标出反切而未释义，然而依据"遜"字在楚简文中的使用情况，依然能看出二者之间的源流关系，可以说，《龙龛手镜》中的"遜"字亦应当是传承自战国时期的古文字。

[宿]

"宿"字原篆作 （《郭·性》简62）、 （《上三·亘》简2），构形从宀、青声，字见于《龙龛手镜》。《龙龛手镜·宀部》："宿，古文，音青。"《字汇补·宀部》："宿，古文青字。"

简文中，"宿"字10见，均用作"静"。"宿""静"二字均由"青"得声，故可通。如：

亘无又（有），要（质）、宿（静）、虚。要（质）大要（质），宿（静）大宿（静），虚大虚。(《上三·亘》简1)

原整理者云："'宿'读'静'。简文似乎是说，质是大质，静是大静，虚是大虚。"[②]

按："宿"疑即"青"字繁构。楚简文字构形常增一无意义的"宀"符。

[翆]

"翆"字原篆作 （《包》简141）、 （《郭·五》简17），构形从羽、从于，字见于《龙龛手镜》。《龙龛手镜·羽部》："翆、翆，音于，飞皃。二同。""翆"为《说文》"雩"之或体。《说文·雨部》："雩，夏祭乐于赤帝以祈甘雨也。翆，或从羽。"

简文中，"翆"字15见，借用作"羽"。如：

(1) 丌（其）旗，鷝（翠）首，紫羊须之縪（紕），紫翆（羽）之常。(《曾》简6)
(2) 能濡沱（池）其翆（羽），肰（然）句（后）能至哀。(《郭·五》简17)

---

① 中山大学古文字研究室编：《战国楚简研究》第四辑第9页，未刊稿。
② 马承源主编：《上海博物馆藏战国楚竹书（三）》，上海：上海古籍出版社2003年12月第1版第288页。

例（1），原整理者云："'翠'，《说文》以为'雩'字的或体，而简文用为'羽'。同墓出土的钟磬铭文宫、商、角、徵、羽之'羽'亦作'翠'，与简文同。'羽''雩'音近，故'翠'既可用为'羽'，也可以用为'雩'。"①
例（2），刘钊云："'翠'即'羽'字繁文，累加'于'为声符。"②

按：楚简中，"羽"字另见，非新出，原篆作 <!-- img --> (《上四·采》简4)。如依刘钊所云，则"翠""羽"为一字之异体。

[痞]

"痞"字原篆作 <!-- img -->（《新·甲三：198、199～2》简225）、<!-- img -->（《新·甲三：344～1》简368），构形从疒、告声，字见于《龙龛手镜》。《龙龛手镜·疒部》："痞，俗。音角。"又，《字汇补·疒部》："痞，古虐切。义无考。"

简文中，"痞"字2见，似用作某疾病名，与构形从疒相合。如：

（1）悶，虗（且）瘠（瘥）不出，目（以）又（有）痞，尚速（速）出，毋爲忧。（《新·甲三：198、199～2》简225）
（2）痞，又（有）祝（祟）。目（以）亓（其）古（故）敚（说）之。（《新·甲三：344～1》简368）

[脬]

"脬"字原篆作 <!-- img -->（《新·甲三：189》简218），构形从肉、从骨，字见于《龙龛手镜》。《龙龛手镜·肉部》："脬"，"胃"的俗字。又，《篇海类编·身体类·肉部》："臕，肥膏出也。亦作脬。"

简文中，"脬"字2见，用作人体某器官之名。如：

坪夜君贞：既心悶、瘠（胖）痕（胀），目（以）百脬體疾。（《新·甲三：189》简218）

[笁]

"笁"字原篆作 <!-- img -->（《曾》简155），构形从竹、亡声，字见于《龙龛手镜》。《龙龛手镜·竹部》："笁，音亡，正作芒，草芒也。"

简文中，"笁"字1见，用作人名。如：

笁斩之䭾爲左驂，迅弁启之䭾爲左騚（服），宰尹臣之黄爲右騚（服），辟之

---

① 湖北省博物馆：《曾侯乙墓》，北京：文物出版社1989年7月第1版第510页注55。
② 刘钊著：《郭店楚简校释》，福州：福建人民出版社2003年12月第1版第78页。

馴爲右驂。大（太）官之駟=（駟馬）。（《曾》简155）

按：战国文字构形从竹、从艸常相混，"笁"或即"芒"之异体。楚简中，"芒"字另见，原篆作 ![字形] （《汇·信二》简18），可参。

[觟]

"觟"字原篆作 ![字形] （《包》简24），构形从角、从隹，字见于《龙龛手镜》。《龙龛手镜·角部》："觟，俗；觿，今；觿，正，角锥童子佩之，又锐端可以解结也。"又，《说文·角部》："觿，佩角锐耑可以解结。从角，巂声。《诗》曰：'童子佩觿。'"

简文中，"觟"字1见，用作人名。如：

癸酉之日不谨陸（陳）觟之傷，阩門又敗。（《包》简24）

[逇]

"逇"字原篆作 ![字形] （《包》简68），构形从辵、从奇，字见于《龙龛手镜》。《龙龛手镜·辵部》："逇，俗，杜四反，正作隤也。"《字汇补·辵部》："逇，与隤同。"《说文·阜部》："隤，下队也。从阜，贵声。"王筠《句读》："《玉篇》：'隤，坏，队下也。'隤坏一声之转，故以坏说隤，所以博其异名，队下乃说其义也。"《广雅·释诂一》："隤，坏也。""队"今作"坠"。

简文中，"逇"字1见，用作人名。如：

青=（十月）辛巳之日，鄢君之眚州加公周逇受期。（《包》简68）

[褑]

"褑"字原篆作 ![字形] （《曾》简172），构形从衣、爰声，字见于《龙龛手镜》。《龙龛手镜·示部》："褑，王眷反，佩也。"

简文中，"褑"字1见，用作人名。如：

殤褑之驋爲左飛（騑），獠之驋爲左驂。（《曾》简172）

[迡]

"迡"字原篆作 ![字形] （《包》简182），构形从辵、从巨，字见于《龙龛手镜》。《龙龛手镜·辵部》："迡，音毫。"《字汇补·辵部》："迡，何刀切。义阙。"

198

简文中,"廵"字 3 见,用作人名。如:

亯埜邑人陳(陳)努(賢)、夆善、𠂇溇(溪)邑人𦈢䐜志;己丑,宵官司敗廵。(《包》简 182)

[掔]

"掔"字中原篆作𤓶(《上二·从甲》简 4)、𤓶(《包》简 193),构形从子、从臤,字见于《龙龛手镜》。《龙龛手镜·子部》:"掔,俗,苦闲反,正作掔,同也。"《说文·手部》:"掔,固也。从手,臤声。读若《诗》:'赤舄掔掔。'"

简文中,"掔"字 8 见,借用作"賢"。"賢""掔"二字均由"臤"得声,故可通。如:

(1) 遜(失)掔(賢)士一人,方(防)亦坂(反)是=(是,是)故君=(君子)斳(慎)言而不斳(慎)事。(《上二·从甲》简 4)
(2) 敬道(導)也,而不可穿(弆)也;可駬(御)也,而不可掔(賢)也。(《郭·成》简 16)

例(2),《郭店楚墓竹简》裘按:"'掔'与'駬(馭)'为对文,疑当读'牵'。'牵'亦可作'掔',与'掔'皆从'臤'声。"①刘钊云:"'掔'从'臤'声,读为'牵'。古音'臤'在匣纽真部,'牵'在溪纽真部,声为喉牙通转,韵部相同,於音可通。……'可駬(御)也,而不可掔(牵)也'一句即见于《礼记·学记》之'故君子之教喻也,道而弗牵,强而弗抑,开而弗达'中的'道而弗牵'。"②

[賶]

"賶"字原篆作𧴪(《上二·从甲》简 5),构形从貝、从含,字见于《龙龛手镜》。《龙龛手镜·貝部》:"賶,俗,胡南反。《音义》作眙。"

简文中,"賶"字 1 见,借用作"貪"。二字均从"今"得声,可通。如:

事則賶(貪)。聏(聞)之曰:從正(政),章(敦)五德,臣(固)三折(誓),敚(除)十悁(怨)。(《上二·从甲》简 5)

---

① 荆门市博物馆:《郭店楚墓竹简》,北京:文物出版社 1998 年 5 月第 1 版第 169 页。
② 刘钊著:《郭店楚简校释》,福州:福建人民出版社 2003 年 12 月第 1 版第 141 页。

199

原整理者云:"'賗',或可读为'貪'。"①

按:郑贤章《龙龛手鉴研究》云:"按:《音义》即玄应《一切经音义》。'至胗,胡𧧝反,经文作胎,非也。'(玄应《一切经音义》卷一《大方等大集经》卷二十二音义)'至胗,胡𧧝反,经文作賗,非也。'(慧琳《一切经音义》卷十七所录玄应《大方等大集经》卷二十二音义;T54, p0413c)两种玄应《一切经音义》皆作'胗',与《龙龛》所言'《音义》作胗'吻合。《龙龛》'賗'即'胗'字之讹。《龙龛》《经音义》'胎''賗''賗'为同一个字(原注:俗写中'貝''月''目'近似易讹),皆'胗'之俗。"② 今据楚简文字知"賗"非"胗"之讹,郑说恐误。

[坱]

"坱"字原篆作 𡊮（《郭·太》简7），构形从土、从夬，字见于《龙龛手镜》。《龙龛手镜·土部》:"坱,於决反。"《字汇补·土部》:"坱,音喊。见《字辨》。"

简文中,"坱"字1见,用作"缺"。"坱""缺"二字皆从"夬"得声,故可通。如:

罷（一）坱（缺）罷（一）涅（盈），以忌（紀）爲墳（萬）勿（物）經。（《郭·太》简7）

刘钊云:"'坱'读为'缺'。"③

[垗]

"垗"字原篆作 𡊮（《帛·乙》行1～3），构形从土、从戋，字见于《龙龛手镜》。《龙龛手镜·土部》:"垗,初限反。"

简文中,"垗"字1见,用作"踐"。"踐""垗"二字均由"戋"得声,故可通。如:

是生子四□,是襄天垗（踐），是各（格）参佥（化）。（《帛·乙》行1～3）

[戁]

"戁"字原篆作 𡊮（《上四·采》简4）、𡊮（《上四·采》简5），构

---

① 马承源主编:《上海博物馆藏战国楚竹书（二）》,上海:上海古籍出版社2002年12月第1版第219页。

② 郑贤章著:《龙龛手鉴研究》,长沙:湖南师范大学出版社2004年9月第1版第287页。

③ 刘钊著:《郭店楚简校释》,福州:福建人民出版社2003年12月第1版第45页。

形从音从羛，字见于《龙龛手镜》。《龙龛手镜·音部》："䭲，疋卜反。"

简文中，"䭲"字2见，用为乐调分类声名和曲目名。如：

羽䭲：《嘉賓遒憙》。（《上四·采》简4）

[赾]

"赾"字原篆作 <g/>（《曾》简1正），构形从辵、从豆，字见于《龙龛手镜》。《龙龛手镜·走部》："赾，虚斗反，俗。"《康熙字典·走部》引《篇韵》："赾，趋行不进貌。"

简文中，"赾"字2见，或借用作"鞍"。"赾""鞍"二字皆从"豆"得声，于音可通。如：

佮＝（八月）庚申，轝赾執事人書入車。（《曾》简1正）

原整理者云："'赾'，疑读为'鞍'。《说文·革部》：'鞍，车鞁具也。'……简文'轝鞍執事人'似是指管理人马甲胄和车马器的办事人员。"①

[鞜]

"鞜"字原篆作 <g/>（《包》简260），构形从革、从者，字见于《龙龛手镜》。《龙龛手镜·革部》："鞜，俗，音猪。"《字汇补·革部》："鞜，见《篇韵》。"《修行道地经·数息品》："在地卧极若如鸿鞜。"唐慧琳《一切经音义》卷七十五作"鸿鶐"，引《韵诠》："赤土也。"

简文中，"鞜"字1见，用作名物字。如：

曲鞜；一俚几；一丩牀，又（有）策。（《包》简260）

[邳]

"邳"字原篆作 <g/>（《包》简150）、<g/>（《包》简191），构形从邑、从正，字见于《龙龛手镜》。《龙龛手镜·邑部》："邳，俗，音正。"《字汇补·邑部》："邳，昭敬切。俗字。"

简文中，"邳"字5见，用作地名。如：

邳昜之酪里人邵翼、邦轥、盤己、邳昜之牢审默（獸）竹邑人宋鸇、<g/>陵之

---

① 湖北省博物馆：《曾侯乙墓》，北京：文物出版社1989年7月第1版第501页注6。

201

戬里人石緷（紳），貪辻🈂之王金不賽。(《包》简 150)

按：古文字中的地名之字多从邑构形。据楚简，疑《龙龛手镜》之"邱"亦属地名字，具体的地望待考。

［靰］

"靰"字原篆作🈂(《汇·五里牌》简 11)，构形从革、元声，字见于《龙龛手镜》。《龙龛手镜·革部》："靰，俗，音元。"

简文中，"靰"字 1 见，字用不详。如：

縕□三□靰□□皆賅。(《汇·五里牌》简 11)

按：郑贤章《龙龛手鉴研究》云："中华本《龙龛》(448 页) 作：'靰，俗，音亢。'四库、四部本《龙龛·革部》：'靰，俗，音元。'《中华字海·革部》：'义未详。'我们怀疑中华本'俗音亢'不误，而四库、四部本'俗音元'有误。'元'为'亢'字之误。'靰'疑即'革／亢'字，'元'与'亢'形体近似易误。'靰'即'革／亢'，可以音'亢'，皆'剛'字之俗。"① 今据楚简新出字知"靰"字构形从元不误。又，中华书局本《龙龛手镜》原字作"元"，构形下部从儿，非从几，即"元"字，不当读"亢"。郑说恐误。

［堩］

"堩"字原篆作🈂(《包》简 55)、🈂(《包》简 64)，构形从土、从畏，字见于《龙龛手镜》。《龙龛手镜·土部》："堩，乌回反。"。朱骏声《说文通训定声·履部》："鍡，鍡鑸，不平也。按：鍡鑸，叠韵连语……《管子·轻重乙》：'山间堩壏之壤'作'堩壏'。"按：今《管子·轻重乙》正作"堩壏"。

简文中，"堩"字 2 见，字用不详。如：

九月癸丑之日，陞異之司败番追受，癸亥之日不廷大(太)币(師)貣以廷，阩門又敗。泟堩。(《包》简 55)

［苹］

"苹"字原篆作🈂(《上三·周》简 51)，构形从艸、从帀，字见于

---

① 郑贤章著：《龙龛手鉴研究》，长沙：湖南师范大学出版社 2004 年 9 月第 1 版第 328～329 页。

202

《龙龛手镜》。《龙龛手镜·艸部》："苪，相当也。"

简文中，"苪"字1字，借用作"瞒"。如：

> 九晶（三）：豊丌（其）苪（沛），日中見苪（瞒），折丌（其）右肱（肱），亡（无）咎。（《上三·周》简51）

原整理者云："'苪'，读为'瞒'，《字汇补》：'苪，音瞒。'《集韵》：'瞒，暗也。'一作'昧'，闇昧、微昧之光。"[①]

三

值得注意的是，《龙龛手镜》增收字中还有一部分字与楚简新出字只是构形相同而无任何音义联系，这些字我们不能说是传承自战国时期的古文字。它们的构形相同，分析其中的原因，可能有二：

其一，与汉字的本质属性有关。关于这一点，我们在前一节讨论楚简新出字与《玉篇》增收字之间构成同形字关系时曾说到：汉字形、义间的特殊关系决定了不同地域、不同时代的造用字者，既可以为同一个词造字选择不同的文字构件，亦可以为不同的词造字选择相同的文字构件。前者产生异体字，后者则是同形字之源。因此，不同时代产生的文字之间只是形同而无任何音义关系，是完全可能的。一部分楚简新出字与《龙龛手镜》中的字之间只是构形相同而无任何音义联系，显然亦是由汉字的这一本质属性所决定了的。

其二，与魏晋至唐宋时期文字使用趋于简易，文字简易手写体的大量产生有关。文字的手写体容易引起文字形体的讹变。这一时期简字、俗体的盛行，可能与书法家写字，为了美观而故意变易字形、增减笔画有关。清人李调元即说："自字变而楷，古体已失，而锺、王（指魏锺繇、晋王羲之）等，以善楷名家，又各逞笔姿，任意增减，沿习既久，笔画多讹，遂至弄麏伏猎，贻笑士林，未必非俗书阶厉之也。"[②]《龙龛手镜》是为佛徒研读佛经而编撰的一部字书，其增收字中所收的大量写本经卷中的俗字、异体，显然与这种世风有关，这些字"偏旁无定、繁简无定、字形无定"，[③] 其

[①] 马承源主编：《上海博物馆藏战国楚竹书（三）》，上海：上海古籍出版社2003年12月第1版第205页。

[②] 李调元语，见《丛书集成》本《六书分毫》叙。转引自刘叶秋著：《中国字典史略》，北京：中华书局1983年6月第1版第81页。

[③] 语见［辽］释行均编：《龙龛手镜·出版说明》，北京：中华书局1985年5月第1版。

203

中因手写而讹的字定然不少，因而我们或许可以说，楚简新出字与《龙龛手镜》增收字间无音义关系的构形相同只是历史的巧合，并不存在传承关系。尽管如此，对这部分字进行比较分析，对于我们考察汉字的传承，俗字的产生还是很有帮助的。

楚简新出字中与《龙龛》中的字之间只是构形相同而不存在音义关系的字凡 10 例。接下来，我们对这部分文字进行讨论。如：

[迈]

"迈"字原篆作 ▨（《上四·柬》简 16），构形从辵、从石，字见于《龙龛手镜》。《龙龛手镜·辵部》："迈，俗；逅，正，胡构反，邂逅也。"

简文中，"迈"字 21 见，或用作"蹠"。如：

> 癹（發）駜迈（蹠）四＝疆（＝四疆，四疆）皆䈞（熟）。（《上四·柬》简 16）

原整理者云："'迈'，读为'蹠'，声符相通，《集韵》'拓'作'摭'，'坧'作'墌'，'蚟'作'蟅'。《广韵》：'蹠，足履践也，跖同。'从辵、从足义符亦近，《增修互注礼部韵略》：'蹠，足履践也，楚人谓跳跃曰蹠。'"①

按：楚简文字中的"迈"字与《龙龛手镜》中的"迈"字无音义关系。《龙龛》"迈"为"逅"的俗字，构形从石，当是后之形讹。古文字石、后二字构形相近，常易讹混。楚简有字原篆作 ▨（《汇·望二》简 1），构形从竹、从石，字当隶作"䇞"，整理者或误隶作"笱"，即其例。又，《说文·𩫖部》："厚，山陵之厚也。从𩫖，从厂。𠪋，古文厚，从后、土。""厚"之古文本当从石，楚简"厚"字原篆作 ▨（《上四·曹沫之陈》简 30），构形即从石，与《说文》"厚"之古文同，可证。许慎误释为从后，亦其例。

[冘]

"冘"字原篆作 ▨（《上二·容》简 52），构形从月、从元，字见于《龙龛手镜》。《龙龛手镜·冖部》："冘，俗，乌交反，目深也。"

简文中，"冘"字 18 见，用同"冠"。如：

---

① 马承源主编：《上海博物馆藏战国楚竹书（四）》，上海：上海古籍出版社 2004 年 12 月第 1 版第 209 页。

凡建日，大吉，秭（利）以取（娶）妻，祭祀，竺（築）室，立社禝（稷），繡（帶）鐱（劍）、冘（冠）。(《九·五六》简13下)

按："冘"为"冠"字古文，"冠"为"冘"的后起字。《说文·冖部》："冠，絭也。所以絭发，弁冕之总名也。从冖、元，元亦声；冠有法制，故从寸。"字从寸，会以手持帽戴于头上之意。

又，"目深也"即眼窝凹陷之意，字今作"凹"，《汉语大词典》有"凹抠眼"一词。《龙龛手镜》的"冘"疑为"窊"的手写体俗字，正字作"窊"。《说文·穴部》："窊，污衺下也。从穴，瓜声。"段玉裁注："凡下皆得谓之窊。"慧琳《一切经音义》："凹凸，上乌瓜反，俗字。……正从穴窊。或作窪，亦同用也。"①玄应《一切经音义》卷一一《正法念经》第二卷音义："凹，乌郊反，《抱朴子》云：'凹，陷也。'《苍颉篇》作窊。"均可证。

楚简新出字之"冘"与《龙龛手镜》之"冘"无音义关系。

[紉]

"紉"字原篆作 🌀（《曾》简117），构形从糸、从刀，字见于《龙龛手镜》。《龙龛手镜·糸部》："紉，旧藏音作紉，在经音义。"又，《字汇补·糸部》："紉，紉字之讹。见《佛藏》。"《康熙字典·糸部》："紉，《海篇》：'音紉，出《释典》。'按即紉字之讹。"古文字构形从力、从刀，形近易讹。

简文中，"紉"字仅1见，用作"絕"。如：

丌（其）一篝（乘），白金之弼，载紉裹。(《曾》简117)

原整理者云："'紉'字原文作 🌀，从'糸'从'🌀'。'🌀'与简文'䌈'所从'刀'旁相同，故将此字隶定作'紉'。或疑此字即'䌈'的简写。"②

按："䌈"即古文"絕"。《说文·糸部》："絕，断丝也。从糸，从刀，从卩。䌈，古文絕，象不连体，絕二丝。"楚简"䌈"字原篆作 🌀（《曾》简14），构形从四幺从刀，或省从厽作 🌀（《曾》简28），可证。

楚简新出字之"紉"与《龙龛手镜》之"紉"无音义关系。

---

① [唐]释慧琳、[辽]释希麟撰《(正、续)一切经音义》，上海：上海古籍出版社1986年10月第1版第1966页。

② 湖北省博物馆编：《曾侯乙墓》，北京：文物出版社1989年7月第1版第520页注173。

［訞］

"訞"字原篆作🖼（《郭·六》简36），构形从言、从攴，字见于《龙龛手镜》。《龙龛手镜·言部》："訞，俗；謠，正。余昭反，歌謠。尔疋（雅）云：途歌谓之謠也。"又，《字汇·言部》："訞，同謠。"

简文中，"訞"字1见，用作"設"。如：

　　君子言信言尔，言煬言尔，訞外內皆导（得）也。（《郭·六》简36～37）

李零读"訞"为"設"，并云："'設'，原从言从攴。"①

按：由汉字的书写习惯可以推知，《龙龛手镜》之"訞"即"謠"之手写体。楚简新出字之"訞"与《龙龛手镜》之"訞"无音义关系。

［紈］

"紈"字原篆作🖼（《郭·缁》简3），构形从糸、从弋，字见于《龙龛手镜》。《龙龛手镜·糸部》："紈，相承，子廉反，田器也。"

简文中，"紈"字2见，或用作"飾"。如：

　　丑、寅、卯、唇（辰）、巳、午、未、申、栖（酉）、戌、亥、子，是胃（謂）禾日，秾（利）以大祭之日，秾（利）以完（冠），囗車馬，折（製）衣裳、表紈。（《九·五六》简36）

《九店楚简》云："'紈'应当分析为从'糸'从'弋'声，与《龙龛手镜》糸部音子廉反的'紈'字当非一字。《汗简》卷下之一糸部引王存乂《切韵》'織'字作🖼，从'糸'从'式'。'式'亦从'弋'声。颇疑楚简'紈'即'弑'字。若此，'表紈（織）'大概就是古书上所说的'表識'。……字或作'表幟'、'標（標）幟'等。……'飾'字诅楚文作🖼（《石刻篆文编》七·二七），曾侯乙墓竹简作'弍'、'弑'，皆从'弋'得声。'紈'与'弍'、'弑'二字结构、声旁相同。此是'紈'可以读为'飾'的例子。'服飾'，衣服的装饰。"②

按：楚简新出字之"紈"与《龙龛手镜》之"紈"无音义关系。

［鞦］

"鞦"字原篆作🖼（《曾》简64），构形从革、从加，字见于《龙龛手

---

① 李零著：《郭店楚简校读记》，北京：北京大学出版社2002年3月第1版第134页。
② 湖北省文物考古研究所、北京大学中文系编：《九店楚简》，北京：中华书局2000年5月第1版第98～99页。

镜》。《龙龛手镜·革部》:"靮,俗,音加。"又,《字汇补·革部》:"靮,见《篇海》。"

简文中,"靮"字1见,用同"勒"。如:

> 兩馬之轡,黃金之靮,錦帶,紫䋛珥。(《曾》简64)

原整理者云:"据66号、80号等简的相类文句,'靮'字应是'勒'的异体。"①

按:《曾侯乙墓》第66、80简的简文分别作"兩馬之革轡,黃金之勒"、"兩马之轡,黃金之勒"。《说文·革部》:"勒,马头络衔也。从革、力声。"《释名·释车》:"勒,络也,络其头而引之也。"楚简文字构形常增一无意义的"口"符,"靮"字或即"勒"字的繁构,与《龙龛手镜》中的"靮"字无音义联系。

[慶]

"慶"字原篆作 𢥒(《上一·紂》简8)、 𢥒(《包》简131)、 𢥒(《包》简132),构形从心、从鹿,与《龙龛手镜·心部》"憿"字构件相同,只是位置有别。《龙龛手镜·心部》:"憿,俗;憭,正,徒朗反,放憭也,或作愓。"

简文中,"慶"字11见,用作"慶"。如:

> 呂型(刑)員(云):"一人又(有)慶(慶),萬(萬)民訧之。"(《上一·紂》简8)

按:此字今本、《郭店》(简13)均作"慶"。又,《说文·心部》:"慶,行贺人也。从心、从夊,吉礼以鹿皮为贽,故从鹿省。"《秦公簋》"高弘有慶"之"慶"字作 𢥒,构形从鹿、从文,郭沫若《金文丛考》谓即"慶"之正字。楚简文字中的"慶"字构形疑即"慶"字的省形,与《龙龛手镜》中的"憿"字构件相同而无音义联系。

[翨]

"翨"字原篆作 𩙿(《包》简200)、 𩙿(《郭·太》简7),构形从能、从羽。《龙龛手镜·羽部》有字作"翯",构件与楚简"翨"字相同:"翯,奴勒反,虫名也。"《康熙字典·羽部》引《篇海》:"翯,虫名,与䗇同。"

---

① 湖北省博物馆:《曾乙侯墓》,北京:文物出版社1989年7月第1版第518页注139。

简文中,"羆"字27见,多用作"一"。如:

羆(一)块(缺)羆(一)浧(盈),以忌(纪)爲塓(萬)勿(物)經。(《郭·太》简7)

原整理者云:"羆,读作'一'。此字亦见于间本《五》'叟人君子,其义羆也'句。《诗·曹风·鸤鸠》:'淑人君子,其仪一兮。'可证'羆'当读作'一'。鄂君启节有'岁羆返',亦当读作'岁一返',意即年内往返一次。"① 刘钊云:"'羆'字又见於鄂君启节,亦用为'一',其构形尚不清楚。"②

按:楚简文字中的"羆"字与《龙龛手镜》中的"羆"字构件虽相同而无音义关系。

[朧]

"朧"字原篆作🔲(《郭·穷》简10)、🔲(《上二·民》简11),构形从肉、豊声,字见于《龙龛手镜》。《龙龛手镜·肉部》:"朧、胮,二俗;胖,古;膧,正;胮,今普邦反,胮胀,腹满也。"又,《集韵·江韵》:"胮,胮肛,肿也。或作膧。"《字汇·肉部》:"膧,胀也。"

简文中,"朧"字11见,均用同"體"。如:

亡(無)朧(體)之豊(禮),槐(威)我(儀)異=(翼翼);亡(無)備(服)㲋(喪),它(施)遝(及)四國。亡(無)聖(聲)之樂,嬰(氣)志既從;亡(無)朧(體)之豊(禮),上下禾(和)同。(《上二·民》简13)

按:"朧"即楚简文字的"體"之异体,与《龙龛》中的"朧"无音义关系。《汉语大字典》所收《睡虎地秦简》"體"字作🔲(睡虎地简三六·七九),与楚简文字构形完全相同,亦可证。

[迷]

"迷"字原篆作🔲(《新·甲三:16》简67)、🔲(《新·甲三:127》简160),构形从辵、朱声,字见于《龙龛手镜》。《龙龛手镜·辵部》云:"迷,《旧藏》作迷。"又云:"迷,郭氏俗呼角反,在《广弘明集》第二十四卷中。"

简文中,"迷"字11见,10例为《新蔡》简,1例为《清华简》,且均

---

① 荆门市博物馆:《郭店楚墓竹简》,北京:文物出版社1998年5月第1版第126页。
② 刘钊著:《郭店楚简校释》,福州:福建人民出版社2003年12月第1版第45页。

用作"速"。如：

(1) 怀=敀=甴=心=之=疾=（怀膺甴心之疾，怀膺甴心之疾），迷（速）瘳迷（速）瘥（瘥）。（《新·甲三：22、59》简72）

(2) 占之：[吉]，迷（速）又（有）闋（间），無祱（祟）。（《新·甲三：208》简233）

按："朱""束"二字古音相近，疑楚简文字的"迷"即"速"之异体，与《龙龛手镜》中的"迷"字无音义关系。

第五节　从楚简新出字看《广韵》的文字学价值

我国历史上第一部官修的韵书——《广韵》，既是现存的最早的韵书，也是一部重要的字书。清潘耒《重刊古本广韵序》即云："此书之不专为韵也，取《说文》《字林》《玉篇》所有之字而毕载之，且增益其所未备，釐正其字体，欲使学者一览而声音文字包举无遗。故《说文》《字林》《玉篇》之书不可以该音学，而《广韵》一书可以该六书之学，其用宏矣。"[①] 周祖谟《广韵校本·序言》亦云："《广韵》虽为韵书，实兼字书之用，乃唐以前文字训诂之总汇。"[②]《广韵》收字凡26194个（含重音字），较之此前的字韵书都多。《广韵》中的这部分增收的字，既有魏晋南北朝至唐宋时期产生的俗字、讹字，更有传承自战国时期的古文字。关于《广韵》中的增收字，鲜有学者进行过深入的专题研究，利用出土的古文字材料对《广韵》增收字进行勘对、梳理的工作也很不够，而关于《广韵》一书的文字学价值，也很少有学者论及。

楚简新出字中共有72例字是此前字韵书未收而首次见收于《广韵》，理论上说，这72例字都当是属于《广韵》的增收字。本节拟以见收于《广韵》的楚简新出字为例，与《广韵》中所对应的增收字进行比较，重点讨论《广韵》一书的文字学价值。

关于《广韵》一书的价值，刘叶秋先生在其《中国字典史略》中是这样说的："《广韵》的价值，首先在于它的反切，为我们研究中古音，提供

---

① ［清］潘耒：《重刊古本广韵序》，载《广韵校本》，北京：中华书局2004年6月第3版。
② 周祖谟著：《广韵校本》，北京：中华书局2004年6月第3版。

了重要依据；其次在于它的解说，为我们研究古代文字训诂，汇辑了丰富的资料。"① 这是就《广韵》作为字韵书的一般意义而言。以楚简新出字为例，对《广韵》进行比较、考察后，我们认为，《广韵》的文字学价值就在于：一、辑存有大量的传承自战国时期的古文字资料；二、辑存有丰富的文字异体资料；三、辑存有原始的《说文》文字形体及用字资料。下面逐一予以讨论。

一 辑存有大量的传承自战国时期的古文字资料

《广韵》一书的编纂，是在《切韵》系统韵书的基础上再作修订的，增收了单字，补充了注释，调整了一些韵目，同时还非常注意古文献资料的征引，所谓"凡经史子志，九流百家，僻书隐籍，无不摭采"（清潘耒《重刊古本广韵序》中语）。刘叶秋先生亦云："书内包括的古代天文、地理、名物、典制、音乐、医药、草木、禽兽以及异闻、传说等多方面的内容，亦足资参考。其中有的是从《切韵》《唐韵》继承而来，有的是陈彭年等重修时所补充。它的引证，不仅出自经史子集，还兼采小说、杂记，范围甚广。这部韵书，是在一定程度上，又带有百科词典性质的。对于州郡沿革、姓氏源流、叙述尤详；清李慈铭即曾指出：'《广韵》所最详者氏姓，考据家所宝贵。'"② 正是由于《广韵》编纂过程中的如此广征博引，其在汇辑了大量的古训诂资料的同时，实际上也保存了大量的古文字资料。而《广韵》所辑存的古文字资料，尤其是其中此前字韵书未曾收入的这部分古文字资料，对于我们进行古文字研究乃至汉字发展史的研究都是极具重要的文字学价值。另外，《广韵》中所征引的许多古文献于今已经失传，所谓"古书数十种不存于今者，赖其征引班班可见，有功于载籍亦大矣"③，因此，其所辑存的古文字资料弥足珍贵。

见于《广韵》的楚简新出字凡72例，其中大部分是见于《广韵》中的正字。这些见于《广韵》正字的楚简新出字，有的字例的构形、字用均与《广韵》中的正字相吻合，可以肯定，这二者之间存在传承关系；也有几例楚简新出字与《广韵》中的正字之间只是构形相同而无音义关系，并不构成传承关系；还有一部分字例则因在简文中借作他用，或用作人名、地名，虽难以与《广韵》中的字进行直接的比较，但不排除构成传承关系的可能。

---

① 刘叶秋著：《中国字典史略》，北京：中华书局1983年6月第1版第203页。
② 同上书，第203页。
③ [清] 潘耒：《重刊古本广韵序》，载《广韵校本》，北京：中华书局2004年6月第3版。

因此，我们可以说，《广韵》中的这部分与楚简新出字构形相合、字用相同（或相通）的增收字（当然还应当包括其他的增收字），除可以明确不构成传承关系的几例字例外，均当是传承自战国时期的古文字。

接下来，我们从中选取 17 例构形、字用均与《广韵》正字相吻合的楚简新出字，将其逐一与《广韵》进行简要的比较讨论。

［縁］

"縁"字原篆作█（《汇·信二》简 14）、█（《汇·信二》简 1），构形从糸、彖，字见于《广韵》。《广韵·至韵》："縁，佩玉缘也。"又，《集韵·至韵》："縫，《尔雅》：'綏也。'所以连系瑞玉者。或省。"

简文中，"縁"字 9 见，均用同"縫"。如：

　　組縁，一屮齊緅之斂，帛裏，組縁，七見枽之衣，屯又常，二虗，一墬簟，緈一尐墬簟，一紅介之留衣，帛裏，綎豆。（《汇·信二》简 5）

《战国楚简研究》："组縁即组縫。《尔雅·释器》：'縫，绥也。'郭璞注：'即佩玉之组，所以连系瑞玉者，因通谓之縫也。'这里的组縫，是指佩玉的带子。"[①]

［鐶］

"鐶"字原篆作█（《汇·信二》简 20），构形从金、睘声，字见于《广韵》。《广韵·删韵》："鐶，指鐶。"又，《集韵·删韵》："鐶，金環也。"《洪武正韵·删韵》："鐶，指鐶也。"《正字通·金部》："凡圜郭有孔可贯系者谓之鐶。通作環。"

简文中，"鐶"字 7 见，用同"環"。如：

　　革綅繡，又玉鐶，紅纓【之綏】。（《汇·仰天湖 25 号》简 14）

［鵲］

"鵲"字原篆作█（《上一·孔》简 13）、█（《上一·孔》简 10），构形从鳥、昔声，即"鵲"字。《广韵·药韵》："鵲，《淮南子》云：'鵲知太岁之所。'《字林》作雒。"又，《说文·烏部》："舃，雒也，象形。雒，篆文从隹、昔。"

简文中，"鵲"字 3 见，均用同"鵲"。如：

[①] 中山大学古文字研究室编：《战国楚简研究》第二辑第 17～18 页，未刊稿。

211

闘足之攺（怡），枺木之告（時），灘呈之智（智），鶹楝之逞（歸），甘棠之保（褒），綠衣之思，躳=（躳躳）之情，害日童而皆叺於丌（其）初者也。（《上一·孔》简10）

[仦]

"仦"字原篆作 ⿰亻𤓰（《上三·周》简33）、⿰亻𤓰（《上三·周》简33），构形从人、瓜声，字见于《广韵》。《广韵·麻韵》："仦，仦邪，离绝之皃。"又，《集韵·佳韵》："苽，不正也。或作仦。"

简文中，"仦"字2见，用同《广韵》。如：

四：楑（睽）仦（孤），遇元夫，交孚，礪（厲）亡（无）咎。六五：思（悔）亡（无），陞（陞）宗醫（噬）肤（膚），致（往）可（何）咎。上九：楑（睽）仦（孤），見豕償（負）奎（塗）。（《上三·周》简33）

原整理者云："'仦'，亦通'乖'。《集韵》：'仦，乖'，'不正也，或作华'，'仦邪离绝貌'。或读为'孤'。"①

[坒]

"坒"字原篆作 ⿱穴土（《新·乙一：22》简457）、⿱穴土（《郭·穷》简10），构形从土、穴声，字见于《广韵》。《广韵·屑韵》："坒，呼决切，穴也。"又"坒，胡决切，空深皃。"

简文中，"坒"字7见，用作"穴"。如：

（1）驥（驥）駒張山繄坒（塞）於卲朵，非亡膣（體）壯也。（《郭·穷》简10）

（2）取皮（彼）才（在）坒（穴）。（《上三·周》简56）

例（1）之"坒"，李零释读为"塞"，并云："'塞'，原从土从穴，与'厄'含义相近。"② 例（2），原整理者云："'坒'，《集韵》：'坒，空深貌。'或读为'穴'，《说文·穴部》：'穴，土室也。'"③

按：例（1）之"坒"字疑无须破读。《广韵·屑韵》："坒，穴

---

① 马承源主编：《上海博物馆藏战国楚竹书（三）》，上海：上海古籍出版社2003年12月第1版第181页。
② 李零著：《郭店楚简校读记》，北京：北京大学出版社2002年3月第1版第88页。
③ 马承源主编：《上海博物馆藏战国楚竹书（三）》，上海：上海古籍出版社2003年12月第1版第212页。

也。""坎"用如动词，有深陷之意。文献中，穴亦或可名词用如动词。《大戴礼记·夏小正》："熊罴貂貉颾鼬则穴，若蛰而。"《文选·序》："冬穴夏巢之时，茹毛饮血之世，世质民淳，斯文未作。"诸"穴"均用作动词。

［慾］

"慾"字原篆作 、，构形从心、欲声，字见于《广韵》。《广韵·烛韵》："慾，嗜慾。"又，《集韵·烛韵》："慾，情所好也。"

简文中，"慾"字3见，均用为"欲"。如：

异（翼）生异（翼），鬼（畏）生鬼（畏），韋（悼）生非＝（悲，悲）生韋（悼），衰（哀）生衰（哀），求慾（欲）自返＝（復。復）。（《上三·亙》简3）

原整理者云："'慾'读'欲'。这里是说异性相求。"[①]

［㷄］

"㷄"字原篆作 ，构形从火、从吹，字见于《广韵》。《广韵·支韵》："㷄，㷄歆，贪者欲食皃。许羁切"。又，《广韵·支韵》："㷄，㷄歆，乞人见食皃。香支切。"

简文中，"㷄"字1见，用同《广韵》。如：

晶（三）日，王又（有）埜（野），色逯者（睹）又（有）㷄人。（《上四·柬》简16）

原整理者云："'㷄'，《类篇》：'虚宜切，㷄歆欲食也。'《广韵》：'㷄，㷄歆乞人见食皃。'本句意'三日，王去四郊之外，惊愕地看着饥荒者'。"[②]

［䖵］

"䖵"字原篆作 ，构形从虫、开声，亦即"蚈"字。《广韵·先韵》："蚈，萤火。"又，《集韵·先韵》："蚈，虫名。萤火也。"古文字构形上下、左右多无别。

简文中，"䖵"字仅1见，或用同。如：

[①] 马承源主编：《上海博物馆藏战国楚竹书（三）》，上海：上海古籍出版社2003年12月第1版第292页。

[②] 马承源主编：《上海博物馆藏战国楚竹书（四）》，上海：上海古籍出版社2004年12月第1版第209页。

善使其下，若蚰蟲（蚤）之足，眾而不割（害），割（害）而不僕（仆）。（《郭·语四》简 17～18）

原整理者云："蚰蟲，也作'蚚蚤'，虫名。"裘按："'蚰'，即百足虫；蚤，除解释为蚰蜒外，亦有解释为百足虫的。"①

[蚘]

"蚘"字原篆作（《上五·鬼》简 7）、（《新·甲三：143》简 172），构形从虫、尤声，字见于《广韵》。《广韵·灰韵》："蚘，人腹中长虫。"又，《集韵·灰韵》："蛕，或作蚘、蚘。"又，《集韵·尤韵》："蚘，蚩蚘，古诸侯号，通作尤。"

简文中，"蚘"字 3 见，用作"尤"，用作"忧"。如：

蚩蚘（尤）夋（作）兵。（《上五·鬼》简 7）

原整理者云："'蚩蚘'，即'蚩尤'，'尤'字从虫的写法也见于战国铜器《鱼颠匕》铭。"②

[依]

"依"字原篆作（《上六·孔》简 18），构形从人、哀声，字见《广韵》。《广韵·尾韵》："依，哭馀声。"

简文中，"依"字 1 见，用同。如：

行年，民舊（久）瘖（問），不善（對）不依，亓（其）行□□□□。（《上六·孔》简 18）

原整理者云："'依'，《集韵》：'依，或作悠、譩、噫。'哭的馀声曲折悠长。《孝经·丧亲第十八》：'孝子之丧亲也，哭不依。'又亦'应答'意。"③

按：《礼记·闲传》："大功之哭，三曲而依。"郑玄注："三曲，一举声而三折也；依，声馀从容也。"陆德明释文："依，《说文》作'悠'，云：

---

① 荆门市博物馆：《郭店楚墓竹简》，北京：文物出版社 1998 年 5 月第 1 版第 218 页。
② 马承源主编：《上海博物馆藏战国楚竹书（五）》，上海：上海古籍出版社 2005 年 12 月第 1 版第 327 页。
③ 马承源主编：《上海博物馆藏战国楚竹书（六）》，上海：上海古籍出版社 2007 年 7 月第 1 版第 217 页。

痛声。"《孝经·丧亲章》："孝子之丧亲也，哭不偯。"唐玄宗注："气竭而息，声不委曲。"

[迺]

"迺"字原篆作 ![字形] (《新·甲三：99》简137)，构形从辵、乃声，字见于《广韵》。《广韵·蒸韵》："迺，往也。"《集韵·蒸韵》："迺，及也。"

简文中，"迺"字4见，用同《广韵》。如：

犠馬，先之吕（以）一璧，迺而逞（歸）之。(《新·甲三：99》简137)

[綼]

"綼"字原篆作 ![字形] (《包》牍1)，构形从糸、卑声，字见于《广韵》。《广韵·锡韵》："綼，紷綼，絮也。"又，《集韵·锡韵》："綼，紷綼，絮也。"又或"裳在幅饰，一曰丝细。"

简文中，"綼"字2见，用同《广韵》。如：

白金大、赤金之鈢，絑組鑐（鐮）之大，楚綼。(《包》牍1)

[俍]

"俍"字原篆作 ![字形] (《郭·尊》简21)，构形从人、良声，字见于《广韵》。《广韵·荡韵》："俍，俍偒，长皃。"又，《集韵·阳韵》卷三："俍，良工也。"

简文中，"俍"字1见，用作"諒"（良）。如：

行矣而亡慝，業心於子俍，忠信日益而不自知也。(《郭·尊》简21)

《郭店》裘按："此句疑读为'养心于子谅'。《礼记·乐记》：'致乐以治心，则易直子谅之心油然生矣。易直子谅之心生则乐，乐则安，安则久，久则天，天则神。'其文亦见《礼记·祭义》。子谅，《韩诗外传》作'慈良'，《礼记·丧服四制》中亦'慈良'。"[1]

按：《庄子·庚桑楚》："夫工乎天而俍乎人者，唯全人能之。"陆德明释文："俍，崔云，良工也。"成玄英疏："俍，善也。""俍"字之用与简文同。

---

[1] 荆门市博物馆：《郭店楚墓竹简》，北京：文物出版社1998年5月第1版第175页。

[毫]

"毫"字原篆作🖻（《包》简273），构形从毛、高声，字见于《广韵》。《广韵·豪韵》："毫，長毛。"又，《集韵·豪韵》："毫，长锐毛也。"字或隶作"髚"。

简文中，"毫"字3见。如：

其上載：鼺胥，髚首；二栽，𢧢；二罶，二帣，皆木；九罶，二戣，皆𢧢；二罶。（《包》简273）

原整理者云："髚，借作翯，《广雅·释器》：'翯，白也。'翯首即是用白色羽毛装饰的旌旗顶端。"①

按：疑"毫""翯"古本一字之异体。二字构形皆从高得声，且构形从毛、从羽，意近可通。《说文·羽部》："翯，鸟白肥泽皃。从羽、高声。《诗》云：'白鸟翯翯。'"《诗·大雅·灵台》："麀鹿濯濯，白鸟翯翯。"毛传："肥泽也。"又，《集韵·皓韵》："翯，素羽。"

[珓]

"珓"字原篆作▨（《汇·望二》简7），构形从玉、交声，字见于《广韵》。《广韵·效韵》："珓，杯珓，古者以玉为之。"又，《集韵·效韵》："珓，杯珓，巫以占吉凶器者。"

简文中，"珓"字仅1见。如：

□臭紃䋱又鍉錸□，區骨珓敖，敞革緙紳䜴絲總，貍莫之𢽾，紫羍之□，皆紃，紫黃之組，丹辛緻之𢧢，肻黃裏，丹辛緻之辛童黃㞢。（《汇·望二》简7）

《望山楚简》云："仰天湖七号简有'骨交'，与'骨珓'当为同语的异写。此墓一八号简又有'黄生角之交'，一九号简又有'白金之交'。'交'当是器物上的一种饰物或附件。"②

[鄟]

"鄟"字原篆作▨（《包》简26）、▨（《包》简26），构形从邑、專声，字见于《广韵》。《广韵·仙韵》："鄟，邾鄟，邑名。"又，《字汇·邑部》："鄟，国名。"

---

① 湖北省荆沙铁路考古队：《包山楚简》，北京：文物出版社1991年10月第1版第66页注652。

② 湖北省文物考古研究所：《望山楚简》，北京：中华书局1995年6月第1版第117页。

简文中,"鄟"字2见,用作地名。如:

  八月壬申之日,鄟昜大正登生鈜受期,八月癸巳之日不慻鄟昜宧夫=(大夫)以廷,阩門又敗。(《包》简26)

[峗]

"峗"字原篆作、,构形从山、危声,字见于《广韵》。《广韵·支韵》:"峗,三峗,山名。"又,《集韵·支韵》:"峗,三峗,山名,在鸟鼠西。或书作嶎,通作危、厃。"

简文中,"峗"字2见,用作山名。如:

  各一少環,峗山一丑。(《包》简214)

二 辑存有丰富的文字异体资料

  一般来说,两个或两个以上文字符号记录同一个词的一组字,都可以称之为异体字。在我国字韵书编纂的历史上,编纂者们很早就注意到对异体字的收列。许慎编纂《说文》就非常注意文字异体资料的收集,《说文》中的重文(古文、籀文、或体、俗字、今字等)可以说就是我们今天所说的异体字。许慎编纂《说文》注重异体字的收列,可以说是开字书编纂体例之先河。这一传统对后世影响很大而被后世的一些重要字书,诸如《玉篇》《类篇》乃至《康熙字典》所继承。《广韵》的编纂者则将这一传统移植于韵书的编纂之中而有意对当时的文字异体加以收集,且所收列的异体字数量非常可观,表现在《广韵》的体例上就是于文字异体之前或之后多标注"古文""俗""俗从""俗作""亦作""上同"等字样。《广韵》所收列的文字异体之中,既有魏晋南北朝至唐宋时期产生的俗字、讹字,亦有相当一部分字是传承自战国时期的古文字。因此,《广韵》所辑存的文字异体资料,对于我们进行古文字研究乃至汉字发展史的研究亦是具有重要的文字学价值。

  在72例见收于《广韵》的楚简新出字中,有一部分字例与《广韵》所辑录的异体相合,将这部分楚简新出字与《广韵》进行比较后,我们发现,楚简新出字与《广韵》之间不仅是构形上的相合,字用上亦相同或相通。因此,我们可以说,《广韵》中的这部分异体字均当是传承自战国时期的古文字。换句话说,《广韵》所辑录的古文字资料不仅见诸其正字之中,亦散见于其所辑录的异体字之中。而由此引发我们思考的问题是，对于历代字韵书中所辑录的异体字，尤其是其中的俗字，我们究竟该持何态度？汉字自从有了规范整理以来，其字体就有所谓的正体、俗体（亦称或体）之别，而后者无论是在字韵书的编纂还是在日常生活的使用上都受歧视，难登大雅之堂，但其生命力却异常强盛，颇有"野火烧不尽、春风吹又生"之势，因此，这恐怕应该是我们今后进行汉字发展史研究所需要注意的一个问题。

接下来，我们从与《广韵》所辑录的异体相合的楚简新出字中选取 11 例字例，从构形、字用方面逐一与《广韵》进行比较讨论。

［菓］

"菓"字原篆作（《曾》简 9）、（《曾》简 62），构形从艸、果声，字见于《广韵》。《广韵·果韵》："果，果敢，又胜也，定也，剋也，亦木实。《尔雅》曰：'果不熟为荒。'俗作菓。古火切。"

简文中，"菓"字 5 见，用同"果"。如：

一戟，二菓，又（有）　，一翼翻。（《曾》简 3）

原整理者云："'菓'，或写作'果'。简文所记的戟几乎都加上'二果'或'三果'的说明，结合出土实物来看，'二果'、'三果'是指戟有二个或三个戈头。'果'、'戈'古音相近，大概当时人为了区别于一般的戈，把戟上的戈称'果'。"[①]

［笋］

"笋"字原篆作（《包》简 180），构形从竹、尹声，字见于《广韵》。《广韵·準韵》："筍，竹萌。思尹切。笋，俗。"又，《集韵·準韵》："筍，竹胎也。或作笋。"《尔雅·释草》："筍，竹萌。"《说文·竹部》："筍，竹胎也。从竹、旬声。"

简文中，"笋"字 1 见，用作地名。如：

壬戌，赗笋舍㠯女、舟室㐭臣、畾（靈）里子之州差訾晴、競貯之州加公墜　、氀馭郘悒。（《包》简 180）

［鏎］

"鏎"字原篆作（《汇·仰》简 32），构形从金、畢声，字见于《广

---

① 湖北省博物馆：《曾侯乙墓》，北京：文物出版社 1989 年 7 月第 1 版第 505 页注 29。

韵》。《广韵·质韵》："鎞，简鎞。《尔雅》曰：'简谓之畢。'注：'谓简札也。'俗从金。"

简文中，"鎞"字1见，或用同"畢"。如：

　　鎞箕，一十二箕，皆又繢縫。(《汇·仰》简32)

[梨]

"梨"字原篆作 ![字形] (《上六·競》简1)、![字形] (《上六·競》简13)，构形从木、利声，字见于《广韵》。《广韵·脂韵》："棃，果名。魏文诏云：真定御棃大如拳，甘如蜜。九脂切。梨，上同。"

简文中，"梨"字4见，借用作"梁"，或借用作"濟"。如：

　　(1)割牀（瘡）與梨（梁）丘盧（據）言於公曰：虗（吾）幣帛甚媢（嫟）於虗（吾）先君之量矣，虗（吾）珪琛（寳）大於虗（吾）先君之。(《上六·競》简1)

　　(2)今新（薪）登（蒸）思吳（虞）守之；葷（澤）梨（濟）吏（史）魰守之；山梵（林）吏（史）莫（衡）守之。(《上六·競》简8)

原整理者于例(1)之"梨"字云："'梨'，今本作'梁'，音可通。……'棃丘盧'，即'梁丘據'。'梁丘據'，字'子犹'，又称'子游'、'梁邱據'、'梁丘子'、'梁丘'、'據'，齐景公之嬖大夫。"于例(2)之"梨"云："'葷 '，《集韵》：'葷，葛属。'读为'泽'。'梨'，疑读为'济'，古水名，亦名'沛水'，为四渎之一。"①

[杯]

"杯"字原篆作 ![字形] (《汇·望二》简5)、![字形] (《汇·信二》简8)，构形从木、不声，字见于《广韵》。《广韵·灰韵》："桮，《说文》曰：'𩰲也。'布回切。杯，上同。"又，《集韵·灰韵》："桮，《说文》：'𩰲也。'盖今饮器。或作杯。"

简文中，"杯"字4见，用同《广韵》。如：

　　亓木器，杯豆卅=，杯卅=，一櫖五箕。(《汇·信二》简8)

---

① 马承源主编：《上海博物馆藏战国楚竹书（六）》，上海：上海古籍出版社2007年7月第1版第164页、181页。

219

《战国楚简研究》云:"'杯豆三十,杯三十',与墓右侧室出土杯豆和杯的数字相等。"①

[栉]

"栉"字原篆作🔲(《包》简259),构形从木、即声,字见于《广韵·栉韵》:"栉,梳也。阻瑟切。栉,上同。见《周礼》。"又,《集韵·栉韵》:"栉,《说文》:'梳叱之总名也。'或作栉。"

简文中,"栉"字1见,用同"栉"。如:

　　一缝(巾)夐(筭),六缝;一纬粉;四栉,一夐;一横柅,又(有)绘绤,缟䌉;一缟箬(席)。(《包》简259)

原整理者云:"栉,读如栉,梳篦的统称。四件梳篦放于一竹笥中。"②
按:"栉""栉"乃一字之异体,简文中之"栉"无须破读。

[秜]

"秜"字原篆作🔲(《上五·季》简6),构形从禾、也声,字见于《广韵》。《广韵·支韵》:"移,迁也,遗也,延也,徙也,易也。《说文》曰:'禾相倚移也。'又,官曹公符不相临敬则为移书茂表之类也。亦姓,《风俗通》云:汉有弘农太守移良。弋支切。秜,上同。"又,《集韵·支韵》:"移,或作秜。"

简文中,"秜"字1见,用同"移"。如:

　　窆(窆)秜(移)肥也。(《上五·季》简6)

原整理者云:"'秜',《集韵》:'移,或作秜。''移',改变。《荀子·乐论》:'移风易俗。'"③

[肤]

"肤"字原篆作🔲(《上三·周》简33),构形从肉、夫声,字见于《广韵》。《广韵·虞韵》:"肤,皮肤又美也,传也。肤,上同。"

简文中,"肤"字4见,用同"肤",或借用作"逋"。如:

---

① 中山大学古文字研究室编:《战国楚简研究》第二辑第24页,未刊稿。
② 湖北省荆沙铁路考古队:《包山楚简》,北京:文物出版社1991年10月第1版第61页注551。
③ 马承源主编:《上海博物馆藏战国楚竹书(五)》,上海:上海古籍出版社2005年12月第1版第211页。

(1) 九二：不克讼，逋（归）肤（逋），其邑人三。(《上三·周》简4)

(2) 六五：悬（悔）亡（无），陞（陞）宗豔（噬）肤（膚），敜（往）可（何）咎。(《上三·周》简33)

上揭二例之"肤"字，原整理者云："'肤'，读作'逋'，'逋''肤'上古韵均入鱼部，相通，《说文》：'逋，亡也。'又《增修互注礼部韵略》：'逋，逃也，欠也，颜师古曰：欠负官物亡匿不还者，皆谓之逋，故又训负。'或疑'逋'读为'赋'。"又云："'肤'，同'膚'，《集韵》：'肤，皮也、美也，或作肤。'"①

[薑]

"薑"字原篆作 、，构形从艸、彊声，字见于《广韵》。《广韵·阳韵》："薑，菜名。《说文》云：'禦溼之菜。'《史记》云：'千畦薑韭与千户侯等。'居良切。薑，上同。"

简文中，"薑"字2见，用同"姜"。如：

蒻（筍）二笄、萑（葚）二笄、葉（荅）二笄、薑（姜）二笄、蓏一笄。(《包》简258)

原整理者云："薑，读如姜。"②

按："薑""薑"（姜）古本一字之异体，无须破读。字或作"薑"。《说文·艸部》："薑，禦溼之菜也。从艸、彊声。"字今作"姜"，为"薑"的简化字。

又，周祖谟《广韵校本》认为《广韵》之"薑"乃"薑"字之讹，其语云："薑，此字当依说文作薑，敦煌王韵不误。"③今据楚简文字知《广韵》字作"薑"不误。《汉语大字典》"薑"字条下云："同'薑'。……《广韵·阳韵》：'薑'，同'薑'。"误。《广韵·阳韵》字作"薑"而不作"薑"。

[枆]

"枆"字原篆作 ，构形从木、毛声，字见于《广韵》。

---

① 马承源主编：《上海博物馆藏战国楚竹书（三）》，上海：上海古籍出版社2003年12月第1版第142页、181页。

② 湖北省荆沙铁路考古队：《包山楚简》，北京：文物出版社1991年10月第1版第61页注533。

③ 周祖谟著：《广韵校本》，北京：中华书局2004年6月第3版下册第174页。

《广韵·豪韵》:"橾,冬桃。莫袍切。栳,上同。"

简文中,"栳"字仅1见。如:

一緄,組綏;一緶;二馬之栳;二鑑。(《包》简277)

按:据同一简中的各字多从糸作,疑"栳"或当读若髦。《说文·木部》:"橾,冬桃。从木,孜声。读若髦。"又,《说文·髟部》:"髦,发也。从髟、从毛。"徐锴《系传》:"从髟、毛声。"玄应《一切经音义》卷四引作"髦,发中豪者也。""髦"亦泛指毛发。《广雅·释器》:"髦,毛也。"清俞正燮《癸巳类稿》卷六:"脉不通,血不流,髦毛不泽,面黑如漆。"

[杔]

"杔"字原篆作 ⿰木匕(《汇·信二》简15),构形从木、匕声,字见于《广韵》。《广韵·旨韵》:"杔,《礼记》注云:'所以载牲体。'杔,上同。"又,《集韵·旨韵》:"杔,所以载牲体。通作匕。"《礼记·杂记上》:"杔以桑,长三尺,或曰五尺。"郑玄注:"杔,所以载牲体者,此谓丧祭也,吉祭杔用棘。"孔颖达疏:"杔者所以载牲体,从镬以杔升入于鼎,从鼎以杔载入於俎。"

简文中,"杔"字1见,用同"匕"。如:

一口鏽,一膚盲,一鋑杔,一脛。(《汇·信二》简15)

《战国楚简研究》云:"鋑,《集韵》:'鋑,同銛,利刃也。'杔为匕之异体字,以木制,故从木。"①

三 辑存有原始的《说文》文字形体及用字资料

关于《广韵》的收字,刘叶秋先生说:"凡见于《说文解字》《字林》《玉篇》等字书中的文字,《广韵》皆备载无遗,并又有所增益。"②《广韵》的编纂者在将《说文》《字林》等字书中的文字尽收其中的同时,还非常注意文字构形及时代用字的发展变化,凡遇文字构形与《说文》《字林》不同,或因时代的发展变化而出现的用字与《说文》《字林》不同等情况时,其在《广韵》的编排体例上则于文字释义之后均标注出"《说文》作

---

① 中山大学古文字研究室编:《战国楚简研究》第二辑第27页,未刊稿。
② 刘叶秋著:《中国字典史略》,北京:中华书局1983年6月第1版第203页。

某""《字林》作某"等字样。如:《广韵·药韵》:"鹊,《淮南子》云:'鹊知太岁之所。'《字林》作䧿。"意在说明《字林》时的"䧿"字与《广韵》时的"鹊"字,在文字构形上有从鸟、从隹之别。又如,《广韵·铎韵》:"寞,寂寞。《说文》作嗼。"则表明《说文》时代与《广韵》时代在用字上存在"嗼"与"寞"之不同。《广韵》一书的如此编纂,为我们动态地研究文字构形的变化、时代用字的差异提供了丰富的文献资料,而其所辑存的早期字书中有关文字构形、用字等方面的原始资料,对于我们进行《说文》《字林》等早期字书的研究来说是非常珍贵的文献资料。因此,《广韵》所辑存的早期字书中有关文字构形、用字等方面的资料,可以说,对于我们进行古文字研究乃至汉字发展史研究同样是具有重要的文字学价值。

下面我们借助于《广韵》中的这一体例,对楚简新出字中的 3 个字例作些简要的讨论。

[寞]

"寞"字原篆作🔲(《上三·周》简 45)、🔲(《郭·唐》简 9),构形从宀、莫声,字见于《广韵》。《广韵·铎韵》:"寞,寂寞。《说文》作嗼。"简文中,"寞"字 4 见,用同《广韵》,或借用作"盲"。如:

(1)上六:荥枓(救)勿寞,又(有)孚元。(《上三·周》简 45)
(2)古者吴(虞)舜 笡(笃)事兆(瞽)寞,乃弋其孝;忠事帝尧,乃弋其臣。(《郭·唐》简 9)

例(1),原整理者云:"'寞',寂寞、冷落。荥受救治,不再冷落、荒废。"①例(2),原整理者云:"瞽寞,常指舜父瞽叟。"②李零云:"寞,……疑读'盲'('盲'是明母阳部字,'寞'是明母铎部字,读音相近)。舜父瞽叟是因目盲而名。'瞽'是睁不开眼的瞎子(闭目如鼓,仅留其缝),'叟'同'瞍',是有眼珠无瞳仁的瞎子,'盲'也是有眼珠无瞳仁的瞎子。"③

按:《广韵·铎韵》:"嗼,鼽嚏。慕各切。"又,《广韵·陌韵》:"嗼,《诗》云:'盈盈一水间,嗼嗼不得语。'莫白切。"《广韵》对"寞""嗼"二字的训释,明确地告诉我们,在《广韵》时代,文字的使用已经发生了变化,《说文》时用作"嗼嗼"的"嗼",在《广韵》时代则已用作"鼽

---

① 马承源主编:《上海博物馆藏战国楚竹书(三)》,上海:上海古籍出版社 2003 年 12 月第 1 版第 198 页。
② 荆门市博物馆:《郭店楚墓竹简》,北京:文物出版社 1998 年 5 月第 1 版第 159 页。
③ 李零著:《郭店楚简校读记》,北京:北京大学出版社 2002 年 3 月第 1 版第 97 页。

嚛"之"嘆"，而其所记录的"啾嘆"一词，在《广韵》时代，字已写作"寂寞"。因为有了这种时代用字的不同，所以，《广韵》于"寞"字释义之后标注出"《说文》作啾嘆"的字样，以示不同时代的用字已经发生了变化。作为一种字韵书的编纂体例，《广韵》书中的类似记录还有很多，这就为我们进行不同时代用字的比较研究辑存了丰富的原始而可靠的文献资料。遗憾的是，《广韵》的这一编纂体例在其后来的《集韵》当中已不复存在。如：《集韵·铎韵》："寞，寂寞，无声也。勤，动也。嘆，《说文》：'啾嘆也。'一曰定也。"又，《集韵·陌韵》："嘆，《博雅》：'安也'。"并未对"寞""嘆"二字时代使用的不同作出相应的比较说明。因此，从这个意义上说，《集韵》一书的文字学价值不及《广韵》。

[繺]

"繺"字原篆作🀄（《郭·尊》简1）、🀄（《郭·性》简30），构形从車，𤔔（絲）声，字见于《广韵》。《广韵·至韵》："轡，马轡。《说文》作繺。兵媚切。"周祖谟《广韵校本》云："繺，黎本、景宋本作轡，与《说文》合。"

简文中，"繺"字7见，用作"轡"，或借用作"累""戀"。如：

（1）古（故）繺（轡）𦻎（親）尃（傅）也；其言尔信，古（故）怛而可受也。（《郭·忠信之道》简8）

（2）居喪必又（有）夫繺＝（累累）之哀。（《上一·性》简29）

（3）居喪必又（有）夫繺＝（戀戀）之忧（哀）。（《郭·性》简67）

例（2），原整理者云："'繺'字下有重文符。繺繺，读为'累累'，繺、累，上古同属微部韵。下第二十九简'居丧必有夫繺繺（累累）之哀'，与《礼记·玉藻》'丧容累累'意相合。"①例（3），原整理者云："'繺'即'轡'字，疑读为'戀'。"②

按：《说文·絲部》："轡，马轡也。从絲、从軎。与连同意。《诗》曰：'六轡如丝。'"据《广韵》所辑，知《说文·絲部》之"轡"字原当作"繺"，不从口作，故而段玉裁在"轡"字下注云："《广韵》六至'轡'下云：'《说文》作繺'。此盖陆法言、孙愐所见《说文》如此，而仅存焉。以絲运车，犹以扶軨车，故曰繺与连同意。"今与楚简文字比照，知《广韵》

---

① 马承源主编：《上海博物馆藏战国楚竹书（一）》，上海：上海古籍出版社2001年11月第1版第248页。

② 荆门市博物馆：《郭店楚墓竹简》，北京：文物出版社1998年5月第1版第183页。

所辑不误。又，金文"鞻"字作█（公贸鼎），构形从車、从█，不从口；古玺文"鞻"字作█（《古玺文编》2504）、█（《古玺文编》2503），构形从車、从絲或从█，亦不从口作，均可证《广韵》所辑《说文》之"鞻"字，原当作"繸"。古文字尤其是战国时期的文字常增一无意义的"口"符，"鞻"字构形从口亦当属此例。"鞻"构形从口，恐系后人。金文《卫鼎》"鞻"字作█，构形从丝、从叀，其铭文为"帛鞻乘"。戴家祥云："按卫鼎鞻从丝从叀，如《说文》所训。铭文'帛鞻乘'，帛假为'白'，即《仪礼·聘礼》'物四乘'，全句谓四副白色的缰鞻。"①

又，楚简文字中有字作"繸"，原篆作█（《曾》简7）、█（《曾》简79）、█（《汇·望二》简3）、█（《汇·望二》简4），构形从絲、从叀。简文中，"繸"字凡39见，且只见于《曾侯》（33例）、《望山二号》（6例）两种楚简中，但两种楚简中的"繸"字之义有别。如：

（1）紫黄纺之█，鞶绅𦀗，貁首之𦀗，貂█，驾═（乘马）之鞍鞻貽。（《曾》简7）

（2）一緙繻，一大𧘇，一生絲之綾，一𧚨繸，青幩廿═二。（《汇·望二》简1）

例（1），原整理者云："'鞻'，原文作'繸'，从'絲'从'叀'，与望山二号墓竹简和石鼓文'鞻'字写法相同。'鞻'、'叀'古音相近，古文字'鞻'当从'叀'声。《说文》篆文'鞻'所从"叀"，疑是'叀'的讹误。"② 例（2），《战国楚简研究》："繸，从糸叀声，疑是之繐借字。《说文》：'繐，细疏布也。'一𧚨繸殆指一幅或一段絲文细疏料子。"③

唐释慧琳《一切经音义》云："鞻"，"《毛诗》：执鞻如细𦀗。顾野王云：鞻，所以制车中马也。又鞻，马勒也。《说文》云：鞻，马鞻也。从絲、从叀，会意字也。叀，音卫也。"④ 其所训"鞻"字二义与楚简文中的"繸"字相通。

楚简文字中的"繸"字，当即"繸"之异体，疑所从之叀即车之变体，其构形亦不从口作，则可进一步证明《广韵》所辑"《说文》作繸"之不误。

---

① 戴家祥：《金文大字典》下册，转引自《古文字诂林》第10册第7页。
② 湖北省博物馆：《曾侯乙墓》，北京：文物出版社1989年7月第1版第510页注62。
③ 中山大学古文字研究室编：《战国楚简研究》第三辑第42页，未刊稿。
④ ［唐］释慧琳、［辽］释希麟撰：《（正、续）一切经音义》，上海：上海古籍出版社1986年10月第1版第3426页。

关于"轡"字读音,《广韵》为兵媚切,则古音属帮母质部字。然而据楚简文中的"繎"字之用及《说文》的训释,"轡"字似不当为帮母质部字。

楚简文字中,"繎"字用作"轡",或借用作"戀""累","轡""戀""累"三字古音均属来母字。又,《说文》谓"繎""与連同意"。而唐释慧琳《一切经音义》则云:"轡""《说文》:马轡也。从叀,叀,音專,与連同音。从絲。顾野王曰:轡,所以制御车中马也。"又云:"顾野王云:轡,所以制驭马也。《说文》:乘马具也。从叀、絲,絲与連同意。叀音卫。经从口作轡,非也。"①释慧琳或云"叀与連同音",又或云"絲与連同意",所言虽略有差异,但有一点是可以肯定的,即"繎"与"連"字之间有着密切的音义关系。"連"有"连接""联合"之意。《孟子·离娄上》:"故善战者服上刑,連诸侯者次之。"《三国志·蜀志·诸葛亮传》:"于是外連东吴,内平南越。""連"字古音属来母元部字。据此,疑"繎"(轡)字古音本亦当属来母元部字,其文字构形可分析为从車、从絲,絲亦声。

关于"絲"字,裘锡圭先生云:"'絲'字在秦汉以后显然失传了。在已发现的古文字里,关于'絲'字本身的资料也很贫乏。因此对于这个问题目前只能作些推测。根据'繎'从'絲'声这一点,可以肯定'絲'字的读音一定跟'繎'相同或相近。'絲'字象两'糸'相连,因此它的字义应该跟'聯'、'系'等字相同或相近。《补补》把'絲'释作'系',是由于只看到了后一点。如果同时考虑到语音的条件,'絲'、'系'为一字的可能性就不存在了。但是'絲'跟'聯'的关系则值得注意。'聯'、'繎'二字都是来母元部字,古音很接近。可见'絲'跟'聯'无论在意义上或语音上,关系都是十分密切的。"②

又,楚简文字中,"絲""絲"二字多已不分。"絲"字原篆作 (《郭·缁》简 29)、 (《上一·紂》简 15),构形即与"絲"字相混。其简文云:

　　(1) 子曰:王言女(如)絲,其出女(如)綍;王言女(如)索。(《郭·缁》简 29)

　　(2) 子曰:王言女(如)絲,丌(其)出女(如)緡,王言女(如)索。

---

① [唐]释慧琳、[辽]释希麟撰:《(正、续)一切经音义》,上海:上海古籍出版社 1986 年 10 月第 1 版第 287、1750 页。

② 裘锡圭:《战国玺印文字考释三篇》,载《古文字研究》第十辑,转引自《古文字诂林》第 3 册第 75 页。

(《上一·紂》简 15)

今本《缁衣》作"王言如絲，其出如綸；王言如綸，其出如綍"，字亦作"絲"，可证。又，上揭古玺文的"轡"字构形从絲或从䌛作，亦可为证。

"䌛"（轡）字古音古义均"与连同意"，且其构形从䌛（絲）作，而"䌛"与"聯"有着密切的关系，楚简文字中"䌛"字又用作来母字的"䜌""累""戀"，种种迹象表明，"䌛"（轡）字古音不当为帮母质部字，其文字构形当分析为从车或从叀、从䌛（絲），䌛（絲）亦声。至于"轡"字后来读为帮母质部字，疑是受"䩘"字之用的影响。《说文·革部》："䩘，车束也。从车、必声。"徐锴系传："䩘，车上凡束之处。"桂馥《说文义证》："䩘，车束也者，《集韵》：'车革曰䩘。'"是"䩘""轡"二字之字义本亦相通。又，《切韵·质韵》："䩘，俗用为轡字。"《集韵·至韵》："轡，《说文》：'马轡也。'引《诗》'六轡如丝'。或作䩘。"是唐宋之时，"䩘"字或用同"轡"。"䩘"字古音为并母质部字，受"䩘"字之音的影响，"轡"字亦音化为与"䩘"同音。唐释慧琳《一切经音义》云："轡""音秘。"（P1619）辽释希麟《续一切经音义》云："轡""音祕。"（P3762）"䩘""秘""祕"三字均从必得声，可证。

[閎]

"閎"字原篆作𢦏（《郭·老甲》简 27）、𢦏（《包》简 233），构形从戈、从門，字见于《广韵》。《广韵·耕韵》："閎，试力士锤也。乌宏切。"

简文中，"閎"字 5 见，其字用如下：

(1) 舉禱行一白犬、酉飤，閎於大門，一白犬。（《包》简 233）
(2) 閎〈閉〉其㙾（兑），賽（塞）其門，和其光，迵（同）其新＝（塵塵），剷其䫻，解其紛。（《郭·老甲》简 27）

例（1），原整理者云："閎，读作闊，《广雅·释诂一》：'伐，殺也。'"[①] 例（2），原整理者云："閎，'閉'字误写，它本作'塞'。㙾，读作'兑'。帛书甲本作'悶'，乙本作'㙾'。以上两句帛书甲本作'塞其悶，閉其□'，乙本作'塞其㙾，閉其門'。"[②] 刘钊云："'閎'乃'閎'字

---

① 湖北省荆沙铁路考古队：《包山楚简》，北京：文物出版社 1991 年 10 月第 1 版第 57 页注 458。
② 荆门市博物馆：《郭店楚墓竹简》，北京：文物出版社 1998 年 5 月第 1 版第 116 页。

227

之写误，读为'閇'。古音'悶'、'閇'皆在帮纽质部，可以相通。"①李零释读为"閉"，并云："'閉'，原从门从戈，简文'閉'多从门从必，从戈乃从必之误（马甲本作'悶'，从心也是从必之误——原注），整理者以为'閉'字之误，不够准确。"②

按：《说文·鬥部》："鬩，试力士锤也。从鬥，从戈，或从戰省。读若縣。"依据《广韵》的编纂体例，可知《广韵》时代的"鬩"字从门而不从鬥，并且其所见《说文》"试力士锤也"之"鬩"字，构形亦从门而不从鬥。如果其所见《说文》中的"鬩"字构形从鬥，依例则当于文中释义之后标出"《说文》作鬩"之字样。又，《汉语大字典》于"鬩"字条下云："鬩，同'鬩'。"其引《集韵·铣韵》云："鬩，《说文》：'试力士锤也。'胡犬切。"方成珪《集韵考正》云："按：《说文·鬥部》作'鬩'。"是知《集韵》所见的《说文》"试力士锤也"之"鬩"字与《广韵》同，构形亦从门而不从鬥作。今与楚简文字相比照，可知《广韵》所辑不误。周祖谟《广韵校本》云："鬩，当从鬥作鬩，见《玉篇》。"③周氏之说误。

又，《汗简·戈部》有字作𢦏（盜，出李尚隐字略），《古文四声韵·号韵》有字作𢦏，二字构形均从门、从戈。古玺文中也有字构形从门、从戈，黄锡全先生曾撰文予以讨论，兹录如下：

古玺有鬩字，《古玺文编》隶作鬩。此字从门从戈，字书不见。"鬩"究竟是什么字，读什么音，《文编》没有注明。

检《汗简》戈部录李商隐字略盗作𢦏，《古文四声韵·号韵》录籀韵亦作𢦏，从门从戈，与上举玺文类同。古文字中鬥作𢦏（《粹》1324），象二人争斗之形。从鬥之鬩作𢦏（九年卫鼎），《说文》正篆鬩作𢦏，所从之鬥与门形近易混。郑珍认为"夏韵盗下录有𢦏字，与此皆鬥之误"，是正确的。

《说文》鬩，"读若縣"。盗本从次声。次即涎，属邪母元部，縣、鬩属匣母元部。郑珍说："鬩读若縣，当是商隐音次，次縣同音，其书次误为盗，郭不能识别耳。"按商隐当是以鬩为盗，并非郭氏误写误释，是郑珍不知盗本从次声。

由此，我们知道古玺的鬩应是鬩字讹误，如果没有《汗简》作为桥梁，是不敢轻易论定的。玺文"長鬩"应读"長鬩"。④

---

① 刘钊著：《郭店楚简校释》，福州：福建人民出版社 2003 年 12 月第 1 版第 21 页。
② 李零著：《郭店楚简校读记》，北京：北京大学出版社 2002 年 3 月第 1 版第 9 页。
③ 周祖谟著：《广韵校本》，北京：中华书局 2004 年 6 月第 3 版第 184 页。
④ 黄锡全：《利用〈汗简〉考释古文字》，载《古文字研究》第十五辑，北京：中华书局 1986 年 6 月第 1 版第 135 页。

黄氏谓"閦""字书不见",失检;又云"古玺的閦应是闋字讹误",恐误。古文字门、門二字形近易混,构形从门、从門的字常相混。如"闙",《改并四声篇海·門部》引《玉篇》:"闙,同闚。"今本《玉篇·門部》作"闙"。《玉篇·門部》:"闚,抚文切。《说文》云:斗连结闙纷相牵也。闙,同上。"其他的字,如"闛",或作"闛";"闚",或作"闚";"闣",或作"闣"。今依据楚简文字、古玺文字及《汗简》《古文四声韵》《广韵》《集韵》等字韵书所辑存的古文字资料,知《说文·門部》中的"闋"字构形从門系从门之讹误,字当作"閦"。

现在我们再回过头来讨论一下简文中"閦"字之字用。

上揭例(2)之"閦"系"闋"字误写,诸家已有讨论,可从。上揭例(1)之"閦",原整理者云"读作阕",则可商。简文"閦於大門"之"大門"乃神祇之名,李零先生指出即五祀之一的門,①甚是。《礼记·祭法》云:"王为群姓立七祀,曰司命,曰中霤,曰国門,曰国行,曰泰厉,曰户,曰灶。王自为立七祀。诸侯为国立五祀,曰司命,曰中霤,曰国門,曰国行,曰公厉。诸侯自立五祀。大夫立三祀,曰族厉,曰門,曰行。适士立二祀,曰門,曰行。庶士、庶人立一祀,或立户或立灶。"文中"国門""門"与简文"大門"相同。"大門"为神祇之名,"閦於大門"之"閦"则为祭祀之名,原整理者读"阕",释"殺",不确。由《说文·門部》"閦"字下"读若縣",疑简文中的"閦"或即读作"縣"。縣为古代祭山之名。《尔雅·释天》:"祭山曰庪縣。"郭璞注:"或庪或縣,置之于山。"邢昺疏:"縣,谓縣其牲币于山林中。"郝懿行义疏引孙炎曰:"埋于山足曰庪,埋于山上曰縣。"《山海经·中山经》:"历儿,冢也,其祠礼:毛,大牢之具;縣以吉玉。"郭璞注:"縣,祭山之名也,见《尔雅》。"简文以祭山之"縣"用于門神之祭,于义可通。

第六节　楚简新出字与《集韵》中的增收字

《集韵》是继《广韵》之后又一部官修的大型韵书,可以说既是一部韵书,更是一部非常有价值的字书。《类编》序言云:"今夫字书之于天下可以为多矣。然而从其有声也,而待之以《集韵》,天下之字以声相从者,无不得也;从其有形也,而待之以《类篇》,天下之字以形相从者,无不得也。

---

① 李零:《包山楚简研究(占卜类)》,载《中国典籍与文化论丛》第 1 辑,中华书局 1993 年。

既已尽之以其声矣，而又究之以其形，而字书之变曲尽。"①足见当时就是将《集韵》视为字书之一种。然而，《集韵》问世之后，影响并不大，元、明两代很少有人问津。其中的原因，黄侃说："《广韵》一书，本为言音韵者之总汇。《集韵》则有异于是，盖《集韵》者，乃用音韵以穿贯文字、训诂之书也。然《集韵》之学，原亦甚微，既不便于考试，故自《礼部韵略》之后，《集韵》亦微。"②到了清代，由于古音学的发达，小学大师们才有人注意到这本书而开始进行研究。就已有的研究言，前哲时贤多从文献学、音韵学的角度致力于《集韵》的研究，③而忽略了《集韵》的"用音韵以穿贯文字、训诂之书"和作为字书的功用，从文字学，尤其是利用出土古文字材料，从汉字发展史的角度对《集韵》进行的研究还很不够。

《集韵》一书收字甚多，历代用字，包括古文字、俗字，多有收录。《集韵·韵例》云："今所撰集，务从该广，经史诸子及小学书更相参定。"又云："字五万三千五百二十五。"自注："新增二万七千三百三十一字。"其所新增的27331字应该都是此前字韵书如《说文》《玉篇》《广韵》等所未收的字。④关于《集韵》中的新增字，目前学界也缺乏必要的讨论与研究。

楚简新出字中，首次见收于《集韵》的字凡136例，其中，有见于《集韵》中的本字，亦有见于《集韵》中的或体、古文。理论上说，与楚简新出字相对应的《集韵》中的这部分文字，此前字韵书如《说文》《玉篇》

---

① 韵书编撰的目的是为了审音辨韵，主要供查韵之用，但有的也具备字书之功用，只不过是按韵编排而已。韵书之兼讲文字的形、音、义，自唐已然，至宋而字书之用益显。参见刘叶秋著《中国字典史略》，北京：中华书局1983年6月第1版第198页。

② 黄侃、黄焯：《文字声韵训诂笔记》，上海：上海古籍出版社1983年4月第1版第174页。

③ 张渭毅云："有清一代，直至民国初年，《集韵》的研究主要在校勘、考证方面。系统地就《集韵》音系的一个专题提出看法的，始于白涤洲（1931）。从此以后，《集韵》研究的重点转向音系问题的探讨。因此，白涤洲（1931），可以看作《集韵》研究的分水岭，白文以前的研究主要是文献学的范畴，白文以后的研究才真正进入至音韵的领域。以白涤洲（1931）为界限，根据《集韵》研究的内容和性质的不同，《集韵》研究大致可以分成以校勘、考证为主的研究和以音系为主的研究两个阶段。"(《〈集韵〉研究概说》，载《语言研究》1999年第2期)

④ 这是以韵书的标准统计出来数字，如以字收的标准，则字数不及五万，新增的字也没有这么多。有学者研究，《集韵》一书的字数大体三万多个。赵振铎云："《集韵》在《序例》里面说'字五万三千五百二十五'，自注：'新增二万七千三百三十一字。'五万多字是一个庞大的数目。《集韵》是一部韵书，这个数目是就韵书字数讲的。韵书里面一个字可能有多个读音，它出现在不同的韵内，每出现一次就算一个字，这样一来，一个字出现在三个韵里面就算三个字了。……这样一来，《集韵》的字数就自然多了起来。如果照字书的统计标准，以字头作为统计单位，《集韵》的字数也不多，大体上三万多个，和他的姊妹篇《类篇》的数目非常接近。"(赵振铎著：《集韵研究》，北京：语文出版社2006年1月第1版第29页)

《广韵》等应收而未收，都是《集韵》所增收的字。将这部分楚简新出字与《集韵》中的字进行字用比较，主要有三种情况：一是构形相同、字用相合，可以明确存在传承关系；二是构形相同（一部分字的读音亦相同或相近）而无字义关系，不构成传承关系；三是简文中因音同音近而借作他用，或用作人名、地名，或字用不详等，与《集韵》中的字难以进行直接的字用比较，据现有的材料无法判断是否构成传承关系。

本节拟对上述前两种情况中的楚简新出字与《集韵》增收字进行字用比较，并对相关的问题作些简要的讨论。至于第三种情况，受材料限制，有关的讨论，且待来日。

一 楚简新出字与《集韵》增收字构成传承关系的字例

在前文，我们曾指出，判断不同时代所使用的文字之间是否存在传承关系，主要依据文字的构形与字用。只要构形相合，字用相同或相通，通常都可以认为构成传承关系，即后代的字是传承自前代或早期的古文字。136 例见于《集韵》的楚简新出字中，与《集韵》增收字构形、字用均相吻合，可以明确构成传承关系的字例占到了近二分之一，我们从中选择见于本字的字例 18 例、见于或体的字例 15 例、见于古文的字例 9 例，分别予以讨论。

（一）与《集韵》增收中的本字构成传承关系的字例

在对《集韵》增收的本字予以讨论之前，我们先来考察一下楚简新出字中与《集韵》增收本字构成传承关系的情况。限于篇幅，我们只选择其中的 18 例字例予以讨论。下面我们就将这 18 例新出字的构形、字用与《集韵》中的本字逐一进行简要的比较讨论。

[纰]

"纰"字原篆作 （《曾》简68）、 （《曾》简106），构形从糸、𣬊声，字见于《集韵》。《集韵·脂韵》："纰，细布。"

简文中，"纰"字 12 见，用作"紕"。如：

> 丌（其）𦣞，翠（翠）首，紫羊须之纰（紕），紫翠（羽）之常。二黄金之戚。二戈，紫纰（紕），屯一翼之翿。（《曾》简6）

原整理者云："'纰'疑即'紕'字的异体。《尔雅·释言》：'紕，饰也。'羊须之纰，旗上之物。"[1]

---

[1] 湖北省博物馆：《曾侯乙墓》，北京：文物出版社 1989 年 7 月第 1 版第 509～510 页注 54。

［訕］

"訕"字原篆作■（《包》简 7），构形从言、加声，字见于《集韵》。《集韵·麻韵》："訕，誣也。"

简文中，"訕"字 1 见，用作"贺"。如：

齊客陳（陳）豫訕　王之戬（歲）。（《包》简 7）

原整理者云："訕，读如贺，《说文》：'以礼相奉庆也。'"①

按："訕""贺"二字义近可通。《集韵·麻韵》："訕，誣也。"《说文·言部》："誣，加也。"《玉篇·贝部》："贺，加也。"可证。又，《说文·力部》："加，语相增加也。从力，从口。"段玉裁改为"语相譄加也"并注云："'譄'下曰'加也'，'誣'下曰'加也'，此云'语相譄加也'，知'譄''誣''加'三字同义矣。誣人曰'譄'，亦曰'加'，故'加'从力。"《左传·庄公十年》："牺牲玉帛，弗敢加也，必以信。"杜预注："祝辞不敢以小为大，以恶为美。"《论衡·书虚》："盖言语之次，空生虚妄之美；功名之下，常有非实之加。"是"訕"字可分析为从言，从加、加亦声。

［騽］

"騽"字原篆作■（《曾》简 166）、■（《曾》简 173），构形从馬、习声，字见于《集韵》。《集韵·夸韵》："騽，馬毛斑白。"又，《过韵》："騽，騽岁，谷名。贾思勰说。"

简文中，"騽"字 7 见，用同《集韵》。如：

邡鄗之騽爲左飛（騑），公騽爲左驂，鄭君之騽爲左騎（服），慈之子（牸）爲右騎（服），宋司城之騽爲右驂，大首之子（牸）騽爲右飛（騑）。（《曾》简 173）

［媡］

"媡"字原篆作■（《包》简 181），构形从女、柬声，字见于《集韵》。《集韵·霰韵》："媡，女字。"又，《字汇·女部》："媡，女名。"

简文中，"媡"字 1 见，用作人名，与《集韵》同。如：

癸未，少姜媡、奠羊。（《包》简 181）

---

① 湖北省荆沙铁路考古队：《包山楚简》，北京：文物出版社 1991 年 10 月第 1 版第 40 页注 20。

232

[姞]

"姞"字原篆作🔲（《包》简66），构形从女、告声，字见于《集韵》。《集韵·号韵》："姞，女名。"

简文中，"姞"字1见，用作人名，与《集韵》同。如：

　　　　青＝（十月）戊寅之日，郊正婁鄝（蔡）串受期，壬唇（辰）之日不㢜登姞之子娊以廷，阩門又敗。（《包》简66）

[妱]

"妱"字原篆作🔲（《包》简191），构形从女、皮声，字见于《集韵》。《集韵·支韵》："妱，女字。"

简文中，"妱"字1见，用作人名，与《集韵》同。如：

　　　　己丑，妾婦妱、邔易仔公🔲、新大廄（廐）邕慙。（《包》简191）

[鄒]

"鄒"字原篆作🔲（《包》简72）、🔲（《包》简84），构形从邑、宗声，字见于《集韵》。《集韵·东韵》："鄒，国名。通作崇。"又，《正字通·邑部》："鄒，同崇。国名。"

简文中，"鄒"字3见，用作姓。古人常以地名、国名为姓。如：

　　　　𫊻屎之月己丑之日，膚（盧）人之州人陸（陳）愳訟聖夫人之人鄒鬃、鄒未，胃（謂）殺其𩣡（兄）、臣。（《包》简84）

[飴]

"飴"字原篆作🔲（《包》简257）、🔲（《包》简257），构形从食、也声，字见于《集韵》。《集韵·支韵》："飴，飴也。"

简文中，"飴"字2见，用作"酏"。如：

　　　　🔲飴（酏）二筭、白飴（酏）二筭。（《包》简257）

原整理者云："飴，借作酏。《周礼·天官·醢人》：'酏食糝食。'郑司农云：'酏食以酒酏为饼。'"[1]

---

[1] 湖北省荆沙铁路考古队：《包山楚简》，北京：文物出版社1991年10月第1版第60页注523。

233

按："飴""酏"二字皆从也得声，且字义亦近，可通。《说文·酉部》："酏，黍酒也。从酉，也声。一曰甜也。贾侍中说，酏为鬵清。""飴"亦有甜义，可通。《周礼·天官·盐人》："王之膳羞共飴盐。"郑玄注："飴盐，盐之恬者，今戎盐有焉。"《本草纲目·石部》："飴盐，……或云生于戎地，味甜而美也。"或疑简文字中的"飴"字无须破读。

[縋]

"縋"字原篆作![字形]（《包》简259）、![字形]（《汇·仰》简32），构形从糸从堇，字见于《集韵》。《集韵·隐韵》："縋，织纹緻密。"又，《类篇·糸部》："縋，织纹緻密。"

简文中，"縋"字4见，用同《集韵》，或借用作"巾"。如：

（1）五芏縋。（《汇·仰》简2）
（2）一縋（巾）夐（笲），六縋。（《包》简259）

例（1），《战国楚简研究》云："《尔雅·释草》：'芏，夫王。'又名：'茳芏'，其茎扁而柔软，可织席。芏茎细长，高者在两公尺以上，现广东高要一带，农民仍称此种草为芏，多种植，以供织席之用。縋字又见三十二简。《类篇》卷十三：'縋，几隐切，织文致密。'简文之縋，当是一种细密的织品名。五芏縋，就是五张用芏草编织得很细密的席子。"[①] 例（2），原整理者云："縋，借作巾。夐，读如笲。縋 夐即巾笲，内盛六件巾。"[②]

[紒]

"紒"字原篆作![字形]（《包》简263），构形从糸、古声，字见于《集韵》。《集韵·模韵》："紒，紒缕，草名。"

简文中，"紒"字2见，用同。如：

（1）裏，紒無之純，一秦縞之絈裏，王緓之純。（《包》简263）
（2）一□鉉亓木器，一这脛，二紒緂，錦。（《汇·信二》简15）

[釛]

"釛"字原篆作![字形]（《包》简265），构形从金、瓜声，字见于《集韵》。《集韵·模韵》："釛，铁釛。"

[①] 中山大学古文字研究室编：《战国楚简研究》第四辑第3页，未刊稿。
[②] 湖北省荆沙铁路考古队：《包山楚简》，北京：文物出版社1991年10月第1版第61页注549。

简文中，"鈲"字 3 见，用同。如：

　　大兆之金器：……二少鈲，二楳錢，一盤。（《包》简 265）

按：此字原整理者隶作"鈞"，恐误。
[梱]
"梱"字原篆作 ■（《包》简 266）、■（《包》简 266），构形从木、屈声，字见于《集韵》。《集韵·迄韵》："梱，断木也。"

简文中，"梱"字 9 见，用作"㭬"。如：

　　木器：一柽梱，一戺梱，一糌梱，一割梱，一大房。（《包》简 266）

原整理者云："梱，简文从尾从止，为屈字异体。梱，读作㭬。《说文》：'㭬，断木也。'㭬在此似指木案。"①

按：《说文·木部》："㭬，断也。从木，出声。"段注本作"㭬，桾㭬"，"桾，桾㭬，断木也"，并注云："谓断木之榦梱头可憎者。"而《集韵·迄韵》云："梱，断木也。"据此，"梱"当即"㭬"，一字之异体，简文中无须破读，原整理者恐误。
[禝]
"禝"字原篆作 ■（《新·甲三：335》简 357）、■（《新·甲三：341》简 363），构形从示、畟声，字见于《集韵》。《集韵·职韵》："禝，尧臣能播五谷有功於民祀之。通作稷。"

简文中，"禝"字 10 见，均用同"稷"。如：

　　凡建日，大吉，秾（利）以取（娶）妻，祭祀，竺（築）室，立社禝（稷），綿（帶）鐱（劍）、完（冠）。（《九店·五六》简 13 下）

按："禝"即"稷"之异体。楚简文字中，字或作"禝""稷""祖"（参见第四章）。
[瑺]
"瑺"字原篆作 ■（《汇·信二》简 3），构形从玉、旁声，字见于《集韵》。《集韵·唐韵》："瑺，瑺瑭，玉名。"

---

① 湖北省荆沙铁路考古队：《包山楚简》，北京：文物出版社 1991 年 10 月第 1 版第 64 页注 596。

简文中，"瑲"字1见，用同《集韵》。如：

> 泊組之金，一青弭口之瑲　呈四弁，筘弁。（《汇·信二》简3）

《战国楚简研究》云："瑲，《集韵》：'瑲瑭，玉名。'"[①]

[鷃]

"鷃"字原篆作（《上一·孔》简10）、（《上一·孔》简16），构形从鸟、晏声，即"鷃"字，见于《集韵》。《集韵·谏韵》："鷃，鴽属。或作鴳。亦从佳。"

简文中，"鷃"字4见，用同《集韵》。如：

> 遊於瑤臺之上，又（有）鷃銜卵而錯者（諸）丌（其）前，取而軟（吞）之。（《上二·子》简11）

[裚]

"裚"字原篆作（《上六·競》简7），构形从衣、折声，字见于《集韵》。《集韵·霁韵》："裚，断也。《管子》'裚领刎颈'。"

简文中，"裚"字3见，用为"制"。如：

> 堂（當）事因方而裚（制）之，丌（其）先逸（後）之舍（捨）則宜（義）道也，或（捨）爲之節則寡（　取）也。（《上一·性》简11）

按：此字如依《集韵》训释"决断"，似亦可通。《睡虎地秦墓竹简·为吏之道》"三曰擅裚割，四曰犯上弗智害"之"裚"即裁断、决断之义，与楚简文之"裚"相通。

[𢻻]

"𢻻"字原篆作（《上二·容》简3），构形从攴、巿声，字见于《集韵》。《集韵·泰韵》："𢻻，物衺（邪）舛也。"又《没韵》："𢻻，箾躲之矢谓之𢻻。"

简文中，"𢻻"字5见。如：

> 凡民俾𢻻者，善（教）而誨（誨）之，猷而飤（食）之，思役百官而月青（請）之。（《上二·容》简3）

[①] 中山大学古文字研究室编：《战国楚简研究》第2辑第20页，未刊稿。

按：原整理者云："俾敊，待考。"① 依据简文，"敊"字疑当读与《集韵·泰韵》"物衺（邪）舛也"之义。

［媑］

"媑"字原篆作 ▇（《上四·采》简2），构形从女、重声，字见于《集韵》。《集韵·腫韵》："媑，女字。"

简文中，"媑"字1见，用作曲名。如：

《湔芇（薦）人》，《毋迡（過）虘（吾）門》，《不寅之媑》。（《上四·采》简2）

原整理者云："'不寅之媑'，曲目。……《尔雅·释诂》：寅，'敬也'。'媑'，女子。《集韵·上声》：'媑，女字。'此说明其人为女子。"②

通过上文的比较讨论，关于《集韵》增收中的本字，我们大致可以得出以下几点认识：

1.《集韵》所增收的本字中有相当一部分是传承自战国时期的古文字。由上文的比较讨论可以看出，《集韵》中的这18例本字与楚简新出字之间，不仅构形吻合，字用亦相同（通），可以肯定，这部分新增收的本字均当是传承自战国时期的古文字，也印证了其《韵例》"今所撰集，务从该广，经史诸子及小学书更相参定"之言不虚。同时，由其"务从该广"一语来推断，《集韵》所增收的本字中传承自战国时期的古文字不止于上文已讨论的18例，简文因音同、音近而借作他用的字当中恐怕亦有不少字与《集韵》中的本字构成传承关系。换句话说，《集韵》所增收的本字中有相当一部分是传承自战国时期的古文字，这与《玉篇》增收正字中的情形完全相同（参见本章第二节中的讨论）。从另一方面说，也正是由为《集韵》收字的"务从该广"，这部分战国时期的古文字材料才得以传承下来，为汉字发展史的研究、出土文献的考释辑存了宝贵的文字材料，而这又恰恰是兼具字书功用的《集韵》一书的文字学价值之所在。

2.《集韵》中所谓的本字即汉字规范使用字体中的正体字。汉字自从有了使用规范之后，其字体就有了所谓的正体与俗体（亦称或体）之别。《集韵·韵例》云："凡旧韵字有别体，悉入子注，使奇文异画湮晦难寻。今先

---

① 马承源主编：《上海博物馆藏战国楚竹书（二）》，上海：上海古籍出版社2002年12月第1版第253页。

② 马承源主编：《上海博物馆藏战国楚简书（四）》，上海：上海古籍出版社2004年12月第1版第166页。

摽本字，余皆并出，启卷求义，烂然易晓。"关于"本字"，《集韵》未作进一步说明。唐颜元孙撰《干禄字书》，将通行的文字分为俗、通、正三体，其对"正体"的说明是："所谓正者，并有凭据，可以施著述、文章、对策、碑碣，将为允当。（自注：进士考试理宜必遵正体；明经对策贵合经注本文；碑书多作八分，任别询旧则。）"因此，就其性质而言，《集韵》中的本字应该是与颜元孙所说的"正体"相当，亦与《说文》中的正篆、《玉篇》中的正字相同，而与后世古文字学意义上的"本字"有区别，这一点是应该注意的。就楚简新出字言，这部分未见于此前字韵书如《说文》《玉篇》《广韵》等的新出字，终因符合汉字的构形原理，符合人们用字的习惯与心理而步入汉字的正体之领域，这一点，对于我们正确认识文字字体间的关系以及如何规范使用汉字都有着积极的借鉴意义。

（二）与《集韵》增收或体构成传承关系的字例

《集韵》于字的或体非常留意，所收列的或体字数量也非常可观。《集韵·韵例》云："凡旧韵字有别体，悉入子注，使奇文异画湮晦难寻。今先摽本字，余皆并出，启卷求义，烂然易晓。"《集韵》对或体的处理是在正文中列于本字之后，并在注文中进行说明，偏旁不同用"或从"，文字形体不同或部分不同的用"或作"或"亦作"，省去形体的某个构件则用"或省"。[①]

关于《集韵》增收字中的或体，还没有学者作过深入的专题研究。鉴于此，接下来，我们从首见于《集韵》增收或体的楚简新出字字例中选了15个字例，并将其逐一与《集韵》或体进行比较，在此基础上再对《集韵》增收的或体予以讨论。

[綳]

"綳"字原篆作▇（《包》简231）、▇（《包》简242），构形从糸、朋声，字见于《集韵》。《集韵·耕部》："繃，悲萌切，《说文》束也。引《墨子》曰：禹葬会稽，桐棺三寸，葛以繃之。或作綳。"

简文中，"綳"字27见，用同"繃"。如：

二襠载扈，紫黄纺之綳。一载，三果，一翼之翻。（《曾》简14）

[濾]

"濾"字原篆作▇（《郭·穷》简4）、▇（《上二·容》简51），构形

---

① 参见赵振铎著：《集韵研究》，北京：语文出版社2006年1月第1版第39页。

从水、鳶声，字见于《集韵》。《集韵·先韵》："瀳，水名。一曰水至也。或作瀳。"《说文·水部》："瀳，水至也。从水，薦声。读若尊。"

简文中，"瀳"字2见，用作"津"。如：

（1）戊午告=（之日），涉於孟瀳（津），至於共、緻之閒（閒），三軍大軋（範）。（《上二·容》简51）

（2）邸（呂）宝（望）爲牂埜（棘）瀳（津），戰（守）監門。（《郭·穷》简4）

例（1），原整理者云："'瀳'即'津'。《书·泰誓》说'惟十有三年春，大会于孟津'，'惟戊午，王次于河朔'。"[1] 例（2），刘钊云："'瀳'从'鳶'声，而'鳶'古有'荐'音，'鳶'、'津'古音相近，简文'瀳'即读为'津'。'棘津'为地名。"[2]

[悆]

"悆"字原篆作 **𢖻**（《上三·互》简10），构形从心、亢声，即"怳"字，见于《集韵》。《集韵·荡韵》："怳，昏也，或作怆。"

简文中，"悆"字1见，用同"怳"。如：

言名先者又（有）悆（疑），悆言之逡（後）者孚（校）比焉。（《上三·互》简10）

[軋]

"軋"字原篆作 **𨊻**（《包》简93）、**𨊻**（《上二·从乙》简1）、**𨊻**（《上五·弟》简10），构形从車、卩（已）声，字见于《集韵》。《集韵·范韵》："軋，《说文》车轼前也，引礼立当前軋。或作軋。"

简文中，"軋"字30见，用作"範"，或借用作"犯"。如：

（1）戊午告=（之日），涉於孟瀳（津），至於共、緻之閒（閒），三軍大軋（範）。（《上二·容》简51）

（2）女（汝）弗智（知）也唐（乎），蚌，夫吕（以）衆軋（犯）鲨（難），吕（以）新（親）受備（服），裵（勞）吕（以）成事。（《上五·弟》简10）

---

[1] 马承源主编：《上海博物馆藏战国楚竹书（二）》，上海：上海古籍出版社2002年12月第1版第291页。

[2] 刘钊著：《郭店楚简校释》，福州：福建人民出版社2003年12月第1版第171页。

按：“軓”即“範”之初文。《周礼·考工记·辀人》：“軓前十尺而策半之。”郑玄注：“书或作軷。玄谓軓是。軓，法也，谓舆下三面之材，輢式之所尌，持车正也。”清郑珍《轮舆私笺》二：“车箱三面之下即轸之左右前三方也。其木，《经》谓之軓。注云：軓，法也，谓舆下三面材，輢式之所树，持车正者是也。其字即法範正字。古作軷、軓、笵，借作范、範。舆为车之正，軓持此正。故谓之任正者。注云：任正者，谓舆下三面材持车正者是也。"① 又，《说文·车部》：“軓，车轼前也。从车，凡声。”段注：“軓，其字盖古文作軷，今字作軓。”今据楚简文字可证段说。

[翪]

"翪"字原篆作 、，构形从羽、青声，也即"翲"字，见于《集韵》。《集韵·清韵》："旌，《说文》：'游车载旌，析羽注髦首，所以精进士卒。'又姓。或作翲。"又，《马王堆汉墓帛书·十六经·正乱》："劙其发而建之天，名曰之[蚩]尤之翪。"字作"翪"，与楚简同。

简文中，"翪"字8见，用同"旌"。如：

其上载：絑翪一百四十翠之首；庱中干，絑縞。（《包》简269）

原整理者云："翪，读如旌，《集韵》以翪为旌字之异体。絑，纯赤色。絑旌，赤红色的旌旗。"②

按："翪""旌"乃一字之异体，无须破读。

[漦]

"漦"字原篆作 ，构形从水、豕声，字见于《集韵》。《集韵·至韵》："遂，田间小沟也。或作漦。通作遂。"又，《玉篇·水部》："遂，所以通水，广二尺深二尺也。"

简文中，"漦"字1见，用作物名。如：

與其羿，女鬻一賽、涅羿一賽、漦羿一賽、䰟羿一賽。（《包》简149）

[鄝]

"鄝"字原篆作 ，构形从邑、尞声，字见于《集韵》。

---

① 转引自《汉语大字典》"軓"字条。
② 湖北省荆沙铁路考古队：《包山楚简》，北京：文物出版社1991年10月第1版第65页注622。

240

《集韵·筱韵》：":鄝,《说文》：'地名。'或作鄝。"

简文中，"鄝"字1见，亦用作地名。如：

頸（夏）层甲寅，陵尹之人黄絮、鄝人登蒼、僵馭婁列。（《包》简179）

[絈]

"絈"字原篆作 (《包》简263)，构形从糸、白声，字见于《集韵》。《集韵·陌韵》："帕,《博雅》：'麤幂谓之悷帕。'或作絈。"

简文中，"絈"字1见，用同。如：

裹，結無之純，一秦縞之絈裹，王絵之純。（《包》简263）

[釐]

"釐"字原篆作 (《郭·太》简8)、 (《上一·性》简17)，构形从來、里声，字见于《集韵》。《集韵·之韵》："釐,《说文》：家福也。一曰理也。或作釐。"又，《篇海类编·地理类·里部》："釐，音厘。理也，福也。"字或径隶作"釐"。

简文中，"釐"字7见，用同"釐"，或用作"理"，或借用作"賚"。如：

（1）怎（愛）則不新（親），不〇則弗悤，不釐則亡悁（畏），不忠則不信，弗悳則。（《郭·尊》简33）

（2）凡逹（動）民必訓（順）民心，民心又（有）恆，求其蒹，童（重）義葉（集）釐（理），言此章也。（《郭·尊》简39）

（3）《釐（賚）》、《武》樂取，《邵（韶）》、《頸（夏）》樂情。（《上一·性》简17）

[苲]

"苲"字原篆作 (《郭·语一》简73)、 (《曾》简71)，构形从艸、乍声，字见于《集韵》。《集韵·马韵》："苴，土苴，和［如］糞草也。一曰糟魄，或作苲。"

简文中，"苲"字4见，用同《集韵》，或借用作"嗟"。如：

（1）苲簜，苲輓，紫裹，貂氂之毡。（《曾》简71）
（2）悲苲其所也，亡非是。（《郭·语一》简73）

241

刘钊云:"'苲'疑读为'嗟',古从'乍'之字与从'差'之字可以相通。'悲嗟'义为哀伤追念。全句文义尚不清楚。"[①]

[㥑]

"㥑"字原篆作▨(《上五·三》简20)、▨(《上六·用》简17),构形从心、母声,字见《集韵》。《集韵·侯韵》:"䫂,《说文》'虑难曰䫂。'亦姓。或作㥑。"

简文中54见,用作"谋""悔"。如:

(1)衆誚諫朕,聞（聞）亞（惡）㥑（谋）事。(《上六·用》简17)
(2)民,喪不可㥑（悔）。衆之所植,莫之能抍（升）也。(《上六·孔》简25)

[梘]

"梘"字原篆作▨(《汇·信二》简7),构形从木、見声,字见于《集韵》。《集韵·铣韵》:"筧,吉典切。通水器。或从木。"又《霰韵》:"梘,形甸切。檢也。一曰棺盖。""梘,经电切。栓也。"

简文中,"梘"字2见,如:

一彫鼓,二棗,四梘,一弐盟之柜遮土钃。(《汇·信二》简7)

《战国楚简研究》云:"梘,《集韵》:'经电切,音見,栓也。'清理墓葬遗物中,发现有已残断的鸟腿四根,为大鼓的四足,正好插入虎形座肩部的榫眼(见《信图》二八至三一图)。因此,棗、梘可能是鼓座各部分的专门术语。"[②]

[悓]

"悓"字原篆作▨(《上五·季》简21),构形从心、見声,即"悓"字,见于《集韵》。《集韵·霰韵》:"悓,《说文》:悓,譬谕也。一曰间見。引《诗》:悓天之妹。或从心。"朱骏声《说文通训定声》:"悓,间見也。从人,从見,会意,見亦声。"

简文中,"悓"字1见,用同。如:

悓＝（聽悓,聽悓）則民狱（然）之。毋信予（諛）曾（憎）,因邦斋＝

---

① 刘钊著:《郭店楚简校释》,福州:福建人民出版社2003年12月第1版第196页。
② 中山大学古文字研究室编:《战国楚简研究》第二辑第23页,未刊稿。

242

(之所)臤(賢)而墾(興)之。(《上五·季》简21)

原整理者云:"'愳',同'悅'。《类篇》:'悅,《说文》"譬谕也",一曰闻见,引《诗》"俔天之妹"。或从心。''悅',亦通'磬'、'馨'。《诗·大雅·大明》:'大邦有子,俔天之妹',毛亨传:'俔,磬也。'《礼记·乐记》:'石声磬,磬以立辨,辨以致死,君子听磬声则死封疆之臣。'"①

[綒]

"綒"字原篆作、,构形从糸、可声,字见于《集韵》。《集韵·歌韵》:"綒,《博雅》:綒,缟练也。或省。通作阿。"又,《玉篇·糸部》:"綒,细缯也。"

简文中,"綒"字2见,用同。如:

屯君之一綎衣,綎纯,綒縞之繕以。(《汇·仰》简29)

[晉]

"晉"字原篆作,构形从甘、从孖,字见于《集韵》。《集韵·稕韵》:"晉(晋),《说文》:进也,日出万物进。从日、臸。引《易》:明出地上晉。又国名。亦姓。徐铉曰:臸,到也。奇字作晉。"

简文中,"晉"字1见,用作"攝"。如:

自古(姑)、蚤(尤)吕(以)西,翏(聊)、晉(攝)吕(以)東,丌(其)人婁(数)多已。(《上六·競》简10)

原整理者云:"'晉',今本作'攝',古地名。在今平县西。春秋齐地,本邢地聶北,邢亡后入齐,改称攝,为齐之西界。"②

通过上文的比较讨论,关于《集韵》增收字中的或体,我们大致可得出以下几点认识:

1.《集韵》增收字中的或体有相当一部分是传承自战国时期的古文字。由上文的比较讨论可以看出,楚简新出字与《集韵》或体之间,构形吻合,

---

① 马承源主编:《上海博物馆藏战国楚竹书(五)》,上海:上海古籍出版社2005年12月第1版第232页。

② 马承源主编:《上海博物馆藏战国楚竹书(六)》,上海:上海古籍出版社2007年7月第1版第185页。

字用亦同（通），传承关系明确，我们可以说，《集韵》增收字中的这部分或体均当是传承自战国时期的古文字。由其《韵例》"今所撰集，务从该广，经史诸子及小学书更相参定"一语，我们可以作进一步推断：《集韵》所增收的或体中有相当一部分是传承自战国时期的古文字而不止于上文已讨论的15例，而这又与前文已讨论的《说文》《玉篇》等字韵书中的或体情形完全相同。清代学者周中孚曾批评《集韵》云："又多列重文，雅俗不辨；兼存篆籀，颇为芜杂；反删去重音之互注，使两收之字不明，则不及《广韵》远矣。"①周氏之批评虽有失公允，但其"兼存篆籀"一语却与我们考察或体后所得出的结论相符合。

2. 或体形成的主要途径或者说产生的主要原因是声符的替换。我们注意到，首见于《集韵》增收或体的楚简新出字中绝大多数的字例是因声符改变而形成的或体，如："軶［軓］"（［］内为《集韵》本字。下同）"繃［繃］""帞［帓］""䌎［綱］""慌［慌］""愖［諶］""鄩［鄩］""俉［迕］""悆［慈］""怀［伾］""灕［灘］""獟［獥］""苲［醡］""壛［壛］""悬［惕］""潒［遂］""翴［旌］""瘴［癋］""儽［傀］""曥［眭］"。这与我们对《玉篇》增收或体考察后的结论相同，也进一步证明了这一结论的可靠性。这是一个非常值得关注的现象，这一现象所传递出的历史信息是，在汉字发展史上因声符替换而形成的或体多于其他方式。这一现象其实也是文字发展规律的反映：作为语言的记录符号，文字的表音功能要强于其表意功能，汉字也不例外。

（三）与《集韵》增收古文构成传承关系的字例

《集韵》增收的字应该都是此前字韵书如《说文》《玉篇》《广韵》等所未收的字，这其中也包括诸多此前字韵书未收的"古文"。关于《集韵》所增收古文的性质以及《集韵》释字术语"古文"的基本内涵，学界还缺乏必要的讨论与研究。

楚简新出字中有一部分字例见于《集韵》中的古文，其中有些字例的构形、用字与《集韵》中的古文均相吻合，可以明确存在传承关系。《集韵》中这部分未见收于此前字韵书的古文，应该都是《集韵》所增收的古文，而与之对应的楚简新出字，对于我们探讨《集韵》所增收古文的性质及其释字术语"古文"的基本内涵极具价值。接下来，我们从中选择9例楚简新出字与《集韵》中的古文逐一进行简要比较讨论。

值得注意的是，楚简新出字中无一例字见于《集韵》中的籀文，联系

---

① 转引自刘叶秋著：《中国字典史略》，北京：中华书局1983年6月第1版第207页。

楚简新出字中见于《说文》籀文者仅14例而见于《说文》古文者多达95例、见于《玉篇》古文者12例而无一例见于《玉篇》籀文的事实来看，这种文字传承现象的本身都在指向一点：即籀文实是战国时期西部秦国使用的文字，所谓"秦居宗周故地，其文字犹有丰镐之遗"（王国维语）。

[忎]

"忎"字原篆作 (《郭·语二》简26)、 (《郭·语二》简27)，构形从心、亓声，字见于《集韵》。《集韵·志韵》："惎，《说文》毒也。引《周书》：来就惎惎。一曰教也，意也。或作懯，古作忎。亦书作惧。"《说文·心部》："惎，毒也。从心，其声。"未收古文"忎"。又，《玉篇·心部》："惎，教也。"《正字通·心部》："忎，同惎。"字或径隶作"惎"。

简文中，"忎"字9见，用同"惎"，或用作"諰"，如：

（1）乘生於忎（怒），惎生於𣅀（乘），惻生於惎。(《郭·语二》简26)
（2）不與智悔（謀），是胃（謂）自惎（諰）。(《郭·语四》简13)

[笲]

"笲"字原篆作 (《汇·信二》简17)、 (《包》简11)，构形从竹、亓声，字见于《集韵》。《集韵·之韵》："箕，《说文》簸也。一曰星名。亦姓。古作笲。"《说文·竹部》："箕，簸也。从竹；凵，象形；下其丌也。凵，古文箕省。𠷛，亦古文箕；𠥓，亦古文箕。𥬔，籀文箕；𥫚，籀文箕。"未收古文"笲"字。

简文中，"笲"字2见，如：

一拼朱（楳）酒（醬），一筏笲（箕），一幕。(《汇·信二》简17)

《战国楚简研究》云："筏字虽不识，但从竹，又与箕字连文，知为竹箕之名。"[1]

[𡏳]

"𡏳"字原篆作 (《上五·三》简5)、 (《包》简168)，构形从土、亓声，字见于《集韵》。《集韵·之韵》："基，《说文》：墙也。一曰始也，本也。古作𡏳。"《说文·土部》："基，墙始也。从土，其声。"未收古文"𡏳""坏"字。

---

[1] 中山大学古文字研究室编：《战国楚简研究》第二辑第28页，未刊稿。

简文中,"亟"字7见,均用同"基"。如:

善＝才＝(善哉善哉)参(三)善才(哉),唯福之亟(基),怣(過)而改新。(《上五·三》简5~6)

[圷]

"圷"字原篆作🔲(《汇·望一》简80),构形从土、亓声,即"亟"字,亦即"基"字古文。字见于《集韵》。《集韵·之韵》有"亟"字:"基,古作亟。"又,《马王堆汉墓帛书·老乙本·德经》:"故必贵以贱为本,必高矣而以下为圷。"今本《老子》第三十九章"圷"作"基"。

简文中,"圷"字1见,用同"基"。如:

□於東石公圷北子桼□□。(《汇·望一》简80)

[惎]

"惎"字原篆作🔲(《上二·容》简3)、🔲(《上二·容》简37),构形从心、某声,字见于《集韵》。《集韵·模韵》:"謨,《说文》:'议謀也。'引《虞书》'咎繇謨'。古作惎。"又《侯韵》:"謀,《说文》:'虑难曰謀。'亦姓。或作惎。"《说文·言部》:"謨,议謀也。从言,莫声。𧦝,古文谟从口。"又:"謀,虑难曰謀。从言,某声。𢘓,古文謀;譬,亦古文謀。"均未收古文"惎"字。

简文中,"惎"字2见,用同"謀",或用作"誨"。如:

(1)湯乃惎(謀)戒求殴(賢),乃立泗(伊)尹昌爲差(佐)。(《上二·容》简37)

(2)凡民俾歔者,善(教)而惎(誨)之,歛而飤(食)之,思役百官而月青(請)之。(《上二·容》简3)

例(1),原整理者云:"惎戒,即'謀戒',下文作'慎戒',应是含义相近的词。"①

按:"母""每""某"古音相近,古文字构形常可通。吴大澂云:"🔲,古謀字,从言从每,与许书誨字相类,疑古文謀誨为一字。《说命》'朝夕

---

① 马承源主编:《上海博物馆藏战国楚竹书(二)》,上海:上海古籍出版社2002年12月第1版第279页。

第二章 楚简新出字与《说文》之外的其他字韵书

纳䜇'当读'纳谋'。王孙钟'谋猷'如此。"①黄锡全云："古写本《尚书》谋字多写作惎，薛本同。假惎为谋与云梦秦简假某为谋、马王堆汉墓帛书《经法》假谋为媒类同。《说文》：'悈，悈抚也。从心，某声。读若侮。'"②楚简文字中的情形亦相同。

[孳]

"孳"字原篆作 <svg/>（《上三·彭》简8）、<svg/>（《郭·老丙》简3），构形从子、从丝，字见于《集韵》。《集韵·志韵》："孳，乳化曰孳。古作孳。"《说文·子部》："孳，汲汲生也。从子，兹声。<svg/>，籀文孳从絲。"未收古文"孳"字。

简文中，"孳"字5见，用同"孳"，或用作"慈"。如：

(1) 六新（親）不和，安又（有）孝孳（慈）。（《郭·老丙》简3）
(2) 狗（耇）老式（二）拜旨（稽）首曰："朕孳不勩（敏），既尋（得）昏（聞）道，忑（恐）弗能守。"（《上三·彭》简8）

按：例（2）原整理者将"孳"径隶作"孳"。

[襃]

"襃"字原篆作 <svg/>（《上四·柬》简4）、<svg/>（《上四·柬》简5），字见于《集韵》。《集韵·小韵》："表，《说文》上衣也。从衣从毛。古者衣裘以毛为表。一曰识也，明也。古作襃。"《说文·衣部》："表，上衣也。从衣，从毛。古者衣裘，以毛为表。襮，古文表从麃。"未收古文"襃"字。又，《古今韵会举要·篠韵》："表，亦作襃。"

简文中，"襃"字4见，均用同"表"。如：

大䫻（夏），女（如）襃（表），牁（將）祭之。"贅尹許諾，誳而卜之襃（表）。（《上四·柬》简4）

[鼎]

"鼎"字原篆作 <svg/>（《上六·用》简3）、<svg/>（《上六·用》简5），构形从卜、鼎声，字见于《集韵》。《集韵·迥韵》："鼎，《说文》：'三足两

---

① 吴大澂著：《说文古籀补》第三，转引自《古文字诂林》，上海：上海教育出版社2004年12第1版第2册第740页。

② 黄锡全著：《汗简注释》卷四，转引自《古文字诂林》，上海：上海教育出版社2004年12月第1版第2册第741页。

247

耳，和五味之宝器也。昔禹收九牧之金铸鼎荆山之下，入山林川泽，螭魅蝄蜽，莫能逢之，以协承天休。《易》卦，巽木于下者为鼎，象析木以炊也。'古作鼏。"《说文·鼎部》："鼎，三足两耳，和五味之宝器也。昔禹收九牧之金铸鼎荆山之下，入山林川泽，螭魅蝄蜽，莫能逢之，以协承天休。《易》卦，巽木于下者为鼎，象析木以炊也。籀文以鼎为贞字。"未收古文之"鼑"字。

简文中，"鼑"字4见，用同"鼎"，或用作"貞"。如：

（1）誇亓（其）又（有）审（中）墨，良人鼑安（焉）。（《上六·用》简3）
（2）视前暴（顧）逡（後），九惠是鼑（貞）。（《上六·用》简5）

[攼]

"攼"字原篆作 𣪠（《帛·乙》行4～6）、𣪠（《上二·子羔》简12），构形从攴、干声，字见于《集韵》。《集韵·翰韵》："攼，《说文》：'止也。'引《周书》'攼我于艰'。古省。"《说文·支部》："扞，止也。从支、旱声。《周书》曰：'扞我于艰。'"未收古文之"攼"字。又，高田忠周《古籀篇》："从旱者，为籀文增繇，从干为古正字矣。"吴玉搢《引经考》："今《书·文侯之命》作扞。《复古编》云：'扞，通作捍。'"

简文中，"攼"字5见，用同"扞"（捍）。如：

天旁（方）達（動），攼（扞）奴（蔽）之青木、赤木、黄木、白木、墨木之精（精）。（《帛·乙》行4～6）

通过上文的比较讨论，关于《集韵》增收字中的古文，我们大致可得出以下几点认识：

1.《集韵》中的这9例新增收的古文均当传承自战国时期的古文字。由上文的比较讨论可以看出，楚简新出字与《集韵》古文之间，构形吻合，字用亦同（通），传承关系明确，可以肯定，《集韵》中的这部分古文均当是传承自战国时期的古文字。《集韵·韵例》云："凡古文，见经史诸书可辨识者则取，不然则否。"据此，我们似乎可以进一步推断：《集韵》中所增收的"古文"，应当都是源自于战国时期的古文字。

2.《集韵》中的释字术语"古文"与《说文》中的"古文"、《玉篇》中的"古文"其基本内涵相同。《说文》是《集韵》最看重的一部字书，书中引用《说文》的地方也特别多。《集韵·韵例》即云："凡字训，悉本许慎《说文》，慎所不载，则引它书为解。"又，《集韵》对文字训释所使用的术语也基本沿袭《说文》，如"古文""籀文""或（亦）作"等。结合上文的比较讨论及上述的推断，我们认为，《集韵》释字术语"古文"的基本内涵与此前字韵书如《玉篇》中的术语"古文"相同，一脉相承，均源自于《说文》中的"古文"。

二 楚简新出字与《集韵》增收字不构成传承关系的字例

在上文，我们对与《集韵》中的增收字（包括本字、或体、古文）构成传承关系的楚简新出字作了初步的考察。楚简新出字中，与《集韵》增收字之间只是构形相同（一部分字的读音亦相同或相近）而无字义关系，并不构成传承关系的字凡 13 例。下面我们对这 13 例字逐一予以比较讨论。

[襦]

"襦"字原篆作 （《曾》简 19）、 （《曾》简 19），构形从衣、从襦，字见于《集韵》。《集韵·齐韵》："襦，一幅巾。"

简文中，"襦"字 55 见，均为《曾》简字，用作某种颜色。如：

> 二䌛（縣）箙，襦紫魚與 彔（綠）魚，二貍貘之甾，一䌛（縣）箙，彔（綠）魚，敵甾，屯瑾（纁）晳之綏。（《曾》简 2）

原整理者云："'襦'字见于《集韵》齐韵，训为'一幅巾'。5 号等简有'襦貂与绿鱼之箙'、'襦貂与紫鱼之箙'语，'襦貂'与'绿鱼'、'紫鱼'对言，'襦'似指某种颜色，与《集韵》'襦'字不同义。'襦紫魚與綠魚'当指'二縣箙'是用襦紫色的鱼皮和绿色的鱼皮作的。"[①]

按：楚简新出字中的"襦"与《集韵·齐韵》中的"襦"，二字之间只是构形相同而无音义关系，不存在传承关系，当属同形字。

[皛]

"皛"字原篆作 （《曾》简 212），构形从白、易声，字见于《集韵》。《集韵·荡韵》："皛，白色。"

简文中，"皛"字 1 见，用作某物名。如：

> 桐揆（奏）一夫，瑾一人，□夜二夫，□□二夫，□二夫，□一夫，斮（斲）姑長皛三夫。（《曾》简 212～213）

---

① 湖北省博物馆编：《曾侯乙墓》，北京：文物出版社 1989 年 7 月第 1 版第 503 页注 18。

按：楚简文字中的"餳"用作某物名，与《集韵·荡韵》中的"餳"字构形相同、字音相近而无意义联系，不存在传承关系，当属同形字。

[晗]

"晗"字原篆作󰀀（《九·五六》简29），构形从日、含声，与《集韵·覃韵》中的"晗"字构件相同。《集韵·覃韵》："晗，欲明也。"

简文中，"晗"字2见，用作"陰"。如：

> 是胃（谓）晗（陰）日，秝（利）以爲室 豪（家），祭，取（娶）妻，豪（嫁）女，内（入）貨，吉。（《九·五六》简29）

原整理者云："'晗日'之'晗'，秦简《日书》甲、乙种楚除皆作'陰'。《说文》以'陰'为陰阳字，以'霒'为陰晴字，'仌'即'霒'的古文。这三个字在文献中多写作'陰'。《集韵》卷四侵韵'霒'字重文或作'霠'。'霠'是将'霒'所从的'云'旁改作'日'旁的一种写法。简文'晗'从'日'从'含'声，而'含'从'今'声。此字当是'霠'所从的'昑'字的异体，而'昑'也就是'霠'字的异体。'霠'与'昑'的关系跟'霒'与'仌'的关系同类。《玉篇》日部：'昑，丘锦切，明也。'此训为'明也'的'昑'与'霠'所从'昑'似非一字。"①

按：楚简文字中的"晗"与《集韵·覃韵》中的"晗"，虽构形相同、字音相近，但所记录的词有别，不存在传承关系。

[殈]

"殈"字原篆作󰀀（《曾》简16）、󰀀（《曾》简39），构形从歹、从肉，与《集韵·换韵》中的"殈"相同。《集韵·换韵》："殈，禽兽所食馀。或从戋。"

简文中，"殈"字4见，均用作"豻殈之箙"一词。如：

> 三豻殈之箙，一󰀀聶，一貍聶，一狐白之聶。（《曾》简102）

按：据简文文例可知，简文中的"殈"与《集韵·换韵》中的"殈"，只是构形相同而无音义关系，当属同形字。

[獋]

"獋"字原篆作󰀀（《曾》简26）、󰀀（《曾》简58），构形从犬、高声，

---

① 湖北省文物考古研究所：《九店楚简》，北京：中华书局2000年5月第1版第86～87页。

与《集韵·爻韵》中的"獿"字或体"獔"相同。《集韵·爻韵》:"獿，《说文》:'犬獿獿咳吠也。'或作獔。"意即犬因受惊骇而吠。

简文中，"獔"字 11 见，用作"獒"，与"犬因受惊骇而吠"之意有别。如：

紫笫（席），二獔緌，二韓，紫罟之緌。（《曾》简 26）

原整理者云:"'獔'应即'獒'之异体。'高''敖'古音相近。《书·旅獒序》'西旅献獒'，孔颖达正义引郑玄云:'獒，读曰豪。''豪'从'高'省声。《尔雅·释畜》:'狗四尺为獒。''獔緌'即獒皮作的緌。"①

按：楚简文字中的"獔"与《集韵·爻韵》"獿"之或体"獔"，形同、音近而义有别，不存在传承关系。

[伓]

"伓"字原篆作 ![字形] （《新·乙三：22》简 510）、![字形] （《上五·竞》简 3），构形从人、不声，与《集韵·脂韵》中的"伾"字或体"伓"相同。《集韵·脂韵》:"伾，众也。一曰大力。或作伓。"

简文中，"伓"字 39 见，或用作"背"，或用作"倍"。如：

（1）古（故）莩（慈）以 𢗳（爱）之，则民又（有）新（亲），信以结之，则民不伓（倍），共（恭）以位（莅）之。（《郭·缁》简 25）

（2）爲君貞：伓（背）、膺疾，㠯（以）胖瘇（胀）、心悶，卒（卒）歲（歲）或至䪼（夏）柰𠂤=（之月）。（《新·零：221、甲三：210》简 235）

例（1），刘钊云:"'伓'为'倍'字古文。""'伓'即'倍'字初文。'倍'字古与'背'音义皆通，都有'违背'、'背叛'的意思。《说文·人部》:'倍，反也。'"②

按:"伓"即楚简文字的"背"或"倍"。字或作"骵""肧"，当是一字异体。"倍"字古与"背"音义皆通，都有"违背""背叛"之意。《说文·人部》:"倍，反也。"又，《马王堆汉墓帛·经法·四度》:"伓约则窘（窘），违刑则伤。"《十六经·五正》:"反义伓宗，其法死亡以穷。""伓"字即用与楚简同。值得注意的是，《新蔡》楚简中的"伓"均用作名

---

① 湖北省博物馆编:《曾侯乙墓》，北京：文物出版社 1989 年 7 月第 1 版第 509 页注 50。
② 刘钊著:《郭店楚简校释》，福州：福建人民出版社 2003 年 12 月第 1 版第 4、163 页。

词"伓",即脊背之背,而其他楚简中的"伓"则多用作动词之"背"或"倍",即违背、背叛之背(倍)。

楚简文字中的"伓"与《集韵》"众也。一曰大力"之"伓",构形相同,读音相近,但彼此之间无意义联系,当属同形字。

[俉]

"俉"字原篆作 ![字形] (《上四·曹》简24),构形从人、吾声,字见于《集韵》。《集韵·莫韵》:"遻、迕,遇也。或从午。亦作俉。"又,《正字通·人部》:"俉,迎也。今作迕。"

简文中,"俉"字2见,均用同"伍"。如:

仓(答)曰:車閦(間)容俉=(伍,伍)閦(間)容兵,貴又(有)棠(常)。(《上四·曹》简24)

按:"俉"字疑即"伍"字。楚简文字构形常增繁一"口"符,如"紀"或增一"口"作"綥","余"或增一"口"符作"舍","命"或增一"口"符作"喻","弔"或增一"口"符作"咢","組"或增一"口"符作"䚶",等等。楚简文字中的"俉"与《集韵·莫韵》中的"俉",二字之间构形相同、字音相同或相近而所记录的词没有关系,不构成传承关系。

[纊]

"纊"字原篆作 ![字形] (《汇·仰》简7),构形从糸、黄声,字见于《集韵》。《集韵·宕韵》:"纊,绳束也。"

简文中,"纊"字仅1见,用同"黄"。如:

一紫綔之筥,纊䋤,文縰之純。(《汇·仰》简7)

《战国楚简研究》云:"纊为黄色之黄之异体字。"[①]

按:楚简文字中"黄"字另197见,非新出,原篆作 ![字形] (《上三·周》简47),《说文·黄部》"黄,地之色也。从田,从芡,芡亦声。芡,古文光。夤,古文黄。""纊"即"黄"字繁构。楚简文字构形或增繁一"糸"符,如"常"或增一"糸"符作"綃","带"或增一"糸"符作"綿",等等。楚简文字中的"纊"与《集韵·宕韵》"绳束也"之"纊",构形、读音均相同或相近而无意义联系,因而不存在传承关系,当属同形字。

---

① 中山大学古文字研究室编:《战国楚简研究》第四辑第7页,未刊稿。

［纙］

"纙"字原篆作⬚（《汇·仰》简8），构形从糸、羅声，字见于《集韵》。《集韵·箇韵》："纙，钱缗也。"

简文中，"纙"字1见，用同"羅"。如：

促纙之繸，促羅絰已之緉。（《汇·仰》简8）

《战国楚简研究》云："'促纙之繸'当指佩剑之带，用细纙织成。'促羅絰之緉'的'羅絰'，为羅与絰的混纺。緉不见于字书，从与前句'之繸'对文，知緉大概也是穗带一类的东西，为剑之附饰。简末无余地，将'已'字写于絰之二字间的空隙。"①

按："纙"疑即"羅"字繁构，简文中，"促羅"或作"促纙"即可为证。简文中，"纙"用同"羅"，与《说文·网部》之"羅"异。《说文·网部》："羅，以丝罟鸟也。从网、从维。古者芒氏初作羅。"商承祚《殷虚文字类编》："甲骨文上部象张网……象鸟形""丨象柄，于谊已明，后世增糸，复倒书之，谊转晦矣。"又，《释名·释采帛》："羅，文羅疏也。"《广韵·歌韵》："羅，羅绮也。"《战国策·齐策四》："下宫糅羅纨，曳绮縠，而士不得以为缘。"简文之"纙"（羅）即用同《释名》。

楚简文字中的"纙"与《集韵·箇韵》"钱缗也"之"纙"，构形、读音均相同而所记录的词有别，不存在传承关系，当属同形字。

［唇］

"唇"字原篆作⬚（《上三·中》简19）、⬚（《包》简20），构形从日、辰声，与《集韵·真韵》中的"晨"之或体"唇"相同。《集韵·真韵》："晨，且也。或作唇。"

简文中，"唇"字80见，均用同"辰"。如：

山又（有）堋（崩），川又（有）滐（竭），月=（日月）星唇（辰）猷（猶）差（左）民，亡不又（有）怂（過），殷（賢）者。（《上三·中》简19）

按：楚简文字中的"唇"即"辰"之异体。楚简文字构形常增繁一"日"符，如"鐱"或增一"日"符作"鐺"，"柜"或增一"日"作"楅"，"飢"或增一"日"符作"餡"，"步"或增一"日"符作"昱"，"秋"或增

---

① 中山大学古文字研究室编：《战国楚简研究》第四辑第8页，未刊稿。

253

一"日"符作"稑",等等。字或作"晨",简文中亦用同"辰",与《说文》及后世文献用同。《说文·晶部》:"曟,房星,为民田时也。从晶、辰声。晨,曟或省。"段注:"当云从晶从辰,辰,时也,辰亦声。上文为民田时者,正为从辰发也。曟星字,亦径作辰。"又,《集韵·真韵》:"曟,《说文》:'房星,为民田时。'晨,或省。通作辰。"《文选·张衡〈东京赋〉》:"及至农祥晨正,土膏脉起。"李善注引薛综曰:"农祥,天驷,即房星也。晨时正中也。"

楚简文字中的"唇"与《集韵·真韵》"晨,且也"之或体"唇",构形相同、读音相近而字义有别,非一字,不存在传承关系。

[念]

"念"字原篆作🉁(《郭·语二》简13)、🉁(《郭·成》简2),构形从心、含声,与《集韵·覃韵》"㥁"字相同。《集韵·覃韵》:"㥁,疏纵也。"字或隶作"㥁"。

简文中,"念"字4见,用同"含",或用作"貪"。如:

(1)毋𢛳、毋禧(號)、毋惻(賊)、毋㥁(貪),不伐(修)不武,胃(謂)之必城(成)則𢛳。(《上二·从甲》简15)

(2)民不從上之命,不信其言,而能㥁(含)惪(德)者,未之又(有)也。(《郭·成》简2~3)

例(2),刘钊云:"'念'为'念'字繁体,读为'含'。'含德'意为怀藏道德。"①

按:"念"疑即"含"字繁构。楚简文字构形常增繁一"心"符,如"難"或增一"心"符"戁","肪"或增一"心"符作"痞","室"或增一"心"符作"㥁","靶"或增一"心"符作"㮯","視"或增一"心"符作"愳",等等。

又,楚简文字中,"含"字多用作"今",亦或用同"含"。如:未赏而民懽(勸),含福者也。(《郭·性》简52)刘钊云:"'懽'读为'勸'。'福'读为'愊',《说文·心部》:'愊,诚志也。'……简文说君子……未赏赐民众,民众就能勉力,是因为君子怀有诚志。"②楚简文字中的"含"字,过去一直以为就是楚文字的"今"字。李守奎先生说:"如'含''吟'

---

① 刘钊著:《郭店楚简校释》,福州:福建人民出版社2003年12月第1版第144页。
② 同上书,第103~104页。

在《说文》中是音义不同的两个字，但在楚文字中，二者音义完全相同，但与小篆完全不同，它们全部读为'今'，应该就是楚之'今'字。"①在简文中，"含"字也的确多用作"今"。然而由上揭之例来看，恐也不尽然，这也可能是一个特例。由此可知，"念"当即"含"字繁构，简文中用同"含"。

楚简文字中的"念"(悇)与《集韵·覃韵》"疏纵也"之"悇"，构形相同、读音相近而字义有别，非一字，不构成传承关系。

[薑]

"薑"字原篆作薑（《上三·周》简43），构形从艹、疊声。疊即壘字。《正字通·土部》："壘，俗字。《六书统》：'鲁回切，雷出地也。'朱谋㙔曰：'古壘字。'""薑"字见于《集韵》。《集韵·脂韵》："薑，盛土笼。或作蔂。"

简文中，"薑"字1见，用作"藟"。如：

利用祭祀。上六：困于葛薑（藟），于臲{？}，曰：达（动）悇（悔），又悇（悔），征吉。（《上三·周》简43）

原整理者云："即'薑'字，从三田与从四田同，《包山楚简》'壘'作'疊'，《鄂君启节》'灅'作'灅'。《集韵》：'薑，盛土笼。或作蔂。'或读为'藟'。《说文·艹部》：'藟，艹也。'《集韵》：'藟，蔓也。'"②

按："薑"疑即"藟"字繁构。楚简文字构形常增繁一"土"符，如"穴"或增一"土"符作"空"（亦即"坎"字），"難"或增一"土"符"壨"，等等。《说文·艹部》："藟，艹也。从艹、畾声。《诗》曰：'莫莫葛藟。'"《玉篇·艹部》："藟，藟藤也。"《诗·国风·樛木》："南有樛木，葛藟纍之。"孔颖达疏："藟，与葛异，亦葛之类也。陆机云：'藟，一名巨瓜，似燕薁，亦延蔓生，叶似艾，白色，其子赤，亦可食，酢而不美。"

楚简文字中的"薑"与《集韵·脂韵》"盛土笼"之"薑"，形、音相同或相近而义有别，不构成传承关系。

[鞿]

"鞿"字原篆作鞿（《曾》简80）、鞿（《曾》简80），构形从革、聚声，

---

① 李守奎：《略论楚文字与小篆的关系》，载《北华大学学报》，2003年6月第4卷第2期。
② 马承源主编：《上海博物馆藏战国楚竹书（三）》，上海：上海古籍出版社2003年12月第1版第195页。

与《集韵·宥韵》中的"鞻"字相同。《集韵·宥韵》:"鞻,鞁也。"即鞍辔的统称。

简文中,"鞻"字2见,均用同"鞁"。如:

鞻(鞁)贝,钄(辐)軟,紫鑿,鞻(鞁)紳,緇毡,虎冪,两馬之轡,黄金之勒,銆貼。(《曾》简80)

原整理者云:"'鞁敗'简文常见,80号简作'鞻貝','鞻'从'聚'从'取'声;'敗'从'貝'声,故'鞁敗'可以写作'鞻貝'。《玉篇·革部》:'鞁,束也。'简文'鞁'似非此义。简文所记的'紳'有'鞁紳'、'腊紳'。'腊'是赤色,'鞁'也应指某种颜色,疑读为"緅"。《说文新附》:'緅,帛青赤色也。'大概简文'鞁'是指革制车马器的颜色,故字从'革'作。'敗'是何物,待考。"①

按:《说文新附·糸部》:"緅,帛青赤色也。从糸,取声。"《玉篇·糸部》:"緅,青赤色也。""鞁""緅"二字皆从取得声,于音可通。

又,楚简文字中的"鞻"疑即"鞁"字繁构。《玉篇·革部》:"鞁,初九切,鞁束也。"胡吉宣《玉篇校释》云:"鞁从取有聚义。鞫从刍有束义。以靯束聚之也。"②是"鞁"字构形或可从聚作"鞻"。

楚简文字中的"鞻"与《集韵·宥韵》中的"鞁也"之"鞻",构形相同、读音亦近而无字义联系,不存在传承系,当属同形字。

通过上文的比较讨论,我们可以看出,这13例楚简新出字与《集韵》中的增收字之间只是存在构形上的相同,部分字还存在字音上的联系,但在字用上并无任何联系,因此,《集韵》中的这部分字我们不能说是传承自战国时期的古文字。它们之所以与楚简新出字之间存在构形上的相同而无字用上的联系,除前文我们曾经分析过的几个原因外(参见本章第三、四节相关的讨论),还有一个很重要的原因,这就是与楚简文字构形好增繁有很大的关系。在上文的比较讨论中,我们注意到,这13例楚简新出字中有7例字,如"俉[伍]"([]号内为所记录的词。下同)"綪[黄]""糶[罗]""唇[辰]""念[含]""蘁[薀]""鞻[鞁]",都是因构形增繁而与《集韵》中所对应的字构成同形字关系。有关这一点,可参见第三章第二节中的有关讨论。

---

① 湖北省博物馆:《曾侯乙墓》,北京:文物出版社1989年7月第1版第510页注59。
② 胡吉宣著:《玉篇校释》,上海:上海古籍出版社1989年9月第1版第5260页。

第三章　后世失传的楚简新出字研究

在汉字发展史上，有两个传统的命题一直是聚讼纷纭，迄无定论。这两个传统的命题是：秦始皇的"书同文"和战国时期的"文字异形"。在我们所清理出的4412例楚简新出字中，共有2766例字未见于后世字韵书。从文字传承的角度上看，这2766例楚简新出字属后世失传的字，某种意义上也可以说是秦始皇"书同文"所罢的文字，即所谓"罢其不与秦文合者"。因此，这部分楚简新出字对于我们考察秦始皇"书同文"、战国时期"文字异形"弥足珍贵。

后世失传的楚简新出字凡2766字，占全部4412例新出字的62.69%。这部分楚简新出字，数量多，情形也非常复杂，既有许多未隶、未识的待考字，也有许多构形与传世文字稍异的字，包括大量的异体字、分化字，还有许多有待进一步研究的问题。本章拟以这部分楚简新出字为例，对汉字发展史上秦始皇"书同文"、战国时期"文字异形"这两个传统的命题进行讨论。至于其中的异体字、分化字，我们将在后面的章节与其他部分中的楚简新出字一道分别予以讨论。

第一节　从后世失传的楚简新出字看秦始皇的"书同文"

在汉字发展史上，秦始皇的"书同文"是一个大事件，史书有明确记载，或称"书同文字"，或称"同书文字"，或称"同天下书"，或称"同文书"。[①]对这一历史事件记载得较为详细的是东汉许慎《说文解字·叙》：

---

① 据《史记·秦始皇本纪》记载，秦始皇帝二十六年统一六国，随即在这一年推行"书同文"政策："一法度衡石丈尺，车同轨，书同文字。"二十八年《琅邪台刻石》中又提到："器械一量，书同文字。"《史记·六国年表》秦始皇帝二十七年和《史记·李斯列传》秦始皇帝三十四年又分别说到"同天下书"和"书同文"。

其后诸侯力政，不统于王，恶礼乐之害己，而皆去其典籍，分为七国。田畴异亩，车涂异轨，律令异法，衣冠异制，言语异声，文字异形。秦始皇初兼天下，丞相李斯乃奏同之，罢其不与秦文合者。斯作《仓颉篇》，中车府令赵高作《爰历篇》，太史令胡毋敬作《博学篇》，皆取史籀大篆，或颇省改，所谓小篆者也……是时秦烧灭经书，涤除旧典，大发隶卒，兴役戍，官狱职务繁，初有隶书，以趋约易。

类似的记载还见于东汉班固《汉书·艺文志》和西晋卫恒《四体书势》。

从有关的史书记载可以看出，战国时期，各国的政治、法令、度量衡、车途不一致，语言文字也有差异。于是秦始皇统一六国以后开始施行"书同文"政策，即所谓的"一法度衡石丈尺，车同轨，书同文字"，这是没有疑问的。现在的问题是，战国时代的东方六国文字中因秦始皇"书同文"而被淘汰的文字有多少（或占比是多少）？被淘汰的字都是一些什么样的字？有关的史书记载并未作交待。后世的相关研究，由于缺乏古文字材料或对有关的出土古文字材料未进行过这方面的清理，对此也多是避而不论，或者是语焉不详。因此，有关秦始皇"书同文"性质的相关结论，即究竟是汉字发展史上一次文字使用的规范整理还是一次用秦小篆取代其他国别文字的文字变革，其可信度则也不免大打折扣。[①]

[①] 有关秦始皇"书同文"性质，更多学者倾向于认为是一次清理区域性异体字的文字规范整理。郭沫若："秦皇统一文字是有意识地进一步的人为统一。中国文字的趋于一统，事实上并不始于秦始皇，自殷代以来，文字在逐渐完密的同时，也在逐渐普及，由黄河流域浸润到长江流域和珠江流域。两周所留下来的金文，是官方文字，无分南北东西，大体上是一致的。但晚周的兵器刻款、陶文、印文、帛书、简书等民间文字，则大有区域性的不同。中国幅员广阔，文字流传到各地，在长远的时间发生了区域性的差别（例如在今天广东还有'冇'字和'乜'字之类）。秦始皇的'书同文字'，是废除了大量区域性的异体字，使文字更进一步整齐简易化了。这是在文化上的一项大功绩。"（《古代文字之辩证的发展》）　王世民："秦始皇统一文字，主要是'罢其不与秦文合者'，'取史籀大篆，或颇省改'。这就是以秦国的文字为基础，整理为所谓小篆，作为法定的官方文字，废除那些地方性的异体字，进行汉字的规范化。"（《秦始皇统一中国的历史作用——从考古学上看文字、度量衡和货币的统一》，载《文物》1973年6月）　裘锡圭："在战国时代，文字异形的现象非常严重。六国文字与秦国文字的面貌有显著差别，秦篆本身也不统一。……正是由于存在着这些情况，秦朝统一全国后，不但需要废除六国文字'不与秦合'的异体，并且还需要对秦国本身的文字进行一次整理。这次整理所规定的字体就是小篆。……小篆跟战国时代的正规秦篆没有什么本质区别。"（《从马王堆一号汉墓"遣策"谈关于古隶的一些问题》，载《文物》1974年第1期）　刘又辛《汉字发展史纲要》云："秦始皇的'书同文字'，'罢其不与秦文合者'，实际上是对原东方六国的异体字进行一次全面的整理，以使文字在新的形势下达到新的统一。"（刘又辛、方有国著：《汉字发展史纲要》，北京：中国大百科全书出版社2000年1月第1版第213～214页）　曹丽芳、任典云："秦始皇统一中国后，实行了'书同文字'的政策，这一政策的性质是对战国时期文字使用的混乱情况和不规范局面进行的文字整理和规范工作。"（曹丽芳、任典云：《秦始皇"书同文字"的性质及作用初探》，载《山东电大学报》2005年第1期）

第三章 后世失传的楚简新出字研究

后世失传的楚简新出字，理论上说，就是被秦始皇"书同文"淘汰掉的楚简文字，这部分文字为我们考察汉字发展史上秦始皇"书同文"事件的性质及其相关问题提供了宝贵的文字资料。在本节，我们拟从以下三个方面对后世失传的楚简新出字进行讨论，以期从一个侧面对秦始皇"书同文"事件有所新的认识。

一 从文字数量及文字使用频率来看

利用华东师范大学中国文字研究与应用中心开发的《楚文字数据库》，借助相关的考释成果与工具书，我们清理出的楚简新出字（形）共计4412个，这部分文字在后世传承的情况可列表如下：

	见于后世字韵书的楚简新出字		后世失传的 楚简新出字	合计
	见于《说文》者	见于其他字韵书者		
字数	968	678	2766	4412
占比	21.94%	15.37%	62.69%	100%

由上表可知，见于后世字韵书的楚简新出字凡1646个字，占楚简新出字的37.31%，其中：见于《说文》者凡968例，占21.94%，见于《说文》之外的其他字韵书的字凡678例，占15.37%；后世失传的楚简新出字凡2766个字，占楚简新出字的62.69%。换句话说，有近三分之二的楚简新出字在后世失传。

这是就楚简新出字是否在后世传承所进行的考察。如果从秦始皇"书同文"的角度去考察楚简新出字，情形又有所不同，数字会更大。众所周知，许慎编纂《说文》的体例是："今叙篆文，合以古、籀。"篆文即指秦小篆，也即"秦文"。一般意义上说，未收入《说文》小篆系统的文字都应当视作被"书同文"淘汰掉的字，即所谓的"不与秦文合者"。在楚简新出字中，未被许慎收入《说文》而见于后世其他字韵书的678例字也应当归属于"不与秦文合者"。[①]因此，秦始皇"书同文"所淘汰掉的楚简新出字就应当包括见于后世其他字韵书的678字与后世失传的2766字，这两项合起来共计3444字，占4412个楚简新出字的78.06%。也就是说，楚简新出字中有四分之三强的文字为秦始皇"书同文"所淘汰。

在这里，我们仅就楚简新出字在后世传承的情况，运用数字统计，从

---

① 严格意义上说，见于《说文》且与传世文字构成同形字的楚简新出字亦当属于"不与秦文合者"，因其数量较少，可略而不论。

总体上对秦始皇的"书同文"作了一个初步的考察。如果能够以数量定性的话,楚简新出字中四分之三强的文字被淘汰,据此,我们完全有理由说:在汉字发展史上,秦始皇的"书同文"是一次文字变革而不仅仅是一次文字使用的规范整理。

接下来我们再从文字的使用频率来作进一步的考察。我们将因"书同文"而淘汰的3444例楚简新出字(678例为见于后世其他字韵书的字、2766例为后世失传的字)的使用频率作了一个统计,列表如下:

字频	字数	字频	字数	字频	字数	字频	字数
1	1892	21	7	41	3	66	3
2	525	22	9	42	3	68	1
3	245	23	12	43	2	72	2
4	158	24	9	44	4	73	1
5	93	25	6	45	1	74	2
6	69	26	7	46	1	75	1
7	62	27	6	47	3	80	1
8	41	28	8	48	2	81	2
9	33	29	4	49	1	93	1
10	37	30	1	50	1	96	1
11	19	31	3	51	1	97	1
12	9	32	2	53	2	100	1
13	17	33	5	54	2	107	1
14	23	34	1	55	1	113	1
15	15	35	3	56	4	131	1
16	15	36	4	60	1	174	1
17	7	37	2	62	1	205	1
18	15	38	4	63	1	合计	3444
19	10	39	2	64	1		
20	4	40	2	65	1		

由上表可以得知,这部分楚简新出字中字频在100以上的只有6例字,字频在50以上的仅为37例,字频在10(含10)以上的也只有326例字,而字频在10(不含10)以下的字就有3118例,占被淘汰字的90.53%,占全部4412例新出字的70.67%,其中仅字频为1的字就高达1892例,占被淘汰字的54.94%,占全部4412例新出字的42.88%。这一统计数据所传递出的信息是,秦始皇"书同文"所淘汰掉的楚简文字绝大多数是楚简文字中的低频字,而这些被淘汰掉的低频字,从今天来看,其使用的时间和空间都是非常有限的,从时间上来说,这些字都是新出字,使用的时间不长;

从空间上来，绝大多数的字例应该是仅限于楚国使用。由此，我们可以进一步推论，在汉字发展史上，秦始皇"书同文"所淘汰掉的文字绝大多数是东方六国文字中的低频字。而关于秦始皇的"书同文"，我们在得出是一次文字变革而不仅仅是一次文字使用的规范整理这一结论的同时，似乎还可以得到另一点认识，即秦始皇"书同文"的正确性与必要性。

二　从名物用字上看

文字是社会发展的产物，同时也记录和反映社会发展的点点滴滴，而这种记录与反映都会比较集中地体现于文字系统中的名物用字上。因此，对后世失传的楚简新出字中的名物用字进行考察，并与传世文字作一比较，能够帮助我们进一步揭示秦始皇"书同文"的性质。

据我们粗略统计，后世失传的楚简新出字中名词词性的字凡1116例，占比为40.35%，也就是说，后世失传的楚简新出字中有近一半的字为名物用字。这其中包括人名用字（211例）、地名用字（含国名用字，共计120例）和其他名物用字（785例）。

在后世失传的楚简新出字中，名物用字的字数多，情形亦较复杂，与传世文字比较，既有义同形异的名物用字，更有形、义俱不见于传世文字的名物用字，即未识待考的字。在这里，我们且以后世失传的楚简新出字中糸部、竹部、金部、車部、韋部这五部字中的名物用字为例，与传世文字进行比较。

（1）糸部的名物用字。

后世失传的楚简新出字中，从糸构形的名物用字凡80例。如：䋝、緐、緈、繎、絓、繎、綾、緐、繎、綏、維、緅、綃、繡、緬、絭、纍、紕、纚、絓、絹、絞、絣、綀、絰、緷、繻、繚、絨、絠、緟、紙、緤、緣、綈、繏、絆、繰、繖、繢、綹、絮、簶、繎、繑、纉、𥿍、繡、緣、繎、絓、絓、紁、袾、縬、紛、絕、紗、怗、繩、繕、絰、綪、繗、緺、蒕、縷、緼、𮞫、絺、綟、綌、綮、繖、綿、紋、經、緍、纹、纒、繡。其中：

"維""緬""絭""纍""緅"为人名用字，"緣"为地名用字。

"䋝""緣"均为"组"字繁构。《曾侯乙墓》云："简文'组'字'且'旁下皆加'口'作'䋝'。按六国文字有加'口'旁的现象。"①《战国楚简研究》云："緣从糸、虡声，为组的繁体字。"②

---

① 湖北省博物馆：《曾侯乙墓》，北京：文物出版社1989年7月第1版第504页注21。
② 中山大学古文字研究室编：《战国楚简研究》第四辑第11页，未刊稿。

"繽"即"纷"字异体。《曾侯乙墓》云:"'繽'当是'纷'的异体,而'斂'则应当是'攽'的异体。"①

"縢""縢"即"縢"字。《曾侯乙墓》云:"简文'縢'多写作从'糸'从'膌',或借'膌'为之,为了书写方便,释文将从'糸'从'膌'之字径写作'縢'。"②

"緌"字或隶作"緌",即"纓"字。《包山楚简》云:"緌,读如纓。《说文》:'纓,冠系也。'組纓,以组带作的冠系。"③

"緷"即"绷"字。战国文字构形常增繁一"土"符。

"絹"即"绢"字异体。

"繡"即"瑞"字异体,为"玉佩"或"佩玉"之专字。《九店楚简》云:"此字朱德熙先生释为'瑞'。望山一号楚墓竹简和包山楚墓竹简,'瑞玉'作'茍玉'、'備玉'、'繡玉'。朱先生说'茍玉、備玉、瑞玉并当读为'佩玉'。《左传·哀公二年》:'大命不敢请,佩玉不敢爱。'《礼记·玉藻》:'凡带必有佩玉,唯丧否。'瑞大概是佩玉之佩的专字,繡大概是瑞的异体。'"④

"纚"字通作"厭"。《包山楚简》云:"纚,通作厭。《仪礼·既夕礼》:'冠六什,外縪,纓条属厭。'注:'通屈一条绳为武,垂下为纓,属之冠。厭,伏也。'疏:'厭伏者,以其冠在武下过,向上反缝著冠,冠在武下,故云厭也。'"⑤

"縫",《包山楚简》云:"縫,读如缝。紃缝,即以绦带镶嵌于鞎上。"⑥

"繰"字或隶作"繰",《包山楚简》云:"繰,借作绳。"⑦

"繻"即"常"之繁构。《九店楚简》云:"'繻'当是'裳'字繁体,犹简文'帶'作'繻'。"⑧

"緯"即"緯"之省体。

"繫",刘钊云:"'繫'读为幣。'幣'指礼仪中的礼品和祭祀时的祭品。《礼记·礼器》说:'宾客之用幣,义之至也。'"⑨

---

① 湖北省博物馆:《曾侯乙墓》,北京:文物出版社1989年7月第1版第502页注13。
② 同上书,第515页注103。
③ 湖北省荆沙铁路考古队:《包山楚简》,北京:文物出版社1991年10月第1版第61页注540。
④ 湖北省文物考古研究所:《九店楚简》,北京:中华书局2000年5月第1版第76页注64。
⑤ 湖北省荆沙铁路考古队:《包山楚简》,北京:文物出版社1991年10月第1版第61页注541。
⑥ 同上书,第65页注617。
⑦ 同上书,第66页注633。
⑧ 湖北省文物考古研究所:《九店楚简》,北京:中华书局2000年5月第1版第98页。
⑨ 刘钊著:《郭店楚简校释》,福州:福建人民出版社2003年12月第1版第218页。

"纵"即"纠"之省。

"繻"即"纑"字。

"緅"即"綮"字。

"緣""繻"均为"带"字繁构。

"綎""繻"均为"绅"字异体。

"繕"即"綮"字，字或作"鏧"。

"糸"部80例名物用字中，除去上面的29例字能够释读外，其余的近三分之二的字均为不识待考字。

（2）竹部的名物用字。

后世失传的楚简新出字中，从竹构形的名物用字凡38例，如：筊、筭、筁、芋、簌、筀、箴、筘、菊、箳、筊、笏、箮、箽、簌、簠、筀、筊、简、鑹、筌、筀、筀、镜、簷、笈、筊、筒、筀、簕、簸、芥、篚、篾、簌、簌、筢、算。其中：

"簌"字用作人名，"簷"用作地名。

"筊"即"篮"字异体。《战国楚简研究》云："筊字从竹夫声，当是篮字之别构。《说文》篮，引古文作医，亦从夫声，与此同例。"[①]

"筭"字或隶作"筊"，即"筀"之省。《上博五》云："'筊'，从竹、从关（弅）。《说文·攴部》：'弅，搏饭也，从廾、采声。采，古文辨字，读若书卷。'字或'筀'之省，如'眷'又作'睠'。'筀'，《玉篇》：'筀，丘卞切。曲竹。'《类篇》：'筀，驱圆切，揉竹。又苦倦切。'"[②]

"筁""筊"均为"席"字古文。

"簌""箳"均为"簌"字。《包山楚简》云："簌，簌字，此字借作筞。《说文》：'筞，栖落也，……盛栖器笼。'此指盛肉干的竹器。"[③]

"筀"即"簷"字。刘钊云："'筀'即'簷'字，战国文字中'瞿'形和'龠'旁经常相乱。"[④]

"箽"，《包山楚简》云："箽，疑读作籍。"[⑤]

"筊"即"笄"。《包山楚简》云："筊，读如笄，《仪礼·士昏礼》：'妇执笄枣自门入'，郑玄注：'笄，竹器而衣者，其形盖如今之筥、筌

[①] 中山大学古文字研究室编：《战国楚简研究》第二辑第25页，未刊稿。

[②] 马承源主编：《上海博物馆藏战国楚竹书（五）》，上海：上海古籍出版社2005年12月第1版第207页。

[③] 湖北省荆沙铁路考古队：《包山楚简》，北京：文物出版社1991年10月第1版第59页注506。

[④] 刘钊著：《郭店楚简校释》，福州：福建人民出版社2003年12月第1版第19页。

[⑤] 湖北省荆沙铁路考古队：《包山楚简》，北京：文物出版社1991年10月第1版第66页注659。

籚矣。"①

"籚"即"筧"字繁构。刘钊:"'籚'疑即'筧'字繁体,读为'贯'。古音'贯'和'见'皆在见纽元部。'贯'意为'贯通'。"②

"箘",即"靣"字,今作"廪"。《九店楚简》云:"'箘'从'靣'得声,当读为仓廪之'廪'。"③ 按:《说文·靣部》:"靣,谷所振入,宗庙粢盛,仓黄靣而取之,故谓之靣。从入,回象屋形。廪,靣或从广,从禾。"陈梦家《殷虚卜辞综述》:"(卜辞)靣,象露天的谷堆之形。今天的北方农人在麦场上,作一圆形的低土台,上堆麦稭麦壳,顶上作一亭盖形,涂以泥土,谓之'花篮子',与此相似。靣是积谷所在之处,即后世仓廪之廪。"

"籔",刘钊隶作"籌",并云:"'籌'从'竹'、'尋'声,应即'簟'字异体。"④

竹部 38 例名物用字中,除去上面的 13 例字能够释读外,其余的三分之二的字均为不识待考字。

(3) 金部的名物用字。

后世失传的楚简新出字中,从金构形的名物用字凡 31 例,如:鏞、銢、鎛、鐥、鈋、銈、錁、錺、鏺、鍴、鑤、鐽、鈍、鏉、鋥、鎯、鐕、鋗、鉛、鏉、鑪、鐺、銅、釜、鐥、鐠、錯、鋴、鐚、鑿、鐭。其中:

"鋗""鏞"用作人名。

"鐥"即"銛"字繁构。

"錁",采金之专字。原考释者云:"錁金,从简文内容可知道 錁金是黄金。錁,似借作采,《汉书·魏相传》:'又数表采易阴阳',注:'撮取也。'錁金或指砂金,以区别于版金。"⑤

"鍴",原考释者云:"鉼,读作瓶,《方言五》:'缶其小者谓之瓶。'鍴,读作罂。《汉书·韩信传》:'以木罂缶渡军。'颜师古曰:'罂缶谓瓶之大腹小口者也。'二瓶罂可能是指东室的一对小口短颈壶。"⑥

"鐕",即铜质之"簟"。《包山楚简》云:"鐕,读如簟,《说文》:'竹

---

① 湖北省荆沙铁路考古队:《包山楚简》,北京:文物出版社 1991 年 10 月第 1 版第 60 页注 517。
② 刘钊著:《郭店楚简校释》,福州:福建人民出版社 2003 年 12 月第 1 版第 120 页。
③ 湖北省文物考古研究所编:《九店楚简》,北京:中华书局 2000 年 5 月第 1 版第 118 页。
④ 刘钊著:《郭店楚简校释》,福州:福建人民出版社 2003 年 12 月第 1 版第 143 页。
⑤ 湖北省荆沙铁路考古队:《包山楚简》,北京:文物出版社 1991 年 10 月第 1 版第 47 页注 183。
⑥ 同上书,第 59 页注 496。

264

第三章　后世失传的楚简新出字研究

豆也.'简文字从金,当指铜豆."①

"鐕"即"鐱"字繁构,构形从會,會即楚简文字的"僉"。简文中"鐕""鐱"均用同"劍"。《马王堆汉墓帛书·老子甲本卷后古佚书·明君》:"夫故当壮奋於斗,老弱奋於守,三军之士握鐱者,(屠)其敌若报父母之台(仇)者,尽德其君而利其利也。"

"鐱",《包山楚简》云:"鐱,甗字异体。甾甗即用于蒸食物之器,与出土实物相符。"②

"鑪""鏽"均当为"鑪"字异体。

"銎"即"盌"的专字,因是铜质,故构形从金作銎。

"鏌",《上博六》云:"'鏌'字《说文》所无,从金,臭声。疑读为'矢','矢'是兵器弓、弩、矢。《释名·释兵》:'矢又谓之镝,镝,敌也,言可以禦敌也。'"③

金部31例名物用字中,除去上面的12例字能够释读外,其余的19例字均为不识待考字。

(4)車部的名物用字。

后世失传的楚简新出字中,从車构形的名物用字凡22例,如:軰、輊、輫、轆、輮、轚、轍、轘、輊、輔、轇、軛、毵、轏、紛、輪、輋、肇、毂、軔、軒、轟。其中:

"轍""轘"用作人名。

"轆"即"旆"字。《曾侯乙墓》云:"'大 轆'之'轆',简背作'旆'。'旆'字《说文》篆文从'宋'声,简文从'市'声。'宋'、'市'二字形音俱近,故可通用('市'即'韍'字,与'宋'皆为唇塞音声母物部字)。古代作战时一般以兵车载旆置于军前。《左传》宣公十二年'令尹南辕反旆'。杜预注:'旆,军前大旗。'载旆的前驱兵车也可以称为旆。《左传》哀公二年'阳虎曰:吾车少,以兵车之旆与罕、驷兵车先阵',杜预注:'旆,先驱车也。'因'旆'用为兵车名,故简文或写作从'车'。"④

"輮",《包山楚简》云:"輮,借作慊,字亦作袱。《说文》:'慊,帷

---

① 湖北省荆沙铁路考古队:《包山楚简》,北京:文物出版社1991年10月第1版第59页注503。

② 同上书,第64页注595。

③ 马承源主编:《上海博物馆藏战国楚竹书(六)》,上海:上海古籍出版社2007年7月第1版第242页。

④ 湖北省博物馆:《曾侯乙墓》,北京:文物出版社1989年7月第1版第502页注10。

265

也。'《仪礼·既夕礼》：'疏布裧。'注：'车裳帷于盖弓垂之。'"①

"輪"即"輪"字。构形从龠，龠即楚简文字的"侖"。

"𨊠"，《包山楚简》云："𨊠，疑读作梦。《广雅·释室》：'梦，阁也。'此指车輢内用小木条纵横相隔成格，以插矛、戈、戟、殳等长兵器。"②

"轚"即"轍"字。字或省作"𢿌"。

"車"部22例名物用字中，除去上面的7例字能够释读外，其余的15例字均为不识待考字。

（5）韋部的名物用字。

后世失传的楚简新出字中，从韋构形的名物用字凡16例，如：韡、韐、鞍、韍、韃、韣、韔、韌、韎、韇、韜、韗、韥、韟、韓、韥。其中：

"韌"用作人名。

"韐"即"鞈"。《曾侯乙墓》云："'韐'，从'韋'从'弇'。'韋'训柔革，因此'韋'与'革'作为表意偏旁时往往可以通用。……疑'韐'即'鞈'字。《说文·革部》：'鞈，鞈鞈。从革弇声，读若鹰。一曰龙头绕者。'"③

"鞍"当即"鞍"字异体。古文字构形从韋、从革多可通。

"韍"即"鞁"字异体。《包山楚简》云："韍，……通作鞁。《国语·晋语》：'吾两鞁将绝。'注：'靷也。'"④

"韔"，原考释者云："'韔'从'冟'声。简文的'虎韔'当即金文的'虎冟'，孙诒让谓金文'冟'字当读为'幦'。……冟、冥并从冖声，得相通借也'。按孙说甚是。《周礼·春官·巾车》'王之丧车五，乘木车，蒲蔽，犬幦，尾櫜疏饰'，郑玄注：'犬幦，以犬皮为覆笭。'简文'豻韔'盖指以豻皮作的幦。"⑤

"韓"，原考释者云："韓，读作巾。《周礼·春官·巾车》注：'巾犹衣也。'珠丛云：'以衣被车谓之巾。'"⑥

---

① 湖北省荆沙铁路考古队：《包山楚简》，北京：文物出版社1991年10月第1版第65页注620。

② 同上书，第66页注643。

③ 湖北省博物馆：《曾侯乙墓》，北京：文物出版社1989年7月第1版第504页注22。

④ 湖北省荆沙铁路考古队：《包山楚简》，北京：文物出版社1991年10月第1版第66页注639。

⑤ 湖北省博物馆：《曾侯乙墓》，北京：文物出版社1989年7月第1版第516页注112。

⑥ 湖北省荆沙铁路考古队：《包山楚简》，北京：文物出版社1991年10月第1版第66页注642。

"鞊",即皮帽之专字。《包山楚简》云:"鞊,读如帽,字从韋从冒,可能指皮帽。"①

"韋"部 16 例名物用字中,除去上面的 7 例字能够释读外,其余的 9 例字均为不识待考字。

在上面我们对后世失传的楚简新出字中糸部、竹部、金部、車部、韋部这五部字中的名物用字进行了初步的考察,从中可以看出,后世失传的楚简新出字中除一小部分名物用字能够释读外,绝大多数的名物用字是词义不定或者是未识待考,不知其所指为何物。换句话说,后世失传的楚简新出字中只有一小部分(约三分之一)的名物用字能够与传世文字一一对应,而大多数(近三分之二)的名物用字(或许还应当包括这些名物本身),如同"夫击瓮叩缶、弹筝搏髀而歌呼呜呜快耳者,真秦之声也"一样,是战国时期楚人社会生产、日常生活所特有的产物。而这一现象所传递给我们的信息是:秦始皇"书同文"所"罢"者,绝不仅仅是文字构形上的"其不与秦文合者",还包括大量的楚简文字或者说东方六国文字中所有而秦系文字中所无的名物用字(恐怕还应当包括这些名物本身,所谓"秦僻在雍州,不与中国诸侯之会盟,夷狄遇之"②)。如果将这一现象放大来看,文字系统中东方六国文字所有而秦系文字所无的其他词类的字亦应当在秦始皇"书同文"所"罢"之列。

三 从文字构形上看

从文字构形上看,可以与传世文字进行比较的后世失传的楚简新出字大致可以分为三类:

第一类是异体字。与传世文字的关系可以看作是多对一的关系。楚简文字中的异体字数量特别多,情形亦非常复杂,既有传承字(非新出字),也有新出字中见于《说文》正篆、古文、或体的字,还有见于后世其他字韵书的字,更有后世失传的字。相比较而言,后世失传的楚简新出字中的异体字数量更多(参见第四章),无怪乎以往说起秦始皇"书同文",多认为是一次区域性异体字整理规范的过程。如:

[戈][雄][𢦏]

楚简文中,"戈""雄""𢦏"三字均用作"戈戟"之"戟"。《说文·戈

---

① 湖北省荆沙铁路考古队:《包山楚简》,北京:文物出版社 1991 年 10 月第 1 版第 61 页注 543。

② 《史记·秦本纪》。

部》:"戟,有枝兵也。从戈、倝。《周礼》:'戟长丈六尺。'读若棘。"邵瑛《群经正字》:"汉碑戟或省作戟。"所不同的是,三字使用的区域有别。

"𢦠"字构形可分析为从戈、耒声,只使用于《包山楚简》中,凡4见。如:

　　十月辛未之日不行代易庶尹郙之人鬭𢦠(戟)於長㡷(尾)公之軍。(《包》简61)

原整理者云:"𢦠,戟字。"①

"雄"字构形可分析为从戈、从隹,均用于《曾侯乙墓》简中,凡19见。如:

　　一戟,三果,一翼之眈。(《曾》简14)

原整理者云:"'戟',原文作'雄',即'戟'的异体。故释文径写作'戟'。"②

"㦸"字构形可分析为从戈、从來,或隶作"㦸",均用于《郭店》《上博》简中,凡4见。如:

　　根之以玉斗,㦸(戟)陳踐亡。(《上六·天甲》)简6)

原整理者云:"'㦸',从戈,从朿声,金文构形声旁或从棘。'㦸',即'戟'字异构。"③

[鷨][翠]

简文中,"鷨""翠"二字即"翡翠"之"翠"的异体。《说文·羽部》:"翠,青羽雀也,出郁林。从羽、卒声。"但二字使用的区域不同。

"鷨"字构形可分析为从鳥、皋声,均用于《曾侯乙墓》简中,凡12见。如:

　　丌(其)旗,鷨(翠)首,紫羊須之緅,紫羽之常。(《曾》简6)

原整理者云:"'鷨',从'鳥''皋'声。'皋''翠'古音相近,此字

---

① 湖北省荆沙铁路考古队:《包山楚简》,北京:文物出版社1991年10月第1版第44页注107。
② 湖北省博物馆:《曾侯乙墓》,北京:文物出版社1989年7月第1版第505页注28。
③ 马承源主编:《上海博物馆藏战国楚竹书(六)》,上海:上海古籍出版社2007年7月第1版第319页。

当是翡翠之'翠'的异体。'翠'为青羽鸟，故字或从'鸟'。望山二号墓竹简翡翠之'翠'作"翠"，亦从'皋'声。"①

"翠"字构形可分析为从羽、皋声，或隶作"翱"，均用于《包山楚简》《信阳楚简》《望山楚简》，凡6见。如：

翠之首，笔，中干，绦缟。（《包》牍1）

原整理者云："翱，字从羽从首从辛。天星观一号墓遣策中，此字从羽从自从辛。古文字中从自与从首往往相通。翱也作翠，读作翠。'翠之首'指绦旌上装饰的翠鸟羽毛。"②

[斾][旍][翇]

简文中，"斾""旍""翇"三字均为"旌"字异体，且均用同"旌"。

简文中，"斾"字，楚简中仅1见。如：

猷（猶）三軍之 斾也，正也。（《郭·语三》简2）

刘钊云："'斾'字从'㫃''井'声，应为'旌'字异体。古音'井'在精纽耕部，'生'在生纽耕部，于音可通。"③

"旍"字构形从㫃、青声，简文中亦仅1见，用同"旌"。如：

朱旍（旌），紫錦之縢。（《曾》简65）

原整理者云："'旌'、'青'皆从'生'声，故'旌'字可作'旍'。"④

"翇"字或作"翀"，构形可分析从羽、青声，字见于《集韵》。《集韵·清韵》："旌，《说文》：'游车载旌，析羽注旄首，所以精进士卒。'又姓。或作翀。"又，《马王堆汉墓帛书·十六经·正乱》："劗其发而建之天，名曰之[蚩]尤之翇。"字亦作"翇"，与楚简同，足见楚简文字之影响。

简文中，"翇"字8见，用同"旌"。如：

其上載：髓翇，氀首。（《包》简273）

---

① 湖北省博物馆：《曾侯乙墓》，北京：文物出版社1989年7月第1版第509页注53。
② 湖北省荆沙铁路考古队：《包山楚简》，北京：文物出版社1991年10月第1版第65页注623。
③ 刘钊著：《郭店楚简校释》，福州：福建人民出版社2003年12月第1版第210页。
④ 湖北省博物馆：《曾侯乙墓》，北京：文物出版社1989年7月第1版第518页注143。

原整理者云:"罾,读如旌。《集韵》以罾为旌字之异体。"①

第二类是义同形异的字。与传世文字的关系可以看作是一对一的关系,即文字构形不同,但其所记录的词能够与传世文字一一对应的楚简新出字。后世失传的楚简新出字中绝大多数为形声字,因而这种构形上的不同就不外乎是义符与声符上的差异,个别的则是结构类型的不同,即楚简新出字为形声字而传世文字为会意字。如:

[䧹]

"䧹"即"險"字,构形可分析为从阜、酓声,"酓"即楚简文字的"僉"。

简文中,"䧹"字2见,用同"險"。如:

闻之曰:行䧹(險)致命。(《上二·从甲》简19)

原整理者云:"'䧹'即'險'。《礼记·中庸》:'故君子居易以俟命,小人行險以徼幸。'"②

[轆]

"轆"即"獵"字,构形可分析为从車、鼠声。

简文中,"轆"字4见,用同"獵"。如:

以田 轆(獵),獲,逃人不得,無聞。(《九·五六》简31)

原整理者云:"'轆'从'車'从'鼠'声,疑是'獵'字的异体。古时驾车狩猎,故字从'車'。"③

[箘]

"箘"即"㐭"字,构形可分析为从竹、从㐭、㐭亦声,字今写作"廩"。

简文中,"箘"字1见,用同"廩"。如:

箘(廩)尻(居)西北,不吉。(《九·五六》简53)

原整理者云:"'箘'从'㐭'得声,当读为仓廩之'廩'。"④

---

① 湖北省荆沙铁路考古队:《包山楚简》,北京:文物出版社1991年10月第1版第65页注622。
② 马承源主编:《上海博物馆藏战国楚竹书(二)》,上海:上海古籍出版社2002年12月第1版第232页。
③ 湖北省文物考古研究所编:《九店楚简》,北京:中华书局2000年5月第1版第90页。
④ 同上书,第118页。

[闎]

"闎"即"關"字，构形可分析为从门、串声。

简文中，"闎"字28见，用同"關"。如：

八月辛巳之日，邾𨟙之 闎哉公周童耳受期，己丑之日不 𨟙邾𨟙之 闎人周敚、周 琛以廷，阱門又敗。(《包》简34)

原整理者云："闎，關字，亦见於《鄂君启节》。"①

[敂]

"敂"即"畋"字，构形可析为从攴、甸声。

简文中，"敂"字6见，均用同"畋"。如：

黃豻馭 邾君之一 篭(乘)敂(畋)車：芋兼，紫裏。(《曾》简65)

原考释者云："'敂'，从'攴'、'甸'声，即'畋'的异体。'敂车'，田猎用的车，古书作'田车'。"②

[餗]

"餗"即"饙"字，构形可分析为从食、散省声。

简文中，"餗"字1见，即用同"饙"。如：

二淺缶，二膚(盧)，一涂之 餗(饙)㲋(鼎)。(《汇·信二》简22)

《战国楚简研究》云："'餗'即'饙'字。……饙鼎即煮饭鼎。"③ 按：《说文·食部》："饙，熬稻粻程也。从食、散声。"《急就篇》第二章："枣杏瓜棣饙饴饧。"颜师古注："饙之言散也，熬稻米饭，使发散也。古谓之张皇，亦目其开张而大也。"

[孞]

"孞"即"崧"字，构形可分析为从山、矛声。

简文中，"孞"字2见，或借用为"瞀"。如：

閟(閉)其門，賽(塞)其 送(兑)，終身不孞。(《郭·老乙》简13)

---

① 湖北省荆沙铁路考古队：《包山楚简》，北京：文物出版社1991年10月第1版第42页注75。
② 湖北省博物馆：《曾侯乙墓》，北京：文物出版社1989年7月第1版第518页注141。
③ 中山大学古文字研究室编：《战国楚简研究》第二辑第31页，未刊稿。

271

刘钊云："'孞'即'愁'字省文，读为'瞀'。'孞'从'矛'声，'瞀'从'敄'声，'敄'亦从'矛'声，故'孞'可读为'瞀'。"①

[墨攵]

"墨攵"即"牧"字，构形可分析为从攴、墨声。

简文中，"墨攵"字1见，即用同"牧"。如：

爲故（伯）墨攵（牧）牛。（《郭·穷》简7）

刘钊云："'墨攵'应为'牧'字异体，'墨攵'从'墨'声，古音'墨'、'牧'皆在明纽脂部，故'牧'字异体可从'墨'得声。"②

按：传世文字的"牧"为会意字。《说文·攴部》："牧，养牛人也。从攴，从牛。《诗》曰：'牧人乃梦。'"又，《方言》卷十二："牧，飤也。"郭璞注："谓牧飤牛马也。"《玉篇·牛部》："牧，畜养也。"

[戠]

"戠"即"侵"字，构形可分析为构形从戈，侵省声。《说文·人部》："侵，渐进也。从人、又，持帚若埽之进。又，手也。""侵"字隶变后写作"侵"。

简文中，"戠"字13见，即用同"侵"。如：

其鄰，利用 戠（侵）伐，亡（无）不利。（《上三·周》简13）

原整理者云："'戠'，从戈，侵省声，《说文》所无，《包山楚简》《江陵望沙塚楚墓》简数见，疑为'侵伐'之'侵'本字。从'戈'当为干戈动武之意。《左传·庄公二十九年》'夏郑人侵许。凡师有钟鼓曰伐，无曰侵'，《春秋集解》：'声罪致讨曰伐，潜师掠境曰侵。声罪者，鸣钟击鼓，整众而行，兵法所谓正也；潜师者，衔枚卧鼓，出人不意，兵法所谓奇也。'"③

[勴]

"勴"即"勴"字，构形可分析为从力，膚声。《说文·力部》："勴，助也。从力，从非，慮声。"字或作"勴"。《玉篇·力部》："勴，助。"《集韵·御韵》："勴，《说文》：'助也。'或从盧。"楚简文字中从"膚"得声的字，传世文字多从"盧"作。

---

① 刘钊著：《郭店楚简校释》，福州：福建人民出版社2003年12月第1版第34页。
② 同上书，第172页。
③ 马承源主编：《上海博物馆藏战国楚竹书（三）》，上海：上海古籍出版社2003年12月第1版第155页。

简文中，"勩"字 2 见，即用同"勴"。如：

　　制約諸矦，天將誅焉，吾 勩（勴）天威之。(《上二·容》简 50)

原整理者云："勩，即'勴'，是赞助之义，《说文·力部》作'勴'，《尔雅·释诂上》作'勴'。"[①]

第三类是分化字。即传世文字未分化而楚简新出字中已然分化的分化字。这部分楚简新出字与传世文字的关系可以看作是一对多的关系，即一个词对多义词中的一个义项。也就是说，这部分分化字，虽然可以和传世文字的字一一对应，但严格来说，其所记录的词所对应的只是传世文字词义中的某一义项而非全部。据粗略统计，楚简新出字中的分化字（包括专用字、动名分化字）近 100 余例。凡是传世文字未分化而楚简新出字中已经分化的分化字均属秦始皇"书同文"所淘汰的字。如：

［裳］

"裳"字，构形从示，尚声。

简文中，"裳"字 37 见，多用同"常"，即"常典""常规""规律"之"常"。如：

　　贅尹 答曰："楚邦有 裳（常）。(《上四·柬》简 5)

原整理者云："'裳'，从示，尚声，《说文》所无，读为'常'，常典、常规。祀有常典，国有常刑，遵循旧典，法在必行，古人往往守则而治。《国语·越语下》'无忘国常'，韦昭注：'常，旧法也。'《礼记·曲礼下》：'凡祭，有其废之，莫敢举也；有其举之，莫敢废也。非其所祭而祭之名曰淫祀，淫祀无福。'孔颖达疏：'此明祭有常典，不可辄擅废兴。'"[②]

"裳"为"常（裳）"的分化字。楚简中"常""裳"二字另见，均用为"衣裳"之"裳"，属异体。由"衣裳"之实义引申有"常典""常规"之抽象义，文字构形亦由"常""裳"之从巾、从衣改从示作"裳"。与楚简文字不同的是，传世文字未分化出"裳"，只是对"常""裳"二字有分工。《说文》对"常""裳"二字的训释与楚简相同。如《说文·巾部》："常，下帬也。

---

　　① 马承源主编：《上海博物馆藏战国楚竹书（三）》，上海：上海古籍出版社 2003 年 12 月第 1 版第 290 页。

　　② 马承源主编：《上海博物馆藏战国楚竹书（四）》，上海：上海古籍出版社 2004 年 12 月第 1 版第 199 页。

从巾，尚声。裳，常或从衣。"但传世文献中的"常""裳"二字已经分工明确。"下帬"之"裳"作"裳"，或亦作"常"，如《逸周书·度邑》"叔旦泣涕于常，悲不能对"中的"常"即用作"裳"，但"常典""常规"之"常"，只作"常"不作"裳"。《易·系辞下》："初率其辞，而揆其方，既有典常。"《文选·张衡〈东京赋〉》："布教颁常。"薛综注："常，旧典也。"《荀子·天论》："天行有常，不为尧存，不为桀亡，应之以治则吉，应之以乱则凶。"

[祏]

"祏"字，构形从示、立声。简文中"祏"用同"位"，即祭祀时之坛位。如：

邵吉爲祏（位），既禱至福。（《包》简205）

原整理者云："祏，读如位。《周礼·春官·肆师》：'凡师甸用牲于社宗，则为位。'孙诒让云：'位与"辨方正位"同。'"①

"祏"为"位"的分化字。"位"的位列之义引申有祭祀时坛位之义，字亦由"位"分化出"祏"。依据汉字构形的一般规律，与祭祀活动有关的字多从示作。"祏"当是祭祀时坛位之位的本字。"位"是由"立"分化而出。甲骨文、金文"立""位"同字，均作"立"。楚简文中的"位"，字或作"立"。如："文王堋（崩），武王即立（位）。"（《上二·容成氏》简49）依然保留了甲、金文的用法。简文中"位"除用为方位之位外，间或亦用为祭祀时坛位之位。如："臧敢爲位，既禱至命。"（《包》简224）

楚简中的祭祀坛位之"祏"、位列之"位"，传世文字均作"位"，字并未分化。如：《说文·人部》："位，列中庭之左右谓之位。从人、立。"马叙伦云："此当作从人、立声。"②马说甚是。《尔雅·释宫》："中庭之左右谓之位。"郭璞注："群臣之侧位也。"邢昺疏："位，群臣之列位也。""位"又或用作祭祀时设立的灵位、神位，或指冢位，古代祭祀神鬼所设立的牌位。如：《周礼·春官·小宗伯》："成葬而祭墓为位。"郑玄注："位，坛位也。"《汉书·武五子传》："护行视孝昭帝所故皇太子起位在湖，史良娣冢在博望苑北，亲史皇孙位在广明郭北。"颜师古注引文颖曰："位，冢位也。"《国语·楚语下》："是使制神之处位次主。"韦昭注："位，祭位也。"唐韩愈《太原郡公神道碑文》："上罢朝三日，为位以哭。"

---

① 湖北省荆沙铁路考古队：《包山楚简》，北京：文物出版社1991年5月第1版第55页注389。
② 马叙伦：《说文解字六书疏证》卷十五，转引自《古文字诂林》第7册第325页，上海：上海教育出版社2004年12月第1版。

第三章　后世失传的楚简新出字研究

[止]

"止"字，构形从止、上声。简文中"止"字均用作行为动词之"上"。如：

(1) 既腹心疾，以 止（上）气，不甘飤。(《包》简239)
(2) 答曰："申功 止（上）賢。(《上四·曹》简36)

上揭例(1)，原整理者云："止，读如上，《周礼·天官·疾医》：'冬时有咳上气疾。'注：'逆喘也。'"[1] 例(2)，原整理者云："'止𢓊'，读'上贤'，古书亦作'尚贤'。"[2]

"止"为"上"的分化字。名词、方位词之"上"，引申有与方位有关的行为动作之义，字亦由"上"增一止（辵）符而分化出"止"字。楚简中"上"字另见，均用作名词、方位词之"上"，可证。李守奎云："楚文字中方位之'上'作'上'，行为之'上'多作'止'或'𢓊'。"[3] 李说甚是。

简文中，"止"字或从辵作"𢓊"。古文字构形从辵、从止可通。简文中"𢓊"亦为行为动词之"上"。例略。

简文中，动词之"止（𢓊）"、名词方位词之"上"分作，而传世文字则均作"上"，并未分化。《玉篇·上部》："上，《说文》云：'高也。'"《诗经·周颂·敬之》："无曰高高在上。"《汉书·东方朔传》："抗之则在青云之上，抑之则在深泉之下。"又，《广韵·养韵》："上，登也，升也。"《易·需》："云上于天。"陆德明释文引干宝云："上，升也。"《礼记·曲礼上》："拾级聚足，连步以上。"孔颖达疏："涉而升堂，故云'以上'。"《广雅·释诂一》："尚，举也。"即荐举、选拔。王念孙《广雅疏证》："尚者，《王制》：'上贤以崇德'，'上贤'谓举贤也。上与尚通。"[4] 与上揭例(2)"止贤"相同。

[礻工]

"礻工"字，构形从示，工声。简文中均用作名词之"攻"，即祭名。如：

(1) 凡葡日，可以爲少（小）礻工。(《九·五六》简23下)

---

[1] 湖北省荆沙铁路考古队：《包山楚简》，北京：文物出版社1991年5月第1版第58页注460。

[2] 马承源主编：《上海博物馆藏战国楚竹书（四）》，上海：上海古籍出版社2004年12月第1版第266页。

[3] 李守奎：《略论楚文字与小篆的关系》，《北华大学学报》（社会科学版）2003年6月。

[4] 转引自《汉语大字典》，湖北辞书出版社、四川辞书出版社1988年7月第1版，"上"字条下。

275

（2）時昧，祖（攻）、禜（禜）、行，祝於五祀。(《上四·内》简8)

上揭例（1），《九店楚简》云："……'祖'应当分析为从'示'从'工'声。《周礼·春官·大祝》'掌六祈，以同鬼神示，……五曰攻，六曰说'，郑玄注引郑司农云：'攻、说，皆祭名也。'又《秋官·庶氏》'掌除毒蛊，以攻说禬之'，郑玄注：'攻说，祈名，祈其神求去之也。''祖'当是'攻说'之'攻'的专字。古代的祭祀分大祭、小祭。'小祖（攻）'犹'小祭'，大概古代举行'攻'这种祭祀活动也分大小。"[①]例（2），原整理者云："'祖'，通'攻'。《包山楚简》二二四有'攻君之祖'，二二五作'祖尹之祖'。'攻'为祭名，《周礼·春官·大祝》：'掌六祈，以同鬼神示。……五曰攻。'贾公彦疏：'攻……曰食伐鼓之属。'"[②]

"祖"为"攻"的分化字。简文中"攻"字另见，非新出，用作动词"攻击"之"攻"。如："湯又從而攻之，降自鳴條之遂，昌伐高神之門。"(《上二·容成氏》简40)楚简中，凡祭名之攻均作"祖"，不作"攻"，而传世文字均作"攻"，未分化。《说文·攴部》："攻，击也。从攴，工声。"《孙子·计篇》："攻其无备，出其不意。"又，《周礼·春官·大祝》："掌六祈以同鬼神示：一曰类，二曰造，三曰禬，四曰禜，五曰攻，六曰说。"郑玄注："郑司农云：'类、造、禬、禜、攻、说，皆祭名也。'……攻、说用币而已。"贾公彦疏："云'攻、说用币而已'者，知攻、说用币者，是日食伐鼓之属。天灾有币无牲，故知用币而已。"

通过上述讨论，关于秦始皇的"书同文"，我们大致可以得出两点认识：

1. 秦始皇"书同文"，所谓"罢其不与秦文合者"，不仅仅是指文字构形上的不与秦文合的这部文字（如果以后世失传的楚简新出字为例，这其实只是当中的一部分而非全部），更为主要的是，还包括大量的楚简文字所特有的而秦系文字所无的名物用字（除人名、地名外的其他名物用字）及其他词类的用字、秦系文字未分化而楚简文字已经分化的分化字。如果将这一现象放大来看，我们可以说，战国时期文字系统中东方六国文字所有而秦系文字所无的名物用字及其他词类的用字（包括异体字、分化字、与秦系文字构形有差异的字）均在秦始皇"书同文"所"罢"之列。

2. 也正是因为秦始皇"书同文"所"罢"的东方六国文字，数量之大、范围之广，远远超出后世字韵书所载（后世失传的楚简新出字数量远远多

---

① 湖北省文物考古研究所：《九店楚简》北京：中华书局2000年5月第1版第75～76页。
② 马承源主编：《上海博物馆藏战国楚竹书（四）》，上海：上海古籍出版社2004年12月第1版第227页。

276

于见于后世字韵书的楚简新出字，即可为证），因此，我们完全有理由说，秦始皇的"书同文"是汉字发展中上一次试图用秦小篆取代其他国别文字的文字变革而绝不仅仅是一次"清理区域性异体"的文字规范整理。段玉裁在"罢其不与秦文合者"下注即云："以秦文同天下之文，秦文即下文小篆也。"众所周知，"战国时代东方各国通行的文字，跟西周晚期和春秋时代的传统的正体相比，几乎已经面目全非"①。而这种"面目全非"的背后恰恰是原东方六国文字在战国时代有了更快、更全面的发展（其实应该是各国间的社会生产、文化生活的独立性发展，反映到文字系统及文字构形上就是大量新出字的产生），而相形之下，秦系文字比较保守，所谓"秦居宗周故地，其文字犹有丰镐之遗"（王国维语），亦即如裘锡圭先生所云："在春秋时代的各个主要国家中，建立在宗周故地的秦国，是最忠实地继承了西周王朝所使用的文字的传统的国家。进入战国时代以后，秦国由于原来比较落后，又地处西僻，各方面的发展比东方（指函谷关以东）诸国迟了一步，文字的剧烈变化也开始得比较晚。……而在战国时代的秦国文字里，继承旧传统的正体却仍然保持着重要的地位。"而战国时期东方诸国文字发展进程中所取得的成果亦随秦始皇的"书同文"而荡然无存。

第二节 从后世失传的楚简新出字看战国时期的"文字异形"

在汉字发展史上，战国时期的"文字异形"是一大公案。东汉许慎《说文·叙》云："其后诸侯力政，不统于王，恶礼乐之害己，而皆去其典籍。分为七国，田畴异亩，律令异法，衣冠异制，言语异声，文字异形。秦始皇初兼天下，丞相李斯乃奏同之，罢其不与秦文合者。"关于战国时期的"文字异形"，学者们多有研究。在以往的研究中，由于受到材料的限制，很少有学者以出土的战国时期某一时点的文字材料尤其是以新出字为例进行过深入的专题研究，更多的只是举例性的分析。"文字异形"之"异"，因何而异，异在何处？换句话说，六国文字中因"其不与秦文合者"而被废除的文字究竟有哪些？是哪些方面不合？等等，诸多问题依然有待进一步研究。

我们依据的华东师范大学中国文字研究与应用中心开发的《楚文字数据库》所清理出的楚简新出字，从某种程度上说是真正意义上的战国时期

---

① 裘锡圭著：《文字学概要》，北京：商务印书馆1988年8月第1版第52页。

文字。以楚简新出字为例，与传世文字进行诸多方面的比较，[①]将有助于我们对战国时期"文字异形"现象有一个全面而真实的认识。

在本节，我们从后世失传的楚简新出字中共选择了456例能够释读、且与传世文字一一对应的字为例，与传世文字进行构形比较。这部分楚简新出字的字数不多，仅占后世失传的楚简新出字总数2766字的16.49%，但以其为例与传世文字进行构形比较，还是能够从一个侧面揭示战国时期"文字异形"的现象。在后世失传的楚简新出字中还有大量的异体字与分化字，我们将在后面的章节分别对其予以讨论，从另一个侧面对战国时期的"文字异形"现象进行考察。

从文字构形上与传世文字进行比较，这部分后世失传的楚简新出字主要有六种情况：一是多出文字构件；二是省略文字构件；三是义符使用的不同；四是声符使用的不同；五是义符、声符的使用俱不相同；六是结构类型不同，即楚简新出字为形声字而传世文字为会意字。下面分别举例说明。

一 多出文字构件

所谓多出文字构件，是指与传世文字比较，楚简新出字在构形上多出某一构件，而不是说在传世文字的基础上增加某一构件。这一类楚简新出字的数量较多，依据所多出的文字构件，又大致可分成以下13种情况。

（1）多出一"口"符。如：

[楚简新出字]　　[传世文字]（下同）

  咠　　　　　组

  腽　　　　　胆

  逗　　　　　迟（即《说文·走部》"起"字古文）

  咠　　　　　丙

  話　　　　　訏

  既　　　　　既

  箈　　　　　筮

  㗊　　　　　㔾（即《说文·心部》"恆"字古文）

  噁　　　　　亞（楚简文字中，"亞""㗊""恶"均用作"恶"。）

  緊　　　　　緊

[①] 传世文字的主体源自于秦系文字。因此，与传世文字比较，某种意义上说，就是与秦系文字进行比较。未作特别说明的情况下，本书即以传世文字指代秦系文字。不再出注。

舍　　　　　余
瘩　　　　　疾
雀　　　　　雀
鸤　　　　　鸠
悟　　　　　㤅

（2）多出一"宀"符。如：

家　　　　　家
窅　　　　　聑（即《说文·耳部》"聞"字古文）
窌　　　　　留
寷　　　　　惑
宙　　　　　中
寙　　　　　牆（即《说文·酉部》"醬"字古文。简文中，"牆""寙""瘦"均用作"將要"之"將"。）
𡩋　　　　　胃（楚简文字无"謂"，"胃""𡩋"均用同"謂"。）
寉　　　　　稚
宧　　　　　邑
宖　　　　　則
寨　　　　　集
窮　　　　　躳（字或作"躬"。《说文·吕部》："躳，身也。从身，从吕。躬，躳或从弓。"《玉篇·吕部》："躳，身也。《易》曰：'不有躳，无攸利。'或作躬。"）

（3）多出一"止"符。如：

𩚏　　　　　衡
乍　　　　　乍（"乍"即"作"字初文，楚简中"乍"均用作"作"。）
紳　　　　　紳
軝　　　　　軓（"軓"字《说文·車部》作"軓"，段注："軓，其字盖古文作軝，今字作軓。"字亦即"範"字初文。《周礼·辀人》："軓前十尺而策半之。"郑玄注："书或作軝。玄谓軓是。軓，法也，谓輿下三面之材，輈式之所尌，持车正也。"郑珍《轮舆私笺》："其字即法範

	正字。古作軶、軓、笵，借作范、範。輿为车之正，軓持此正。故谓之任正者。")
厺	去
隆	降
陮	陨
衒	率（"率"字金文《毛公鼎》作 , 楚简文字增一"止"符作 [《上五·姑》简10]，构形可分析为从止、率声，简文中用作"率""帅"。）
縺	縺
繩	綱
垔	邵
橺	桷

（4）多出一"心"符。如：

愚	禹
緋	緋
愢	視
痵	病（楚简文字"病"字作"疠"，构形从疒、方声。）
豐	豊
恩	固
慁	訓
懞	衰
卲	卲
懞	勞（楚文字"勞"字作"袋"。刘钊云："'袋'为'勞'之古文。"①）
軶	軶（参见前文）
聰	聰（楚简文字作"聈"。刘钊云："'聈'为'聰'字异体，字从'耳'、'兇'声，古'兇'、'夋'乃一字之分化，古音'夋''聰'皆在精纽东部，故可相通。"②）

---

① 刘钊著：《郭店楚简校释》，福州：福建人民出版社2003年12月第1版第53页。
② 同上书，第77页。

諳	唅（楚简文字作"詥"。古文字构形从口、从言，义可通。）
惪	喜（按：楚简"惪"字构形从壴、从心，原篆作𢛳，与"喜"字从壴、从口不同。《汉语大字典》："'惪'同'憙'。《穆天子传》卷五：'祭祀则惪，畋猎则获。'""惪"未见收于后世字韵书。《说文·喜部》："喜，乐也。从壴，从口。歖，古文喜从欠，与歡同。""憙，说也。从心，从喜，喜亦声。"朱骏声《说文通训定声》："闻乐则乐，故从壴；乐形于谭笑，故从口。"徐灝《说文解字注笺》："喜、憙古今字。"又，简文中，"惪"字均用同"喜"，与"悘"字构件相同而非一字。《说文·心部》："悘，小怒也。从心，壴声。"）
覵	觀

（5）多出一"又"符。如：

袳	祚
俊	作
詩	許
酭	牊（"牊"即《说文·酉部》"醬"之古文。简文中"牊""寣""酭"均借为"將要"之"將"。）
緅	組
叟	相

（6）多出一"糸"符。如：

繎	幣
繡	帶
鑠	鉴
纅	厭（《玉篇·厂部》："厭，伏也。"《集韵·豔韵》："厭，服也。"《仪礼·既夕礼》："冠六什，外縪缨条属厭。"郑玄注："厭，伏也。"贾公彦疏："'厭，伏也'者，以其冠在武下过，向上反缝著冠，冠在武下，故云厭也。"）

（7）多出一"日"符。如：

會	僉（楚简文字中的"會"即"僉"字繁构，简文中用作"儉""斂""譣"。）
鐕	鐱（《玉篇·金部》："鐱，金也。"简文中，"鐕""鐱"均用同"劍"。《马王堆汉墓帛书·老子甲本卷后古佚书·明君》"夫故当壮奋於斗，老弱奋於守，三军之士握鐱者，（屠）其敌若报父母之咎（仇）者，尽德其君而利其利也"，"鐱"亦用作"劍"。）
斂	斂
隚	險
榰	柜
饀	飢
歨	步（简文中的"步""歨""壴"均同用同"步"。）
秋	秋（楚简文字中的四季之字构形皆从日作，如"萅[春]""顕[夏]""各[冬]"。）
箮	宓（字今作"密"。《说文·宀部》："宓，安也。从宀、必声。"段注："此字经典作密，密行而宓废矣。"《集韵·质韵》："宓，《说文》'安也'。通作密。"传世文献中，"蜜""密"或可通用。《释名·释言语》："密，蜜也。"简文中，"宓"即用作"密"或"蜜"。）

(8) 多出一"爪"符。如：

啐	啐（《上博三》："'啐'，从口、䘒声，同'啐'字，《说文·口部》：'啐，语相呵拒也'，'惊也'。《广韵》：'啐，戒也。'或读为'萃'，卦名，《周易》第四十五卦，坤下兑上。"[①] 按：楚简文字中，"卒""䘒"二字已经分化，传世文字的"卒"，楚简文字作"䘒"，楚简文字中的"卒"则用同"衣"。参见第五章有关分化字的讨论。）

---

① 马承源主编：《上海博物馆藏战国楚竹书（三）》，上海：上海古籍出版社 2003 年 12 月第 1 版第 193 页。

　　　　　　𡧛　　　　　　室（《战国楚简研究》云："𡧛，即室，与家从爪作豢同意。"①或曰即"家"字。《望山楚简》云："'𡧛'当为'豢'的异体，读为'著'。"②）

　　　　　　巫　　　　　　坐（《上博五》原整理者云："'巫'，上从爪，为'坐'字繁构。《周礼·秋官·大司寇》：'凡万民之有罪过，而未丽于法，而害于州里者，桎梏而坐请嘉石。'此对理解简文'有足而楛，沈坐'句，很有帮助。"③）

　　　　　　豢　　　　　　家

（9）多出一"贝"符。如：

　　　　　　賏　　　　　　丞（即《说文·心部》"恆"字古文）

　　　　　　賵　　　　　　府（原考释者云："玉 賵，賵即府。《周礼·天官·冢宰》：'玉府掌王之金玉、玩好、兵器，凡良货贿之藏，共王之服玉、佩玉、珠玉……凡王之好赐，共其货贿。'"④）

　　　　　　繽　　　　　　纷

　　　　　　賸（或隶作"賺"）　乘

　　　　　　貢　　　　　　亡（刘钊云："'貢'即'亡'字，受上文'貴'字影响亦类化为从'贝'作。"⑤）

　　　　　　賻　　　　　　富

（10）多出一"白"符。如：

　　　　　　杳　　　　　　本

　　　　　　洦　　　　　　沈

　　　　　　䜓　　　　　　祈

（11）多出一"虍"符。如：

　　　　　　虡　　　　　　肰（简文中，"肰""虡""然"均借用作"然"。）

---

① 中山大学古文字研究室编：《战国楚简研究》第三辑第 13 页，未刊稿。
② 湖北省文物考古研究所：《望山楚简》，北京：中华书局 1995 年 6 月第 1 版第 91 页注 29。
③ 马承源主编：《上海博物馆藏战国楚竹书（五）》，上海：上海古籍出版社 2005 年 12 月第 1 版第 326 页。
④ 湖北省荆沙铁路考古队：《包山楚简》，北京：文物出版社 1991 年 10 月第 1 版第 40 页注 9。
⑤ 刘钊著：《郭店楚简校释》，福州：福建人民出版社 2003 年 12 月第 1 版第 25 页。

隵　　　　階

𧇎　　　　皆

䋑　　　　組（楚简文字的“組”字或作“䋑”。）

（12）多出一“土”符。如：

靁（或作“壨”）靁（字今作“雷”。《广韵·灰韵》：“雷，《说文》作‘靁’，云：‘阴阳薄动，雷雨生物者也。’”）

𪈔　　　　難

陳　　　　陳

𧲰　　　　豢

𧒽　　　　蠅

𦆵　　　　綳

𩀱　　　　雒

𦵹　　　　苾

（13）多出其他文字构件例。如：

𨬍　　　　銛（楚简“𨬍”字原篆作，构形从金、㕍声。“㕍”从厂、从𦧄，“𦧄”即累增义符的“舌”字。）

㒳　　　　内

隫　　　　尊

惎　　　　惎

毇　　　　毁

𥮑　　　　㐭（字今作“廪”。《说文》：“㐭，谷所振入。”《玉篇·㐭部》：“㐭，藏米室也。亦作廪。”《通志·六书略一》：“㐭，即廪字。方曰仓，圆曰㐭，上象其盖也。”）

𥳑　　　　席

𢽳　　　　尋

𦓝　　　　孝

𣶒　　　　旱

𠝐　　　　宰

𠏉　　　　祚

𠢇　　　　弱

𣾷　　　　洒（字今作“洗”。《说文·水部》：“洒，涤也。

从水、西声。古文为灑埽字。"段注:"下文云:'沫,洒面也'、'浴,洒身也'、'澡,洒手也'、'洗,洒足也'。今人假洗为洒,非古字。"《玉篇·水部》:"洒,濯也。今为洗。"《左传·襄公二十一年》:"在上位者洒濯其心……而后可以治人。"《孟子·梁惠王上》:"及寡人之身,东败于齐,长子死焉,西丧地于秦七百里;南辱于楚,寡人耻之,愿比死者壹洒之。"孙奭疏:"今愿近死不惜命者一洗除之。"洗涤或用器皿,故楚简文字"溰"字构形或增一"皿"符,凸显其义。)

㺟	肰(楚简文字中,"肰""䖈""㺟"均借用作"然"。)
歨	步(楚简文字中,"步""歨""歨"均用同"步"。)
鈞	均
漼	淮
纏	纑
𥪖	兄
斣	斗
轆	斾
絹	绢
腉	虎
貳	弍(即《说文·二部》"二"字古文)
靁	靁(字今作"雷")
腊	胙
蘸	葚(字亦作"椹")
恭	恭
㥧	㥧(《玉篇·心部》:"㥧,《说文》云:'愁也。'"按:《说文·心部》字作"㥧",构形从页:"㥧,愁也。从心,从页。""百""页"古本一字。《说文·页部》:"页,头也。从百,从儿。古文䰄首如此。百者䰄首字也。"李孝定《甲骨文字集释》:"古文页、百、首

285

当为一字，頁象头及身，百但象头，首象头及其上发，小异耳。""悥"或"惪"，字今作"憂"，通行体作"忧"。朱骏声《说文通训定声》："经传皆以忧为之，而惪字废矣。"）

祠	祠
籢	筧
麠	鹿
羪	弄
儹	觀

剄　剄（"剄"即"荆"字古文，通作"刑"。《说文·刀部》："荆，罚辠也。从井，从刀。《易》曰：'井，法也。'井亦声。"《集韵·青韵》："荆，古作剄，通作刑。"《正字通·刀部》："剄，同型，古借刑。"楚简文字的"剄"字构形多一"网"符，或即如"罚"字构形从网，以"网"为"法"之象。）

福	富
設	設
瘥	疥
膶	舌

胎（《玉篇·肉部》："脂也。"简文中"膶"、"胎"均用作"舌"。"胎"即楚简文字中累增义符的"舌"字）

上述讨论的诸多楚简新出字构形中所多出的文字构件，就现有的语言材料来看，似乎看不出它们对文字的表意或者表音功能有什么直接的作用，但是否就因此可以认为它们只是起装饰作用的"无义偏旁"，恐怕也不好说，我们认为还是持谨慎态度为宜。在楚简新出字中，分化字的构形情形与此相类似，其中就有许多分化字的分化符曾被认为是"无义偏旁"而掩盖了楚简文字中文字分化的真相（参见第五章有关分化字的讨论）。这些文字构形中所多出的文字构件是否具有类似于文字分化或其他方面的功能？就目前的语言材料来说，无法进行判断，有待来日更多材料的发掘。

二　省略文字构件

所谓省略文字构件，是指与传世文字比较，楚简新出字在构形上省略某一构件或某一构件中的一部分，而不是说在传世文字构形的基础上减少某一构件或某一构件的一部分。省略与简化又稍有不同，省略是就文字构形中的某一构件言，或省，或省其中一部分，而对整个文字结构不产生影响，如"棄"省略作"弃"，省略了构形中的"𠦒"，但还是会意字；简化则有时会对整个文字结构产生影响，如"與"简化作"与"、"萬"简化作"万"等。后世失传的楚简新出字中省略文字构件的字例数量不多，依据所省略情况来看，又可以分成以下两种情况。

（1）省略文字构件例。如：

盉	盪
𨱍	毀
槑	攝
餗	饍
礛（或隶作"磊"）	磨
灋	灋（字今作"法"）
孚	學
秌	秋（楚简文字或作"𥝩"）
盉	盉
緯	緯
贪	禽
备	邍（按："备"，《说文》所无，系"邍"省文，古文"原"作"邍"。《说文·辵部》："邍，高平之野。人所登，从辵、备、录，阙。"《古今韵会举要·元韵》引作"高平曰原，人所登"，并云"本作邍"。《集韵·元韵》："邍，通作原。"《周礼·夏官·邍师》："掌四方之地名，辨其丘陵坟衍邍隰之名。"贾公彦疏："高平曰原，平湿曰隰。"今字"备"为"備"之简化字。）
訋	訕
詈	譭
昱	竪
試	試
祖	稷（"祖"字原篆作 [图] [《上五·姑》简

287

3]，构形从示、从目。楚简文字中，"稷"或作"禝"，构形从示、从女、从田，"祖"当系"禝"字的省略别写，从目当是从田之变体。）

售	舊
牀	寐
怠	怠
妁	瘹
菩	對
䚯	語
政	敨
肯	散（今通作"散"字。《说文·肉部》："散，杂肉也。从肉、㪔声。"林义光《文源》："散为杂，无杂肉之义……（古）从月，不从肉。月即夕字，象物形，从攴，㪔象分散形。本义当为分散之散……经传皆用散字。"又，《说文·㪔部》："㪔，分离也。"《广韵·翰韵》："㪔，今通作散。"楚简文字或作"肯"，省略一支符。）
耴（或作𦔮）	聖
簎（或作簎）	籫

（2）省略文字构件某一部分例。如：

羍	犢
㚔（或作㚔）	親
翌	翏
夅	墬（即"降"字繁构）
迖	洛（即"路"字）
㔾	載
囙	圈
牀	瘵
卷	惓
㐬	舉
茷	陵

288

殇	殇
埶	執（字今作"勢"。《说文新附·力部》："勢，盛力也。从力、埶声。"郑珍《新附考》："勢，经典本皆借埶。古无勢字，今例皆从俗书。《史》《汉》尚多作埶，《外黄令高彪碑》《先生郭辅碑》并有勢，是汉世字。"又《说文·丮部》："埶，种也。从坴、丮，持亟种之。"段注："《说文》无勢字，盖古用埶为之。"《荀子·解蔽》："申子蔽于埶而不知知。"杨倞注："其说但贤得权勢，以刑法驭之。"金文《毛公鼎》"埶"字作㯱，楚简文字中的"埶"字构形与金文同，且均用作"勢"。）
坈	基（"亓"即"其"之省略形。按："坈"字未见于后世字书，但后世文献与楚简文字用同。《马王堆汉墓帛书·老子乙本·德经》："故必贵以贱为本，必高矣而以下为坈。"今本《老子》第三十九章"坈"作"基"。）
裼	褐
旂	旗（楚简文字或作"旗"）
㚉（或作"虽"）	夏（楚简文字中"夏"字作"頙"，构形与金文同；又或作"頙""頔""虽""㚉"诸形。简文中，后四字已经分化。参见第五章有关分化字的讨论。）
虩（或作虖）	虩
希	幣
縈	縈
墾	塵
紃	紃
寅	賓

289

詹（或作𪧫）　　　　　顔
遳　　　　　　　　　遺
仐　　　　　　　　　命（"仐"字原篆作🔣[《上三·周》简 5]。楚简"命"字原篆作🔣[《上六·競》简13]，又或增一"二"符作🔣[《上六·用》简15]，"仐"字构形显系后者之省略。）
弲（或作弝）　　　　強
𨒋　　　　　　　　　達

三　义符使用的不同

所谓义符使用的不同，是指楚简新出字与传世文字为同一个词造字时所选择使用的义符存在差异。

汉字发展到战国时期，形声字造字法已经非常成熟，后世失传的楚简新出字中88.10%的字为形声字（如果剔出未隶字的因素，占比会更高）足以说明这一点。形声字义符的作用是表示形声字的意义类属，理论上说，只要与形声字的字义类属相关的字或文字构件都可以充当义符，而汉字系统中义同或义近的字或文字构件很多，因此，就造字选择义符而言，可选择的余地很大，运作的空间也很大，并且常常因人而异、因地域而异。战国时代，文字的应用越来越广，使用文字的人越来越多，大量的新出字也随之产生，而各国间的发展不一致，造字者的文化、习惯以及对词义理解等也存在差异，为新出字所选择使用的义符也就必然有所不同，而这在客观上也就导致了"文字异形"现象的产生。后世失传的楚简新出字中义符的选择使用与传世文字不同的字不在少数，然而，尽管造字者在为新出字选择义符时会有差异，但他们都遵循着形声字的造字原则，义符的表意功能是相同的。因此，这种差异是有限的，或者说是有规律可循的，通过比较，我们还是依然可以看出不同义符之间的意义联系。

依据义符间的意义联系，义符使用的不同大致可分为以下十类。

(1) "止"与"辵""足""走"之不同。如：

𨓰　　　　　　　　　適
𨒫　　　　　　　　　遷
𧾷　　　　　　　　　踔
𧾷　　　　　　　　　跛
𡉲　　　　　　　　　建

𨆪	蹵
歪	跖
㱏	跊
㲋	遷
隹	躣
夲	迖
龠	逾
逗	趄（简文中，"逗""趄"均用作人名"季桓子"之"桓"。）
洛	路
䆞	蹈
遂	踐

（2）"鼠"与"豸""犬"之不同。如：

鼧	狐
鼦	豻
鼲	猦
鼦	貂
鼲	貍
鼲	猸

（3）"韋"与"革"之不同。如：

韔	鞍
韚	鞿
鞍	鞍
鞁	鞁

（4）"市"与"糸""衣""帛"之不同。如：

襮	襮
栓	錦
純	純
紕	紫
幃	幃
榑	縛（《集韵·遇韵》："縛，縛绳也。"《左传·僖公元年》："武王亲释其縛，受其璧而祓之。"）

（5）"見"与"目"之不同。如：

瞻　　　　　　　　瞻
寛　　　　　　　　盲
罤　　　　　　　　覸

(6) "言"与"口"之不同。如：

諔　　　　　　　　啾
諗　　　　　　　　唸
礜　　　　　　　　譽

(7) "戈"与"殳""攴""刀"之不同。如：

栽　　　　　　　　救
戏　　　　　　　　攻
戎　　　　　　　　扞（字也作"捍"）
攽（或作"戝"）　　殴
截　　　　　　　　割

(8) "鳥"与"隹"之不同。如：

駄　　　　　　　　雄
魷　　　　　　　　雌

(9) "蚰"与"虫"之不同。如：

蠹　　　　　　　　蠹
䖝　　　　　　　　蝕（字亦作"蚀"）
蠡　　　　　　　　蝎（《说文·辵部》"逖"之或体。）
蠱　　　　　　　　蝾

(10) 其他义符使用的不同。如：

歸　　　　　　　　歸
甹　　　　　　　　聘
盧　　　　　　　　韝
銙　　　　　　　　瓠
翌　　　　　　　　輕
捔　　　　　　　　叡
酘　　　　　　　　腠
妊　　　　　　　　任
剔　　　　　　　　傷
礜　　　　　　　　舉
镼　　　　　　　　獸
壹　　　　　　　　臺

第三章　后世失传的楚简新出字研究

盟   盟
斁   释
郊（或省作梁） 梁（国名。战国七雄之一，即魏。魏惠王于公元前362年徙都大梁，故称梁。）
槃   盘
寇   冠
戮   戮
侌   阴
誩（或作埜、悆） 义
電   灵
鏦   甗
毐   每
賊   惑
𢻻   动
賵   富
稈   毅
戠   侵
禝   稷（楚简文字的"稷"又作"禝"。《集韵·职韵》："禝，通作稷。"）
諀   悸
緹   缇
鑪   鑪
轆   猎
姘   瓶
蟲   鳖
斈   教
惫（或作"忢"）   疑
敱   撞
衷   哀
敉   渔
冋   笱
医   胑
誻   教
階（或作"散"）   措（传世文献多用"错"。《说文·手

293

部》:"措,置也。从手、昔声。"段注:"立之为置,捨之亦为置。'措'之义亦如是。经传多段'错'为之。")

追	陷
裻	勞
妧	攻
懼	懼
箬	箸
盫	盫
兪	揄
跊	振
䙌	初("衣""卒"古本一字)
裒	哀
瞅	瞅
惢	瑟
䯀	獲(《包山楚简》云:"䯀,从隻从尃,读如獲。"①按:"䯀"字当为"獲"之异体。楚简文中的"獲"作"隻",或从隻声作"膄""䐗",可证。字可分析为从尃、隻声。)
跳	鼗("跳"即"鼗"字。郭沫若《卜辞通纂》:"(壴)乃鼓之初文也。""鼗"字又或作"鞀""鞉"。《说文·革部》:"鞀,鞀辽也。从革、召声。鞉,鞀或从兆。鼗,鞀或从鼓,从兆。"《集韵·豪韵》:"鞀,鼓名。亦书作鼗。"今传世文献仍有"鼓鞉"一词,与简文"鼓跳"义近。《后汉书·祭祀志中》"八佾舞《育命》之舞"刘昭注引三国魏刘劭、王象《皇览》:"唱之以徵,舞之以鼓鞉,此迎夏之乐也。")

---

① 湖北省荆沙铁路考古队:《包山楚简》,北京:文物出版社1991年10月第1版第49页注237。

294

第三章　后世失传的楚简新出字研究

李　　　　　　　　李（《说文·木部》："李，果也。从木、子声。"而楚简文字的"李"字构形从来、子声。）

四　声符使用的不同

所谓声符使用的不同，是指楚简新出字与传世文字为同一个词造字时所选择使用的声符存在差异。

形声字声符的作用是标注字音，从理论上说，只要与形声字的读音相同或相近的字或文字构件都可充当声符。汉字中的同音或近音字很多，再加上各地间"言语异声"的方音差别，战国时期各国间为新出字所选择使用的声符存在差异也就成为必然，这在客观上也就导致了"文字异形"现象的产生。后世失传的楚简新出字中声符的选择使用与传世文字不同的字也有许多，然而，尽管各国的造字者在为新出字选择使用声符时会有差异，但他们都遵循着形声字的造字原则，声符的表意功能是相同的。因此，这种差异也是有限的，或者说也是有规律可循的。通过比较，我们还是依然可以看出不同声符之间语音上的联系。如：

雄（或作戈、栽）　　　戠

敏　　　　　　　　　畋

廄　　　　　　　　　庪

綪　　　　　　　　　縚（即"带"字）

迚　　　　　　　　　過（楚简文字的"迚"用作动词，即"经过"之"过"。）

笑　　　　　　　　　筥

筭　　　　　　　　　篗

鞞　　　　　　　　　韇

樺　　　　　　　　　橫

繎　　　　　　　　　纑

旞　　　　　　　　　旗

翚　　　　　　　　　翠

騕　　　　　　　　　騆

䚷　　　　　　　　　購

緅　　　　　　　　　緧（《集韵·尤韵》："緧，或从秋。"）

禂（或作祡）　　　　禍

豫　　　　　　　　　豫

獻（或作獻）	獻
寎	寢
牆（或作癘、疫）	瘥
繏	組
傮	儋
駐	騃
袻	祠
斅	教
賮	費
郾	鄾（今作"燕"。《玉篇·火部》："燕，国名。"字本作匽、郾，姬姓，周代诸侯国名，周召公奭之后，战国时为七雄之一，后灭于秦。郭沫若《两周金文辞大系图录考释·匽侯旨鼎》："凡北燕之'燕'，金文作'匽'若'郾'，无作'燕'者。"杨树达《积微居金文说·郾侯库彝跋》："燕国之'燕'，金文皆作'郾'。兵器有郾王喜矛，即燕王喜也。"）
騧	騾
旀（或作旇）	旌
獻	狎（按：楚简文字的"甲"作"虘"。"獻"字构形从犬、虘声，当即为"狎"字。简文中用作人名。）
蕬	蕝（按：楚简文字的"絕"作"甾""甾""丝""蠿"等形，"蕬"即"蕝"字。《说文·艸部》："蕝，朝会束茅表位曰蕝。从艸、絕声。《春秋国语》曰：'致茅蕝表坐。'"）
佣	俑（按："佣"字未见于后世字韵书。《汉语大字典》："'傭'的简化字。"楚简文字的"佣"当即"俑"字。简文中，"用""甬"相通，"甬"字凡39见，均用同"用"，可证。《曾侯乙

墓》云:"从下文'柏奚二夫'、'桐奚一夫'看,'佣'当读为'俑'。《孟子·梁惠王上》'仲尼曰:始作俑者,其无后乎!为其象人而用之也。'赵岐注:'俑,偶人也,用之送死。'如此,以下二简记的当是随葬的俑。墓内仅出土一件木俑,可能简文所记的俑埋在墓外陪葬坑内。"[①])

肪	病
綏	纓
驔	驔(古文字多以"畺"为"單"。《古文四声韵》卷三"狝韵"和卷四"缐韵""單"字下引《籀韵》均作"畺"。楚简文字"戰"字所从"單"旁,多从"畺"作,与《古文四声韵》引《籀韵》同。均可为证。)
箮	篸
筸	筭
經	經
埻	埻
遒	逢
雛	難
屠	暑
繃	繩
歓	欷
矜	矜
濬	濬
翚	翾(楚简文字"歲"作"䞓")
瑅	瓔
絣	縫
輪	輪(楚简文字"侖"作"龠")
溋	盈

---

① 湖北省博物馆:《曾侯乙墓》,北京:文物出版社 1989 年 7 月第 1 版第 530 页注 276。

297

鞁	靶
聰	聰
㮰	梘
樺	柙（楚简文字"甲"作"虍"。"樺"即《玉篇·木部》"楠，胡夹切。楠，槛也"之"楠"字，也即"柙"字异体。《玉篇·木部》："柙，胡甲切。槛也。"）
鑪（或作鏽）	鑪
匍	匎
惇	惇
藏	藏（楚简文字"臧"作"戚"。）
瘦	瘦
牆	牆
樹	樹
㳞	漢
濈	浸
雹	雹
蟁	㜄（《玉篇·心部》："㤅，於代切。《說文》：'惠也。'今作愛。"）
寢	寢（按：楚简文字"寢"字⿰[《上二·容》简2]，构形从宀、祋声。）
蓋	葛
炭	炭
闢	關
蟄	轍
蹇	賽
椠	楷
驛	驟
仅	傅
羣	犧
覞	視
佼	佼（古文字构形从"爻"从"交"可通。《集韵·觉韵》："較，《说文》：'车骑

298

第三章　后世失传的楚简新出字研究

｜　　　　　　　［輈］上曲铜［鉤］也。'或作較。"）
訨　　　　　　　譕
賣　　　　　　　賞
覸　　　　　　　觀
穮　　　　　　　稷
昬　　　　　　　晦
畮　　　　　　　晦（字今作"畝""亩"。古文字构形从母、从每可通。）
迶　　　　　　　遭（"迶"字构形从辵、旦声，简文中4见，均用同"转"，字即为"遭"字初文。《广雅·释诂四》："遭，转也。"《楚辞·离骚》："遭吾道夫昆崙兮，路脩远以周流。"王逸注："遭，转也。楚人名转曰遭。""遭"字构形可分析为从辵、亶声。亶，《说文·㐭部》："多谷也。从㐭、旦声。"是"迶""遭"二字均从"旦"得声。）

五　义符、声符的使用俱不相同例

这是指后世失传的楚简新出字所选择使用的声、义符均与传世文字不同。值得注意的是，与前文提到的义符不同或声符不同相比，后世失传的楚简新出字中声、义符均与传世文字不同的字例要少得多（据粗略统计，不及前二者中任一项的三分之一，而按照一般概率统计，应不少于50%或更多）。这一现象或许正可以说明，战国时期形声字造字法已非常成熟，尽管各国间在造字选择声、义符时存在着种种差异，但在这差异表象的下面还蕴藏着一个潜在的趋同的趋势，而这一趋势的背后恐怕就是汉字发展过程中汉字自身内聚性的体现。如：

䚢　　　　　　　翠
鳶　　　　　　　雁
雚　　　　　　　雚（楚简文字的"雀"与"雚"非一字。参见第五章有关分化字的讨论。）
㷱（或作㷇、㷋、㷲、㷯）　　氣（《说文·米部》"氣"字或体作"㷱"，声符与楚简文字"氣"字诸体

	的声符相同。）
鋆（或作䥫）	琴（楚简文字构形与《说文》"琴"之古文䥇从金同。）
弌	飾
囨	橐
戜（或作敄）	誅
䩙	幝
䈞	箙
哭	鄰
盨	俎
蠠	蠅
㪍	勵
視	窺
緐	鞶（"緐"疑即"絆"之繁构。楚简文字构形常增一"田"符，如"步"或作"䢜"。字或从糸、反声作"紉"，"絆""紉"当为一字之异体，简文中均用同"鞶"。《说文·革部》："鞶，大带也。《易》曰：'或锡之鞶带。'男子带鞶，妇人带絲。从革、般声。"朱骏声《说文通训定声》："按带有二：大带以束衣，用素若絲；革带经佩玉，用韋。字从革，当以革带为正。"是知"鞶"或用革制，亦或用丝制。疑楚简文字的"絆""紉"即传世文字的"鞶"字。）
鬃（或作鬐）	數
頌	輔
㥚	慮（《说文·思部》："慮，谋思也。从思、虍声。"）
囩	圖
蠹	蛮
骱	背（楚简文字"背"或从肉、从人作"肧""伾"，均从"不"得声，与

传世文字"背"从"北"得声不同。"胚""怀"二字形见于后世字书,当属同形字。字由"脊背"之义引申有"背叛"之义,"背叛"之"背",后世文献仍或用"怀",与楚简文字同。如《马王堆汉墓帛书·经法·四度》:"怀约则寖(寋),达刑则伤。"又《十六经·五正》:"反义怀宗,其法死亡以穷。"均用"怀"为"背"。)

覰	顧
寤	寐
殺	滅
穜	種（楚简文字另有字从禾作"穜"。简文中,"穜""穜"二字均用作"種族"之"種""種子"之"種",字今作"种"。传世文献中"穜""種"二字混用。《说文·禾部》:"穜,埶也。从禾、童声。"又曰:"種,先穜后孰也。从禾、重声。"段注:"《说文》云:禾边作重,是重穋之字;禾边作童,是種蓺之字,今人乱之已久。"但"谷物种子"之"种"作"種"不作"穜",与楚简文字不同。《书·吕刑》:"稷降播種,农殖嘉谷。"《诗·大雅·生民》:"诞降嘉種,维秬维秠,维穈维芑。")

六 结构类型的不同

所谓结构类型的不同,是指后世失传的楚简新出字与传世文字不属于同一种造字法所造的字。在后世失传的楚简新出字中,这一类字的字例较少,并且集中体现在形声与会意造字法上的不同,即楚简新出字为形声字而传世文字属会意字。这一现象所传递给我们的信息是,战国时期楚系文字较之秦系文字,形声造字法更趋普及与成熟。如:

蘷（或作牂、寑、莚） 葬（《说文·茻部》:"葬,藏也。从死在

301

	舜中。一其中，所以荐之。《易》曰：'古之葬者，厚衣之以薪。'"楚简文字中诸"葬"字，构形从死或歺，从𦉢或廾、芒声，均为形声字。）
杲（或作杲）	早（《说文·日部》："早，晨也。从日在甲上。"为会意字。而楚简文字中的"早"，构形从日、枣声或枣省声，为形声字。）
墨	牧（《说文·攴部》："牧，养牛人也。从攴，从牛。《诗》曰：'牧人乃梦。'"为会意字。而楚简文字"墨"字构形从攴、墨声，为形声字。）
酋	尊（《说文·酋部》："尊，酒器也。从酋，廾以奉之。"为会意字。段注："凡酌酒者必资于尊，故引申以为尊卑字……自专用为尊卑字，而别制罇、樽为酒尊字矣。""廾者，竦手也。奉者，承也。设尊者竦手以承之。"楚简文字的"酋"字构形则从酉、弁声，为形声字。）
倩	争（《说文·𠬪部》："争，引也。从𠬪、丿。"为会意字，今通行体作"争"。段注："凡言争者，皆谓引之使归于己。"徐灏《注笺》："争之本义为两手争一物。"楚简文字的"倩"字构形从力、青声，为形声字。古音"青"为清母耕部字，"争"为庄母耕部字，二字古音相近，可通。）
戠	盗（《说文·㳄部》："盗，私利物也。从㳄，㳄欲皿者。"徐灏《注笺》："㳄欲皿者，说从㳄之意，垂㳄其皿，欲私其物也。"为会意字，今通行体作"盗"。楚简文字的"戠"字构形从戈、㬎声，为形声字。）

漮（或作𣵀）	流（《说文·㱃部》："㲀，水行也。从㱃、㐬，㐬，突忽也。流，篆文从水。"邵瑛《群经正字》："今经典从篆。"为会意字。楚简文字的"漮"构形从水、蛊声，为形声字。字或作"𣵀"，声符增一"口"符。刘钊云："'漮'即楚文字'流'字的特殊写法。"①）
窜	牢（《说文·牛部》："牢，闲，养牛马圈也。从牛，冬省，取其四周帀也。"为会意字。商承祚《殷虚文字类编》引罗振玉曰："牢为兽阑，不限牛，故其字或从羊。"楚简文字的"窜"字构形从牛、留声，为形声字。）
戮	伐（《说文·人部》："伐，击也。从人持戈。一曰败也。"为会意字。甲、金文象以戈击杀人形。楚简文字的"戮"字构形从戈、癹声，为形声字。）
殟	屍（今通行体作"尸"。《说文·尸部》："屍，终主也。从尸、从死。"为会意字。楚简文字的"殟"字构形，从歹、层声，为形声字。《增修互注礼部韵略》："屍，在床曰屍，在棺曰柩，通作'尸'。"《玉篇·尸部》："屍，弛祇切。在床曰屍。"）

通过上述的比较讨论，我们可以看出，与传世文字比较，后世失传的楚简新出字虽然在构形存在着这样或那样的不同，但说到底，这种差异主要还是文字构件（包括义符、声符）选择使用上的因人而异、因地而异或者说是因国而异，而这种"异"当然还包括文字构件的或多出或省略，但无论是传世文字还是楚简新出字，在文字构形上都依然是遵循着汉字内在的发展规律。我们在看到战国时期各国间文字构形之异的同时，恐怕更应该意识到汉字自身内部发展规律的巨大作用。正如李学勤先生所说的："东

---

① 刘钊著：《郭店楚简校释》，福州：福建人民出版社 2003 年 12 月第 1 版第 62 页。

方列国的文字，原来同秦文字都是从西周文字发展而成的，然而却走了不同的途径，以致形体风格相去越来越远。……但是，所有的变化，尽管有些出人意表，仍然遵循着汉字六书的普遍规律。这使我们在考释这种字体时，能够有所依据。"① 由此，我们似乎可以说，战国时期"文字异形"的表现之一，是文字构件（包括义符、声符）选择使用上的差异（包括文字构件的或多出或省略）。

---

① 李学勤著：《东周与秦代文明》，北京：文物出版社 1984 年 6 月第 1 版第 366～367 页。

第四章　楚简新出字中的异体字研究

　　异体字是汉字发展史上非常值得关注的一种文字现象。战国时期文字的一个显著特点就是文字异体繁多，楚简文字中的新出字也不例外。

　　关于异体字的研究，由于研究者所研究的对象、立足的角度等多有不同，有所谓的狭义派、广义派之分，有关的定义也是异彩纷呈，迄无定论。我们所进行的楚简新出字中的异体字研究，是从断代的层面关注战国时期楚简文字系统中异体字的产生及使用情况，所考察对象的时间性、空间性非常清楚，因此，我们对异体字的定义是：为同一个词而造的、音义相同的若干个不同形体，包括文字构件的增繁、简省、讹误及其位置关系的变化。

　　与以往异体字研究更多关注文字的历时性有所不同的是，本书于楚简新出字中的异体字研究则更多关注的是文字的共时性，即在共时层面进行异体字研究。本章将对楚简新出字中的异体字进行系统而全面的清理，对楚简新出字中所有的异体字例作些简要的分析与讨论，并以异体字为例对战国时期的"文字异形"现象、《说文》中的重出字现象进行讨论。

　　文字的发展是继承的发展。在楚简文字系统中，除去诸多新出字外，还有大量的传承字，即传承自甲骨文、金文的文字，因此，我们在对楚简新出字中的文字异体现象进行考察、讨论时，不可避免地要与传承字进行比较。换句话说，我们是将楚简新出字中的异体字置于楚简文字系统，甚至整个汉字系统之中进行考察分析，而不是也不可能是孤立地局限于楚简新出字。在讨论的过程中，凡出现传承字（非新出字）字例，我们均于字头的右上部标"＊"符以示。

第一节　楚简新出字中异体字的类型举例

　　战国时期的文字是未曾规范过的文字，异体字之间是此异体相对于彼异体的关系，完全平等，并不存在正体与俗体（或体）之分。借助既有的考释成果及相关的文献、工具书，我们对 4412 例楚简新出字中的异体字进行了一次较为全面的清理，共得异体字 455 组、1310 个字，每组包括两个或两个以上的形体不同的字（其中有少量的传承字字例），最多的一组有 13 个不同的形体。依据字际之间形体上或结构上的差异，楚简新出字中的异体字大致可分为五类：一、增繁引起的差异；二、简省引起的差异；三、义符使用的差异；四、声符使用的差异；五、结构方式的差异。下面分别举例说明。

一 增繁引起的差异

所谓增繁，是指异体字之间此一形体相对于彼一形体，在构形上增加某一或某些文字构件。如：

"躬"增一"宀"符作"窮"

"穴"增一"土"符作"空"（亦即"坎"字）

"戔"（或隶作"戋"）增一"貝"符作"賤"

"階"增一"虍"符作"隨"

"枳"增一"虫"符作"榓"

"匈"增一"肉"符作"胷"（字今作"胸"）、或作"脑"

"威"增一"水"符或"彳"符作"减"、作"徳"

"易"增一"阝"符作"陽"，简文中均用同"陽"。

"紛"增一"貝"符作"縍"

"難"增一"土"符或增一"心"符作"堇"、作"戁"

"均"增一"日"符或增一"田"符作"昀"（原篆作𡗦）、作"畇"

"𦍌"增一"宀"符作"寢"，简文中均用作"獲"。

"腶"增一"人"符作"脮"；"祓"增一"人""又"符作"𥛔"

按："胙""祚"古本一字。《说文·肉部》："胙，祭福肉也。从肉、乍声。"《集韵·铎韵》："胙，祭馀肉。"《左传·僖公九年》："王使宰孔赐齐侯胙。"《国语·齐语》："天子使宰孔致胙于桓公。"韦昭注："胙祭肉也。"又，《国语·周语下》："天地所胙，小而后国。"韦昭注："胙，福也。"《说文新附·示部》："祚，福也。从示、乍声。"《诗·大雅·既醉》："君子万年，永锡祚胤。"郑玄笺："天又长予女福祚，至于子孙。"楚简文字中，"胙""祚"二字亦即混用无别。

"肪"增一"心"符作"愲"，简文中均用作"病"

"迄"增一"匚"符或增一"耳"符作"邌"、作"遷"

"𤯍"增一"宀"符或增一"又"符作"瘖"、作"痠"，简文中均用作

"將要"之"將"

"兴"增一"攴"符或增一"女"符或增一"頁"符作"敿"、作"敯"、作"頩"

"室"增一"心"符或增一"見"符作"𢚩"、作"𥧐",简文中均用作"望"

"本"增一"臼"符或增一"虫"符作"杳"、作"蠢"

"尊"增一"阜"符作"隀"

"軋"增一"止"符或增一"心"符作"𨊠"、作"𨊶"

"及"增一"止"符或增一"辵"符作"𨑯"、作"返"

"余"增一"口"符或增一"丿"符或增一"乀"符作"舍"、作"夅"、作"佘"

"𧠋"(即"視"之初文)增一"𠂎"符作"䀠",简文中均用同"視"

按:楚简文字中,𠃓(《上六·孔》简5)、𡘜(《上六·競》简12)二篆已经分化,前者"𧠋"(字体下部作直立人形)为"視",后者为"見",字用不相混。参见第五章有关分化字的讨论。

"視"增一"心"符作"𢢽"

"洒"增一"皿"符作"盪",字今作"洗"

"命"增一"口"符作"喻"

"㠯"增一"車"符作"轓"

"悥"增一"人"符或增一"肉"符或增一"虫"符作"億"、作"臆"、作"蠹"

按:"悥""臆"古本一字。古"頁""百""首"一字。"悥",《玉篇·心部》即作"悥":"悥,《说文》云:'悥,愁也。'"

"府"增一"貝"符作"腐"(或隶作"賓")

"含"(即"㑹"字)增一"云"符作"㑹",简文中均用作"陰"

"皆"增一"虍"符作"虘"

"色"增一"矣"符或增一"頁"符作"𦒻"、作"頮"

"弔"增一"口"符或增一"女"符或增一"土"符作"咢"、作"妟"、作"𡉴",简文中均用作"淑"

"家"增一"爪"符或增一"宀""爪"符作"豪"、作"𡨴"

"孝"增一"辛"符作"𨐊"

"兄"增一"人"符或增一"㞢"符作"倪"、作"跎"(或隶作"𠮾")

"組"增一"口"符或增一"又"符或增一"虍"符或增一"虍""又"符作"䋝"、作"綬"、作"纑"、作"纙"

307

"肰"增一"虍"符或增一"癶"符作"䖈"、作"癹",简文中均用同"然"。

"皇"增一"殳"符或增"殳""火"符作"毀"、作"燬"

"恭"增一"工"符作"恭"

"常"增一"糸"符作"綱"

"聑"增一"午"符或增一"宀"符作"䪼"、"窗",简文中均用作"聞"。

"旱"增"水""㇒"符作"潬"

"祈"增一"臼"符或增一"心"符作"䛖"、作"惢"

按:《说文·示部》:"祈,求福也。从示、斤声。"甲骨文作𣄰(粹一〇〇)、金文作𣄰(颂鼎),构形从㫃、从單作。《汉语大字典》:"按:罗振玉认为甲金文'从㫃、从單,盖战时祷于军旗之下。会意'。王国维谓'假借为祈求之祈'。"楚简文字中的"祈"字或从心、㫃声,字作"惢",即承前代文字之绪。

二 简省引起的差异

与增繁相反,简省是指异体字之间此一形体相对于彼一形体,在构形上简省某一或某些文字构件。如:

"戚"或省作"弌"

"旂"或省作"羿""羿""斾",简文中均用同"旗"

"鞹"或省作"䩆""鞹"

"管"或省作"竺"

"篁"或省作"坒"

"詩"或省作"㫖""㫖"

"與"或省作"异"

"緯"或省作"綍"

"俑"或省作"佣"

按:简文中的"佣"即"俑",与后世的"佣"非一字。《汉语大字典》:"(1) yòng,佣金。旧时做买卖付给中间人的报酬。(2) yōng,'傭'的简化字。""佣"未见收于后世字韵书。

"欶"或省作"簌",简文中均用作"籁"

"稞"或省作"和",简文中均用同"秋"

"尭"或省作"兂",简文中均用同"尧"

"學"或省作"㝉"

"犟"或省作"㫷",简文中均用作"犟"

"禝"（即"稷"字）或省作"袓"

"陵"或省作"阾"

"戠"（或作"𢧵"）或省作"弍",简文中均用作"歲"

"聖"或省作"耴""䎽""聜"

"薐"或省作"茇"

"翏"或省作"䎮","瘳"或省作"瘂"

"遺"或省作"遀"

"愈"或省作"惥"

"語"或省作"訨"

"訕"或省作"訜"

三 义符使用的差异

这是指同为形声字的异体字之间,其构形上的差异即表现为造字构形所选择使用的义符不同。如:

"鞁"或从"韋"作"韄"

"常"或从"衣"作"裳"

"剴"或从"戈"、从"攴"作"䤾"、作"敳"

"賠"或从"心"作"惥"（或隶作"悇"）,简文中均用同"貪"。

"猵"或从"鼠"作"鼯"

"翠"或从"羽"作"翆",简文中均用同"翠"

"純"或从"巿"作"䊷"

"絵"或从"巿"作"䋝"

"紫"或从"巿"作"䊶"

"过"或从"止"作"迌"

"邦"或从"宀"作"宐",简文中均用同"國"

"敓"或从"戈"作"戜"

"盤"或从"示"作"禜"

"救"或从"戈"作"㦺"

"剔"或从"戈"作"䚠",简文中均用同"傷"

"坴"或从"辵"作"逨",简文中均用同"來"

按:楚简文字中,"來"借作他用,"行來"之"來"作"坴""逨"等。参见第五章有关楚简新出字中的分化字讨论。

"譽"或从"口"作"䚻"

"鉼"或从"金"作"鉼"、或从"土"作"坘"

"攻"或从"戈"作"玎"、或从"又"作"攵"

"唫"或从"言"作"諂"

"會"或从"田"作"畣"、或从"言"作"曾",简文中均用同"答"

"膺"或从"骨"作"髓"

"朙"(即"盟"之省)或从"示"作"禜",简文中均用同"盟"

"近"或从"止"作"𤴓"(或隶作"岸")

"鞁"或从"韋"作"鞍",简文中均用同"鞍"

"宙"或从"厂"作"届",简文中均用同"廟"

四 声符使用的差异

这是指同为形声字的异体字之间,其构形上的差异即表现为造字构形所选择使用的声符不同。如:

"聊"或从"午"声作"䮉",简文中均用同"馭馬"之"馭"

"迎"(即"御*"字)或从"午"声作"迕",简文中均用同"治理"之"御"。《玉篇·彳部》:"御,治也。"《广韵·御韵》:"御,理也。"《书·大禹谟》:"临下以简,御众以宽。"《国语·周语上》:"瞽告有协风至,王即斋宫,百官御事。"韦昭注:"御,治也。"

按:楚简文字中,"馭""御"已分化,馭马之馭只作"聊""䮉";治理之御只作"迎""迕"。参见第五章有关分化字的讨论。

"近"或从"聿"声作"建"

"貨"或从"爲"声作"賹"

"圓"或从"云"声作"囩"

"簎"或从"石"声作"箬",简文中均用作"席"

"柜"或从"韋"声作"幃",简文中均用作"幄"

"畋"或从"旬"声作"敏"

"禍"或从"骨"声作"褐"、或从"化"声作"祟"

"鞅"或从"英"声作"鞅"

"簪"或从"余"声作"簪"

"慮"(即"慮"字)或从"吕"声作"息"

"賽"或从"思"声作"𥈒"

"禁"或从"鹿"作"麓*"

"栽"或从"朿"声作"栽"、或从"隹"声作"雄"

"届"或从"淖"声作"潯",简文中均用同"廟"

"毯"或从"旻"声作"毽",简文中均用作"鞍"
"蘷"或从"爿"声作"牀"、或从"亡"作"㐬",简文中均用作"葬"
"過"或从"化"声作"迚""伿""忬"
"勭"或从"童"声作"勭",简文中均用作"動"
"旌"或从"青"声作"旍""𦕃",简文中均用同"旌"

五 结构方式的差异

这是指异体字之间存在着结构类型的差异。就楚简新出字中的异体字言,这种结构类型的差异集中表现为形声与会意之间的差异,即此一形体为形声字而彼一形体为会意字,且表现为传承字多为会意字而新出字多为形声字。相比较前面四种情况来说,这类情况的字例要少得多。如:

[逮][隶]

按:《说文·辵部》:"逮,唐逮,及也。从辵、隶声。"钮树玉《校录》:"《韵会》两引,并无'唐逮'二字。《一切经音义》卷一、《华严经音义》卷四十六引及《玉篇》注并作'及也',则唐逮二字盖后人增。"段注:"《隶部》曰:'隶,及也。'此形声包会意。"章炳麟《小学答问》:"隶逮亦本一字,古文当只作隶,自挚乳作逮。"《尔雅·释言》:"逮,及也。"《书·费誓》:"峙乃糗粮,无敢不逮。"孔传:"皆当储峙汝糗糒之粮,使足食无敢不相逮及。"

又,《说文·隶部》:"隶,及也。从又,从尾省,又持尾者,从后及之也。"段注:"此与《辵部》逮音义皆同,逮专行而隶废矣。"孔广居《疑疑》:"隶、隸、逮三字音义皆同,意隶即隸、逮之古文。加枲加辵,后人赘也。"章炳麟《新方言·释言》:"《说文》:'隶,及也。'案,从后持尾,谓追及禽获之。汉时言捕曰逮,《汉书·王莽传》:'逮治党与。'正此隶字。今谓捕得为隶住。"

是"逮""隶"二字,一为形声,一为会意。楚简文字中,"隶""逮"二字同见,均见于《郭店》简,用同《说文》。如:

(1)谾受不逮,從一衍(道)。(《郭·语一》)

刘钊云:"'谾'字从'谷',疑读为'御'。'受'字疑'寇'字。此四字疑与《孙子》'穷寇勿追'意近。"[①]

---

① 刘钊著:《郭店楚简校释》,福州:福建人民出版社2003年12月第1版第197页。

311

（2）坓（刑）不隶於君子，豊（禮）不隶於小人。(《郭·尊》简 31～32)

刘钊云："'隶'读为'逮'，逮，及也。此句简文见于《礼记·曲礼》的'礼不下庶人，刑不上大夫。'"①

[剄][禣][繼]

按：《说文·糸部》："絶，断丝也。从糸，从刀，从卩。繼，古文絶，象不连体，绝二丝。"楚简文字中的"絶"字作"繼"，与《说文》"絶"字古文相同；字或作"鑑"，与《说文·糸部》"繼"字古文相同；字又或省作"鑑""匛""丝"，构形均可分析为从絲、从刀，以会"斷絲"之意。楚简文字"絶"字构形或累增一"刀"符作"剄"，构形当分析为从刀、匛声，匛即之鑑省。《望山楚简》云：(剄) "此字从'匛'从'刀'，当是'絶'字的异体。"②字又或增一"示"符作"禣"，构形可分析为从示、鑑声。简文中，"剄""禣"二字均用同"絶"。例略。

[𢆞][幼*]

按：《说文·幺部》："幼，少也。从幺，从力。""幼"为会意字。《礼记·曲礼上》："人生十年曰幼。"楚简文字中"幼"字另见。

"𢆞"即"幼"字异体，构形可分析为从子、幽声。简文中"𢆞"字 3 见，均用同"幼"。如：

君子簸筵（席）之上，嬛（讓）而受𢆞。(《郭·成》简 34)

"幽""幼"二字均属影母幽部字，古音相近。楚简文字中或借"幽"为"幼"。如：

倀（長）子吉，幽（幼）子者不吉。(《九·五六》简 36)

原整理者云："'幽'、'幼'二字音近古通。《诗·小雅·鹿鸣》'出自幽谷'，阜阳汉墓竹简《诗经》'幽'作'幼'(《文物》1984 年 8 期 6 页)。战国中山五大鼎铭文'寡人𢆞童未甬（通）智'，'𢆞'即'幼'，从'子'从'幽'声。《礼记·玉藻》'一命缊韨幽衡，再命赤韨幽衡'，郑玄注：'幽，读为黝。''黝'从'黑'从'幼'声。简文'幽子'当读为

---

① 刘钊著：《郭店楚简校释》，福州：福建人民出版社 2003 年 12 月第 1 版第 128 页。
② 湖北省文物考古研究所：《望山楚简》，北京：中华书局 1995 年 6 月第 1 版第 119 页注 42。

'幼子'。"[1]

[罕][腦][牢*]

按：《说文·牛部》："牢，闲，养牛马圈也。从牛、冬省，取其四周币也。"商承祚《殷虚文字类编》引罗振玉曰："牢为兽闲，不限牛，故其字或从羊。"李孝定《甲骨文字集释》："所谓从冬者，实象牢形，即许书'取其四周币'者是也。"楷化后文字构形可分析为从宀，从牛，会意。楚简文字中的"牢"字另见。

"罕"字构形则可分析为从牛、留声，原篆作 ![] (《新·甲三：243》简269)、![] (《新·甲三：261》简287)。简文中"罕"字4见，均用作"牢"。字或从肉、从宀、留声作"腦"，简文中1见，用同"牢"。"罕""腦"二字均只见于《新蔡》简。例略。

"留""牢"二字均为來母幽部字，古音相近。

[聭][聋]

按：《说文·耳部》："闻，知闻也。从耳、門声。"徐锴《说文系传》"知闻也"作"知声也"。朱骏声《说文通训定声》："古文从昏声。"楚简文字中的"聭"字或隶作"聑""聭"；又或增一"宀"符作"窗"，增一"午"符作"矗"。"聋"字构形则为从耳、从采，"采"即"辨"字古文，《说文·采部》："采，辨别也，象兽指爪分别也。读若辨。咢，古文采。""聋"字以耳、采会"知闻（声）"之意。

[伮][民*]

按：《说文·民部》："民，众萌也。从古文之象。"郭沫若《甲骨文字研究》："（周代彝器）作一左目形，而有刃物以刺之。""周人初以敌因为民时，乃盲其左目以为奴隶。"是"民"字构形为会意字。楚简文字的"民"字，原篆作 ![] (《郭·老子甲》简1)，与金文作 ![] (孟鼎)同，字非新出。或增一"人"符作"伮"，则构形可分析为从人，从民、民亦声。

[倀][倀][長*]

按：《说文·長部》："長，久远也。从兀，从匕。兀者，高远意也。久则变化。亾声。厂者，倒亾也。"余永梁《殷虚文字考续考》："長，实象人发长皃，引申为长久之义。"楚简文字中的"長"字，原篆作 ![] (《上六·用》简18)，字体上部象长发之形，下部为人形，以人体长发之象会"长久""长远"之意。文字构形或增一"人"符作"倀"，又或增一"彳"符作"倀"。简文中，"倀""倀"二字均用同"長"。例略。

---

[1] 湖北省文物考古研究所：《九店楚简》，北京：中华书局2000年5月第1版第100页。

［割］［宰＊］

按：《说文·宀部》："宰，辠人在屋下执事也。从宀、从辛，辛，辠也。"又，《集韵·海韵》："宰，官称。"《谷梁传·僖公九年》："天子之宰，通于四海。"范甯《集解》："宰，天官冢宰兼为三公者。"《国语·齐语》："桓公自莒反于齐，使鲍叔为宰。"韦昭注："宰，太宰也。"楚简文字中，"宰"字6见，用同《集韵》。文字构形或增一"刀"或"刃"符作"割"，可分析为从刀（刃），从宰、宰亦声。简文中，"割"字21见，更为常见，均用与"宰"同。例略。

［戏］［伐＊］

按：《说文·人部》："伐，击也。从人持戈。一曰败也。"甲骨文作 𢦏（前七·一五·四）、金文作 𢦏（太保簋），象以戈击杀人之形。楚简文字中，"伐"字13见，原篆作 𢦏（《上六·天甲》简5），与甲、金文同，构形从从、从戈，以会"以戈击杀人"之意。楚简文字的"伐"字，构形或从攴、癹声，字作"戏"，原篆作 𢦏（《上五·鲍》简8），简文中仅1见，用同"伐"。如：

是岁也，晋人戏（伐）齐。（《上五·鲍》简8）

原整理者云："'戏齐'，读为'癹齐'，即'伐齐'。'癹'、'伐'同属月部，可通。《说文·人部》：'伐，击也。从人，持戈。'"[①]

［㐭］［𠻤］［畜］

按：《说文·㐭部》："㐭，爱濇也。从来、从㐭。来者㐭而藏之，故田夫谓之㐭夫。𠻤，古文㐭从田。"朱骏声《说文通训定声》："此字本训当为收谷，即穑之古文也。"商承祚《殷虚文字类编》："卜辞从田，与许书㐭之古文合……穑字《礼记》皆作㐭，此穑、㐭一字之明证也。"《集韵·职韵》："㐭，𠻤，《说文》：'爱濇也。从来，从㐭，来者㐭而藏之，故田夫谓之㐭夫。'古作𠻤。"又，《字汇补·口部》："㐭，与穑同。"《仪礼·少牢馈食礼》："宰夫以筐受㐭黍，主人尝之，纳诸内。"郑玄注："收敛曰㐭，明丰年乃有黍稷也。"

楚简文字中，"㐭"字作"𠻤"，原篆作 𠻤（《郭·老乙》简1）、𠻤（《上二·子》简2），构形从田、从来，与《说文·㐭部》"㐭"字古文相

[①] 马承源主编：《上海博物馆藏战国楚竹书（五）》，上海：上海古籍出版社2005年12月第1版第190页。

同。简文中,"䅣"字3见,用同"穑"。如:

孔子曰:鈞也,垄(夋、俊、舜)䅣於童土之田。(《上二·子》简2)

"䅣"即用同"穑"。原整理者云:"'䅣',从田、來声,《说文》无,或依声符读为'徕'。《广韵·去代》:'徕,劳也。'《集韵·平咍》:來、徕、逨、越,训为'行來之來'。此或当从《集韵》。"①原整理者之训读,误。

楚简文字的"䅣"字构形或从日作"㫰"。楚简文字中,构形从日、从田常相混用。"步"字或从日作"㫋",又或从田作"㘽",可证。"㫰"字原篆作(《上六·用》简12),构形可分析为从來、从日,简文中1见,即用同"穑"。例略。

楚简文字的"穑"字构形或从色声作"㾭",原篆作(《郭·尊》简15),构形可分析为从疒、从日、色声,简文中1见,即用同"穑"。如:

善(教)以事,则民力㾭(穑)以面利。(《郭·尊》简15)

刘钊云:"'㾭'字不识,但字从'色'声,读为'穑',古音'色'、'穑'皆在生纽职部,于音可通。'穑'通'稼',指农事。"②
疑"㾭"即"穑(稼)"字的形声字,构形从"色"得声。

在上文,我们从五个方面对楚简新出字中的异体字情况作了一简要的举例分析。如此分类只是为了行文方便,并不是说已经具有一个完全统一的分类标准。异体字中,有些字例的归类其实是两可的。如:"民"与"伓"、"宰"与"䴰"、"長"与"倀""俍"等字例其实亦归至增繁类。

另外,还有一些因构件位置的差异而形成的异体关系,因战国时期文字构件的位置非常随意,常常是左右、上下不分,故不单列一类予以讨论。

第二节　从楚简新出字中的异体字看战国时期的"文字异形"

在前面的章节,我们曾以后世失传的楚简新出字为例,与传世文字进

---

① 马承源主编:《上海博物馆藏战国楚竹书(二)》,上海:上海古籍出版社2002年12月第1版第186页。
② 刘钊著:《郭店楚简校释》,福州:福建人民出版社2003年12月第1版第134页。

行了构形比较，从而对战国时期的"文字异形"现象作了初步的讨论。在这一节，我们拟以楚简新出字中的异体字为例，从另一个侧面对战国时期的"文字异形"现象进行讨论。希望通过不同侧面、多个角度的分析讨论，能够对战国时期的"文字异形"现象有个比较全面而又深入的了解。

楚简新出字中的异体字是楚简文字在共时层面上的文字使用情况的反映。楚简新出字中的异体字虽然与传世文字中的异体字同属汉字系统，但由于存在局部与整体、共时与历时的差异，在具有传世文字中的异体字所具有的共同属性的同时，楚简新出字中的异体字还有其自身的特点，主要表现在以下几个方面：一是数量多；二是内部差异大；三是文字构形的随意性强；四是文字讹误现象突出。下面我们逐一举例讨论。

一　数量多

这个"多"有两层含义。一是相对于楚简新出字来说，异体字的总体数量多，占比高。我们对 4412 个楚简新出字进行了一次较为全面的清理，共得 455 组 1310 个异体字，异体字的数量占新出字的 30.32%。换句话说，楚简新出字中近三分之一的字存在着异体字关系。

数量之"多"的第二层含义是指单组字中的异体字数量多。455 组 1310 个异体字，平均每组 2.88 个异体字。一组字中有两个异体字是常见现象，但也有一组 5 个、6 个、7 个、8 个的情况存在，最多的一组异体字达 13 例之多。详见下表。

	2字组	3字组	4字组	5字组	6字组	7字组	8字组	10字组	13字组	合计
组数	243	116	47	25	15	6	1	1	1	455
字数	486	348	188	125	90	42	8	10	13	1310

为更直观、有效地说明问题，在这里我们且以兼收古今字、通假字及简化字的《汉语大字典》中的《异体字表》为参照作个比较。

（1）《异体字表》的一组字中最多的为 25 例，分别为"靈"组字与"殺"组字；楚简新出字中的异体字一组字中最多的是 13 例，为"喪"组字。

（2）《异体字表》"亂"字组的异体字数为 19 例，分别为"乱、亂、亂、乿、乿、𠦎、䢃、𤔔、𤔲、𤔜、夆、羍、爭、𤔏、𤔒、𤔕、𤔗、𥃩、釓"，楚简新出字中的"亂"字组为 8 例，分别为"𤔔、𤔲、𤔏、𤔰、𤔱、𤔺、𤔻、𤔼"；《异体字表》"喪"字组异体字数为 8 例，分别为"喪、丧、𠸶、𠷔、𠸡、𠹖、𡂐、𡴩"，楚简新出字中的"喪"字组异体字数为 13 例，分别为"𠸶、𠹖、𠹱、𡂐、𡴩、𡴪、𡴫、𡴬、𡴭、𡴮、𡴯、𡴰、𡴱"；《异体字表》"寶"组的异体字数为15例，分别为"寶、宝、儵、儵、宗、窨、窑、賨、寶、鎏、珤、玞、琛、珪、瑔、霮"，楚简新出字的"寶"组异体字为10例，分别为"賩、窊、琛、窡、寶、寶、珤、寶、保、窑"。通过比较可以看出，《异体字表》"亂""喪""寶"三组中的诸多异体字即源自于战国时期。

楚简新出字中的异体字以一时一地之用字情况与《异体字表》比较，其单组字中异体字数量似乎也不逊色多少，个别字组如"喪"字组的异体字数量甚至超过《异体字表》。这虽是较为极端的例证，但也足以说明问题，战国时期的"文字异形"现象亦由此可见一斑。

二　内部差异大

关于楚系文字的内部差异，董琨先生在其《楚文字若干问题的思考》一文中曾指出："至于楚系文字内部的个性即差异，虽然并非带有普遍性，却有着丰富的内涵，一定程度上足以影响整个书写文本的面目和风格。归纳起来，大致存在以下几种情况：地域不同导致的差异、文体不同导致的差异、书手不同导致的差异、同一书手由于不同书写环境和情绪导致的差异，等等。"[①]

就楚简新出字中的异体字而言，其内部差异则更多地呈现出地域性的特点，而这地域性特点又主要表现在两个方面，即"同词异字"与"同字异词"。

1. 内部差异的"同词异字"。这是指不同地域的楚简文字为同一个词（义）选择使用了构形不同或略有差异的字（形）。这与通常所说的"异体字"属历时层面的因人而异有所不同的是，楚简新出字中的地域性"同词异字"乃共时层面的因地（人）而异，地域性因素更为突出。如：

［廄］［廐］

楚简中，"廄""廐"二字均用作"马廄"之"廄"。《说文·广部》："廄，马舍也。从广、㲋声。《周礼》曰：'马有二百十四匹为廄，廄有仆夫。'廐，古文从九。"但"廄""廐"二字所使用的区域有别，绝不相混。

"廄"只见于《曾侯乙墓》简文中，原篆作(《曾》简4)、(《曾》简175)，构形可分析为从宀、既声，凡7见。如：

宫廄尹馭安車。(《曾》简48)

[①] 董琨：《楚文字若干问题的思考》，《古文字研究》第二十六辑第438页，北京：中华书局2006年11月第1版。

317

而"廄"字则只见于《包山楚简》中,原篆作▇(《包》简61)、▇(《包》简154),构形可分析为从厂、飤声,凡18见。如:

十月辛未之日不行代易 廄(廄)尹郙之人鬭戟於長墨公之軍。(《包》简61)

整理者云:"廄,廄字。简文中的廄字均作此形。新大廄,负责管理马匹的机构。"①

[戋][雄][栜]

楚简中,"戋""雄""栜"均为"戈戟"之"戟"。《说文·戈部》:"戟,有枝兵也。从戈、倝。《周礼》:'戟长丈六尺。'读若棘。"邵瑛《群经正字》:"汉碑戟或省作戟。"不同的是,"戋""雄""栜"三字所使用的区域有别。

"戋"只见于《包山楚简》中,原篆作▇(《包》简269)、▇(《包》简61),构形可分析为从戈、丰声,凡4见。如:

十月辛未之日不行代易廄尹郙之人鬭 戋(戟)於長 墨(尾)公之軍。(《包》简61)

原整理者云:"戋,戟字,从裘锡圭先生说。"②

而"雄"字则均见于《曾侯乙墓》简,原篆作▇(《曾》简9)、▇(《曾》简37),构形从戈、从隹,或隶作"躍",凡19见。如:

一戟,三果,一翼之旽。(《曾》简14)

原整理者云:"'戟',原文作'雄',即'戟'的异体。故释文径写作'戟'。"③

"栜"字则均见于《郭店》《上博六》简,原篆作▇(《郭·缁》简43)、▇(《上六·天乙》简5),构形可分析从戈、束声,或隶"栜",凡5见。如:

根之以玉斗,栜(戟)陳踐亡。(《上六·天甲》简6)

---

① 湖北省荆沙铁路考古队:《包山楚简》,北京:文物出版社1991年10月第1版第43页注102。
② 同上书,第44页注107。
③ 湖北省博物馆:《曾侯乙墓》,北京:文物出版社1989年7月第1版第505页注28。

原整理者云:"'㦰',从戈,从朿声,金文构形声旁或从棘。'㦰',即'戟'字异构,相同写法也见于郭店楚简《缁衣》引《诗》:'执我㦰㦰,亦不我力。'上海博物馆藏楚竹书本作'𢧢',也是'戟'的异体字。今本作'仇',与𢧢、㦰为通假关系。'戟',读为'格',上海博物馆藏楚竹书本'戟'字即以'各'为声旁,可证。"①

[旍][羿]

楚简中,"旍""羿"二字均用作"旌旗"之"旗"。《说文·㫃部》:"旗,熊旗五游,以象罚星,士卒以为期。从㫃、其声。《周礼》曰:'率都建旗。'"不同的是,"旍""羿"二字所使用的区域有别。

"旍"字均见于《曾侯乙墓》,原篆作 (《曾》简30)、 (《曾》简40),构形可分析为从㫃、羿(羿)声,凡14见。如:

　　一秘,二旆,屯八翼之翿,旗 貼。(《曾》简3)

原整理者云:"'旗',原文作'旍',从'㫃'从'羽'从'丌'。或省'羽'作'旂'。《汗简》卷中之一㫃部、《古文四声韵》之韵引李尚(商)隐《字略》'旗'字作' ',与简文相合。"②

字或省羽作"旂",原篆作 (《曾》简80),构形可分析为从㫃、丌声,亦为《曾》简字,用作"旗"。例略。《字汇补·方部》:"旂,与旗同。"

"羿"字则见于《上博》《郭店》等楚简,原篆作 (《上二·容》简21)、 (《郭·成》简30),构形可分析为从羽、亓声,凡9见。如:

　　禹然後始爲之號羿(旗),㠯辨亓左右,思民毋惑。東方之羿(旗)㠯日,西方之羿(旗)㠯月,南方之羿(旗)㠯蛇。(《上二·容》简20)

字或省作"羿",原篆作 (《上五·競》简10),构形可分析为从羽、丌声。例略。

[翡][翠]

楚简中"翡""翠"二字均用作"翡翠"之"翠"。《说文·羽部》:"翠,青羽雀也,出郁林。从羽、卒声。"但二字使用的区域不同。

---

① 马承源主编:《上海博物馆藏战国楚竹书(六)》,上海:上海古籍出版社2007年7月第1版第319页。

② 湖北省博物馆:《曾侯乙墓》,北京:文物出版社1989年7月第1版第506页注32。

"翡"字均用于《曾侯乙墓》，原篆作█（《曾》简136）、█（《曾》简138），构形可分析为从鸟、皋声，凡12见。如：

丌（其）旗，翡（翠）首，紫羊须之紕，紫羽之常。（《曾》简6）

原整理者云："'翡'，从'鸟''皋'声。'皋'、'翠'古音相近，此字当是翡翠之'翠'的异体。'翠'为青羽鸟，故字或从'鸟'。望山二号墓竹简翡翠之'翠'作'翚'，亦从'皋'声。"①

而"翚"字则见于《包山》《信阳》《望山》等楚简，原篆作█（《包》简269），█（《汇·信二》简14）、█（《汇·望二》简3），构形可分析为从羽、皋声，凡6见。如：

翚之首，笔，中干，絑縞。（《包》牍1）

原整理者云："翚，字从羽从首从辛。天星观一号墓遣策中，此字从羽从自从辛。古文字中从自与从首往往相通。翚也作█，读作翠。'翠之首'指絑旌上装饰的翠鸟羽毛。"②

[簬][箈]

楚简中，"簬""箈"二字均用作"席"。《说文·巾部》："席，籍也。《礼》：'天子、诸侯席有黼绣纯饰。'从巾、庶省。圂，古文席，从石省。"但"簬""箈"二字所使用的区域不同。

"簬"字均用于《曾侯乙墓》简，原篆作█（《曾》简88）、█（《曾》简71），凡18见。如：

盬靭，盬扈，紫 簬（席）。（《曾》简8）

原整理者云："'簬'字原文多作█，从'竹'从'唇'，'唇'即《说文》'席'字的古文'圂'。'圂'从'丙'从'石'省。《古文四声韵》昔韵'席'字下引《古孝经》作█，所从'石'旁不省。'席'本从'石'声，故长沙仰天湖二十五号墓竹简、长台关一号墓竹简和望山二号墓竹简

---

① 湖北省博物馆：《曾侯乙墓》，北京：文物出版社1989年7月第1版第509页注53。
② 湖北省荆沙铁路考古队：《包山楚简》，北京：文物出版社1991年10月第1版第65页注622。

第四章　楚简新出字中的异体字研究

'席'字多作'筶'。简文此字加'竹'头，当是'囮'的繁体。"①

而"筶"字则用于《曾侯乙墓》之外的其他楚简，原篆作▨（《上五·君》简4）、▨（《包》简263）、▨（《郭·成》简34）、▨（《汇·望二》简1），构形可分析为从竹，石声，凡26见。如：

又（有）綌綷，缟宦；一缟筶（席）。（《包》简259）

原整理者云："筶，读如席。缟席，以缟缘边之席。"②

［敂］［畋*］

楚简中，"敂""畋"二字均用作"畋猎"之"畋"。《广韵·先韵》："畋，取禽兽也。"《书·五子之歌》："乃盘遊无度，畋于有洛之表，十旬弗反。"但"敂""畋"二字使用的区域有别。

"敂"字均用于《曾侯乙墓》，原篆作▨（《曾》简151）、▨（《曾》简65）、▨（《曾》简67），构形可分析为从攴、旬声，字凡6见。如：

遮車九甕（乘），囹軒，一敂（畋）車。（《曾》简120）

原整理者云："'敂'，从'攴'、'旬'声，即'畋'的异体。'敂车'，田猎用的车，古书作'田车'。"③

而"畋"字则用于《上博》《望山》《仰天湖》等楚简，凡8见，原篆作▨（《上三·周》简8）、▨（《上五·竞》简10），字非新出。例略。

［𦉢］［鉼］［缾］

楚简中，"𦉢""鉼""缾"三字均用作"瓶"，即比缶小的容器，用以汲水，也用以盛酒食。《说文·缶部》："缾，甕也。从缶、并声。瓶，缾或从瓦。"《方言》卷五："缶谓之瓿甊，其小者谓之瓶。"郭璞注："缶，即盆也。"钱绎《方言笺疏》："《说文》：'缾，甕。'或从瓦作瓶。《（易）井》卦云：'羸其瓶。'是瓶亦为汲水之器。郑注云：'盆以盛水，瓶以汲水。'是也。又《礼器》注云：'盆、瓶，炊器也。'是又不独以之汲水矣。《小雅·蓼莪》篇：'瓶之罄矣，惟罍之耻。'毛传云：'瓶，小器。'故云'小者谓之瓶'也。"但在简文中，"𦉢""鉼""缾"三字所使用的区域有别。

---

① 湖北省博物馆：《曾侯乙墓》，北京：文物出版社1989年7月第1版第510页注58。
② 湖北省荆沙铁路考队：《包山楚简》，北京：文物出版社1991年10月第1版第62页注555。
③ 湖北省博物馆：《曾侯乙墓》，北京：文物出版社1989年7月第1版第518页注141。

321

"垪"字只见于《信阳楚简》，原篆作🔲（《汇·信二》简22），构形可分析为从土、并声，简文中，凡4见。如：

一垪食牆（酱），一垪枼（楪）牆（酱）。(《汇·信二》简17)

"垪"字未见后世字书。《战国楚简研究》云："金文瓶字作鉼、缾，此从从土，与从缶、从瓦意同。"①

而"鉼"字只见于《包山楚简》，原篆作🔲（《包》简252），构形可分析为从金、并声，简文中1见。如：

二鉼罂。(《包》简252)

原整理者云："鉼，读作缾，《方言五》：'缶其小者谓之瓶。'罂，读作罌。《汉书·韩信传》：'以木罌缶渡军。'颜师古曰：'罌缶谓瓶之大腹小口者也。'二瓶罂可能是指东室的一对小口短颈壶。"②

"缾"字则见于《包山》《上博》楚简，原篆作🔲（《包》简265）、🔲（《上三·周》简44），构形可分析为从缶、并声，简文中3见。如：

气（汔）至，亦母（毋）䋣（繘）汬，贏（羸）丌（其）缾（瓶），凶。(《上三·周》简44)

原整理者云："'缾'，《五经文字》：'缾与瓶同。'……本句马王堆汉墓帛书《周易》作'……亦未汲井，纍亓刑垪，凶。'"③

[獻] [獻] [獻]

楚简中，"獻""獻""獻"三字均用作"獻"。《说文·犬部》："獻，宗庙犬名羹獻，犬肥者以獻之。从犬、鬳声。"段注："獻本祭祀奉犬牲之偁。"《礼记·曲礼下》："凡祭宗庙之礼……羊曰柔毛，鸡曰翰音，犬曰羹獻。"郑玄注："羹獻，食人之馀也。"孔颖达疏："犬曰羹獻者，人将所食羹馀以与犬，犬得食之肥，肥可以獻祭于鬼神，故曰羹獻也。"字引申而有"进獻"之义。《广雅·释诂二》："獻，进也。"《玉篇·犬部》："獻，奉也；

---

① 中山大学古文字研究室编：《战国楚简研究》第二辑第31页，未刊稿。
② 湖北省荆沙铁路考古队：《包山楚简》，北京：文物出版社1991年10月第1版第59页注496。
③ 马承源主编：《上海博物馆藏战国楚竹书（三）》，上海：上海古籍出版社2003年12月第1版第196页。

进也；上也。"《字汇·犬部》："獻，凡以物相馈，下之于上曰獻。"《周礼·天官·内府》："凡四方之币獻之金玉、齿革、兵器，凡良货贿入焉。"郑玄注："诸侯朝觐所獻国珍。"但在楚简中，"獻""獻""獻"三字所使用的区域有别。

"獻"字只见于《望山》《上博》楚简，原篆作▨（《汇·望一》简92）、▨（《上二·容》简5），简文中5见。如：

　　　於茇郢之戢，獻（獻）馬之月。（《汇·望一》简92）

《战国楚简研究》云："獻，即獻。"①

"獻"字则见于《包山》《新蔡》楚简，原篆作▨（《包》简147）、▨（《新·甲一：21》简17），简文中8见，用作"獻"。如：

　　　陸（陳）▨、宋獻（獻）爲王臾（具）卣（？）於泯爰，屯二僧（儋）之飤金鋌二鋌。（《包》简147）

原整理者云："獻，似为獻字的异体。"②

"獻"字则见于《包山》《新蔡》《九店》楚简，字非新出，原篆作▨（《包》简182）、▨（《新·甲三：83》简123），简文中凡11见。例略。

[貚][狐*]

楚简中，"貚""狐"二字均用作"狐狸"之"狐"。《说文·犬部》："狐，祅兽也，鬼所乘之。有三德：其色中和，小前大后，死则丘首。从犬、瓜声。"不同的是，"貚""狐"二字所使用的区域有别。

"貚"字只见于《包山》《上博》楚简，原篆作▨（《上三·周》简37）、▨（《包》简259），构形可分析为从鼠、瓜声，简文中凡4见。如：

　　　九二：畋獲三貚（狐），得黃矢，貞吉。（《上三·周》简37）

原整理者云："'貚'，从鼠、瓜声，字亦见于《包山楚简》，疑即'狐'字。"③又，《包山楚简》云："貚，狐字。楚简文字中从'豸'往往以从

---

① 中山大学古文字研究室编：《战国楚简研究》第三辑第28页，未刊稿。
② 湖北省荆沙铁路考古队：《包山楚简》，北京：文物出版社1991年10月第1版第50页注274。
③ 马承源主编：《上海博物馆藏战国楚竹书（三）》，上海：上海古籍出版社2003年12月第1版第186页。

'鼠'代之，从豸又与从犭相通。"①

而"狐"字则均为《曾侯乙墓》字，原篆作 (《曾》简 29)、 (《曾》简 46)，构形可分析为从犬、瓜声，非新出字，凡 13 见。例略。

［䏦］［虎＊］

楚简中，"䏦""虎"二字均用作"虎"。不同的是，"䏦"字只用于《曾侯乙墓》简，原篆作 (《曾》简 16)、 (《曾》简 1 正)、 (《曾》简 8)，构形可分析为从肉、虎声，凡 43 见。如：

䏦（虎）韔，䏦（虎）眉之聶。(《曾》简 13)

原考释者云："简文'虎'字除 62 号、80 号二简写作'虎'外，其他简皆写作'䏦'。"②

而"虎"字则为通用字，既见于《曾侯乙墓》，也见于其他楚简，非新出字，凡 13 见，原篆作 (《包》简 273)、 (《上三·周》简 25)、 (《上四·采》简 4)。例略。

［迉］［起＊］

楚简中，"迉""起"二字均用作"起"。《说文·走部》："起，能立也。从走、己声。迉，古文起，从辵。"但在简文中，"迉""起"二字所使用的区域不同。

"迉"字见于《上博》《包山》《郭店》等楚简，原篆作 (《上六·用》简 15)、 (《上六·競》简 12)，构形可分析为从辵、己声，即《说文·走部》"起"之古文。桂馥《说文解字义证》："己声者，《玉篇》：'己，起也。'《晋乐志》：'己，起也。'《白虎通·五行篇》：'太阳见于己，己者物必起。'"简文中，"迉"字凡 16 见，均用同"起"。如：

申公坐拜，迉（起）含（答）。(《上六·庄》简 8)

而"起"字则只见于《新蔡》《清华》简，字非新出，凡 8 见，原篆作 (《新·甲三：109》简 145)、 (《清二·五章》简 28)。例略。

2. 内部差异的"同字异词"。这是指同一个字（形），在不同地域的楚

---

① 湖北省荆沙铁路考古队：《包山楚简》，北京：文物出版社 1991 年 10 月第 1 版第 46 页注 158。

② 湖北省博物馆：《曾侯乙墓》，北京：文物出版社 1989 年 7 月第 1 版第 502 页注 14。

简文字中所记录的词（义）不同，并分别与其他的字构成异体字关系。

值得注意的是，楚简新出字中异体字的因地域用字差异而形成的"同字异词"与通常所说的文字通假是性质不同的两种文字现象。文字通假属用字范畴，是因为字音相近或相同而临时借用，用今天的话说就是写别字。而"同字异词"则属文字学范畴，是指不同地域的人为不同的词造字时选择了相同的构件而形成构形完全相同的字。"同字异词"与同形字亦有别。同形字是指两个或两个以上的构形相同而音义没有关系的字，而"同字异词"则是指两个或两个以上的构形相同、音同或音近而词义有别的字。如：

[㚆][复]

楚简中，"㚆""复"二字在不同地域的简文中所记录的词不同。

"㚆"字原篆作 (《上五·三》简11)、 (《上五·君》简1)，构形可分析为从人、复声。楚简中，"㚆"字凡31见，字用有二：即用作"胙"与"作"。用作"胙"的"㚆"字只见于《包山楚简》，凡12例，而用作"作"的"㚆"字则散见于其他楚简中，区别非常清楚。如：

(1) 東周之客嗇纓歸㚆（胙）於栽郢之歲。(《包》简58)
(2) 萬物㚆（作）而弗始也，爲而弗恃也。(《郭·老甲》简17)

例（2），刘钊云："'㚆'为'作'字繁体。"[①]

"复"字原篆作 (《郭·成》简7)、 (《郭·性》简1)、 (《上一·紂》简1)，构形可分析为从又、乍声。楚简中，"复"字凡74见，与"㚆"字情形完全相同，字用有二：即用作"胙"与"作"。用作"胙"的"复"字只见于《包山楚简》，而用作"作"的"复"字则散见于其他楚简，地域性差异非常明显。如：

(1) 東周之客嗇纓歸复（胙）於栽郢之歲。(《包》简207)
(2) 恙（详）宜利主，采（採）勿（物）出於复（作），焉又（有）事不复（作）無事舉（舉）。天之事，自复（作）爲，事甬（庸）目不可賡（更）也。(《上三·亙》简7)

就《包山楚简》中的"㚆""复"二字言，字当与"腜""袳""腜"诸字为异体字，均用作"胙"，没有例外。而其他楚简中的"㚆""复"二字则与"乍""迮""㝉"诸字为异体字，均用作"作"。

---

① 刘钊著：《郭店楚简校释》，福州：福建人民出版社2003年12月第1版第15页。

[懸]

楚简中，"懸"字在不同地域的简文中所记录的词不同。

"懸"字原篆作🔲（《郭·语三》简30）、🔲（《郭·语三》简40）、🔲（《包》简239），构形可分析为从心，既声，与《说文·心部》"㤅"字古文相同。《说文·心部》："㤅，惠也。从心，旡声。懸，古文。"朱珔《说文假借义证》："今惠㤅字皆借爱字为之而㤅废，即爱之本义亦废矣。"又与《说文·米部》"氣"字或体"餼"字的声符相同。《说文·米部》："氣，馈客刍米也。从米、气声。《春秋传》曰：'齐人来氣诸侯。'䊠，氣或从既；餼，氣或从食。"

简文中，"懸"字凡14见，字用有二，分布也很有规律：一是用作"氣"，6例，均见于《包山楚简》；二是用作"愛"，凡8例，均见于《郭店楚简》中的《语》篇。如：

(1) 飤腹心疾，以走（上）懸，不甘飤。(《包》简242)
(2) 懸（愛）生於眚（性），𦣞（親）生於懸（愛）。(《郭·语二》简8)

例（1），原整理者云："懸，䊠字异体，读作氣。"①

就《包山楚简》中的"懸"字言，字当与"䊠""䊠""䊠""䊠""氛"诸字为异体字，均用作"氣"。而就《郭店楚简》中的"懸"字来说，则当与"㤅""蟴"诸字为异体字，均用作"愛"。

[㦧]

楚简中，"㦧"字在不同地域的简文中所记录的词不同。

"㦧"字，或隶作"悔"，原篆作🔲（《上五·三》简20）、🔲（《上五·君》简1），构形可分析为从心、母声，凡40例，均见《郭店》《上博》楚简。《郭店》简中的"㦧"字凡14例，均用作"謀"，而《上博》简中的26例"㦧"字有20例用作"悔"，6例用作"謀"，区域性差异也是非常清楚的。如：

(1) 不與智悔（謀），是胃（謂）自惎（諅）。(《郭·语四》简13)
(2) 初六：拯馬 藏（壯），吉，㦧（悔）亡（无）。九二：囊（渙）走亓（其）凥，㦧（悔）亡（无）。(《上三·周》简54)

就《郭店》简中的"㦧"字言，当与"誓""惎"诸字为异体字，均用作"謀"，而就《上博》简中"㦧"字言，则当与"悔""𢗧"诸字为异体字，均用作"悔"。

---

① 湖北省荆沙铁路考古队：《包山楚简》，北京：文物出版社1991年10月第1版第55页注393。

[穾]

楚简中，"穾"字在不同地域的简文中所记录的词不同。

"穾"字原篆作❀（《郭·老乙》简14）、❀（《包》简232），构形从宀、身声，凡9见，均见于《包山》《郭店》楚简。有趣的是，《包山楚简》中的"穾"字只用作"躬"，而《郭店楚简》中的"穾"字则只用作"窮"，地域性差异非常清楚。如：

(1) 聿（盡）集歳（歲），穾（躬）身尚毋又（有）咎。（《包》简232）
(2) 大涅（盈）若中（盅），其甬（用）不穾（窮）。（《郭·老乙》简14）

例（2），原整理者云："穾，窮字省形，读作'窮'。《古文四声韵》引《道经》'窮'字从'宀'从'躬'。"① 刘钊云："'穾'即'窮'字初文。"②

就《包山楚简》中的"穾"字言，当与"躬""躳"诸字为异体字，而《郭店楚简》简中的"穾"字则当与"窮"为异体字。

三　文字构形的随意性强

楚简文字的一大特点是随意性很强。这种随意性既表现于文字使用上，③也体现在文字的构形方面。就构成异体字来说，文字构形上的随意性主要表现在以下三个方面：

（一）文字构件选择的随意性。这又主要可分为两类。

1. 义符选择使用上的随意性，主要是指造字构形时对意义相同或相近的义符选择上的随意性。我们在前文已经指出，汉字发展到战国时期，形声字造字法已经非常成熟。形声字义符的作用是表示形声字的意义类属，理论上说，只要与形声字的字义类属相关的字或文字构件都可以充当义符，而汉字系统中意义相同或相近的字或文字构件很多，就造字选择义符而言，

---

① 荆门市博物馆：《郭店楚墓竹简》，北京：文物出版社1998年5月第1版第120页注21。
② 刘钊著：《郭店楚简校释》，福州：福建人民出版社2003年12月第1版第34页。
③ 《上博四·曹沫之陈》原整理者云："'敳穰'，即'曹沫'。简文'曹'作'敳'或'敿'，'沫'作'蔑'、'穰'、'蔑/攴'、'蕆'或'薑'。'敳'字古文字多用为'造'，与'曹'读音相同（都是从母幽部字）；'穰'字从蔑或从萬，'蔑'或'萬'与'沫'读音亦相同（都是明母月部字）。古书所见异名，如'劌'、'翻'是见母、晓母的月部字，读音也相近。"（《上四》第243页）又，《上博五·競建内之》原整理者云："'級俚'，读为'隰朋'，春秋时齐人，以公族为大夫，助管仲相桓公成霸业，尝平戎于晋。……'隰'字在本篇有三种不同写法，第一简作'級'，第二简与第五简作'汲'，第九简作'仅'。……'及'与'㬎'同属缉韵，可通。"（《上五》第166页）楚简文字使用方面的随意性由此可见一斑。

可选择的余地很大，运作的空间也很大，并且常常因人而异、因地域而异，义符选择的随机性与随意性也就不可避免，也无法避免，因此，大量的因义符不同而形成的异体字也随之产生。楚简新出字中的这类异体字不在少数。

"辵""止""彳"义近，从"辵"构形的字或从"止"从"彳"作。如：
[近][歨]

"近"字构形或可从止作"歨"，字或隶作"丘"。

"近"字原篆作▨（《郭·五》简7）、▨（《上三·中》简20），构形可分析为从辵、斤声，简文中"近"字凡13见。

"歨"字原篆作▨（《上一·性》简2）▨（《上一·性》简34），构形可分析为从止、斤声，与《说文·辵部》"近"之古文相同。《说文·辵部》："近，附也。从辵、斤声。歨，古文近。"商承祚《说文中之古文考》："案：止彳辵走古通用。"①

值得注意的是，"歨"字只见于《上一·性》简中，而"近"字则多见于《郭店》简，义符不同的背后反映的是地域性差异。

[徑][逕]

"徑"或可从辵作"逕"。

"徑"字原篆作▨（《上六·用》简4），构形可分析为从彳、巠声。《说文·彳部》："徑，步道也。从彳、巠声。"朱骏声《说文通训定声》："步行之道，谓异于车行大路。"简文中"徑"字1见。如：

德徑于康。（《上六·用》简4）

"逕"字原篆作▨（《上六·競》简12），构形可分析为从辵、巠声。《玉篇·辵部》："逕，路徑也。"《集韵·徑韵》："徑，《说文》：'步道。'亦从辵。"简文中"逕"字1见，用作"徑"。如：

祭正不雙，未㠯（以）至於此，神見虗（吾）逕……。（《上六·競》简12）

原整理者云："'逕'，同'徑'。《集韵》：'徑，亦从辵。'"②

[邇][躍]

"邇"字构形或从止作"躍"。

---

① 商承祚著：《说文中之古文考》，上海：上海古籍出版社1983年3月第1版第13页。
② 马承源主编：《上海博物馆藏战国楚竹书（六）》，上海：上海古籍出版社2007年7月第1版第188页。

"遹"字原篆作🔣（《郭·语一》简20）、🔣（《郭·语一》简24），构形可分析为从辵、繇声。《说文·辵部》："遹，行遹径也。从辵、繇声。"徐灏《说文解字注笺》："遹，与由同。"《玉篇·辵部》："遹，疾行也。遹，同遹。"《正字通·辵部》："遹即遹之省言。"简文中"遹"字凡13见，均用同"由"。如：

遹（由）中出者，惥（仁）、忠、信。（《郭·语一》简21）

"歰"字楚简原篆作🔣（《郭·语一》简104），构形可分析为从止、繇声，简文中"歰"字仅1见，用同"由"。如：

凡勿（物）歰（由）望生。（《郭·语一》简104）

简文中，构形从辵的字又或从止作的字例还有许多。如：
"迁"字构形或从止作"𣥍"
"迏"字构形或从止作"𣥎"
"逨"字构形或从止作"𣥏"
"返"字构形或从止作"𣥐"
"建"字构形或从止作"𣥑"
"洵"字构形或从止作"𣥒"
"刀""戈""攴"义近，构形从"刀"的字或可从"戈"、从"攴"作。如：
［劏］［戩］［敳］
"劏"字原篆作🔣（《上二·鲁》简6）、🔣（《上四·内》简8）、🔣（《郭·缁》简42），构形可分析为从刀、豈声。《说文·刀部》："劏，大镰也。一曰摩也。从刀、豈声。"简文中"劏"字4见，字或隶作"刲"。如：

祝於五祀，刲（劏）必有益，君子昌成其孝。（《上四·内》简8）

原整理者云："'刲'即'劏'。《诗》'愷悌君子'之'愷'，本册《逸诗》作'戩'。'劏'有规劝之义。《周礼·春官·大司乐》'以乐语教国子兴道讽诵言语'，郑玄注：'道，读为导。导者，言古以劏今也。'"[1]

---

[1] 马承源主编：《上海博物馆藏战国楚竹书（四）》，上海：上海古籍出版社2004年12月第1版第227页。

329

"戠"字原篆作▨（《上四·逸》简1）、▨（《上四·逸》简2），构形可分析为从戈、豈声，简文中6见，均见于《上四·逸》简。如：

戠（愷）俤君子，若玉若英。（《上四·逸》简1）

原整理者云："'戠'疑'剴'之或体。'戠俤'，通作'愷悌'或'豈弟'。《诗》中数见'豈弟君子'。……在《诗》中，'豈弟'常用作对君子的美称：'豈'，乐；'弟'，易：即和乐平易的君子。《尔雅·释言》'愷悌'，郭璞注：'诗曰齐子愷悌。'《诗·齐风·载驱》作'齐子豈弟'。同一辞有'戠俤'、'豈弟'、'愷悌'等不尽相同的写法。"①

"敳"字原篆作▨（《汇·信一》简10）、▨（《上一·紂》简21），构形可分析为从攴、豈声。《说文·攴部》："敳，有所治也。从攴，豈声。"简文中"敳"字2见。如：

□不▨虐，敳弟君子。（《汇·信一》简10）

《战国楚简研究》："敳弟即愷悌，亦作豈弟。《诗·小雅·蓼萧》：'既见君子，孔燕豈弟。'意指和易近人。《左传》僖公十二年：'《诗》曰："愷悌君子。"注：'愷，乐也；悌，易也。'《吕览·不屈》：'《诗》曰："愷悌君子，民之父母。"愷者大也，悌者长也，君子之德长且大者，则为民父母。'"②

［哉］［敔＊］

"哉"字原篆作▨（《上二·从甲》简17）、▨（《包》简34）、▨（《上六·庄》简4），构形可分析为从戈、吾声，简文中"哉"字3见。如：

八月辛巳之日，邟塁之闈哉公周童耳受期。（《包》简34）

原整理者云："哉，读如敔，朱骏声云：'敔，御也；御，止也。'关敔公，守关官吏。"③

按：《包山》简中的"闈哉公"之"哉"字，或作从攴作"敔"。如：

---

① 马承源主编：《上海博物馆藏战国楚竹书（四）》，上海：上海古籍出版社2004年12月第1版第174页。

② 中山大学古文字研究室编：《战国楚简研究》第二辑第4页，未刊稿。

③ 湖北省荆沙铁路考古队：《包山楚简》，北京：文物出版社1991年10月第1版第43页注76。

第四章　楚简新出字中的异体字研究

八月己丑之日，付嚳之闈敔公周童耳受期。(《包》简39)

"敔"字原篆作 、，构形可分析为从攴、吾声，《说文·攴部》："敔，禁也。一曰乐器，椌楬也，形如木虎。从攴，吾声。"段注："与圉、禦音同。《释言》：'禦、圉，禁也。'《说文》'禦'训'祀'、'圉'训'囹圄'，则敔为禁禦本字，禦行而敔废矣。古假借作'禦'、作'圉'。"简文中"敔"或用同《说文》。如：

皆以甘臣之 臭月死於小人之敔，邵戊之笑邑。(《包》简125)

［救＊］［救］

"救"字构形或从戈作"救"。

"救"字原篆作 、，构形可分析为从戈、求声，简文中8例，均见于《包山》简，且均用同"救"。如：

大司馬悼㫚（滑）徒楚邦之帀（師）徒以救（救）郙之歲。(《包》简232)

"救"字原篆作 、，构形可分析为从攴、求声，简文中9见，字非新出。如：

大司馬悼㫚（滑）徒楚邦之帀（師）徒以救郙之歲。(《包》简230)

［攻＊］［戊］

"攻"字构形或从戈作"戊"。

"戊"字原篆作 、，构形可分析为从戈、工声。简文中"戊"字4见，均用同"攻"。如：

不求諸其本而戊（攻）諸其末，弗得矣。(《郭·成》简10～11)

刘钊云："'戊'读为'攻'。"①

"攻"字原篆作 、，构

---

① 刘钊著：《郭店楚简校释》，福州：福建人民出版社2003年12月第1版第140页。

形可分析为从攴、工声。简文中"攻"凡49见，字非新出。例略。

"糸""市"二字义近，构形从"糸"的字或可从"市"作。如：

［紫＊］［紪］

"紫"字构形或从市作"紪"。

"紪"字原篆作🀄（《曾》简124），构形可分析为从市、此声。简文中，"紪"字仅1见，用同"紫"。如：

大展（殿）：三真楚甲，紪𦁀。（《曾》简124）

原考释者云："此字从'市'从'此'，当是'紫'字的异体。'紫'或写作从'市'，犹'純'或写作从'市'。"①

"紫"字原篆作🀄（《汇·望二》简9）、🀄（《曾》简5）、🀄（《包》简259），构形可分析为从糸、此声，简文中凡241见，字非新出。

［純＊］［𦅻］

"純"字构形或从市作"𦅻"。

"𦅻"字原篆作🀄（《曾》简65），构形可分析为从市、屯声。简文中"𦅻"字仅1见，用同"純"。如：

苴兼，紫裏，紫𦁀（錦）之𦅻。（《曾》简65）

原考释者云："'𦅻'，从'市'，'屯'声。……字当是'純'的异体。"②

"純"字原篆作🀄（《包》简261），构形可分析为从糸、屯声。字非新出，例略。

"革""韋"二字义近，构形从"革"的字或可从"韋"作。如：

［鞁］［韢］

"鞁"字构形或从韋作"韢"。

"鞁"字原篆作🀄（《曾》简95）、🀄（《曾》简7）、🀄（《曾》简35），构形可分析为从革、皮声。《说文·革部》："鞁，车驾具也。从革、皮声。"简文中，"鞁"凡22见，用同《说文》。如：

紫黄紡之𦁀，鞁𦁀，錦𦁀。（《曾》简97）

---

① 湖北省博物馆：《曾侯乙墓》，北京：文物出版社1989年7月第1版第523页注192。
② 同上书，第518页注142。

"鞁"字原篆作䩵（《曾》简11）、䩵（《曾》简47），构形可分析为从韋、皮声，字即"鞁"之异体，简文中12见。如：

黃紡之䩵，䐃紳，豻䩵，豻䩵，鞁（鞁）䩵，錦貼。（《曾》简47）

"巾""衣"二字义近，构形从"巾"的字或可从"衣"作。如：
[常][裳*]
"常"字构形或可从衣作"裳"。
"常"字原篆作常（《包》简203）、裳（《包山楚简》简203），构形可分析为从巾、尚声。简文中"常"字11见，均用同"裳"。如：

紫羊須之繲（紕），紫翠（羽）之常。（《曾》简6）

原整理者云："'常'字所从'巾'旁原文作'市'。"[①]
"裳"字原篆作裳（《包》244）、裳（《包》199），构形可分析为从衣、尚声，与《说文·巾部》"常"之或体相同。《说文·巾部》："常，下帬也。从巾、尚声。裳，常或从衣。"段注："今字裳行而常废。"《玉篇·巾部》："常，帬也。今作裳。"简文中，"裳"字3见，用与《说文》同。如：

文王於是虗（乎）素耑（端）襦（褰）裳昌行九邦。（《上二·容》简47）

原整理者云："襦裳，疑读'褰裳'。《诗经·郑风·褰裳》'褰裳涉溱'，意为撩起下裳。古人常以'褰裳'形容不辞劳苦，说干就干之状。"[②]
"言""口"义近，构形从"言"的字或可从"口"作。如：
[詩][咭][咶]
"詩"字构形或从口作"咭"、作"咶"。
"咭"字原篆作咭（《上一·紂》简2）、咭（《上一·紂》简5），构形可分析为从口、之声。简文中，"咭"字14例，均见于《上一·紂》简，且均用同"詩"。如：

咭（詩）云：靜恭尔位，好是正直。（《上一·紂》简2）

---

① 湖北省博物馆：《曾侯乙墓》，北京：文物出版社1989年7月第1版第510页注56。
② 马承源主编：《上海博物馆藏战国楚竹书（二）》，上海：上海古籍出版社2002年12月第1版第288页。

原整理者云:"'告'字从止从口,《说文》所无,当是'詩'字异体。"①

"时"字原篆作🔲(《上二·从甲》简7)、🔲(《上五·君》简1),构形可分析为从口、寺声。简文中,"时"字19见,多用同"詩"。如:

夫时(詩)也者,目誌君子之志。(《上五·季》简7)

原整理者云:"'时',从口、寺声,同'詩'。《说文》:'詩,志也。从言、寺声。'"②

"詩"字原篆作🔲(《郭·语一》简38)、🔲(《上四·曹》简21),构形可分析为从言、寺声。《说文·言部》:"詩,志也。从言、寺声。訨,古文詩省。"简文中"詩"字2见,用同《说文》。如:

《詩》所以會古今之恃。(《郭·语一》简38)

2. 声符选择使用上的随意性,主要是指造字构形时对读音相同或相近的声符选择上的随意性。

形声字声符的作用主要是标注字音,从理论上说,只要与形声字的读音相同或相近的字或文字构件都可充当声符。汉字系统中的同音或近音字很多,再加上各地间"言语异声"的方音差别,声符选择的随机性与随意性也就不可避免、也无法避免,声符选择上的因人而异或因地而异也就成为必然,因此,大量的因声符不同而形成的异体字也随之产生。楚简新出字中的这类异体字也不在少数。如:

〔𢂷〕〔幃〕

"𢂷"字原篆作🔲(《曾》简123)、🔲(《曾》简126),构形可分析为从巿、回声,简文中"𢂷"字凡28见,均见于《曾侯乙墓》简。如:

二吳甲,吳綊之綮;睾,𢂷貽。(《曾》简126)

原考释者云:"'𢂷貽'一词……字或写作'幃 貽'。'回'、'韋'古音

---

① 马承源主编:《上海博物馆藏战国楚竹书(一)》,上海:上海古籍出版社2001年11月第1版第175页。

② 马承源主编:《上海博物馆藏战国楚竹书(五)》,上海:上海古籍出版社2005年12月第1版第212页。

相近。"①

"幃"字原篆作▨（《曾》简122）、▨（《曾》简137），构形可分析为从巿、韋声，简文中，"幃"字6见，均见于《曾侯乙墓》简。如：

二真楚甲，索（素），紫钗之縢；畢，幃貽。（《曾》简122）

"幃"字原整理者径隶作"幃"，并云："'幃'字所从'巾'旁原文作'巿'。简文'常'字所从'巾'旁亦作'巿'，与此同。此'幃'字疑读为皮韋之'韋'。"②

古音"回""韋"二字均微部字，古音相近，从"回"得声的字或可从"韋"作。

[禍][祂][禍*]

"禍"字原篆作▨（《上五·三》简14）、▨（《上六·用》简9），构形可分析为从示、骨声，简文中凡9见，均用同"禍"。如：

禍（禍）不降自天，亦不出自地，唯心自賊。（《上六·用》简9）

"禍"与"禍"同，二字均从"冎"得声。《说文·口部》："咼，口戾不正也。从口，冎声。"而"冎""骨"古本一字。《说文·骨部》："骨，肉之覈也。从冎，有肉。"林义光《文源》："冎者，骨形。象肉附于冎。"饶炯《部首订》："冎即骨之象形字，因形不显义，而骨乃加肉以箸之也。人身惟头多骨，故篆象人头隆骨。"

楚简中，"禍"字另见，字非新出，原篆作▨（《上四·昭》简9）。

"祂"字原篆作▨（《郭·尊》简2）、▨（《帛·乙》行1~3），构形可分析为从示、化声。简文中，"祂"字3见，用同"禍"。如：

賞與坙（刑），祂（禍）福之羿也，或前之者矣。（《郭·尊》简2）

刘钊云："'祂'从'化'声，读为'禍'。"③

按："祂"即"禍"字异体。古音"化""咼"二字均为歌部字，音近可通。又，楚简文字中，从"咼"得声的字或从"化"作，如"過"或从化

---

① 湖北省博物馆：《曾侯乙墓》，北京：文物出版社1989年7月第1版第515页注104。
② 同上书，第522页注184。
③ 刘钊著：《郭店楚简校释》，福州：福建人民出版社2003年12月第1版125页。

作"迡"、作"伿"、作"恁",可证。又,楚简文字中,"化"字仅1见,字非新出,简文中即用作"祸",亦可证。如:

化(祸)莫大唇(乎)不智(知)足。(《郭·老甲》简6)

[豁][餙]

"豁"字原篆作 (《包》简132)、 (《包》简137反),构形可分析为从害、余声,简文中"豁"字7见,均见于《包山》简,用作人名。例略。

"餙"字原篆作 (《九·五六》简71),构形可分析为从害、於声,简文中1见。如:

以内(入),又(有)叟(得),非餙乃引。(《九·五六》简71)

原考释者云:"根据汉字结构一般规律,'餙'字应当从'於'声。《玉篇》骨部收有一个从'於'得声的'骼'字,其结构与'餙'字相同,可以为证。上古音'於''余'都是鱼部字。如果'餙'、'豁'二字所从的'害',确实是同一个偏旁的不同写法,那么它们可能是同一个字的异体。"①

[旍][旌][旌]

"旍"字原篆作 (《郭·语三》简2),构形可分析为从队、井声,简文中1见,用同"旌"。如:

猷(猶)三军之旍也,正也。(《郭·语三》简2)

刘钊云:"'旍'字从'队''井'声,应为'旌'字异体。古音'井'在精纽耕部,'生'在生纽耕部,于音可通。"②

"旌"原篆作 (《曾》简65),构形可分析为从队、青声,简文中1见,用同"旌"。如:

朱旌(旌),紫。(《曾》简65)

---

① 湖北省文物考古研究所编:《九店楚简》,北京:中华书局2000年5月第1版第124页。
② 刘钊著:《郭店楚简校释》,福州:福建人民出版社2003年12月第1版第210页。

原整理者云:"'旌'、'青'皆从'生'声,故'旌'字可作'䏨'。……望山二号墓竹简和马王堆汉墓帛书'旌'作'翯',《集韵》'旌'字异体作'䳍',亦从'青'声。"①

"翯"字原篆作、,构形可分析为从羽、青声,简文中"翯"字8见,均用同"旌"。如:

其上载:䶂翯,氂首。(《包》简273)

原整理者云:"翯,读如旌,《集韵》以翯为旌字之异体。"②
《集韵·清韵》:"旌,《说文》:'游车载旌,析羽注氂首,所以精进士卒。'又姓。或作䳍。"又,《马王堆汉墓帛书·十六经·正乱》:"劗其发而建之天,名曰之[蚩]尤之翯。"字作"翯",与楚简同。

按:楚简文字中无"旌"字。古音"井"在精纽耕部,"青"为清母耕部字,"生"为山母耕部字,音近可通,是"旌"字可从"生"得声,亦可从"井"得声,或从"青"得声。

[賏][貨]

"賏"字原篆作,构形可分析为从貝、爲声,简文中"賏"字1见,用同"貨"。如:

大賏也,豊(禮)北兼。(《郭·语三》简60)

按:《说文·貝部》:"賏,资也。从貝、爲声。或曰:此古貨字。读若遗贵。"段注:"爲、化二声同在十七部。貨,古作賏,犹訛、譌通用耳。"《玉篇·貝部》:"賏,亦古貨字。"

"貨"字原篆作、,楚简中"貨"字10见,简文中"貨"字均用同《说文》。如:

用曰:自其有寶貨,盍有寶德。(《上六·用》简8)

《说文·貝部》:"貨,财也。从貝、化声。"段注:"《广韵》引蔡氏《化清经》曰:'貨者,化也。变化反易之物,故字从化。'……形声包会意。"

---

① 湖北省博物馆:《曾侯乙墓》,北京:文物出版社1989年7月第1版第518页注143。
② 湖北省荆沙铁路考古队:《包山楚简》,北京:文物出版社1991年10月第1版第65页注622。

楚简新出字研究

[囩][圓]

"囩"字原篆作▨（《曾》简45）、▨（《上三·亙》简9），构形可分析为从囗、云声，简文中"囩"字15见，均用同"圓"。如：

囩軒，紡䌑（襮），紫裏，貂毦。（《曾》简4）

原整理者云："长沙五里牌四〇六号墓竹简、望山二号墓竹简和长台关一号墓竹简中，'囩'均用为'圓'。'云'、'員'音近古通。'娟'的异体作'妘'，'穎'的异体作'蕓'，并是其例。……'圓軒'疑为圓形的軒。"①又，《望山楚简》云："疑'囩'、'圓'本为一字。"②

"圓"字原篆作▨（《曾》简203），构形可分析为从囗（囗）、員声，简文中"圓"字1见。如：

鄦君之圓軒，左服騹，右服牡。（《曾》简203）

按：古音"云""員"二字均为匣母文部字，音近可通。楚简文字"囩"即"圓"之异体，与《说文·囗部》的"囩"稍有别，然于义亦可通。《说文·囗部》："囩，回也。从囗、云声。"段注："凡从云之字皆有回转之义。"《正字通·囗部》："囩，回旋貌。"

[𢡃][㤥]

"𢡃"字原篆作▨（《郭·緇》简33）、▨（《上五·姑》简7），构形可分析为从心、膚声，简文中4见，均用作"慮"。如：

虐（吾）想立經行，遠𢡃（慮）圖後。（《上五·姑》简7）

"𢡃"即"慮"字，《上一》《上三》原整理者即径隶作"慮"。楚简中，"𢡃"字构形或省，原篆作▨（《郭·语二》简10）、▨（《上一·紂》简17），简文中9见，亦均用同"慮"。例略。

"㤥"字原篆作▨（《上三·亙》简13），构形可分析为从心、吕声，简文中"㤥"字1见，用同"慮"。如：

與天下之明王、明君、明士，庸有求而 㤥（慮）。（《上三·亙》简13）

---

① 湖北省博物馆：《曾侯乙墓》，北京：文物出版社1989年7月第1版第508页注47。
② 湖北省文物考古研究所编：《望山楚简》，北京：中华书局1995年6月第1版第126页注110。

"悬"即"慮"字异体。古音"吕"为来母鱼部字,"膚"为帮母鱼部字,二字音近可通。又,传世文字的"莒",楚简文字即作"簹",可证。如:

於是虐（乎）競州、簹（莒）州台（始）可尼（處）也。（《上二·容》简25）

原整理者云:"簹州,春秋莒国铜器以'簹'自称其国名。莒国之域在沂水一带。《禹贡》无莒州,疑简文'莒州'即莒国一带。案:二州似在齐、莒之地。"①

[近][逮]

"逮"字原篆作 （《上二·容》简19）,构形可分析为从辵、聿声,简文中"逮"字1见,用同"近"。如:

是吕逮（近）者敚（悅）絧（治）,而遠者自至。（《上二·容成氏》简19）

原整理者云:"逮,即'近'。"②

按:"斤"见母文部字,"聿"为精母真部字,二字古音相近,是从"斤"得声的字或可从"聿"得声。

（二）文字构件添加的随意性。

这是指在既有文字形体的基础上另添加一文字构件从而与原有的文字形体构成异体字。而所添加的文字构件,就现有的语言材料来看,似乎看不出它们对文字的表意或者表音功能有什么直接的作用,更多的只是起装饰或平衡结构作用的"无义偏旁"。就构成文字异体言,楚简新出字中随意添加的文字构件主要有:"口""宀""又""土"等。如:

1. 添加"口"符例。如:

"朕"添加一"口"符作"朕"

"等"添加一"口"符作"箁"

"纪"添加一"口"符作"綰"

"緊"添加一"口"符作"緊"

---

① 马承源主编:《上海博物馆藏战国楚竹书（二）》,上海:上海古籍出版社2002年12月第1版第269页。

② 同上书,第265页。

"䜌"添加一"口"符作"䪈",简文中均用作"流"
"弔"添加一"口"符作"吊",简文中均借用作"淑"
"耶"添加一"口"符作"聖",简文中均用作"聖"
"攸"添加一"口"符作"敘",简文中均用作"除"
"亞"添加一"口"符作"啞",简文中均用作"惡"
"既"添加一"口"符作"嘅"
"记"添加一"口"符作"逗"
"胆"添加一"口"符作"膶"
"組"添加一"口"符作"緤"
"命"添加一"口"符作"喻"
"疾"添加一"口"符作"瘖"
"雀"添加一"口"符作"雀",简文中均借用作"爵"
"余"添加一"口"符作"舍"

2. 添加"宀"符例。如：

"躳"添加一"宀"符作"窮"
"主"添加一"宀"符作"宔"
"朡"添加一"宀"符作"寵"
"牀"添加一"宀"符作"痂"
"飤"添加一"宀"符作"寭"
"蜀"添加一"宀"符作"窩"
"豖"添加一"宀"符作"豪"
"則"添加一"宀"符作"寴"
"惑"添加一"宀"符作"寢"
"中"添加一"宀"符作"审"
"邑"添加一"宀"符作"宧"
"录"添加一"宀"符作"寨"
"集"添加一"宀"符作"寨"

3. 添加"又"符例。如：

"牀"添加一"又"符作"寢"
"𦥑"添加一"又"符作"叡"
"陸"添加一"又"符作"陵"
"許"添加一"又"符作"誐"
"組"添加一"又"符作"緩"
"相"添加一"又"符作"搜"

"戮"添加一"又"符作"叕"

"禖"添加一"又"符作"禩"

4. 添加"土"符例。如：

"穴"添加一"土"符作"空"（亦即"坎"字）

"難"添加一"土"符作"𪁪"

"禹"添加一"土"符作"壃"

"㞢"添加一"土"符作"埜"

"弔"添加一"土"符作"𡎺"

"阪"添加一"土"符作"堅"

"畾"添加一"土"符作"壨"（或省作"壨"）

"俑"添加一"土"作"俚"

"戚"添加一"土"符作"墄"（即"壓"字）

"丘"添加一"土"符作"𡉬"

"礍"添加一"土"符作"礈"

5. 添加其他文字构件的。如：

"常"添加一"糸"符作"綈"

"肤"添加一"虍"符作"虜"，或添加一"𣥂"符作"𤼣"

"階"添加一"虍"符作"隴"

"皆"添加一"虍"符作"虘"

"余"添加一"丿"符作"余"，或添加一"乁"符作"余"

（三）文字形体简省的随意性。

随意进行文字形体简省可以说是楚简文字较引人注目之处，后世诸多简化字，如："弃""与""佣""夯""选""肤""迩"等，都能在楚简文字中找到踪迹，足以说明问题。与随意添加文字构件相同的是，楚简文字的形体简省也呈现出很强的随意性，楚简新出字中的许多异体字就是因为形体的随意简省而构成异体关系。楚简文字形体的简省，有时会示以省略符"="，但更多的时候是出人意表。如：

[訜]

"訜"字原篆作𧥷（《上二·从乙》简1），构形可分析为从言、从力，简文中仅1见，字为"訕"之省。如：

則自 异（忌）司（始），㬎（顯）訜（嘉）懽（勸）信。（《上二·从乙》简1）

原整理者云："'訜'即'訕'之省，读为'嘉'。《说文·壴部》：'嘉，

341

美也。'《尔雅·释诂上》：'嘉……善也。'"①

楚简中，"訕"字另见，原篆作𧥺（《包》简7），构形可分析为从言、加声，简文中1见。如：

齊客陳（陳）豫訕王之歲（歲）。（《包》简7）

原整理者云："訕，读如贺，《说文》：'以礼相奉庆也。'"②

按："訕"字无须破读。《集韵·麻韵》："訕，誣也。"《说文·言部》："誣，加也。"《玉篇·贝部》："賀，加也。"是"訕""賀"二字于义可通。又，《说文·力部》："加，语相增加也。"段玉裁改作"语相譄加也"，并注云："'譄'下曰'加也'，'誣'下曰'加也'，此云'语相譄加也'，知'譄''誣''加'三字同义矣。誣人曰'譄'，亦曰'加'，故'加'从力。"《左传·庄公十年》："牺牲玉帛，弗敢加也，必以信。"杜预注："祝辞不敢以小为大，以恶为美。"《说文·贝部》："賀，以礼相奉庆也。从贝、加声。""賀"字构形从贝，意为"以礼相奉庆"，则"訕"构形从言当是"以言相奉庆"之意，"訕"字构形实可分析为从言，从加、加亦声。

[緯]

"緯"字原篆作𦃇（《郭·六》简43），字当为"緯"字之省，构形可分析为从糸、韋省声。简文中，"緯"字1见，借用作"諱"。如：

可以緯（諱）亓（其）亞（惡）。（《郭·六》简43~44）

按：此字原整理者隶作"緯"而未释，刘钊先生则径隶作"緯"，并云："'緯'读为'諱'，'諱其恶'即'諱惡'，意为'隐其不善'。"③

楚简中，"緯"字另见，原篆作𦃇（《上三·彭》简2），简文中3见，用与《说文》同。《说文·糸部》："緯，织横丝也。从糸，韋声。"

其他简省的字例。如：

"詩"简省作"䛨"、作"告"、作"時"

"與"简省作"与"、作"异"

"俑"简省作"佣"

---

① 马承源主编：《上海博物馆藏战国楚竹书（二）》，上海：上海古籍出版社2002年12月第1版第234页。

② 湖北省荆沙铁路考古队：《包山楚简》，北京：文物出版社1991年10月第1版第40页注20。

③ 刘钊著：《郭店楚简校释》，福州：福建人民出版社2003年12月第1版第120页。

第四章 楚简新出字中的异体字研究

"繁"简省作"繁"

"稷"简省作"和"

"㐭"简省作"先"

"學"简省作"𦥯"

"壟"或"𨺁"简省作"𡊆"

"襏"（即"稷"字）简省作"祖"

"陵"简省作"𨻶"

"𢧵"或"𢧵"简省作"𢧵"

"聖"简省作"耵"、作"垩"、作"䎽"

"薐"简省作"苂"

"翏"简省作"翌"

"遺"简省作"遻"

"愈"简省作"愸"

"語"简省作"訨"

"命"简省作"仐"

四 文字讹误现象突出

战国时期文字讹误现象非常突出。张桂光先生即说："讹变现象在商周已开始发生，……但其程度远没有春秋战国激烈。春秋战国的文字，特别是简帛、盟书一类直接手书件，往往把一些彼此形不十分相近、义不十分相干的部件都讹混起来。"[①]

就楚简新出字中因文字形体讹误而构成异体字言，文字形体的讹误主要有两种情况：一种情况是手书者的笔误，即一时的形体讹误，也就是后世所谓的写错字，而形成异体字。如：

[丂]

"丂"字原篆作丂（《上六·慎》简4），简文中1见。如：

　　時（時）悳（德）而　丂（方）義。（《上六·慎》简4）

"丂"即"方"字的讹变体。原整理者云："'丂'，恐为'方'的或体。'方'一般作方，而郭店简《尊德义》（第二八简）和《性自命出》（第十九简）均作方，横上多了一小竖，如将这一小竖移至横下，则与本处的丂字形

[①] 张桂光著：《汉字学简论》，广州：广东高等教育出版社2004年8月第1版第168页。

343

相近。'方',《广雅·释诂三》:'为也。'"①

[冃]

"冃"字原篆作▆(《郭·唐》简26),楚简中仅1见。如:

> 古者圣人二十而冃(冃),三十而有家。(《郭·唐》简25~26)

原整理者云:"冃,简文下部作▆,系'目'之误,读作'冃'。《说文》:'小儿及蛮夷头衣也。'《礼记·曲礼》:'二十曰弱冠。'简文'二十而冃',系言年二十加冠为成人。"②刘钊则径将此字释作"冒",并云:"'冒'即'帽'字初文,读为'帽',帽即冠也。"③

按:"冃"当系"冒"字讹变体。楚简中,"冒"字另见,原篆作▆(《包》简134)、▆(《包》简135),字的下部从目或从日。《说文·冃部》:"冃,小儿、蛮夷头衣也。从冂,二其饰也。"朱骏声《说文通训定声》:"冃,字今作帽。"

[綷]

"綷"字原篆作▆(《包》简259),构形从糸、从季,楚简中仅1见,用同"绣"。如:

> 一槻枳,又(有)绘綷,缟宫;一缟笫(席)。(《包》简259)

原整理者云:"綷,绣字之误。"④

按:楚简文字中的"綷"与后世字书中的"綷"为同形字。《改并四声篇海·糸部》引《搜真玉镜》:"綷,音季。"

[夯]

"夯"字楚简原篆作▆(《郭·尊》简36),构形从大、从力,简文中1见。如:

> 杀不足以夯(勒)民。(《郭·尊》简35~36),

---

① 马承源主编:《上海博物馆藏战国楚竹书(六)》,上海:上海古籍出版社2007年7月第1版第280页。
② 荆门市博物馆:《郭店楚墓竹简》,北京:文物出版社1998年5月第1版第159页。
③ 刘钊著:《郭店楚简校释》,福州:福建人民出版社2003年12月第1版第158页。
④ 湖北省荆沙铁路考古队:《包山楚简》,北京:文物出版社1991年10月第1版第62页注553。

《郭店》裘按："勅，简文为省形，读为'勝'。"①

按：楚简文字中的"夯"与后世字书中的"夯"为同形字。《篇海类编·通用类·大部》："夯，捷夯，大用力。又以肩举物。"

［霣］

"霣"字原篆作▨（《郭·语三》简31），构形从雨、从頁，简文中仅1见，用作"寡"。如：

智銅（治）者霣（寡）悔（謀）。（《郭·语三》简31）

刘钊或隶作"霓"，并云："'霓'字从文意看应为'寡'字的讹变之体。"②

［㲻］

"㲻"字原篆作▨（《郭·语二》简36），楚简中此字仅1见，用同"㲻"。如：

㲻生於眚（性），悈（疑）生於㲻。（《郭·语二》简36）

刘钊云："'㲻'为'㲻'之讹变。《说文·水部》：'㲻，没也。从水从人'。'㲻'即今之'溺'字，故可读为'弱'。"③

［臸］

"臸"字原篆作▨（《郭·五》简48），楚简中此字仅1见，用同"臨"。如：

"上帝 臸（臨）女（汝），毋貳爾（爾）心"，此之胃（謂）也。（《郭·五》简48）

《郭店》裘按："简文'上帝'下一字，恐即'臨'字之误写。"④刘钊云："'臸'为'臨'之误写。"⑤

按：楚简中的"臨"字另见，字非新出，原篆作▨（《郭·老甲》简11）、▨（《上四·柬》简1）。

---

① 荆门市博物馆：《郭店楚墓竹简》，北京：文物出版社1998年5月第1版第175页注22。
② 刘钊著：《郭店楚简校释》，福州：福建人民出版社2003年12月第1版第217页。
③ 同上书，第203页。
④ 荆门市博物馆：《郭店楚墓竹简》，北京：文物出版社1998年5月第1版第154页。
⑤ 刘钊著：《郭店楚简校释》，福州：福建人民出版社2003年12月第1版第86页。

345

[𠮦]

"𠮦"字原篆作❏（《郭·性自命出》简36），构形从口、斤声，简文中1见，用同"近"。如：

> 凡學者隶〈求〉其心爲難，從其所爲，𠮦（近）得之豆（矣），不女（如）以樂之速也。（《郭·性自命出》简36）

按：此字构形从口系从止之讹误，当是手书者书写时的笔误，原整理者径隶作"𠮦"，即可为证。"𠮦"字原篆作❏（《上一·性情论》简25），构形即从止、斤声。

以上讨论的诸字均属于手书者一时的笔误。楚简文字中，另外一种因文字形体的讹误而构成异体字的情形则比较复杂，可以称作"久讹成习"或"积非成是"，是由一时的形体讹误所引起，在使用的过程中又渐被认可，于是便与原有的文字形体构成异体字。这种形体的讹误有一个渐变的过程，非一时之成。如：

[斬]

"斬"字原篆作❏（《上五·弟》简23），构形可分析为从斤、从卓，简文中3见，均用同"折"。如：

> 子曰：剌（列）唐（乎）丌（其）下，不斬（折）丌（其）枳（枝），飤（食）丌（其）實。（《上五·弟》简23）

原整理者云："'斬'宜读为'折'。"①

按："斬"字当为"折"字的讹变体，原篆左部构形中的"日"，系字形讹变所致。楚简文字中，"折"字的常见构形作❏（《上六·競》简7）、❏（《上六·天甲》简12），与金文作❏者及《说文》"折"字籀文❏相同。构形所从之"="符或讹作"口"，作❏（《上五·鬼》简6），又由"口"讹作"日"，作❏（《上五·弟》简23）、❏（《郭·缁》简26）、❏（《上二·容》简18）。由"折"至"斬"的形体讹变轨迹当是：

❏ → ❏ → ❏

---

① 马承源主编：《上海博物馆藏战国楚竹书（五）》，上海：上海古籍出版社2005年12月第1版第281页。

久讹成习，"斩"便成了"折"字的异体。

《说文·艸部》："折，断也。从斤断艸，谭长说。㪿，籀文折从艸在仌中，仌寒故折。"《金文形义通解》云："甲骨文作☒，象以斤断木形。金文作☒，将所断之木皆顺向上，非断艸也。或作☒，断木之间增＝以志其断，字形为《说文》籀文所本。《说文》解籀文非是。或从不断之木加＝号作☒，将＝与木分离则为☒矣。"①楚简中，"折"字构形或从木作☒（《郭·性》简59），亦可证"折"字本义为断木，非断艸。

[緾]

"緾"字原篆作☒（《上六·庄》简4）、☒（《上六·庄》简8），构形可分析为从糸、从畕。简文中借用作"申"。如：

　　緾（申）公 圣（坐）拜，迟食。（《上六·庄》简8）

原篆构形所从之"畕"为"申"之讹变体。《金文形义通解》云："申"字"西周金文承甲文之形，东周字或讹作☒若☒形，则与田畴字相类，古玺文☒当即据此而讹者。"②楚简中，"紳"字原篆作☒（《上一·孔》简2），也或作☒（《包》简271），后者所从之"申"即与"畕"非常相近。又，楚简文字构形从日、从田常相混。如"步"字或加日作"曼"，原篆作☒（《上五·鬼》简5墨节下），又或从田作"堂"，原篆作☒（《上六·慎》简1）；"番"字构形或从日作"昚"，原篆作☒（《上六·用》简12）。由此可知，楚简中的"緾"字当为"紳"字的讹变体。

楚简文字中，"緾"字的构形又或增一"中"作☒（《上六·庄》简6）、☒（《上六·庄》简7）、☒（《上六·王与》简1）、☒（《上四·曹》简21）、☒（《郭·缁》简37），字的隶定不一，或隶作"緾"，或隶作"緾"，或径隶作"紳"，就其原篆构形言，字均当是"緾"之繁构，亦即"紳"字的讹变体。

又，字或作"紬"，原篆作☒（《包》简150），字当是"緾"或"緾"的省写之形，简文中1见，用作人名。

简文中，"緾"或"緾""緾""紳"，在《上博》简中均借用作"申"，而在《郭店》简中则用作"紳"。如：

　　（1）緾（申）攻（功）而飤（食）。（《上四·曹》简21）

---

① 张世超、孙凌安、金国泰、马如森撰著：《金文形义通解》，[日]中文出版社1996年3月初版第92页。

② 同上书，第3484页。

（2）吾於析述，繻（申）公子皇耆（首）皇子。(《上六·庄》简4)

（3）昔在上帝，割紳觀文王德，其集大命于厥身。(《郭·缁》简37)

上揭例（1），原整理者云："繻攻而飤，读'申功而食'，疑指论功行赏（以酒食犒赏）。"① 例（2），原整理者云："'繻公'，也书作'緷公'，皆为'申公'。"② 例（3），原整理者径隶作"紳"。

值得注意的是，《曾侯乙墓》简中的"紳"字原篆作 ![] (《曾》简10)、![] (《曾》简61)，又或增一"又"符作"緵"，原篆作 ![] (《曾》简35)、![] (《曾》简38)、![] (《曾》简56)。与《上博》《郭店》简中诸"紳"字所增的"中"符在字体的上部有所不同的是，《曾侯乙墓》简中"紳"字所增的"又"符均在字体的下部。《曾》简中的增与不增"又"符的诸"紳"字，原整理者均径隶作"紳"而无注释。

楚简文字中，"紳"字构形又或增一"止"符作"緹"，原篆作 ![] (《上一·紂》简10)，或疑所增之"止"符即"中"形之讹变，字亦当是"紳"之繁构，简文中借用作"陳"。如：

《君緹（陳）》員（云）。(《上一·紂》简10)

原整理者云："君緹，《尚书》篇名。緹，从糸，从止，从申。《说文》所无。《礼记·缁衣》'君陳曰'，陆德明释文：'陳，本亦作古陣字。'《说文》'陣，古文陳'，段玉裁注：'古文从申不从木。'郭店简作'迪'，今本作'陳'。"③

久讹成习，"緷""繻""緻""緵""緹"诸形体便与"紳"构成异体字关系。

[新]

楚简文字中的"新"字构形有三体。一种是构形从斤、从辛，原篆作 ![] (《上五·弟》简8)、![] (《上五·弟》简10)；一种是构形从斤、从辛、从木，原篆作 ![] (《上五·三》简4)、![] (《上五·三》简17)、![] (《上

---

① 马承源主编：《上海博物馆藏战国楚竹书（四）》，上海：上海古籍出版社2004年12月第1版第256页。

② 马承源主编：《上海博物馆藏战国楚竹书（六）》，上海：上海古籍出版社2007年7月第1版第247页。

③ 马承源主编：《上海博物馆藏战国楚竹书（一）》，上海：上海古籍出版社2001年11月第1版第185页。

六·竞》简3），或作▉（《包》简183），构形"木"在"辛"下。这两种构形均见于甲骨文、金文。《金文形义通解》云："新"字"《说文》：'取木也。从斤，亲声。'殷虚甲骨文一期文字作▉，从'斤'，'辛'声；三、四期作▉，声符'辛'之下增'木'而与'辛'有兼笔。周金文新簋、散盘等器字从前者，余则多从后者。战国楚文字声符'亲'析为'辛''木'二字，且'木'上'辛'下。"①

第三种构形则是从斤、从辛、从中，原篆作▉（《包》简61）、▉（《包》简149）、▉（《包》简202）、▉（《郭·尊》简20），构形所从之中显然是从木之省。楚简文字"新"字的第三种构形即从"中"者，乃从"木"之省讹形，久讹成习，由字形的讹变而构成了"新"字的新异体。

简文中，"新"字的使用也存在地域性差异。《包山》《曾侯乙墓》简中的"新"均用作"新"，而其他楚简如《郭店》《上博》简中的"新"则绝大多数用作"親"。例略。

在上文，我们从数量、内部差异、构形的随意性及形体讹误等四个方面对楚简新出字中的异体字特点作了较为全面的分析与讨论。这为我们深入认识战国时期的"文字异形"现象打开了另一扇窗口，从另一个侧面提供了翔实的文字材料。楚简新出字中的异体字特点，可以说是战国时期文字未被统一、规范而自由发展的结果，是社会动荡不安且快速发展的反映，如果放大来看，楚简新出字中的异体字特点可以说就是战国时期"文字异形"现象的一个缩影。由此，关于战国时期的"文字异形"，我们可以说，就其本质而言，战国时期的"文字异形"，就是各国间的用字不同，即同一个词，各国所用的字不同。如"厨"字，秦国作"厨"，从广、尌声；楚国作"䏧"，从肉、豆声；三晋或作"䏮""床"，从肉或广、朱声。②这种各国间用字不同的背后，既有地域性的差异、文字形体的讹误，更有文字构形上随意性的因素，还包括文字自身发展变化的成分（参见第五章有关分化字的讨论），而绝不仅仅是指各国间文字写法上的不同，诸如"'马'字的写法有六，'南'字的写法有七，'旗'字的写法有五，'弟'字的写法有十"。③因此，战国时期各国文字发展的相对独立性，或者说文字发展的不一致性才是这一时期"文字异形"现象的内在表现。

---

① 张世超、孙凌安、金国泰、马如森撰著：《金文形义通解》，[日]中文出版社1996年3月初版第3303页。
② 字例引自裘锡圭著：《文字学概要》，北京：商务印书馆1988年8月第1版第57页。
③ 尚玮：《字圣李斯》，载《天中学刊》第10卷第3期，1995年8月。

第三节　楚简新出字中地域性差异的"同字异词"与《说文》中的"重出字"

《说文》中的"重出字",是指在《说文》的同部或隔部的正篆中,或重文(古文、籀文、或体)中重复出现的形体相同的字,王筠《说文释例》称之为"两见之字",段玉裁《说文解字注》称为"复见"的字。

就数量而言,《说文》中的"重出字"不多,①但作为一种字书的编纂体例却颇值关注,然而却一直没有得到应有的重视,相关的研究也不是很多。在既有的研究中,学者多泥于孰字当删、孰字当留的考辨与争论,而于这一编纂体例背后的文字现象则缺少必要的研究与分析。②

我们究竟应该如何看待《说文》中的文字重出现象?撇开其中后人传抄过程中所误改、误增的成分不论,③作为一种字书的编纂,如果只是无意义的相同文字形体同部或隔部的重出,显然不应该是"五经无双"的许慎耗时二十二年编纂《说文解字》所应该出现的低级错误。如果不是无意义

---

① 据学者的研究统计,《说文》中的"重出字"凡38例,其实际字例恐不止。今据楚简文字可知,《说文》"䜌"字古文"㺪"与"圅"字古文"㽞"实为一字;"辜"字古文"辪"与《歺部》正篆"辪"字亦属一字,均当属"重出字",而以往的学者均未计入其数。

② 徐铉于重出字下只较简单地说"此重出";王筠《说文释例·删篆》则云:"《说文》两见之字,大徐概以部在后者为重出,何其不审也。许君于会意字,必列于主义所在之部,后人检之不得,辄增于从义所在之部,此其所以重出也。"段玉裁《说文解字注》于"䜌"字下注云:"凡许书复见之篆皆不得议删。"然其在有些重出字下又云"宜删",如《又部》"右"字下注云:"《口部》有此字,云助也,从口又,主谓以口助也,不当入此谓手助口,宜删。"自乱其例。叶德辉《说文各部重见字及有部无属从字例》云:"《说文解字》一书,所以合古文大小篆、扬雄、甄豐之旧说以集文字之大成者也,其中师说各异,故训不同,本非一家之私言,又非一人之作者。许君但有折衷,初无删消。凡各部所有重见字,历六朝唐宋人抄刻,经众手校定而未尝毅然删定,岂不以众本具在鉄案难移,故遂相沿而不敢擅改欤。""古人用字例多通假,字同而义不同,如各部字于正解下别出一曰是也。""汉人用字假借为多,后校注《说文》动谓此类字重复,宜删。然则或体字之重出字亦径可删乎?是不然矣。"(转引自丁福保编纂:《说文解字诂林》,中华书局1988年1月第1版第一册第872～873页)今人张峰、孙丽娜《〈说文解字〉重出字研究》一文则认为"《说文解字》因为后人在传抄中的误改或误增,以致产生很多重出字",并于38例重出字逐一进行了考辨分析。(文载《佳木斯大学社会科学学报》2007年第1期)

③ 中华书局影印本《说文解字·言部》中"誤""註"二字均两见:"誤,谬也。从言、吴声。註,誤也。从言、圭声。"(P55上)又,"註,誤也。从言、佳省声。誤,谬也。从言、吴声。"(P56上)检之段玉裁《说文解字注》及《玉篇·言部》,均无后者,知后者系《说文》在传抄的过程中后人误增而重出,宜删。

的重出，许慎如此编排又有何深意？这一编纂体例背后的文字现象究竟是什么呢？

在前一节，我们在对楚简新出字中的异体字特点进行分析讨论的时候，注意到这样一种"同字异词"现象：同一个文字形体（形），在不同区域的楚简文字中所记录的词（义）并不同，又分别与其他的文字形体构成异体字关系。例如，"穽"字，在《包》简中只用作"躬"，而在《郭》简中则只用作"窮"，地域性差异非常清楚：(1) 盡集歲，穽（躬）身尚毋有咎。（《包》简232）(2) 大盈若盅，其用不穽（窮）。（《郭·老乙》简14）就《包》简中的"穽"字言，又与"躬""窮"诸字构成异体字关系，而《郭》简中的"穽"则与"窮"为异体字。楚简新出字中异体字的这种地域性差异的"同字异词"现象对我们考察《说文》"重出字"背后的文字现象很有启发。许慎编纂《说文》，借助于相同文字形体在同部或不同部的正篆或重文中重复出现的这一体例，其所要解决的是否即一种地域性文字差异或者说是国别性文字差异的"同字异词"现象呢？本节我们试以楚简新出字中的"同字异词"现象为例进行比较讨论。

一　许慎《说文》编纂体例中的地域性因素

我们先从《说文》的编纂体例说起。

关于《说文》的编纂体例，许慎在《说文·叙》中是这样说的："今叙篆文，合以古、籒，博采通人，至于小大，信而有证，稽譔其说，将以理群类、解谬误、晓学者、达神恉，分别部居，不相杂厕，万物咸覩，靡不兼载。"这一段文字涉及篆文、古文、籒文等几种不同的文字字体。表面上看，篆文、古文、籒文等是文字字体的不同，或为异体字关系，而究其实质，其背后实际上是文字地域性差异的表现。

首先，所谓的"篆文"，亦即"秦篆"。《说文·叙》云："秦始皇帝初兼天下，丞相李斯乃奏同之，罢其不与秦文合者。斯作《仓颉篇》，中车府令赵高作《爰历篇》，太史令胡毋敬作《博学篇》，皆取史籒大篆，或颇省改，所谓小篆者也。"换句话说，《说文》中的"篆文"皆源自于史籒大篆，或颇省改。也正因为此，王国维在其《战国时秦用籒文六国用古文说》一文就说："所谓'秦文'，即籒文也。"

其次，关于《说文》中的"籒文""古文"，王国维在其《战国时秦用籒文六国用古文说》一文中提出了著名的论断，即"战国时，秦用籒文，六国用古文"。《说文》中的古文系战国时期东方六国文字，这已成为学界的共识，且也已为诸多出土古文字材料所印证。《说文》中的籒文，虽说有关其年代的问题，目前学界依然意见不一，但作为一种文字形体，战国时期主要通行于西方的秦国，即所谓的"秦居宗周故地，其文字犹有丰镐之遗"（王国维语），这是没有多少疑问的。

再次，至于《说文》中的"或体"，我们曾以楚简新出字为例对其作了初步考察，认为其主要还是源自战国时期的东方六国文字。在将楚简新出字与《说文》"或体"进行了比较讨论的基础上，我们认为，从历时的层面看，见于楚简新出字的"或体"即"古文"；从共时的层面看，《说文》中的"或体"与"古文"表明的是许慎收字时所依据的文献材料的不同，即"古文"依据的是战国时期"古文"所写的文献材料，"或体"是依据秦汉之时篆书（小篆）所写的文献材料。

基于上述粗略的梳理，我们可以看出，许慎《说文·叙》中的"叙篆文、合古籀"之编纂体例本身即涵盖了文字传承、发展过程中的地域性（或者说国别性）因素。

二 《说文》"重出字"字例所表现出的地域性差异

从字体之间的关系来看，《说文》中的"重出字"大致有五种情形：两个正篆相同、两个正篆下的古文相同、正篆与另一正篆下的古文相同、正篆与另一正篆下的籀文相同、正篆与另一正篆下的或体相同。我们分别举例讨论：

［藍］

"藍"今简化作"蓝"，小篆作䕘，两个相同的篆文"藍"字均见于《说文·艸部》。

《说文·艸部》："藍，染青艸（草）也。从艸，監声。"又，"藍，瓜苴也。从艸，監声。"就篆文而言，两个"藍"字的字形完全相同、读音相同而意义不同。文字隶定楷化后，"瓜苴"之"藍"增一"水"旁写作"濫"而将二字区分开来。《广韵·谈部》："藍，染草。""濫，瓜苴。"《玉篇·艸部》："藍，染草。"又，《水部》："濫，苴也。"由后世字韵书的训释知"藍"字所记录的是两个词，《说文》所收不误。换句话说，篆文时代，两个"藍"字实为"同字异词"。

［㐃］

《说文·人部》"保"与《皿部》"孟"的古文均作"㐃"。

《说文·人部》："保，养也。从人，从采省。㐃，古文保。"又，《皿部》："孟，长也。从子，皿声。㐃，古文孟。""㐃"为"保"字古文这是没有疑问的，学者怀疑的是"孟"字古文作"㐃"。商承祚《〈说文〉中之古文考》云:"(呆),古文'保'如此作,则此非'盂'可知。"所以,就有学者认为"盂"字下的古文当删。其实,金文中的"盂"字或从呆从皿写作 𥁕 (《陈子子匜》),《说文》"盂"字下的古文"呆"或即金文"𥁕"之省。金文"𥁕"的存在,或可证明《说文》"盂"字下的古文所收不误,所以,马叙伦《说文解字六书疏证》卷二十八就说:"古文经'盂''保'两字或皆作呆,故《八篇》'保'之古文亦作呆。"据此,《说文》收字所依据的古文材料中的两个"呆"字亦属"同字异词"。

[劃]

"劃"今简化作"划",字分别见于《说文·刀部》的正篆与《畫部》的古文。

《说文·刀部》:"劃,锥刀曰劃。从刀,从畫、畫亦声。"此"劃"意为用尖利物把东西划开。段注本"锥刀"作"锥刀畫",并注云:"锥刀之末所畫谓之划也。"又,《说文·畫部》:"畫,界也。象田四界,聿所以畫之。畵,古文畫省;劃,亦古文畫。"此"劃"为"畫"的古文,意为界限或划分界限。《玉篇·書部》:"畫,分也;界也。"《左传·襄公四年》:"芒芒禹迹,畫为九州。"杜预注:"畫,分也。"今"画分"一词也写作"划分",组成汉字点、横、直、钩、撇、捺等的"笔划"与"笔画"的混用,可以说是《说文》正篆"劃"与"畫"之古文"劃""同字异词"的历史遗留。

[孌]

"孌"今简化作"娈",字分别见于《说文·女部》的正篆与籀文。

《说文·女部》:"孌,慕也。从女、䜌声。"这一词义后世文字作"戀",简化后作"恋"。又,《说文·女部》:"嫡,顺也。从女、矞声。《诗》曰:'婉兮嫡兮。'孌,籀文嫡。"依据《说文》,"孌"既是"恋"的古字,又是"嫡"的籀文。

段注"孌"下云:"此篆在籀文为嫡,顺也;在小篆为今之恋,慕也。凡许书复见之篆皆不得议删。《广韵》卅三线曰:'恋,慕也。'孌、恋为古今字。"又于"嫡"下云:"今《毛诗》作孌,正用籀文。"王国维《史籀篇疏证》:"孌,《说文解字·女部》:'嫡,顺也。从女、矞声。《诗》曰:婉兮嫡兮。孌,籀文嫡。'案:《女部》正篆又有'孌'字,云:'慕也。从女、䜌声。'盖籀篆同字。籀以为嫡字,篆以为恋慕字也。"《说文》"孌"字的篆文、籀文之构形相同而表词有别,显然构成了"同字异词"的关系。

[院]

"院"字分别见于《说文·阜部》的正篆与《说文·宀部》的或体。

《说文·阜部》："院，坚也。从阜、完声。"此"院"为坚固之意，字亦写作"完"。朱骏声《说文通训定声》云："《荀子·王制》'尚完利'、《庄子·天地》'不以物挫志之谓完'，皆以'完'为之。按：与'寏'之或体'院'训'周垣者'别。"又，《说文·宀部》："寏，周垣也。从宀、奂声。院，寏或从阜。"此"院"为"寏"的或体，意为院墙、围墙。桂馥《说文解字义证》云："周垣也者，四面屏蔽也。亦谓之院落。"朱骏声《说文通训定声》云："寏，今所谓围墙也。"《玉篇·宀部》："寏，周垣也。或作院。"又《阜部》："院，周垣也。亦作寏。"《广雅·释宫》："院，垣也。"《睡虎地秦墓竹简·法律答问》："巷相直为院，宇相直者不为院。"很显然，《说文》"院"字的篆文、或体之别，也构成了"同字异词"的关系。

综上所论，无论是两个正篆"藍"、两个古文"禾"的重出，还是正篆与重文（古文、籀文、或体）之间"劃""䜌""院"的重出，表面上来看，好像只是正篆与重文之间字体的不同。其实，这种字体间不同的背后隐含的是文字使用上的地域性差异，也就是前文讨论时所说：《说文》"叙篆文、合古籀"的编纂体例本身就涵盖了文字传承、发展过程中的地域性因素。而这又恰恰与我们目前所能看到的出土的战国时期古文献上的文字使用情况非常吻合。战国时期文字的一大特点就是地域性差异很大，即所谓的"文字异形"。这种地域性差异，不仅体现在国与国之间，也反映在同一国别文字内部；不仅表现在文字的构形上，也反映在文字的使用上，前一节所讨论的楚简新出字中的"㑟""复""寈"诸字之字用即其例；也正是因为如此，才会出现后来的秦始皇"书同文"。从这个意义上说，《说文》中的"重出字"，其实就是先秦时期地域性用字差异或国别性用字差异的遗留。

为了更好地说明问题，我们再讨论两例以往学者未曾注意到的《说文》"重出字"字例，并与楚简新出字作比较。

[殆]

"殆"字分别见于《说文·歺部》的正篆与《说文·辛部》的古文。

《说文·歺部》："殆，枯也。从歺、古声。"此"殆"《广韵》苦胡切，今音 kū，意为枯、干。《广雅·释诂二》："殆，干也。"《广韵·模韵》："殆，殆瘁。"《玉篇·歺部》："殆，殆干。"

又，《说文·辛部》："辜，罪也。从辛、古声。䇃，古文辜从死。"古文字构形从歺、从死同意。《说文·歺部》："死，澌也。人所离也。从歺、从人。"此"䇃"为"辜"的古文，构形从死，实际上就是从歺之"殆"的一字之异体，《集韵·模韵》就写作"殆"："辜，《说文》：'罪也。'古作殆。"段注："辜本非常重罪，引申之凡有罪皆曰辜。"《书·大禹谟》："与其杀不辜，宁失不经。好生之德，洽于民心。"孔传："辜，罪也。"

"殆"字的原篆作❐（《包》简248）、❐（《包》简217），构形从死或从歺、古声，与《说文·辛部》"辜"之古文相同，简文用同"辜"。如：

(1) 由攻解於不殆。（《包》简217）
(2) 由攻解日月與不殆。（《包》简248）

《包山楚简》原整理者云："不殆，殆字作❐，与《说文》辜字古文相同，也读作不辜。鬼名。睡虎地秦墓竹简《日书》：'人生子未能行而死，恒然，是不辜鬼处之。'"①

又，"殆"字亦见于战国时期的《中山王圆壶》，其铭文云："吕憂忿民之佳不❐。"何琳仪《战国古文字典》云："❐，从死，古声。辜之异文。《说文》辜古文作❐。又疑❐为殆之繁文。"②

关于"不殆"一词，徐中舒、伍仕谦《中山三器释文及宫堂图说明》云："❐（辜），从死，古声。《说文》古文辜作❐，与此同。不辜，谓不当其罪而受罚也。"③戴家祥《金文大字典》云："❐，❐盗壶，《说文》'辜，罪也。'古文从死，与此铭正同，不辜即无罪，在句子中用作冤曲之意。长沙马王堆帛书经法亡论有'三不辜'，义与此同。"④

通过与楚简新出字的构形、字用比较可知，《说文·辛部》"辜"字下所收的古文不误。换句话说，在先秦古文字材料中，篆文之"殆"与古文之"殆"，如《说文》所训释，的确存在着因地域性用字差异而形成的"同字异词"关系。朱骏声《说文通训定声》"辜"字下云："《说文》有古文从死。按当为殆之古文。今移至殆下。"今据楚简文字知朱误。

[乿]

"乿"字分别见于《说文·受部》的正篆与《说文·言部》的古文。

《说文·受部》："乿，治也。幺子相乱，受治之也。读若乱同。一曰理也。❐，古文乿。"段注："此与《乙部》'乱'字音义皆同。"《说文·乙部》："乱，治也。从乙。乙，治之也。从乿。"

又，《说文·言部》："䜌，乱也。一曰治也，一曰不绝也。从言丝。❐，古文䜌。"段注："与《爪部》'乿'、《乙部》'乱'音义皆同。"林义光《文

---

① 湖北省荆沙铁路考古队：《包山楚简》，北京：文物出版社1991年10月第1版第56页注426。
② 何琳仪著：《战国古文字典》，北京：中华书局1998年9月第1版上册第474页。
③ 徐中舒：《中山三器释文及宫室图说明》，转引自《古文字诂林》第10册第1033页。
④ 戴家祥著：《金文大字典下》，转引自《古文字诂林》第10册第1033页。

源》:"不治之乱,古以䜌为之。从言丝谓言如丝之棼。"《玉篇·言部》:"䜌,力官、力全二切。乱也,理也,不绝也。"

按:《说文·受部》篆文之"𤔔",与《说文·言部》"䜌"字古文"✱",构形相同,当为一字之异体。

《汗简》"䜌"作✱、"乱"字作✱、✱、✱等形;《古文四声韵》收《石经》"䜌"字作✱,收《古文尚书》"乱"作✱、✱,《道德经》"乱"字作✱,均可证《说文》"䜌"字古文"✱"与"𤔔"古本一字。

又,楚简文字中的"𤔔"(乱)字异体繁多,其主体构形则作✱(《上三·互》简8)、✱(《上一·孔》简22),与《说文·言部》"䜌"字古文"✱"相同;构形或省爪作✱(《上二·从甲》简9)、✱(《上五·鲍》简8),又进一步将所从四口省为两竖作✱(《郭·老甲》简26);构形或不省爪,只将所从四口省为两竖作✱(《上六·用》简11),则与《说文·受部》篆文"𤔔"的构形完全相同。由楚简文字中"𤔔"(乱)字的不同构形亦可知,《说文·受部》篆文之"𤔔"与《说文·言部》"䜌"字古文"✱"实属一字。很显然,许慎是因篆文、古文中的字用不同而将"𤔔""✱"分别归于不同的字头,而究其实质,"𤔔""✱"也属于地域性差异的"同字异词"现象。

值得注意的是,楚简文中的"𤔔"(乱)字均用同《说文·言部》"䜌"字古文"✱",字后世作"亂",简化作"乱"。如:"是故小人✱(亂)天常以逆大道,君子治人伦以顺天德。"(《郭·成》简32~33)这在证明许慎"䜌"字古文所收不误的同时,实亦传递出一条重要信息,即在先秦古文字材料中,篆文、古文的字用的确存在着地域性差异,而这又恰可与《说文》中的文字重出现象相印证。

又,楚简文字中的"䜌"字用作姓,字后世作"欒",简化作"栾";或用作"鸞",简化作"鸾",均与《说文·言部》"䜌"字有别。如:

(1) 上新都人蔡䜌讼新都南陵大宰䜌瘖、右司寇正、陳得。(《包》简102)
(2) 一䜌(鸾)刀,二鼎,一鉤一鋁。(《汇·信二》简15)

何琳仪《战国古文字典》:"楚器䜌,读栾,姓氏。唐叔虞之后。晋靖侯孙宾食采栾邑,因氏焉,望出西河。见《元和姓纂》。""信阳简'䜌刀',读'鸾刀',有铃之刀。《诗·小雅·信南山》'执其鸾刀',传:'鸾刀,刀有鸾者,言割中节也。'"[①]

---

① 何琳仪:《战国古文字典》,北京:中华书局1998年9月第1版第1037页。

楚简文字"䜌"与《说文》篆文"䜌"的字用不同,则又可进一步说明篆文、古文的地域性差异。

三 《说文》非重出字中的正篆与重文之间所残存的地域性用字差异的痕迹

借助楚简新出字中异体字的"同字异词"字例与《说文》的比较,我们可以发现,在《说文》非重出字中的正篆与重文之间依然残存有古文字材料中某些地域性用字差异的痕迹。例如:

[惄]

"惄"字在楚简文字中的使用情况很有规律,地域性差异非常清楚,在不同地域的简文中所记录的词不同,在《包》简中均用同"氣",今简化作"气";而在《郭》简中则均用同"愛",今简化作"爱"。例如:

(1)既腹心疾,以上惄,不甘飤。(《包》简242)
(2)惄(愛)生於性,親生於惄(愛)。(《郭·语二》简8)

例(1),《包山楚简》云:"惄,嚜字异体,读作氣。"

其实,楚简文字中"惄"字使用情况的地域性差异在《说文》所收的古文字材料也有所反映。

"惄"字原篆作 ![字] (《郭·语三》简30)、![字] (《郭·语三》简40)、![字] (《包》简239),构形可分析为从心、既声,与《说文·心部》"悉"字古文相同。《说文·心部》:"悉,惠也。从心、旡声。惄,古文。"朱珔《说文假借义证》:"今惠悉字皆借爱字为之而悉废,即爱之本义亦废矣。"不仅如此,《郭》简中的"惄"字均用同"爱",又恰可与《说文》"悉"之古文"惄"相印证,这在证明《说文》所收古文不误的同时,也表明了《郭》简中的"惄"字与《说文》"悉"之古文"惄"之间存在着一种直接或者是间接的渊源关系。

问题并不止于此。《包》简中的"惄"字均用同"氣",楚简文字中"惄"字的这一字用显然又与《说文·米部》"氣"之或体"䊠"之间构成某种渊源关系。《说文·米部》:"氣,馈客刍米也。从米、气声。《春秋传》曰:'齐人来氣诸侯。'䊠,氣或从既。"《包》简中的"惄"与《说文·米部》"氣"之或体"䊠"皆从既得声,且均用同"氣",其间的渊源关系是很清楚的。

值得注意的是,楚简文字中的"惄"(氣)字异体较多,作

357

"燹""燹""劈""鬻"等形，构形均从既得声，这又可进一步佐证楚简文字"愾"（氣）与《说文·米部》"氣"之或体"槩"之间的渊源关系。

因此，以楚简文字为媒介，我们或许可以说，《说文·心部》"恶"之古文"愾"，与《说文·米部》"氣"之或体"槩"之间也是古文字材料中地域性用字差异的残留。

[悔]

与"愾"字情形相同，楚简文字中的"悔"字使用情况亦很有规律，地域性差异也非常清楚，即在《郭》简中均用同"谋"，今简化作"谋"，而在《上博》简中则多用同"悔"。

"悔"字原篆作 （《上五·三》简20）、 （《上五·君》简1），构形可分析为从心、母声，均见于《郭》《上博》楚简。《郭》简中的"悔"字均用作"谋"，而《上博》中的"悔"字多用作"悔"，小部分用作"谋"，区域性差异也是非常清楚的。例如：

(1) 不與智悔（谋），是胃（謂）自綦（忌）。(《郭·语四》简13)
(2) 初六：拯馬壯，吉，悔（悔）亡（无）。(《上三·周》简54)

楚简文字中"悔"字使用情况的地域性差异在《说文》所收的古文字材料也有所反映。

"悔"字从心、母声，构形与《说文·心部》篆文"悔"字相近。《说文·心部》："悔，悔恨也。从心、每声。"每、母古音相近。《说文·屮部》："每，艸盛上出也。从屮、母声。"古文字构形从每、从母常常相混。楚简文字中的"海"字均从母作"㳇"，"悔（悔）"字或从每作 （《上六·用》简12)，均可为证。而《上博》楚简中的"悔"字多用同"悔"，由此可知，《上博》中的"悔"字与《说文·心部》篆文的"悔"字当为一字之异体。

《郭》简中的"悔"字均用同"谋"，楚简文字中"悔"字的这一字用显然又与《说文·言部》"谋"之古文"譬""譬"之间构成某种渊源关系。《说文·言部》："谋，虑难曰谋。从言、某声。譬，古文谋；譬，亦古文谋。""悔""譬""譬"皆从母得声，且均用同"谋"，显系一字之异体。《集韵·侯韵》："谋，《说文》：'虑难曰谋。'或作藄、䜉、悔、譬、譬，或书作䜉。"即视"悔""譬""譬"为一字之异体。

因此，借助楚简文字中的"悔"字构形与字用，我们可以发现，《说文·心部》篆文"悔"字与《说文·言部》"谋"字古文"譬""譬"之间显然也是古文字材料中的地域性用字差异的残留。

值得注意的是，楚简文字中的"悬"字，从心、母声，原篆作🈚（《上四·曹》简55），构形与《说文·言部》"谋"之古文相同。然而，在简文中，"悬"却用同"悔"，则又进一步地将《说文·心部》篆文"悔"与《说文·言部》"谋"字古文"䛒""譬"联系了起来。

基于上述的讨论分析，关于《说文》重出字，我们可以得出的结论是：《说文》中的重出字，究其实质，是地域性造（用）字差异所形成的"同字异词"现象，也即不同地域的造用字者为不同的词造字选择了相同的文字构件从而形成的"同字异词"现象。换句话说，许慎编纂《说文解字》，借助于相同文字形体在同部或不同部的正篆或重文（古文、籀文、或体）中重复出现的这一体例，要解决的是古文字材料中地域性文字差异或者说是战国时期国别性文字差异中的"同字异词"现象。《说文》"重出字"的编纂体例，真实地记录了许慎依据不同（地域性差异）的文献材料编纂《说文解字》，而这又恰恰从另一个侧面印证了我们关于《说文》"正篆性质及其与重文关系的讨论"：许慎编纂《说文解字》依据的是不同的文献材料。

《说文》对后世的影响是深远的。受《说文》的影响，后世的字韵书在收字、编纂等方面多有效仿，也存在文字重出的现象。如《集韵》的"䒩"字，既是"谟"的古文，又同时是"谋"的或体。《集韵·模韵》卷二："谟，《说文》：'议谋也。'引《虞书》'咎繇谟'。古作䒩。"又，《集韵·侯韵》卷四："谋，《说文》：'虑难曰谋。'亦姓。或作䒩。"后世字韵书中的这种文字重出现象，其性质与《说文》中的重出字是相同的，表面上看，这种现象只是真实地记录了编纂时依据的文献资料的差异，而其背后，显然是借助文字的重出解决文字系统因地域性用字差异而出现的"同字异词"现象。以往的研究者，由于忽略了汉字传承、发展过程中的地域性因素，且囿于文字的一形一义而于《说文》重出字背后的文字现象缺少应有的研究与分析。由此可见，我们在清理历史汉字中的异体字时，必须考虑到其中的地域性因素。

第四节 楚简新出字中的异体字字例

几点说明：

1. 本《字例》是借助既有的考释成果及相关的文献、工具书，依托《楚文字数据库》对楚简文字材料中的新出字及相关传承字的构形、字用进行了全面的分析、清理而得，凡455组、1310个字，其中传承字（即楚简文字中的非新出字）215例；

2. 本《字例》于每例新出字之后列出原篆、构形分析、字频、字用等相关信息，必要时则加按语作一简要讨论，尽可能以较小的篇幅提供较多的信息；

3. 本《字例》于每例传承字，只列字头，除极个别的字例外，不作更多的分析与讨论；

4. 战国时期的文字是未曾规范过的文字，异体字之间并不存在正体与俗体之别。本《字例》于每组异体字中，某字在前，某字置后，更多的是考虑如何方便字际间关系的分析；

5. 某组异体字中，如无相当的传世文字，则标注"即'某'字异体""字今作'某'"等字样，"某"即其相当的传世文字，少数几组异体字，因字不识，则阙如；

6. 本《字例》的总体排列顺序是按每组字数由少至多，即：二字组、三字组、四字组……，依次排列。

［睨］［朢］即"盟"字异体。

"睨"字作 (《上五·三》简1)，从示、明声，即"盟"字异体，简文中15见，用同"盟"，或借作"明"。《说文·囧部》："盟，《周礼》曰：'国有疑则盟。诸侯再相与会，十二岁一盟。北面诏天之司慎司命。盟，杀牲歃血，朱盘玉敦，以立牛耳。'从囧，从血。盥，篆文从朙；盟，古文从明。"

"朢"字作 (《上六·孔》简4)，从皿、明省声，简文中2见，用同"盟"，或借作"明"。

按：《释名·释言语》："盟，明也，告其事于神明也。""朢"字构形当分析为从皿、明省声，楚简文字的"盟"即从明作"睨"，《说文·囧部》"盟"之古文亦从明作"盟"，均可为证。字与《玉篇·皿部》"朢，於魂切，和也，或作温"之"朢"当属同形字。

［纊］［黃*］

"纊"字作 (《汇·仰》简7)，从糸、黄声，即"黄"字繁构，简文中1见，用同"黄"。

［悇］［含］

"悇"字作 (《郭·语二》简13)，从心、含声，即"含"字繁构，简文中4见，用同"含"，或用作"贪"。字或隶作"恰"。

"含"字作 (《郭·性》简52)，从口、今声，简文中27见，26例用作"今"，仅1例用同"含"。

［寮］［录＊］

"寮"字作▨（《包》简145），从宀、录声，即"录"字繁构，简文中3见，用同"录"。

［禰］［薦＊］

"禰"字作▨（《新·乙二：42》简494），从示、从廌，即"薦"字异体，简文中1见，用同"薦"。

［宎］［天＊］

"宎"字作▨（《上三·瓦》简5），从宀、天声，即"天"字繁构，简文中1见，借用作"殄"。

［闤］［問］即"關"字异体，字今简作"关"。

"闤"字作▨（《上一·孔》简10），从門、串声，即"關"字异体，简文中13见，均用同"關"。

"問"字作▨（《包》简121），从門、串省声，即"闤"字省形，简文中1见，用同"關"，地名。

［遬］［迷］即"速"字异体。

"遬"字作▨（《上四·曹》简44），从辵、欶声，即"速"字异体，简文中50见，均用同"速"。

"迷"字作▨（《上一·性》简39），从辵、朱声，即"遬"字省形，简文中11见，均用同"速"。

［柜］［榎］即"鐻"字异体。

"柜"字作▨（《汇·信二》简7），从木、巨声，即"鐻"之异体，简文中6见，均用同"鐻"。《战国楚简研究》："柜即鐻字，《考工记·梓人》为虡，本以木，始皇乃易以金，李斯小篆乃改从金虡声。司马赋云：千石之钟万石之钜，正谓秦物。按此将钜写鐻，原从木制之钜可写成柜，故柜即后之钜字，也即鐻、虞（虡）字，词指钟鼓之柎（萼足）也，《说文》作虡，隶省为虞。"①

"榎"字作▨（《汇·仰》简35），从日、柜声，即"柜"字繁构，简文中1见，用同"柜"。

［戎］［成＊］

"戎"字作▨（《上五·姑》简5），从戈、壬声，即"成"字异体，简文中6见，均用同"成"。

---

① 中山大学古文字研究室编：《战国楚简研究》第二辑第22页，未刊稿。

361

［愢］［懷*］

"愢"字作▨（《郭·尊》简33），从心、罘声，即"懷"字省形，简文中1见，用同"懷"。

［經］［經*］

"經"字作▨（《包》268）从糸、巠省声，即"經"字省形，简文中1见，用同"經"。

按：楚简"經"字作▨（《上三·周》简24）。

［儋］［檐］字今作"擔"，简化作"担"，量词。

"儋"字作▨（《包》简147），从人、㕣声，即"儋"字省形，简文中1见，用同量词"擔"。《说文·人部》："儋，何也。从人、詹声。"朱骏声《说文通训定声》："以背曰负，以肩曰儋，字亦作擔。"段注："儋，俗作擔。"《集韵·谈韵》："儋，《说文》：'何也。'或从手。"

"檐"字作▨（《九·五六》简1），从木、㕣声，即"儋"字异体，简文中18见，均用同量词"擔"。

按：《说文·木部》："檐，榱也。从木、詹声。"段注："檐之言隒也，在屋边也。"楚简中的"檐"与《说文》之"檐"当属同形字。

［恴］［忠*］

"恴"作▨（《郭·六》简17），从心、审声，即"忠"字繁构，简文中13见，均用同"忠"。

［𧺆］［迥］

"𧺆"字作▨（《上五·競》简2），从止、句声，即"迥"字异体，简文中1见。

"迥"字作▨（《上五·鲍》简2），从辵、句声，简文中6见。

［霥］［㝱］即"寡"字异体。

"霥"字作▨（《郭·语三》简31），从雨、从頁，即"㝱"字的讹变体，简文中1见，用同"寡"。

"㝱"字作▨（《上五·競》简6），简文中19见，字用有二：用同"寡"，借作"顧"。

［袵］［𣏒］即"絰"字异体。

"袵"字作▨（《郭·穷》简3），从衣、至声，即"絰"字异体，简文中1见，即用同"絰"。楚简中的"袵"字与《字汇补·衣部》"袵，《元曲》'罗衫上前襟褶袵'"之"袵"当属同形字。

"𣏒"字作▨（《郭·成》简8），从林、至声，即"絰"字异体，简文中1见，即用同"絰"。《郭店》裘按："'衰'下一字，其下部即'麻'所从之'朮',其上部疑是'至'之省写。此字似当释作'経'。麻経为丧服。"①

[扗][攼]即"扞"字异体,字或作"敦",今通作"捍"。

"扗"字作✲(《上三·中》简20),从戈、干声,即"扞"字异体,简文中1见,用同"扞"。

"攼"字作✲(《上二·子》简12),从攴、干声,即"扞"字异体,简文中3见,均用同"扞"。

按:《广韵·翰韵》:"扞,以手扞,又卫也。"《书·文侯之命》:"汝多修,扞我于艰。"孔传:"扞我于艰难,谓救周诛犬戎。""扞"或作"敦"。《说文·攴部》:"敦,止也。从攴、旱声。《周书》曰:'敦我于艰。'"高田忠周《古籀篇》:"从旱者,为籀文增絫,从干为古正字矣。"《集韵·翰韵》:"敦,《说文》:'止也。'引《周书》'敦我于艰'。古省。"

[芙][狱]即"笑"字异体。

"芙"字作✲(《上六·王问》简4),从艸、从犬,简文中14见,均用同"笑"。

"狱"字作✲(《上五·竞》简8),从犬、兆声,疑即"芙"字异体,简文中1见,用同"笑"。

[䚓][告*]

"䚓"字作✲(《上五·竞》简10),从爻、告声,即"告"字繁构,简文中1见,用同"告"。

[昊][旲*]

"昊"字作✲(《上五·君》简6),即"旲"字省形,简文中5见,用同"旲",《玉篇·日部》:"昊,日昳也。"《字汇补·日部》:"昊,与旲同。"《易·丰》:"日中则昊。月盈则食。"

按:楚简文字的"旲"作✲(《包》简181),"昊"即其省。

[犧][犞]即"犧"字异体。

"犧"字作✲(《包》简248),从牛、義声,简文中6见,用同"犧"。字或隶作"犇"。《说文·牛部》:"犧,宗庙之牲也。从牛、羲声。贾侍中说,此非古字。"

"犞"字作✲(《上五·鲍》简3),从牛、我声,即"犧"字省形,简文中1见,用同"犧"。

[澫][洒*]字今作"洗"。

---

① 荆门市博物馆:《郭店楚墓竹简》,北京:文物出版社1998年5月第1版第169页注9。

363

"氵灑"字作▢(《上五·鲍》简5),从皿、洒声,即"洒"字繁构,简文中1见,用同"洒"。

按:"洒"即今之洗涤之洗。洗涤必用器皿,故楚简文字构形或增一皿符作"氵灑"。《说文·水部》:"洒,涤也。从水、西声。古文为灑埽字。"段注:"今人假洗为洒,非古字。"《玉篇·水部》:"洒,濯也。今为洗。"《左传·襄公二十一年》:"在上位者洒濯其心……而后可以治人。"《孟子·梁惠王上》:"及寡人之身,东败于齐,长子死焉,西丧地于秦七百里;南辱于楚,寡人耻之,愿比死者壹洒之。"孙奭疏:"今愿近死不惜命者一洗除之。"

[脰][膃]

"脰"字作▢(《包》简139),从肉、豆声,简文中3见,用作人名。《说文·肉部》:"脰,项也。从肉、豆声。"《玉篇·肉部》:"脰,颈也。"

"膃"字作▢(《包》简278反),从口、脰声,即"脰"字繁构,简文中1见,用同"脰",人名。

[戔][伐*]

"戔"字作▢(《上五·鲍》简8),从戈、叜声,即"伐"字异体,简文中1见,用同"伐"。

[㝱][㡸] 即"寐"字异体。

"㝱"字作▢(《上五·季》简10),从宀、从禾、从帚,简文中2见,用同"寐"。原整理者云:"'㝱',疑'寐'之异体。"①

"㡸"字作▢(《上五·弟》简22),从爿、未声,即"寐"字省形,简文中1见,用同"寐"。

[遗][遗*]

"遗"字作▢(《上四·采》简3),从辵、𢌳声,即"遗"字省形,简文中6见,均用同"遗"。

[坓][丘*]

"坓"字作▢(《包》简237)从土、丘声,即《说文·丘部》"丘"之古文,简文中,"坓"字4见,用作地名。《说文·丘部》:"丘,土之高也,非人所为也。从北,从一。一,地也。人居在丘南,故从北。中邦之居在崐崘东南。一曰四方高中央下为丘。象形。坓,古文从土。"

[弌][一*]

"弌"字作▢(《郭·缁》简17),从戈、一声,即《说文·一部》

---

① 马承源主编:《上海博物馆藏战国楚竹书(五)》,上海:上海古籍出版社2005年12月第1版第218页。

"一"之古文，简文中9见，均用同"一"。《说文·一部》："一，惟初大极，道立于一，造分天地，化成万物。……弌，古文一。"

［洢］［海*］

"洢"字作🐛（《上二·容》简41），从水、母声，即"海"字异体，简文中17见，均用同"海"。《六朝别字记》："洢作海。"《马王堆汉墓帛·九主》："伊尹受令（命）於汤，乃论海内四邦。""洢"亦用同"海"，与楚简同。

［贰］［戒*］

"贰"字作🐛（《帛·甲》行11～13），从示、从弋，即"戒"字异体，简文中1见，用同"戒"。李零云："贰字，仅见于白贰鼎，疑是戒字的异写。"①

［悥］［戭］即"勇"字异体。

"悥"字作🐛（《郭·尊》简33），从心、甬声，即《说文·力部》"勇"之古文，简文中2见，用同"勇"。《说文·力部》："勇，气也。从力、甬声。戭，勇或从戈、用。悥古文从心。"

"戭"字作🐛（《郭·语四》简24），从戈、甬声，与《说文·力部》"勇"字或体相近，简文中6见，均用同"勇"。《玉篇·戈部》："戭，古勇字。"

［珪］［圭*］

"珪"字作🐛（《郭·缁》简35），从玉、圭声，即《说文·土部》"圭"之古文，简文中5见，用同"圭"。《说文·土部》："圭，瑞玉也。上圜下方。公执桓圭，九寸；侯执信圭，伯执躬圭，皆七寸；子执谷璧，男执蒲璧，皆五寸。以封诸侯。从重土。楚爵有执圭。珪，古文圭从玉。"

［床］［户*］

"床"字作🐛（《上三·周》简52），从木、户声，即《说文·户部》"户"之古文，简文中3见，均用同"户"。《说文·户部》："户，护也。半门曰户。床，古文户从木。"

［終］［冬*］

"終"字作🐛（《郭·语一》简49），从糸、冬声，简文中4见。《说文·糸部》："終，絿丝也。从糸、冬声。"

按：楚简文字中，"冬""各"二字已经分化。"冬天"之"冬"作"各"，字或隶作"含"，而"冬"字则用同"終"。参见第五章有关分化字

---

① 李零著：《长沙子弹库战国楚帛书研究》，北京：中华书局1985年7月第1版第62页。

365

的讨论。

[濬][濬*]

"濬"字作▉（《上一·性》简19），从水、睿声，即《说文·谷部》"睿"之古文，简文中1见。《说文·谷部》："睿，深通川也。从谷，从卢；……濬，古文睿。"

"濬"字作▉（《郭·性》简31），从水、睿省声，即"濬"字省形，简文中1见，用同"濬"。

[歈][逾]

"歈"字作▉（《包》简244），从止、俞声，即"逾"字省形，简文中1见，用同"逾"。

"逾"字作▉（《上六·庄》简4），从辵、俞声，简文中19见。《说文·辵部》："逾，越进也。从辵、俞声。《周书》曰：'无敢昏逾。'"

[覛][迷*]

"覛"字作▉（《上六·用》简17），从見、米声，即"迷"字古文，简文中2见，均用同"迷"。字或隶作"眯"。原整理者云："'覛'，从見从米，疑此乃'迷'字最早之形构。"① 楚简文字中的"覛"与《广韵·祠韵》"覛，粉头覛子"、《集韵·祠韵》"覛，米屑"之"覛"当属同形字。

[雈][舊*]

"雈"字作▉（《上五·姑》简7），从隹、臼声，即"舊"字省形，简文中2见，用同"舊"。

[茻][燚] 即"册"字异体。

"茻"字作▉（《上五·季》简17），从艸、册声，即"册"字古文，简文中1见，用作"典"。

"燚"字作▉（《上五·姑》简9），从火、册声，即"册"古文，简文中1见，用同"册"。

[緊][緊]

"緊"字作▉（《上一·性》简27），从糸、从臤，简文中1见。《说文·臤部》："緊，缠丝急也。从臤，从丝省。"

"緊"字作▉（《上四·曹》简39），从口、緊声，即"緊"字繁构，简文中2见，借用作"堅"。

[旆][旆]

---

① 马承源主编：《上海博物馆藏战国楚竹书（六）》，上海：上海古籍出版社2007年7月第1版第303页。

366

"旆"字作▲（《曾》简33），从㫃、巿声，简文中25见。《说文·㫃部》："旆，继旐之旗也，沛然而垂。从㫃、巿声。"

"軴"字作▲（《曾》简144），从車、旆声，即"旆"字繁构，简文中11见，均用同"旆"。

[穴][坣]

"穴"字作▲（《上二·容》简10），简文中5见。《说文·穴部》："穴，土室也。从宀、八声。"

"坣"字作▲（《郭·穷》简10），从土、穴声，即"穴"字繁构，简文中6见，用同"穴"。字也作"坬"。《广韵·屑韵》："坬，穴也。"

[藃][藨]

"藃"字作▲（《上一·紂》简9），从艸、標声，即"藨"字异体，简文中1见，借用作"表"。

"藨"字作▲（《郭·缁》简15），从艸、標省声，简文中1见，借用作"表"。

刘钊云："'藃'字从'艸'从'㮾'，'㮾'乃'標'字省写，上部改为从'少'声。……'藨'从'艸'从'標'，应即'藃'字繁文，在简文中读为'表'。古音'藨'、'表'皆在帮纽宵部，于音可通。"[①]

[賤][戔]

"賤"字作▲（《上四·采》简4），从貝、戔声，简文中4见。《说文·貝部》："賤，賈少。从貝、戔声。"

"戔"字作▲（《上一·孔》简4），从二戈，即"賤"字初文，简文中19见，均用同"賤"。字或隶作"戏"。

[階][隥]

"階"字作▲（《汇·杨》简8），从阜、皆声，简文中2见。《说文·阜部》："階，陛也。"

"隥"字作▲（《上四·昭》简3），从虍、階声，即"階"字繁构，简文中2见，用同"階"。

[枳][蜹]

"枳"字作▲（《上五·鬼》简4），从木、只声，简文中10见。《说文·木部》："枳，木似橘。从木、只声。"

"蜹"字作▲（《郭·语四》简17），从虫、枳声，即"枳"字繁构，简文中1见，用同"枳"。

---

① 刘钊著：《郭店楚简校释》，福州：福建人民出版社2003年12月第1版第57页。

[逢][遗] 即"逢"字异体。

"逢"字作 (《郭·性》简11)，从辵、丰声，即"逢"字古文，简文中4见，用作"逆"。

"遗"字作 (《郭·唐》简14)，从辵、峯声，即"逢"字繁构，简文中1见，用作"逢"。

按：《说文·辵部》："逢，遇也。从辵、峯省声。"王筠《说文释例》："《攵部》：'峯，悟也。'《午部》：'悟，逆也。'《辵部》：'逆，迎也。'相迎是相遇也。"楚简文字中的"逢""遗"与"逢"均从"丰"得声，且字用相同，是"逢""遗"当为"逢"字异体。

[𢕎][相*]

"𢕎"字作 (《郭·穷》简6)，从又、相声，即"相"字繁构，简文中4见，均用同"相"。字或隶作"𣏌"。

[殌][戮] 即"戮"字异体。

"殌"字作 (《郭·尊》简3)，从歹、翏声，即"戮"字异体，简文中2见，用同"戮"。《字汇·歹部》："殌，同戮。"

"戮"字作 (《汇·信一》简2)，从戈、翏声，即"戮"字变体，简文中1见，用同"戮"。

[潫][泉*]

"潫"字作 (《上三·周》简45)，从水、泉声，即"泉"字繁构，简文中2见，用同"泉"。《字汇补·水部》："潫，与泉同。"

[祅][㚄] 今作"妖"。

"祅"字作 (《上二·容》简16)，从宀、祅声，即"祅"字繁构，简文中1见，用同"妖"。《集韵·宵韵》："祅，《说文》：'地反物为祅。'或省。通作妖。"《龙龛手镜·示部》："祅，今；祆，正，於高反，灾也。"

"㚄"字作 (《郭·唐》简11)，从宀、夭声，即"祅"字省形，简文中5见，用同"妖"。

[腇][暖]

"腇"字作 (《包》简45)，从肉、爰声，简文中1见，用作人名。

"暖"字作 (《包》简57)，从日、爰声，即"暖"字异体，简文中1见，用作人名。原整理者云："暖，简45作'腇'。"① 按：古文字构形从日、从月，义近可通。

[鐶][環*]

---

① 湖北省荆沙铁路考古队：《包山楚简》，北京：文物出版社1991年10月第1版第43页注93。

"鐶"字作▨(《汇·信二》简20），从金、睘声，即"環"字异体，简文中7见，均用同"環"。《正字通·金部》："凡圜郭有孔可贯系者谓之鐶。通作環。"

［斮］［折*］

"斮"字作▨(《上五·弟》简23），从斤、从卓，即"折"字讹变体，所从之"日"即由"="讹作"口"再讹作"日"。简文中"斮"字1见，用同"折"。

［裒］［憤］即"奮"字异体。

"裒"字作▨(《上五·三》简1），从田、从衣，即"奮"字省形，简文中5见，均用同"奮"。字或隶作"奋"。《说文·奞部》："奮，翬也。从奞在田上。《诗》曰：'鸟不奮飞。'"桂馥《说文义证》："鸟之奮迅，即毛起而身大，故字从奞在田上。"《广韵·吻韵》："憤，懣也。房吻切。憤，上同。"《淮南子·脩务》："憤於中则应於外。"高诱注："憤，发也。"

"憤"字作▨(《郭·性》简46），从心、裒声，即"裒"字繁构，简文中1见，用同"奮"。

［忻］［俽］

"忻"字作▨(《包》简91），从心、斤声，简文中17见。《说文·心部》："忻，闿也。从心、斤声。《司马法》曰：'善者，忻民之善，闭民之恶。'"字隶或作"忎"。

"俽"字作▨(《上五·弟》简12），从亻、忻声，即"忻"字繁构，简文中2见，用同"忻"。

［斅］［穀*］

"斅"字作▨(《上四·柬》简8），从子、殸声，即"穀"字异体，简文中6见，借作"穀"。《说文·子部》："斅，乳也。从子、殸声。"又，《禾部》："穀，续也，百穀之总名。从禾，殸声。""斅""穀""穀"皆从"殸"得声，故可通。

［禜］［敳*］

"禜"字作▨(《包》简235），从示、敳声，即"敳"字繁构，简文中18见，用与"敳"同。

［賏］［貨］

"賏"字作▨(《郭·语三》简60），从貝、爲声，《说文·贝部》："賏，資也。从貝、爲声。或曰：此古貨字。读若贵。"段注："爲、化二声同在十七部。貨，古作賏，犹訛、譌通用耳。"《玉篇·贝部》："賏，亦古貨字。"简文中1见，即用同"貨"。

369

"货"字作✱（《郭·老甲》简35），从貝、化声，简文中10见。《说文·贝部》："货，财也。"

[圁] [圓]

"圁"字作✱（《上三·亙》简9），从口（或匚）、云声，简文中15见，均用同"圓"。

"圓"字作✱（《曾》简203），从匚、員声，简文中1见。《说文·口部》："圓，圜全也。从口，員声。读若員。"

[旱] [潓]

"旱"字作✱（《上二·鲁》简1），从日、干声，简文中2见。《说文·日部》："旱，不雨也。从日、干声。"

"潓"字作✱（《上四·柬》简1），从水、从㕇、旱声，即"旱"字繁构，简文中5见，均用同"旱"。

[慮] [𢛳]

"慮"字作✱（《郭·老甲》简1），从心、虍声，简文中1见，用作"詐"。

"𢛳"字作✱（《上五·三》简2），从心、虖声，即"慮"字繁构，简文中1见，用作"詐"。

按："慮"字不识。《郭店》裘按："慮，从'且'声，与'詐'音近。"① 刘钊云："'慮'字为'慮'字异体，'慮'意为谋划。或读'慮'为'詐'。"② 楚简"慮"字作✱（《郭·语二》简10），构形从目不从且，与"慮"字不同。

[攴] [弢] 即"鞭"字异体。

"攴"字作✱（《上六·慎》简2），从又、卞声，即"鞭"字古文，《说文·革部》"鞭"之古文作✱，与简文近似。简文中"攴"字8见，借用作"辯""辨""偏"。字或隶作"爰"。

"弢"字作✱（《新·零:193》简842），从弓、夋声，即"夋"字繁构，亦即"鞭"字异体。

[遧] [睪*] 字今作"罪"。

"遧"字作✱（《上五·三》简4），从辵、睪声，即"睪"字繁构，简文中1见，用同"睪（罪）"。

[朝] [朔*]

---

① 荆门市博物馆：《郭店楚墓竹简》：北京：文物出版社1998年5月第1版第113页。
② 刘钊著：《郭店楚简校释》，福州：福建人民出版社2003年12月第1版第5页。

370

"朔"字作■（《上五·三》简14），从月、从辛，即"朔"字异体，简文中1见，用同"朔"。

[愈][愈]

"愈"字作■（《上六·竞》简4），从心、俞省声，即"愈"字省形，简文中1见，用同"愈"。

"愈"字作■（《上六·竞》简11），从心、俞声，简文中9见。《广雅·释诂》卷五上："愈，贤也。"《玉篇·心部》："愈，胜也。"

[痎][疾*]

"痎"字作■（《上六·竞》简10），从口、疾声，即"疾"字繁构，简文中1见，用同"疾"。

[虡][虍]即第一人称代词"予"或"吾"。

"虡"字作■（《上六·孔》简22），从虍、車声，简文中4见，均用作"予"。原整理者云："'虡'，从虍，車声，或从車、虍声，《说文》所无。就声可读为'余''予'或'吾'。古'虍''車''予''余''吾'均入鱼部。但本篇有'虍'字，楚竹书中多用作第一人称'吾'，本篇凡孔子自称用'虍'，而季趄子自称多用'虡'，说明两者或有差别。"[1]

"虍"字作■（《上六·竞》简1），从壬、虍声，简文中110见，均用作第一人称代词"吾"。

[惪][悳*]字今作"德"。

"惪"字作■（《上六·孔》简21），从人、悳声，即"悳"字繁构，简文中3见，均用同"德"。

[賣][赏*]

"賣"字作■（《上六·庄》简2），从貝、从高，即"赏"字异体，简文中1见，用同"赏"。

[腈][精]

"腈"字作■（《上六·天乙》简3），从肉、青声，即"精"字异体，简文中8见，均用同"精"。《玉篇·肉部》："腈，腈肉也。"《集韵·清韵》："腈，肉之精者。"

"精"字作■（《郭·老甲》简34），从米、青声，简文中2见。《说文·米部》："精，择也。从米、青声。"段注本作"择米也"，并云："'米'字各本夺，今补。择米谓蘖择之米。……引申为凡最好之称。"

---

[1] 马承源主编：《上海博物馆藏战国楚竹书（六）》，上海：上海古籍出版社2007年7月第1版第199页。

[㥽][固]

"㥽"字作▨(《上六·王问》简2），从心、固声，即"固"字繁构，简文中1见，用同"固"。

"固"字作▨(《上五·三》简6)、▨(《上六·庄》简2），从口或匚、古声，简文中30见，用同《说文》。《说文·口部》："固，四塞也。从口、古声。"

[䚯][語*]

"䚯"字作▨(《上六·天甲》简11），从言、五声，即"語"字省形，简文中13见，均用同"語"。《说文·言部》："語，论也。从言、吾声。"

[澦][淮*]

"澦"字作▨(《上六·王与》简3），从吕、淮声，即"淮"字繁构，简文中1见，用同"淮"。

[囗][内*]

"囗"字作▨(《包》简222），从口、内声，即"内"字繁构，简文中1见，用同"内"。

[方][方*]

"方"字作▨(《上六·慎》简4），简文中1见，即"方"字讹变体。原整理者云："'方'，恐为'方'的或体。'方'一般作▨，而郭店简《尊》（第二八简）和《性》（第十九简）均作▨，横上多了一小竖，如将这一小竖移至横下，则与本处的 方字形相近。'方'，《广雅·释诂三》：'为也。'"①

[纙][纙]

"纙"字作▨(《上六·慎》简5），从糸、从矖，即"纙"字异体，简文中1见，用作"彊"。

"纙"字作▨(《新·甲二：27》简42），从糸、畾声，简文中1见。《说文·糸部》："纙，马继也。从糸、畾声。"

[楮][桤]

"楮"字作▨(《上六·慎》简5），从日、桤声，即"桤"字繁构，简文中1见，用同"桤"。

"桤"字作▨(《包》牍1），从木、多声，简文中1见。《说文·木部》：

---

① 马承源主编：《上海博物馆藏战国楚竹书（六）》，上海：上海古籍出版社2007年7月第1版第280页。

"柁，棠棣也。从木、多声。"

[遳][遳]

"遳"字作⿱（《上六·慎》简5），从辵、从从、从二，简文中1见，读为"適"。原整理者云："'遳'，与常见的'從'字写法有异，应有别，类似郭店简《尊》（第二四简）的'猶 灷之亡遳也'的'遳'字。'遳'，诸先生均未释，惟刘钊先生径隶为'適'。从这里的上下文看，'遳'可读作'適'，《尔雅·释诂上》：'適，往也。'"①

"遳"字作⿱（《郭·尊》简24），原整理者未隶定，《上六》隶作"遳"，刘钊先生则径隶作"適"。

[㓞][初*]

"㓞"字作⿱（《上六·用》简1），从衣、从刃，即"初"字异体，简文中3见，即用同"初"。

[卟][兆]

"卟"字作⿱（《上六·天甲》简11），从卜、从兆，兆亦声，简文中2见，用作"兆"。《说文·卜部》："卟，灼龟坼也。从卜，兆，象形。兆，古文兆省。"

"兆"字作⿱（《包》简265），即《说文·卜部》"卟"之古文。简文中1见，借用作"脁"。《包山楚简》云："兆，借作脁。《说文》：'祭也。'字亦作祧，《广雅·释天》：'祧，祭先祖也。'大脁，大祭。"②

[逮][隶]，今通作"逮"。

"逮"字作⿱（《郭·语一》简75），从辵、隶声，简文中1见。《说文·辵部》："逮，唐逮，及也。从辵、隶声。"章炳麟《小学问答》："隶逮亦本一字，古文当祇作隶，自孳乳作逮。"

"隶"字作⿱（《郭·尊》简31），简文中3见，用同"逮"。《说文·隶部》："隶，及也。从又，从尾省。又持尾者，从后及之也。"

[糛][穜]

"糛"字作⿱（《上六·用》简8），从米、童声，简文中1见，用同"種"。

"穜"字作⿱（《包》简106），从禾、重声，简文中13见，借用为"舂"，或借用作"種"。

---

① 马承源主编：《上海博物馆藏战国楚竹书（六）》，上海：上海古籍出版社2007年7月第1版第281页。
② 湖北省荆沙铁路考古队：《包山楚简》，北京：文物出版社1991年10月第1版第63页注579。

373

按：《说文·禾部》："穜，埶也。从禾、童声。""種，先穜后孰也。从禾、童声。"文献中，"穜""種"二字混用。《广韵·用韵》："種，種埴也。"《类篇·禾部》："種，蓻也。"《诗·大雅·生民》："種之黄茂，实方实苞。"

[赴] [徒*]

"赴"字作❏（《上六·用》简10），从走、土声，即"徒"字异体，简文1见，用同"徒"。《正字通·走部》："赴、赴、徒并同。"

[緯] [绅]

"緯"字作❏（《上三·彭》简2），从糸、韋声，简文3见。《说文·糸部》："緯，织横丝也。"

"绅"字作❏（《郭·六》简43），从糸、韋省声，即"緯"字省形，简文中1见，借用作"諱"。

[舌] [膃]

"舌"字作❏（《上三·周》简27），从肉、舌声，即"舌"字繁构，简文中2见，均用同"舌"。字与《玉篇·肉部》"舌，古滑切，脂也"之"舌"当为同形字。

"膃"字作❏（《上六·用》简12），从虫、舌声，即"舌"字繁构，简文中1见，用同"舌"。

[途] [達*]

"途"字作❏（《上六·用》简19），即"達"之省形，简文中6见，用同"達"。

"達"字作❏（《上六·用》简10），较"途"多一"口"，简文中14见。《玉篇·辵部》："達，通也。"

[廄] [厩]

"廄"字作❏（《曾》简4），从宀、般声，简文中7见。《说文·广部》："廄，马舍也。从广、般声。《周礼》曰：'马有二百十四匹为廄，廄有仆夫。'𢈍，古文从九。"

"厩"字作❏（《包》简61），从厂、𠬝声，字即"廄"字别构，简文中18见，均用同"廄"。

[䐉] [䐉]

"䐉"字作❏（《曾》简1正），从丹、蔓声，简文中29见。《说文·丹部》："䐉，善丹也。从丹，蔓声。《周书》曰：'惟其敽丹䐉。'读若雀。"

"䐉"字作❏（《曾》简28），从丹、从口、蔓声，即"䐉"字的繁构，简文中1见，用同"䐉"。

[胉][腨]

"胉"字作▨（《上六·天乙》简6），从肉、从户、从毛，简文中2见，用同"腨"。原整理者云："'胉'，'腨'字异构。《广雅·释亲》：'腨，腨也。'《山海经·海外北经》：'无腨之国，在长股东，为人无腨。''腨'本指小腿肚子，此处引申为腿。"[1]

"腨"字作▨（《上五·君》简7），从肉、耑，简文中2见。《说文新附·肉部》："腨，肥肠也。从肉、耑省声。"

[䝿][鹿*]

"䝿"字作▨（《新·甲一：15》简13），从力、鹿声，即"鹿"字繁构，简文中9见，均用同"鹿"。

[悥][賽]

"悥"字作▨（《新·乙三：61》简544），从宀、思声，即"賽"字异体，简文中10见，均用同"賽"。

"賽"字作▨（《郭·老甲》简27），从貝、宾声。《说文新附·貝部》："賽，报也。从貝、塞省声。"孔广居《疑疑》："賽谐宾声，不必塞省。"

[禣][禣]，字今作"詎"。

"禣"字作▨（《上六·競》简8），从示、盧声，即"詎"字古文，简文中4见，用同"詎"。《广韵·御韵》："詎亦作禣。"字或隶作"禀"。

"禣"字作▨（《新·甲三：231》简255），从示、从又、盧声，即"禣"字繁构，简文中2见，均用同"詎"。

[㸚][駁*]

"㸚"字作▨（《新·甲三：157》简186），从爻、白声，即"駁"字异体，简文中1见，用同"駁"。

[霊][電]即"靈"字异体。

"霊"字作▨（《新·甲三：204》简230），从電、从坴，简文中7见，用同"電"。

"電"字作▨（《新·甲三：115》简150），从黽、霝声，简文中16见，均用同"靈"。

[鬩][鬪]即"鬪"字异体。

"鬩"字作▨（《新·甲三：134、108》简166），从口、鬪声，即"鬪"字繁构，简文中2见，均用同"鬪"。

---

[1] 马承源主编：《上海博物馆藏战国楚竹书（六）》，上海：上海古籍出版社2007年7月第1版第322页。

375

"闢"字作👆（《郭·语三》简42），从門、从廾，即《说文》"闢"之古文。《说文·門部》："闢，开也。从門，辟声。𨳝，《虞书》曰：'𨳝四门。'从門、从廾。"

[髕][膺]

"髕"字作👆（《新·甲三：100》简138），从骨、雁声，即"膺"字异体，简文中2见，用同"膺"。古文字构形从肉、从骨，义近可通。

"膺"字作👆（《新·甲三：238》简264），从肉、雁声。《说文·肉部》："膺，胷也。从肉、瘫声。"

[囦][凼] 即"渊"字异体。

"囦"字作👆（《上五·君》简1），从口、从水，即《说文·水部》"渊"字古文，简文中9见，均用同"渊"。《说文·水部》："渊，回水也。从水，象形，左右岸也，中象水皃。𤀩，渊或省水。囦，古文从口、水。"

"凼"字作👆（《帛·乙》行1～3），从凵、从水，即"囦"字异体，简文中1见，用同"渊"。

[袾][社*]

"袾"字作👆（《新·甲三：250》简276），从木、社声，即《说文·示部》"社"字古文，简文中52见，均用同"社"。《说文·示部》："社，地主也。从示、土。《春秋传》曰：'共工之子句龙为社神。'《周礼》：'二十五家为社，各树其土所宜之木。'袾。古文社。"

[㯄][麓*]

"㯄"字作👆（《新·甲三：150》简179），从林、录声，即《说文·林部》"麓"之古文，简文中1见，用同"麓"。《说文·林部》："麓，守山林吏也。从林、鹿声。一曰林属于山为麓。《春秋传》曰：'沙麓崩。'㯄，古文从录。"《玉篇·林部》："麓，山足也。㯄，古文。"

[䌂][綉] 即"繡"字异体。

"䌂"字作👆（《包》简259），从糸、从季，即"綉"字讹变体，简文中1见，用同"綉"。《包山楚简》云："䌂，綉字之误。"[①]

"綉"字作👆（《包》简254），从糸、秀声，简文4见，用同"繡"。《战国楚简研究》云："綉为繡字的前身。"[②]

[𢿛][政*]

"𢿛"字作👆（《郭·语一》简112），从殳、正声，即"政"字异体，

[①] 湖北省荆沙铁路考古队：《包山楚简》，北京：文物出版社1991年10月第1版第62页注553。

[②] 中山大学古文字研究室编：《战国楚简研究》第四辑第17页，未刊稿。

简文中1见，用同"政"。古文字构形从攴、从殳，义近可通。

［旴］［吁*］

"旴"字作▲（《郭·语二》简15）从口、于声，即"吁"字异体，简文中2见，用同"吁"。《改併四声篇海·口部》："旴"，同"吁（吁）"。

［夯］［勅］即"勝"字异体，简作"胜"。

"夯"字作▲（《郭·尊》简36），从大、从力，即"勅"字的省变体，简文中1见，用同"勝"。

"勅"字作▲（《郭·成》简8），从力、乘声，即"勝"字异体，简文中21见，均用同"勝"。

［誳］［詘］

"誳"字作▲（《上六·用》简7），从言、屈声，即《说文》"詘"之或体，简文中1见，用同"詘"。《说文·言部》："詘，诘詘也。一曰屈襞。从言、出声。誳，詘或从屈。"

"詘"字作▲（《郭·老乙》简14），从言、出声，简文中4见。

［懌］［惺］

"懌"字作▲（《新·甲三：216》简241），从心、睪声，简文中9见。《说文新附·心部》："懌，说也。从心、睪声。经典通用释。"

"惺"字作▲（《包》简168），从心、睪省声，即"懌"字省形，简文中8见，用同"懌""释"。

［譮］［話］

"譮"字作▲（《上六·用》简18），从言、會声，即《说文》"話（话）"字籀文，简文中1见，用同"話"。《说文·言部》："話，合會善言也。从言、昏声。譮，籀文話从會。"

"話"字作▲（《郭·缁》简30），从言、昏声，简文中1见。刘钊云："'▲'即'話'字古文。"[1]

［徑］［迳］

"徑"字作▲（《上六·用》简4），从彳、巠声，简文中1见。《说文·彳部》："徑，步道也。从彳、巠声。"

"迳"字作▲（《上六·竞》简12），从辵、巠声，即"徑"字异体，简文中1见，用同"徑"。《集韵·徑韵》："徑，《说文》：'步道。'亦从辵。"

［誇］［奆］

"誇"字作▲（《上六·用》简2），从言、夸声，简文中1见。《说

---

[1] 刘钊著：《郭店楚简校释》，福州：福建人民出版社2003年12月第1版第62页。

377

文·言部》:"誇,譀也。从言、夸声。"

"夻"字作▆(《郭·六》简24),从言、大声,即"誇"字古文。《玉篇·言部》:"誇,口瓜切,逞也。夻,古文。"字或隶作"訣",作▆(《上一·紂》简8),亦从言、大声,疑即"夻"字变体。

[寶][宲]即"實"字异体

"寶"字作▆(《上三·周》简24)、▆(《郭·忠》简5),从宀、从目、从貝,即"實"字异体,简文中11见,均用同"實"。

"宲"字作▆(《上二·容》简37),从宀、从呆,简文中1见,用作某疾病名,即"實"字异体。

按:《大广益会玉篇·宀部》:"宲,食质切,古寶字。"《集韵·质韵》:"實,食质切。《说文》:'富也。从宀,从贯,贯,货贝也。'古作㝎、宲。"又,《说文·宀部》:"宗,藏也。从宀、禾声。禾,古文保。《周书》曰:'陈宗赤刀。'"是知"宲"当为"實"之古文,而"寶"之古文当作"宗",段玉裁改"宗"为"宲",并注:"宲,今作寶",恐误。

[罼][畢*]

"罼"字作▆(《包》简173),从网、畢声,即"畢"字繁构。《广雅·释器》:"罼,率也。"王念孙疏证:"《说文》:'率,捕鸟畢也。'"

[薝][亯*]字今作"享"。

"薝"字作▆(《上六·競》简9),从艸、亯声,即"亯"字繁构,简文中1见,用同"享"。《字汇补·艸部》:"薝,即'享'字。"

"亯"字作▆(《上六·孔》简8),即"享"字古文,简文中35见,用同"享"。《说文·亯部》:"亯,献也。从高省。曰,象进孰(熟)物形。《孝经》曰:'祭则鬼亯之。'享,篆文亯。"

[痮][痕]即"脹"字异体。

"痮"字作▆(《新·零:221、甲三:210》简235),从疒、張声,即"脹"字异体,简文中3见,用同"脹"。《龙龛手镜·疒部》:"痮,俗;正作脹。"

"痕"字作▆(《新·零:306》简949),从疒、長声,即"脹"字异体,简文中17见,均用同"脹"。《玉篇·疒部》:"痕,痕满也。亦作脹。"《集韵·漾韵》:"脹,腹大也。或从疒。"

[睘][睘]字今作"睘"。

"睘"字作▆(《新·乙四:102》简624),从目、从口、从衣,简文中3见。《正字通·目部》:"睘,同睘,俗省。"

"睘"字作▆(《上六·孔》简26),从目、从衣,即"睘"字省形,简文中3见，用同"罨"。《康熙字典·目部》："罨，俗作罨，讹作罨。"

[畎][𤰝]

"畎"字作▨（《上六·慎》简5），从田、犬声，简文中2见。即《说文·〈部》"〈"之篆文。《说文·〈部》："〈，水小流也。《周礼》：'匠人为沟洫，耜广五寸，二耜为耦，一耦之伐，广尺深尺谓之〈。'倍〈谓之遂，倍遂曰沟，倍沟曰洫，倍洫曰巜。𤰝，古文〈从田，从川；畎，篆文〈从田、犬声。六畎为一亩。"

"𤰝"字作▨（《上二·子》简8），从田、川声，简文中1见，即《说文·〈部》"〈"之古文"𤰝"。

[窨][曑*]

"窨"字作▨（《曾》简126），从宀、曑声，即"曑"字繁构，简文中3见。

[暜][並*]

"暜"字作▨（《包》简121），从日、竝声，即"並"字异体，简文中1见，用同"並"。

按：楚简中的"並"（或隶作"并""竝"）有三体：作▨（《上四·昭》简4），或增一"日"符作▨（《上一·性》简8）；作▨（《包》简135）；作▨（《上三·周》简45）。

[采][衣] 即"卒"字异体。

"采"字作▨（《上四·曹》简28），从爪、卒声，即"卒"字繁构，简文中31见，用同"卒"。

"衣"字作▨（《上一·孔》简25），从爪、衣声，即"卒"字异体，简文中5见，用同"卒"。

按："衣""卒"古本一字。楚简文字中，"衣""卒"二字字形有别，字用相同，均用同"衣"。"采""衣"二字则已经与"卒"字分化，均用同"卒"。

[孴][临*]

"孴"字作▨（《郭·五》简48），从孒、臥省声，即"临"字讹变体，简文中1见，用同"临"。

[䝤][亡*]

"䝤"字作▨（《郭·老甲》简36），从貝、亡声，即"亡"字繁构，简文中3见，用同"亡"。

[綶][裏*]

"綶"字作▨（《包》简268），从糸、里声，简文中4见，用同"裏"。

379

[䢱][趣*]

"䢱"字作▨(《包》简142），从辵、取声，即"趣"字异体，简文中3见，用同"趣"。

[牪][犇]字今作"奔"。

"牪"字作▨(《上四·曹》简37），从二牛，简文中3见，用同"犇"。

"犇"字作▨(《包》简6），从三牛，简文中1见，用作人名。

[䎒][羽*]

"䎒"字▨(《郭·五》简17），从羽、于声，即"羽"字繁构，简文中15见，用同"羽"，或用作人名。刘钊云："'䎒'即'羽'字繁文，累加'于'为声符。"①

[退][𠁥]

"退"字作▨(《上五·君》简2），从辵、从艮，即《说文·彳部》"復"之古文相同，简文中"退"字凡11见，用同《说文》。《说文·彳部》："復，卻也。一曰行迟也，从彳、从日、从夂。衲，復或从内。▨，古文从辵。"

"𠁥"字作▨(《郭·语二》简43），从口、退声，即"退"字繁构，简文中5见，均用同"退"。

[銿][鐘*]

"銿"字作▨(《包》简262），从金、甬声，即《说文·金部》"鐘"之或体，简文中3见，用同"鐘"。《说文·金部》："鐘，乐鐘也。秋分之音，万物種成，故谓之鐘。从金、童声。古者垂作鐘。銿，鐘或从甬。"

[礪][礛]即"礪"字异体。

"礪"字作▨(《上三·周》简18），从石、厲省声，即"礪"字省形，简文中12见，均用同"礪"。《说文新附·石部》："礪，䃺也。从石、厲声。经典通用'厲'。"

"礛"字作▨(《上四·曹》简39）从土、礪声，即"礪"字繁构，简文中3见，均用同"礪"。

[逗][趄]即"桓"字异体。

"逗"字作▨(《郭·穷》简6），从辵、亘声，即"趄"字异体，古文字构形从走、从辵，义近可通。简文中，"逗""趄"均用作人名之"桓"。《说文·走部》："趄，趄田，易居也。从走、亘声。"商承祚《殷虚文字类

---

① 刘钊著：《郭店楚简校释》，福州：福建人民出版社2003年12月第1版，第78页。

编》:"(甲骨文)从止从亘,殆即许书之赾矣。此当为盘桓之本字,后世作桓者借字也。"

［䛐］［䛐］即"嘩"字异体。

"䛐"字作䛐(《郭·语二》简 46),从口、于声,即"嘩"字异体,简文中 1 见。刘钊云:"'䛐'疑即'嘩'字,读为'讻',义为虚夸。"①

"䛐"字作䛐(《郭·语二》简 43),即"䛐"字繁构,简文中 1 见,用同"䛐"。

［迋］［任＊］

"迋"字作迋(《郭·性》简 62),从力、壬声,即"任"字异体,简文中 1 见,用同"任"。

［圻］［坖］即"基"字异体。

"圻"字作圻(《汇·望一》简 80),从土、亓声,即"基"字古文。《马王堆汉墓帛·老乙本·德经》:"故必贵以贱为本,必高矣而以下为圻。"今本《老》第三十九章"圻"作"基"。简文中,"圻"字 1 见,用同"基"。

"坖"字作坖(《包》简 168),从土、亓声,即"圻"字异体,简文中 4 见,用同"基"。《集韵·之韵》:"基,《说文》牆也。一曰始也,本也。古作坖。"

［窅］［穿］字通作"穷"。

"窅"字作窅(《郭·成》简 11),从穴、躬声,简文中 4 见。《说文·穴部》:"窅,极也。从穴、躬声。"

按:"穿"字只见于《包山》《郭店》简,在《包山》简中用同"躬"(躳),而在《郭店》简中则用同"穷"。因此,就《包山》简言,"穿"为"躬"(躳)的异体,也即"窅"字省形,而就《郭店》简言,"穿"则当是"窅"(穷)的异体。

［裳］［懆］即"劳"字异体。

"裳"字作裳(《上四·曹》简 34),从衣(卒)、熒省声,即"劳"字。刘钊云:"'裳'为'劳'之古文。"②

"懆"字作懆(《郭·六》简 16),从心、裳声,即"裳"字繁构,简文中 1 见,用同"劳"。

［迖］［迨］即"路"字异体。

---

① 刘钊著:《郭店楚简校释》,福州:福建人民出版社 2003 年 12 月第 1 版第 207 页。
② 同上书,第 53 页。

"迻"字作⚋(《上六·王问》简4),从辵、各声,即"路"字异体,简文中54见,用同"路"。

"迡"字作⚋(《郭·性》简60),从辵、各省声,即"迻"字省形,简文中1见,用同"路"。

[豫][冢*]

"豫"字作⚋(《郭·语二》简14),简文中1见,用同"冢"。刘钊云:"'豫'字不识,疑为'冢'字异文,读为'憧',古音'冢''憧'一在透纽东部,一在定纽东部,于音可通。《说文》:'憧,意不定也。'"①

[攴][牧*]

"攴"字作⚋(《郭·穷》简7),从攴、墨声,即"牧"字异体,简文中1见,用同"牧"。"墨""牧"均属明母脂部字,故"牧"字或可从"墨"得声。

[壯][歮]

"壯"字作⚋(《汇·望一》简58),从广、圣声,简文中4见。

"歮"字作⚋(《汇·望一》简8),从止、壯声,即"壯"字繁构,简文中1见。

[圖][惹] 即"圖"字异体。

"圖"字作⚋(《上二·鲁》简1),从囗、者声,简文中1见,用同"圖"。

"惹"字作⚋(《上一·紂》简12),从心、者声,即"圖"之异体,简文中7见,用同"圖"。

[眥][齒*]

"眥"字作⚋(《上一·紂》简19),从目、止声,即"齒"字变体,简文中1见,用同"志"。原整理者云:"眥,'齒'字异体,与《中山王嚳方壶》铭文'齒'字形近,读作'志'。郭店简和今本皆作'志'。"②

[宵][胃*] 即"謂"字异体。

"宵"字不清,据整理者考释,构形从宀、胃声,即"胃"字繁构,简文中1见,用同"謂"。

按:楚简文字以"胃"为"謂",字凡187见,均用同"謂"。

[爯][再*]字今作"稱"。

---

① 刘钊著:《郭店楚简校释》,福州:福建人民出版社2003年12月第1版第204页。
② 马承源主编:《上海博物馆藏战国楚竹书(一)》,上海:上海古籍出版社2001年11月第1版第195页。

"夏"字作▨(《上六·用》简2），从又、再声，即"再"字繁构，简文中17见，均用同"再"（稱）。字或隶作"叟"。

[畬][䆻]即"密"字异体。

"畬"字作▨(《上二·容》简46），从合、米声，简文中2见，用同"密"。刘钊云："'畬'字从'米'声，读为'密'，密，亲近也。"①

"䆻"字作▨(《上二·孔》简28），从合、㊙声，简文中6见，用同"密"，"蜜"。

按：传世文献中，"蜜""密"或可通用。《释名·释言语》："密，蜜也。"

[怶][佗*]

"怶"字作▨(《上三·中》简13），从心、佗声，即"佗"字繁构，简文中1见。《上三·中》整理者云："'怶'，读作'弛'。'怶'，从佗、从心，佗亦声。'佗'、'弛'均在歌部，同为舌音，可通。"②

[歝][量*]

"歝"字作▨(《上四·曹》简32），从攴、量声，即"量"字繁构，简文中1见，用同"量"。

[𦨶][刖]

"𦨶"字作▨(《包》简146），即"刖"字别体，简文中仅1见。《包山楚简》云："刖，简文作▨。简146作▨，似是同一字的两种写法。"③

"刖"字作▨(《包》简116），从刀、从肉，简文中1见。

按：楚简中的"刖"字原篆从刀、从肉，或增一"＝"符，字似当隶作"剠"，与《说文》"刖，绝也。从刀、月声"之"刖"有别。

[散][䧘]即"措"字异体。

"散"字作▨(《上五·三》简6），从攴、昔声，即"措"字异体，简文中1见，用同"措"。《说文·手部》："措，置也。从手、昔声。"段注："立之为置，捨之亦为置。'措'之义亦如是。经传多叚'错'为之。"

"䧘"字作▨(《上二·子》简11），从阜、昔声，即"措"字异体，简文中1见，用同"措"。

[悷][堬]

---

① 刘钊著：《郭店楚简校释》，福州：福建人民出版社2003年12月第1版第115页。
② 马承源主编：《上海博物馆藏战国楚竹书（三）》，上海：上海古籍出版社2003年12月第1版第273页。
③ 湖北省荆沙铁路考古队：《包山楚简》，北京：文物出版社1991年10月第1版第47页注188。

"愳"字作▇（《上五·鬼》简8），从土、愧声，即"堣"字讹变体，简文中1见，用同"堣"。原整理者云："'愳'，从土，从愧，当为'堣'字之讹，形近致误。'堣'，读为'遇'，二字均从'禺'得声，可通。"①

"堣"字作▇（《上六·竞》简7），从土、禺声，简文中17见，借用作"遇"。

[旸][易*]字今作"陽"。

"旸"字作▇（《曾》简1正），从队、易声，即"易"字繁构，简文中13见，用同"陽"。

[弦][弦]

"弦"字作▇（《曾》简86），即"弦"字别体，简文中20见，用同"弦"。《曾侯乙墓》云："'弦'在简文中都是在讲到弓的时候提及的，或疑即'弦'字。"②

"弦"字作▇（《上五·三》简1），简文中1见。《说文·弓部》："弦，弓弦也。从弓，象丝轸之形。"

[窡][蜀*]

"窡"字作▇（《上一·性》简23），从宀、蜀声，即"蜀"字繁构，简文中3见，用作"獨"。《方言》卷十二："一，蜀也。南楚谓之獨。"郭璞注："蜀，犹獨耳。"

[嫛][繄]

"嫛"字作▇（《帛·甲》行5～7），从女、繄省声，即"繄"字省形，简文中1见，用作"繼"。

"繄"字作▇（《上三·周》简40），从糸、殹声，简文中1见，用同《说文》。《说文·糸部》："繄，繄繻也。一曰恶絮。从糸、殹声。"

[訅][訕]

"訅"字作▇（《上二·从乙》简1），从言、加省声，即"訕"字省形，简文中1见，用作"嘉"。

"訕"字作▇（《包》简7），从言、加声，简文中1见，用作"贺"。

[誫][許*]

"誫"字作▇（《上二·民》简9），从又、許声，即"許"字繁构，简文中1见，用同"許"。

---

① 马承源主编：《上海博物馆藏战国楚竹书（五）》，上海：上海古籍出版社2005年12月第1版第328页。

② 湖北省博物馆：《曾侯乙墓》，北京：文物出版社1989年7月第1版第504页注25。

［賊］［県］

"賊"字作▨（《帛·丙》），从戈、県声，即"県"字繁构，简文中1见，用作"盗"。

"県"字作▨（《帛·丙》），简文中1见，借作"盗"。《说文·県部》："県，到首也。贾侍中说：此断首到悬県字。"

［聰］［聰］即"聰"字异体，字今简作"聪"。

"聰"字作▨（《上二·容》简12），从心、聰声，即"聰"字繁构，简文中1见，用同"聰"。《说文·耳部》："聰，察也。从耳、悤声。"

"聰"字作▨（《郭·五》简20），从耳、兇声，即"聰"字异体，简文中5见，均用同"聰"。

［徑］［陘］即"隰"字异体。

"徑"字作▨（《上二·容》简18），从彳、巠声，即"隰"字异体，简文中1见，用同"隰"。

"陘"字作▨（《上一·孔》简26），从阜、巠声，亦即"隰"字异体，简文中1见，用同"隰"。

［㬎］［顯*］

"㬎"字作▨（《上四·曹》简38），从日、从丝，即"㬎"字省形，简文中5见，均用同"顯"。

［但］［迺］即"遭"字异体。

"但"字作▨（《郭·忠》简8），从彳、旦声，即"遭"字异体，简文中1见，用作"轉"。

"迺"字作▨（《郭·尊》简37），从辵、旦声，即"但"字异体，简文中4见，均用作"轉"。

按：楚简文字中的"迺"或"但"字当为"遭"字初文。"遭"字构形可分析为从辵、亶声。亶，《说文·㐭部》："多谷也。从㐭、旦声。""迺（但）""遭"均从"旦"得声。又，《广雅·释诂四》："遭，转也。"《楚辞·离骚》："遭吾道夫昆仑兮，路脩远以周流。"王逸注："遭，转也。楚人名转曰遭。"

［戠］［戠*］

"戠"字作▨（《包》简243），从戈、昔声，即"戠"字异体，简文中1见，用同"戠"。

［訝］［詞］

"訝"字作▨（《上一·紂》简4），从言、牙声，即"詞"字省形，简文中26见，用同"詞"。字或隶作"訝"。《上一》整理者云："訝，即

385

'词'字，也可通作'辞'。"①

"詞"字作🈳（《上四·柬》简 14），从言、司声，简文中凡 2 见，借作"治"或"祠"。

[鼲][獔]

"鼲"字作🈳（《曾》简 4），从鼠、高声，即"獔"字异体，简文中 1 见，用同"獔"。

"獔"字作🈳（《曾》简 58），从犬、高声，简文中 11 见，借用作"藃"。

[鷄][翠]即"翠"字异体。

"鷄"字作🈳（《曾》简 136），从鸟、皋声，字即"翠"字异体，简文中 12 见，用同"翠"。《曾侯乙墓》云："'鷄'，从'鸟''皋'声。'皋'、'翠'古音相近，此字当是翡翠之'翠'的异体。'翠'为青羽鸟，故字或从'鸟'。"②

"翠"字作🈳（《包》简 269），从羽、皋声，即"翠"字异体，简文中 6 见，用同"翠"。

[篍][筕]即"席"字异体。

"篍"字作🈳（《曾》简 71），从竹、席声，简文中 18 见，均用同"席"。

"筕"字作🈳（《上五·君》简 4），从竹、石声，字即"席"字异体，简文中 17 见，均用同"席"。

[鞻][鞦]

"鞻"字作🈳（《曾》简 80），从革、聚声，简文中 2 见，用作"鞦"。

"鞦"字作🈳（《曾》简 64），从革，取声，简文中，"鞦"字 34 见。《玉篇·革部》："鞦，束也。"

[𩎟][韓]即"幃"字异体。

"𩎟"字作🈳（《曾》简 123），从巿、回声，字即"幃"字异体，简文中 28 见，用同"幃"。

"韓"字作🈳（《曾》简 137），从巿、韦声，字亦即"幃"字异体，简文中 6 见，用同"幃"。

[繽][紛]

---

① 马承源主编：《上海博物馆藏战国楚竹书（一）》，上海：上海古籍出版社 2001 年 11 月第 1 版第 273 页。

② 湖北省博物馆：《曾侯乙墓》，北京：文物出版社 1989 年 7 月第 1 版第 509 页注 53。

"纷"字作 (《曾》简64),从贝、纷声,字即"纷"字繁构,简文中12见,均用同"纷"。

"纷"字作 (《包》简260),从糸、分声,简文中11见。《说文·糸部》:"纷,马尾韬也。从糸、分声。"

[暴][杲]即"早"字异体。

"暴"字作 (《郭·语四》简12),从日、枣声,简文中3见,用同"早"。

"杲"字作 (《郭·老乙》简1),从日、枣省声,即"暴"字省形,简文中3见,亦用同"早"。

[𡩋][弄*]即"奉"字异体。

"𡩋"字作 (《郭·语一》简103),从宀、弄声,即"弄"字繁构,简文中1见,用作"豐"。

[䗶][䗶]即"融"字异体。

"䗶"字作 (《包》简237),从𩰲、虫声,即"融"字异体,简文中6见,用同"融"。

"䗶"字作 (《上三·周》简25),从𩰲、虽声,即"䗶"字繁构,亦即"融"字异体,简文中1见,用同"融"。

[鏽][鑪]即"鑪"字异体。

"鏽"字作 (《汇·信二》简15),从金、膚声,即"鑪"字异体,简文中1见,用同"鑪"。

"鑪"字作 (《汇·信二》简24),从金、盧省声,即"鑪"字省形,简文中1见,用同"鑪"。

[敏][畋*]

"敏"字作 (《曾》简67),从攴、甸声,即"畋"字繁构,简文中6见,用同"畋"。

[䘳][絵]即"錦"字异体。

"䘳"字作 (《曾》简67),从市、金声,即"錦"字异体,简文中17见,均用同"錦"。《曾侯乙墓》云:"仰天湖二十五号墓竹简、长台关一号墓竹简和望山二号墓竹简均以'絵'为'錦'。'錦''絵'并从'金'声。简文'䘳'亦从'金'声,故可读为'錦'。"[①]

"絵"字作 (《包》简254),从糸、金声,与《说文·糸部》"紟"之籀文相同。《说文·糸部》:"紟,衣系也。从糸、今声。絵,籀文从金。"

---

① 湖北省博物馆:《曾侯乙墓》,北京:文物出版社1989年7月第1版第514页注99。

简文中"縊"字37见，用同"錦"。

[𫏋][迚]

"𫏋"字，作🔲（《曾》简150），从止、句声，字即"迚"字省形，简文中1见。

"迚"字作🔲（《曾》简211），从辶、斗声，简文中3见。

[䢔][䢔]即"將"字（动词）异体。

"䢔"字作🔲（《包》简234），从辶、羊声，即"將"字异体，简文中6见，均用同"將"。

"䢔"字作🔲（《包》简75），字即"䢔"字繁构，增一"匚"符，简文中44见，均用同"將"。

按：楚简文字中，动词"率领"之"將"作"䢔""䢔"，名词"將领""將軍"之"將"作"遅"，副词"將要"之"將"作"牆"。参见第五章有关分化字的讨论。

[㾱][瘆]即"病"字异体。

"㾱"字作🔲（《包》简220），从疒、方声，即"病"字异体，简文中17见，均用同"病"。字或隶作"疠"。

"瘆"字作🔲（《上五·三》简13），从心、疠声，即"疠"字繁构，简文中1见，用同"病"。

[𧝓][紫*]

"𧝓"字作🔲（《曾》简124），从巿、此声，即"紫"字异体，简文中1见，用同"紫"。

[佣][俑]

"佣"字作🔲（《曾》简212），从人、用声，即"俑"字之省形，简文中1见，用同"俑"。

"俑"字作🔲（《上四·昭》简3），从人、甬声，简文中2见。《说文·人部》："俑，痛也。"《玉篇·人部》："俑，偶人也。"

[賻][府*]

"賻"字作🔲（《包》简3），从貝、府声，即"府"字繁构，简文中4见，用同"府"。字或隶作"賓"。

[𢦏][敔*]

"𢦏"字作🔲（《上二·从甲》简17），从戈、吾声，即"敔"字异体，简文中3见，用同"敔"。

"敔"字作🔲（《上四·曹》简26），从攴、吾声，简文中14见。《说文·攴部》："敔，禁也。一曰乐器，椌楬也，形如木虎。从攴、吾声。"段

注:"与圉、禦音同。《释言》:'禦、圉,禁也。'《说文》'禦'训'祀'、'圉'训'囹圄',则敌为禁禦本字,禦行而敌废矣。古假借作'禦'、作'圉'。"

［䃣］［盤*］

"䃣"字作▨(《包》简266),从示、般声,即"盤"字异体,简文中1见,用同"盤"。

［捄］［救*］

"捄"字作▨(《包》简234),从戈、求声,即"救"字异体,简文中8见,均用同"救"。

［鞥］［鞅*］

"鞥"字作▨(《包山》简273),从革、英声,即"鞅"字繁构,简文中2见,用同"鞅"。

［䄻］［和］即"秋"字异体。

"䄻"字作▨(《郭·六》简25),从日、秋声,即"秋"字异体,简文中10见,用同"秋"。

"和"字作▨(《包》简214),从日、秋省声,即"䄻"字省形,简文中4见,用同"秋"。

［蟁］［蠣］

"蟁"字作▨(《郭·老甲》简32),从䖵、爲声,即"蠣"字繁构,简文中1见,借作"化"。

"蠣"字作▨(《郭·唐》简21)、▨(《郭·忠》简2),从虫、爲声,与《说文·辵部》"逶"之或体相同。《说文·辵部》:"逶,逶迆,衺去之皃。从辵、委声。蠣,或从虫、爲。"简文中,"蠣"字凡3见,借作"化"。

［脪］［虎*］

"脪"字作▨(《曾》简8),从肉、虎声,即"虎"字繁构,简中43见,均用同"虎"。

［鄝］［鄝］

"鄝"字作▨(《包》简141),原整理者隶作"隊",并云:"隊,鄝字异体。"[①]

"鄝"字作、▨(《包》简169),从邑、棗声,简文中11见,地名。

［戠］［割*］

"戠"字作▨(《郭·缁》简37),从戈、害声,即"割"字异体,简文

[①] 湖北省荆沙铁路考古队:《包山楚简》,北京:文物出版社1991年10月第1版第48页注214。

中2见，用同"割"。

［宧］［中*］

"宧"字作🀄（《上二·容》简7），从宀、中声，即"中"字繁构，简文中42见，均用同"中"。

［蠚］［蛔］即"虺"字异体。

"蠚"字作🀄（《汇·信一》简45），从蚰、會声，即"虺"字，简文中1见，用同"虺"。

"蛔"字作🀄（《郭·老甲》简33），从虫、鬼省声，即"虺"字异体，简文中1见，用同"虺"，与传世文献同。《颜氏家训·勉学篇》："吾初读《庄子》'蛔二首'。《韩非子》曰：'虫有蛔者，一身两口，争食相龁，逐相杀也。'茫然不识此字何音，逢人辄问，了无解者。案：《尔雅》诸书蚕蛹名蛔，又非二首两口贪害之物。后见《古今字诂》，此亦古之虺字，积年凝滞，豁然雾解。"《一切经音义》引《庄子》作"虺二首"。

［咸］［咸*］

"咸"字作🀄（《上一·纣》简1），即"咸"字省形，简文中2见，用同"咸"。

［伥］［民*］

"伥"字作🀄（《上一·从甲》简8），从人、民声，即"民"字繁构，简文中8见，均用同"民"。

［椺］［橭］即"柙"字异体。

"椺"字作🀄（《上三·周》简22），从木、皋声，即"柙"字异体，简文中1见，用同即"柙"。

"橭"字作🀄（《郭·穷》简6），从木、虍声，即"柙"字异体，简文中1见，用同"柙"。

按：楚简文字中，"虍""皋"为"甲"的分化字，"甲"借用为天干之甲，且为借义所专用，故为"铠甲""甲胄"之"甲"另造新字作"虍""皋"，构形从虍或从口、幸声。《说文·幸部》："幸，所以惊人也。从大从羊。一曰大声也。凡幸之属皆从幸。一曰读若瓠。一曰俗语以盗不止为幸。"幸，甲骨文作🀄（《甲骨文编》甲2809）、🀄（《甲骨文续编》7732）、🀄（《金文编》中山王🀄壶），象手梏之形，即梏之表意初文。张桂光云："幸为象形初文，梏为后起形声字。"[①]战国文字或借"幸"为

---

① 张桂光：《古文字考释六则》，载《于省吾教授百年诞辰纪念文集》，转引自《古文字诂林》第8册第859页，上海：上海教育出版社2004年12月第1版。

"甲"。《中山王方壶》铭文:"身蒙幸冑。"《战国古文字典》云:"中山王方壶'幸冑',读'甲冑'。《礼记·儒行》'儒有忠信以为甲冑。'"[①]楚简文字的"虘""㚔"字又分别增一"虍""口"符。《玉篇·木部》:"柙,胡甲切。槛也。"又,"槨,胡夹切。槨,槛也。""槨""柙"即为一字之异体,而"槨"也即楚简文字的"樨"。"㭿""樨""㚔"三字原整理者释读为"梏",恐误。

[䣓][邊*]

"䣓"字作(《上四·曹》简 13),从邑、臱声,即"邊"字异体,简文中 2 见,用同"邊"。

[逤][埤]

"逤"字作(《上四·曹》简 18),从辵、卑声,简文中 2 见,用作"躄"。

"埤"字作(《上二·容》简 2),从止、卑声,即"逤"字省形,简文中 1 见,用作"蹕"。

[堋][倗*]

"堋"字作(《上五·鲍》简 9),从土、倗声,即"倗"字繁构,简文中 10 见,用作"朋"。

[宧][邑*]

"宧"字作(《上五·姑》简 1),从宀、邑声,即"邑"字繁构,简文中 3 见,用同"邑"。

[鐱][鐱] 即"劍"字异体。

"鐱"字作(《包》简 18),从金、僉声,即"鐱"字繁构,简文中 4 见,用同"劍"。

"鐱"字不清,据整理者考释,构形从金、僉声,简文中 2 见,均用同"劍"。《马王堆汉墓帛·老甲卷后古佚书·明君》:"夫故当壮奋於斗,老弱奋於守,三军之士握鐱者,(屠)其敌若报父母之咎(仇)者,尽德其君而利其利也。""鐱"亦用同"劍",与楚简同。

[綏][纓]

"綏"字作(《包》简 259),从糸、旻声,即"纓"字异体,简文中 13 见,用同"纓"。字或隶作"綏"。

"纓"字作(《郭·老乙》简 6),从糸、嬰省声,简文中 4 见,借用作"驚"。

---

① 何琳仪著:《战国古文字典》,北京:中华书局 1998 年 9 月第 1 版下册第 1380 页。

［遄］［歸*］

"遄"字作▨（《上五·鲍》简8），从辵、帚声，即"歸"字异体，简文中凡37见，均用同"歸"。

［走］［辻］即动词"上"的异体。

"走"字作▨（《上四·曹》简36），从止、上声，凡16见，即"上"字繁构，简文中"走"字均用作行为动词"上"。

"辻"字楚简作▨（《包》简150），从辵、上声，即"上"字繁构，简文中2见，用同行为动词"上"。

按：楚简文字中，"上"与"走""辻"已经分化，"上"用作名词、方位词，而"走""辻"则用作行为动词。

［茯］［陵］

"茯"字作▨（《包》简154），从艸、阞声，即"陵"字省形，简文中1见，用作"陵"。

"陵"字作▨（《包》简153），从艸、陸声，简文中1见，用作人名。

［𩨺］［䰄］

"䰄"字作▨（《包》简137反），从害、余声，简文中7见，用作人名。

"𩨺"字作▨（《九·五六》简71），从害、於声，简文中1见。原考释者云："根据汉字结构一般规律，'𩨺'字应当从'於'声。《玉篇》骨部收有一个从'於'得声的'𩨺'字，其结构与'𩨺'字相同，可以为证。上古音'於''余'都是鱼部字。如果'𩨺'、'䰄'二字所从的'害'，确实是同一个偏旁的不同写法，那么它们可能是同一个字的异体。"[①]

［孡］［學*］

"孡"字作▨（《上三·中》简23），从子、𦥑声，即"學"字省形，简文中9见，用同"學"。

［剔］［戕］即"傷"字异体。

"剔"字作▨（《郭·语四》简2），从刀、易声，即"傷"字异体，简文中13见，用同"傷"。

"戕"字作▨（《包》简144），从戈、易声，即"傷"字异体，简文中5见，均用同"傷"。

［𠳺］［譽］

"𠳺"字作▨（《郭·穷》简14），从口、與声，即"譽"字异体，简文中4见，用同"譽"。

---

① 湖北省文物考古研究所编：《九店楚简》，北京：文物出版社2000年5月第1版第124页。

"譽"字作▨（《上三·周》简35），从言、與声，简文中3见。《说文·言部》："譽，讇也。从言、與声。"

［督］［瞀］

按：字不识。简文中，二字构形有从日、从目之别，但字用相同，当为一字之异体。

［鯷］［緹］

"鯷"字作▨（《汇·望二》简1），从息、是声，即"緹"字异体，简文中1见，用同"緹"。

"緹"字作▨（《包》简259），从糸、是声，简文中2见。《说文·糸部》："緹，帛丹黄色。从糸、是声。䞓，緹或从氏。"

［斆］［幼＊］

"斆"字作▨（《上五·鬼》简2），从子、幽声，即"幼"字异体，简文中3见，用同"幼"。

［陞］［陵＊］

"陞"字作▨（《郭·尊》简14），从阜、㞢声，即"陵"字省形，简文中1见，用同"陵"。

［冒］［冒＊］即"帽"字异体。

"冒"字作▨（《郭·唐》简26），从冃、从从自（白），即"冒"字的讹变体，简文中1见，用同"帽"。

按："冒"（帽）字作▨（《包》简134）、▨（《包》简135），从冃、从目或从日。

［歇］［輵］即"轍"字异体。

"歇"字作▨（《郭·语四》简10），从攴、曷声，即"輵"字省形，简文中2见，用同"轍"。

"輵"字作▨（《上一·紂》简20），从車、歇声，即"轍"字异体，简文中1见，用同"轍"。

按："輵"，李零径隶为"轍"，并云："'轍'，原从車、从曷、从攴，郭店本不从車，只从曷、从攴（原书误为'歇'，可能是印刷错误），今本作'軷'。"[①]

［鞁］［鞁］

"鞁"字作▨（《曾》简7），从革、皮声。《说文·革部》："鞁，车驾

[①] 李零：《上博楚简校读记（之二）：〈缁衣〉》，载《上博馆藏战国楚竹书研究》，上海：上海书店出版社2002年4月第1版第414页。

具也。从革、皮声。"

"鞁"字作🅐（《曾》简11），从韋、皮声，即"鞁"字异体，古文字构形从革、从韋，义近可通，简文中12见，均用同"鞁"。

[等][簦]

"等"字作🅐（《上五·季》简14），从竹、寺声，简文中3见。《说文·竹部》："等，齐简也。从竹，从寺。寺宫曹之等平也。"

"簦"字作🅐（《上五·季》简7），从口、等声，即"等"字繁构，简文中8见，用同"等"。

[衦][衮]

"衦"字原篆不清，据考释者整理，构形从衣、干声，简文中1见，用同《说文》。《说文·衣部》："衦，摩展衣。从衣、干声。"

"衮"字作🅐（《汇·信二》简4），从衣、干声，字即"衦"字变体，简文中1见。

《曾侯乙墓》云："'衦'……长台关简'衦'字所从'干'旁写在'衣'旁的中间，与此'衦'字写法稍异。"①

[仝][全]

"仝"字作🅐（《包》简241），简文中1见。《说文·入部》："仝，完也。从入，从工。全，篆文仝从玉。纯玉曰全。🅐，古文全。"

"全"字作🅐（《包》简237），简文中6见，即《说文·入部》"仝"之篆文。

[殇][殇]

"殇"字作🅐（《新·甲三：271》简297），简文中1见。《说文·歺部》："殇，不成人也。人年十九至十六死为长殇；十五至十二死为中殇；十一至八岁死为下殇。从歺、傷省声。"

"殇"字作🅐（《包》简225），从歺、易声，即"殇"字省形，简文中5见，用同"殇"。

[絹][綃]

"絹"字作🅐（《汇·信二》简4），从糸、肙声，简文中2见。《说文·糸部》："絹，繒如麦稍。从糸、肙声。"

"綃"字作🅐（《包》简277），从卜、絹声，即"絹"字繁构，简文中11见，用同"絹"。

[兇][凶*]

---

① 湖北省博物馆：《曾侯乙墓》，北京：文物出版社1989年7月第1版第523页注189。

"兇"字作⬛(《九·五六》简28），从儿、凶声，简文中3见，用同"凶"。

"凶"字作⬛(《上三·周》简4），简文中33见。《说文·凶部》："凶，恶也。象地穿交陷其中也。"《集韵·锺韵》："凶，恶也。通作兇。"

[悁][𡨚] 即"悁"字异体。

"悁"字作⬛(《上四·曹》简17），从卜、悁声，即"悁"字繁构，简文中10见，用作"怨"。《说文·心部》："悁，忿也。从心、肙声。一曰忧也。㥥，籀文。"

"𡨚"字作⬛(《上一·孔》简18）从宀、悁声，亦即"悁"字繁构，简文中3见，用作"怨"。

[紀][綑]

"紀"字作⬛(《上四·曹》简26），从糸、己声，简文中3见。《说文·糸部》："紀，丝别也。从糸、己声。"

"綑"字作⬛(《上三·彭》简5），从口、紀声，即"紀"字繁构，简文中5见，用同"紀"。

[訡][唫]

"訡"字作⬛(《上二·容》简37），从言、金声，即"唫"字异体，古文字构形从言、从口，义近可通，简文中1见，用同"唫"。

"唫"字作⬛(《上二·容》简2），从口、金声，简文中1见。《说文·口部》："唫，口急也。从口、金声。"

[㩩][適*]

"㩩"字作⬛(《上三·周》简14），从止、啻声，即"適"字异体，简文中4见，用同"適"。

[㪅][𣛮]

"㪅"字作⬛(《包》简75），从攸、旱声，楚简中此字6见，用作"幹""悍"。字或隶作"𢼭"。

"𣛮"字作⬛(《上三·周》简18），从木、㪅声，即"㪅"字繁构，简文中6见，用作"幹"。

[衛][衛*]

"衛"字作⬛(《包》简225），从止、衛声，即"衛"字繁构，简文中8见，用同"衛"。

[𦘒][建*]

"𦘒"字作⬛(《上二·容》简22），从止、从聿，即"建"字异体，简文中18见，均用同"建"。

[鼠瓜][狐*]

"鼠瓜"字作🀄（《包》简259），从鼠、瓜声，简文中4见，均用同"狐"。古文字构形从豸、从犭、从鼠常混用无别。

[刚][戞]

"刚"字作🀄（《上三·周》简49），从刃、𠀀声，简文中1见，用作"列"。

"戞"字作🀄（《上五·季》简14），从戈、𠀀声，即"刚"字异体，简文中4见，用作"列"。

[漸][漸]

"漸"字作🀄（《上三·周》简50），从水、斬声，即"漸"字异体，简文中2见，用同"漸"。

"漸"字作🀄（《上三·周》简50），从水、斬声，简文中7见。《广雅·释诂二》："漸，进也。"段注"漸"字下云："按：《走部》有'趣'字，训进也。今则皆用漸字，而趣废矣。"

[墬][阪]

"墬"字作🀄（《上三·周》简50），从土、阪声，即"阪"字繁构，简文中1见，用同"阪"。

"阪"字作🀄（《包》简167），从邑、反声，简文中2见，用作地名。

[彝][㝨]

"彝"字作🀄（《上三·周》简54），从廾、㝨声，即"㝨"字繁构，简文中1见，用作"涣"。

"㝨"字作🀄（《上三·周》简54），从睿、爰声，简文中7见，均用作"涣"。

[懓][緩]

"懓"字作🀄（《上三·中》简17），从心、緩声，即"緩"字繁构，简文中2见，用同"緩"。

"緩"字作🀄（《上二·容》简1），从糸、爰声，即《说文·素部》"繎"之或体。《说文·素部》："繎，䋣也。从素、爰声。緩，繎或省。"

[咠][既*]

"咠"字作🀄（《上三·亙》简5），从口、既声，即"既"字繁构，简文中1见，借用作"己"。

[貪][賖]

"貪"字作🀄（《郭·语三》简19），从贝、今声，简文中1见，借作"含"。《说文·貝部》："貪，欲物也。从贝、今声。"

396

"賧"字楚简作▉（《上二·从甲》简5），从貝、含声，简文中1见，用同"貪"。

[溴][澤]

"溴"字作▉（《郭店·语四》简7），从水、臭声，即"澤"字变体，简文中3见，用同"澤"。

"澤"字作▉（《上四·曹》简2），从水、睪声，简文中5见。《释名·释地》："下而有水曰澤。"《风俗通·山泽》："水草交厝，名之为澤。"

[迕][迎*] 即"御"字异体。

"迕"楚简作▉（《上五·姑》简4），从辵、午声，简文中1见，用同"御"。字或隶作"迕"，与《玉篇·辵部》"迕，遇也"之"迕"当属同形字。

"迎"字作▉（《包》简138）从辵、卭声，即"迕"字繁构，字今作"御"。

按：《说文·彳部》："御，使马也。从彳、从卸。馭，古文御，从又，从马。"《玉篇·彳部》："御，治也。"《广韵·御韵》："御，理也。"楚简文字中，"馭""御"二字已经分化。"使马"之"馭"，均从馬作，"治理"之"御"则从彳作，不相混。参见第五章有关分化字的讨论。

[緅][䋹]

"緅"字作▉（《上四·曹》简51），从糸、炙（庶）声，简文中1见，用作"繕"。

"䋹"字作▉（《上四·曹》简18），从土、緅声，即"緅"字繁构，简文中1见，亦用作"繕"。

[迖][埅]

"迖"字作▉（《郭·缁》简38），从辵、丰声，简文中2见，用作"格"。

"埅"字作▉（《上一·紂》简19），从土、迖声，即"迖"字繁构，简文中2见，用作"格"。

[鈄][絆]

"鈄"字作▉（《曾》简106），从金、丰声，简文中1见。

"絆"字作▉（《曾》简9），从糸、从丰，简文中1见。《曾侯乙墓》云："'絆'字从'糸'从'丰'。106号简云'綠羽之鈄貼'。'鈄'字从'金'从'丰'，与此当指同一种东西。"[1]

[孚][免*]

---

[1] 湖北省博物馆：《曾侯乙墓》，北京：文物出版社1989年7月第1版第511页注67。

"孨"字作▨(《上四·曹》简23），从子、亓声，即"免"字古文，简文中10见，用作"免""勉"。

［翌］［翏＊］

"翌"字作▨(《包》简174），从羽、从=，即"翏"字省形，"="即省略符，简文中19见。

［憨］［愁］

"憨"字作▨(《包》简172），从肉、愁声，简文中1见，用作人名。原整理者云："憨，简文作▨，简14反有愁字，作▨。疑为同一字之异体。"[1]

"愁"字作▨(《包》简194），从心、欪声，简文中2见。《说文·心部》："愁，问也，谨敬也。从心、欪声。一曰说也；一曰甘也。《春秋传》曰：'昊天不愁。'又曰：'两君之士皆来愁。'"

［䢈］［鄜＊］

"䢈"字作▨(《包》简174），从止、鄜声，即"鄜"字繁构，简文中1见，用作地名。

"鄜"字作▨(《包》简175），从邑、鹿声，简文中3见，用作地名。《说文·邑部》："鄜，左冯翊县。从邑、䕜声。"段注："隶省作鄜。"

［祠］［䄅］［祠＊］

"祠"字作▨(《九·五六》简26），从示、㠯声，即"祠"字繁构，简文中1见，用同"祠"。

"䄅"字作▨(《九·五六》简41），从示、飤声，即"祠"字异体，简文中1见，用同"祠"。

［詥］［㖣］［畣］即"答"字异体。

"詥"字作▨(《上五·竞》简2），从言、合声，即"答"字古文，简文中4见，均用同"答"。

"㖣"字作▨(《上六·竞》简2），从曰、合声，即"答"字古文，简文中43见，均用同"答"。

"畣"字作▨(《上三·中》简6），从田、合声，即"答"字古文。《玉篇·田部》："畣，都合切，当也，对也，然也，今作答。"《集韵·合韵》："答，当也。古作畣、畗。"《正字通·田部》："答，《尔雅》作畣。郭注：'畣者，应也。'今不必借用畗。《正讹》合畗、畣为一，非。"

---

[1] 湖北省荆沙铁路考队：《包山楚简》，北京：文物出版社1991年10月第1版第52页注321。

第四章 楚简新出字中的异体字研究

［矛］［𠂤］［敄*］字今作"務"。

"矛"字作🔲（《上五·季》简2），从力、矛声，即"敄"字变体，简文中1见，用同"務"。

"𠂤"字作🔲（《郭·尊》简1），从人、矛声，即"敄"字变体，简文中7见，用同"務"。

按：《说文·攴部》："敄，彊也。从攴、矛声。"又，《力部》："務，趣也。从力、敄声。"承培元《广答问疏证》："'敄'即'務彊也'之'務'。""敄，彊也。凡经传以'務'为'彊勉'者，皆以敄为正字。"今通作"務"。《尔雅·释诂上》："務，强也。"

［䋝］［縈］［縈*］

"䋝"字作🔲（《上五·季》简8），从艸、冖、糸，即"縈"字异体，简文中仅1见，用同"縈"。《说文·糸部》："縈，收韏也。从糸、熒省声。"《汉语大字典》云："䋝"，"縈"的简化字。

"縈"字作🔲（《上四·内》简8），从糸、从熒省声，即"縈"字省形，简文中2见，借作"榮"。

［仚］［喻］［命*］

"仚"字作🔲（《上五·三》简3），即"命"字省形，简文中19见，均用同"命"。字或径隶作"命"。

"喻"字作🔲（《郭·语一》简2），从口、命声，即"命"字繁构，简文中1见，用同"命"。

［薪］［𣓤］［新*］

"薪"字作🔲（《上六·竞》简3），从木、新声，即"新"字繁构，简文中65见。

"𣓤"字作🔲（《包》简61），从中、新声，即"新"字繁构，构形从中当是从木之省。

按："新"字作🔲（《上五·弟》简8），从斤、从亲，与甲骨文🔲（前五·四·四）、金文🔲（望簋）相近。

［禹］［禽］［遹］，字今作"害"。

"禹"字作🔲（《新·甲三：294、零：334》简314），从禹得声，简文中一见，用作"害"。

"遹"字作🔲（《新·甲三：64》简108），从辵、禹声，即"禹"字繁构，简文中1见，亦用作"害"。

"禽"字作🔲（《郭·尊》简26），从禹得声，简文中1见，用作"害"。

［坐］［巫］［迊］即"坐"字异体。

399

"坒"字作图（《包》简243），即"坐"字异体，简文中7见，均用同"坐"。

"𡎚"字作图（《上五·鬼》简7），从爪、坐声，即"坒"字繁构，简文中1见，用作"坐"。

"逕"字作图（《上四·柬》简18），从辵、坐声，即"坒"字繁构，简文中3见，均用同"坐"。字或隶作"逵"。

［䖟］［虗］［虚］即"豦"字异体，用作"據"。

"虗"字作图（《上六·竞》简1），从虍、从四止，简文中2见，用作"據"。原整理者云："'虗'，字从虍，从四止，如《说文》'豦'字或说'一曰虎两足举'，简文字形明虎之前后之足，疑'豦'异文。《说文·豕部》：'豦，斗相丮不解。从豕、虍。豕虎之斗，不相解。读若蘮蒘草之蘮。司马相如说：豦，封豕之属。一曰虎两足举。强鱼切。'徐锴曰：'遽从此，臣居反。'"①

"虚"字作图（《上六·竞》简13），从虍、从二止，即"虗"字省形，简文中1见，用作"據"。

"䖟"字作图（《上六·竞》简9），字未隶定，简文中用作"據"。原整理者云："'䖟'疑'虗（豦）'异体。"②

［輂］［軙］［车*］

"輂"字作图（《上六·孔》简17），从林、从車，即"車"字繁构，简文中1见，用作"輿"。原整理者云："'輂'，从二木、从車，两木象车两旁手把，疑'車'或体，或读为'輿'。"③

"軙"字作图（《上四·曹》简32），从戈，从車，与《说文·車部》"車"之籀文相近。《说文·車部》："車，舆轮之总名，复后时奚仲所造。象形。𨏖，籀文車。"古文字单复同意。简文中即用同"車"。

［畱］［昜］［步*］

"畱"字作图（《上六·慎》简1），从田、步声，即"步"字繁构，简文3见，用同"步"。

"昜"字作图（《上五·鬼·》简5墨节下），从日、步声，即"步"字繁构，简文中8见，用同"步"。

---

① 马承源主编：《上海博物馆藏战国楚竹书（六）》，上海：上海古籍出版社2007年7月第1版第164页。

② 同上书，第184页。

③ 同上书，第215页。

400

[畨][旾][㞚]即"嗇"字异体。

"畨"字作▨（《上二·子》简2），从田、从來，即《说文·嗇部》"嗇"字古文。《说文·嗇部》："嗇，爱瀒也。从來、从㐭。來者㐭而藏之，故田夫谓之嗇夫。畨，古文嗇从田。"。《集韵·职韵》："嗇，畨，《说文》：'愛瀒也。从來，从㐭，來者㐭而藏之，故田夫谓之嗇夫。'古作畨。"简文中，"畨"字3见，用作"穑"。"嗇"即"穑"之初文。《字汇补·口部》："嗇，与穑同。"

"旾"字作▨（《上六·用》简12），从日、从來，即"畨"字讹变体，简文中1见，用同"嗇"。

"㞚"字作▨（《郭·尊》简15），从广、从日、色声，疑即"嗇"字异体，简文中1见，即用同"嗇"。

[肯][𣓕][𣓨]即"散"字异体。

"肯"字作▨（《上六·用》简19），即"散"字省形，简文中1见，用同"散"。

"𣓕"字作▨（《上四·曹》简42），从邑、从林、从戈，简文中1见，用同"散"。

"𣓨"字作▨（《上四·曹》简43），从又、从林、从戈，即"𣓕"字变体，简中1见，亦用同"散"。

[潵][淺][▨]

"潵"字作▨（《上六·用》简20），从水、粦声，简文中1见，用同"淺"。原整理者云："'潵'，字形与郭店楚简《五》简四十六'深莫敢不深，淺莫敢不淺'之'淺'字近同，疑亦读为'淺'，与上文'深'对言。"①

"▨"字作▨（《郭·五》简46），从水、粦声，即"潵"字异体，简文中2见，用同"淺"。字原整理者未隶释。

"淺"字作▨（《帛·甲》行5~7），从水、戔声，简文中2见。《说文·水部》："淺，不深也。从水、戔声。"

[𠂤][繺][𥿮]即"幣"字异体。

"𠂤"字作▨（《新·甲三：350》简376），从巾、采声，即"幣"字异体，简文中1见，用作人名。

"繺"字作▨（《郭·语三》简55），从糸、幣声，即"幣"字繁构，简

---

① 马承源主编：《上海博物馆藏战国楚竹书（六）》，上海：上海古籍出版社2007年7月第1版第306页。

文中 1 见，用同"幣"。

"帗"字作󰀀（《上六·竞》简 6），从巾、采声，即"帗"字异体，简文中 12 见，用同"幣"。《说文·巾部》："幣，帛也。从巾、敝声。""帗"，原整理者径隶作"幣"，不确。

［箴］［藏］［臧］即"藏"字异体。

"箴"字作󰀀（《新·甲三：350》简 376），从竹、臧（藏）声，即"藏"字异体，简文中 1 见，用作人名。

"藏"字作󰀀（《上三·周》简 40），从艸、臧声，即"藏"字异体，简文中 3 见，用同"藏"。

"臧"字作󰀀（《郭·太》简 6），从贝、臧（藏）声，即"藏"字异体。《玉篇·贝部》："臧，作郎切，藏也。"简文中"臧"字 6 见，用同"藏"，字或隶作"赃"。

［埏］［䏶］［豢］

"埏"字作󰀀（《新·甲三：275》简 300），从土、豢声，即"豢"字繁构，简文中 2 见，用同"豢"。

"豢"字作󰀀（《包》简 200），从豕、䒑声，简文中 29 见。《说文·豕部》："豢，以谷圈养豕也。从豕、𢍏声。"字或隶作"狶"。《包山楚简》云："狶，豢字。《礼记·月令》：'案刍豢。'注：'养牛羊曰刍，犬豕曰豢。'简文的豢指豕。"①

"䏶"字作󰀀（《新·乙四：74》简 604），从肉、豢声，即"豢"字繁构，简文中 14 见，均用同"豢"。

［祱］［迭］［先*］

"祱"字作󰀀（《新·乙三：41》简 526），从示、先声，即"先"字繁构，简文中 2 见，用同"先"。

"迭"字作󰀀（《上三·周》简 18），从辶、先声，即"先"字繁构，简文中 3 见，用同"先"。

按："选"今为"選"之简化字，楚简文字中为"先后"之"先"的异体字。

［嘟］［歌］［鄂*］

"嘟"字作󰀀（《新·乙四：16》简 562），从口、鄂声，即"鄂"字繁构，简文中 3 见，均用同"鄂"。

---

① 湖北省荆沙铁路考古队：《包山楚简》，北京：文物出版社 1991 年 10 月第 1 版第 54 页注 366。

402

第四章　楚简新出字中的异体字研究

"鄩"字作🔲（《新·零：113》简768），从邑、寻声，简文中1见，用作地名。《说文·邑部》："鄩，周邑也。从邑、寻声。"

"𢼸"字作🔲（《新·甲三：299》简319），从攴、寻声，即"鄩"字异体，简文中11见，均用同"鄩"。

[柭][布＊][市＊]

"柭"字作🔲（《曾》简122），从市、父声，简文中4见。《曾侯乙墓》云："疑'柭'即'市'的异体，盖是在'市'字上加注声符'父'，与简文'𢼸'或加注声符'翼'同类。'市'与'父'的声母同属唇音。或疑'柭'即"布"字。'布'从'巾''父'声，简文'巾'旁写作'市'。"[①]

[弎][貳][二＊]

"弎"字作🔲（《上三·彭》简8），从戈、二声，即《说文·二部》"二"之古文，简文中3见，用同"二"。《说文·二部》："二，地之数也。……弎，古文二。"

"貳"字作🔲（《上四·曹》简11），从肉、弎声，即"弎"字繁构，简文中1见，用同"二"。

[迡][逗][起＊]

"迡"字作🔲（《上四·内》简8），从辵、已声，即《说文·走部》"起"之古文，简文中16见，均用同"起"。《说文·走部》："起，能立也。从走，已声。迡，古文起，从辵。"

"逗"字作🔲（《郭·语三》简10），从口、迡声，即"迡"字繁构，简文中1见，用同"起"。

[𢾰][逄＊][往＊]

"𢾰"字作🔲（《上三·周》简33），从攴、㞷声，即"往"异体，简文中1见，用同"往"。

"逄"字作🔲（《上三·周》简30），从辵、㞷声，即《说文·彳部》"往"之古文，简文中22见，均用同"往"。《说文·彳部》："往，之也。从彳，王声。逄，古文从辵。"

[歖][憙][喜＊]

"歖"字作🔲（《郭·唐》简15），从欠、喜声，与《说文·喜部》"喜"之古文相同，简文中4见，均借作"矣"。《说文·喜部》："喜，乐也。从壴，从口。歖，古文喜从欠，与欢同。"

"憙"字作🔲（《上二·昔》简3），从心、喜省声，即"喜"字繁构，

[①] 湖北省博物馆：《曾侯乙墓》，北京：文物出版社1989年7月第1版第522页注183。

403

或"憙"字省形，简文中36见，均用同"憙"。《说文·心部》："憙，说也。从心，从喜、喜亦声。"

[𢓊][穮][迩]即"邇"字异体。

"迩"字作〇（《上一·紂》简22），从辵、尔声，即《说文·辵部》"邇"之古文，简文中2见，用同"邇"。《说文·辵部》："邇，近也。从辵、爾声。迩，古文邇。"《字汇·辵部》："迩，同邇。"

"𢓊"字作〇（《郭·缁》简43），从彳、穮省声，即"邇"字异体，简文中1见，用同"邇"。

"穮"字作〇（《上六·用》简15），从禾、穮省声，即"𢓊"字异体，简文中2见，用同"邇"。

[劐][剚][刞]即"斷"字异体，字简作"断"。

"劐"字作〇（《上四·昭》简2），从刀、叀声，即《说文·斤部》"斷"之古文，简文中15见，均用同"斷"。《说文·斤部》："斷，截也。从斤，从𢇍。𢇍，古文绝。〇，古文斷从皀，皀，古文叀字。《周书》曰：'〇〇猗无他技。'〇亦古文。"

"剚"字作〇（《郭·语二》简35），从刃、叀声，即"劐"字异体，简文中6见，均用同"斷"。

"刞"字作〇（《郭·六》简30），从刃、叀省声，即"剚"字省形，简文中1见，用同"斷"。

[罶][腳][牢*]

"罶"字作〇（《新·甲三：261》简287），从牛、留声，即"牢"字异体，简文中4见，均用同"牢"。"留""牢"二字均为来母幽部字，古音相近。

"腳"字作〇（《新·甲三：304》简324），从肉、从宀、留声，即"罶"字繁构，简文中1见，用同"牢"。

[肣][衾][鎢]即"禽"字异体。

"肣"字作〇（《上二·容》简5），从肉、今声，即"禽"字异体，简文中2见，均用同"禽"。

"衾"字作〇（《上三·周》简28），从凶（当为"毕"之省形）、今声，即"禽"字省形，简文中9见，均用同"禽"。

"鎢"字作〇（《上六·天甲》简8），从鸟、金声，即"禽"字异体，简文中2见，用同"禽"。

按：《说文·内部》："禽，走兽总名。从内，象形，今声。"楚简文字中的"肣""鎢"均从"今"得声，即"禽"字异体，而与《说文》"函，舌也。……朎，俗䑛"之"朎"、《广韵》"鵤，鵤鸟。亦作鵤"之"鵤"当属同形字。

[罜][繨][羅]

"罜"字作🈳（《上六·天乙》简4），从网、从隹，即"羅"字初文，简文中2见，用同"羅"。原整理者云："'罜'，即'羅'之本字。'羅'，包罗，囊括。"①

"羅"字作🈳（《上三·周》简56），从网、从維，简文中12见。《说文·网部》："羅，以丝罟鸟也。从网、从維。古者芒氏初作羅。"商承祚《殷虚文字类编》："甲骨文上部象张网……象鸟形"，"丨象柄，于谊已明，后世增糸，复倒书之，谊转晦矣。"

"繨"字楚简作🈳（《汇·仰》简8），从糸、羅声，即"羅"之繁构，简文中1见，即用同"羅"。

[匈][䯚][脑]今通作"胸"。

"匈"字作🈳（《新·零:291》简935），从勹、凶声，简文中1见，用同"胸"。《说文·勹部》："匈，声也。从勹、凶声。䯚，匈或从肉。"段注改"声"为"膺"。

"䯚"字作🈳（《汇·望一》简12），从肉、匈声，即"胸"字别构。《字汇·肉部》："䯚"，同"胸"。简文中1见，用同"胸"。

"脑"字作🈳（《汇·望一》简10），从肉、凶声，即《说文·勹部》"匈"之或体。简文中1见，用同"胸"。

[宔][宔][主]

"宔"字作🈳（《上三·周》简32），从宀、主声，即"主"字繁构，简文中41见，均用同"主"。《说文·宀部》："宔，宗庙宔祏。从宀、主声。"段注："经典作主，小篆作宔。主者，古文也。《左传》'使祝史徙主祏于周庙'是也。"王筠《说文句读》："主者，古文假借字也。宔则后起之分别字也。"今典籍多以"主"为"宔"。

"宔"字作🈳（《包》简87），从八、主声，即"主"字繁构，简文中3见，用同"主"。

"主"字作🈳（《上三·亙》简7），简文中1见，用与"宔"同。《说文·、部》："主，镫中火主也。从𡈼，象形；从、、、亦声。"

[虢][虖][虖]即"虢"字异体。

---

① 马承源主编：《上海博物馆藏战国楚竹书（六）》，上海：上海古籍出版社2007年7月第1版第316页。

"虢"字作🔲(《郭·缁》简16),从虍、示省声,即"虢"字省形,简文中3见,用同"虢",或用作"赫"。

"虡"字作🔲(《汇·望一》简23),从虍、灻声,即"虢"字省变体,简文中1见,用作"赫"。

"虡"字作🔲(《郭店·五》简25)、🔲(《上六·用》简5),从虍、示声,字即"虢"字异体,简文中11见。

[庿][宙][㝎*]即"廟"之异体。

"庿"字作🔲(《郭·语四》简27、27背),从厂、苗省声,与《说文·广部》"廟"之古文相近。《说文·广部》:"廟,尊先祖皃也。从广,朝声。庿,古文。"简文中1见,借用作"貌"。

"宙"字作🔲(《上三·周》简42),从宀,苗声,即"庿"(廟)字别体,简文中8见,用同"廟"。

[寊][宑*][寊*]

"寊"字作🔲(《郭·老甲》简19),从宀、从貝,即"實"字省形,简文中2见,用同"實"。

[肤][瘋][膚*]

"肤"字作🔲(《上三·周》简33),从肉、夫声,简文中4见,用同"膚"。《广韵·虞韵》:"膚,皮膚又美也,傅也。肤,上同。"

"瘋"字作🔲(《新·乙二:5》简468),从疒、膚声,即"膚"字繁构,简文中8见,均用同"膚"。

[唇][晨][辰*]

"唇"字作🔲(《上六·庄》简9),从日、辰声,即"辰"字繁构,简文中80见,均用同"辰"。《集韵·真韵》:"晨,且也。或作唇。"

"晨"字作🔲(《包》简189),从日、辰声,即"辰"字繁构,简文中9见,均用同"辰"。与《说文·晶部》"曟"之或体"晨",构形相同,字用有别。

[墍][宬][臧*]即"臧"字异体。

"墍"字作🔲(《包》简176),从土、臧声,即"臧"字繁构,与《说文·臣部》"臧"之籀文"墍"相似。《说文·臣部》:"臧,善也。从臣、戕声。墍,籀文。"《字汇·土部》:"墍,籀文字。"简文中,"墍"字7见,均用同"臧"。

"宬"字作🔲(《上一·孔》简19),从宀、臧声,即"臧"字繁构,简文中1见,用同"臧"。

[悔][悬][昏]

"悔"字作❍(《上六·用》简12),从心、每声,简文中1见,用同《说文》。《说文·心部》:"悔,悔恨也。从心、每声。"

"惡"字作❍(《上一·紂》简12),从心、母声,简文中40见,用作"谋""悔"。

"唔"字作❍(《上四·曹》简55),从口、母声,字与《说文·言部》"谋"之古文相同。《说文·言部》:"谋,虑难曰谋。从言、某声。唔,古文谋;譬亦古文。"简文中"唔"字1见,用作"悔"。

按:楚简文字中,"惡"只见于《郭店》《上》简,且字用亦表现出地域性差异,在《郭店》简中,"惡"用同"谋",而在《上》简中则用同"悔"。就《上》简言,"惡"当是"悔"字异体;而就《郭店》简言,则当是"谋"字异体。又,"母""每""某"古音相近,古文字构形从母得声的字或从每、从某作。段注:"母声某声同在一部。"吴大澂《说文古籀补》:"古谋字从言从每,与许书诲字相类。疑古文谋诲为一字。《说命》'朝夕纳诲'当读为'纳谋'。"楚简文字中的"谋"作"基""譬""惡"等形,"悔"作"悔""惡""唔"等形,或疑楚简文字中的"谋""悔"亦本即一字。《说文》"谋"之古文"唔"在楚简文中即用同"悔",亦可证。

[歨][佳][止*]

"歨"字作❍(《上四·曹》简21),从止、之声,即"止"字繁构,简文中26见,用同"止"。

"佳"字作❍(《上五·弟》简19),从人、歨声,即"歨"字异体,简文中1见,用同"止"。

[偒][惖][惕*]

"偒"字作❍(《上五·鲍》简6),从人、惕声,即"惕"字繁构,简文中1见,借作"易"。整理者云:"'偒',《集韵》:'惕,或作偒。'《说文·心部》:'惕,敬也。从心、易声。'字读为'易'。"①

"惖"字作❍(《上五·三》简5),从心、易声,简文中2见,亦借作"易"。《玉篇·心部》:"'惖'同'惕'。"《集韵·锡韵》:"惕,古书作惖。"

[㽞][甾][留*]

"㽞"字作❍(《郭·缁》简41),从宀、从中、留声,即"甾"字繁构,简文中1见,用同"留"。

"甾"字作❍(《上一·紂》简21),从中、留声,即"留"字繁构,简

---

① 马承源主编:《上海博物馆藏战国楚竹书(五)》,上海:上海古籍出版社2005年12月第1版第188页。

407

文中 2 见，用同"留"。

[瑒][瀺][瑒*]

"瑒"字作🔲（《上二·容》简 25），从水、易声，即"瑒"字异体，简文中 4 见，用同"瑒"。

"瀺"字作🔲（《帛·甲》行 1～2），从水、䧹声，即"瑒"字繁构，简文中 1 见，用同"瑒"。

[慐][愳][邵*]

"慐"字作🔲（《包》简 228），从心、邵声，即"邵"字繁构，简文中 33 见，用同"邵"，姓，后世作"邵"。《广韵·笑韵》："邵，姓。出魏郡。周文王子邵公奭之后。"

"愳"字作🔲（《包》简 267），从心、邵声，即"慐"字变体，简文中 1 见。

[寨][寨][集*]

"寨"字作🔲（《郭·五》简 42），从宀、集声，即"集"字繁构，简文中 13 见，用同"集"。

"寨"字作🔲（《郭·尊》简 39），从中、集声，即"集"字繁构，简文中 1 见，用同"集"。

按：楚简文字中，构形从中的"寨"与从艸的"葉"非一字。

[賝][覾][遠*]

"賝"字作🔲（《郭·五》简 22），从貝、袁声，即"遠"字异体，简文中 1 见，用同"遠"。

"覾"字作🔲（《郭·老甲》简 9），从貝、遠省声，即"賝"字的繁构，简文中 1 见，借用作"渙"。

[躗][邉][躄] 即"遷"字异体。

"躗"字作🔲（《郭·五》简 32），从足、从舉，即"遷"字古文，简文中 1 见，用同"遷"。

"邉"字作🔲（《新·甲三：11、24》简 62），从邑、从舉，即"遷"之初文，简文中 2 见，均用同"遷"。

"躄"字作🔲（《汇·望一》简 58），从止、从舉，简文中 1 见，用同"遷"。《战国楚简研究》："躄，遷。"①

[秎][頴][䭒] 即"稽"字异体。

"秎"字作🔲（《郭·五》简 33），从禾、攸声，即"稽"字异体，简文

---

① 中山大学古文字研究室编：《战国楚简研究》第三辑第 13 页，未刊稿。

中 1 见，借用为"繼"。刘钊云："'秵'为'稽'字初文，读为'繼'，古音'稽'在见纽脂部，'繼'在见纽锡部，声纽相同，韵部主要元音相同，可以通转。"①

"頡"字作🔲（《上五·三》简 16），从頁、旨声，即"稽"字异体，简文中 1 见，用同"稽"。

"餚"字作🔲（《郭·缁》简 33），从食、旨声，即"稽"字异体，简文中 1 见，用同"稽"。

[㞷][🔲][皇＊]

"㞷"字作🔲（《郭·忠》简 3），从古、王声，即"皇"字异体，简文中 1 见，用同"皇"。《郭店》裘按："㞷，疑是'皇'之别体，读为'諻'，'諻生'与下文'背死'为对文。"②

"🔲"字作🔲（《帛·乙》行 1～3），即"皇"字异体，简文中 1 见，用同"皇"。

[祈][懃][𩰚]

"祈"字作🔲（《包》简 266），从示、斤声，简文中 1 见，用与《说文》同。

"𩰚"字作🔲（《上六·天甲》简 12），从臼、祈声，即"祈"字繁构，简文中 2 见，用同"祈"。

"懃"字作🔲（《上二·子》简 12），从心、旂声，即"祈"字异体，简文中 1 见，用同"祈"。

按：《说文·示部》："祈，求福也。从示、斤声。"甲骨文作🔲（粹一〇〇）、金文作🔲（颂鼎），构形从㫃从單作。《汉语大字典》："按：罗振玉认为甲金文'从㫃、从單，盖战时祷于军旗之下。会意'。王国维谓'假借为祈求之祈'。"楚简文字中的"祈"字或从㫃作"懃"，即承前代文字之绪。

[䧐][䣱][國＊]

"䧐"字作🔲（《包》简 10），从宀、或声，即"國"字异体，简文中 8 见，用同"國"。

"䣱"字作🔲（《郭·老乙》简 2），从邑、或声，即"國"字异体，简文中 5 见，用同"國"。

[惎][譬][𧨎] 即"謀"字异体。

"惎"字作🔲（《上二·容》简 37），从心、某声，即"謀"字异体，简

---

① 刘钊著：《郭店楚简校释》，福州：福建人民出版社 2003 年 12 月第 1 版第 82 页。
② 荆门市博物馆：《郭店楚墓竹简》，北京：文物出版社 1998 年 5 月第 1 版第 163 页。

409

文中2见，用同"谋"。《集韵·侯韵》："谋，《说文》：'虑难曰谋。'或作蒸。"

"誩"字作▨（《上六·天甲》简13），从言、母声，即《说文》"谋"字古文，简文中1见，用同"谋"。字见于《说文》"谋"之古文。《说文·言部》："谋，虑难曰谋。从言，某声。㥼，古文谋；誩，亦古文。"

"惎"字作▨（《上五·三》简20），从心、母声，即"谋"字异体。

按：简文中，"惎"字41见，只见于《郭店》《上》简，且《郭店》简中用同"谋"，而《上》简中用同"悔"。就《郭店》简言，"惎"即"谋"字异体，而就《上》简言，则为"悔"字异体。

［迡］［尼］［犀*］即"遲"字异体，今简化作"迟"。

"迡"字作▨（《上三·周》简14），从辵、尼声，即《说文·辵部》"遲"之或体，简文中9见，均用同"遲"。《说文·辵部》："遲，徐行也。从辵、犀声。……迡，遲或从尼。遟。籀文遲从屖。"

"尼"字作▨（《汇·望一》简9），从止、尼声，即"迡"字省形，简文中2见，用同"遲"。

［鞪］［軸］［冑*］

"鞪"字作▨（《曾》简1正），从革、由声，即《说文·冃部》"冑"之或体，简文中53见，均用同"冑"。《说文·冃部》："冑，兜鍪也。从冃、由声。鞪，《司马法》冑从革。"段注："《荀卿子》《盐铁论》《大玄》皆作軸。"《字通》："冑，或体作鞪。兜鍪也。从冃、由声。"

"軸"字作▨（《包》牍1），从革、由声，即"冑"字异体，简文中2见，用同"冑"。

［㲋］［㥏］［𨋚］字今作"範"。

"㲋"字作▨（《郭·语三》简45），从止、𨋚声，即"𨋚"字繁构，简文中1见，借用"犯"。

"㥏"字作▨（《上二·从甲》简16），从心、𨋚声，亦即"𨋚"字繁构，简文中1见，用同"𨋚"。

"𨋚"字作▨（《包》简96），从車、从卪（巳），简文中21见，或用作"範"。

按："𨋚"，《说文》作"軓"，今作"範"。《说文·车部》："軓，车轼前也。从车、凡声。《周礼》曰：'立当前軓。'"段注："軓，其字盖古文作𨋚，今字軓。"《集韵·范韵》："軓，……或作𨋚。"又，《周礼·考工记·辀人》："軓前十尺而策半之。"郑玄注："书或作𨋚。玄谓軓是。軓，法也，谓舆下三面之材，輈式之所軓，持车正也。"清郑珍《轮舆私笺》二：

"车箱三面之下即轸之左右前三方也。其木，《经》谓之軓。注云：軓，法也，谓舆下三面材，輢式之所树，持车正者是也。其字即法範正字。古作軓、軓、笵，借作范、範。舆为车之正，軓持此正。故谓之任正者。注云：任正者，谓舆下三面材持车正者是也。"

〔垪〕〔鉼〕〔缾〕即"瓶"字异体。

"垪"字作⿰土并（《汇·信二》简22），从土、并声，即"瓶"字异体，简文中4见，用同"瓶"。

"鉼"字作⿰金并（《包》简252），从金、并声，亦即"瓶"字异体，简文中1见，用同"瓶"。

"缾"字作⿰缶并（《上三·周》简44），从缶、并声，简文中2见，用同"瓶"。《广韵·青韵》："瓶，汲水器也。……缾，上同。"

〔𤇾〕〔畟〕〔夋〕即"爨"字异体。

"𤇾"字作𤇾（《包》简221），从日、灸声，简文中10见，均用作月名。

"畟"字作畟（《包》简67），从田、炅声，即"𤇾"字异体，简文中22见，亦均用作月名。

"夋"字作夋（《上六·王与》简4），从允、炅声，简文中2见，用作"爨"。原整理者云："'夋'读为'爨'。《孟子·滕文公上》：'以釜甑爨。'赵岐注：'爨，炊也。'《玉篇》：'爨，灶也。'"①

〔戜〕〔䜌〕〔敱*〕疑即"诛"字异体。

"戜"字作戜（《上五·弟》简19），从戈、豆声，简文中6见，用同"诛"。

"䜌"字作䜌（《上四·曹》简27），从言、豆声，简文中24见，用作"诛"。

"敱"字作敱（《上二·容》简25），从攴、豆声，即"戜"字异体，简文中10见。

按：楚简文字中无"诛"字。《说文·言部》："诛，讨也。从言、朱声。"《广雅·释诂一》："诛，责也。"诛，篆文从言，金文则从戈作戜（中山王壶），与楚简文字同。又，战国文字从朱得声的字或从豆得声，疑"戜""敱""䜌"诸字即"诛"字异体。

〔簸〕〔籨〕〔籆〕即"簠"字异体。

"簸"字作簸（《包》简255），从竹、歕声，即"簠"字省形，简文

---

① 马承源主编：《上海博物馆藏战国楚竹书（六）》，上海：上海古籍出版社2007年7月第1版第270页。

411

中 2 见，借作"筟"。《包山楚简》云："簌，籔字，此字借作筟。《说文》：'筟，栖落也，……盛栖器笼。'此指盛肉干的竹器。"①

"簌"字作🉐（《包》简 255），从竹、欤声，即"簌"字省形，简文中 1 见。

"籫"字作🉐（《包》简 264），从土、簌声，即"簌"字繁构，简文中 1 见，借用作"筟"。

［詨］［謠］［後＊］

"詨"字作🉐（《上二·容》简 45），从言、从夋，即"後"字异体，简文中 1 见，借用作"厚"。"後""厚"二字均为匣母侯部字，古音相近，可通。

"謠"字作🉐（《新·甲三：143》简 172），从言、从口、从 夋，即"詨"字繁构，简文中 8 见，均用同"後"。

［毬］［毽］［鞍］即"鞍"字异体。

"毬"字作🉐（《曾》简 43），从毛、安声，即"鞍"字异体，简文中 23 见，均用同"鞍"。

"鞍"字作🉐（《曾》简 115），从韦、安声，即"鞍"字异体，简文中"鞍"字 3 见，用同"鞍"。

"毽"字作🉐（《曾》简 98），从毛、晏声，即"毬"字繁构，简文中 1 见，用同"鞍"。

［霙］［霖］［獴］即"霖"字异体。

"霙"字作🉐（《曾》简 97），从雨、从犬，简文中 2 见。

"獴"字作🉐（《曾》简 61），从犬、霖声，字即"霖"字繁构，简文中 1 见。

"霖"字作🉐（《曾》简 80），从雨、冢省声，简文中 28 见。《曾侯乙墓》云："'霖'，或写作'獴''霙'……疑简文'霖'即'霖'字之省。"②

［畇］［昀］［均＊］

"畇"字作🉐（《包》简 43），从田、均声，即"均"字繁构，简文中 3 见，用同"均"。

"昀"字作🉐（《上四·曹》简 35），从日、均声，即"均"字繁构，简文中 2 见，用同"均"。

---

① 湖北省荆沙铁路考古队：《包山楚简》，北京：文物出版社 1991 年 10 月第 1 版第 59 页注 506。
② 湖北省博物馆：《曾侯乙墓》，北京：文物出版社 1989 年 7 月第 1 版第 507 页注 35。

第四章 楚简新出字中的异体字研究

［剭］［刏］［戤］

"剭"字作▇（《包》简77），从刀、医声，简文中4见，用作人名。

"刏"字作▇（《包》简42），从刀、医省声，即"剭"字的省形，简文中3见，用作人名。

"戤"字作▇（《包》简91），从戈、医声，即"剭"字异体，简文中31见，用作人名。

［繡］［瑞］［菁＊］即"佩"字异体。

"繡"字作▇（《包》简231），从糸、菁声，即"佩"字异体，简文中4见，用同"佩"。

"瑞"字作▇（《包》简219），从玉、菁声，亦即"佩"字异体，简文中4见，用同"佩"。

［迻］［徎］［過＊］

"迻"字作▇（《郭·老丙》简13），从辵、化声，即"過"字异体，简文中22见，均用同"過"。

"徎"字作▇（《上三·周》简56），从止、化，即"迻"字省形，简文中2见，用同"過"。

按：楚简文字中，"愆"亦为"過"字异体，但已经与"迻""徎"分化，"愆"用作名词之"過"，而"迻"则用作动词之"過"。参见第五章有关分化字的讨论。

［愚］［垔］［禹＊］

"愚"字作▇（《包》简198），从心、禹声，即"禹"字繁构，简文中1见，即用同"禹"。

"垔"字作▇（《上一·紂》简7），从土、禹声，即"禹"字繁构，简文中33见，均用同"禹"，字与《正字通·土部》"垔，同字。屋边也，见鍾鼎文"之"垔"当为同形字。

［樹］［敼］［查］即"樹"字异体。

"樹"字作▇（《九·五六》简39下），简文中1见。《九店楚简》云："'樹'字应当分析为从'木'从'豆'声。……'樹'当是'樹'字的异体。"[①]

"敼"字作▇（《郭·语三》简46），从攴、查声，即"查"字繁构，亦即"樹"字异体，简文中2见，用同"樹"。字与《说文·木部》"樹"之籀文近似。《说文·木部》："樹，生植之总名。从木，尌声。𣕜，籀文。"古文字构形从攴、从寸、从又，义近可通。《字汇补·木部》："敼，古樹

---

① 湖北省文物考古研究所编：《九店楚简》，北京：文物出版社2000年5月第1版第103页。

413

字。《石鼓文》：'嘉叙勴里。'"字或隶作"敊"。

"查"字作㪍（《上一·孔》简 15），从木、豆声，简文中 1 见，用同"樹"。

[埜][尭][兂]即"堯"字异体。

"埜"字作埜（《郭·唐》简 24），从土、尭声，即"尭"字繁构，简文中 8 见，均用同"堯"。

"尭"字作尭（《上四·曹》简 2），从二兂，即《说文·垚部》"堯"之古文。《说文·垚部》："堯，高也。从垚在兀上，高远也。尭，古文堯。"简文中"堯"6 见，均用作古帝陶唐氏之号，与传世文献同。《书·堯典》："曰若稽古帝堯，曰放勳。"

"兂"字作兂（《上二·容》简 14），即"尭"字省形，简文中 14 见，均用同"堯"。

[酓][霠][侌]字今作"陰"，简化作"阴"。

"霠"字作霠（《九·五六》简 33），从日、从云、含声，简文中 1 见。《九店楚简》云："'霠'，从'日'从'云'从'含'声。上二九号简'陰日'之'陰'原文作'酓'，从'日'从'含'声。'霠'当是'酓'的繁体，即在'酓'之上又加注形旁'云'而成。"①

"酓"字作酓（《九·五六》简 29），从日、含声，即"侌"（陰）字异体，简文中 2 见，用同"陰"。

"侌"字作侌（《郭·太》简 8），从云、今声，与《说文·雲部》"霒"之古文相同。《说文·雲部》："霒，雲覆日也。从雲，今声。侌，古文或省。"简文中，"侌"字 13 见。

[懅][㤺][慮*]

"懅"字作懅（《上五·姑》简 7），从心、膚声，即"慮"字异体，简文中 4 见，均用同"慮"。

"㤺"字作㤺（《上三·亙》简 13），从心、吕声，即"慮"字异体，简文中 1 见，用同"慮"。

"慮"字作慮（《郭·性》简 48），从心、膚省声，即"懅"字省形，简文中 9 见，用同"慮"。

按：楚简文字"慮"字的构形与小篆稍异，小篆从田，而楚简文字从目。

[査][盉][本*]

"査"字作査（《郭·成》简 12），从白、本声，即"本"字繁构，简

---

① 湖北省文物考古研究所编：《九店楚简》，北京：文物出版社 2000 年 5 月第 1 版第 93 页。

414

文中 11 见，用同"本"。

"螠"字䖵（《郭·语一》简 49），从虫、本声，即"本"字繁构，简文中 1 见，用同"本"。

［酋］［陴］［尊*］

"酋"字作䣋（《郭·尊》简 4），从酉、廾声，即"尊"字异体，简文中 3 见，均用同"尊"。

"陴"字作䣫（《郭·语一》简 78），从阜、尊声，即"尊"字繁构，简文中 11 见，均用同"尊"。

［开］［䜳］［䎁］即"瑟"字异体。

"开"字作开（《郭·性》简 24），从二开，即"瑟"字异体，简文中 1 见，用同"瑟"。

"䜳"字作䜳（《上一·性》简 15），从 开、必声，即"瑟"字异体，简文中 2 见，用同"瑟"。

"䎁"字作䎁（《上一·孔》简 14），从三开，即"瑟"字异体，简文中 1 见，用同"瑟"。

［𦘒］［㪷］［發*］

"𦘒"字作𦘒（《郭·忠》简 2），从聿、癶声，即"發"字异体，简文中 1 见，借作"伐"。

"㪷"字作㪷（《郭·老甲》简 7），从又、䇂声，即"發"字异体，简文中 14 见，用同"發"。

［敳］［敱］［遄］即"動"字异体，字今简化作"动"。

"敳"字作敳（《郭·性》简 10），从攴、重声，即"動"字异体，简文中 2 见，用同"動"。

"敱"字作敱（《郭·性》简 10），从攴、童声，即"動"字异体，简文中 11 见，用同"動"。

"遄"字作遄（《上五·君》简 2），从辵、童声，与《说文·力部》"動"之古文近似。《说文·力部》："動，作也。从力、重声。遄，古文動从辵。"简文中，"遄"字 6 见，均用同"動"。

［璑］［珌］［珅］即"琴"字异体。

"璑"字作璑（《郭·性》简 24），从亓、金声，即"琴"字异体，简文中 1 见，用同"琴"。

"珌"字作珌（《上一·性》简 15），从开、金声，即"琴"字异体，简文中 1 见，用同"琴"。

"珅"字作珅（《上一·孔》简 14），从䎁、金声，即"琴"字异体，简文中1见，用同"琴"。

［旍］［旍］［翆］即"旌"字异体。

"旍"字作🔲（《郭·语三》简2），从㫃、井声，即"旌"字异体，简文中1见，用同"旌"。

"旍"字作🔲（《曾》简65），从㫃、青声，即"旌"字异体，简文中1见，用同"旌"。

"翆"字作🔲（《包》简38），从羽、青声，即"旌"字异体，简文中8见，均用同"旌"。《集韵·清韵》："旌，《说文》：'游车载旌，析羽注髦首，所以精进士卒。'又姓。或作翆。"《马王堆汉墓帛·十六经·正乱》："劗其发而建之天，名曰之［蚩］尤之翆。""旌"亦作"翆"，与楚简同。

［戗］［戢］［戢］即"歲"字异体，字今简化作"岁"。

"戗"字作🔲（《汇·信一》简2），从月、戈省，即"戢"字省形，简文中1见，用同"歲"。如：

"戢"字作🔲（《上五·鲍》简8），从月、戈声，即"歲"字异体，简文中183见，用同"歲"。

"戢"字作🔲（《汇·望二》简12），从日、戈声，即"戢"字异体，简文中1见，用同"歲"。

［垗］［翉］［坿］字今作"附"。

"垗"字作🔲（《汇·信二》简15），从艸、坿声，即"坿"字繁构，简文中1见，用作"附"。

"翉"字作🔲（《汇·信二》简19），从羽、坿声，亦即"坿"字繁构，简文中1见，用作"附"。

"坿"字作🔲（《上三·周》简52），从土、付声，简文中2见。《说文·土部》："坿，益也。从土、付声。"段注："今多用附训益。附乃附娄，读步口切，非益义也。今附行而坿废矣。"

［繎］［繨］［𢁥］即"帶"字异体。

"繎"字作🔲（《汇·仰》简8），从糸、㳄声，即"繨"字异体，简文中4见。

"繨"字作🔲（《上二·容》简51），从糸、带声，即"帶"字繁构，简文中14见，用同"带"。

"𢁥"字作🔲（《曾》简138），从二带，即"帶"字繁构，简文中1见，用同"带"。

［惫］［惫］［疑］

"惫"字作🔲（《上一·紂》简22），从心、矣省声，即"惫"字省形，简文中 2 见,用作"疑"。

"悘"字作▨(《郭·鲁》简 4),从心、矣声,即"疑"字异体,简文中 29 见,用同"疑"。字或隶作"㤅"。

"疑"字▨(《上一·紂》简 2),即"悘"字别体,简文中凡 4 见,均用同"疑"。

[漨][澫][流]

"漨"字作▨(《郭·成》简 11),从水、虫声,即"流"字变体,简文中 8 见,用同"流"。

"澫"字作▨(《上二·从甲》简 19),从水、从口、虫声,即"漨"字繁构,简文中 4 见,用同"流"。

"流"字作▨(《郭·唐》简 17),从水、从日、虫省声,楚简文字构形从口、从日常混用,字即"澫"字变体,简文中 2 见,用同"流"。

按:关于"流"字,刘钊云:"'流'字释法不一,或释为'湅',读为'重',或读为'恃'。按之文意,还是以释'流'更为顺适。"① 今与"漨""澫"二字构形作一比较,知刘释不误。至于是否可径隶作"流",则可商。《说文·水部》:"㳅,水行也。从沝、㐬,㐬,突忽也。流,篆文从水。"

[常][繗][裳*]

"常"字作▨(《包》简 203),从巾、尚声,简文中 11 见,均用同"裳"。《说文·巾部》:"常,下帬也。从巾、尚声。裳,常或从衣。"

"裳"字作▨(《包》244),从衣、尚声,即《说文·巾部》"常"之或体。

"繗"字作▨(《九·五六》简 36),从糸、常声,字即"常"字繁构,简文中 1 见。《九店楚简》:"'繗'当是'裳'字繁体,犹简文'带'作'繜'。"②

[剀][戠][攱]

"剀"字作▨(《上二·鲁》简 6),从刀、豈声,简文中 4 见,借用作"愷"。字或隶作"刢"。《说文·刀部》:"剀,大鎌也。一曰摩也。从刀、豈声。"

"戠"字作▨(《上四·逸》简 1),从戈、豈声,字即"剀"字别体,简文中 6 见,借用作"愷"。

"攱"字作▨(《上一·紂》简 21),从攴、豈声,亦即"剀"字异体,

---

① 刘钊著:《郭店楚简校释》,福州:福建人民出版社 2003 年 12 月第 1 版第 153 页。
② 湖北省文物考古研究所编:《九店楚简》,北京:中华书局 2000 年 5 月第 1 版第 98 页。

417

简文中 2 见，借用作"愷"。《战国楚简研究》："敳弟即愷悌，亦作豈弟。《诗·小雅·蓼萧》：'既见君子，孔燕豈弟。'意指和易近人。《左传》僖公十二年：'《诗》曰："愷悌君子。"注：'愷，乐也；悌，易也。'《吕览·不屈》：'《诗》曰："愷悌君子，民。"愷者大也，悌者长也，君子之德长且大者，则为民父母。'"①

[近][岃][逮]

"近"字作 ![字形] (《郭·五》简 7)，从辵、斤声，简文中 13 见。《说文·辵部》："近，附也。从辵、斤声。岃，古文近。"

"岃"字作 ![字形] (《上一·性》简 34)，从止、斤声，即《说文·辵部》"近"之古文。字或隶作"丘"。

"逮"字作 ![字形] (《上二·容》简 19)，从辵、聿声，简文中 1 见，用同"近"。"斤"为见母文部字，"聿"为精母真部字，二字古音相近，是从"斤"得声的字或可从"聿"得声。

[窮][躬][穷]

"窮"字作 ![字形] (《包》简 227)，从宀、躬声，字即"躬"字繁构，简文中 20 见，用同"躬"。

"躬"字作 ![字形] (《上三·周》简 49)，从身、从吕，简文中 8 见。《说文·吕部》："躬，身也。从身，从吕。躬，躬或从弓。"

"穷"字作 ![字形] (《包》简 228)、![字形] (《郭·老乙》简 1)，从宀、躬省声，简文中 9 见，用作"躬""穷"。

[悉][蟁][愍] 字今作"爱"，简作"爱"。

"悉"字作 ![字形] (《郭·老甲》简 36)，从心、旡声，简文中 36 见，均用同"爱"。《说文·心部》："悉，惠也。从心、旡声。愍，古文。"

"蟁"字作 ![字形] (《上一·孔》简 15)，从虫、悉声，即"悉"字繁构，简文中 3 见，均用同"爱"。

"愍"字作 ![字形] (《郭·语三》简 30)、![字形] (《包》简 236)，从心、既声，与《说文·心部》"悉"之古文相同。《说文·心部》："悉，惠也。从心、旡声。愍，古文。"字又与《说文·米部》"氣"之或体"槩"声符相同。《说文·米部》："氣，馈客刍米也。从米、气声。《春秋传》曰：'齐人来气诸侯。'槩，气或从既；餼，气或从食。"

按：楚简文字中，"愍"字 14 见，只见于《包山》《郭店》简，字用情况有二，分布也很有规律：一是用同"氣"，均见于《包山》简；二是用同

---

① 中山大学古文字研究室编：《战国楚简研究》第二辑第 4 页，未刊稿。

"爱"，均见于《郭店》简中的《语》篇。就《包山》简言，"懸"为"氣"字异体，而就《郭店》简言，则为"忞"（爱）字异体。

[惎][忌][愭]

"惎"字作🔲（《郭·忠》简1），从心、丌声，"丌"即"其"之古文，简文中2见，用与《说文》同。《说文·心部》："惎，毒也。从心、其声。《周书》曰：'来就惎惎。'"

"忌"字楚简作🔲（《郭·语二》简26），从心、亓声，即"惎"字异体。《集韵·志韵》："惎，古作忌。"《正字通·心部》："忌，同惎。"简文中，"忌"字3见，用同"惎"。

"愭"字作🔲（《郭·尊》简1），从心、从己、其声，即"惎"字繁构，简文中1见。刘钊云："即惎字，即嫉妒。"①

[管][懿][竺*] 今通作"篤"。

"管"字作🔲（《上四·柬》简13），从亯、竹声，简文中27见。《说文·亯部》："管，厚也。从亯、竹声。读若篤。"段注："管、篤亦古今字。管与《二部》竺音义皆同。今字篤行而管、竺废矣。"《集韵·茯韵》："竺，或作管，通作篤。"

"懿"字作🔲（《上一·性》简33），从心、管声，即"管"字繁构，简文中2见，均用作"篤"。

[篁][籨][埜] 即"築"字异体。

"篁"字作🔲（《上二·容》简38），从土、管声，即《说文》"築"之古文，《说文·木部》："築，擣也。从木、筑声。篁，古文。"简文中1见，用同"築"。

"籨"字作🔲（《帛·丙》），从攴、管声，即"築"字异体，简文中4见，用同"築"。

"埜"字作🔲（《上三·周》简22），从土、竺声，即"篁"字的省形，简文中1见，借作"畜"。

[䊾][緒][純*]

"䊾"字作🔲（《曾》简65），从巿、屯声，即"純"字异体，简文中1见，用同"純"。

"緒"字作🔲（《汇·仰》简29），从糸、昏声，即"純"字繁构，简文中3见，均用同"純"。

[傑][桀][僷]

---

① 刘钊著：《郭店楚简校释》，福州：福建人民出版社2003年12月第1版第125页。

419

"傑"字作▇（《上四·曹》简65），从人、桀声，简文中2见。《说文·人部》："傑，傲也。从人、桀声。"徐锴《系传》："傑，埶也，才过万人也。从人、桀声。"

"倸"字作▇（《包》简132反），从人、枼声，即"傑"字省形，简文中9见，用同"桀"。

"桀"字作▇（《上五·鬼》简2），从木、从舛，简文中2见。《说文·桀部》："桀，磔也。从舛在木上也。"徐灏注笺："磔当作傑，字之误也。桀、傑古今字……同从二人在木上，取高出人上之意。"

［遊］［歴］［䍃*］

"遊"字作▇（《郭·语一》简24），从辵、䍃声，简文中13见，均用同"由"。《说文·辵部》："遊，行遊径也。从辵、䍃声。"徐灏《说文解字注笺》："遊，与由同。"

"歴"字作▇（《郭·语一》简104），从止、䍃声，即"遊"字异体，楚简中1见，用同"由"。

［与］［舁］［與*］

"舁"字作▇（《上五·竞》简5）、▇（《上六·孔》简14），从廾、与声，即《说文·舁部》"與"之古文。《说文·舁部》："與，党與也。从舁，从与。舁，古文與。"简文中，"舁"字15见，用同"與"。

"与"字作▇（《郭·语一》简86），简文中22见，均用同"與"。

按：楚简文字中，"与""牙"二字已经分化为二字，构形上亦区别明显。"牙"字作▇（《郭·语一》简109）、▇（《郭·语一》简109），字体下部从二横，同"与"字从一横不相混。《说文·勺部》："与，赐与也。一勺为与。此与與同。"《玉篇·勺部》："与，赐也，许也，予也。亦作與。"

［𡃇］［譥］［譥］即"數"字异体，简作"数"。

"𡃇"字作▇（《帛·甲》行5～7），从口、婁声，即"數"字异体，简文中1见，用同"數"。

"譥"字作▇（《上四·曹》简25），从言、婁省声，简文中3见，用同"數"。

"譥"字作▇（《上五·君》简2），即"譥"字繁构，简文中1见，用同"數"。

［燬］［㽪］［毀］

"燬"字作▇（《帛·丙》），从火、毀声，即"毀"字繁构，简文中1见，用作"毀"。

"毀"字作▇（《上六·王问》简2），从攴、㽪声，与《说文·土部》

420

"毁"之古文相同。《说文·土部》："毁，缺也。从土，毇省声。🗝，古文毁从壬。"简文中10见，均用同《说文》。

"毀"字作🗝（《郭·穷》简14），即"毁"字初文，简文中1见，用同"毁"。

[珡][攴][攻*]

"珡"字作🗝（《郭·成》简10），从戈、工声，即"攻"字异体，简文中4见，用同"攻"。

"攴"字作🗝（《上一·孔》简13），从又、工声，即"攻"字异体，简文中1见，用同"攻"。

[𨖍][懡][匿*]

"𨖍"字作🗝（《上二·从乙》简1），从辵、㝅声，即"匿"字异体，简文中2见，用同"匿"。《说文·匚部》："匿，亡也。从匚、若声。"

"懡"字作🗝（《上六·用》简1），从心、匿声，即"匿"字繁构，简文中1见，用同"匿"。《尔雅·释训》："諽諽，崇谗懡也。"陆德明《释文》："懡，言隐匿其情以饰非。"《集韵·职韵》："懡，隐情饰非曰懡。"

[懽][𢡔][懽]字今作"歡"，简化作"欢"。

"懽"字作🗝（《上二·从乙》简1），从心、雚声，即"懽"字异体，简文中8见，用同"歡"。

"懽"字作🗝（《上三·中》简22），从心、藿声。《说文·心部》："懽，喜歡也。"段注："懽与歡，音义皆略同。"《正字通·心部》："懽，同歡。"《说文·欠部》："歡，喜乐也。从欠、藿声。"简文中"懽"字1见，即用同"歡"。

"𢡔"字作🗝（《上四·相》简3），即"懽"字繁构，简文中1见，借用作"勸"。

[佱][灋][𢉖]今简化作"法"。

"佱"字作🗝（《上一·紂》简14），即"佱"字繁构，简文中1见，用同"法"。《说文·水部》："灋，刑也，平之如水。从水、廌，所以触不直者去之，从去。法，今文省；佱，古文。"《玉篇·人部》："佱，古文法。"

"灋"字作🗝（《上三·亙》简5），从水、廌、去，简文中22见，用同"法"。《玉篇·水部》："法，法令也。灋，古文。"

"𢉖"字作🗝（《郭·六》简2），从廌、去，即"灋"字省形，简文中4见，用同"法"。

[啞][惡][亞*]

"啞"字作🗝（《上三·周》简32），从口、亞声，即"亞"字繁构，简文中 1 见，用同"惡"。

"惡"字作🔲（《郭·语二》简 25），从心、亞声，即"亞"字繁构，简文中 6 见。《说文·心部》："惡，过也。从心、亞声。"

按：楚简中，"亞"字 108 见，字非新出。在简文中，除用作人名外，均用同"惡"。因此，就楚简文字言，"亞""惡"属异体字关系。又，《洪武正韵·祃韵》："惡，亦作亞。"《马王堆汉墓帛·经法·四度》："美亞有名，逆顺有刑（形）。""亞"亦用作"惡"。

[辥][俲][孝 *]

"辥"字作🔲（《上三·中》简 13），从辛、孝声，即"孝"字繁构，简文中 1 见，用同"孝"。

"俲"字作🔲（《上六·孔》简 7），从人、孝声，疑即"孝"字繁构，简文中 1 见。

[倪][㚇][兄 *]

"倪"字作🔲（《上四·内》简 4），从人、兄声，即"兄"字繁构，简文中 6 见，均用同"兄"。

"㚇"字作🔲（《上六·天乙》简 2），即"兄"字繁构，简文中 15 见，均同"兄"。字或隶作"𠈌"。

[馭][駆][駿]即"馭"字异体。

"馭"字作🔲（《包》简 33），从馬、午声，简文中 56 见，均用同"馭"。字或隶作"敄"。《包山楚简》云："敄，简文作馭，从马午声，读如敄。"[①]

"駆"字作🔲（《上四·曹》简 42），从馬、卸声，即"馭"字繁构，简文中 1 见，用同"馭"。

"駿"字作🔲（《上五·弟》简 20），从又、馭声，即"馭"字繁构，简文中 1 见，用同"馭"。

按：楚简文字中，"馭""御"已经分化，"使马"之"馭"，构形从馬作"馭""駆""駿"，而"治理"之"御"则从彳作"迓""迎"。

[䨓][䨏][䨔]即"靁"字异体，简化作"雷"。

"䨓"字作🔲（《包》简 85），从雨、畾声，简文中 1 见，用同"雷"，人名。

"䨏"字作🔲（《上二·容》简 13），从雨、畾声，简文中 1 见，用同"雷"。

---

① 湖北省荆沙铁路考古队：《包山楚简》，北京：文物出版社 1991 年 10 月第 1 版第 42 页注 74。

"靁"字作🔲(《包》简175），从雨、从畾，简文中凡3见，用同"雷"。

［帚］［寑］［寝］

"帚"字作🔲(《郭·六》简3），从爿、从帚，即"寝"字省形，简文中5见，用同"寝"。

"寑"字作🔲(《上二·容》简2），从宀、从戠，与后世文字有别。《广雅·释言》："寑，偃也。"又，《说文·疒部》："寢，病卧也。"《宀部》："寑，卧也。"段注："寑者，卧也；寢者，病卧也。此二字之别，今字概作寢矣。"

"寱"字作🔲(《包》简166），从宀、从帚，即"帚"字繁构，简文中7见，用同"寝"。

［衍］［衟］［道*］

"衍"字作🔲(《郭·语一》简36），从人、从行，即"道"字异体，简文中36见，均用同"道"。

"衟"字作🔲(《郭·语二》简38），从行、从首，即"道"字古文。《龙龛手镜·彳部》："衟，古文，道字，术也，道路也。"简文中，"衟"字1见，用同"道"。

［剬］［寴］［则*］

"剬"字作🔲(《包》简216），从中、则声，即"则"字繁构，简文中1见，用同"则"。原整理者云："剬，则字异体。"①

按：楚简"则"字作🔲(《郭·老丙》简6），"剬"字构形即在"则"字基础上增一"中"符。

"寴"字作🔲(《上五·季》简16），从宀、则声，即"则"字繁构，简文中1见，用同"则"。

［箈］［𠭤］［箵］，即"筮"字异体。

"箈"字作🔲(《上三·周》简9），从口、筮声，即"筮"字繁构，简文中12见，用同"筮"。

"𠭤"字作🔲(《郭·缁》简46），即"筮"字的讹变体，简文中1见，用同"筮"。

"箵"字作🔲(《上四·曹》简52），从竹、啻声，即"筮"字繁构，简文中1见，用同"筮"。

---

① 湖北省荆沙铁路考古队：《包山楚简》，北京：文物出版社1991年10月第1版第56页注420。

[夅][降][降*]

"夅"字作⚆(《郭·成》简31),从止、从夂,即"降"字省形,简文中1见,用同"降"。

按:此字或隶作"走",读"升"或"登",恐误。楚简文字"升"作⚆(《郭店·唐》简17),与"夅"字构形所从不同,是知不当从升作。

"降"字作⚆(《上五·三》简2),从止、降声,即"降"字繁构,简文中4见,均用同"降"。

[倀][倀][長*]

"倀"字作⚆(《郭·尊》简14),从彳、長声,即"長"字繁构,简文中1见,用同"長"。

"倀"字作⚆(《上四·曹》简18),从人、長声,亦即"長"字繁构,简文中20见,均用同"長"。与《说文·人部》"倀,狂也"之"倀"当属同形字。

[剄][戹][攲]即"殹"字异体。

"剄"字作⚆(《汇·信二》简19),从刃、医声,即"殹"字异体,简文中1见,用同"殹",语气助词。

"戹"字作⚆(《上二·鲁》简3),从戈、医声,即"殹"字异体,简文中1见,用同"殹",语气助词。

"攲"字作⚆(《郭·语四》简27),从攴、医声,即"殹"字异体,简文中6见,用同"殹",语气助词。

[剒][啐][宰*]

"剒"字作⚆(《上四·柬》简22),从刀、宰声,即"宰"字繁构,简文中20见,均用同"宰"。

"啐"字作⚆(《曾》简175),从口、宰声,即"宰"字繁构,简文中4见,均用同"宰"。

[賏][賏][饋]即"饋"字异体。

"賏"字作⚆(《包》简145),从贝、寻声,简文中2见,用同"歸"。原整理者云:"賏,读如歸,歸还。"[①]

"賏"字作⚆(《包》简145反),即"歸"字繁构,简文中1见,用同"歸"。

"饋"字作⚆(《包》简200),从食、貴声,即"饋"字繁构,简文中

[①] 湖北省荆沙铁路考古队:《包山楚简》,北京:文物出版社1991年10月第1版第50页注272。

22见。《说文·食部》:"饋,饷也。从食、貴声。"

按:《广雅·释诂三》:"歸,遗也。"朱骏声《说文通训定声》:"歸,叚借为饋。"《书·微子之命》:"唐叔得禾……王命唐叔歸周公于东。"《左传·闵公二年》:"归公乘马。"杜预注:"歸,遗也。"《包山》简中"賵""贖"二字即用同"饋",与"歸来"之"歸"已经分化。

[敂][欨][旨]

"敂"字作✕(《包》简155),从攴、旨声,即"旨"之繁构,简文中凡4见,用同"旨"。

"旨"字作✕(《包》简28),从口、九声,简文中9见,用作人名。

"欨"作✕(《包》简186),从欠、旨声,即"旨"字繁构,简文中5见,用作人名。

[體][腮][僼]

"體"字作✕(《郭·缁》简8),从骨、豊声,简文中5见。《说文·骨部》:"體,总十二属也。从骨、豊声。"

"腮"字作✕(《郭·穷》简10),从肉、豊声,即"體"字异体,古文字构形从骨、从肉,义近可通,《睡虎地秦简》"體"字从肉作腮(睡虎地简三六·七九),与楚简文字同。简文中"腮"字10见,均用作"體"。

"僼"字作✕(《上一·纣》简5),从人、豊声,即"體"字异体,简文中2见,均用同"體",与《改并四声篇海·人部》引《川篇》"僼,仙人也"之"僼"字当属同形字。

[逪][衖][𧗟][䢜] 即"巷"字异体。

"逪"字作✕(《包》简144),从辵、共声,简文中2见,用同"巷"。

"衖"字作✕(《包》简142),从行、共声,简文中2见,用同"巷"。

"𧗟"字作✕(《上三·周》简32),从止、衖声,即"衖"字繁构,简文中2见,用同"巷"。

"䢜"字作✕(《上四·采》简1),从邑、共声,简文中1见,用同"巷"。

[敘][𠿪][埱][𢽬*]

"敘"字作✕(《包》简229),从攴、㐱声,即"敘"字繁构,简文中5见,用作"除"。

"𠿪"字作✕(《郭·尊》简3),从口、敘声,即"敘"字繁构,简文中3见,用作"除"。

"埱"字作✕(《帛·丙》),从土、敘声,即"敘"字繁构,简文中1见,用作"荃"。

［𠷎］［䈽］[𦬆]［雀＊］

"𠷎"字作▲（《郭·鲁》简6），从口、雀声，即"雀"字繁构，简文中1见，用为"爵"。

"䈽"字作▲（《上四·曹》简21），从竹、雀声，即"雀"字繁构，简文中9见，均用为"爵"。

"𦬆"字作▲（《上一·紂》简15），从乎、从少，即"雀"字的讹变体，简文中1见，用作"爵"。

［戏］［叜］［晵］［歨］

"戏"字作▲（《上六·用》简6），从戈、从爻，简文中4见，用作"衛"。

"叜"字作▲（《新·甲三：363》简387），从又、戏声，即"戏"字繁构，简文中1见。

"晵"字作▲（《上四·昭》简9），从日、戏声，即"戏"的繁构，简文中1见。

"歨"字作▲（《帛·乙》行1～3），从止、戏声，即"戏"字繁构，简文中2见，用作"延"。

［豪］［㝤］［𡩋］［家＊］

"豪"字作▲（《上六·用》简10），从爪、家声，即"家"字繁构，简中此字凡73见，用同"家""嫁"。

"㝤"字作▲（《郭·五》简29），从宀、豪声，即"豪"字繁构，简文中1见，用同"家"。

"𡩋"字作▲（《汇·望一》简59），从爪、室声，即"豪"字异体，简文中1见。《望山楚简》云："'𡩋'当为'豪'的异体，读为'藉'。"① 或曰即"室"字异体。《战国楚简研究》云："𡩋，即室，与家从爪作豪同意。"②

［牆］[𡩋]［𤖴］[甲] 即"将"字（副词）异体。

"牆"字作▲（《郭·老丙》简9），从酉、爿声，与《说文·酉部》"酱"之古文相同。《说文·酉部》："酱，盬也。从肉，从酉。酒以和酱也。爿声。牆，古文。"简文中91见，均用作副词"将要"之"将"。

"𡩋"字作▲（《郭·语四》简7），从宀、牆声，即"牆"字繁构，简文中1见，用同"将要"之"将"。

---

① 湖北省文物考古研究所：《望山楚简》，北京：中华书局1995年6月第1版第91页注29。
② 中山大学古文字研究室编：《战国楚简研究》第三辑第13页，未刊稿。

426

第四章　楚简新出字中的异体字研究

"瘠"字作▨(《上五·姑》简8），从又、牐声，即"牐"字繁构，简文中1见，用同"将要"之"将"。

"甶"字作▨(《郭·唐》简15），从西省、廾声，即"牐"字省形，简文中1见，用同"将要"之"将"。字未隶定。

[咠][妽][呈][弔*]即"淑"字异体。

"咠"字作▨(《郭·穷》简8），从口、弔声，即"弔"字繁构，简文中13见，用作"淑"。

"妽"字作▨(《郭·五》简15），从女、弔声，即"弔"字繁构，简文中1见，用同"淑"。

"呈"字作▨(《上六·王问》简7），从土、弔声，即"弔"字繁构，简文中1见，用同"淑"。

按：楚简文字中，"弔"字2见，均用作"淑"，与西周金文"弔"用作"叔"相同。

[坕][返][伋][及*]

"坕"字作▨(《上二·容》简19），从止、及声，即"及"字繁构，简文中1见，用同"及"。

"返"字作▨(《上四·曹》简52）、▨(《郭·语二》简19），从辵、及声，与《说文·又部》"及"字古文"遝"相同。《说文·又部》："及，逮也。从又，从人。……遝，亦古文及。"简文中"返"字17见，用同"及"。

"伋"字作▨(《上五·弟》简5），从心、及声，即"及"字繁构，简文中1见，用同"及"。

[迲][壵][故][去*]

"迲"字作▨(《上三·彭》简2），从辵、去声，即"去"字繁构，简文中10见，均用同"去"。

"壵"字作▨(《上四·曹》简43），从止、去声，即"去"字繁构，简文中1见，用同"去"。

"故"字作▨(《新·零：148》简802），从攴、去声，即"去"字繁构，也即"抾"字。简文中2见，用同"去"。《广雅·释诂二》："抾，去也。"

[盉][旹][智*][智]

"盉"字作▨(《上一·紂》简19），从盂、从知省声，即"智"字异体，简文中3见，用作"知"。楚简文字中，"智""知"互通。

"旹"字作▨(《上五·弟》简4）从于、知省声，即"智"字异体，简文中225见，用作"知""智"。

427

"智"字作▨（《上四·柬》简18），字当为"督"之省形，简文中5见，均用作"知"。

［閑］［䦵］［列］［閒＊］

"閑"字作▨（《新·甲一：22》简22），从門、从外，即《说文·門部》"閒"之古文，简文中19见，均用同"閒"。《说文·門部》："閑，隙也。从門、从月。閑，古文閒。"

"䦵"字作▨（《上五·三》简4），从門、从列，即"閑"字异体，简文中9见，均用同"閒"。

"列"字作▨（《包》简220），从歹、从刀，即"䦵"字省形，简文中4见，均用同"閒"。

［遊］［㞢］［孳］［游］今通作"游"。

"遊"字作▨（《上五·弟》简4），从辵、从斿，与《说文·水部》"游"之古文近似，简文中22见。《说文·水部》："游，旌旗之流也。从㫃、汓声。▨，古文游。"《玉篇·辵部》："遊，遨遊。与游同。"《集韵·尤韵》："遊，行也，或从斿。通作游。"

"㞢"字作▨（《汇·信一》简61），从止、从孳，即"遊"字省形，简文中1见，用同"遊"。

"孳"字作▨《上一·孔》简21），从子、从止，即"㞢"字省形，简文中3见，用同"遊"。

"游"字作▨（《上五·三》简21），从水、斿声，即"遊"字繁构，简文中1见，用同"遊"。

［㫷］［昪］［㫍］［晛］即"期"字异体。

"㫷"字作▨（《包》简75），从日、丌声，即《说文·月部》"期"之古文，简文中36见，均用同"期"。《说文·月部》："期，会也。从月、其声。㫷，古文期，从日、丌。"

"昪"字作▨（《上六·天甲》简11），从日、丌声，即"㫷"字变体，简文中14见，用同"期"。

"㫍"字作▨（《包》简33），从日、几声，即"㫷"字变体，简文中凡41见，均用同"期"。

"晛"字作▨（《新·乙四：23》简566），从日、几声，即"㫷"字变体，简文中5见，均用同"期"。

［䖍］［虡］［虙］［皆＊］

"䖍"字作▨（《郭·唐》简27），从虍、君声，即"虡"字异体，简文中3见，用同"皆"。

"膚"字作🀄（《郭·唐》简8），从虍、含声，即"膚"字讹变体，简文中1见，用同"皆"。

"膚"字作🀄（《郭·语一》简106），从虍、皆声，即"皆"字繁构，简文中8见，均用同"皆"。

[弇][寉][穼][罨]字今通作"掩"。

"弇"字作🀄（《曾》简62），从廾、从合，简文中9见。《说文·廾部》："弇，盖也。从廾、从合。寉，古文弇。"朱骏声《说文通训定声》："古文从廾，从日在穴中。"段注："《释言》曰：弇，同也；弇，盖也；此与'奄，覆也'，音义同。"

"寉"字作🀄（《郭·六》简31），从穴、从日、从廾，即《说文·廾部》"弇"之古文，简文中1见，用作"掩"。

"穼"字作🀄（《郭·成》简16），从穴、从口、从廾，即"寉"字变体，简文中5见，用作"掩"。

"罨"字作🀄（《包》简255），字即"弇"字变体，简文中5见，借作"籃"。《包山楚简》云："罨，简文作🀄，与弇字古文🀄形近。弇，借作籃。《说文》：'籃，大篝也。'"[①]

按："弇"字今作"掩"。《尔雅·释天》："弇日为蔽云。"郭璞注："即晕气五彩覆日也。弇，掩。"

[肰][虤][燃][垚]字今作"然"。

"肰"字作🀄（《上六·竞》简2），从肉、从犬，简文中71见，均用同"然"。《说文·肉部》："肰，犬肉也。从犬、肉，读若然。🀄古文肰，🀄亦古文肰。"

"虤"字作🀄（《郭·语一》简30），从虍、肰声，即"肰"字繁构，简文中7见，用同"然"。

"燃"字作🀄（《上五·季》简21），从艸、肰声，即"肰"字繁构，简文中1见，用同"然"。

"垚"字作🀄（《上五·弟》简10），从二、肰声，即"肰"字繁构，简文中1见，用同"然"。

[詩][䛑][詎][䛁]

"詩"字作🀄（《上四·曹》简21），从言、寺声，简文中2见。《说文·言部》："詩，志也。从言、寺声。訨，古文詩省。"

[①] 湖北省荆沙铁路考古队：《包山楚简》，北京：文物出版社1991年10月第1版第60页注513。

"𧥊"字作🖼（《上一·孔》简16），从言、之声，即《说文·言部》"詩"之古文，简文中3见，均用同"詩"。

"𠱰"字作🖼（《上一·紂》简2），从口、之声，即"詩"字的省形，简文中14见，均用同"詩"。

"㫺"字作🖼（《上二·从甲》简7），从口、寺声，即"詩"字异体，古文字构形从言、从口，义近可通。简文中19见，均用同"詩"。

［㺄］［豫］［𧰼］［𡎐］即"豫"字异体。

"豫"字作🖼（《上三·中》简10），从象、谷（予）声，即"豫"字异体，简文中8见，用同"豫"。

"㺄"字作🖼（《郭·六》简33），从象、谷省声，即"豫"字省形，简文中1见，用同"豫"。

"𧰼"字作🖼（《上三·周》简24），从象、予声，即"豫"字异体，简文中10见，用同"豫"。

"𡎐"字作🖼（《上五·姑》简5），从土、豫声，即"豫"字繁构，简文中4见，均用同"豫"。

［表］［裘］［裘］［纝］

"表"字作🖼（《上二·容》简22），从衣、从毛，简文中3见。《说文·衣部》："表，上衣也。从衣，从毛。古者衣裘，以毛为表。🖼，古文表从麃。"

"裘"字作🖼（《上三·周》简6），从衣、从鹿，与《说文·衣部》"表"之古文相近。简文中46见，均用同"表"。

"裘"字作🖼（《上四·柬》简5），从衣省、从鹿省，即"裘"字省形，简文中4见，均用同"表"。《集韵·小韵》："表，古作裘。"《古今韵会举要·篠韵》："表，亦作裘。"

"纝"字作🖼（《上三·彭》简2），从糸、裏声，即"表"字异体，简文中1见，用同"表"。

［庻］［𠂹］［𢓡］［庶*］

"庻"字作🖼（《上四·内》简8），从火、石声，简文中8见，用同"庶"。

"𠂹"字作🖼（《上二·鲁》简2），从众、石声，即"庶"字异体，简文中3见，用同"庶"。

"𢓡"字作🖼（《郭·成》简16），从彳、庻声，即"庻"字繁构，简文中1见，用同"庶"。

按：楚简"庶"字构形或从众，疑即从火之讹。"庶"字作🖼（《上

430

四·柬》简2），构形与小篆相近。于省吾《甲骨文字释林》："甲骨文'庶'字是从火石、石亦声的会意兼形声字，也即'煮'之本字……'庶'之本义乃以火燃石而煮，是根据古人实际生活而象意依声以造字的，但因古籍中每借'庶'为'众庶'之'庶'，又别制'煮'字以代'庶'，'庶'之本义遂湮没无闻。"

[脀][脙][袚][祳]即"胙"（祚）字异体。

"脀"字作 (《包》简205)，从肉、夋声，即"胙"字异体，简文中1见，用同"胙"。

"脙"字作 (《包》简224)，从肉、复声，即"脀"字的省形，简文中1见，用同"胙"。

"袚"字作 (《包》简162)，从示、复声，即"祚"字繁构，简文中4见，用同"祚"。

"祳"字作 (《上五·鲍》简3)，从示、夋声，亦即"祚"字繁构，简文中1见，用同"祚"。

按："胙""祚"古本一字。《说文·肉部》："胙，祭福肉也。从肉、乍声。"《集韵·铎韵》："胙，祭馀肉。"《左传·僖公九年》："王使宰孔赐齐侯胙。"《国语·齐语》："天子使宰孔致胙于桓公。"韦昭注："胙祭肉也。"又，《国语·周语下》："天地所胙，小而后国。"韦昭注："胙，福也。"《说文新附·示部》："祚，福也。从示、乍声。"《诗·大雅·既醉》："君子万年，永锡祚胤。"郑玄笺："天又长予女福祚，至于子孙。"楚简文字中，"胙""祚"二字亦即混用无别。

[䎽][穫][寉][隻*]即"獲"字异体。

"䎽"字作 (《上三·周》简48)从丹、隻声，即"隻"字繁构，简文中14见，均用同"獲"。字或隶作"䎽""夒""𤰶"。

"穫"字作 (《上四·曹》简20)，从禾、隻声，简文中2见，用同"獲"。

"寉"字作 (《新·甲三：264》简290)从宀、䎽声，即"䎽"字繁构，简文中8见，用同"獲"。

按：《说文·隹部》："隻，鸟一枚也。从又持隹。持一隹曰隻，二隹曰雙。"李孝定《甲骨文字集释》按语："卜辞隻字字形与金文小篆并同，其义则为獲，捕鸟在手，獲之义也，当为獲之古文，小篆作獲者，后起形声字也。'鸟一枚者'，隻之别义也。"楚简文字的"隻"与甲骨文、金文同，即用同"獲"。

[縢][縢][䐨][縢]即"縢"字异体。

"縢"字作 (《曾》简122)，从糸、賸声，即"縢"字异体，简文

431

中 12 见，均用同"縢"。《曾侯乙墓》云："简文'縢'多写作从'糸'从'賸'，或借'賸'为之，为了书写方便，释文将从'糸'从'賸'之字径写作'縢'。"①

"縢"字作🈳（《包》牍 1），从糸、朕声，即"縢"字异体，简文中 32 见，均用同"縢"。

"䕻"字作🈳（《曾》简 61），从艸、賸声，亦即"縢"字异体，简文中 1 见，用同"縢"。

"賸"字作🈳（《曾》简 123），从贝、朕声，字即"縢"字异体，与《说文·贝部》"物相增加也。……一曰送也，副也"之"賸"当属同形字，简文中 12 见，均用同"縢"。

[旃][羿][羿][斻]即"旗"字异体。

"旃"字作🈳（《曾》简 30），从㫃、羿声，字即"旗"字异体，简文中 14 见，均用同"旗"。

"羿"字作🈳（《上二·容》简 21），从羽、亓声，"亓"即"其"字古文，简文中 9 见，用同"旗"。

"羿"字作🈳（《上五·竞》简 10），从羽、丌声，即"羿"之省形，简文中 1 见，用同"旗"。

"斻"字作🈳（《曾》简 80），形从㫃、丌声，字即"旃"字省形。《字汇补·方部》："斻，与旗同。"简文中 1 见，用同"旗"。

[轏][轥][敫][徿]即"獵"字异体。

"轏"字作🈳（《包》简 150），从車、鼠声，即"獵"字异体，简文中 1 见，用作人名。

"轥"字作🈳（《九·五六》简 31），从車，鼠声，即"獵"字异体，简文中 1 见，用同"獵"。《九店楚简》云："'轥'字亦见于包山楚墓一五〇号简，原文作🈳，与本简作🈳者略有不同。'轥'从'車'从'鼠'声，疑是'獵'字的异体。古时驾车狩猎，故字从'車'。"②

"敫"字作🈳（《郭·六》简 41），从攴、鼠声，即"獵"字异体，简文中 2 见，用同"獵"。

"徿"字作🈳（《郭·六》简 43），从彳、鼠声，疑亦"獵"字异体，简文中 1 见。

[鼎][貞][占][貞]即"鼎"字异体。

---

① 湖北省博物馆：《曾侯乙墓》，北京：文物出版社 1989 年 7 月第 1 版第 515 页注 103。
② 湖北省文物考古研究所编：《九店楚简》，北京：中华书局 2000 年 5 月第 1 版第 90 页。

"鼎"字作㊀（《上六·用》简3），从卜、鼎声，即"鼎"字古文，简文中2见，用同"鼎"。《集韵·迥韵》："鼎，古作䩇。"

"貞"字作㊀（《包》简254），即"鼎"字省变之形，简文中3见，用同"鼎"。

"占"字作㊀（《包》简265），即"鼎"字省变之形，简文中7见，用同"鼎"。

"貞"字作㊀（《汇·信二》简22），即"鼎"字的省变体，用同"鼎"。

［𡎚］［雖］［𩾰］［難*］

"𡎚"字作㊀（《上五·姑》简6），从土、難声，即"難"字繁构，简文中6见，用同"難"。

"雖"字作㊀（《郭·语三》简45），从隹、壴，即"難"字的讹变体，简文中1见，用同"難"。

"𩾰"字作㊀（《汇·信一》简42），从隹、黄（堇省）声，即"難"字，偏旁左右易位，简文中1见，用同"難"。

［膒］［愳］［瞿］［懼］

"膒"字作㊀（《新·甲三：15、60》简66），从朣、䀠声，即"懼"之异体，构形从"䀠"，"䀠"即"懼"之初文。《说文·䀠部》："䀠，左右视也。从二目。读若拘，又若良士瞿瞿。"饶炯《部首订》："会意。从二目，左右视也，即申释二目会意之旨，盖惊恐者目善摇。"徐灝《注笺》："左右视者，惊顾之状。"《正字通·目部》："䀠，瞿本字。"简文中"膒"字4见，用同"懼"。

"愳"字作㊀（《上五·姑》简8），从心、䀠声，即《说文·心部》"懼"之古文。简文中2见，用同《说文》。《说文·心部》："懼，恐也。从心、瞿声。愳，古文。"

"懼"字作㊀（《上六·王问》简3），从心、瞿声，简文中4见，用同《说文》。

"瞿"字作㊀（《郭·语二》简32），从隹、䀠声，简文中3见，均用同"懼"。《说文·瞿部》："瞿，鹰隼之视也。隹，从䀠，䀠亦声。读若章句之句。"

［蠚］［疥］［芥］［疥*］

"蠚"字作㊀（《上六·競》简1），从虫、疥声，即"疥"字繁构，简文中2见，用同"疥"。

"疥"字作㊀（《新·甲三：198、199—2》简225），从疒、芥声，即

433

"疥"字异体，简文中3见，均用同"疥"。

"笄"字作▨（《上四·柬》简2），从竹、介声，即"疥"字异体，简文中2见，用同"疥"。

［敢］［厰］［詌］［嚴*］

"敢"字作▨（《上五·三》简15），从品、敢声，即"嚴"字省形，简文中1见，用同"嚴"。

"厰"字作▨（《郭·语二》简2），从厂、敢声，即"嚴"字异体，简文中2见，均用同"嚴"。

"詌"字作▨（《郭·语一》简64），即"厰"字讹变体，简文中1见，用同"嚴"。

［腏］［𠅽］［䨲］［憹］即"逸"字异体。

"腏"字作▨（《上五·三》简11），从肀、从肉、从兔，简文中2见，用同"逸"。

"𠅽"字作▨（《郭·六》简33），简文中1见，用同"逸"。

"䨲"字作▨（《上二·容》简38），简文中2见，用同"逸"

"憹"字作▨（《上六·天甲》简10），从心、从兔，简文中2见，用同"逸"。原整理者云："'憹'，从兔、从心，即'逸'字古文。'逸'字三体石经作'▨'，《者沪钟》作'腏'，均从肀。'逸'，过失，《说文》：'逸，失也。'《尚书·盘庚上》：'予亦拙谋，作乃逸。'孔传：'逸，过也。'"[1]

［愢］［𥄳］［視］［貝*（視）］

"愢"字作▨（《上五·鲍》简3），从心、視声，即"視"字繁构，简文中1见，用同"視"。

"𥄳"字作▨（《上五·君》简6），从见、㠯声，即"視"字异体，简文中1见，用同"視"。

"視"字作▨（《上二·鲁》简2），从見、示声，简文中2见。

按："貝（視）"字作▨（《上五·君》简2）、▨（《上六·用》简7），从目、从人（直立），简文中40见，均用同"視"，与"見"字已经分化，在构形上亦有细微差别。"見"字原篆作▨（《上六·競》简12）、▨（《上六·王问》简4），从目、从人（弯曲）。简文中，"貝（視）"与"見"二字不相混。参见第五章有关分化字的讨论。

［婴］［迵］［佲］［佲］字今通作"夙"。

---

[1] 马承源主编：《上海博物馆藏战国楚竹书（六）》，上海：上海古籍出版社2007年7月第1版第328页。

"婴"字作●(《上五·季》简10),从女、夙声,简文中仅1见,用同"夙"。原整理者云:"'婴',从女、夙声,不见于字书,读为'夙'。《集韵》:'夙,古作姻。'《说文》:'姻,早敬也。从丮、夕,持事虽夕不休,早敬者也。'徐铉等曰:'今俗书作夙讹。'"[①]

"逦"字作●(《上二·民》简8),从辵、丙声,疑亦即"夙"字古文,简文中1见,用同"夙"。

"佰"字作●(《上三·周》简37),从人、丙声,即《说文·夕部》"夙"字古文,简文中2见,用同"夙"或借作"宿"。《说文·夕部》:"姻,早敬也。从丮。持事虽夕不休,早敬者也。佰,古文夙,从人、丙。佰,亦古文夙,从人、丙。宿从此。"

"佰"字作●(《上五·三》简1),从人、丙声,即《说文·夕部》"夙"字古文,简文中1见,用作"宿"。

[逋][徫][逋][傳*]

"逋"字作●(《上五·季》简14),从辵、叀声,即"傳"字古文,简文中4见,用同"傳"。

"徫"字作●(《郭·唐》简1),从彳、叀声,即"逋"字异体,简文中3见,用同"傳"。

"逋"字作●(《郭·语四》简20),从辵、剸声,即"逋"字繁构,简文中4见,用同"傳"。

[䁔][宧][懬][惑*]

"䁔"字作●(《上五·弟》简16),从见(视)、或声,即"惑"字异体,简文中4见,用同"惑"。

"宧"字作●(《包》简162),从宀、惑声,即"惑"字繁构,简文中6见,用同"惑"。字或隶作"窢"。

"懬"字作●(《包》简106),从心、聅声,疑即"惑"字繁构,简文中1见,用作人名。

[垜][哦][毳][義*]

"垜"字作●(《上一·紂》简1),从土、我声,即"義"字异体,简文中1见,用作"儀"。

"哦"字作●(《郭·忠》简8),从口、我声,即"義"字异体,简文中1见,用同"義"。

---

① 马承源主编:《上海博物馆藏战国楚竹书(五)》,上海:上海古籍出版社2005年12月第1版第218页。

435

"愄"字作🗋(《上四·曹》简33),从心、我声,即"義"字异体,简文中11见,用同"義",或用作"儀"。

[劃][型*][㓝*][㘂*]即"刑"字异体。

"劃"字作🗋(《上四·柬》简12),从网、型声,即"型"字繁构,简文中2见,用同"刑"。

[𢚓][𣳀][𣶒][寖]即"浸"字异体。

"𢚓"字作🗋(《郭·成》简4),从心、帚声,即"浸"字异体,简文中1见,用作"浸"。

"𣳀"字作🗋(《郭·性》简30),从水、戠声,简文中1见,用作"浸"。

"𣶒"字作🗋(《郭·语二》简17),从水、帚声,简文中3见,用同"浸"。《康熙字典·水部》:"𣶒,与浸、濅同。"

"寖"字作🗋(《上五·竞》简4),从宀、浸声,简文中1见,用作水名。《广雅·释诂一》:"寖,积也。"王念孙疏证:"浸与寖同。"

[䛐][𩑹][𦝠][顔]

"䛐"字作🗋(《上五·君》简1),从言、彦省声,即"顔"字异体,简文中4见,均用同"顔"。

"𩑹"字作🗋(《上三·周》简14),从頁、矣声,即"顔"字异体,简文中2见,用同"顔"。

"𦝠"字作🗋(《上五·鬼》简8),从色、彦省声,简文中1见,用同"顔"。原整理者云:"'𦝠','顔'字异体,郭店楚简《五》'顔色'合文作'🗋',下有合文符号,马王堆帛本作'顔色',可证。'色'与颜色义有关,故'顔'字异体或从'色'旁。郭店楚简《语一》'容頎,目司也'、'食與頎,疾也','頎'原书释为'色',实亦为'顔'字或体(字从矣声)。"①

"顔"字作🗋(《包》简145),从頁、彦省声,简文中3见,用同《说文》。《说文·頁部》:"顔,眉目之间也。从頁、彦声。"

[𩪋][胚][伓][偝]即"背"或"倍"字异体。

"𩪋"字作🗋(《新·零:210~2》简858),从骨、不声,即"背"字异体,简文中2见,均用同"背"。

"胚"字作🗋(《新·甲三:301~2、301~1》简321),从肉、不声,即"背"字异体,简文中2见,均用同"背"。

---

① 马承源主编:《上海博物馆藏战国楚竹书(五)》,上海:上海古籍出版社2005年12月第1版第328页。

"伓"字作▨(《新·乙三：22》简510），从人、不声，即"背"字异体，简文中35见，用同"背"或"倍"。

"債"字作▨(《上四·曹》简21），从貝、伓声，即"伓"字繁构，简文中1见，用同"背"。

按："骱""肧""伓""債"均当是"背"或"倍"字的异体。"倍"字古与"背"音义皆通，都有"违背""背叛"之意。《说文·人部》："倍，反也。"《马王堆汉墓帛·经法·四度》："怀约则窘（窘），违刑则伤。"《十六经·五正》："反义怀宗，其法死亡以穷。""怀"字即用与楚简同。楚简文字中的"肧""伓"与《说文》"肧，妇孕一月也"之"肧"、《集韵》"伓，或作怀"之"怀"当属同形字。

［埶］［襲］［𢾼*］［𢾼*］即"埶"字异体，今作"藝"，简作"艺"。

"埶"字作▨(《郭·语二》简50），即"埶"字省形，简文中1见，借作"勢"。《郭店》裘按："此字疑是'埶'之简写，在此读为'勢'。"[1]

"襲"字作▨(《上四·相》简3），从衣、𢾼声，即"𢾼"字繁构，简文中1见，用同"埶"（藝）。

［禣］［祡］［禍*］［化*］

"禣"字作▨(《上五·三》简14），从示、骨声，即"禍"字异体，简文中7见，均用同"禍"。

"祡"字作▨(《郭·尊》简2），从示、化声，即"禍"字异体，简文中3见，用同"禍"。

按：楚简文字中，"化"字1见，即用作"禍"。

［軷］［𣂑］［𩵋］［䡴*］

"軷"字作▨(《包》简269），从車、从戈，即"載"字异体，简文中1见，用同"載"。原考释者云："軷，载之异体。"[2]

"𣂑"字作▨(《郭·尊》简29），从車、才声，即"載"字省形，简文中2见，用同"載"。

"𩵋"字作▨(《上六·庄》简3），从車、从戈、才声，即"載"字异体，简文中1见。原整理者云："'𩵋'即'載'，乘也。"[3]

［𨟠］［𨟙］［𨟝］［𨟠*］即"脆"字异体。

---

[1] 荆门市博物馆：《郭店楚墓竹简》，北京：文物出版社1998年5月第1版第206页。

[2] 湖北省荆沙铁路考古队：《包山楚简》，北京：文物出版社1991年10月第1版第65页注621。

[3] 马承源主编：《上海博物馆藏战国楚竹书（六）》，上海：上海古籍出版社2007年7月第1版第246页。

"靏"字作▨(《郭·老甲》简25），从雨、毳省声，即"靏"字省形，简文中1见，用作"脆"。

"靏"字作▨(《上四·采》简3），从雨、毳声，简文中2见，用作"毳"。

"寉"字作▨(《上二·子》简1），从宀、毳声，即"毳"字繁构，用作"脆"，简文中1见，用作"脆"。

按：《说文·毳部》："毳，兽细毛也。从三毛。""毳""脆"古音皆在清母月部，于音可通。文献中，"毳"用同"脆"。《荀子·议兵》："是事小敌毳，则偷可用也。"杨倞注："毳，读为脆。"《汉书·丙吉传》："不得令晨夜去皇孙敖汤，数奏甘毳食物。"颜师古注："毳，读与脆同。"楚简中，"毳"及从"毳"得声的诸字用与文献同，当为"脆"字异体。

[獻]［獻］［纁］［獻*]

"獻"字作▨(《上二·容》简5），从犬、虐声，即"獻"字异体，简文中4见，用同"獻"。

"獻"字作▨(《新·甲一：21》简17），从犬、虗声，即"獻"字异体，简文中6见，用同"獻"。

"纁"字作▨(《汇·信二》简25），从犬、膚声，即"獻"字繁构，简文中1见，用同"獻"。

[䑓］［䑓］［䢷］［遷］即"舉"字异体。

"䑓"字作▨(《郭·穷》简5），从吕、與声，即"舉"字异体，简文中7见，用同"舉"。

"䑓"字作▨(《上六·競》简8），从止、與声，简文中118见，用同"舉"。

"䢷"字作▨(《郭·性》简16），从止、与声，即"䑓"字省形，简文中3见，用同"舉"。

"遷"字作▨(《汇·望一》简53），从辵、與声，即"䑓"字异体，简文中7见，用同"舉"。

[㛸］［頿］［頦］［色]

"㛸"字作▨(《郭·语一》简50），从矣、色声，即"色"字繁构，简文中1见，用同"色"。

"頿"字作▨(《郭·语一》简47），从頁、色声，即"色"字繁构，简文中1见，用同"色"。《改并四声篇海·色部》引《类篇》："頿，音颜。"

"頦"字作▨(《上三·周》简14），从頁、矣声，即"色"字别体，

438

简文中 2 见，用同"色"。

"色"字作⿰（《上四·柬》简 16），简文中 13 见，用与《说文》同。《说文·色部》："色，颜气也。从人，从卩。⿰，古文。"

［㲻］［㴇］［㜽］［䈋］［伩＊］字今作"溺"。

"㲻"字作⿰（《郭·老甲》简 8），从水、𠃬声，简文中 12 见，用同"溺"。

"㴇"字作⿰（《郭·语二》简 36），从邑、从水，即"伩"字变体，简文中 1 见，用作"弱"。

"㜽"字作⿰（《包》简 5），从子、𠃬声，即"伩"字变体，简文中 1 见，用作"弱"。

"䈋"字作⿰（《上五·鲍》简 3），从力、㲻声，即"㲻"字繁构，简文中 1 见，用作"弱"。

按：《说文·水部》："伩，没也。从水，从人。"段注："此沉溺之本字也。今人多用溺水水名字为之，古今异字耳。"《玉篇·水部》："伩，孔子曰：'君子伩于日［口］，小人伩于水。'今作溺。"今本《礼记·缁》作"小人溺于水，君子溺于口。"

［戔］［䤨］［䝢］［䶒］［司＊］

"戔"字作⿰（《郭·语三》简 26），从戈、司省声，即"司"字异体，简文中 3 见，用作"治"。

"䤨"字作⿰（《郭·语三》简 30），从戈、𠙺声，即"戔"字繁构，简文中 3 见，用作"治"。

"䝢"字作⿰（《郭·语一》简 51），从支、𠙺声，即"䤨"字别构，简文中 6 见，均用作"治"。

"䶒"字作⿰（《上五·鲍》简 3），从册、司声，亦即"司"字异体，简文中 3 见，用同"司"。

［㕣］［𡖉］［㘴］［砍］［𡊬］即"厚"字异体。

"㕣"字作⿰（《郭·老甲》简 36），从石、句声，即"厚"字异体，简文中 1 见，用同"厚"。刘钊云："'㕣'为'厚'字异体，从'句'得声，古音'句'在见组侯部，'厚'在匣组侯部，声为喉牙通转，韵部相通，可以相通。"[①]

"𡖉"字作⿰（《郭·老甲》简 33）从石、毛声，即"厚"字异体，简文中 19 见，均用同"厚"。

[①] 刘钊著：《郭店楚简校释》，福州：福建人民出版社 2003 年 12 月第 1 版第 25 页。

"厈"字作▨（《上五·季》简18），从石、主声，即"厚"字别体，简文中9见，用同"厚"。字或隶作"至"。

"叹"字作▨（《上四·曹》简45），从石、从又，即"厚"字省形，简文中1见，用同"厚"。

"𥕺"字作▨（《上一·紂》简2），从石、从章，字当为楚简"厚"字繁构，简文中1见，用同"厚"。

［埭］［逨］［迷］［莱］［㯠］即"行來"之"來"的异体。

"埭"字作▨（《郭·穷》简10），从止、來声，即"來"字异体，简文中33见，用同"來"。

"逨"字作▨（《上二·容》简47），从辵、埭声，即"來"字繁构，简文中2见，用同"來"。

"迷"字作▨（《上三·周》简9），从辵、來声，即"來"字繁构，简文中5见，用同"來"。《玉篇·辵部》："迷，來也，至也，就也。"《集韵·哈韵》："來，或从辵。"

"莱"字作▨（《上三·周》简51），从止、莱声，即"來"字别体，简文中1见，用同"來"。

"㯠"字作▨（《上三·周》简35），从止、棶声，即"來"字别体，简文中1见，用同"來"。

按：楚简文字中，"來"字借作某量词（似是"稑"的十分之一），为借词所专，于是为"行來"之"來"另造从辵或从止构形的"來"字。参见第五章有关分化字的讨论。

［㐱］［舍］［龛］［佘］［余*］

"㐱"字作▨（《上三·周》简14），从丿、余声，即"余"字繁构，简文中17见，用作"余""餘""豫""除"等。

"舍"字作▨（《上六·天乙》简8）从口、余声，即"余"字繁构，简文中8见，用作"余""餘""予"。

"龛"字作▨（《郭·性》简19），从口、㐱声，即"㐱"字繁构，简文中4见，用同"余"。

"佘"字作▨（《上五·姑》简9），从亻、余声，即"㐱"字异体，简文中1见，借用"除"。

［睪］［𥈠］［敫］［憝］［親*］

"睪"字作▨（《郭·忠》简2），从囟、辛声，即"親"字古文，简文中11见，均用同"親"。

"𥈠"字作▨（《上一·衣》简19），从目、辛声，疑即"睪"字变体，

440

简文中12见，均用同"親"。

"敦"字作▉（《上六·孔》简8），从攴、亲声，即"親"字异体，简文中1见，用同"親"。

"慹"字作▉（《上二·昔》简3），从心、敦声，即"敦"字繁构，简文中1见，用同"親"。

［綒］［䇒］［纑］［䌛］［組＊］

"綒"字作▉（《上五·弟》简15），从又、组声，即"組"字繁构，简文中1见，借作"阻"。

"䇒"作▉（《曾》简25），从口、组声，即"組"字繁构，简文中81见，均用同"組"。

"纑"字作▉（《曾》简66），从糸、虘声，即"組"字异体。古文字构形从且得声的字或从虘作。《说文·辵部》："迌，往也。从辵、且声。迌，齐语。徂，或从彳。遭，籀文从虘。"简文中，"纑"字4见，用同"組"。

"䌛"字作▉（《汇·仰》简30），从又、纑声，即"纑"字繁构，简文中2见，用同"組"。《战国楚简研究》云："纑从糸、虘声，为组的繁体字。"①

［賵］［福］［賦］［賦］［富＊］

"賵"字作▉（《上一·紂》简22），从貝、富声，即"富"字繁构，简文中2见，用同"富"。

"福"字作▉（《上四·曹》简3），从示、富声，即"富"字繁构，简文中2见，用同"富"。

"賦"字作▉（《上三·彭》简8），从貝、畐声，即"富"字异体，简文中6见，均用同"富"。

"賦"字作▉（《上五·鬼》简2），从貝、福声，即"富"字异体，简文中1见，用同"富"。

［䎽］［窜］［䉛］［聛］［聛＊］即"聞"字异体。

"䎽"字作▉（《汇·望一》简91），从午、䎽声，即"䎽"字繁构，简文中2见，用同"聞"。《说文·耳部》："聞，知闻也。从耳，門声。聛，古文从昏。"

"窜"字作▉（《上五·姑》简2），从宀、䎽声，即"䎽"字繁构，简文中60见，用同"聞"。

"䉛"字作▉（《郭·五》简23），从米、从耳，即"聞"字古文，简

---

① 中山大学古文字研究室编：《战国楚简研究》第四辑第11页，未刊稿。

441

文中,"聳"字10见,用同"闻"。《玉篇·耳部》:"聞,《说文》云:'知声也。'《书》云:'予闻如何。'䎽、聳,并古文。"

"聵"字作⚪(《上一·紂》简19),从耳、昏省声,即"聵"字的讹变体,简文中1见,用同"闻"。

按:《说文·耳部》:"聵,骊语也。从耳、昏声。"《正字通·耳部》:"聵,本作聵。"与楚简文字中的"聵"当属同形字。

[耴][聖][埕][耺][聖*]

"耴"字作⚪(《郭·唐》简6),从耳、从口,即"聖"字省形,简文中3见,均用同"聖"。

"聖"字作⚪(《郭·唐》简25),从口、耴声,即"聖"字省变体,简文中2见,用同"聖"。

"埕"字作⚪(《郭·唐》简3),字即"聖"字省变形,简文中1见,用同"聖"。

"耺"字作⚪(《上六·孔》简4),从人(儿)、耴声,即"聖"字省变体,简文中3见,用同"聖"。

[斳][剒][吉][慗][䛐*]即"慎"字异体。

"斳"字作⚪(《上三·中》简23),简文中22见,均用同"慎"。《说文·心部》:"慎,谨也。从心、真声。䛐,古文。"

"剒"字作⚪(《上三·彭》简2),即"斳"字省形,简文中13见,均用同"慎"。字或隶作"誓"。

"吉"字作⚪(《上一·性》简39),即"斳"字省形,简文中2见,用同"慎"。

"慗"字作⚪(《上五·三》简12),从心、斳声,简文中8见,均用同"慎"。字或隶作"誜"。

[戗][菽][惄][㦧][戚*]即"感"字异体。

"戗"字作⚪(《上一·孔》简4),从戈、苤声,即"感"字异体,简文中5见,用同"感"。字或径隶作"感"。

"菽"字作⚪(《上五·三》简3),从艸、戚省声,简文中1见,用同"感"。

"惄"字作⚪(《郭·性》简30),从心、菽声,即"菽"字繁构,简文中1见,用同"戚"(感)。

"㦧"字作⚪(《上一·性》简19),从戈、从见,即"戚"字异体,简文中1见,用同"戚"(感)。

按:楚简中的"戚"字凡2见,均用同"感",与传世文献用同。《说文·戈部》:"戚,戉也。"段注:"戚,又引伸训忧。度古只有戚,后乃别制慽字。"《诗·小雅·小明》:"心之忧矣,自诒伊戚。"毛传:"戚,忧也。"

[阩][陎][陡][陞][升*]

"阩"字作☒(《包》简29),从阜、升声,简文中55见。《集韵·蒸韵》:"阩,登也。"《正字通·阜部》:"阩,俗升字。"

"阩"字作☒(《包》简85),从中、阩声,即"阩"字繁构,简文中4见。

"陡"字作☒(《上三·周》简33),从止、阩声,即"阩"字繁构,或即"陞"之异体。《广雅·释诂二》:"陡,进也。"《玉篇·阜部》:"陡,《声类》:'今升字。'"简文中"陡"字6见,用同"陞"。

"陞"字作☒(《包》简5),从中、从止、阩声,即"阩"字繁构,简文中5见,借作"徵"。

[禩][禩][䀠][穛][穛*]

"禩"字作☒(《郭·尊》简7),从示、畀声,即"穛"字异体,简文中6见,用同"穛"。

"禩"字作☒(《新·甲三:341》简363),从示、畀声,即"穛"字别体。《集韵·职韵》:"禩,通作穛。"简文中7见,用同"穛"。

"䀠"字作☒(《上五·姑》简3),从目,当是畀省声,字即"禩"之省形,简文中1见,用同"禩(穛)"。

"穛"字作☒(《上六·用》简8),从禾、畀声,即"穛"字变体,简文中4见,用同"穛"。

[迻][遌][秵][遱][䒨]字今作"移"。

"迻"字作☒(《上四·柬》简12),从辵、多声,简文中3见。《说文·辵部》:"迻,迁徙也。从辵、多声。"《集韵·支韵》:"迻,通作移。"

"遌"字作☒(《包》简214),从辵、从匚、多声,即"迻"字繁构,简文中5见,均用同"迻"。

"秵"字作☒(《上五·季》简6),从禾、也声,即"移"字异体,简文中1见,用同"移"。《广韵·支韵》:"秵",同"移"。《集韵·支韵》:"移,或作秵。"

"遱"字作☒(《新·甲三:209》简234),从辵、从耳、多声,即"迻"字繁构,简文中6见,均用同"迻"。

"䒨"字作☒(《新·零:270》简914),从止、从艸、从耳、多声,即"遱"字别体,简文中1见,用同"迻"。

[梁][䣙][邟][秜][冹]即"梁"字异体。

"梁"字作✿（《包》简157），从禾、办（刃）声，即"梁"字省形，简文中1见，用作"梁"。原整理者云："大 梁，即大梁，魏国都城。"①

"䣙"字作✿（《包》简163），从邑、㮴声，即"㮴"字繁构，简文中3见，用作"梁"。

"邘"作✿（《包》简179），从邑、刃声，即"梁"字异体，简文中1见，用作"梁"。

"秒"字作✿（《上五·鲍》简1），从禾、办声，即"㮴"字别体，简文中2见，用作"梁"。

"汅"字作✿（《郭·成》简35），从水、刃声，即"梁"字省形，简文中4见，用作"梁"。

[㒲][㙊][隁][㤎][䚫]即"鄰"字异体，今简化作"邻"。

"㒲"字作✿（《郭·老甲》简9），从吅、文声，即"鄰"字古文，简文中12见，用同"鄰"。字或隶作"㒲"。刘钊云："'㒲'为'鄰'字古文，即从两个并排的城邑形，以表示相鄰之鄰，'文'为累加之声符。"②

"㙊"字作✿（《上一·性》简29），从土、㒲声，即"㒲"字繁构，简文中1见，借作"吝"。

"隁"字作✿（《上一·孔》简20），从阜、㒲声，即"㒲"字繁构，简文中1见，借用作"離"。

"䚫"字作✿（《上三·周》简57），从口、㒲声，即"㒲"字繁构，简文中6见，均用同"鄰"。

"㤎"字作✿（《上四·曹》简5），从心、㒲声，即"㒲"字繁构，简文中5见，用同"鄰"。

[㒒][遵][敓][譞][臺]即"就"字异体。

"㒒"字作✿（《郭·五》简33），即"就"字古文，简文中29见，用同"就"。

"遵"字作✿（《上四·曹》简9），从辵、㒒声，即"㒒"字繁构，简文中18见，用同"就"。

"敓"字作✿（《上三·周》简47），从攴、㒒声，即"㒒"字繁构，简文中1见，用同"就"。

"譞"字作✿（《上二·从甲》简13），从言、声，即"㒒"字繁构，

---

① 湖北省荆沙铁路考古队：《包山楚简》，北京：文物出版社1991年10月第1版第51页注298。

② 刘钊著：《郭店楚简校释》，福州：福建人民出版社2003年12月第1版第10页。

444

简文中 1 见，用同"就"。

"臺"字作◯（《新·零：318》简 960），从止、𦤠声，即"𦤠"字繁构，简文中 8 见，均用同"就"。

[戈][雔][𢦏][𢦏][𢦏]即"戟"字异体。

"戈"字作◯（《包》简 61），从戈、半声，字即"戟"字异体，简文中 4 见，均用同"戟"。

"雔"字作◯（《曾》简 37），从戈、隹声，字即"戟"字异体，简文中 19 见，均用同"戟"。《曾侯乙墓》云："'戟'，原文作'雔'，即'戟'的异体。故释文径写作'戟'。"[①]

"𢦏"字作◯（《上一·衣》简 10），从戈、各声，简文中 1 见，用同"戟"。

"𢦏"字作◯（《郭·缁》简 43），从戈、考声，即"𢦏"字变体，简文中 2 见。用同"戟"。

"𢦏"字作◯（《上六·天乙》简 5），从戈、束声，字即"戟"字异体，简文中 2 见，用同"戟"。原整理者云："'𢦏'，从戈，从束声，金文构形声旁或从棗。'𢦏'，即'戟'字异构，相同写法也见于郭店楚简《缁》引《诗》：'执我 𢦏𢦏，亦不我力。'上海博物馆藏楚竹书本作'𢦏'，也是'戟'的异体字。今本作'仇'，与𢦏、𢦏为通假关系。'戟'，读为'格'，上海博物馆藏楚竹书本'戟'字即以'各'为声旁，可证。"[②]

按：《郭店》简的"戟"，原整理者隶作"𢦏"。

[威][威][滅][僾][殺]

"威"字作◯（《上五·三》简 11），从火、戌声，简文中 2 见，均用同"滅"。《说文·火部》："威，灭也。从炎、戌声。火死于戌，阳所至戌而尽。《诗》曰：'赫赫宗周，褎姒威之。'"

"威"字作◯（《汇·信二》简 7），即"威"字的省形，简文中 2 见，用同"滅"。

"滅"字作◯（《郭·唐》简 28），从水、戌（威省）声，简文中 1 见。《说文·水部》："滅，尽也。从水，威声。"《篇海类编·地理类·水部》："滅，火熄也。"

"僾"字作◯（《上五·季》简 22），从彳、威声，即"威"字繁构，

---

① 湖北省博物馆：《曾侯乙墓》，北京：文物出版社 1989 年 7 月第 1 版第 505 页注 28。
② 马承源主编：《上海博物馆藏战国楚竹书（六）》，上海：上海古籍出版社 2007 年 7 月第 1 版第 319 页。

445

简文中 1 见，用同"滅"。

"殺"字作▢（《上五·三》简 14），从殳、末声，即"威"异体，简文中 1 见，用同"滅"。

[迤][堲][陀][隊][地*]

"迤"字作▢（《郭·语一》简 6），从辵、它声，简文中 3 见，用同"地"。字或隶作"𨑯"。

"陀"字作▢（《包》简 219），从阜、土，它声，即"地"字古文，简文中 60 见，均用同"地"。字或隶作"堲"。

"隊"字作▢（《郭·语四》简 22），从彳、土，豕声，与《说文·土部》"地"之籀文相近。《说文·土部》："地，元气初分，轻清阳为天，重浊阴为地，万物所陈列也。从土、也声。墜，籀文地从隊。"《康熙字典·阜部》："隊，古文地字。"简文中，"隊"字 3 见，均用同"地"。

按：楚简中"地"字 1 见，作 ▢（《包》简 149），字当是"陀"之省形。

[忞][悲][衺][裛][哀*]

"忞"字作▢（《上五·三》简 20），从心、衣声，即"怀"字。《龙龛手镜·心部》："怀，乌怀反，哀也。"简文中"忞"字 11 见，均用同"哀"。

"衺"字作▢（《上三·亙》简 3 正），从衣、衣声，即"哀"字异体，简文中 2 见，均用同"哀"。

"悲"字作▢（《郭·语二》简 31），从心、哀声，即"哀"字繁构，简文中 4 见，均用同"哀"。《字汇·心部》："悽，同哀。"朱骏声《说文通训定声》："哀，闵也。从口、衣声。字亦作悽。"

"裛"字作▢（《上六·天乙》）简 8），从心、衣声，即"忞"字变体，简文中 2 见，用同"哀"。

[丞][巠][贕][唇][恳] 即"恆"字异体，简化作"恒"。

"丞"字作▢（《上五·三》简 17），与《说文·心部》"恒"之古文相同，《说文·心部》："恒，常也。从心，从舟，在二之间上下。心以舟施恒也。丞，古文恒从月。《诗》曰：'如月之恒。'"简文中，"丞"字 86 见，均用同"恆"。

"巠"字作▢（《上六·天乙》简 7），从心、丞声，即"丞"字繁构，简文中 4 见，用同"恆"。字或隶作"㤚"。

"贕"字作▢（《郭·缁》简 45），从贝、丞声，即"丞"字繁构，简文中 1 见，用同"恆"。

"唇"字作▢（《包》简 233），从口、丞声，即"丞"字繁构，简文中

446

11 见，用同"恆"。

"悉"字作█（《包》简231），从心、丞声，即"丞"字繁构，简文中14见，用作"恆"。

［宅］［宅］［垞］［垞］［宅］

"宅"字作█（《上二·容》简2），从广、乇声，即《说文·宀部》"宅"之古文，简文中6见，均用同"宅"。《说文·宀部》："宅，所托也。从宀，乇声。█，古文宅。宅，亦古文宅。"

"宅"字作█（《上五·三》简8），从厂、乇声，即"宅"字异体，简文中14见，用同"宅"。

"垞"字作█（《包》简157），从宀、垞声，即"宅"字异体，简文中8见，用同"宅"。原整隶作"垞"，并云："垞，读作宅。"①

"垞"字作█（《上六·天乙》简1），从土、宅声，即"宅"字繁构，也即"垞"字异体（古文字构形从厂从广常混）。《说文长笺·土部》："垞，与宅同。"简文中2见，借作"都"。

"宅"字作█（《新·甲三：11、24》简62），从宀、宅声帮，即"宅"字异体，简文中1见，用同"宅"。按：此字隶作"宅"，不确。

［絧］［幻］［繣］［綱］［絇］即"治"字异体。

"絧"字作█（《上四·曹》简36）、█（《上二子》简1），从糸、司声，即"治"字古文，简文中28见，25例用同"治"。字或隶作"絧""紿"，与《广雅·释诂四》"絧，补也"之"絧"、《说文·糸部》"丝劳即紿"之"紿"字当属同形字。

按：《汗简》所收古文"治"字作█、█，《古文四声韵》所收古文"治"字作█、█（并义云章）、█、█（并古孝经），构形与楚简"絧"字相同或相似，是"絧"即古文"治"字。

"幻"字作█（《郭·唐》简13）、█（《郭·唐》简23），从幺（糸）、司省声，即"絧"字省形，简文中8见，用同"治"。

"繣"字作█（《上三·亙》简8），从糸、从言、司省声，即"絧"字繁构，简文中1见，用同"治"。

"綱"字作█（《上二·从乙》简1），从糸、从心、司省声，即"絧"字繁构，简文中4见，均用同"治"。

"絇"字作█（《郭·老乙》简1），从糸、司省声，即"絧"字省形，

---

① 湖北省荆沙铁路考古队：《包山楚简》，北京：文物出版社1991年10月第1版第43页注96。

447

简文中 3 见，用同"治"。与《说文·糸部》"繺绳绚也"之"绚"字当为同形字。字或隶作"給"。

[钗][荃][僅][𦣝][𦣝][僕*]

"钗"字作█（《郭·老甲》简 13），从又、荃声，即"僕"字异体，简文中 1 见，借作"樸"。

"荃"字作█（《郭·老甲》简 2），从臣、菐省声，与《说文·菐部》"僕"之古文相同。《说文·菐部》："僕，给事者。从人，从菐，菐亦声。█，古文从臣。"简文中，"荃"字 2 见，借作"樸"。

"僅"字作█（《上三·周》简 53），从臣、僕声，与《说文》"僕"之古文相近，简文中 37 见，均用同"臣僕"之"僕"。

"𦣝"字作█（《包》简 164），从臣、付声，疑即"僕"字异体，简文中 4 见，均用同"僕"。

"𦣝"字作█（《包》122），构形从臣、父声，疑亦即"僕"字异体，简文中 1 见，即用同"僕"。

[燊][纅][謽][遱][藥][樂*]

"燊"字作█（《上一·孔》简 1），从火、樂省声，即"樂"字变体，简文中 78 见，均用同"樂"。

"纅"字作█（《上二·民》简 12），从糸、臬声，即"樂"字变体，简文中 12 见，用同"樂"。

"謽"字作█（《郭·五》简 50），从言、樂省声，即"樂"字变体，简文中 2 见，用同"樂"。

"遱"字作█（《上四·内》简 6），从辵、樂省声，亦即"樂"字变体，简文中 1 见，用同"樂"。

"藥"字作█（《郭·五》简 6），从中、樂声，即"樂"字异体，简文中 7 见，均用同"樂"。

按：从艸构形的"藥"，简文中 3 见，作█（《上三·周》简 21），用同"藥"，《说文·艸部》："藥，治病艸。从艸、樂声。"而从中构形的"樂"，简文中凡 16 见，均用作"樂"，楚简文字构形从中、从艸不完全相通。

[戁][㱿][毇][㱳][𠕽][㱽]即"葬"字异体。

"戁"字作█（《包》简 91），从死、臧声，即"葬"字异体，简文中 2 见，用同"葬"。字或隶作"㱽"。

"㱿"字作█（《郭·六》简 16），从歹、爿声，即"葬"字异体，简文中 2 见，用同"葬"。

448

"薨"字作█(《上四·昭》简5),从死、从莫,简文中1见。原整理者云:"'薨',即'葬'字,《说文·茻部》:'葬,藏也。从死在茻中。'《礼记·檀弓上》:'国子高曰:葬也者,藏也。藏也者,欲人之弗得见也。'"① 或疑此字当分析为从葬、莫声,即为"墓"字异体。

"𡻕"字作█(《包》简155),从歺、戚声,即"葬"字异体,简文中3见,用同"葬"。

"寢"字作█(《包》简267),从宀、𡻕声,即"𡻕"字繁构,简文中1见,用同"葬"。

"薨"字作█(《上五·鲍》简2),从死、芒声,即"葬"字异体,简文中4见,均用同"葬"。

[散][峚][敊][訧][頾][娓]即"媺(美)"字异体。

"散"字作█(《郭·老丙》简7),从女、峚声,即"媺"字异体,简文中3见。《集韵·旨韵》:"媺,善也。通作美。"钱大昕《十驾斋养新录》卷二:"媺,古'美'字。"

"峚"字作█(《上四·内》简9),字即"媺"字初文,简文中8见,均用同"媺(美)"。

"敊"字作█(《上四·曹》简3),从攴、峚声,即"媺"字异体,简文中23见,用同"媺(美)"。

"訧"字作█(《郭·老丙》简7),从女、峚声,即"散"字的讹变体,简文中1见,用同"媺(美)"。

"頾"字作█(《上一·紂》简18),从页、峚声,简文中4见,均用作"媺(美)"。

"娓"字作█(《上五·三》简8),从女、峚声,即"散"字变体,简文中6见,用同"媺(美)"。

[繡][緟][緭][緬][鞞][緃][紳*]

"緭"字作█(《上六·庄》简4),从糸、从畺,即"紳"字讹变体,简文中2见,借用作"申"。

"繡"字作█(《上六·庄》简6)、█(《上四·曹》简21),从中、緭声,即"緭"字繁构,简文中6见,均借用作"申"。字或隶作"繻"。

"緟"字作█(《上一·紂》简10),从止、紳声,即"紳"字繁构,简文中1见,借用作"陳"。

---

① 马承源主编:《上海博物馆藏战国楚竹书(四)》,上海:上海古籍出版社2004年12月第1版第186页。

"緽"作 ▨（《包》简150），从中、繒省声，即"紳"字的讹变体，简文中1见，用同"紳"。

"鞘"字作 ▨（《曾》简98），从革、申声，简文中1见，用同"紳"。《玉篇·革部》："鞘，革带。也作紳。"《集韵·真韵》："紳，《说文》：'大带也。'或从革。"

"緵"字作 ▨（《曾》简28），从糸、从又、申声，即"紳"字繁构，简文中15见，用同"紳"。

"紳"字作 ▨（《上一·孔》简2），从糸、申声，简文中"紳"字23见。

按：《曾侯乙墓》简中的"紳"字构形有两作：一作 ▨（《曾》简10）、▨（《曾》简61），从糸、申声，即"紳"字；另一则增一"又"符作 ▨（《曾》简38）、▨（《曾》简56），且均在字体的右下，隶作"緵"。

[坒][悥][睈][覟][齐][竟]即动词"看望""望见"之"望"的异体。

"坒"字作 ▨（《郭·穷》简4），从壬、亡声，即"望"字古文，简文中4见，用同"望"。

"悥"字作 ▨（《郭·语二》简3），从心、坒声，即"坒"字繁构，简文中1见，用同"望"。

"睈"字作 ▨（《郭·缁》简3），从見（视）、坒声，即"坒"字繁构，简文中3见，用同"望"。

"覟"字作 ▨（《上五·季》简4），从見（视）、望声，即"睈"字繁构，简文中1见，用同"望"。

"齐"字作 ▨（《上一·紂》简2），从介、亡声，亦即"望"字古文，简文中1见，用同"望"。

"竟"字作 ▨（《上六·競》简2），从見（视）、亡声，即"望"字异体，简文中7见，用同"望"。

按：楚简文字中，"望"字用作名词之"望"，即"名望""弦望"之"望"，传世文字或作"朢"，与动词之"望"已经分化。参见第五章有关分化字的讨论。

[陞][陵][陸][隓][隋][陸*]字今作"隋"。

"陞"字作 ▨（《上三·周》简16），从阜、圭声，简文中2见，用作"惰"。

"陵"字作 ▨（《上三·周》简16），从又、陞声，即"陞"字繁构，简文中3见，用作"随"。原整理者云："陵，简文或省'又'，作'陞'……《说文》所无，或以为从差省，疑同'陸'字，或读为'随'，阜阳汉简

450

《周》作'隋'。"①

"陆"字作▨（《包》简179），从田、坴省声，简文中7见，用作姓，"隋"。

"陒"字作▨（《上三·中》简18），从心、陆声，即"陆"字繁构，简文中1见，用作"惰"。

"嶞"字作▨（《包》简163），从山、隋声，即"隋"字繁构，简文中1见，用作姓，原整理者直接隶作"隋"。

按："陸"字作▨（《上三·周》简26），从阜、坴声，简文中5见，用同"隋"，或用作"嶞"。《说文·阜部》："陸，败城阜曰陸。从阜、坴声。墒，篆文。"

［𢦏］［𢦒］［忎］［𢇇］［祄］［烖］即"災"字异体，字今作"灾""灾"。

"𢦏"字作▨（《汇·仰》简11），从人、戈声，即"災"字省形，简文中7见，用同"灾"。

"𢦒"字作▨（《上四·柬》简13），从＝，＝为省略符，戈声，字即"災"字省形，简文中1见，用同"灾"。

"忎"字作▨（《上五·鲍》简8），从心、才声，即"灾"字异体，简文中5见，用同"灾"。

"𢇇"字作▨（《郭·老甲》简21），从丝、才声，即"灾"字异体，简文中2见，用同"灾"。

"祄"字作▨（《上五·三》简2），从示、才，即"灾"字异体，简文中4见，均用作"灾"。

"烖"字作▨（《上三·周》简56），从火、才声，与《说文·火部》"災"之古文相同。《说文·火部》："災，天火曰災。从火、𢦒声。灾，或从火、宀；烖，古文从才；災，籀文从巛。"简文中"烖"字2见，均用同"灾"。

［俊］［复］［𠂇］［㑅］［迮*］［乍*］即"作"字异体

"俊"字作▨（《上五·三》简11），从又、作声，即"作"字繁构，简文中26见，用同"作"。

"复"字作▨（《郭·成》简7），从又、乍声，即"乍"字繁构，简文中36见，用同"作"。

---

① 马承源主编：《上海博物馆藏战国楚竹书（三）》，上海：上海古籍出版社2003年12月第1版第159页。

451

按：就《包山》简言，"𠈭""复"均用同"胙"，当属"胙"字异体。

"𢼸"字作▨（《上五·鲍》简8），从力、柞声，即"作"字异体，简文中5见，用同"作"。

"辵"字作▨（《郭·六》简38），从止、乍声，即"乍"字繁构，简文中2见，均用同"作"。

按：甲、金文"作"字皆作"乍"，不从人。楚简文字中，"乍"字22见，均用同"作"，与甲、金文相同。

[敎][𧥛][詻][效*][孝*][教*]

"敎"字作▨（《郭·尊》简4），从攴、𧥛声，即"𧥛"字繁构，简文中1见，用同"教"。

"𧥛"字作▨（《上一·紂》简10），从言、爻声，即"教"字异体，简文中36见，均用同"教"。

"詻"字作▨（《上二·从甲》简3），从口、𧥛声，即"𧥛"字繁构，简文中1见，用同"教"。

"教"字作▨（《郭·语一》简43），从攴、孝声，即"孝"字繁构，简文中8见，均用同《说文》。《说文·教部》："教，上所施下所效也。从攴、从孝。▨，古文教；▨亦古文教。"

[贛][䵅][𧶠][歆][韌][韢]

"贛"字作▨（《上六·用》简7）、▨（《上五·弟》简1），从貢、歆声。简文中21见，用作"貢"（人名"子貢"之"貢"与"进貢"之"貢"）。

"䵅"字作▨（《上二·鲁》简3），从贝，歆声，即"贛"字省形，与《说文》"贛"之籀文相同。《说文·贝部》："贛，赐也。从贝，竷省声。▨，籀文贛。"简文中"䵅"字5见，亦用作"貢"。

"𧶠"字作▨（《上四·曹》简53），即"贛"字的省变体，简文中1见，借用作"黔"。

"歆"字作▨（《上五·季》简19），从章、欠声，即"贛"字省形，简文中8见。《曾侯乙墓》云："简文'贛'和'韌'才是'贛'字。……简文'韌'应当是'歆'的变体。"①

"韌"字作▨（《曾》简126），从章、从丮，即"歆"字变体，简文中7见。

"韢"字作▨（《曾》简67），从贝、韌声，即"韌"字繁构，简文中

---

① 湖北省博物馆：《曾侯乙墓》，北京：文物出版社1989年7月第1版第515页注107。

1见。

［恭］［恭］［龏］［龏］［龔＊］［共＊］

"恭"字作🔣（《帛·甲》行8～10），从心、共声，简文中1见，借用为"恐"。

"恭"作🔣（《郭·缁》简8），从工、恭声，即"恭"字繁构，简文中1见，用同"恭"。刘钊："'恭'即'恭'，累加'工'为声。"①

"龏"字作🔣（《上一·䊷》简2），从又、龍省声，即"龏"字的省形，简文中2见，用同"恭"。

"龏"字作🔣（《郭·尊》简34），从廾、龍省声，即"龏"字的省形，简文中1见，用同"恭"。

按：《说文·心部》："恭，肃也。从心、共声。"又，《廾部》："龏，愨也。从廾、龍声。"段注："此与《心部》恭音义同。"《汉语大字典》云："经典多以共为恭。龏，从廾拜龍，是恭的古字。恭，从心共声，是龏的后起形声字。"在楚简文字中，"共"字26见，14例用同"恭"，与后世经典同。"龏"字20见，18例借用作"龔"（姓），仅2例用作"恭"，"龏""恭"二字已经开始分化。

［惪］［僾］［䏝］［蠤］［蛋］［惪］字今作"憂"，简作"忧"。

"惪"字作🔣（《上五·三》简4），从心、从頁，简文中31见，均用同"憂"。《说文·心部》："惪，愁也。从心、从頁。"徐锴《系传》："惪心形于颜面，故从頁。"《正字通·心部》："惪，憂本字。"

"僾"字作🔣（《包》简233），从人、惪声，字即"惪"字繁构，简文中14见，均用同"憂"。《包山楚简》云："王，惪字。《说文》惪字从心从頁，简文此字从百，与从頁同。读作憂。"②

"蠤"字作🔣（《帛·甲》行11～13），从虫、惪声，简文中1见。李零："蠤，与《字汇补》所收憂字的古文夔略同，上从惪，即憂之本字，下从虫，仍是憂字。这里的 蠤应读为扰乱的扰。"③

"䏝"字作🔣（《上三·中》简26），从肉、惪声，即"惪"字繁构，简文中2见，用同"憂"。

"蛋"字作🔣（《上二·容》简3），从虫、惪省声，即"蠤"字的省形，

---

① 刘钊著：《郭店楚简校释》，福州：福建人民出版社2003年12月第1版第54页。

② 湖北省荆沙铁路考古队：《包山楚简》，北京：文物出版社1991年10月第1版第53页注349。

③ 李零著：《长沙子弹库战国楚帛书研究》，北京：中华书局1985年7月第1版第63页。

简文中1见，用同"憂"。

"悥"字作👁（《上五·鲍》简5），从心、百声，简文中3见，均用同"憂"。《玉篇·心部》："悥，《说文》云：'悥，愁也。'"

［欲］［慾］［忩］［㲁］［谷＊］［合＊］

"欲"字作👁（《郭·老甲》简2），从欠、谷声，简文中37见。《说文·欠部》："欲，贪欲也。从欠、谷声。"

"慾"字作👁（《上三·亙》简5），从心、欲声，即"欲"字繁构，简文中3见，均用同"欲"。

"忩"字作👁（《郭·缁》简6），从心、谷声，即"欲"字异体，简文中2见，用同"欲"。

"㲁"字作👁（《郭·语二》简10），从心、谷省声，即"忩"字的省形，简文中6见，均用同"欲"。

按：楚简文字中，"合""谷"二字亦均用同"欲"，疑即"欲"字初文。

［炁］［䰯］［勥］［燹］［爒］［惪］即"氣"字异体，简作"气"。

"炁"字作👁（《上一·性》简1），从火、气声，即"氣"字古文，简文中1见，用同"氣"。《字汇补·气部》："炁，古文氣字。"

"䰯"字作👁（《上二·容》简29），从而、既声，即"氣"字异体，简文中1见，用同"氣"。

"勥"字作👁（《郭·唐》简11），从力、既声，即"氣"字异体，简文中1见，用同"氣"。

"燹"字作👁（《郭·老甲》简35），从火、既声，即"氣"字异体，简文中28见，均用同作"氣"。

"爒"字作👁（《上二·民》简10），从火、惪声，即"惪"字繁构，简文中1见，用同"氣"。

"惪"字作👁（《郭·语三》简40），从心、既声，与《说文·心部》"悳"之古文相同。《说文·心部》："悳，惠也。从心、旡声。惪，古文。"简文中，"惪"字14见，字用有二，分布也很有规律。一是用作"氣"，均见于《包山》；二是用作"愛"，均见于《郭店》简中的《语》篇。因此，就《包山》简言，"惪"为"氣"字异体，而就《郭店》简言则为"悳"（愛）字异体，地域性差异明显。

［唐］［㡿］［虖］［禤］［戯］［㡿］［癗］即"虐"字异体。

"唐"字作👁（《郭·鲁》简4），从口、从虎，即《说文·虍部》"虐"字古文，简文中80见，借作"乎"，或用同"虐"。《说文·虍部》："虐，残也。从虍，虎足反爪人也。👁，古文虐如此。"王筠《句读》："盖从虎口，

《庄子·盗跖篇》所谓不免虎口也。"

"虖"字作❄（《上五·竞》简6），从口、从卢，即"唐"字省形，简文中1见，用同"虐"。

"樢"字作❄（《上六·用》简14），从木、虎声，即"虐"字异体，简文中1见，用同"虐"。原整理者云："'樢'，疑亦即'虐'字，《上海博物馆藏战国楚竹书》（二）《从政甲》简十五'毋暴、毋禤、毋贼、毋贪'，'虐'书'禤'，本简'樢政'，亦当读为'虐政'。"①

"禤"字作❄（《上二·从甲》简15），从示、唐声，即"唐"字繁构，简文中2见，用同"虐"。

"戬"字作❄（《新·甲三∶64》简108），从戈、唐声，即"唐"字繁构，简文中1见，用同"虐"。

"䂤"字作❄（《上一·紂》简14），从示、唐省声，字即"禤"字的省形，简文中1见，用同"虐"。

"瘧"字作❄（《上六·竞》简2），构形从疒、唐声，即"瘧"字异体，简文中3见，用同"虐""瘧"。疑"虐""瘧"古本一字。

［弝］［弜］［勥］［勥］［憖］［彊＊］［彊＊］今通作"强"。

"弝"字作❄（《上六·天甲》简13），从二、弘声，疑即"彊"字省形，简文中22见，均用同"强"。

"弜"字作❄（《上六·慎》简2），即"弝"字变体，简文中1见，用同"强"。

"勥"字作❄（《郭·太》简3），从力、弝声，即"弝"字繁构，简文中9见，用同"强"。字亦或即"勥"字省形。《说文·力部》："勥，迫也。从力、强声。勥，古文从弜。"

"勥"字作❄（《郭·五》简41），从力、彊省声，即《说文·力部》"勥"之古文。简文中2见，用同"强"。

"憖"字作❄（《郭·语二》简34），从心、彊声，即"彊"字繁构，简文中2见，用同"强"。

按：《说文·虫部》："强，蚚也。从虫、弘声。彊，籀文强，从蚰从彊。"又，《弓部》："彊，弓有力也。从弓、畺声。""强"本为虫名，与彊本义不同，假借为彊弱之彊后，为借义所专，而彊字渐废，今多以强代彊。楚简文字中的"弝"疑即"彊"字省形，金文中彊字或省作❄（❄君鬲）、

---

① 马承源主编：《上海博物馆藏战国楚竹书（六）》，上海：上海古籍出版社2007年7月第1版第301页。

455

😀（公孙☒父盨），可证。

[雚][僅][䚈][瞢][覵][簹][覞]即"觀"字异体。

"雚"字作☒（《郭·性》简25）、☒（《郭·性》简25），从宀（个）、从瞿，即"觀"字古文，简文中5见，均用同"觀"。

按："雚"字或从竹作☒（《郭·六》简24）、☒（《上五·季》简7），简文中5见，均用同"觀"，原整理者或隶作"萑"，误。"萑"字楚简作☒（《上四·逸》简1），从艸、从雚，即《广韵》中"萑"字，简文中1见，用同"萑"。《广韵·桓韵》："萑，萑苇，《易》作萑，俗作萑。"《墨子·旗帜》："凡守城之法：石有积……萑苇有积。"孙诒让间诂："《说文·艸部》云：'萑，薍也。''苇，大葭也。'《萑部》云：'萑，小爵也。'音义并别。此萑当为萑，经典省作萑，或掍作萑。"《汉书·货殖传》："五谷六畜及至鱼鳖鸟兽萑蒲材干器械之资，所以养生送终之具，靡不皆有。"颜师古注："萑，薍也，即今之荻也。"楚简文字中，"雚"及从"雚"得声的诸"觀"字，在构形、字用上都与"萑"字区别很清楚，因此，"'雚'即'萑'字讹写"[①]之说，不确。

"䚈"字作☒（《上六·竞》简9）、☒（《上二·子》简11），从见（视）、雚声，即"觀"字异体，简文中10见，用同"觀"。字或隶作"觀"。

"䚈"字作☒（《上六·天乙》简11）☒（《上三·周》简24），从见（视）、雚声，即"觀"字异体，简文中见，均用同"觀"。字或隶作"觀"。

"瞢"字作☒（《上一·性》简15），从目、雚声，与《说文》"觀"之古文作"☒"相似，亦即"瞢"字。《玉篇·目部》："瞢，古觀字。"或作"矔"。《字汇》："矔，古觀字。"简文中，"瞢"字3见，均用同"觀"。

"僅"字作☒（《上一·孔》简3），从人、瞢声，即"瞢"字繁构，简文中1见，用同"觀"。

"簹"字作☒（《上五·季》简13），从口、雚声，即"雚"字繁构，疑即"籲"字，《集韵·桓韵》："觀，古作籲。"简文中，"簹"字1见，用同"觀"。

"覞"字作☒（《上六·王问》简7），从见、尚声，即"觀"字异体，简文中1见，用同"觀"。

[凶][紉][𢇍][㘉][丝][絀][禮]即"絕"字异体。

[①] 刘钊著：《郭店楚简校释》，福州：福建人民出版社2003年12月第1版第97页。

"剀"字作❐（《九·五六》简34），从刀、㡿声，即"絕"字异体，简文中1见，用同"絕"。

"刅"字作❐（《曾》简117），从糸、从刀，即"絕"字省形，简文中1见，用同"絕"。

"劉"字作❐（《上五·三》简16），从刀、从丝，与《说文·糸部》"绝"字古文相近。《说文·糸部》："絕，断丝也。从刀、从糸、从卩。䋃，古文絕，象不连体，絕二絲。"

"㡿"字作❐（《上三·彭》简8），从刀、从丝，即"絕"字异体。简文中10见，均用同"絕"。

"幺刀"字作❐（《郭·老甲》简1），从刀、从幺，即"㡿"字省形，简文中5见，用同"絕"。

"丝刀"字作❐（《上一·孔》简27），从刀省、从丝，即"絕"字异体，简文中2见，用同"絕"。

"禰"字作❐（《上五·弟》简15），从示、㡿声，即"㡿"字繁构，简文中3见，用同"絕"。

［垔］［悂］［戨］［懺］［祼］［鬼＊］［畏＊］

"垔"字作❐（《上五·鬼》简5墨节下），从止、畏声，简文中1见，用同"畏"。原整理者云："'垔'，下从止，即'畏'字繁构。"[1]

"悂"字作❐（《郭·性》简60），从心、畏声，即"畏"字繁构，简文中19见，用同"畏"。字与《集韵·灰韵》"悂，中善"之"悂"当为同形字。

"戨"字作❐（《上六·用》简16），从戈、畏声，即"畏"字繁构，简文中1见，用作"威"。

"懺"字作❐（《郭·唐》简13），从戈、悂声，即"畏"字繁构，简文中1见，用作"威"。

"祼"字作❐（《郭·老乙》简5），从示、畏（鬼）声，即"畏"字繁构。字或隶作"禔"。在《郭店》简中"祼"用同"畏"，而在《上》简中则用同"鬼"。

按：今"鬼""畏"二字本由一字而分化。楚简文字中，"鬼"字作❐（《上三·亙》简3正），"畏"字作❐（《郭·成》简5），构形有别，但字用相同，均用同"畏"，尚未分化。又，就《上》楚简言，"鬼""禔"

---

[1] 马承源主编：《上海博物馆藏战国楚竹书（五）》，上海：上海古籍出版社2005年12月第1版第323页。

457

（或隶作"禝"）二字已经分化，"鬼"均用同"畏"，而"禝"则均用同"鬼"。

[臤][𦣝][𠯑][𥷚][𣫯][𠰷][臤*] 即"賢"字异体。

"臤"字作🔾（《上三·中》简9），从口、臤声，即"臤"字繁构，简文中43见，均用同"賢"。《说文·臤部》："臤，坚也。从又、臣声。读若'铿锵'之'铿'。古文以为賢字。"

"𦣝"字作🔾（《上一·衣》简10），从冂、臣声，即"臤"字变体，简文中1见，用同"臤"（賢）。

"𠯑"字作🔾（《包》简172），从力、臤省声，即"臤"字繁构，简文中5见，均用同"賢"。

"𥷚"字作🔾（《汇·信一》简1），从子、臤省声，简文中1见，用同"賢"。

"𣫯"字作🔾（《上二·从甲》简4），构形从子、臤声，即"臤"字繁构，简文中4见，均用同"賢"。

"𠰷"字作🔾（《上六·慎》简1），从口、从力、臣声，即"臤"字异体，简文中1见，借用作"坚"。

按：楚简中"臤"字凡13见，均用同"賢"。

[𤔔][𤔏][𤕒][𤕝][𤕥][𤕬][䜌][𠬪*] 即"亂"字异体。

"𤔔"字作🔾（《汇·信一》简49），从糸、从𠬪，简文中1见，用同"亂"。

"𤔏"字作🔾（《上二·从乙》简3），从又、从𤔔省，即"𤔔"字繁构，简文中9见，均用同"亂"。

"𤕒"字篆作🔾（《上四·内》简6），从爪、从𤔔，即"𤔔"字繁构，简文中2见，均用同"亂"。

"𤕝"字作🔾（《上五·鲍》简8），从又、从𤔔，即"𤔔"字繁构，简文中1见，用作"亂"。

"𤕥"字作🔾（《上一·孔》简22），从爪、从𤕝，即"𤕝"字繁构，简文中20见，均用同"亂"。构形与《说文·言部》"䜌"之古文相同。《说文·言部》："䜌，乱也。一曰治也，一曰不绝也。从言絲。🔾，古文䜌。"段注："与《爪部》'𠬪'、《乙部》'亂'音义皆同。"按：楚简文字中，"䜌"字5见，均用作姓，即"欒"。

"𤕬"字作🔾（《上五·季》简10），从宀、从𤕝，即"𤕝"字繁构，简文中3见，用同"亂"。

"䜌"字作🔾（《郭·成》简32），从又、从🔾，即"𤕝"字的省变体，

458

简文中 1 见，用同"亂"。

按：楚简文字中，"䛁"字作🀄（《上六·用》简 11），即系"䜌"字的省变体，由此可知，《说文》中的"䛁"与"䜌"之古文"🀄"，实为一字。简文中，"䛁"字 4 见，均用同"亂"。

［賲］［㝃］［珤］［寶］［寶］［寶］［珤］［㝎］［保*］［寶*］

"賲"字作🀄（《上五·三》简 9），从貝、保声，即"寶"之异体，简文中 3 见，用同"寶"。《玉篇·貝部》："賲，有也。亦作㝎，粟藏。"

"㝃"字作🀄（《包》简 212），从宀、保声，即"保"字繁构，简文中 1 见，用作人名。

"珤"字作🀄（《包》简 236），从玉、呆声，即"寶"字异体，简文中 2 见，用作人名。

"寶"字作🀄（《汇·望一》简 58），从貝、宲声，简文中 1 见，用作人名。

按：简文中，"寶豙"一词，或作"珤豙""㝃豙"，"㝃""珤""寶"三字异文。

"寶"字作🀄（《上四·曹》简 56），即"寶"字异体，简文中 1 见，用同"寶"。

"寶"字作🀄（《汇·望一》简 66），从宀、从貝、从玨，即"寶"字异体，简文中 11 见，用同"寶"。

"珤"字作🀄（《上四·昭》简 7），从玉、缶声，即"寶"字古文，简文中 2 见，用同"寶"。《玉篇·玉部》："珤，古文寶字。"

"㝎"字作🀄（《新·甲三：244》简 270），从宀、缶声，即"寶"字古文，简文中 1 见，用同"寶"。

［薨］［死亡］［死亡］［槡］［槡］［薨］［䍙］［槡］［死亡］［㐺］［薨］［喪］［喪*］

"薨"字作🀄（《郭·老丙》简 10），从死、喪省声，即"喪"字繁构，简文中 2 见，用同"喪"。

"死亡"字作🀄（《上四·昭》简 1），从歹、亡声，即"喪"字异体，简文中 1 见，用同"喪"。

"死亡"字作🀄（《上五·季》简 14），从死、亡声，简文中 1 见，用同"喪"。

"槡"字作🀄（《包》简 92），从木、喪省声，即"喪"字异体，简文中 1 见。

"槡"字作🀄（《包》简 167），从木、喪省声，简文中 2 见，用同

459

"喪"。

"𣥺"字作▨(《郭·老丙》简8)，从死、器声，简文中2见，用同"喪"。

"𠒂"字作▨(《郭·语一》简98)，从亡、器声，简文中2见，用同"喪"。

"櫐"字作▨(《上二·民》简11)，从木、器声，简文中5见，用同"喪"。

"𣦼"字作▨(《上二·民》简9)，从死、器省声，简文中4见，用同"喪"。字或隶作"𣦼"。

"𠃉"字作▨(《上三·周》简53)，即"喪"字省形，简文中2见，用同"喪"。

"𣨼"字作▨(《上五·三》简16)，从死、喪声，即"喪"字繁构，简文中7见，用作"喪""殤"。

"𣊫"字作▨(《新·甲三：357、359》简383)，从相、喪声，即"喪"字繁构，简文中3见，用作"喪"。

第五章　楚简新出字中的分化字研究

　　文字分化是文字发展过程中的一种常见现象，也是产生新出字的重要途径之一，即所谓的"分化是和语言的不断发展分不开的，它是满足记录语言的需要而创造新字的一种方法。"[①] 因文字分化而产生的新字即为分化字。

　　战国时期是中国历史上重大变革与发展时期，所谓"古今一大变革之会"。[②] 这一个时期，由于社会各个方面重大变革与发展引发的对文字需求的日益增长以及文字使用的日益普及，文字分化现象非常突出。又由于各国间的发展相对独立，文字分化的不一致性也非常突出，楚简新出字中有相当一部分是因"其不与秦文合"而被废除的分化字，即可为证。在本章，我们将对楚简新出字中的分化字进行深入而系统的分析与研究，就其文字分化的规律进行探讨，归纳出楚简文字分化的特点，并以分化字为例对战国时期的"文字异形"现象、古文字构形中羡符的认定与处理、楚简文字构形从艸从屮的差异等相关的问题进行讨论。

第一节　楚简新出字中文字分化的方式、特点分析

一　楚简新出字中文字分化的方式分析

　　汉字形义间的特殊关系决定了文字的分化必然借助形体的变化来体现。就方式而言，楚简新出字中的文字分化主要有三类：一是对既有的文字形体略加变化而分化；二是增加或者简省文字构件而分化；三是改变义符而分化。下面分别举例讨论。

[①] 梁东汉：《汉字的结构及其流变》，上海：上海教育出版社，1959年2月第1版第164页。
[②] 王夫之《读通鉴论》，转引自杨宽《战国史·前言》，上海：上海人民出版社2003年4月第1版。

1. 对既有的文字形体略加变化而分化

这类分化方式是指，通过对既有的文字形体略作改变而对原本一字的字进行分化。例如"卒"与"衣"二字的分化就是通过文字形体的细微差别来实现的。"卒""衣"二字均非新出字，在古文字中每互用无别。商承祚云："春秋铜器《外卒铎》，其卒作夲，自古及今，此字的形体无大变化，古代所谓的走卒，于其衣背施以题识，在书写字形时用丿来示意。春秋战国文字中，夲、夲不分，每用作衣字，如仰天湖二五号墓遣策的卒字，就是作夲形，有的又将'●'引而长之为'丿'，意思是一样的。卒是衣字的借用字和引申字，到了小篆才区分开来。"①按：商氏"到了小篆才区分开来"之说不确。其实"卒""衣"二字在楚简文字中就已经开始分化。就字形言，"卒"字原篆作夲（《郭·穷》简 3），"衣"字原篆作夲（《上三·周》简 57），二字构形的差异就在字体下部有无一短横。就字用说，"卒"虽多用作"衣"，与甲、金文同，但也偶尔用作"终、完毕"之"卒"。如：

(1) 君民而不骄，卒王天下而不疑。(《郭·唐》简 18)
(2) 三誓持行，見上卒飤（食）。(《上二·从甲》简 7)

从楚简中的"卒"字使用情况可知，"卒""衣"二字已经分化，但还未最终完成。也许正是由于"卒"未能最终完成与"衣"字的分化，于是在楚简文字中另分化出从爪、从卒的"㳅"字，字也或从衣作"衷"。（详见后文讨论）

在楚简新出字中，类似于"卒""衣"分化的字例也不少。如：

[与][牙*]

"与""牙"古本一字。"所谓'一勺为与'的'与'不过是'牙'的省形分化字。"②楚简文字的"与"字，原篆作𠂤（《郭·语一》简 86）、𠂤（《郭·语三》简 71 上），简文中凡 42 见，1 例借用为"举"，2 例借用为"歟"，余均用同"與"。《说文·勺部》："与，赐与也。一勺为与。此与與同。"《玉篇·勺部》："与，赐也，许也，予也。亦作與。"

而"牙"字原篆作𠂤（《郭·语一》简 109）、𠂤（《郭·语一》简

---

① 商承祚：《长沙杨家湾六号楚墓竹简遣策考释》，载《战国楚竹简汇编》，转引自《古文字诂林》第 7 册第 621 页，上海：上海教育出版社 2004 年 12 月第 1 版。
② 汤余惠：《略论战国文形体研究中的几个问题》，《古文字研究》第十五辑第 11 页，北京：中华书局 1986 年 6 月第 1 版。

110),构形与"与"的区别非常清楚:"与"字构形从一横而"牙"字构形从二横,绝不相混。简文中"牙"字凡4例,均借用作"邪"。

楚简文字中"与""牙"二字的分化就是借助对既有的文字形体略作变化而进行分化,非常清楚。或许是由于"牙"字构形与"与"形近易混,且简文中"牙"字已经虚化,均借用作语气助词"邪",于是楚简文字另分化出一个从臼、牙声的"舀"字。

[貝][見*]

楚简文字中,"貝"与"見"字的分化分两步完成。第一步是仅凭借着对既有字形的细微变化而分化二字之字用。简文中,"貝"字原篆作🖼(《郭·五》简29),而"見"字原篆作🖼(《上五·弟》简6),二字构形的差别就在于字形的下部,"貝"为直立的人形而"見"则为弯曲之形。这两种字形均见于甲骨文。甲骨文的"見"字构形作🖼(存下四五),也作🖼(燕二〇二),字用未作区别。楚简文字中的"貝""見"二字,构形虽然相近,但字用绝不相混。如:"貝之而不義,目勿貝也。"(《上五·君》简2)中的"貝"字原篆即作🖼(《上五·君》简2)、🖼(《上五·君》简2)。

第二步分化是在原"貝"字的基础上增一声符"示"写作"視",原篆作🖼(《上二·鲁邦大旱》简2)、🖼(《上五·季》简18),构形应当分析为从貝、示声,简文中仅2见,而构形作🖼的"貝"字更为习见,凡41例。简文中从示、从貝构形的"視"当是后起字,与甲骨文"視"字构形从目、从示作🖼(前二·七·二)有别,当为新出之字形。简文中,"視"字又或从貝、从㠯作"貤",当是"視"之异体字。

[鄉][卿*]

"鄉"字原篆作🖼(《上五·競》简10),亦即"鄉"字的省变体,简文中用作"鄉邑、鄉党"之"鄉",字今简化作"乡"。如:

迫犬畋(獵)鄉(鄉),無旗。(《上五·競》简10)

原整理者云:"'迫犬獵鄉',到离城邑很远的、可以狩猎的广袤之地。"①

按:"鄉""卿"古本一字。容庚《金文编》:"卿,象两人相向就食之形。公卿之卿、鄉党之鄉、饗食之饗,皆为一字。罗振玉说。"杨宽《古

---

① 马承源主编:《上海博物馆藏战国楚竹书(五)》,上海:上海古籍出版社2005年12月第1版第176页。

史新探》亦云:"在金文中,'鄉'和'卿'的写法无区别,本是一字。"① 楚简文字中的"卿"字,原篆作⚀(《郭·缁》简23)、⚀(《上三·周》简12),构形与甲骨文作⚀(前四·二一·五)、金文作⚀(令鼎)相同,简文中用作"卿"(官名)"享""饗"。例略。楚简文字中的"鄉邑、鄉党"之"鄉(鄉)"字,即通过对既有字形的细微变化而与"卿"字分化。

值得注意的是,楚简中的"鄉邑、鄉党"之"鄉",字更多的是以"向"为之。楚简文字中的"向",原篆作⚀(《郭·老乙》简17)、⚀(《上一·紂》简12),构形从日(或从口),上象二人之形,与传世文字的"向"非一字。简文多用作"鄉",亦用作"嚮"。如:

攸(修)之向(鄉),其悳(德)乃長。(《郭·老乙》简16~17)

关于楚简中的"向"字构形,《上四·柬》原整理者云:"'嚮'字简文多作此形。古以为人向明而立,日月星辰皆在前,高明广大之象。凡日月食,亦向日而立,明复而止,以示敬日。"② 传世文字中的"向",甲骨文作⚀(后上一三·一二),金文作⚀(向卣),《说文·宀部》:"向,北出牖也。从宀,从口。"徐灝《注箋》:"古者前堂后室,室之前为牖,后为向,故曰北出牖……象形。"楚简中的"向"与传世文字的"向",二字构形取象有别,字用可通。

以上我们讨论了几例在既有的文字形体基础上略加变化而进行文字分化的字例。这一类方式所产生的分化字,由于字形变化不大,整理者在文字整理考释的过程中,如不辨其别,易将其混同而出错。如:

《郭店楚墓竹简·语三》第9、11简中的四例"与"字,原篆作⚀(《郭·语三》简9)、⚀(《郭·语三》简9)、⚀(《郭·语三》简11)、⚀(《郭·语三》简11),原整理者均将其隶作"牙",读"與",显然是未明楚简文字中"与""牙"二字无论是构形还是字用都已经分化的事实。

又如:对楚简文字中"見""見(視)"二字构形上的细微差别,整理者未辨其别而多将"見(視)"隶作"見",亦读"見",从而出现文字考释时的误释或训释不到位。简文中有"見日"一词,凡5见,其"見"字原篆作⚀(《包》简17)、⚀(《包》简135)、⚀(《包》简137反)、⚀(《包》

---

① 均转引自《汉语大字典》"鄉"字条。
② 马承源主编:《上海博物馆藏战国楚竹书(四)》,上海:上海古籍出版社2004年12月第1版第195~196页。

简 137 反)、🖻(《上四·昭》简 3),构形均从直立人形,字当为"見"而不当为"见"。字又或合文作"昬",原篆作🖻(《包》简 132)。关于"見日"一词,《包山楚简》云:"見日,从简文内容看,指左尹。简 133 反有:'左尹以王命告湯公……命一執事人以致命於郢'。简 135 反有:'以致命於子左尹。僕軍造言之,見日……'。湯公向左尹复命时,称左尹为'見日'。'見日'一词不见记载。"① 又,《上博四·昭王毁室—昭王與龔之脽》的原整理者云:"'陳省',人名。'見日'即'日中'。《公羊传·宣公八年》:'冬,十月,己丑,葬我小君頃熊,雨,不克葬。庚寅,日中而克葬。'何休注:'別朝暮者,明见日乃葬也。"②

按:上引二整理者的训释均误。首先是字形的释读有误,未辨楚简文字中的"見""見(視)"二字构形上细微差别而误读"見(視)"为"見"。字当读"見(視)"而不当读"見","視日"一词于传世文献习见。《汉语大词典》即收有"視日"之词条,兹引如下:"【視日】1.看日影以知时刻。《礼记·曲礼上》:'君子欠伸,撰杖屨,視日蚤莫,侍坐者请出矣。'孔颖达疏:'視日蚤莫者,君子或瞻視其庭影,望日蚤晚也。'2.占候时日,以卜吉凶。《史记·陈涉世家》:'周文,陈之贤人也。尝为项燕军視日。'裴骃集解引如淳 曰:'視日时吉凶举动之占也。'"据此可知,简文中的"視日"与《史记·陈涉世家》中的"視日"相同,当为"占候时日,以卜吉凶"的职官之名。二整理者未辨楚文中"見""見(視)"二字字形之微别,误读"見(視)"为"見",以致曲解词义。

2. 增加或者简省文字构件而分化

通过增加文字构件对文字进行分化是文字分化过程中的主要方式,传世文字中大量的分化字就是通过这种方式而分化。与传世文字相同,楚简新出字中这类方式的分化字也居多。如:

[匕*][朼]

"朼"字原篆作🖻(《汇·信二》简 15),构形从木、匕声,简文中用同"匕"。如:

一膚盲,一錟朼,一脛。(《汇·信二》简 15)

《战国楚简研究》云:"錟,《集韵》:'錟,同銛,利刃也。'朼为匕之

---

① 湖北省荆沙铁路考古队:《包山楚简》,北京:文物出版社 1991 年 10 月第 1 版第 41 页注 40。
② 马承源主编:《上海博物馆藏战国楚竹书(四)》,上海:上海古籍出版社 2004 年 12 月第 1 版第 184 页。

465

异体字,属木制,故从木。"①"鋱朼",意即锋利之匕。

按:"朼"当为"匕"字的分化字,因其木制,故文字构形从木。楚简中,"匕"字另见,非新出。《说文·匕部》:"匕,相与比叙也。从反人。匕,亦所以用比取饭。一名柶。"段注:"匕即今之饭匙也。""匕"为通称,多属木质,亦或为金质之制。简文中即有"金匕"一词。如:"三金匕,二金勺。"(《汇·望山二号楚墓竹简遣策》简5)"朼",传世文字又或从"比"作"枇"。《广韵·旨韵》:"枇,《礼记》注云:'所以载牲体。'朼,上同。"《集韵·旨韵》:"枇,所以载牲体。通作匕。"《礼记·杂记上》:"枇以桑,长三尺,或曰五尺。"郑玄注:"枇,所以载牲体者,此谓丧祭也,吉祭枇用棘。"孔颖达疏:"枇者所以载牲体,从镬以枇升入於鼎,从鼎以枇载入於俎。"

[衰][蓑]

"衰"字原篆作🔣(《上一·孔》简3)、🔣(《上一·孔》简8),构形与《说文·衣部》"衰"之古文相同。简文中,"衰"字均借用为"衰落""微弱"之"衰",与传世文献同。如:

皆言上之衰也,王公耻之。(《上一·孔》简8)

"蓑"字原篆作🔣(《上二·容》简32)、🔣(《郭·语四》简22),构形从艸、衰声,已与"衰"字分化。如:

成(城)無蓑則阤(陁)。(《郭·语四》简22)

原整理者云:"蓑,字亦作'衰'。《说文》:'草雨衣也。'《公羊传·定公元年》:'不蓑城也。'谓以草覆城。阤,《说文》:'小崩也。'"②

按:"蓑"为"衰"字的分化字。简文中的"衰""蓑"二字的分化与传世文字相同。传世文献中"衰"字亦借用为"衰落""微弱",雨具之"衰"字则增一形符"艸"作"蓑"。《说文·衣部》:"衰,艸雨衣。秦谓之萆。从衣象形。🔣,古文衰。"王筠《说文释例》:"古文🔣则纯形,上象其覆,中象其领,下象编艸之垂也。"朱骏声《说文通训定声》:"古文上象笠,中象人面,下象衰形。字亦作蓑。"《广雅·释器》:"草谓之衰。"王念孙《疏证》:"《越语》云:'譬如衰笠,时雨既至,必求之。'经传或从艸作蓑。"

---

① 中山大学古文字研究室编:《战国楚简研究》第二辑第27页,未刊稿。
② 荆门市博物馆:《郭店楚墓竹简》,北京:文物出版社1998年5月第1版第219页。

《广韵·脂韵》:"衺,微也。"《论语·微子》:"凤兮凤兮,何德之衺。"
　　[果＊][菓]
　　"菓"字原篆作▨(《曾》简9)、▨(《曾》简62),构形从艸、果声,简文中"菓"字均用同"果"。如:

　　　　二戟,屯三菓,屯一翼之翿。(《曾》简6)

　　原整理者云:"'菓',或写作'果'。简文所记的戟几乎都加上'二果'或'三果'的说明,结合出土实物来看,'二果''三果'是指戟有二个或三个戈头。'果''戈'古音相近,大概当时人为了区别于一般的戈,把戟上的戈称'果'。"①
　　按:"菓"为"果"的分化字。简文中或借用为"戈头",亦缘于"戈头""果实"二物其状相若之故。《说文·木部》:"果,木实也。象果形在木之上。"楚简中,"果"字原篆作▨(《上三·亙》简10),简文中多用作引申之义"结果""果然"之"果"。楚简文字中"菓""果"二字的分化与传世文字相同。《广韵·果韵》:"果,果敢,又胜也,定也,剋也,亦木实。《尔雅》曰:'果不熟为荒。'俗作菓。古火切。""'果'与'菓'虽皆为'果实'义而造,但就造字的动因而言,在'果'字上加'艸'造出'菓'字来专门记录'果实'义,是由于'果'字承担引申义项如'成果、结果、硕果'等过多,因此另造新字符承担本义。所以,'菓'为'果'的分化字,二字不构成异体关系。"②
　　[雈][萑]
　　"雈"字原篆作▨(《郭·性》简25)、▨(《郭·性》简25),构形从亼,从瞿,简文中均用作"觀"。如:

　　　　雈(觀)賚武,則齊如也斯作。(《郭·性》简25)

"雈"字构形或从竹,原篆作▨(《郭·六》简24)、▨(《上五·季》简7),简文中亦均用作"觀"。如:

　　　　萑(觀)諸詩、書則亦在矣,萑(觀)諸禮、樂,則亦在矣。(《郭·六》简24)

---

① 湖北省博物馆:《曾侯乙墓》,北京:文物出版社1989年7月第1版第505页注29。
② 刘延玲:《近五十年来异体字研究与整理状况综述(下)》,《辞书研究》2001年第6期。

楚简文字中的"觀"以"雈"为基本之形，字或增一"見"作"䧹"，或增一"目"作"瞏"（即"瞏"之变体），又或增一"亻"符作"儶"，诸字均当是"雈"字的增繁异体。"觀"字或从见（视）、尚声作"䙼"，当是后起的形声字。

"蒦"字原篆作■（《上四·逸》简1），构形从艸，从雈，简文中用同"雈"，字或作"萑"。如：

多薪多薪，莫如蒦葦。（《上四·逸》简1）

《广韵·桓韵》："萑，萑苇，《易》作雈，俗作萑。"《墨子·旗帜》："凡守城之法：石有积……萑苇有积。"孙诒让间诂："《说文·艸部》云：'萑，蓷也。''苇，大葭也。'《雈部》云：'雈，小爵也。'音义并别。此萑当为蒦，经典省作雈，或捝作萑。"《汉书·货殖传》："五谷六畜及至鱼鳖鸟兽萑蒲材干器械之资，所以养生送终之具，靡不皆有。"颜师古注："萑，蓷也，即今之荻也。"

按：楚简文字通过增添一"艸"符而将"蒦""雈（觀）"分化为二字。原整理者将"雈"字或隶作"蒦"（例见上），误。或以"雈"为"蒦"字讹写，亦误。如刘钊云："'雈'即'蒦'字讹写，战国文字中从'蒦'或从'雈'诸字，其上部常讹为'■'。'蒦'读为'觀'。"①

[屖*]〔墀〕〔郞〕

"墀"字原篆作■（《上三·周》简2），构形从土、屖声，字即沙土之沙。如：

九〔二〕：需于墀（沙）。小有言，終吉。（《上三·周》简2）

原整理者云："'墀'，《说文》所无，从土、从尾，少声，读为'沙'，《包山楚简》以'屖'作'沙'，如'長屖（沙）'（《包山楚简》五九、六一）等。"②

"郞"字原篆作■（《包》简78），构形从邑、屖声。简文用为地名，即"長沙"之"沙"。楚简文字，地名、国名之字多从邑构形。如：

長郞（郞）之旦塱倚受期。（《包》简78）

---

① 刘钊著：《郭店楚简校释》，福州：福建人民出版社2003年12月第1版第97页。
② 马承源主编：《上海博物馆藏战国楚竹书（三）》，上海：上海古籍出版社2003年12月第1版第139页。

按：楚简中的"堥""郿"二字均为"㞷"的分化字。西周金文的"沙"，字即作"㞷"。《望山楚简》云："西周金文'彤沙'之'沙'或作'㞷'，从尾、沙省声。"①楚简中，"㞷"字另见，原篆作❖（《上四·柬》简10），构形当为从尾、少声，简文中亦用作"沙"。如："長㞷（尾）正龏（龔）悸受期。"（《包》简59）《包山楚简》原整理者将"郿""堥"分别释读为"郿""尾"，误。"堥""郿"即由"㞷"分化而出，文字构形增一"土"或"邑"符。传世文字的"沙土"之"沙"、地名"长沙"之"沙"，字均作"沙"，未分化。《说文·水部》："沙，水散石也。从水，从少，水少沙见。楚东有沙水。谭长说，沙，或从尐。"《墨子·备梯》："城上繁下矢石沙炭以雨之，薪火水汤以济之。"

［复］［俊］［脨］［腹］［袯］

"复"字原篆作❖（《郭·成》简7）、❖（《上二·容》简44），构形从又、乍声，简文中36见，在《包山》简中用同"胙"（2例），在其他简中则用同"作"。如：

（1）東周之客鄦緹歸复（乍）於栽郢之歲。（《包》简207）
（2）萬物旁复（作），居以須復也。（《郭·老甲》简24）

"俊"字原篆作❖（《上五·三》简11）、❖（《包》简12），构形从人、复声，简文中28见，与"复"字的使用情况相同，在《包山》简中用同"胙"，在其他简中用同"作"。如：

（1）東周之客鄦緹至（致）俊（胙）於栽郢之歲。（《包》简12）
（2）萬物俊（作）而弗始也，爲而弗恃也，成而弗居。（《郭·老甲》简17）

上揭例（1），《包山楚简》云："至作，致胙。致，送脂。胙，《说文》：'祭福肉也。'《周礼·天官·膳夫》：'凡祭祀之致福者。'郑注：'致福谓诸臣祭祀进其余肉，归胙于天子。'此事说明东周向楚王行臣礼。"②例（2），刘钊云："'俊'为'作'字繁体。"③

楚简中的"俊""复"二字均当是"乍"的分化字。与其他的分化字有

---

① 湖北省文物考古研究所：《望山楚简》，北京：中华书局1995年6月第1版第122页。
② 湖北省荆沙铁路考古队：《包山楚简》，北京：文物出版社1991年10月第1版第40～41页注26。
③ 刘钊著：《郭店楚简校释》，福州：福建人民出版社2003年12月第1版第15页。

所不同的是，"复""复"二字的分化表现出地域性的差异，就《包山》简言，"复""复"与"胙""膔""祓"为异体字关系，而对其他的楚简来说，"复""复"则与"歪""𣦷""连"构成异体字关系（参见第四章中的有关讨论）。楚简中的"乍"字均用同"作"，与甲骨文、金文同。

"胙"字原篆作💥（《包》简224），构形从肉、复声，简文中用作"胙"。如：

东周之客䣤缊逗（归）胙（胙）於莁（栽）郢之歲（歲）。（《包》简224）

"膔"字原篆作💥（《包》简205），构形从肉、复声，简中用作"胙"。如：

东之客䣤缊逗（归）膔（胙）於戈（栽）郢之歲（歲）。（《包山》简205）

"祓"字原篆作💥（《包》简162）、💥（《包》简209），构形从示、复声，简文中均用作"祚"。如：

东周之客䣤缊归祓（祚）於栽郢之歲。（《包山》简141）

按：楚简中的"胙""膔""祓"只见于《包山》简，字均当是"复""复"字的进一步分化，构形又增加一"肉"符或一"示"符。"胙""祚"古本一字，构形从肉、从示，取象不同，示意一致。《说文·肉部》："胙，祭福肉也。从肉、乍声。"徐铉云："臣铉等曰：今俗别作祚，非是。"又，《说文新附·示部》："祚，福也。从示、乍声。臣铉等曰：凡祭必受祚。祚即福也。此字后人所加。"《国语·周语下》："天地所胙，小而后国。"韦昭注："胙，福也。"《法言·重黎》："仲尼大圣，则天曷不胙。"《汉书·叙传下》："德薄位尊，非胙惟殃。"郑珍《说文新附考》："按，《左氏隐公八年传》'胙之土而命之士'、《周语》'天地之所胙'、《法言》'天胙先德'，此'福胙'古字之见经典者。他书皆改俗作'祚'，汉《帝尧碑》、《华山亭碑》及孙根、夏承诸碑皆有'祚'，是汉世后出。"郑说"祚"字汉世后出不确。《集韵·铎韵》："胙，祭馀肉。"《左传·僖公九年》："王使宰孔赐齐侯胙。"《国语·齐语》："天使宰孔致胙于桓公。"韦昭注："胙，祭肉也。"故字亦可从示作"祚"。《正字通·肉部》："胙，与祚通。"

在上面我们讨论了一些增加文字构件而进行文字分化的字例。楚简

第五章　楚简新出字中的分化字研究

文字中还有少数字例是通过简省文字形体的途径来分化文字之用的。如：

[耴][𦕁][𦔮][聖*]

"耴"字原篆作▨（《郭·唐》简6）、▨（《上一·紂》简11），构形从耳从口，简文中均用作"聖"。如：

耴（聖），女丌=（其其）弗克見，我弗貴耴（聖）。（《上一·紂》简11）

原整理者云："'耴'，经籍'聖'之省笔。《老子》二章'是以聖人处无为之事'，《马王堆汉墓帛书·老乙本》'聖'作'耴'，郭店简、今本皆作'聖'。"①

"𦔮"字原篆作▨（《上一·紂》简11）、▨（《郭·唐》简25），简文中2见，亦用作"聖"。如：

古者𦔮（聖）人廿（二十）而冒（帽）。（《郭·唐》简25～26）

"𦕁"字原篆作▨（《郭·唐》简3），简文亦用作"聖"。如：

正其身，然後正世，𦕁（聖）道備嘻。（《郭·唐》简3）

按：楚简文字中的"耴""𦔮""𦕁"三字均当是"聖"字的简省分化字。"聖"字原篆作▨（《上二·民》简8），简文中用作"聲""聽""聖"。如：

(1) 高下之相盈也，音聖（聲）之相和也，先後之相隨也。（《郭·老甲》简16）
(2) 視之不足見，聖（聽）之不足䎹（聞），而不可既也。（《郭·老丙》简5）
(3) 邦且亡，惡聖人之謀；室且弃，不墮祭祀，唯原是服。（《上五·三》简13）

"聽""聲""聖"古本一字。《说文·耳部》："聖，通也。从耳、呈声。"李孝定《甲骨文字集释》："（甲骨文）象人上着大耳，从口，会意。聖之初谊为听觉官能之敏锐，故引申训'通'；贤圣之义，又其引申也……许君以形声说之，非是。聽、聲、聖三字同源，其始当本一字。"楚简文字中，由于"聖"字一身兼三职，于是通过字形的简省而分化出新的字形以专司"聖贤"之"聖"。

---

① 马承源主编：《上海博物馆藏战国楚竹书（一）》，上海：上海古籍出版社2001年12月第1版第186页。

471

3. 改换义符而分化

这类分化方式，顾名思义，就是通过义符的更换或改变来达到文字分化的目的。如：

［迡］［悇］［過＊］

"迡"字原篆作 ❋（《郭·老丙》简13）、❋（《上四·曹》简52）、❋（《上六·王与》简1），构形从辵、化声。简文中，"迡"字用作动词，即"走過""經過""超過"之"過"。如：

(1) 迡（過）期不賽（塞）金。（《包》简105）
(2) 明日返（復）戡（陳），必迡（過）元所。（《上四·曹》简52）

"迡"字构形或从止作"徣"，原篆作 ❋（《上三·周》简56）、❋（《郭·老甲》简12）。古文字构形从辵、从止可通，"徣"即"迡"字异体，简文中用同"迡"。如：

上六：弗遇徣（過）之，飛鳥羅（離）之，凶。（《上三·周》简56）

原整理者云："'徣'，简文多用作'過'。"① 按："徣"即"迡"，古文字构形从辵从止可通。

"悇"字原篆作 ❋（《上四·曹》简63）、❋（《上五·三》简5）、❋（《郭·老丙》简4），构形从心、化声。简文中，"悇"字多用作名词，即"過錯"之"過"。如：

然而其悇（過）不惡。數，謀之方也，有悇（過）則咎。（《上一·性》简39）

"過"字原篆作 ❋（《郭·语三》简52）、❋（《郭·语三》简52），构形从辵、咼声。字非新出，简文中用为"給予"意。如：

膳（善）日過我，我日過膳（善）。（《郭·语三》简52）

刘钊云："'過'疑训为'給予'。《通雅·谚原》：'予亦谓過。'《论

---

① 马承源主编：《上海博物馆藏战国楚竹书（三）》，上海：上海古籍出版社2003年12月第1版第212页。

衡·定贤》：'邮人之過书，门者之传教也，封完书不遗，教审令不误者，则为善矣。''善日過我，我日過善'似意为'（他人）每日以善给予我，我每日亦予人以善。"①

按："迣（徎）""忢"二字的分化就是通过义符的改换而进行，即改换"辵"（止）符为"心"符以分化动词之"過"与名词之"過"。与楚简文字不同是，传世文字中的"迣（徎）""忢""過"并未分化，字均作"過"。《说文·辵部》："過，度也。从辵，咼声。"《论语·宪问》："子击磬于卫，有荷蒉而過孔氏之门者。"又，《广雅·释诂三》："過，误也。"《字汇·辵部》："過，失误也。无心之失，谓之過。"《周礼·地官·调人》："凡過而杀人者，以民成之。"郑玄注："過，无本意也。"又，《通雅·谚原》："予亦谓過。辰州人谓以物予人曰過。"

［蟁］［苛*］

"蟁"字原篆作 ![] （《上二·容》简19）、![] （《上二·容》简33），构形从蚰、可声，简文中用同"苛"，即"烦琐""苛虐"之"苛"。如：

(1) 去蟁（苛）而行简，因民之欲，會天地之利夫。（《上二·容》简19）
(2) 其生賜養也，亓死賜葬，去蟁（苛）匿（慝）。（《上二·容》简33）

上揭例（1），原整理者云："'蟁'，即'苛'，與'簡'相反，是烦琐之义。"②例（2），原整理者云："'蟁匿'，即'苛慝'，指烦苛暴虐。如《左传·昭公十三年》'苛慝不作。'"③

"苛"字原篆作 ![] （《包》简37）、![] （《包》简42），构形从艸，可声，简文中均用为姓氏之"苛"。如：

九月戊午之日，宣王之垞（宅）州人苛嬰、登公轍之州人苛䏽、苛䣄以受宣王之垞（宅）市之客苛逗。（《包》简58）

按：楚简中的"烦琐""苛虐"之"蟁"，"苛姓"之"苛"，传世文字均作"苛"，未分化。《史记·韩长孺列传》："今太后以小节苛礼责望梁王。"《后汉书·宣秉传》："务举大纲，简略苛细。"又，《礼记·檀弓下》：

---

① 刘钊著：《郭店竹简校释》，福州：福建人民出版社2003年12月第1版第220页。
② 马承源主编：《上海博物馆藏战国楚竹书（二）》，上海：上海古籍出版社2002年12月第1版第265页。
③ 同上书，第276页。

"苛政猛于虎也。"《毛诗序》:"哀刑政之苛。"陆德明释文:"苛,虐也。"《万姓统谱·歌韵》:"苛,汉苛异。见《印薮》。"

[翣][箑]

"翣"字原篆作䨲(《汇·信二》简19)、䨲(《汇·望二》简5),构形从羽、妾声。《说文·羽部》:"翣,棺羽饰也。天子八,诸侯六,大夫四,士二。下垂。从羽、妾声。"简文中"翣"字用同《说文》。如:

一大羽翣,一大竹翣,一小箑,一小敞羽翣。(《汇·望二》简5)

"箑"字原篆作䉂(《包》简260),构形从竹、妾声,与《说文·竹部》"箑"之或体构形相同。简文中"箑"用同"翣",字为竹翣之专字。《集韵·狎韵》:"翣,《说文》:'棺羽饰也。天子八,诸侯六,大夫四,士二,下垂。'或作箑。"如:

一大羽翣,一大竹翣,一小箑,一小敞羽翣。(《汇·望二》简5)

《望山楚简》云:"'箑'为竹翣之专字。《集韵》:'箑,竹翣。'"[1]

按:楚简文字中的"箑"当为"翣"字的分化字,即竹翣之专字。与楚简文字不同的是,传世文字中的"箑"为"箑"之或体。《说文·竹部》:"箑,扇也。从竹、疌声。箑,箑或从妾。"段玉裁于"箑"字下注云:"《方言》:'扇,自关而东谓之箑,自关而西谓之扇。'……《士丧礼下》注:'翣,扇也。'此言经文假翣为箑也。"汉孔臧《杨柳赋》:"暑不御箑,凄而凉清。"

以上我们从三个方面讨论了楚简新出字中的文字分化方式。其实,楚简新出字中的文字分化现象非常复杂,分类叙述只是为了行文方便。楚简新出字中有些分化字就包含两类或两类以上的分化方式,如上述"見"与"貝(視)"、"祚"与"胙"之例,即包括两类分化方式。

二 楚简新出字中文字分化的特点

战国时期,各国间文字发展进程的不一致非常突出,且各具特点。以文字分化为例,与传世文字(秦系文字)比较,楚简新出字中的文字分化有以下几个特点:一是表词更趋明晰;二是名词与动词的分化;三是实义

---

[1] 湖北省文物考古研究所:《望山楚简》,北京:中华书局1995年6月第1版第125页注102。

词与抽象词的分化。下面分别举例讨论。

1. 表词更趋明晰

一字多义是汉字系统中极为普遍的文字现象。"在汉字里，由于语义引申、文字假借等原因，一字多职的现象，也就是一个字表示两种以上意义或音义的现象，是极其常见的。"[①]文字分化是解决文字中一字多义现象的有效手段。与传世文字比较，楚简新出字更加注意语言词汇的细微差别而进行文字分化，使文字的表词更趋明细而清晰。简文中存在着大量的地名、国名及物名的专用字，就是很好的说明。下面我们再举一些字例予以讨论。

[梪] [䇺] [豆*]

"梪"字原篆作 梪（《上三·彭》简8）、梪（《包》简250），从木、豆声，楚简中"梪"字6见，用同"豆"。《说文·木部》："梪，木豆谓之梪。从木、豆。"徐灏《说文解字注笺》："梪即豆之重文，因豆假为尗豆，故增偏旁耳。"如：

木器：……五皇祭，四倉梪，四皇梪。（《包》简266）

《包山楚简》云："梪，豆。"[②]

"䇺"字原篆不清，据原整理者考释，构形从竹、豆声。《玉篇·竹部》："䇺，音豆，礼器。"《集韵·侯韵》："豆，《说文》：'古食肉器也。'或从竹。"简文中，"䇺"字1见，用同"豆"。如：

樂人之器，……，二□一壴□一䇺□。（《汇·信二》简6）

"豆"字原篆作 豆（《郭·老甲》简2），简文中9见，用同《说文》。《说文·豆部》："豆，古食肉器也。从口，象形。㞯，古文豆。"如：

亓木器，十弄豆，……二敹豆。（《汇·信二》简23）

楚简文字中的"梪""䇺"二字当是"豆"字的分化字，因其为木制、竹制而从木、从竹构形，并非如徐灏所云是因"豆"借用作"尗豆"而分化。

---

① 裘锡圭著：《文字学概要》，北京：商务印书馆1988年8月第1版第223页。
② 湖北省荆沙铁路考古队：《包山楚简》，北京：文物出版社1991年10月第1版第58页注482。

475

[䂪][垖][柘][缶＊]

"䂪"字原篆作 ⿰石缶、⿰石缶（均《包》简255），构形从石、缶声，简文中5见，均用同"缶"。如：

鄀醢一䂪（缶）、蔥鑣二䂪（缶）、藕鑣一䂪（缶）、薔芷之鑣一䂪（缶）、某梅一垖。（《包》简255）

原考释者云："䂪，从石从缶，读如缶，此指陶罐。"①

"垖"字原篆作 ⿰土缶（《包》简255）、⿰土缶（《郭·穷》简13），构形从土、缶声，简文中亦用同"缶"，即土质之缶。如：

茜（薔）蔯（芷）之 蘆（鑣）一䂪（缶）、某（梅）一垖。（《包》简255）

"柘"字原篆作 ⿰木缶（《包》简270），构形从木、缶声，简文中用同"缶"，即木质之缶。如：

一敓敦，一緅絨之紿；一敓柘；一鏡，綏組之綏。（《包》简270）

按："缶"字原篆作 缶（《上三·周》简9），简文中13见，均用同《说文》。《说文·缶部》："缶，瓦器，所以盛酒浆；秦人鼓之以节謌。象形。"楚简文字中的"䂪""垖""柘"三字均当是"缶"的分化字。构形从石、从土或从木，依据材质而定。而传世文字均作"缶"，未作如此细的分化。

[迪][戟][陳]

"迪"字原篆作 ⿺辶申（《郭·緇》简19）、⿺辶申（《上一·紂》简20），构形从辵、申声，简文中均用同"陳"，即《书·君陳》之"陳"。《正字通·辵部》："迪，与陳同。"如：

（1）《君迪（陳）》云："未見聖，如其弗克見，我既見，我弗迪聖。"（《郭·緇》简19）

（2）《君迪（陳）》云："出入子尔師 雩，庶言同。"（《上一·紂》简20）

原整理者云："'迪'从辵、申声。《说文》所无，字见於石鼓文，即

---

① 湖北省荆沙铁路考古队：《包山楚简》，北京：文物出版社1991年10月第1版第59页注508。

'陳'之古文。'君迪'即《君陳》，《尚书》篇名。"①

"戙"字原篆作▨（《上四·曹》简13）、▨（《郭店·性》简7），构形从戈、申声，简文中用作"陳"，即"營陳"之"陳"，字今作"陣"。如：

不和於豫，不可以出戙（陳）。不和於戙（陳），不可以戰。（《上四·曹》简19）

原整理者云："读'陳'。本篇中'營陳'之'陳'皆作'戙'。"②
"陸"字原篆作▨（《上四·昭》简3）、▨（《包》简159），构形从土、陳声，简文中均用作"陳"，即"陳姓"之"陳"。如：

陰人▨君子陸旦、陸龍、陸無正、陸奘。（《包》简135）

按：楚简中的《君陳》之"迪"、"營陳"之"戙"、"陳姓"之"陸"，传世文字均作"陳"，未分化。《说文·阜部》："陈，宛丘，舜后妫满之所封。从阜，从木，申声。陣，古文陈。"徐灏《说文解字注笺》："陈之本义即谓陈列，因为国名所专，后人昧其耳。"《广雅·释诂一》："陈，列也。"《玉篇·阜部》："陈，布也。"《书·洪范》："我闻在昔，鲧陻洪水，汩陈其五。"孔传："汩，乱也。治水失道，乱陈其五也。"孔颖达疏："言五陈列皆乱也。"又，《广韵·真韵》："陈，姓。胡公满之后，子孙以国为氏。"至于传世文字中的"陣"与"陳"的分化则是较晚以后的事情，关于"陣""陳"二字的分化，裘锡圭先生有详说。兹录如下：

陳（陈）—陣（阵） 陈列之｛陈｝引申而为战阵之｛阵｝。这一意义本来就用"陈"字表示（《论语·卫灵公》："卫灵公问陈于孔子。"）后来把它的"东"旁改为"车"，分化出了专用的"阵"字（《汉书·刑法志》"善师者不陈"句颜注："战陈之义，本因陈列为名而音度耳。字则作'陈'，更无别体。而末代学者辄改其定旁从'车'，非经史之本文也。"《说文》无"阵"。《颜氏家训·书证》谓"阵"字始见王羲之《小学章》，顾霭吉《隶辨》指出东汉司农刘夫人碑已见此字）。古代战争中车很重要，"车"跟"阵"在意义上多少有些联系。但是当初所以把"陈"字的"东"旁改作"车"旁，显然跟"东"、"车"字形相近这一点有很大关系。"东"字的撇跟捺如果并成一横画，就成为"车"字了。所以，改

---

① 马承源主编：《上海博物馆藏战国楚竹书（一）》，上海古籍出版社2001年12月第1版第195页。

② 马承源主编：《上海博物馆藏战国楚竹书（四）》，上海古籍出版社2004年12月第1版第252页。

477

"陈"为"阵"可以看作介于对母字作笔画上的细微改变和改换母字偏旁这两种情况之间的例子。①

[虽][昰][顕][暊][頭*]

"虽"字原篆作 （《郭·唐》简 13）、（《上一·紂》简 18），构形从日、虫（它）声。简文中"虽"字用为"夏代"之"夏"；或借用为"雅"。如：

（1）虽（夏）用戈，征不服也。（《郭·唐》简 13）
（2）《大虽（雅）》云："白圭之砧尚可磨，此言之砧不可爲。"《小虽（雅）》云："爻也君子，则也大成。"（《上一·紂》简 18）

上揭例（1），原整理者云："虽，即'夏'之简体，读为'雅'。湖南省文物考古研究所张春龙同志以慈利楚简与古书对勘，发现'虽'当释'夏'，并谓即楚简'夏'字作'頭'一体之省写，其说可从。"②例（2），原整理者云："'大虽'，即《大夏》，上博简《孔子诗论》中，此篇名多见，通作《大雅》。此诗引文为《大雅·抑》。"③

按："夏""雅"古音一在匣母鱼部，一在疑母鱼部，在古文字资料与典籍中都有许多相通之例。《墨子·天志下》："非独子墨子以天之志为法也，于先王之书，《大夏》之道之然：'帝谓文王：予怀明德，毋大声以色，毋长夏以革，不识不知，顺帝之则。'此诰文王之以天志为法也，而顺帝之则也。"俞樾《群经平议》："《大夏》即《大雅》也，雅、夏古字通。《荀子·荣辱篇》曰：'越人安越，楚人安楚，君子安雅。'《儒效篇》曰：'居楚而楚，居越而越，居夏而夏。'是夏与雅通也。"

"昰"字原篆作 （《上二·民》简 9）、（《上二·民》简 3），构形从日、它声。简文中，"昰"字均用作人名"子夏"之"夏"。如：

子昰（夏）曰："敢問何謂'五至'？"（《上二·民》简 3）

原整理者云："'昰'，即'子夏'。'昰'，字从日，从它，《说文》所

---

① 裘锡圭著：《文字学概要》，北京：商务印书馆 1988 年 8 月第 1 版第 227 页。
② 荆门市博物馆：《郭店楚墓竹简》，北京：文物出版社 1998 年 5 月第 1 版第 135 页。
③ 马承源主编：《上海博物馆藏战国楚竹书（一）》，上海：上海古籍出版社 2001 年 11 月第 1 版第 194 页。

无，疑即'蛇'字。《玉篇·日部》：'蛇，同上晲。''夏'、'雅'与从它、从也韵同，音可通。甲骨文中，虫、它不分，简文同，'夏'字也作从日、从虫，'虽'见于《上海博物馆藏战国楚竹书（一）·紂》，如'大虽（雅）'（第十八简），借为《诗·大雅》之'雅'，在此则借为'夏'。"①

"頞"字原篆作 ![] （《上二·容》简22）、![] （《包》简128反），构形从女、晲声。简文中，"頞"字用为"春夏"之"夏"。如：

(1) 冬不敢以蒼辭，頞（夏）不敢以暑辭。（《上二·容》简22）
(2) 頞（夏）层之月癸卯之日，識言市以至。（《包》简128反）

"晲"字原篆作 ![] （《包》简224）、![] （《郭·成》简38）、![] （《新·甲三：209》简234），构形从日、从頁。简文中7见，除1例借用作"夏"外，均用作"夏姓"之"夏"。如：

攻尹之虹（攻）毂（執）事人晲甞、墜（衛）妝爲子左尹舵甞禱於新王父司馬子音戠牛。（《包》简224）

按："晲"字亦见于《玉篇》。《玉篇·日部》："晲，孚武切，又思主切，明。"《玉篇》中的"晲"与简文中的"夏姓"之"晲"无音义关系，当为同形字。"邑"与《玉篇》中的"蛇"与此同例，亦当属同形字，原整理者之说不确。刘钊云："'晲'即'夏'字，读为'甞'。"② 可从。

楚简中"顗（夏）"字原篆作 ![] （《上一·孔》简2）、![] （《上四·柬》简1），字见于西周金文。简文中，"顗"字用与传世文字"夏"同，作"雅"（借用）、"夏代"之"夏"、"春夏"之"夏"（如"夏 层之月"）及"夏姓"之"夏"。

楚简中的"虽""邑""頞""晲"四字均当是"顗"字之省形分化字，因"顗"字一身兼数职而省形分化出"虽""邑""頞""晲"来承担其不同的词义，且彼此间的字用区别非常清楚，绝不相混，同时简文中仍继续沿用"顗"字，既有传承，又有发展，是一例非常独特的文字分化现象。

2. 名词与动词的分化

词类活用是汉语尤是古代汉语中一个常见现象，而其中的名词动用更

---

① 马承源主编：《上海博物馆藏战国楚竹书（二）》，上海：上海古籍出版社2002年12月第1版第154页。

② 刘钊著：《郭店楚简校释》，福州：福建人民出版社2003年12月第1版第147页。

479

为突出。为更准确地记录语言，楚简新出字已经开始有意识地利用义符的改换而为文字的词类进行分化，或为名词分化出动词，或为动词分化出名词。如：

[賲][望*]

"賲"字原篆作🔲（《郭·缁》简3），构形从貝（视）、室声。简文中，"賲"字用同动词"望"，即"望见""看望"之"望"。如：

> 子曰：爲上可賲（望）而知也，爲下可類而等也，則君不疑其臣，臣不惑於君。（《郭·缁》简3～4）

原整理者云："'賲'，从'視'省，'亡'声，读作'望'。"①

按：原整理者云"賲"字构形"从'視'省"，不确。"賲"字所从之"見"即"貝"字。

动词之"賲"，字或作"夼"，原篆作🔲（《上一·紂》简2），构形中的"八"为饰笔，字可分析为从人、亡声。如：

> 子曰：爲上可夼（望）而笳（知）也，爲下可槇而志也。（《上一·紂》简2）

字又或作"覓"，原篆作🔲（《上六·競》简2），构形可分析为从貝（视）、亡声。如：

> 公與頁倉（答）之尚（倘）肰（然），是虐（吾）所覓（望）於女也。（《上六·競》简2）

原整理者云："'覓'，从見、亡声，亦为'望'字。"② 按："見"当为"貝"。字又或作"賱"，原篆作🔲（《上五·季》简4），构形可分析为从貝、望声。如：

> 德以臨民＝（民，民）賱（望）其道而服焉，此之謂仁之以德。（《上五·季》简4）

---

① 荆门市博物馆：《郭店楚墓竹简》，北京：文物出版社1998年5月第1版第132页。
② 马承源主编：《上海博物馆藏战国楚竹书（六）》，上海：上海古籍出版社2007年7月第1版第168页。

原整理者云："'鼳'，从見、望声，字书所无，疑'看望'之'望'形声字。"① 按："見"当为"貝"。

"齐""寬""鼳"均当是"睈"字异体。

"望"字原篆作 <g/>（《郭·语一》简 104）、<g/>（《上五·三》简 1），构形从月、亡声，用作名词，即"名望"之"望"，"月满"之"望"。如：

(1) 洵有情，而亡望，吾善之。（《上一·孔》简 22）
(2) 平旦毋哭，明毋歌，弦望齊宿，是謂順天之常。（《上五·三》简 1）

上揭例（1），今本《诗·国风·陈风·宛丘》句云："洵有情兮，而无望兮。"传疏："言信有淫情而德望也。"即名望、声望之义。例（2），原整理者云："'弦望'，月半曰'弦'（分上弦、下弦），月满曰'望'。"②

按：楚简中，"睈""望"已分化为动词、名词两个字，均由"亡"分化而出。"亡"为初文，简文中"亡"即用同"望"。如："亡（望）生於敬，耻生於 悥（望）。"（《郭·语二》简 3）

与楚简文字动、名分化不同的是，传世文字的分化是：动词"望见"之"望"与名词"名望"之"望"均作"望"，唯"月满"之"望"作"朢"。《说文·亡部》："望，出亡在外，望其还也。从亡，朢省声。"《释名·释姿容》："望，茫也，远视茫茫也。"《广雅·释诂一》："望，视也。"《玉篇·亡部》："望，远视也。"《诗·卫风·河广》："谁谓宋远，跂予望之。"郑玄笺："跂足则可以望见之。"《诗·大雅·卷阿》："如珪如璋，令闻令望。"朱熹《诗集传》："令望，威仪可望法也。"又，《说文·壬部》："朢，月满与日相朢，以朝君也。从月，从臣，从壬。壬，朝廷也。𦣞，古文朢省。"商承祚《古文考》："象人登高举目远瞩……从月，月远朢而可见意也。《说文》误以目为君臣之臣。"朱骏声《说文通训定声》："今皆以望为之。"文献中或以"朢"为"望"。《马王堆汉墓帛书·老乙本·德经》："㷒（邻）国相朢（望），鸡犬之［声相］闻，民至老死不相往来。"清徐灏《说文注笺》即云："窃谓望、朢实本一字。《玉篇》有亡字，盖即古瞻望之望。从壬，亡声。壬者，跂而望之之义也。"

[斂][贈]

"斂"字原篆作 <g/>（《包》简 149）、<g/>（《上一·紂》简 14），构形从

---

① 马承源主编：《上海博物馆藏战国楚竹书（五）》，上海：上海古籍出版社 2005 年 12 月第 1 版第 207 页。

② 同上书，第 288 页。

攴、畲声，"畲"即楚简"僉"字。简文中的"敆"用同"斂"，动词，即"收聚、聚集"之"斂"。如：

《詩》云："吾夫夫戲驗，㳄（靡）人不敆（斂）。"（《郭·缁》简26）

"贈"字原篆作🗝（《上二·从乙》简2），构形从貝、畲声。简文中"贈"字亦用作"斂"，名词，义为"所聚积之财"。如：

毋佔民贈（斂）則同，不敷法盈惡，則民不怨。（《上二·从乙》简2）

原整理者云："'占'，读为'佔'。'贈'，读为'斂'。'民斂'，当指民之积财。"①

按：简文中"敆""贈"均由"畲"（僉）字分化，且已经分化为动词、名词两个字。简文中的"畲"（僉）亦或用作"斂"。如："邦風其納物也，溥觀人俗焉，大畲（斂）材焉。"（《上一·孔》简3）传世文字的"斂"字未分化。《说文·攴部》："斂，收也。从攴、僉声。"《尔雅·释诂下》："斂，聚也。"《广雅·释诂一》："斂，取也。"《荀子·非十二子》："奥窔之间，簟席之上，斂然圣王之文章具焉。"杨倞注："斂然，聚集之貌。"

[𨀵][興*]

"𨀵"字原篆作🗝（《上五·季》简10）、🗝（《上五·三》简），构形从止、興声，简文中用作"興"，动词，即"興起"之"興"。如：

（1）天神之皇天酒（將）𨀵（興）之。（《上五·三》简2）
（2）𨀵（興）而起之，思道而勿救。方營勿伐，將𨀵（興）勿殺，將齊勿刜。（《上五·三》简14）

原整理者云："'𨀵'，从止，興声，不见于字书，读为'興'。《说文》：'興，起也。从舁、从同，同力也。'"②

"興"字原篆作🗝（《上三·中》简11）、🗝（《上六·孔》简17），简文中多用作名词之"興"。如：

---

① 马承源主编：《上海博物馆藏战国楚竹书（二）》，上海：上海古籍出版社2002年12月第1版第234页。"贈"字原文写作"隮"，误。

② 马承源主编：《上海博物馆藏战国楚竹书（五）》，上海：上海古籍出版社2005年12月第1版第218页。

(1)湫乎大人之興，美也。(《郭·唐》简 17)
(2)閒車衛，興、道、學、稱、言，不振其所，皆同其口，此易民也。(《上六·孔》简 17)

例(2)，原整理者云："'興'，《周礼·大春官宗伯下·司乐》(当为《周礼·春官宗伯·大司乐》——引者)：'以乐语教国子：兴、道、讽、诵、言、语。'郑玄注：'興者，以善物喻善事。'"①

按：楚简中的"䦛"当是"興"的分化字，构形增一"止"符，用作动词。传世文字中，"興"字未作分化。《说文·舁部》："興，起也。从舁、从同，同力也。"《诗·大雅·緜》："百堵皆興。"郑玄笺："興，起也。"又，《玉篇·舁部》："興，盛也。"《书·太甲下》："与治同道罔不興，与乱同事罔不亡。"《诗·小雅·天保》："天保定尔，以莫不興。"郑玄笺："興，盛也。"《国语·楚语上》："教备而不从者，非人也，其可興乎？"韦昭注："興，犹成也。"《尚书大传·虞夏传》："乃浡然招乐興于大鹿之野。"郑玄注："興，成也。"又，《汉书·楚元王传》："依興古事，悼己及同类也。"颜师古注："興，谓比喻也。"

[徔][迋]

"徔"字原篆作𢓼(《包》简 232)、𢔺(《包》简 234)，构形从辵、羊声。简文中均用作动词"將"，即"统率""率领"之"將"。如：

大司馬悼滑徔(將)楚邦之師徒以救郙之歲。(《包》简 226)

字或增一"匚"符作"徖"，原篆作𢔺(《包》简 75)、𢔺(《包》简 76)，字可分析为从辵、匡声，即"徔"字繁构。如：

大司馬悼滑徖(將)楚邦之師徒以救郙之歲。(《包》简 228)

原整理者云："徖，简文或作徔。徐中舒先生读作將。將，率也。"②

"迋"字原篆作𢔺(《上四·曹》简 27)、𢔺(《上四·曹》简 32)，构形与"徔"字有别，多一"一"符，所多出的"一"符，或即分化符号。简文中，"迋"字均用作名词"將"，即"將率""將领"之"將"。如：

---

① 马承源主编：《上海博物馆藏战国楚竹书(六)》，上海：上海古籍出版社 2007 年 7 月第 1 版第 215 页。
② 湖北省荆沙铁路考队：《包山楚简》，北京：文物出版社 1991 年 10 月第 1 版第 42 页注 54。

483

來告曰：亓遅（將）帥盡傷，戟連皆栽。(《上四·曹》簡 32)

按：簡文中，"徔（徥）"、"遅"二字已经分化：前者为用为动词，而后者用为名词。

值得注意的是，楚簡中另有"牂"字，原篆作▨（《郭·老丙》簡 9）、▨（《上二·魯邦大旱》簡 5），构形从酉、爿声，即《说文·酉部》"醬"之古文。《说文·酉部》："醬，盬也。从肉，从酉。酒以和醬也。爿声。牂，古文。"簡文中"牂"均用作副词"將要"之"將"。如：

邵（昭）王砥室於死泝（湑）之滬（虡），室既成，牂（將）袼（格）。(《上四·昭》簡 1)

原整理者云："'牂'，从酉、爿声，为'醬'之省文，读为'將'。《广雅·释诂》：'將，欲也。'"①

字或增一"宀"符作"寤"，原篆作▨（《郭·语四》簡 7）；又或增一"又"符作"㛂"，原篆作▨（《上五·姑》簡 8），均用同副词"將要"之"將"，字当是"牂"之异体。

楚簡中的动词"率领"之"徔（徥）"、名词"將帥"之"遅"、副词"將要"之"牂"，传世文字均作"將"，并未分化。《说文·寸部》："將，帥也。从寸，牆省声。"《孙子·谋攻》："夫將者，国之辅也。"《左传·僖公三十三年》："寡君闻吾子將步师出于敝邑，敢犒从者。"《广雅·释诂一》："將，欲也。"《左传·隐公元年》："大叔完聚，缮甲兵，具卒乘，將袭郑。夫人將启之。"《吕氏春秋·行论》："將欲毁之，必重累之。"《集韵·阳韵》："將，有渐之辞。"《易·系辞上》："是以君子將有为也，將有行也。"《论语·述而》："不知老之將至云尔。"

[社] [攻*]

"社"字原篆作▨（《上四·内》簡 8）、▨（《新·甲三：111》簡 147），构形从示、工声。簡文中均用作名词之"攻"，即祭名。如：

(1) 凡葡日，可以爲少（小）社。(《九·五六》簡 23 下)
(2) 時眛，社（攻）、縈（禜）、行，祝於五祀。(《上四·内》簡 8)

---

① 马承源主编：《上海博物馆藏战国楚竹书（四）》，上海：上海古籍出版社 2004 年 12 月第 1 版第 182 页。

第五章　楚简新出字中的分化字研究

上揭例（1），《九店楚简》云："……'𥘅'应当分析为从'示'从'工'声。《周礼·春官·大祝》'掌六祈，以同鬼神示，……五曰攻，六曰说'，郑玄注引郑司农云：'攻、说，皆祭名也。'又《秋官·庶氏》'掌除毒蛊，以攻说禬之'，郑玄注：'攻说，祈名，祈其神求去之也。''𥘅'当是'攻说'之'攻'的专字。古代的祭祀分大祭、小祭。'小𥘅（攻）'犹'小祭'，大概古代举行'攻'这种祭祀活动也分大小。"[①] 例（2），原整理者云："'𥘅'，通'攻'。《包山楚简》二二四有'攻君之𥘅'，二二五作'𥘅尹之𥘅'。'攻'为祭名，《周礼·春官·大祝》：'掌六祈，以同鬼神示。……五曰攻。'贾公彦疏：'攻……日食伐鼓之属。'"[②]

"攻"字原篆作𢼸（《上四·曹》简21），构形从攴、工声，简文中用作动词"攻击"之"攻"。如：

"湯又從而攻之，降自鳴條之遂，㠯伐高神之門。"（《上二·容》简40）

按："𥘅"当为"攻"的分化字。楚简中，凡祭名之攻均作"𥘅"，不作"攻"，而传世文字中的"𥘅""攻"均作"攻"，未分化。《说文·攴部》："攻，击也。从攴，工声。"《孙子·计篇》："攻其无备，出其不意。"又，《周礼·春官·大祝》："掌六祈以同鬼神示：一曰类，二曰造，三曰禬，四曰禜，五曰攻，六曰说。"郑玄注："郑司农云：'类、造、禬、禜、攻、说，皆祭名也。'……攻、说用币而已。"贾公彦疏："云'攻、说用币而已'者，知攻、说用币者，是日食伐鼓之属。天灾有币无牲，故知用币而已。"

［祫］

"祫"字原篆作𥛱（《上四·昭》简1）、𥛱（《上四·昭》简1），构形从示、各声。简文中，"祫"字用同名词"落"，即"落祭"之"落"。如：

室既成，將祫（落）。（《上四·昭》简1）

按：原整理者读"祫"为"格"，误。"祫"为"各"的分化字，即宫室落成之祭礼。与楚简字分化不同的是，"落祭"之"落"，传世文字

---

① 湖北省文物考古研究所：《九店楚简》，北京：中华书局2000年5月第1版第75～76页。
② 马承源主编：《上海博物馆藏战国楚竹书（四）》，上海：上海古籍出版社2004年12月第1版第227页。

485

作"落"。《说文·艸部》:"落,凡艸曰零,木曰落。从艸,洛声。"宫室落成之祭礼亦作"落"。《左传·昭公七年》:"楚子成章华之台,愿与诸侯落之。"杜预注:"宫室始成,祭之为落。"王引之《经义述闻》:"与诸侯落之者,与诸侯始其事也。《楚语》:伍举对灵王曰:'今君为此台,愿得诸侯与始升焉。'是其明证矣。宫室既成,于是享宾客以落之。"

[敯][皋*]

"敯"字原篆作▨(《包》简4),构形从攴、皋声,简文中1见,用同"皋(罪)",动词,即"治罪"之意。如:

凡君子二夫,敯是,其箸之。(《包山》简4)

《战国古文字典》云:"敯,从攴、皋声。《篇海》'敯,音姑。'似为辜字之误,与简文敯无涉,惟义近而已。包山简敯,读罪。"①

"皋"字原篆作▨(《上六·競》简7),从自、从辛,简文中,"皋"字均用同"罪",名词。《说文·辛部》:"皋,犯法也。从辛,从自。言皋人蹙鼻,苦辛之忧。秦以皋似皇字,改为罪。"如:

一人爲亡道,百眚(姓)亓可(何)皋?(《上二·容》简48)

按:楚简文字的"敯"疑即"皋"的分化字,构形增一攴符而分化出动词"治罪"之"敯"字。传世文字中的"皋",字今作"罪",动、名一字,未作分化。

[鮫][魚*]

"鮫"字原篆作▨(《上二·容》简3)、▨(《包》简121),从攴、魚声,简文中2见,用同"漁",动词。如:

者煮盧氒,畫者鮫(漁)澤,潏弃不妥(廢)。(《上二·容》简3)

原考释者云:"鮫泽,即'漁泽',打鱼于泽。"②

按:楚简文字的"鮫"字即"魚"的分化字,构形增一攴符而分化出动词"捕鱼"之"鮫"字。与楚简文字不同的是,传世文字分化作"漁"。

---

① 何琳仪著:《战国古文字典》,北京:中华书局1998年9月第1版下册第1274页。
② 马承源主编:《上海博物馆藏战国楚竹书(二)》,上海:上海古籍出版社2002年12月第1版第253页。

［觧］［干＊］

"觧"字原篆作🈯（《上一·孔》简20），从角、干声，简文中1见，用同"干"，即"干犯""冒犯"之"干"。《说文·干部》："干，犯也。从反入，从一。"如：

其言有所载而后纳，或前之而后交，人不可觧也。（《上一·孔》简20）

原整理者云："觧，《说文》所无，待考。"①

按："觧"疑即"干"的分化字，构形增一"角"符以凸显其"干犯"之意。"干"，楚简原篆作🈯（《上二·容》简26），构形与甲、金文相同，甲骨文作🈯（鄴三下·三九·一一）、金文作🈯（毛公鼎），均象有桠枝的木棒形。古人狩猎作战，即以干为武器。简文中，"干"字5见，均用作名词，即用作"杆""涧"。如：

（1）旄中干，絑縞。（《包》简269）
（2）禹乃通伊、洛，并瀍、干（涧）。（《上二·容》简26）

例（1），《包山楚简》云："旄，读如旒。旌旗杆上的饰物，一般认为是犛牛尾。'中杆'，指旗杆的中部。"② 例（2），原整理者云："干，通假字，即涧水（'干''涧'都是见母元部字）。"③ 朱骏声《说文通训定声》："干，叚借为涧。"《诗·小雅·斯干》："秩秩斯干，幽幽南山。"毛传："干，涧也。"

楚简文字或即因"干"专用于"杆"或"涧"而为其"干犯"之本义分化一构形从"角"的"觧"字。传世文字未作如此分化，"干犯"之"干"亦作"干"。《左传·文公四年》："君辱贶之，其敢干大礼以自取戾。"《国语·晋语四》："若干二命，以求杀余。"韦昭注："干，犯也。"

3. 实义词与抽象词的分化

汉字是带有表意性质的文字系统，形义间的关系非常紧密。因此，为语言中有声无形的抽象、半抽象词造字，构形取象就异常困难。对此，楚

---

① 马承源主编：《上海博物馆藏战国楚竹书（一）》，上海：上海古籍出版社2001年11月第1版第149页。
② 湖北省荆沙铁路考古队：《包山楚简》，北京：文物出版社1991年10月第1版第65页注624。
③ 马承源主编：《上海博物馆藏战国楚竹书（二）》，上海：上海古籍出版社2002年12月第1版第271页。

简新出字是通过对与之相关的既有的文字形体改换或增加义符而分化出新字。与之不同的是，传世文字则多是在原有的具体名词中增加一个抽象义项而少分化出新字。如：

［裳］［常］［裳＊］

"裳"字原篆作 <g/>（《上四·柬》简5）、<g/>（《上四·柬》简6），构形从示、尚声，简文中用同"常"，即"常典""常规""规律"之"常"。如：

  釐尹答曰："楚邦有裳（常）。"（《上四·柬》简5）

原整理者云："'裳'，从示，尚声，《说文》所无，读为'常'，常典、常规。祀有常典，国有常刑，遵循旧典，法在必行，古人往往守则而治。《国语·越语下》'无忘国常'，韦昭注：'常，旧法也。'《礼记·曲礼下》：'凡祭，有其废之，莫敢举也；有其举之，莫敢废也。非其所祭而祭之名曰淫祀，淫祀无福。'孔颖达疏：'此明祭有常典，不可辄擅废兴。'"[①]

按："裳"为"常（裳）"的分化字。楚简中"常""裳"二字另见，均用同"衣裳"之"裳"，属异体字关系。由"衣裳"之实义引申有"常典""常规"之抽象义，文字构形亦由"常""裳"之从巾、从衣改从示作"裳"。与楚简文字不同的是，传世文字未分化出"裳"，只是对"常""裳"二字有分工。《说文·巾部》："常，下帬也。从巾，尚声。裳，常或从衣。"《说文》对"常""裳"二字的训释与楚简中的使用情况相同。但在传世文献中，"常""裳"二字已经分工明确。"下帬"之"裳"作"裳"，或亦作"常"，如《逸周书·度邑》"叔旦泣涕于常，悲不能对"中的"常"即用作"裳"，但"常典""常规"之"常"，只作"常"不作"裳"。《易·系辞下》："初率其辞，而揆其方，既有典常。"《文选·张衡〈东京赋〉》："布教颁常。"薛综注："常，旧典也。"《荀子·天论》："天行有常，不为尧存，不为桀亡，应之以治则吉，应之以乱则凶。"

［旮］［終］［冬＊］

"旮"字原篆作 <g/>（《上一·紂》简6）、<g/>（《郭·老甲》简8），构形从日、夂声，与《说文·夂部》"冬"之古文相同。《说文·夂部》："冬，四时尽也。从仌，从夂。夂，古文终字。旮，古文冬从日。"《玉篇·日部》："旮"，同"冬"。《字汇·日部》："旮，古文冬字。"字或隶作"旮"，

[①] 马承源主编：《上海博物馆藏战国楚竹书（四）》，上海：上海古籍出版社2004年12月第1版第199页。

同意。简文中，"各"字均用作"冬天"的"冬"。如：

撞鼓，禹必速出，各（冬）不敢㠯蒼辝，夏不敢囗暑辝。（《上二·容》简 22）

"終"字原篆作❂（《郭·语一》简 49）、❂（《帛书·甲篇》行 3～4），构形从糸、夂（冬）声，简文中用作"終始、終結"之"終"，与传世文字同。《广雅·释诂一》："終，极也。"又《释诂四》："終，穷也。"引申而有终止、结局之义。《易·系辞下》："《易》之为书也，原始要終，以为质也。"《国语·鲁语上》："終则讲于会，以正班爵之义。"韦昭注："終，毕也。"如：

有蠢有卯，有終有始。（《郭·语一》简 49）

按：楚简文字中的"各""終"均当是"冬"的分化字。"冬"字甲骨文作❂（乙二六八）、❂（京津二五九七），金文作❂（此簋）。《汉语大字典》云："按：甲骨文象人体的'踵'部位，加两圈或两点，是'踵'的古文，人体从首始，踵终，引申为终结的'終'及一年四季的'冬'。"由"踵"之实义引申而有抽象之义，"冬"字构形亦随之分化出从日之"各"与从糸之"終"二字。"冬"字原篆作❂（《郭·老甲》简 15）、❂（《郭·成》简 30），简文中均用作"終結"之"終"，与金文相同而与传世文字有别。郭沫若《金文丛考》："（金文中）冬字多见，但均用为終。"《马王堆汉墓帛书·老乙本卷前古佚书·称》"诰诰作事，毋从我冬始"中的"冬"亦用作"終"。

［駻］［徍］

"駻"字原篆作❂（《包》简 33）、❂（《郭·成》简 16）、❂（《新·甲三：77》简 117），构形从馬、午声，简文中 53 见，均用作"馭馬"之"馭"。字或隶作"敄"。如：

戚父之駻（御）馬，馬也之道也。（《郭·尊》简 7）

刘钊云："'敄'为'御馬'之'御'的本字。"又云："'駻'为'驾御'之'御'的专字。"[①]《包山楚简》云："敄，简文作駻，从馬午声，读如

[①] 刘钊著：《郭店楚简校释》，福州：福建人民出版社 2003 年 12 月第 1 版第 126 页、141 页。

489

敔。"①字或作"䮉",原篆作🐴(《上四·曹》简42);又或作"駿",原篆作🐴(《上四·昭》简6),均属"馭"字繁构。简文中,"䮉""駿"均用作"馭馬"之"馭"。

"徍"字原篆作🐴(《上五·姑》简4),构形从辵、午声,简文中用同"御",即"治理"之"御"。如:

    欲吕(以)長眚(建)宔(主)君,而徍(御)□難。(《上五·姑》简4~5)

原整理者云:"'徍'同'御',连下简文'[□]難'似可读为'御國(?)難。'"②

字或增一"卩"符作"迎",即"御"字,原篆作🐴(《包》简138)、🐴(《上三·周》简1),简文中用同"御",或用作"禦"。《包山楚简》云:"迎,御字。"③如:

(1)初六:不出迎(御)事,小有言,終吉。(《上三·周》简4)
(2)不利爲寇(寇),利迎(禦)寇(寇)。(《上三·周》简1)

原整理者云:"'迎(御)',治理,统治;'御事',治事,《国语·周语上》:'百官御事。'"④

按:以"馭馬"之实义喻"治理"之抽象义,文字构形亦因此分化为二。简文中,"馭馬"之"馭",皆从馬作"馵""䮉""駿",而"治理"之"御"则从辵作"迎(御)""徍",构形有别,字用不同。

与楚简文字稍有不同的是,传世文献中的"馭馬"之"馭",字作"馭",亦或作"御"。《说文·彳部》:"御,使馬也。从彳、从卸。馭,古文御。从又、从馬。"徐锴《系传》:"卸,解车马也;彳,行也。或行或卸,皆御者之职也。"《论语·子罕》:"吾何执?执御乎?执射乎?吾执御矣。"《韩非子·難三》:"知伯出,魏宣子御,韩康子为骖乘。"《广雅·释

---

① 湖北省荆沙铁路考古队:《包山楚简》,北京:文物出版社1991年10月第1版第42页注74。
② 马承源主编:《上海博物馆藏战国楚竹书(五)》,上海:上海古籍出版社2005年12月第1版第244页。
③ 湖北省荆沙铁路考古队:《包山楚简》,北京:文物出版社1991年10月第1版第41页注35。
④ 马承源主编:《上海博物馆藏战国楚竹书(三)》,上海:上海古籍出版社2003年12月第1版第142页。

言》:"馭,驾也。"《书·五子之歌》:"予临兆民,懔乎若朽索之馭六马。"《荀子·王霸》:"王良、造父者,善服馭者也。"而"治理"之"御"则只作"御"不作"馭",与楚简文字同。《玉篇·彳部》:"御,治也。"《广韵·御韵》:"御,理也。"《书·大禹谟》:"临下以简,御众以宽。"《国语·周语上》:"瞽告有协风至,王即斋宫,百官御事。"韦昭注:"御,治也。"

由上文对楚简新出字中文字分化的方式、特点的讨论,关于楚简新出字中的文字分化,我们约略可得以下数事:

一是楚简文字的发展进程要比同期其他系文字至少是秦系文字的发展进程要快。文字是记录语言的符号。作为符号系统,文字的每一步发展都是为了更清晰、更正确地记录语言,随语言的变化而变化、丰富而丰富。这是文字作为语言记录符号存在的内在要求。由上比较,我们可以看出,楚简文字的诸多方面较之传世文字(秦系文字)要优,显得更成熟、更理性。当然,这也可能与"秦居宗周故地,其文字犹有丰镐之遗"(王国维语),秦系文字更趋稳定、保守有很大关系。

二是楚简文字已经开始萌芽出对语言中词类词性变化的理性思考。反映到文字形体的变化上便是已经有意识地进行动词与名词、实义词与抽象词的分化以及动符(如"止")的自觉使用。而这一点比起同期的其他系文字至少是秦系文字就要更为普遍、更加自觉。传世文献中词类活用(如名词用如动词)现象的大量存在,足可说明这一点。如果条件允许且可能的话,对楚系文字进行一次较为全面的清理,我们有理由相信,在楚系文字中类似的萌芽会更多、更精彩。

第二节 从楚简新出字的文字分化看战国时期的"文字异形"

战国时期是文字状况空前复杂的时期,这一时期的"文字异形"现象非常突出。关于战国时期的"文字异形"现象,学者多有研究,但一直未能有个令人信服的结论,始终有"意犹未尽"的感觉。

在前面的章节,我们曾以后世失传的楚简新出字为例,通过与传世文字的构形比较,对战国时期的"文字异形"现象作了初步的考察;又以楚简新出字中的异体字为例从另一个侧面对战国时期的"文字异形"现象做了考察。在这一节,我们拟继续沿着这一思路,以楚简新出字中的分化字为例,从考察文字分化的动因入手,并与传世文字中的相关字例做比较,从另一个角度对战国时期的"文字异形"现象进行考察与分析。希望通过多侧面、多角度的考察与分析，能够对战国时期的"文字异形"现象有个较为全面的了解。

文字是记录语言的符号。语言的发展，词义的引申、假借，反映到文字符号上就可能有相应的形体变化。就分化的动因而言，楚简新出字中的文字分化大致可以分为三类：一是因词义引申而分化；二是因文字假借而分化；三是为特定词义新造专字。如此分类只是为了叙述方便，并不一定很严格。下面分别举例讨论。

一　因词义的引申而分化

因词义引申而分化是文字分化现象中最为常见的一种，这一类分化字的数量亦居多。楚简新出字也不例外，在前一节讨论的分化字例中绝大多数是因词义的引申而分化。这里我们再举几例以示。如：

[祏]

"祏"字原篆作▨（《包》简205）、▨（《包》简206），构形从示、立声。简文中"祏"用同"位"，即祭祀时的坛位。如：

邵吉爲祏（位），既禱至福。（《包》简205）

原整理者云："祏，读如位。《周礼·春官·肆师》：'凡师甸用牲于社宗，则为位。'孙诒让云：'位与"辨方正位"同。'"[①]

按："祏"为"位"的分化字。"位"的位列之义引申有祭祀时坛位之义，字亦由"位"分化出"祏"。依据汉字构形的一般规律，与祭祀活动有关的字多从示作。"祏"当是祭祀时坛位之位的本字。"位"是由"立"分化而出。甲骨文、金文"立""位"同字，均作"立"。楚简文中的"位"，字或作"立"。如："文王堋（崩），武王即立（位）。"（《上二·容》简49）依然保留了甲骨文、金文的用法。简文中"位"除用为方位之位外，间或亦用为祭祀时坛位之位。如："臧敢爲位，既禱至命。"（《包》简224）

楚简中的祭祀坛位之"祏"、位列之"位"，传世文字均作"位"，字并未分化。如：《说文·人部》："位，列中庭之左右谓之位。从人、立。"马叙伦云："此当作从人、立声。"[②] 马说甚是。《尔雅·释宫》："中庭之左右谓

[①] 湖北省荆沙铁路考古队：《包山楚简》，北京：文物出版社1991年5月第1版第55页注389。

[②] 马叙伦著：《说文解字六书疏证》卷十五，转引自《古文字诂林》第7册第325页，上海：上海教育出版社2004年12月第1版。

之位。"郭璞注:"群臣之侧位也。"邢昺疏:"位,群臣之列位也。""位"又或用作祭祀时设立的灵位、神位,或指冢位,古代祭祀神鬼所设立的牌位。如:《周礼·春官·小宗伯》:"成葬而祭墓为位。"郑玄注:"位,坛位也。"《汉书·武五子传》:"护行视孝昭帝所故皇太子起位在湖,史良娣冢在博望苑北,亲史皇孙位在广明郭北。"颜师古注引文颖曰:"位,冢位也。"《国语·楚语下》:"是使制神之处位次主。"韦昭注:"位,祭位也。"唐韩愈《太原郡公神道碑文》:"上罢朝三日,为位以哭。"

[辻]

"辻"字原篆作辻(《包》简236)、辻(《上四·曹》简36),构形从止、上声。简文中"辻"字均用作行为动词"上"。如:

(1) 既腹心疾,以辻(上)气,不甘飤。(《包》简239)
(2) 答曰:"申功辻(上)賢。"(《上四·曹》简36)

上揭例(1),原整理者云:"辻,读如上,《周礼·天官·疾医》:'冬时有咳上气疾。'注:'逆喘也。'"① 例(2),原整理者云:"辻毆,读'上贤',古书亦作'尚贤'。"②

按:"辻"为"上"的分化字。名词、方位词之"上",引申有与方位有关的行为动作之义,字亦由"上"增一止(辵)符而分化出"辻"字。楚简中"上"字另见,均用作名词、方位词"上",可证。李守奎云:"楚文字中方位之'上'作'上',行为之'上'多作'辻'或'迬'。"③ 李说甚是。

"辻"字构形或从辵作"迬"。古文字构形从辵、从止可通。简文中,"迬"亦用同行为动词"上"。例略。

简文中,动词之"辻(迬)"与名词、方位词"上"分作,而传世文字则均作"上",并未分化。《玉篇·上部》:"上,《说文》云:'高也。'"《诗经·周颂·敬之》:"无曰高高在上。"《汉书·东方朔传》:"抗之则在青云之上,抑之则在深泉之下。"又,《广韵·养韵》:"上,登也,升也。"《易·需》:"云上于天。"陆德明释文引干宝云:"上,升也。"《礼记·曲礼上》:"拾级聚足,连步以上。"孔颖达疏:"涉而升堂,故云'以上'。"《广雅·释诂一》:"尚,举也。"即荐举、选拔。王念孙《广雅疏证》:"尚者,

---

① 湖北省荆沙铁路考古队:《包山楚简》,北京:文物出版社1991年5月第1版第58页注460。
② 马承源主编:《上海博物馆藏战国楚竹书(四)》,上海:上海古籍出版社2004年12月第1版第266页。
③ 李守奎:《略论楚文字与小篆的关系》,《北华大学学报》(社会科学版)2003年6月。

《王制》：'上贤以崇德'，'上贤'谓举贤也。上与尚通。""上贤"与上揭例(2)"尚贤"相同。

[敆]

"敆"字原篆作🗈（《曾》简146）、🗈（《包》简5），构形从攴、命声。简文中，"敆"字均用为"令长"之"令"。如：

右敆（令）建所乘大旆。（《曾》简1正）

原整理者云："'敆'从'攴''命'声，简文多用为令长之'令'。鄂君启节'我敆'之'敆'亦用为'令'，与简文同。楚有'右领'之官，见《左传》昭公二十七年、哀公十七年。《汉书·南粤传》载汉文帝与南越王赵佗节：'服领以南，王自治之。'《盐铁论·备胡》'服领'作'服令'。'领'从'令'声，故'领''令'二字可以通用。疑'右领'即简文的'右令'。简文除了'右令'之外还有'左令'，见7号简。"①

按：甲骨文、金文中的"令""命"同字。林义光《文源》云："按：诸彝器令、命通用，盖本同字。"楚简文字中有"命"无"令"，"命"用作名词"天命"之"命"和动词"命令"之"令"。"敆"当为"命"的分化字。动词命令之令引申有令长之令，字亦由"命"增一"攴"符作"敆"，所增"攴"符或有象征权力的"权杖"之意。

传世文字"令""命"亦已分化，但与楚文字的分化不一致。《说文·卩部》："令，发号也。从亼、卩。"又《口部》："命，使也。从口，从令。"戴家祥云："按命为令之加旁字，从口从令，令亦声，会意兼形声，故命亦同令。"传世文献中"令""命"二字可通。《周礼·释官·司仪》："将会诸侯，则令为坛三成。"郑玄《仪礼·觐礼》注引作"则命为坛三成"。《国语·楚语》："王言以出令也。"韦昭注："令，命也。"《左传·僖公九年》："令不及鲁。"陆德明释文："令，力政反，本又作命。"《庄子·田子方篇》："先君之令。"陆德明释文："令，本或作命。"但"令长"之"令"只作"令"，不作"命"。《史记·陈涉世家》："其故人尝与庸耕者闻之，之陈，扣宫门曰：'吾欲见涉。'宫门令欲缚之。"《汉书·外戚传》："上官桀少时为期门郎，上奇其材力，迁为未央厩令。"

[鐈]

"鐈"字原篆作🗈（《上二·容》简45），构形从金、乔声。简文中，

---

① 湖北省博物馆：《曾侯乙墓》，北京：文物出版社1989年7月第1版第502页注8。

494

"禞"用同"鎬",地名,即"鎬京"之"鎬"。如:

　　於是乎九邦叛之:豐、禞(鎬)、郍、邙、于、鹿、耆、崇、密須氏。(《上二·容》简45～46)

原整理者云:"'禞',即'鎬'。《说文·金部》:'鎬……武王所都,在长安西上林苑中。'武王都鎬又见《世本·居篇》。据考,今陕西长安澧河以东的西周遗址即其所在。其地应与'豐'邻近。案:西周金文无鎬京之名,德方鼎的'蒿'作'郊'用,'茶京'是'方京',与鎬无关。"①

按:疑"禞"为"鎬"的分化字。楚简中,"鎬"字另见,非新出,原篆作（《汇·仰》简10),构形从金、高声。《说文·金部》:"鎬,温器也。从金,高声。武王所都,在长安西上林苑中,字亦如此。""高""乔"古音相近,古文字从高得声的字或可从乔得声。朱骏声《说文通训定声》云:"鎬,疑即鐈字。"《说文·金部》:"鐈,似鼎而长足。从金,乔声。"《正字通·金部》:"鐈,《博古国》文王、子父二鼎皆鐈属。"《广雅·释器》:"鐈,釜也。"楚简中,"鎬"亦用为一种食器,与后世文字同。《战国楚简研究》云:"《说文》鎬:'温器也。'寿县楚器有'大子之鎬',高二三厘米,口径五一点四厘米,无足,口外有兽首衔环四,重六斤半。此墓的鎬已被盗去,未知作何形状,当为一种熟食器。"② "鎬京"为周朝故都,乃武王所都,必享后人祭祀,故文字由"温器"之"鎬"而分化,构形改从示作"禞"。简文中的"温器"之"鎬"、"鎬京"之"禞",传世文字均作"鎬",未分化。

二　因文字假借而分化

楚简新出字中因文字假借而分化的字例比较少,又大致可分成两种情况:一是为本字另造新字,另一种情况是为字的假借义另造一新字。下面分别举例讨论。

[䇃]

"䇃"字原篆作（《上五·竞》简6)、（《郭·缁》简9),构形从臼、牙声,与《说文·牙部》"牙"之古文相同。《说文·牙部》:"牙,牡

---

① 马承源主编:《上海博物馆藏战国楚竹书(二)》,上海:上海古籍出版社2002年12月第1版第286页。
② 中山大学古文字研究室编:《战国楚简研究》第四辑第10页,未刊稿。

齿也。象上下相错之形。䶦，古文牙。"段注："从齿而象其形，曰，古文齿。"商承祚《说文中之古文考》："……从牙又从齿，于义不可通，緐复无理。殆非古文。"今据楚简文字知商说误。楚简中的"䶦"字14见，均用作"牙"。如：

    六五：芬（豶）豕之䶦（牙），吉。(《上四·周》简23)

  按："䶦"为"牙"的分化字。楚简中"牙"字另见，字非新出，原篆作𠂒(《郭·语一》简109)，均借用作语气助词"邪"，且为借义所专，于是为"牙齿"之"牙"另分化出一构形从臼的"䶦"字。

  与楚简"䶦""牙"二字分化不同的是，传世文字"牙齿"之"牙"依然作"牙"，语气助词的"邪"则是借用地名"琅邪"之"邪"，字今作"耶"。《说文·邑部》："邪，琅邪郡。从邑、牙声。"段注："近人隶书从耳作耶，由牙耳相似。"《广韵·麻韵》："邪，俗作耶，亦语助。"《洪武正韵·遮韵》："邪，疑辞，亦作耶。"《庄子·逍遥遊》："天之苍苍，其正色邪？"陆德明《释文》："邪，助句不定之辞。"

  又，楚简中的"牙"字，只见于《郭店》简，原整理者均隶释作"与"。李零先生改释为"牙"，并云："两'邪'字，简文作'牙'，原释'与'。""简文作'牙'，旧作读'与'，今改读为'邪'。"[①]李零先生释"牙"可从。简文中"牙""与"二字构形相近易混，但区别还是很明显。"与"字原篆作𠂒(《郭·语一》简86)，构形从一横，与"牙"字构形从二横绝不相混，字用亦有别。(参见前文讨论)

  [𢃇]

  "𢃇"字原篆作𢃇(《郭·语三》简50)、𢃇(《上四·曹》简31)，构形从虍、丮声。简文中，"𢃇"字用作"铠甲""甲胄"之"甲"。如：

    武王乃出革車五百乘，帶𢃇（甲）三千，以小會諸侯之師於牧之野。(《上二·容》简51～52)

  原整理者云："即'帶甲'，指披带铠甲的战士。"[②]

  按："铠甲""甲胄"之"甲"，字本作"甲"。《说文·甲部》："甲，东

---

① 李零著：《郭店楚简校读记》，北京：北京大学出版社2002年3月第1版第162页、165页。
② 马承源主编：《上海博物馆藏战国楚竹书（二）》，上海：上海古籍出版社2002年12月第1版第290页。

方之孟，阳气萌动。从木戴孚甲之象。一曰人头宜为甲，甲象人头。"许说牵强。朱骏声《说文通训定声》："甲，铠也，象戴甲于首之形。"《释名·释兵》："甲，似物有孚甲以自御也……亦曰铠，比坚重之名也。"《广雅·释器》："甲，铠也。"王念孙疏证："《周官·司甲》注：'甲，今时铠也。'疏云：'今古用物不同，其名亦异，古用皮谓之甲，今用金谓铠。'"《书·说命中》："惟甲胄起戎。"孔传："甲，铠。"

楚简中，"甲"均借作为天干甲乙之甲，且为借义所专，于是为"铠甲""甲胄"之"甲"另造一构形从幸的新字"䇂"。《说文·幸部》："幸，所以惊人也。从大从羊。一曰大声也。凡幸之属皆从幸。一曰读若瓠。一曰俗语以盗不止为幸。"幸，甲骨文作 （《甲骨文编》甲2809）、 （《甲骨文续编》7732）、 （《金文编》中山王 壶），象手梏之形，即梏之表意初文。张桂光云："幸为象形初文，梏为后起形声字。"[①] 战国文字或借"幸"为"甲"。《中山王方壶》铭文："身蒙幸胄。"《战国古文字典》云："中山王方壶'幸胄'，读'甲胄'。《礼记·儒行》'儒有忠信以为甲胄。'"[②] 楚简"䇂"字又增一"虍"符。字或从虎、幸声作"䖍"，原篆作 （《包》简42），即"䇂"之繁构，简文中1见，用作人名。例略。

"铠甲"之"甲"、天干甲乙之"甲"，传世文字均作"甲"，并未分化。传世文字中从甲得声的字如"狎""柙"，楚简新出字则均从"䇂"得声，字作"獻""㯙"。

值得注意的是：在《曾侯乙墓》简中有"甲"无"䇂"，"甲"字凡55例，均用作"甲胄"之"甲"，与楚系竹简文字不同。曾国虽然早在战国初期就已完全沦为楚国的附庸，社会生活的方方面面都受到楚国的影响，但这种文字使用上的差异或可说明，战国时期各国间的文字发展既有传承，又有发展，并且各自的发展又有着相对的独立性。

[㠯]

"㠯"字原篆作 （《上五·姑》简9）、 （《郭·穷》简14），构形从口、己声。简文中，"㠯"字均用作"己身"之"己"。如：

以昭百姓，则民致行㠯（己）以悦上。（《上一·紂》简7）

原整理者云："㠯，'己'之异体，古文字中常增益'口'字。郭店简作

[①] 张桂光：《古文字考释六则》，载《于省吾教授百年诞辰纪念文集》，转引自《古文字诂林》第8册第859页，上海：上海教育出版社2004年12月第1版。
[②] 何琳仪著：《战国古文字典》，北京：中华书局1998年9月第1版下册第1380页。

497

'丌'，今本作'己'。"①

按：楚简文字中，"己身"之"己"，字或作"丌"，原篆作▇（《上二·从乙》简1）、▇（《郭·缁》简11），构形从丌、己声。简文中，"丌"字用作"己身"之"己"，或用作人名。字或隶作"丌"。如：

故長民者，章志以昭百姓，則民致行丌（己）以悅上。（《郭·缁》简11）

楚简中"己"字另见，字非新出，均借用作天干第六位之"己"。由于字为借义所专，于是另造一个从口的"㠯"字，或从丌的"丌"字。简文中，天干之"己"无一例用"㠯"或"丌"字。

传世文字中，天干之"己""己身"之"己"，均作"己"。朱骏声《说文通训定声》云："己，《礼记·月令》：'中央土，其日戊己。'又以纪年纪月。"《尔雅·释天》："太岁在己曰屠维……月在己曰则。"又，《玉篇·己部》："己，己身也。"《广韵·止韵》："己，身己。"《书·大禹谟》："稽于众，舍己从人。"《孙子·谋攻》："知己知彼，百战不殆。"

"㠯""丌"与后世文字中的"㠯""丌"当为同形字。《玉篇·口部》："㠯，居矣切。说也。"又，《说文·己部》："丌，长踞也。从己、其声。读若杞。"简文中均用作"己"。

[旻]

"旻"字原篆作▇（《上一·孔》简6）、▇（《上一·孔》简8），构形从口、文声。简文中"旻"字用同"文"，即"文章""文采"之"文"。如：

孔子曰："詩亡離志，樂亡離情，旻（文）亡離言。"（《上一·孔》简1）

原整理者云："旻，从口、从文，在简文中，'旻'或'文'不完全相同。如文王之'文'不从口，文章之'文'从口，……到了小篆时代，'旻'废而统一成为'文'字了。'文'（当作'旻'——引者）在这里是指文采。"②

按："旻"为"文"的分化字。文，甲骨文作▇（乙六八二〇反），金文作▇（保卣），《说文·文部》："文，错画也。象交文。"徐灏《注笺》："文

---

① 马承源主编：《上海博物馆藏战国楚竹书（一）》，上海：上海古籍出版社2001年11月第1版第182页。

② 同上书，第126页。

象分理交错之形。"朱芳圃《殷周文字释丛》:"文即文身之文,象人正立形,胸前之丿、乂……即刻画之文饰也……文训错画,引申之义也。""文"即"纹"之初文。楚简中"文"另见,非新出,均用作"文王"之"文",亦可视为文字假借,且为借义所专,于是另造一"旻"字表示"文章""文采"之"文"。值得注意的是,"旻"字只出现于上博楚简中,在其他楚简如《郭店》,则是借"夒"为"文"。如:"有命有夒(文)有名,而後有伦。"(《郭·语一》简4~5)刘钊云:"'夒'字《汗简》和《古文四声韵》引石经'闵'字古文作'夒'(《汗简》,石经)'夒'(《古文四声韵》石经),即此字所由来。'闵'从'文'声,故可读为'文'。'文'义为'理',指自然界或人类社会带规律性的现象。"[①]李零云:"'文',也是借'敏'字为之。"[②]

"文王"之"文"与"文章""文采"之"文",传世文字均作"文",字未分化。《诗·大雅·下武序》:"下武,继文也。"郑玄笺:"继文者,继文王之王业而成之。"《礼记·杂记下》:"一张一弛,文、武之道也。"又,《庄子·逍遥遊》:"越人断发文身。"《谷梁传·哀公十三年》:"祝发文身。"范甯注:"文身,刻画其身以为文也。"

[祦]

"祦"字原篆作𥛱(《上三·周》简21)、𥛱(《上三·周》简56),从示、眚声,楚简中此字4见,均《上三·周》简,均用同"眚"。如:

元亨利貞。其非復有祦(眚),不利有攸往。(《上三·周》简20)

按:"祦"字当是"眚"的分化字。楚简文中,"眚"字另91见,只见于《上博》《郭店》简,字用有二:一是借用作"性",凡66例;另一是借用作"姓",凡25例。"眚""性""姓"均从生得声,于音可通。《说文·目部》:"眚,目病生翳也。从目、生声。"引申而有"过失"意。《广韵·梗韵》:"眚,过也。"《书·舜典》:"眚灾肆赦,怙终贼刑。"孔传:"眚,过。"《左传·僖公三十三年》:"大夫何罪?且吾不以一眚掩大德。"杜预注:"眚,过也。"简文中,因"眚"借用作"性""姓",且为借义所专,于是为"眚"另分化一从示的"祦"字,表示"眚"字引申之义"过失"。

[①] 刘钊著:《郭店楚简校释》,福州:福建人民出版社2003年12月第1版第184页。
[②] 李零著:《郭店楚简校读记》,北京:北京大学出版社2002年3月第1版第109页。

[孚][衺]

"孚"字原篆作 ，构形从爪、卒声。简文中，"孚"字除人名外，均用作"卒"，为"终""完毕"之意。如：

(1) 上帝板板，下民孚（卒）疸。(《郭·缁》简7)
(2) 孚（卒）歲無咎。(《新·甲三：158》简187)

由"终、完毕"之义又引申有"死亡"之义。如：

君孚（卒），太子乃亡聞、亡聽。(《上二·昔》简4)

原整理者云："'孚'，读为'卒'。君死称'卒'。如《春秋·僖公三十二年》'郑伯捷卒'，'晋侯重耳卒'。但《礼记·曲礼下》：'大夫曰卒。'《公羊传·隐公三年》：'大夫曰卒。'则大夫死亦称'卒'。"[①]

"衺"字原篆作 、，构形从爪、从衣，与"孚"当为一字之异体，简文中亦用作"卒"。如：

大田之衺（卒）章，知言而有禮。(《上一·孔》简25)

原整理者云："衺章，衺，从爪从衣，《说文》所无，读为'卒'。从《大田》篇章句内容，此评语或指末章。"[②]

按："卒""衣"古本一字，后分化为二，且常因字形相近而相混。"孚"字构形或从衣作"衺"即相混之结果。楚简文字中的"卒"多用作"衣"，也偶用作"终、完毕"之"卒"。如：

(1) 君民而不驕，卒王天下而不疑。(《郭·唐》简18)
(2) 三誓持行，見上卒飢（食）。(《上二·从甲》简7)

"卒"字的"终、完毕"之义当是本义。裘锡圭先生说："'初'字从

[①] 马承源主编：《上海博物馆藏战国楚竹书（二）》，上海：上海古籍出版社2002年12月第1版第246页。

[②] 马承源主编：《上海博物馆藏战国楚竹书（一）》，上海：上海古籍出版社2001年11月第1版第156页。

'衣'从'刀'会意,因为在缝制衣服的过程里,剪裁是初始的工序。'卒'字也从'衣',其本义似应与'初'相对。这就是说,士卒并非它的本义,终卒才是它的本义。"①其"隶人给事者衣"之义则当是"卒"字的引申义。《说文·衣部》:"卒,隶人给事者衣为卒。卒,衣有题识者。"朱骏声《说文通训定声》云:"本训当为衣名,因即命箸此衣之人为卒也。"楚简文字中的"䘱""衺"二字均当是"卒"的分化字,且为"卒"字本义而分化。

与楚简文字"卒""䘱(衺)"分化不同的是,传世文字未作分化,字均写作"卒"。《说文·衣部》:"卒,隶人给事者衣为卒。卒,衣有题识者。"徐锴系传:"《吕氏春秋》:'邓析教郑人讼十襦火狱卒题。'"苗夔校勘记:"按《吕览·离谓篇》,当作'邓析约与民之有狱者,大狱一衣,小狱襦衣'十七字。卒,今本作裨。"又,《诗·豳风·七月》:"无衣无褐,何以卒岁?"郑玄笺:"卒,终也。"《礼记·奔丧》:"三日五哭,卒,主人出送宾。"郑玄注:"卒,犹止也。"《尔雅·释诂下》:"卒,死也。"《礼记·曲礼下》:"天子死曰崩,诸侯曰薨,大夫曰卒……寿考曰卒。"《左传·宣公十二年》:"又作《武》,其卒章曰'耆定尔功'。"

以上五例是为本字而造的分化字。下面我们再来看看为字的假借义分化新字的字例。如:

[覷]

"覷"字原篆作、,构形从見(視)、䛆声,简文用作"顾"。如:

故君子覷(顾)言而行,以成其信。(《郭·缁》简34~35)

《郭店》裘按:"此字今本作'寡',但郑注认为'寡当为顾,声之误也'。简文此字从'見'(亦可谓从'視',偏旁中二字一般不别),当释为'顾',可证郑注之确。"②

按:"覷"当为"䛆"之分化字。"䛆"字原篆作,字为"寡"的省形,简文中25见,字用有二:用作"寡",或借用作"顾"。如:

(1)教以言,则民訏以䛆(寡)信。(《郭·尊》简15)

---

① 裘锡圭著:《裘锡圭学术文集》第1卷(甲骨文卷),上海:复旦大学出版社2015年8月第376页。

② 荆门市博物馆:《郭店楚墓竹简》,北京:文物出版社1998年5月第1版第135页。

（2）視，百正募（顧）還脣，與卿、大夫同恥度。（《上六·天甲》简7）

上揭例（2），原整理者云："'募'，'寡'字省写……'募'，读为'顧'，'寡''顧'古音同在见母鱼部，为双声叠韵关系，故通。《礼记·缁》'叶公之顧命曰'，郭店楚简本、上海博馆藏楚竹书本'顧'作'募'。'顧'，看，《说文》：'顧，还视也。'《吕氏春秋·慎势》：'积兔满市，行者不顧，非不欲兔也，分已定矣。'高诱注：'顧，视也。'"①

为分化"募"字的"寡""顧"二义，于是为"募"字的借义"顧"另造一从見的"賕"字。

[㚄]

"㚄"字原篆作 㚄（《郭·穷》简10）、㚄（《上三·周》简35），构形从止、來声。简文中，"㚄"均用作"行來"之"來"。如：

初六：迲（往）訐㚄（來）譽。……九晶（三）：迲（往）訐㚄（來）反。
六四：迲（往）訐㚄（來）連。（《上三·周》简35）

按："㚄"即"來"的分化字。楚简中的"來"字均借用作某量词。如：

舊五稯又五來，敵秭之十擔一擔。（《九·五六》简3）

简文中，"來"为借义所专，于是为"行來"之"來"另造一从止的"㚄"字。"㚄"字构形或作"逨""逨"，均当是"㚄"之异体。

"行來"之"來"本为借字。《说文·來部》："來，周所受瑞麦來麰，一來二縫。象芒束之形。天所來也，故为行来之来。"徐灏《注笺》："來本为麦名。《广雅》曰：'大麦，麰也。小麦，䅘也'是也。古来麦字只作來，假借为行來之來，后为借意所专，别作麳、䅘，而來之本义意废矣。"罗振玉《增订殷虚书契考释》："卜辞中诸來字皆象形。其穗或垂或否者，麦之茎，与禾不同……叚借为往來字。"楚简中又借"來"为某量词，于是"行來"之"來"，构形又增一"止"符作"㚄"。

[䢭][宭]

"䢭"字原篆作 䢭（《郭·老乙》简2）、䢭（《帛·甲》行3~4），

---

① 马承源主编：《上海博物馆藏战国楚竹书（六）》，上海：上海古籍出版社2007年7月第1版第321页。

构形从邑、或声，简文中 5 见，用同"國"。如：

（莫知其極）可以又=邩=（有國。有國）之母可以長［久］。（《郭·老乙》简2）

刘钊云："'邩'即'國'字古文。"①

"寓"字原篆作 ❀（《包》简 10）、❀（《郭·缁》简 9），构形从宀、或声，简文中 8 见，均用同"國"。如：

《詩》云："誰秉寓（國）成，不自爲貞，卒勞百姓。"（《郭·缁》简 9）

刘钊云："'寓'为'國'字异体。"②

按："寓""邩"二字即"或"（國）的分化字。楚简文字中，"或""国"同字，"或"多借用作"或然"之"或"，偶亦用作"國家"之"國"。因其借用作"或然"之"或"而为其"國家"之"國"分化出"邩"或"寓"字。高鸿缙《中国字例》云："國之初字，从口，一为地区之通象，合之为有疆界之地区之意为通象，故为象意而属指事符；益之以戈声，故为指事符加声之形声字。周时借用为或然之或，乃加口（即围字）为意符作國……徐灏曰：'邦谓之國，封疆之界谓之域，古但以或字为之'是也。"

三 为特定词义新造专用字

严格来说，专用字也是一种词义引申的分化字。与一般的词义引申分化字有所不同的是，专用字是为特定的对象而分化出的新字，因而词义非常具体而明确，并且在楚简新出字中，这类分化字多是一些名词，诸如地名、国名与物名。例如：

[鄹]

"鄹"字原篆作 ❀（《包》简 83），构形从邑、羅声。简文中，"鄹"字用同"羅"，即古国名"羅"之专用字。如：

冬栾之月壬戌之日，鄹之瓘里人湘痄，訟羅之厴宫（域）之圣者邑人邔女，胃（謂）殺衰易公合，傷之妾旮臯。（《包》简 83）

---

① 刘钊著：《郭店楚简校释》，福州：福建人民出版社 2003 年 12 月第 1 版第 29 页。
② 同上书，第 55 页。

原整理者云:"䍩,又称羅,古国名。《汉书·地理志》:'江沱出西,东入江是也,其故地故羅国,盖羅徙也。羅故居宜城西山,楚文王又徙之于长沙,今羅县是也。'"①

按:"䍩"为"羅"的分化字,构形从邑,为古国名之专用字。楚简文字,凡地名、国名之字,构形多从邑作。楚简中"羅"字另见,原篆作 (《上三·周》简56),用作"羅姓"之"羅"、"羅綺"之"羅"、"包羅"之"羅"。字或省糸作"瞿"。"'瞿',即'羅'之本字。'羅',包罗,囊括。"②又或增一糸符作"纙",当为"羅綺"之"羅"的分化字。

与楚简文字不同的是,传世文字未作分化,均作"羅"字。如《左传·桓公十二年》:"伐绞之役,楚师分涉于彭,羅人欲伐之。"杜预注:"羅,熊姓国,在宜城县西山中,后徙南郡枝江县。"《庄子·天下》:"万物毕羅,莫足以归。"《广韵·歌韵》:"羅,羅绮也。"《战国策·齐策四》:"下宫糅羅纨,曳绮縠,而士不得以为缘。"《广韵·歌韵》:"羅,姓也。"

[鋬]

"鋬"字原篆作 (《汇·信二》简21)、 (《汇·信二》简21),构形从金、夗声。简文中用同"盌"。如:

二涂鋬,一浒鋬,一鉈。(《汇·信二》简21)

《战国楚简研究》云:"鋬,即盌,……是一件有横柄的大勺,与一般小盂形的盌不同。"③

按:"鋬"当为"盌"的分化字。因其为铜质,故构形从金作"鋬",为铜质盌的专字。楚简中"盌"字另见,亦新出,用同后世"盌"。如:"四盌又盉,二卵缶又盉。"(《汇·望山二号楚墓竹简遣策》简33)"盌"为通用字,"鋬"为专用字。楚简中"鋬""盌"二字,传世文字均作"盌",未分化。《说文·皿部》:"盌,小盂也。从皿、夗声。"《方言》卷五:"盂,宋楚魏之间,或谓之盌。"《玉篇·皿部》:"盌,小盂。亦作椀。"《三国志·吴志·甘宁传》:"(孙)权特赐米酒众殽……宁先以银盌酌酒,自饮两盌。"字今作"碗"。

---

① 湖北省荆沙铁路考古队:《包山楚简》,北京:文物出版社1991年10月第1版第45页注133。

② 马承源主编:《上海博物馆藏战国楚竹书(六)》,上海:上海古籍出版社2007年7月第1版第316页。

③ 中山大学古文字研究室编:《战国楚简研究》,第二辑第25页,未刊稿。

第五章　楚简新出字中的分化字研究

[䣴]

"䣴"字原篆作▇（《上二·容》简53）、▇（《上五·鲍》简1），构形从邑、殷声，简文中用同"殷"，即"殷商"之"殷"的专字。如：

䣴（殷）人之所以代之，觀其容，聽其言。（《上五·鲍》简1~2）

原考释者云："'䣴'，从邑，殷声，借为'殷'。'殷人'，《论语·八佾》：'夏后氏以松，殷人以柏，周人以栗。'"[①]

按：楚简无"殷"字，"殷"字见于西周金文。战国时期的诸国文字均从西周文字发展而来。《战国古文字典》收有"殷"字，即用作朝代名。楚简之"䣴"当为"殷"的分化字，构形从邑，即为"殷商"之"殷"的专用字。凡地名、国名，楚简文字多从邑作。传世文字作"殷"，未分化。《说文·㫃部》："殷，作乐之盛称殷。从㫃，从殳。《易》曰：'殷荐之上帝。'"王筠《说文释例》云："似当云'㫃亦声'。"徐灏《注笺》："殷谓乐舞，故云作乐之盛称殷。""殷"亦用作朝代名。如：《诗·大雅·文王》："殷之未丧师，克配上帝。宜鉴于殷，骏命不易。"《孟子·公孙丑上》："天下归殷久矣。久则难变矣。"

[䮃]

"䮃"字原篆作▇（《曾》简210）、▇（《曾》简129），构形从馬、匹声。简文中"䮃"均用作马匹之"匹"。如：

晶（參）䮃（匹）䣎（漆）甲，黃紡之綦。（《曾》简129）

原考释者云："'䮃'字……从'馬''匹'声，即马匹之'匹'的专字。"[②]

按：简文中，"匹"字或作"駜"。"駜"字原篆作▇（《郭·缁》简42）、▇（《郭·缁》简42），构形从馬、必声，简文中均用作"匹"。如：

子曰：唯君子能好其駜（匹），少＝（小小）人豈能好其駜（匹）。（《郭·缁》简42）

刘钊云："'駜'字从'馬''必'声，古音'必'在帮纽质部，'匹'

[①] 马承源主编：《上海博物馆藏战国楚竹书（五）》，上海：上海古籍出版社2005年12月第1版第183页。

[②] 湖北省博物馆：《曾侯乙墓》，北京：文物出版社1989年7月第1版第523页注194。

505

在滂纽质部，声为一系，韵部相同，于音可通。"①

字又从人、从必作"佖"。"佖"字原篆作▨（《郭·语四》简10）、▨（《上五·鲍》简5），构形从人、必声，简文中均用作"匹"。如：

(1) 佖（匹）婦禺（愚）夫，不知其向之小人、君子。（《郭·语四》简10~11）

(2) 佖（匹）夫寡婦之獄訟，君必身聽之。（《上四·曹》简34）

上揭例（1），刘钊云："'佖'读为'匹'。典籍有'匹夫匹妇'的说法，指平民男女、普通百姓。典籍'匹夫'意为'独夫'，多指有勇无谋的人，含贬意。'匹妇'用法同于'匹夫'，亦含有无知愚昧的轻蔑意味。"②

古音"必"属帮母质部，"匹"属滂母质部，声为一系，韵部相同，二字古音相近。疑简文中的"駜""佖"二字亦为"匹"字的分化字，指人用"佖"，指马则用"駜"，与《曾侯乙墓》简中的"鴄"字同例，与后世文字中的"駜""佖"为同形字。楚简中"匹"字另见，非新出，原篆作▨（《郭·唐》简18）、▨（《上一·紂》简21），简文中的"匹"用与传世文字同。如：方在下位，不以匹夫爲輕；及其有天下也，不以天下爲重。（《郭·唐》简18~19）《说文·匚部》："匹，四丈也。从八、匚，八揲一匹，八亦声。"朱骏声《说文通训定声》："匹者，先分而后合，故双曰匹，只亦曰匹。"《左传·僖公三十三年》："晋人与姜戎要之殽而击之，匹马只轮无反者。"何休注："匹马，一马也。"传世文字均作"匹"，未分化。

［韇］

"韇"字原篆作▨（《包》简259），构形从韦、冒声。简文中，"韇"字用同"帽"，即皮帽之帽的专字。如：

二瓠（狐）罜；一紫韋之韇（帽）。（《包》简259）

原整理者云："韇，读如帽，字从韦从冒，可能指皮帽。"③

按：楚简无"帽"字，"衣帽"之"帽"，字或作"冒"。如：皋陶衣枲褐冒（帽）絰蒙巾。（《郭·穷》简3）"冒"即"帽"之初文。而"韇"又

---

① 刘钊著：《郭店楚简校释》，福州：福建人民出版社2003年12月第1版第66页。
② 同上书，第228~229页。
③ 湖北省荆沙铁路考古队：《包山楚简》，北京：文物出版社1991年10月第1版第61页注543。

为"冒"的分化字，构形从韦，为皮帽的专用字。传世文字中"冒""帽"的分化时代较晚，《说文》无"帽"字。《说文·冃部》："冒，冡而前也。从冃，从目。"徐灏《注笺》："冒，即古帽字。冃之形略，故从目作冒。引申为冢冒之义后，为引申义所专，又从巾作帽，皆相承增偏旁也。"《汉书·隽不疑传》："衣黄襜褕，着黄冒。"《新唐书·车服志》："白纱冒者，视朝、听讼、宴见宾客之服也。""帽"字构形从巾，当是"冒"的后起分化字。《玉篇·巾部》："帽，头帽也。"《字汇·巾部》："帽，头衣。古者冠无帽，冠下有绳，以缯为之，后世因之帽于冠，或裁纚为帽，自乘舆宴居下至庶人无爵者，皆服之。"《乐符诗集·相和歌辞三·陌上桑》："少年见罗敷，脱帽著帩头。"《隋书·礼仪志》："帽，自天子下及士人，通冠之，以白纱者，名高顶帽。"

[䣘]

"䣘"字原篆作 （《曾》简33）、 （《曾》简37），构形从邑、秦声。简文中，"䣘"字均用同"秦"，即秦国之秦的专用字。如：

黄紡之綳。二䣘（秦）弓，逯贻。（《曾》简3）

原考释者云："'䣘'从'邑''秦'声，即秦国之'秦'的专用字。'秦弓'见于《楚辞·九歌·国殇》：'带长剑兮挟秦弓。'"①

按："䣘"为"秦"的分化字，构形从邑，即"秦国"之"秦"的专用字。楚简中，地名、国名之字，构形多从邑作。楚简中，"秦"字另见，非新出，简文中亦用作秦国之秦。而传世文字均作"秦"，字未分化。《说文·禾部》："秦，伯益之后所封国，地宜禾。从禾，舂省。一曰秦，禾名。"徐锴《说文解字系传》："舂禾为秦，会意字也。"《史记·秦本纪》："（周孝王）邑之秦，使复续嬴氏祀，号曰秦嬴……襄公以兵周平王。平王封襄公为诸侯，赐之岐以西之地。曰：'戎无道，侵夺我岐、丰之地，秦能攻逐戎，即有其地。'与誓，封爵之。襄公于是始国。"

值得注意的是，"䣘"均为《曾侯乙墓》简中字。楚简文字其他的简字则作"秦"。这与楚简文字中"虡""甲"二字的情形相同。

[瑞]

"瑞"字原篆作 （《包》简219）、 （《汇·信二》简1），构形从玉、耑声，凡4见，用作"佩玉"或"玉佩"之专字。如：

---

① 湖北省博物馆：《曾侯乙墓》，北京：文物出版社1989年7月第1版第504页注24。

凡敚，秒（利）以豪（嫁）女，見人，王瑂（佩）玉。(《九·五六》简 24 下)

原整理者云："'玉'上一字原文残泐，从残存笔画看，当是信阳楚墓竹简二一〇七号末尾'亓'下之字。此字朱德熙先生释为'瑂'。望山一号楚墓竹简和包山楚墓竹简，'瑂玉'作'蒍玉'、'備玉'、'繡玉'。朱先生说'蒍玉、備玉、瑂玉并当读为"佩玉"。《左传·哀公二年》："大命不敢请，佩玉不敢爱。"《礼记·玉藻》："凡带必有佩玉，唯丧否。"瑂大概是佩玉之佩的专字，繡大概是瑂的异体。'望山竹简、包山竹简和《左传》等的'佩玉'是动宾结构的名词性词组，本墓竹简的'佩玉'是动宾结构的句子，谓佩带玉饰，意思有所不同。"①

按："瑂"当是"備"的分化字，为"佩玉""玉佩"分化出的专字。楚简中的"備"字非新出，凡 56 例，字用有二：用作"服"与用作"佩"。"備"作"佩"时，可"佩甲"(《曾》简 137)、"佩玉"(《包》简 213)、"佩璧"(《新·甲一：11》简 9) 等。楚简中的"備"与"瑂"已经分化。"瑂"为佩玉、玉佩之专字。字又或从糸作"繡"。"繡"字原篆作![字形](《包》简 115)、![字形](《包》简 231)，楚简中此字 4 见。如：

喜遑繡玉一環東大王，舉禱宫行一白犬，酉飲。(《汇·望一》简 33)

传世文字未作分化，字均作"佩"。《说文·人部》："佩，大带佩也。从人，从凡，从巾。佩必有巾，巾谓之饰。"《诗·郑风·子衿》："青青子佩，悠悠我思。"毛传："佩，佩玉也"《楚辞·九歌·湘君》："遗余佩兮醴浦。"王逸注："佩，琼琚之属也。"又，《诗·卫风·芄兰》："芄兰之友，童子佩觿。"孔颖达疏："今虽童子而佩成人之觿。"

[㜽]

"㜽"字原篆作![字形](《上四·内》简 10)，构形从子、少声，简文中 1 见，用同"少"，即"年少"之"少"。如：

故為㜽（少）必聽長之命，為賤必聽貴之命。(《上四·内》简 10)

按："㜽"为"少"的分化字，即"年少"之"少"的专字，构形当分

---

① 湖北省文物考古研究所：《九店楚简》，北京：中华书局 2000 年 5 月第 1 版第 76 页注 64。

析为从子、从少、少亦声。《说文·小部》："小，物之微也。"又，"少，不多也。"段注："不多为小，故古小、少互训通用。"商承祚《殷虚文字类编》："（小）卜辞作三点，示微小之意，与古金文同。"甲骨文"小"字作 ⺌（甲六三〇）、⺌（林一·二六四），象尘沙小物状，与"少"本为一字，后分化为二字。楚简文字中，"小""少"一字，均作"少"，未分化。

[騙]

"騙"字原篆作 （《曾》简166） （《曾》简147），构形从馬、菔声，简文中73见，均用同"服"，即"服馬"之专字。如：

高盖之騏爲左騝，陽城君之駇爲左騙（服），滎騆爲右騙（服）。（《曾》简166）

原整理者云："'騙'，从'馬''菔'声。《说文·牛部》：'犕，《易》曰：犕牛乘馬。从牛、菔声。'传本《易系辞》'犕'作'服'。'菔'、'服'二字音近古通。'犕'从'牛'，当是服牛的专字。简文'騙'与'犕'结构相同，当是服馬的专字。"①

按：与楚简文字不同的是，传世文字中的"服牛""服馬"，字均作"犕"。《说文·牛部》："犕，《易》曰：犕牛乘馬。从牛、菔声。"段注："此盖与《革部》之'鞁'同义。鞁，车驾具也，故《玉篇》云：'犕，服也，以鞌装马也。'"

[駖]

"駖"字原篆作 （《曾》简174）、 （《曾》简175），构形从馬、从六、六亦声，简文中6见，即"六馬"之专字。如：

篝（乘）馬之駖。魚軒。（《曾》简174）

原整理者云："174号、175号简'駖'字下没有'='号，'駖'当是'六馬'的专字。因此，有'='号的'駖'亦有可能应当释为'駖馬'。"②

[䘳]

"䘳"字原篆作 、 （均《曾》简62），从巿、聑声，简文中2见，用同"䘳"，即"缘饰"之"䘳"的专字。如：

豻簏，貍䖘之䘳。（《曾》简62）

---

① 湖北省博物馆：《曾侯乙墓》，北京：文物出版社1989年7月第1版第524页注203。
② 同上书，第528页注241。

509

原整理者云："罪，从'市'，'耴'声，读为摄。"①"简文'聂'或作'罪'（62号），从'市''耴'声。'聂'、'耴'二字古音相近。可能通用。王莽年号居摄之'摄'，居延汉简有时就写作'耴'。……简文'聂'当读为'摄'。《仪礼·既乡》'贰车白狗摄服'，郑玄注：'摄，犹缘也。'……'罪'从与服饰有关的'市'旁，可能是当缘饰讲的'摄'的专字。"②

[䮳]

"䮳"字原篆作 ![字形] （《曾》简171），从馬、班声，简文中1见，即"杂色的马"之专字。如：

![字形]䮳爲右驂，宋客之襄爲又（右）飛（騑）。（《曾》简171）

原整理者云："《礼记·王制》'班白者不提挈'，郑玄注：'杂色曰班。''䮳'从'班'声，当是指杂色的马。"③

[羺]

"羺"字原篆作 ![字形] （《包》简237），构形从羊、膚声，即"羊的脅革肉"之专字，简文中1见。如：

墼祷![字形]一羺，灰土、司命各一牂。（《包》简237）

原整理者云："羺，《仪礼·少牢礼》：'雍人伦膚九。'注：'脅革肉。'羺似指羊的脅革肉。"④

按：《广雅·释器》："膚，肉也。"《正字通·肉部》："膚，又凡禽兽之肉亦曰膚。"《易·夬》："臀无膚，其行次且。"《仪礼·聘礼》："膚、鲜鱼、鲜腊，设扃鼏。"贾公彦疏："膚，豕肉也。"《仪礼·少牢馈食礼》："雍人伦膚九，实于一鼎。"郑玄注："膚，脅革肉。"楚简文字中的"羺"即"膚"之分化字，构形从羊，即羊之脅革肉之专用字。

[祄]

"祄"字原篆作 ![字形] （《包》简219）、![字形] （《包》简210），从示、行声，简文中6见，用"行"。如：

---

① 湖北省博物馆：《曾侯乙墓》，北京：文物出版社1989年7月第1版第518页注135。
② 同上书，第503页注15。
③ 同上书，第528页注243。
④ 湖北省荆沙铁路考古队：《包山楚简》，北京：文物出版社1991年10月第58页注465。

第五章　楚简新出字中的分化字研究

以祭門、禜（行），享之。（《九·五六》简27）

《九店楚简》云："'㠯祭門、禜'，秦简《日书》甲种楚除交日占辞此句位于'行水'之上，'禜'作'行'。睡虎地秦简整理小组注：'行，道路。古代常祭门和道路。《礼记·祭法》："大夫立三祀：曰族厉、曰门、曰行。適士立二祀：曰门、曰行。庶士、庶人立一祀，或立户，或立灶。"注："门户主人出入，行主道路行作。"'楚简文字'門行'之'行'，皆写作'禜'，从'示''行'声，即行神之专字。"①

［鋖］

"鋖"字原篆作 ![字形] （《包》简115），从金、采声，简文中1见。如：

命（令）尹子士、大市（师）子繡命冀陵公邟鼉爲鄗郍貣阤異之鋖金一百益二益四兩。（《包》简115）

原考释者云："鋖金，从简文内容可知道鋖金是黄金。鋖，似借作采，《汉书·魏相传》：'又数表采易阴阳'，注：'撮取也。'鋖金或指砂金，以区别于版金。"②

［鐯］

"鐯"字原篆作 ![字形]、![字形] （均《包》简254），从金、䓁声，简文中2见，即"銅豆"之专字。如：

四鐯（籩），一鐯（籩）盍（合）。（《包》简254）

原整理者云："鐯，读如籩，《说文》：'竹豆也。'简文字从金，当指铜豆。"③

按：楚简文字中有"豆""桓""筀""鐯"而无"籩"字。《说文·竹部》："籩，竹豆也。从竹、邊声。"段注："豆，古食肉器也。木豆谓之桓，竹豆谓之籩。"朱骏声《说文通训定声》："豆盛湿物，籩盛干物。豆重籩轻。"《周礼·天官司·籩人》："掌四籩之实。"郑玄注："籩，竹器如豆者，其容实皆四升。""筀"，《玉篇·竹部》："筀，礼器。"《集韵·候韵》："豆，《说文》：'古食肉器也。'或从竹。"疑楚简文字中的"筀"即"籩"字，也

---

① 湖北省文物考古研究所编：《九店楚简》，北京：中华书局2000年5月第1版第83页注85。
② 湖北省荆沙铁路考古队：《包山楚简》，北京：文物出版社1991年10月第1版第47页注183。
③ 同上书，第59页注503。

即"竹豆"之礼器。

通过上文举例讨论,我们可以看出,就文字分化的动因而言,楚简新出字与传世文字大致相当,都不外乎是为词义的引申、文字的假借而进行文字分化。然而,就文字分化的具体字例而言,楚简新出字中的文字分化与传世文字中的文字分化则表现出很大的差异,也就是说,文字的分化很不一致、不同步,楚简新出字中的绝大多数分化字在传世文字中并未同步地分化出新字(应该说这与"秦居宗周故地,其文字犹有丰镐之遗",秦系文字更趋稳定、保守有很大关系)。而恰恰是这种文字分化的不一致、不同步,客观上就导致了战国时期不同国别文字之间的同词不同字现象的产生,而这种国别文字间的同词不同字(这与因为同音关系而临时借用所形成的同词不同字现象有性质上的不同),即所谓"其不与秦文合"的文字现象,究其实质也就是所谓的"文字异形"现象。

战国时期这种文字分化与传世文字不一致、不同步的现象并不仅限于楚简文字,在其他的国别文字中也存在。战国时期中山国文字的文字分化与楚简文字情形相同,也存在与传世文字不一致、不同步的现象。

如"䛫"、"緄"二字,均当是"長"的分化字,其辞例如下:

(1)"齒䛫(長)於逾(會)同"
(2)"䛫(長)爲人宗"
(3)"事孚女(如)䛫(長),事愚女(如)智"
(4)"隹(惟)悳(德)莅(附)民,隹宜(義)可緄(長)。"

于"䛫"、"緄"二字,张政烺先生云:"䛫是长大之意,据《史记·燕召公世家》,燕王噲在位已七年,言'噲老不听政',则即位时年已极大。"又云:"緄,从糸、長声。壶铭䛫是长大之长,此从糸或是久远之长。"① 按:传世文字中的"长大"之"長"、"久长"之"長",字均作"長",未分化。

又如:"諿"字,当是"立"(位)的分化字,其辞例如下:

"述(遂)定君臣之諿(位)。"

张政烺先生云:"諿,从立、胃声,字书不见,当是位之异体。金文以立为位。立字出现早,含义多,读音歧异,不免混淆,故从胃为声符加于

---

① 张政烺:《中山王礜壶及鼎铭考释》,《古文字研究》第一辑第222~223页,北京:中华书局1979年8月第1版。

立字之旁，遂产生此从立胃声之形声字。"① 按：中山国文字中，"立"字2见，分别用作"立""位"，其词例为："牆（將）與虘（吾）君並立于殜（世）"、"而臣宗易立（位）"。

其他的字例如"尚"分化出"尚"字，张政烺先生云："尚，古玺文常见，……盖尚字有数音声符不明显，故加注上以为声符，依六书条例言当是从尚、上声。此处读为上。"② 按：中山国文字中，"尚"用作"常"，"常"从尚得声，其词例为"可瀍可尚"。商承祚先生云："尚在此读常，金文有尚无常。《说文》常：'下帬也。从巾、尚声。裳，常或从衣。'……至陈侯因瓷镎：'永爲典尚'之典尚，则作典常解。"③ 疑中山国文字的"尚"专用于"常"而于"尚"加注"上"分化出"尚"字。

战国时期中山国文字中类似的文字分化例子还有许多，无须枚举。如果将战国时期诸系文字中的文字分化均作比较，相信各国文字间的同词不同字现象会更加复杂。因此，我们有理由说，战国时期各国文字分化的不一致、不同步是导致"文字异形"现象产生的主要原因之一，而这一层原因又恰恰为以往学者研究战国时期"文字异形"现象时所忽略或未引起足够的重视。

第三节　从楚简新出字中的文字分化
看古文字构形中羡符的认定与处理

所谓羡符，是指文字构形中与字音字义都无关系的笔画，或称之为饰笔。在古文字构形中，尤其是在战国时期文字构形中，羡符的大量存在是客观事实，且已成为学界的共识。关于古文字构形中的羡符问题，学者多有研究，④ 理论上的界定与认识已无大碍。但是，在实际的操作过程中，有关羡符的认定与处理却是问题的关键。正如刘钊先生所云："饰笔有时与区

---

① 张政烺：《中山王譻壶及鼎铭考释》，《古文字研究》第一辑第219页，北京：中华书局1979年8月第1版。

② 同上书，第216页。

③ 商承祚：《中山王譻鼎、壶铭文刍议》，《古文字研究》第七辑第62～63页，北京：中华书局1982年6月第1版。

④ 如刘钊先生在其《古文字构形学》第三章中辟有专节"甲骨文中的饰笔"对古文字构形中的羡符进行专题讨论；张振林先生撰《古文字中的羡符》（载《中国文字研究》第二辑，南宁：广西教育出版社2001年10月第1版）更对古文字构形中的羡符问题进行了全面而深入的研究。

别符号两者不易辨别，有的饰笔在演变过程中也起到了区别符号的作用，成为一个字从另一个字中分离分化出来的区别标志。"① 事实上，在对出土的古文字材料进行整理与考释的过程中，有关羡符的认定与处理时常会出现一些值得商榷的地方，把本不该是羡符的文字构件视同羡符的现象时有发生。

我们在对楚简新出字中的分化字进行清理的过程中注意到，在楚简文字的整理与考释中，有关羡符的认定与处理主要存在两个方面的问题，在这里提出来予以讨论。

一、在羡符的认定上，习惯以后世统一、规范了的文字形体为标准去衡量古文字的构形，而忽略出土的古文字材料中文字的演变、发展所引起的文字构形上的变化。具体来说，就是将楚简文字中已然分化了的分化字中的分化符（或称作区别符号）视同羡符。结果就可能会影响到我们对特定发展阶段或特定国别文字的发展、演变情况的认识，甚或影响到对出土古文字材料整理与考释的质量（参见本章第一节中的有关讨论）。

例如，在前一节有关楚简新出字中文字分化的讨论中，我们曾指出，楚简文字中的"上"与"辻"是已经分化了的两个词性不同的字，不仅构形有别，字用也不相同，"上"为名词、方位词，而"辻"则属动词。"辻"字构形所从的"止"符是分化符而非羡符。而传世文字中的"上"字并未作如此分化。因此，严格来说，楚简文字中的"上""辻"与传世文字中的"上"并不相等。然而在文字整理考释中，依然有学者将"止"视作羡符，以"辻"为"上"之异体，甚至隶定时将"辻"中的"止"符省略，径直隶作"上"。《上四·逸诗》第 3 简 "皆（偕）上皆（偕）下" 中的 "上" 字，原篆作 辻，原整理者隶定时径将其隶作 "上"，显然是误以 "辻" 字构形中的 "止" 为羡符。古文字构形从止、从辵可通。楚简文字中 "辻" 字构形或从辵作 "让"。"让" 即 "辻" 字异体，亦系 "上" 的分化字。何琳仪先生的《战国古文字典》云："让，从辵（或从止），上声。疑'上'之繁文。"② 以 "让（辻）" 为 "上" 之繁文，显然是误以为构形所从的辵（止）为羡符所致。

张桂光先生《汉字学简论》云："'上'、'下'、'左'、'右'等字，原先都是标示方位的表意字，但与这些方位有关的动作之引申义使用多了，于是便有人增加表行动意向的形符'辵'，造成多种异体了，表中的'让'、

---

① 刘钊著：《古文字构形学》，福州：福建人民出版社 2006 年 1 月第 1 版第 23 页。
② 何琳仪著：《战国古文字典》北京：中华书局 1998 年 9 月第 1 版上册第 658 页。

'辽'、'迈'以及'坣'之作'往'都是此类。"①张先生将已经分化了的词性不同的两个字视为异体，是值得商榷的。而其之所以如此，显然是因为误将文字构形中所增加的表示行动意向的文字分化符"辵"（"止"）视作羡符所致。

与"上""止"二字同例，楚简文字中的"卒"与"䘹"也是已经分化了两个字，"䘹"字构形所从的"爪"系分化符而非羡符。因此，严格来说，楚简文字中的"卒""䘹"与传世文字中的"卒"并不相等。然而，有的整理者未辨楚简文字中"卒""䘹"已然分化之事实，以为"䘹"字构形所从的爪是"与字音字义无关"的羡符，而误视"䘹"为"卒"字异体。如，《包山楚简》云："䘹，简文作✕，疑为卒字异体。卒，《尔雅·释诂》：'尽也。'卒岁，尽岁，指一年。"②

又如，《新蔡》楚简中的"酉"字分化与其他楚简中的"酉"字分化稍有不同（参见第四节中的有关讨论）。《新蔡》楚简中的"酉"字用法有二：用作地支申酉之"酉"和用作"酒水"之"酒"。与字用相呼应的是，《新蔡》楚简中的"酉"字构形也有明显的区别，用作"酒水"之"酒"的"酉"字，原篆作✕（《新·甲三：86》简126）、✕（《新·甲三：243》简269），与金文及其他楚简中的"酉"相同，而用作申酉之"酉"的"酉"字，构形则多一"彡"符作✕（《新·乙一：22》简457）、✕（《新·乙三：29》简515）、✕（《新·乙四：126》简640）。《新蔡》楚简中的"酉"字构形与字用相呼应，绝不相混。很显然，《新蔡》楚简中的"酉"字亦已分化。然而，整理者未辨《新蔡》楚简中"酉"与"酉"（从彡）已然分化之事实，误以为构形所从的两撇为羡符而未加区别地将《新蔡》楚简中两种不同构形的"酉"字均隶作"酉"。

楚简文字材料中，类似上述的例子还有很多。而导致这一类现象产生的原因，就是因为整理者未辨楚简文字与传世文字之间在构形、字用上的细微差别所致。换句话说，就是因为整理者习惯于以后世统一、规范了的文字构形为标准而对楚简文字中文字分化现象的认识不到位所致。正如张振林先生所云："学者们在实际操作中的标准（或是出发点），并不完全相同。有的是以《说文》以后的字典中通行正字为标准；有的是以甲骨文、金文中的初文所体现的早期造字字理为依据；有的是以甲骨文、金文等古文字材料中出现频率多的形体为判断依据；有的是以后来逐渐被公众选定

---

① 张桂光著：《汉字学简论》，广州：广东高等教育出版社2004年8月第1版第171页。
② 湖北省荆沙铁路考古队：《包山楚简》，北京：文物出版社1991年10月第1版第53页注344。

的古文字形体为标准。不管是静态对某一字作偏旁、形体分析，还是动态考证某一字的形体变化，使用'羡画'一类的评判词时，就自觉不自觉地应用了上述的一种或几种标准。"①

二、在羡符的处理上，也即对这一类古文字的隶定上，受"与字音字义均无关系"的影响而不恰当地将"羡符"（包括一些误视作羡符的分化符）省略，径直隶作传世文字中的通行体，并且不加以隶定说明，从而掩盖了特定阶段文字形体发展过程中的真相，致使相关的文字信息遗失。正如李守奎先生所云："就目前出土文献的整理情况来看，出土文献大都有不止一个的隶定文本，但隶定出的文字彼此差别很大，学者自己也没有标准，彼此矛盾。"②

在前文我们提到的《上博四·逸诗》简 3 的"走"字、《新蔡》简中的"酉"（从"乡"）字，整理者均将文字构形中的分化符"止""乡"省略而径隶作"上""酉"。在整理后的楚简文字材料中，类似的例子还有很多，所省略的构形中的文字构件，除分化符外，更多的还是所谓的羡符。下面我们再举例以示。

[奠]

楚简文字中，"奠"字常见的构形原篆作奠（《上六·王问》简 2）、奠（《上六·王问》简 3），从丌、从酉。《说文·丌部》："奠，置祭也。从酉，酉，酒也。下其丌也。《礼》有奠祭者。"简文中，"奠"字凡 32 见，用作"定"；或用作"郑"，与金文相同。清吴大澂《说文古籀补》："奠，古文以为郑字。"《金文编》卷五载《郑伯筍父鬲》《郑虢仲鼎》等皆用"奠"作"郑"。楚简文字中的"奠"字构形或增一"土"符作奠（《上一·性》简 1），构形当可分析从土、奠声，简文中 1 见，用作"定"，与后世文献相同。如：

待物而後作，待悦而後行，待習而後奠。（《上一·性》简 1）

《玉篇·丌部》："奠，定也。"《书·禹贡》："随山刊木，奠高山大川。"孔传："奠，定也。高山，五岳，大川，四渎，定其差秩。"《周礼·地官·贾师》："辨其物而均平之，展其成而奠其贾。"《太玄·玄攡》："天地奠位，

---

① 张振林：《古文字中的羡符》，载《中国文字研究》第二辑，南宁：广西教育出版社 2001 年 10 月第 1 版。

② 李守奎：《〈曹沫之陈〉之隶定与古文字隶定方法初探》，载《汉字研究》第一辑，中国文字学、河北大学汉字研究中心编，北京：学苑出版社 2005 年 6 月第 1 版。

神明通气。"范望注："奠，定也。"

楚简文字中的"奠"字构形或增一"土"符，是否是因简文中的"奠"字多用作"郑"而分化其字用，由于字例太少而难下断语。然而，原整理者径将其隶作"奠"而忽略构形中的"土"之构件，恐怕是值得商榷的。

［新］

楚简文字中的"新"字构形有三体：

第一种是构形从斤、从辛，原篆作▉（《上五·弟》简8）、▉（《上五·弟》简10）；

第二种是构形从斤、从辛、从木，原篆作▉（《上五·三》简4）、▉（《上五·三》简17）、▉（《上六·竞》简3），或作▉（《包》简183），构形"木"在"辛"下；

第三种构形则是从斤、从辛、从中，原篆作▉（《包》简61）、▉（《包》简149）、▉（《包》简202）、▉（《郭·尊》简20），构形所从之中显然是从木之省。

"新"字的前两种构形均见于甲骨文、金文。《金文形义通解》云："新"字《说文》：'取木也。从斤，亲声。'殷虚甲骨文一期文字作▉，从'斤'，'辛'声；三、四期作▉，声符'辛'之下增'木'而与'辛'有兼笔。周金文新簋、散盘等器字从前者，余则多从后者。战国楚文字声符'亲'析为'辛''木'二字，且'木'上'辛'下。"[①]

楚简文字中的"新"字三种构形间的差异还是很明显的，而原整理者均将其隶作"新"，并且未加说明，相关的文字构形信息也因此未能传递出。简文中，"新"字凡103见，"新"字的使用也存在地域性差异。《包山》《曾侯乙墓》中的"新"字均用作"新"，而在其他的楚简如《郭店》《上博》简中的"新"字则绝大多数用作"親"。除字用存在地域性差异外，是否还存在构形上的分化？这还有待进一步的研究。

［坴］

《上四·采风曲目》简2中有字作▉，构形从土、丘声，与《说文·丘部》"丘"字古文"坴"相同，简文中亦用同"丘"，字当隶作"坴"，而原整理者却径将此篆隶作"丘"，忽略了其中的文字构件"土"。

［紳］

《曾侯乙墓》简中的"紳"字构形有两作：一作▉（《曾》简10）、

---

① 张世超、孙凌安、金国泰、马如森撰著：《金文形义通解》，[日]中文出版社1996年3月初版第3303页。

▓（《曾》简61），从糸、申声，即"紳"字；另一则增一"又"符作▓（《曾》简38）、▓（《曾》简56），与《上博》《郭店》简中诸"紳"字所增的"中"符在字体的上部有所不同的是，《曾侯乙墓》简中"紳"字所增的"又"符均在字体的下部（参见第四章中的有关讨论）。然而，《曾侯乙墓》原整理者均将其隶作"紳"而忽略构形中所多出的"又"符。

[宔]

《郭店楚简》中有字作▓（《郭·六》简17），构形从心、审声，字即"忠"之繁构。楚简文字的"中"，构形或增一"宀"符作"审"，当即"中"字繁构。简文中，"宔"字13见，均见于《郭店》简，且均用同"忠"，而原整理均将其隶作"忠"，省略其构形中的"宀"之构件。

[𪳳]

《曾侯乙墓》楚简中有字作▓（《曾》简175），构形从口、宰声，当即"宰"字繁构，简文中4见，均见于《曾侯乙墓》，且均用同"宰"，整理者径将其隶作"宰"而将构形中的"口"之构件省略。

[坊]

《包山楚简》《上博二》楚简中均有字作▓（《包》简191）、▓（《上二·容》简18），构形从土、市声，即"市"字繁构，与古陶文"市"字作▓（《古陶文字徵》9.4）、▓（《古陶文字徵》3.731）者构形相同，简文中7见，字当隶作"坊"，读如"市"，而原整理者均将此篆径隶作"市"，省略其构形中的"土"之构件。

[廷]

楚简文字中的"廷"字构形有三体，常见之形原篆作▓（《上三·周》简48）、▓（《上四·昭》简1），与金文"廷"字作▓（毛公鼎）、▓（秦公鼎）者构形相同；文字构形或增一"宀"符作▓（《上五·君》简8），简文中1见；字或省作▓（《上四·昭》简9），简文中亦1见，均用同"廷"。于楚简文字中的"廷"字三种构形，原整理者径隶作"廷"，忽略了其中文字构形中所增、所省。

[堋]

楚简文字中的"堋"字常见之形原篆作▓（《郭·语四》简14）、▓（《上三·周》简14），构形从土、朋声，简文中4见，均用作"朋"。字或从土、冡声，作▓（《上一·浙》简23），而原整理者径将其隶作"堋"而未加说明。简文中的"朋"字或作"冡"，原篆作▓（《郭·语一》简87）。

楚简文字材料中，类似上述的例子还有很多，我们无须也不可能一一列举。

基于上述讨论，有关古文字材料中羡符的认定与处理，我们认为：

一是要慎用"羡符"。有关古文字构形中羡符的发现与提出，的确为我们正确认识古文字构形规律提供了有利的理论指导。然而，任何一种正确理论的过度使用甚至滥用则必然会带来相反的结果。古文字构形中羡符的存在是客观事实，我们不能说古人造用字时的每笔每画都与字义相关。但同样，我们也不能因为某字与后世文字的字形相近、字用相同就认定其构形中所多出的构件是"与字音字义无关系的笔画"。以后世规范了文字形体为标准而不顾当时真实的用字背景认为古文字构形中所多出的构件为羡符，则有将"羡符"滥用之嫌。相反，古文字构形中所多出的构件是否为羡符的认定，必须以当时的用字背景为标准。正如张振林先生所说："后世的规范字，可以作为先秦文字形体有无羡符的参考，而更起作用的标准还是要看当时的用字背景，考察其对字音字义及所记词是否真无关联。"[1]

二是为避免误将文字构形中的分化符视同羡符，就需要从文字的构形入手，并在出土文献的相关语境中仔细分辨有关的古文字字际之间的具体字用，察看其是否存在词义、词性等方面的区别，以此认定文字构形中所多出的符号是羡符还是分化符。而离开相应的用字背景，仅以传世文字及传世文献为参照进行相应的构形与字用比较，进而认定某构件是否为羡符是不够的。

三是出土古文献整理中的古文字隶定应以严式隶定为宜。古文字的隶定是对出土古文献进行整理的基本方法，也是古文字考释的基础工作，同时，更是古文字形体发展变化等信息传递的重要途径。人们通常是借助于古文字的隶定而进行相关的研究工作。因此，古文字的隶定事关重大，"出土文献整理者应当有明确隶定的原则，同一个整理成果应当尽量标准统一，即使运用了不同的方法和原则，也应当明确告诉读者不同的理由"（李守奎）。古文字的字形隶定，通常有宽式隶定与严式隶定之分。对出土的古文字材料进行整理时，释文应以严式隶定为宜，通过我们的正确而严格的隶定，尽可能多地或者说尽可能完整地传递出古文字构形中的相关信息包括羡符、分化符等。如此，诸多重见天日的相关文字形体发展变化的信息包括羡符、分化符等，就不会因为我们的宽式隶定而丢失。

---

[1] 张振林：《古文字中的羡符》，载《中国文字研究》第二辑，南宁：广西教育出版社2001年10月第1版。

第四节 从楚简新出字中的文字分化看楚简文字构形中从艸从屮的差异

在古文字构形中，意义相近的义符常常可以通用，字义并不因为义符的更换而有所改变。如从辵构形的字，或可改从止作。唐兰在《古文字学导论》中即云："凡义相近的字，大偏旁里可以通转。""凡是研究语言音韵的人，都知道字音是有通转的，但字形也有通转，这是以前学者所不知道的"；"通转和演变是不同的，演变是由时代不同而变化……至于通转，却不是时间关系，在文字的形式没有十分固定以前，同时的文字，会有好多样写法，既非特别摹古，也不是有意创造新体，只是有许多通用的写法，是当时人所公认的。"[①]杨树达在《新识字之由来》一文中称之为"义近形旁任作"。[②]高明在《中国古文字学通论》中就"意义相近的形旁互为通用"现象共列举了32组通用形符例。[③]事实上，古文字构形中通用之形符不止于此。与传世文字的情形相同，楚简文字中这种因义符义近而相通的现象也非常普遍，新出字中异体字产生的原因之一就是因为意义相近的义符的更换，即可为证。

艸、屮二字古义相近。《说文·艸部》："艸，百卉也。从二屮。"《广韵·晧韵》："草，《说文》作艸，百卉也。经典相承作草。"又，《说文·屮部》："屮，艸木初生也。象丨出形，有枝茎。古文或以为艸字。读若彻。"商承祚《〈说文〉中之古文考》："《石经·春秋经》：'陨霜不杀屮'，艸之古文作屮。案：屮、艸本一字，初生为屮，蔓延为艸。"因此，在古文字构形中从艸、从屮每可通作。如，《说文·屮部》："芬。艸初生，其香分布。从屮，从分，分亦声。芬或从艸。"

从艸、从屮可通，这是古文字构形中的通例（不在高明所列的32组形符通用例之中）。然而，在楚简新出字中，构形从艸、从屮的字多不相通，并且可能就是两个字，从屮构形的字多用同声符，所从的"屮"符既非《说文》"艸木初生"之"屮"，亦非"艸"符之省形，古文字构形从艸、从屮可通的通例在楚简新出字却变成了特例。

---

① 唐兰著：《古文字学导论》（增订本），济南：齐鲁书社1981年第1版第231页。
② 杨树达著：《积微居金文说·新识字之由来》，《中国现代经典·余嘉锡 杨树达卷》，石家庄：河北教育出版社1996年10月第1版第645页。
③ 高明著：《中国古文字学通论》，北京：文物出版社1987年4月第1版第146～178页。

第五章 楚简新出字中的分化字研究

我们先来看看楚简新出字中几组从中、从艸构形的字例。

[芒][芒]

"芒"字原篆作&#xfffd;（《郭·语四》简6）、&#xfffd;（《上六·王问》简5）、&#xfffd;（《上六·天甲》简4），构形从中、亡声。简文中"芒"字15见，均用作"亡"或"喪"（无一例外）。《字汇·亠部》："亡，死也。"《公羊传·桓公十五年》："曷为末言尔？祭仲亡矣。"何休注："亡，死亡也。"又，《广韵·阳韵》："亡，灭也。"《书·仲虺之诰》："取乱侮亡。"孔颖达疏："国灭为亡。"如：

（1）故心以體法，君以民芒（亡）。（《郭·緇》简9）
（2）亡（无）芒（喪）亡（无）得，往來茨＝。（《上三·周》简44）

上揭例（2），原整理者读"芒"为"喪"。马王堆汉墓帛书本《周易》作"无亡无得，往来井井"，是"芒"亦可读"亡"。

"芒"字原篆作&#xfffd;（《汇·信二》简18），构形从艸、亡声。《说文·艸部》："芒，艸耑。从艸、亡声。"《玉篇·艸部》："芒，稻麦芒也。"简文中的"芒"字用同《说文》。如：

屯結芒之純，六簡篗，屯綸純。（《汇·信二》简18）

《战国楚简研究》云："'結芒'，草名。'結芒之純'，即以芒草缘边。"[①]

由上可知，楚简文字中的"芒""芒"二字，构形不同，字用有别，很显然非一字之不同形构，亦不存在相通之处。关于"芒"字的释读，各家意见不一，大致有三：

1. "芒"即"芒"字省形，读为"亡"。《九店楚简》云："原文作&#xfffd;，从'中'从'&#xfffd;'。按古文字'艸'旁可以省写'中'，例如楚国私印'苟繡'之'苟'作&#xfffd;。芒字所从'中'旁当是'艸'的省写。……芒实际上是'芒'字省写，在此读'亡'。"[②]刘钊云："'芒'即'芒'字省体，读为'亡'。""'芒'即'芒'。"[③]

2. 隶作"艽"，读"喪"；或径隶作"喪"。《上六·天子建州》原整

[①] 中山大学古文字研究室编：《战国楚简研究》第二辑第29页，未刊稿。
[②] 湖北省文物考古研究所：《九店楚简》北京：文物出版社2000年5月第1版第113页注190。
[③] 刘钊著：《郭店楚简校释》，福州：福建人民出版社2003年12月第1版第55、226页。

理者云:"'喪'字原篆简化甚多,其构形为上部省去所从的四'口'(或二'口'),下从亡。'喪'字这种写法目前只见于楚文字。如见于楚竹书《周易》的《睽》卦、《井》卦等简(《上海博物馆藏楚竹书(三)》),今本《周易》相同文字均作'喪',可以证明。《说文》:'喪,亡也。'训为失去、灭亡,《书·舜典》:'帝乃殂落,百姓如喪考妣。'《论语·宪问》:'夫如是,奚而不喪?''邦喪',犹言'国亡'。"①

3. 隶作"芒",读为"亡"。如《上六·王问》原整理者云:"'芒',读为'亡'。"②

在对"芒"字作进一步讨论之前,我们先来看看楚简新出字中其他的构形从艸、从中的字。无独有偶,与"芒""芒"二字情形相同的字例在楚简新出字中还有几组。如:

[藥][樂]

"藥"字原篆作 （《上三·周》简21),构形从艸、樂声,即"藥"字。楚简文字中的"樂"字构形从火、或从木,同意。《说文·艸部》:"藥,治病艸。从艸、樂声。"简文中,"藥"字用同《说文》。如:

九五:亡(无)忘又(有)疾,勿藥又(有)菜。(《上三·周》简21)

原整理者云:"'菜',《说文·艸部》:'草之可食者。从艸、采声。'意有疾不一定用藥攻治,不忘用菜也可治愈。《象》曰:'"无妄之藥",不可试也。'"③

"樂"字原篆作 （《郭·五》简6)、 （《上二·从乙》简3),构形从中、樂声,简文中7见,均用作"樂"。如:

(1) 不安则不樂(樂),不樂(樂)则亡悳(德)。(《郭店·五》简6)
(2) 闻之曰:君子樂(樂)则治正。(《上二·从乙》简16)

"樂"字构形或易"木"为"言"作"䜌",原篆作 （《郭·五》简29)、 （《郭·五》简50),简文中2见,亦均用作"樂"。"䜌"字当为"樂"的

---

① 马承源主编:《上海博物馆藏战国楚竹书(六)》,上海:上海古籍出版社2007年7月第1版第316页。
② 同上书,第261页。
③ 马承源主编:《上海博物馆藏战国楚竹书(三)》,上海:上海古籍出版社2003年12月第1版第166页。

异体。如：

> 聞道而恭者，好禮者也。聞道而礜（樂）者，好德者也。（《郭·五》简50）

很明显，楚简新出字中的"藥"与"礜"，与"芒""芒"二字同例，既非一字之异体，亦非一字之分化。然而，原整理者均将"礜"隶作"藥"，并认为"礜"为"藥"之省体，恐误。

[茜][苬]

"茜"字原篆作（《包》简255），构形从艸、酉声，简文中1见，用作"蘠"。如：

> 飤室之飤：……藕菹一缶、茜（蘠）苰（茈）之菹一缶。（《包》简255）

原整理者云："茜苰，茜，读如蘠。……苰，读如茈。《说文》：'茈，雕苰，一名将。'《周礼·天官·食医》：'凡会膳食之宜……鱼宜茈。'茈是一种生于水中的植物，俗名茭，可食。蘠，《说文》以为水边草。蘠茈，即生于水中之茈。"①

按："茜"或即"蘠"字异体，无须破读。《尔雅·释草》："茜，蔓于。"郭璞注："草，多生水中。一名轩于，江东呼茜。"郝懿行义疏："茜，当为蘠。《说文》：'蘠，水边草也。'《系传》云：'似细芦，蔓生水上，随水高下，氾氾然也。故曰：蘠，游也。'"

"苬"字原篆作（《包》简221），构形从中、酉声，简文中1见，用同"酉"。如：

> 臭月己苬（酉）之日。（《包》简221）

简文中的"苬"与"茜"，很显然亦非一字。原整理者将从中构形的"苬"字隶作"茜"，误。

[牟][芉]（从艸）

"牟"字原篆作（《郭·语一》简73），构形从中、午声，简文中1见，原整理者隶作"芉"。如：

---

① 湖北省荆沙铁路考古队：《包山楚简》，北京：文物出版社1991年10月第1版第60页注511。

悲苲其所也，亡非是。(《郭·语一》简73)

刘钊云："'苲'疑读为'嗟'，古从'乍'之字与从'差'之字可以相通。'悲嗟'义为哀伤追念。全句文义尚不清楚。"① 李零读"苲"为"亡"，并云："'亡'，原释从中从乍，疑即作'丧亡'之义的'亡'字。"②

按：李说可从。"苲"疑即"芒"字的讹变体。楚简文字中"乍""亡"二字形近易混，尤其是作构形偏旁时常混。

"苲"字原篆作█(《曾》简65)、█(《曾》简71)、█(《曾》简71)，构形从艸、乍声，简文中3见，从艸之"苲"3例，均见于《曾侯》简。如：

苲箙，苲韔，紫裏，貂眉之盾。(《曾》简71)

[萃][萋]

从中之"萃"，原篆作█(《郭·尊》简39)构形从中、集声，简文中1见，用同"集"。如：

凡動民必順民心，民心有恆，求其萋，重義萃(集)鳌(理)，言此章也。(《郭·尊》简39)

李零云："'集'，上半所从与舊同。"③

从艸之"萋"，原篆作█(《包》简258)，构形从艸、集声，简文中1见，借用作"苔"。如：

萺二筊、萋(苔)二筊、姜二筊。(《包》简258)

原整理者云："萋，疑读如苔。《说文》：'小未也。'"④

[崟][蒼]

"崟"，原篆作█(《上四·相》简3)，构形从中、倉声，简文中1见，用同"倉"，原整理者隶作"蒼"。如：

---

① 刘钊著：《郭店楚简校释》，福州：福建人民出版社2003年12月第1版第196页。
② 李零著：《郭店楚简校读记》，北京：北京大学出版社2002年3月第1版第162页。
③ 同上书，第142页。
④ 湖北省荆沙铁路考古队：《包山楚简》，北京：文物出版社1991年10月第1版第61页注532。

第五章　楚简新出字中的分化字研究

……實官蒼（倉），百工勸於事，㠯（以）實府庫。（《上四·相》简3）

从艸之"蒼"，原篆作▨（《包》简176）、▨（《郭·老乙》简15）、▨（《上二·容》简22），构形从艸、倉声，简文中4见，用作"滄""寒"，或用作人名。如：

撞鼓，禹必速出，冬不敢㠯蒼辭，夏不敢㠯暑辭。（《上二·容》简22）

原整理者云："蒼，楚简多用'蒼'、'倉'为'寒'，盖形近混用。如郭店楚简中之'寒'字即如此作。"[1]

［䒞］

"䒞"字原篆作▨（《上一·紂》简21）、▨（《包》简169），构形从中、留声，简文中2见，用作人名，或用同"留"。如：

子曰：私惠不懷德，君子不自䒞（留）安（焉）。（《上一·紂》简21）

楚简文字中无"莔"字。

［莔］［虙］

"虙"字原篆作▨（《汇·仰》简34）、▨（《包》简154），构形从艸、虘声，简文中5见，用同"虙"，即"苴"。《说文·艸部》："苴，履中草。从草、且声。"如：

一新智緱，一些智緱，皆又虙。（《汇·仰》简34）

"莔"字原篆作▨（《汇·仰》简4），构形从中、虘声，简文中1见，用同"虙"，即"苴"，与从艸之"虙"字用同。如：

一贏鉈，又虙。（《汇·仰》简4）

《战国楚简研究》云："楚文字中从艸从竹的字可省去其一作中、个。……《说文》有从且之苴，无从虘之虙，而不知苴为虙之省。且、虘形异义同，在同书中迌之籀文作遱，置之籀文作䍐，就是例证。虙即虙，苴

---

[1] 马承源主编：《上海博物馆藏战国楚竹书（二）》，上海：上海古籍出版社2002年12月第1版第267页。

525

是省体。……苴，《说文》：'履中草。从草、且声。'"①

由上述诸例可以看出，楚简新出字中的几组从屮、从艸构形的字，除"蘆"字（仅此一例）外，均不存在相通之处，并且从屮构形的字均用同声符，很显然，所从之"屮"既非"艸"之省，亦非《说文》"艸木初生"之"屮"，这应该是可以肯定的。现在的问题是，楚简新出字中从"屮"构形的"屮"究竟为何物？换句话说，我们该如何解释这一特殊的文字构形现象？依据楚简文字材料及相关的古文字材料来看，有两种可能：

第一种可能，构形所从之"屮"即"木"之省形。楚简文字从"木"构形的字常省作"屮"。如：

[新]

楚简文字中的"新"字构形有三体：常见之形作🗌（《上五·弟》简8）、🗌（《上五·弟》简10），从斤、辛声，与甲骨文🗌（后下九·一）、金文🗌（散盘）相近。

"新"的第二种构形作🗌（《上五·三》简4）、🗌（《上六·竞》简3），从木、新声；所从之"木"或在字体下部，作🗌（《包》简183），构形与甲骨文🗌（前五·四·四）、金文🗌（望簋）相近。《金文形义通解》云："殷虚甲骨文一期文字作，从'斤'，'辛'声；三、四期作，声符'辛'之下增'木'而与'辛'有兼笔。……战国楚文字声符'亲'析为'辛''木'二字，用'木'上'辛'下。"②

"新"字的第三种构形作🗌（《包》简61）🗌（《包》简149）、🗌（《郭·尊》简20），从屮、新声，构形所从之屮显然是第二种构形中所从之木的省形。

[鼓]

楚简文字中，"鼓"字的情形与"新"字相同，构形亦有三体：常见之形作🗌（《上四·曹》简52）、🗌（《包》简95）；或从木作🗌（《上五·季》简18）、🗌（《上六·用》简8）；又或从屮作🗌（《上一·孔》简14）、🗌（《上二·容》简48），所从之屮显然亦系从木之省形。

楚简文字中类似于"新""鼓"构形从木或省从屮的例子很多。循着这一思路，我们回过头来再看看前文讨论的诸从屮构形的字。

[茜]

构形从屮的"茜"，简文中用同"酉"。简文中，用同"酉"的字另外

---

① 中山大学古文字研究室编：《战国楚简研究》第四辑第4页，未刊稿。
② 张世超、孙凌安、金国泰、马如森撰著：《金文形义通解》，[日]中文出版社1996年3月初版第3302～3303页。

还有一个构形从木、酉声的"栖"字。"栖"字原篆作▨（《包》简27）、▨（《包》简40），或作▨（《包》简140）、▨（《包》简162），构形所从之木，或在酉字上部，或置于酉字下部的里面，简文中64见，均用作地支申酉之"酉"。如：

(1) 九月己栖（酉）之日不偨孝袤以廷，阩門又敗。（《包》简40）
(2) 盜於申，工於栖（酉），坐於戌。（《九·五六》简13上）

参照楚简文字中的"新""鼓"之例，"酉"字构形所从之中或即木之省写之形。

［芒］

如果说"芒"字所从的"中"符为"木"之省形，则"芒"应当就是"喪"字的省形异体。《说文·哭部》："喪，亡也。从哭，从亡，会意。亡亦声。"甲骨文借"桑"为"喪"，作▨（佚六〇五）、▨（前四·四六·三）、▨（存一九九一），构形从一口至五口不等；金文则增一声符"亡"而构成形声字，作▨（毛公䛜鼎）、▨（南彊鉦）。楚简文字中的"喪"字依然沿用这一构形，或略作变化。如："槩"作▨（《包》简92）、"槩"作▨（《包》简167）、"槩"作▨（《上二·民》简11）、"槩"作▨（《郭·老丙》简10）、"槩"作▨（《郭·老丙》简8）、"槩"作▨（《上五·三》简16）、"尧"字作▨（《上二·民》简9）、"䕫"作▨（《新·甲三：357、359》简383）、"䕫"作▨（《郭·语一》简98）、"喪"作▨（《上六·孔》简25）或作▨（《上五·弟》简7），构形从木（当由桑字一析为二）、或从死、或从歹、或从亡，或增一"相"符；所从的口或省，或作二口、三口、四口，但主体构件即由桑演变而来，整理者常隶定作"九"的那部分不变。

因此，如果"芒"字即"喪"字的省形异体，则构形就可能是由▨（《郭·语一》简98）省略作▨（《上六·孔》简25），再省略作▨（《上五·弟》简7），又省略作▨（《上六·王问》简5）。"喪"字的异体"歼"，从歹、芒声作▨（《上四·昭》简1），则可能就是▨（《郭·老丙》简10）、▨（《郭·老丙》简8）、▨（《上五·三》简16）的省形。

然而，问题是，楚简文字中的"喪"字构形，无论是从亡或从死、从歹、从相，其他的构件是省或不省，其主体构件即整理者隶作"九"的那部分都不省略，并均作弯曲状（秉承甲、金文之绪），与"芒"字所从之"中"为直立之形绝然不同（《上博三·周易》简44、53 作▨、▨的二字，原整理者隶作"亾"读"喪"，与"芒"字构形有别，似是"喪"字的省形异体）。另外，从字用方面说，简文中的诸"芒"字读"亡"比读"喪"更顺，亦更符合语言习惯。如：

(1) 邦必芒（亡），我及今何若？（《上六·王问》简5）
(2) 破邦芒（亡）將，流澤而行。（《郭·语四》简6~7）
(3) 型（刑）屯用情，邦芒（亡）。（《上六·天甲》简4）
(4) 蓋西北之寓，芒（亡）倀（長）子。（《九·五六》简46）

"芒"显然非"喪"字的省形异体，所从之中亦非木之省形。

第二种可能，所从之"屮"即文字分化的分化符。

"芒"或即"亡"的分化字。楚简文字中，"亡"字凡323例，均借用作"有无"之"无"，与传世文字相同。《集韵·虞韵》："无，或作亡。"段玉裁《说文·亾部》："亾，亦叚借为有无之无。"《论语·雍也》："有颜回者好事……不幸短命死矣。今也则亡，未闻好学者也。"邢昺疏："亡，无也。"如：

是以聖人亡爲故亡敗；亡執故亡失。臨事之紀，慎終如始，此亡敗事矣。（《郭·老甲》简11）

由于简文中的"亡"字为借义所专，于是为"亡"另造一从屮之"芒"。简文中诸"芒"字均用同"亡"，即可证。

"酋"的情形与"芒"字相似。楚简文字中的"酉"字均用作"酒"，与金文相同。罗振玉《殷虚文字类编》："酒，象酒由尊中挹出之状……《说文解字》酉与酒训略同，本为一字，故古金文酒字皆作酉。""酉"为"酒"义所专，于是为地支申酉之酉另分化出从木或从屮构形的"栖""酋"。简文中，"栖""酋"无一例外地均用同"酉"。

值得注意的是，《新蔡》简中"酉"字的分化与其他的楚简稍有不同。《新蔡》简中只见"酉"而未见"栖""酋"字，并且"酉"字用法有二：用作地支申酉之"酉"和用作"酒水"之"酒"。与字用相呼应的是，《新蔡》简中的"酉"字构形也有区别，用作"酒"的"酉"字作 ▨（《新·甲三：86》简126）、▨（《新·甲三：243》简269），与金文、其他楚简中的"酉"相同；用作申酉之"酉"的"酉"字，构形则多一"彡"符作 ▨（《新·乙一：22》简457）、▨（《新·乙三：29》简515）、▨（《新·乙四：126》简 640)。很显然，《新蔡》简中的"酉"字亦已分化。这在充分说明楚简文字内部分化不一致的同时，也间接地证明"栖""酋"二字当即"酉"字的分化字。

"蒼"字的情形也相似。《说文·倉部》："倉，谷藏也，倉黄取而藏之，故谓之倉。从食省，品象倉形。"楚简文字中，"倉"字凡12见，用作人名，或借用作"滄""寒"。《说文·仌部》："滄，寒也。从仌、倉声。"因"倉"为借义所专而为"倉"分化出一从中构形的"蒼"字。

"㞢"字与其他从中构形的字相似，即用同"留"。《尔雅·释诂下》："留，久也。"《礼记·儒行》："悉数之乃留，更仆未可终也。"郑玄注："留，久也。"简文中，"留"字凡4见，借用作"餾"，或用作"牢"（即"罩"字之省)，疑"㞢"亦即"留"字的分化字，因"留"为借义所专而为"留"另造一从中构形的"㞢"字。或增一"宀"符作"窗"，原篆作（《郭·缁》简41），构形从宀、从中、留声，即"㞢"字繁构，简文中1见，用同"留"。

在上文，我们对楚简新出字中构形从"中"的字由两个方面作了初步的讨论，就目前的材料言，我们更倾向于第二种可能。当然，关于这一文字构形现象也有作其他解释的可能，比如将所从之"中"视作羡符。从中构形的"巢"字在简文中即用同"集"，而简文中的"集"并未借作他用，因此，"巢"字可能就是"集"字的繁构，其构形所从之中与"寒"字（简文中用同"集"）所从之"宀"符相同，则可能就是无意义的羡符。有关楚简新出字中构形从中的文字现象，还有待进一步研究。但有一点是可以肯定的，除"蘆"字外的其他楚简新出字构形所从之"中"，既非《说文》"艸木初生"之"屮"，亦非"艸"之省形，古文字从中、从艸构形每可相通的通例，在楚简文字中似可算是特例（仅"蘆"字一例)。因此，楚简新出字中构形从中诸字的特殊情形，在提请我们重新审视古文字构形从艸、从中每可相通这一通例的同时，也为我们对诸家有关楚简文字中从中构形字的隶定与释读进行商榷提供了佐证的材料。

楚简文字著录简称表

《曾》 ………………………………………………… 《曾侯乙墓》
《包》 ………………………………………………… 《包山楚简》
《汇》 ………………………………………………… 《战国楚竹简汇编》
　《汇·信一》 ……………… 《信阳长台关一号楚墓竹简第一组文章》
　《汇·信二》 ……………… 《信阳长台关一号楚墓竹简第二组遣策》
　《汇·望一》 ………………… 《望山一号楚墓竹简疾病杂事札记》
　《汇·望二》 ……………………… 《望山二号楚墓竹简遣策》
　《汇·五里牌》 …………… 《五里牌四〇六号楚墓竹简遣策》
　《汇·仰》 ………………… 《仰天湖二五号楚墓竹简遣策》
　《汇·杨》 ……………………… 《杨家湾六号楚墓竹简》
《郭》 ………………………………………………… 《郭店楚墓竹简》
　《郭·老甲》 …………………………………………… 《老子（甲本）》
　《郭·老乙》 …………………………………………… 《老子（乙本）》
　《郭·老丙》 …………………………………………… 《老子（丙本）》
　《郭·太》 …………………………………………… 《太一生水》
　《郭·缁》 …………………………………………………… 《缁衣》
　《郭·五》 …………………………………………………… 《五行》
　《郭·性》 ………………………………………………… 《性自命出》
　《郭·六》 …………………………………………………… 《六德》
　《郭·尊》 …………………………………………………… 《尊德义》
　《郭·成》 ………………………………………………… 《成之闻之》
　《郭·唐》 ………………………………………………… 《唐虞之道》
　《郭·忠》 ………………………………………………… 《忠信之道》
　《郭·穷》 ………………………………………………… 《穷达以时》
　《郭·鲁》 ……………………………………………… 《鲁穆公问子思》
　《郭·语一》 ………………………………………………… 《语丛一》
　《郭·语二》 ………………………………………………… 《语丛二》

《郭·语三》	《语丛三》
《郭·语四》	《语丛四》
《九》	《九店楚简》
《九·五六》	《五六号墓竹简释文》
《九·六二一》	《六二一号墓竹简释文》
《帛》	《长沙子弹库战国楚帛书研究》
《帛·甲》	《长沙子弹库战国楚帛书研究·甲篇》
《帛·乙》	《长沙子弹库战国楚帛书研究·乙篇》
《帛·丙》	《长沙子弹库战国楚帛书研究·丙篇》
《上一》	《上海博物馆藏战国楚竹书（一）》
《上一·孔》	《孔子诗论》
《上一·紂》	《紂衣》
《上一·性》	《性情论》
《上二》	《上海博物馆藏战国楚竹书（二）》
《上二·民》	《民之父母》
《上二·子》	《子羔》
《上二·鲁》	《鲁邦大旱》
《上二·从甲》	《从政（甲篇）》
《上二·从乙》	《从政（乙篇）》
《上二·昔》	《昔者君老》
《上二·容》	《容成氏》
《上三》	《上海博物馆藏战国楚竹书（三）》
《上三·周》	《周易》
《上三·中》	《中弓》
《上三·亙》	《亙先》
《上三·彭》	《彭祖》
《上四》	《上海博物馆藏战国楚竹书（四）》
《上四·采》	《采风曲目》
《上四·逸》	《逸诗》
《上四·昭》	《昭王毁室—昭王与龚之脾》
《上四·柬》	《柬大王泊旱》
《上四·内》	《内豊》
《上四·相》	《相邦之道》

《上四·曹》……………………………………《曹沫之陈》
《上五》……………………《上海博物馆藏战国楚竹书（五）》
　《上五·竞》………………………………《竞建内之》
　《上五·鲍》……………………………《鲍叔牙与隰朋之谏》
　《上五·季》………………………………《季庚子问於孔子》
　《上五·姑》………………………………《姑成家父》
　《上五·君》………………………………《君子为礼》
　《上五·弟》………………………………《弟子问》
　《上五·三》………………………………《三德》
　《上五·鬼》…………………………《鬼神之明·融师有成氏》
《上六》……………………《上海博物馆藏战国楚竹书（六）》
　《上六·竞》………………………………《竞公瘧》
　《上六·孔》………………………………《孔子见季趄子》
　《上六·庄》………………………《庄王既成　申公臣灵王》
　《上六·王问》……………………………《平王问郑寿》
　《上六·王与》……………………………《平王与王子木》
　《上六·慎》………………………………《慎子曰恭俭》
　《上六·用》………………………………《用曰》
　《上六·天甲》……………………………《天子建州（甲本）》
　《上六·天乙》……………………………《天子建州（乙本）》
《上七》……………………《上海博物馆藏战国楚竹书（七）》
　《上七·武》………………………………《武王践阼》
　《上七·郑甲》……………………………《郑子家丧（甲本）》
　《上七·郑乙》……………………………《郑子家丧（乙本）》
　《上七·君甲》……………………………《君人者何必安哉（甲本）》
　《上七·君乙》……………………………《君人者何必安哉（乙本）》
　《上七·凡甲》……………………………《凡物流形（甲本）》
　《上七·凡乙》……………………………《凡物流形（甲乙）》
　《上七·吴》………………………………《吴命》
《上八》……………………《上海博物馆藏战国楚竹书（八）》
　《上八·子》………………………………《子道饿》
　《上八·颜》………………………………《颜渊问于孔子》
　《上八·成》………………………………《成王既邦》

《上八·命》 ………………………………………………… 《命》
　《上八·王》 ………………………………………………… 《王居》
　《上八·志》 ……………………………………………… 《志书乃言》
　《上八·李》 ………………………………………………… 《李颂》
　《上八·兰》 ………………………………………………… 《兰赋》
　《上八·有》 ……………………………………………… 《有皇将起》
　《上八·鹠》 ………………………………………………… 《鹠鷅》
《上九》 ………………………………… 《上海博物馆藏战国楚竹书（九）》
　《上九·成甲》 …………………………… 《成王为城濮之行（甲本）》
　《上九·成乙》 …………………………… 《成王为城濮之行（乙本）》
　《上九·灵》 ……………………………………………… 《灵王遂申》
　《上九·陈》 ……………………………………………… 《陈公治兵》
　《上九·举·古》 ………………………… 《举治王天下·古公见太公望》
　《上九·举·文》 …………………… 《举治王天下·文王访之于尚父举治》
　《上九·举·尧》 ………………………… 《举治王天下·尧王天下》
　《上九·举·舜》 ………………………… 《举治王天下·舜王天下》
　《上九·举·禹》 ………………………… 《举治王天下·禹王天下》
　《上九·邦》 ……………………………………………… 《邦人不称》
　《上九·史》 …………………………………………… 《史蒥问于夫子》
　《上九·卜》 ………………………………………………… 《卜书》
《新》 ………………………………………………………………… 《新蔡》
《清一》 ………………………………………… 《清华大学藏战国竹简》（壹）
　《清一·至》 ………………………………………………… 《尹至》
　《清一·诰》 ………………………………………………… 《尹诰》
　《清一·程》 ………………………………………………… 《程寤》
　《清一·保》 ………………………………………………… 《保训》
　《清一·耆》 ………………………………………………… 《耆夜》
　《清一·金》 ………………………… 《周武王有疾周公所自以代王之志（金縢）》
　《清一·皇》 ………………………………………………… 《皇门》
　《清一·祭》 …………………………………………… 《祭公之顾命（祭公）》
　《清一·楚》 ………………………………………………… 《楚居》
《清二》 ………………………………………… 《清华大学藏战国竹简》（贰）
　《清二·一章》 ……………………………………………… 《第一章》

533

《清二·二章》……………………………《第二章》
《清二·三章》……………………………《第三章》
《清二·四章》……………………………《第四章》
《清二·五章》……………………………《第五章》
《清二·六章》……………………………《第六章》
《清二·七章》……………………………《第七章》
《清二·八章》……………………………《第八章》
《清二·九章》……………………………《第九章》
《清二·十章》……………………………《第十章》
《清二·十一章》…………………………《第十一章》
《清二·十二章》…………………………《第十二章》
《清二·十三章》…………………………《第十三章》
《清二·十四章》…………………………《第十四章》
《清二·十五章》…………………………《第十五章》
《清二·十六章》…………………………《第十六章》
《清二·十七章》…………………………《第十七章》
《清二·十八章》…………………………《第十八章》
《清二·十九章》…………………………《第十九章》
《清二·二十章》…………………………《第二十章》
《清二·二十一章》………………………《第二十一章》
《清二·二十二章》………………………《第二十二章》
《清二·二十三章》………………………《第二十三章》
《清三》……………………………………《清华大学藏战国竹简》（叁）
《清三·说上》……………………………《说命上》
《清三·说中》……………………………《说命中》
《清三·说下》……………………………《说命下》
《清三·周》………………………………《周公之琴舞》
《清三·芮》………………………………《芮良夫毖》
《清三·良》………………………………《良臣》
《清三·祝》………………………………《祝辞》
《清三·赤》………………………………《赤鹄之集汤之屋》
《清四》……………………………………《清华大学藏战国竹简》（肆）
《清四·一节》……………………………《第一节死生》

534

《清四·二节》	《第二节得》
《清四·三节》	《第三节享》
《清四·四节》	《第四节支》
《清四·五节》	《第五节至》
《清四·六节》	《第六节娶妻》
《清四·七节》	《第七节雠》
《清四·八节》	《第八节见》
《清四·九节》	《第九节咎》
《清四·十节》	《第十节瘳》
《清四·十一节》	《第十一节雨旱》
《清四·十二节》	《第十二节男女》
《清四·十三节》	《第十三节行》
《清四·十四节》	《第十四节贞丈夫女子》
《清四·十五节》	《第十五节小得》
《清四·十六节》	《第十六节战》
《清四·十七节》	《第十七节成》
《清四·十八节》	《第十八节志事》
《清四·十九节》	《第十九节志事、军旅》
《清四·二十节》	《第二十节四位表》
《清四·二十一节》	《第二十一节四季吉凶》
《清四·二十二节》	《第二十二节乾坤运转》
《清四·二十三节》	《第二十三节果》
《清四·二十四节》	《第二十四节卦位图、人身图》
《清四·二十五节》	《第二十五节天干与卦》
《清四·二十六节》	《第二十六节祟》
《清四·二十七节》	《第二十七节地支与卦》
《清四·二十八节》	《第二十八节地支与爻》
《清四·二十九节》	《第二十九节爻象》
《清四·三十节》	《第三十节十七命》
《清四·别》	《别卦》
《清四·算》	《算表》
《清五》	《清华大学藏战国竹简》（伍）
《清五·厚》	《厚父》

《清五·封》……………………………………………《封许之命》
《清五·命》……………………………………………《命训》
《清五·汤处》…………………………………………《汤处于汤丘》
《清五·汤在》…………………………………………《汤在啻门》
《清五·殷》……………………………………《殷高宗问于三寿》

附录一：见于《说文解字》的楚简新出字字表（968例）

1. 见于《说文》正篆的楚简新出字字表（799例）

序号	隶古定	原篆	字频及出处	字用	备注
1	禱	禱	280/包248/包229/包248/包243/包214/包243/包219/包224/包200/包202/包237/包213/包237/包217/包243/包203/包240/包246/包248/包214/包244/包210/包205/包200/包240/包202/包250/包240/包210/包214/包233/包227/包206/包200/包210/包210/包203/包205/包225/包243/包233/包206/包227/包237/包224/包214/包225/包222/汇·望一105/汇·望一33/汇·望一2/汇·望一53/汇·望一72/汇·望一68/汇·望一72/汇·望一109/汇·望一40/汇·望一12/汇·望一1/汇·望一55/汇·望一66/汇·望一45/汇·望一55/汇·望一42/汇·望一54/汇·望一103/汇·望一55/汇·望一3/汇·望一130/汇·望一76/汇·望一57/汇·望一41/汇·望一103/汇·望一9/汇·望一105/汇·望一56/汇·望一44/九·五六26/九·五六41/上二·子12/新·甲一：4·3/新·甲三：159-1·188/新·甲一：15·13/新·甲一：23·19/新·甲三：56·104/新·甲三：56·104/新·甲三：56·104/新·甲一：10·8/新·甲一：11·9/新·甲三：88·128/新·甲三：4·56/新·甲三：109·145/新·甲三：50·99/新·甲三：214·239/新·甲二：40·52/新·甲三：5·57/新·甲三：316·335/新·甲三：102·140/新·甲二：12·34/新·甲二：31·45/新·甲三：136·168/新·甲	禱	

537

一：27·22/新·甲三：137·169/新·甲三：138·170/新·甲三：361、344-2·385/新·甲三：180·210/新·乙二：20·479/新·甲三：14·65/新·甲三：166、162·196/新·甲三：52·101/新·甲三：46·95/新·甲三：214·239/新·甲三：376·400/新·甲三：320·339/新·甲三：321·340/新·甲三：265·291/新·甲三：281·305/新·乙一：4、10、乙二：12·440/新·乙一：4、10、乙二：12·440/新·甲三：237-1·262/新·甲三：243·269/新·甲三：282·306/新·乙二：23、零：253·481/新·乙二：24、36·482/新·甲三：213·238/新·甲三：195·223/新·甲三：202、205·228/新·甲三：336·358/新·甲三：364·388/新·甲三：147·176/新·甲三：148·177/新·甲三：387·408/新·甲三：390·411/新·甲三：134、108·166/新·甲三：202、205·228/新·甲三：312·331/新·甲三：313·332/新·甲三：314·333/新·甲三：144·173/新·甲三：146·175/新·甲三：343-1·366/

新·甲三：344-1·368/新·甲三：349·375/新·甲三：371·395/新·甲三：372·396/新·乙三：28·514/新·乙二：9·472/新·甲三：411、15·432/新·甲三：358·384/新·甲三：346-1·371/新·甲三：46-2、384·372/新·甲三：188、197·217/新·甲三：243·269/新·甲三：401·422/新·甲三：408·429/新·甲三：249·275/新·甲三：200·226/新·甲三：262·288/新·乙一：11·446/新·乙一：11·446/新·甲三：305·325/新·甲三：326-1·346/新·甲三：326-2·347/新·甲三：327-1·348/新·甲三：327-2·349/新·甲：328·350/新·甲三：331·353/新·甲三：332·354/新·甲三：268·294/新·甲三：418·437/新·甲三：419·438/新·甲三：276·301/新·甲三：278·302/新·甲三：340·362/新·甲三：353·379/新·甲三：355·381/新·甲三：303·323/新·乙四：109·628/新·乙四：81·608/新·乙四：82·609/新·乙三：52·535/新·乙三：53·536/新·乙三：54·537/

附录一：见于《说文解字》的楚简新出字表（968例）

新·乙三：55·538/	零：116·771/新·
新·乙三：56·539/	乙四：96·620/新·
新·乙三：57·540/	乙四：97·621/新·
新·乙一：21·456/	零：133·788/新·
新·乙一：17·452/	乙四：96·620/新·
新·乙二：38、46、	零：10·673/新·
39、40·492/新·乙	零：11·674/新·
三：6·503/新·乙	零：12·675/新·乙
四：91·616/新·	三：41·526/新·乙
零：21·683/新·乙	四：88·614/新·
三：8·505/新·乙	乙四：43·579/新·
三：7·506/新·乙	乙四：137、甲
四：76·605/新·乙	三：360·651/新·乙
三：60、乙二：13·543/	四：139·653/新·乙
新·零：51·804/	四：140·654/
新·乙四：53·588/	新·零：273·917/
新·乙一：15·450/	新·零：1·665/
新·乙二：7·470/	新·零：40·701/
新·乙四：12·559/	新·乙四：146·660/
新·乙四：14·560/	新·乙四：148·661/
新·零：281·925/	新·零：72·729/
新·零：282·926/	新·零：44·705/
新·零：290·934/	新·零：48·709/
新·乙四：145·659/	新·零：68·725/
新·乙三：31·517/	新·零：307·950/
新·乙一：17·452/	新·零：310·952/
新·乙一：29、30·462/	新·零：312·954/
新·零：88·745/	新·零：314·956/
新·乙二：38、46、	新·零：316·958/
39、40·492/新·乙	新·零：324·965/
二：6、31·469/新·乙	新·零：218·865/
一：13·448/新·乙	新·零：147·801/
一：13·448/新·乙	新·零：147·801/新·
一：21·456/新·乙	零：168·818/新·
一：22·457/新·乙	零：254、162·900/
一：24·458/新·乙	新·零：263·908/
一：28·461/新·乙	新·零：255·901/
一：28·461/新·乙	新·零：348·986/
一：28·461/新·乙	新·零：349·987/
二：1·465/新·乙	新·零：231·877/
三：61·544/新·乙	新·零：243·890/
三：62·545/新·乙	新·零：248·895/
三：64·547/新·乙	新·零：394·1032/
三：65·548/新·	新·零：410·1048/

539

		新·零：439·1077/新·零：442·1080/新·零：452·1089/新·零：477·1114/新·零：512·1148/新·零：518·1154/新·零：524·1159/新·零：533·1165/新·零：561·1190/新·零：618·1243/新·零：689·1308/新·零：690·1309/		上四·曹30/上四·曹31/上四·曹36/上四·曹38/上四·曹52/上四·曹54/上四·曹54/上四·曹55/上四·曹55/上四·曹55/上五·三1/上五·三14/上五·姑1/上五·姑1/上五·姑5/上五·姑5/上六·競8/上六·用1/上六·用15/上七·吴9/上七·凡甲7/上七·凡甲17/上七·凡甲15/上七·凡乙6/上七·凡乙10/上七·凡乙12/上七·郑甲5/上七·郑乙5/上八·李1背/上八·志4/上八·命5/上九·成4/上九·举7/清一·楚4/清一·程8/清三·周4/清三·周4/清三·周5/清三·周5/清三·周8/清三·周9/清三·周10/清三·周10/清三·周12/清三·周12/清三·周13/清三·周16/清三·芮10/清三·赤9/清三·赤12/清三·赤13/清三·说下7/清五·汤处4/清五·汤处7/清五·汤处18/清五·殷8/清五·殷20/	
2	思	129/包78/包129/包129/包130/包130/包163/包198/汇·望一24/汇·望一58/汇·望一148/汇·五里牌5/九·六二一10/帛·乙·行4-6/帛·乙·行7-8/帛·乙·行7-8/郭·五8/郭·鲁1/郭·鲁3/郭·性26/郭·五9/郭·性42/郭·五8/郭·五11/郭·语三48/郭·五9/郭·五12/郭·五15/郭·语三48/郭·尊18/郭·语三48/郭·鲁1/郭·五11/郭·五14/郭·穷8/郭·语三48/郭·性31/郭·五8/郭·性32/郭·鲁8/郭·性32/郭·性31/郭·性32/上一·性16/上一·性19/上一·性19/上一·性20/上一·性20/上一·性20/上一·性35/上一·孔11/上一·孔16/上一·孔2/上一·孔10/上二·容3/上二·容20/上二·容44/上二·容49/上二·昔4/上上三·瓦5/上三·周55/上三·中3/上四·采1/上四·采5/	①思②息	
3	尻	87/包3/包7/包10/包32/包132/包156/包238/包250/郭·语三10/郭·语三11/郭·语三12/郭·语三36/郭·老甲22/郭·成21/郭·性5/郭·性54/郭·性61/		

附录一：见于《说文解字》的楚简新出字字表（968例）

		汇·望二5/新·甲三：11、24·62/新·甲二：19、20·38/新·甲三：165·195/新 甲三：132、130·164/新·零·420·1058/九·五六45/九·五六45/九·五六46/九·五六47/九·五六47/九·五六49/九·五六49/九·五六49/九·五六53/九·五六53/九·五六54/九·五六55/九·五六57/九·五六58/九·五六59/帛·乙·行1-3/上二·容23/上二·容25/上二·容25/上二·容26/上二·容26/上二·容27/上二·容27/上二·容6/上三·周16/上三·周25/上三·周26/上三·周54/上三·周55/上四·曹14/上四·曹24/上四·昭5/上六·天甲10/上六·天乙9/上六·孔14/上六·慎3/上六·平5/上七·凡甲27/上八·颜11/上八·颜13/上八·颜13/上八·兰2/上八·有4上/上九·卜2/上九·卜2/上九·卜3/上九·举24/清一·楚1/清一·楚1/清一·楚11/清一·楚14/清一·楚15/清一·楚2/清三·赤7/清三·赤8/清三·赤11/清三·赤12/清四·一节死生14/清四·一节死生11/	①處 ②居	
4	聶	82/曾102/曾102/曾102/曾102/曾102/曾104/曾104/曾106/曾108/曾115/曾13/曾13/曾14/曾14/曾16/曾16/曾16/曾19/曾19/曾19/曾1正/曾2/曾2/曾2/曾23/曾25/曾26/曾26/曾29/曾29/曾29/曾29/曾32/曾32/曾33/曾36/曾36/曾37/曾39/曾39/曾40/曾42/曾42/曾45/曾46/曾48/曾48/曾5/曾5/曾5/曾55/曾56/曾58/曾59/曾60/曾60/曾63/曾63/曾65/曾65/曾67/曾68/曾70/曾71/曾72/曾73/曾78/曾78/曾8/曾86/曾88/曾88/曾9/曾90/曾90/曾96/曾96/曾99/曾99/曾99/上六·用12/	攝
5	綏	81/曾4/曾6/曾15/曾5/曾59/曾2/曾26/曾53/曾26/曾55/曾88/曾26/曾104/曾75/曾47/曾8/曾85/曾54/曾71/曾106/曾58/曾25/曾8/曾53/曾29/曾20/曾64/曾25/曾38/曾115/曾115/曾17/曾9/曾75/曾105/曾53/曾48/曾75/曾71/曾95/曾86/曾76/曾43/曾2/曾49/曾36/曾102/曾56/曾104/曾32/曾96/曾58/曾57/曾	綏

541

		9/曾72/曾46/曾39/曾32/曾54/曾97/曾45/曾31/曾58/曾20/曾23/曾8/曾75/曾73/曾105/曾73/曾45/汇·望二19/汇·望二22/汇·望二30/汇·仰6/汇·仰15/汇·仰17/包270/包277/包·牍1反上/			上四·曹5/上四·曹7/上四·曹55/上五·鲍5/上五·竞5/上五·鲍6/上五·季14/上五·季15/上五·季23/上五·君3/上五·君11/上五·君14/上五·弟12/上五·弟14/上五·三5/上六·竞2/上八·志7/清一·祭17/清一·祭20/清三·说上4/	
6	肰 (然)	74/汇·信一2/汇·望一58/郭·五20/郭·尊17/郭·老甲23/郭·性46/郭·六29/郭·六27/郭·唐3/郭·成9/郭·六46/郭·六28/郭·语一76/郭·性23/郭·语一76/郭·五17/郭·老甲12/郭·五16/郭·性9/郭·老丙2/郭·六43/郭·老甲30/郭·性18/郭·性33/郭·性30/郭·五34/郭·尊2/郭·老丙14/郭·性31/郭·性49/上一·性19/上一·性4/上一·孔24/上二·容39/上二·昔1/上·孔24/上一·性10/上一·性39/上一·孔20/上二·子13/上一·性14/上一·性38/上四·曹65/上四·柬13/上二·容18/上四·内附简/上四·曹6/上一·性19/上一·孔16/上二·从甲13/上二·容20/上二·容21/上一·性20/上四·曹9/上四·内10/	然	7	含	73/包134/九·五六43/汇·信一27/汇·信一35/郭·语一38/郭·语一40/郭·性52/上三·中25/上二·容50/上三·中16（正）/上三·中20/上三·中20/上二·子8/上四·昭2/上四·柬9/上四·柬20/上四·柬22/上五·竞4/上五·竞8/上五·鲍5/上五·季8/上六·庄7/上五·季14/上五·姑5/上五·姑6/上五·弟21/上六·王问5/上七·君6/上七·君6/上七·凡甲13/上七·凡甲13/上七·凡乙9/上七·郑甲2/上七·郑甲2/上七·郑甲6/上七·郑乙2/上七·郑乙6/上八·命9/上八·志7/上八·有1/上八·有1/上八·有1下/上八·有1下/上八·有1下/上八·有2/上八·有2/上	①今②含

附录一：见于《说文解字》的楚简新出字字表（968例）

		八·有2/上八·有2/上八·有3/上八·有4上/八·有4上/上八·有4上/上八·有4下/上八·有4下/上八·有4下/上八·有5/上八·有5/上八·有5/上八·有6/上八·有6/上八·有6/上八·有6/上八·鹘1/上八·鹘1/上八·鹘1/上八·鹘1/上八·鹘2/上九·史2/			65/九·五六43/汇·信一19/郭·老甲2/郭·老甲5/郭·老丙13/郭·老丙13/上三·周55/上二·容17/上二·鲁4/上二·鲁5/上二·容19/上·容30/上四·相1/上二·容34/上三·彭2/上三·周14/上四·曹二·容12/上四·曹53/上四·曹13/上四·柬3/上五·鲍4/上·鲍5/上五·鲍5/上五·三12/上五·鲍7/上五·季20/上五·姑4/上五·姑4/上五·姑6/上五·姑7/上五·君3/上五·君3/上五·君4/上五·君8/上五·君9/上五·三20/上七·君6/上七·君7/上七·武13/上七·武14/上七·武14/上七·武14/上七·凡甲23/上七·凡乙15/上七·郑甲1/上七·凡乙1/上八·成8/上八·成8/上八·成12/上八·成3/上八·志6/上八·有4上/上八·鹘1/上八·鹘2/上九·举6/上九·举32/上九·灵5/清一·程5/清一·保5/清一·程6/清二·六章31/清二·八章48/清二·十一章56/清二·十三章64/清二·十六章86/清三·芮5/	9	欲	①欲②盍③歠
8	紡	71/曾10/曾102/曾103/曾124/曾125/曾126/曾127/曾128/曾128/曾29/曾132/曾135/曾139/曾14/曾15/曾17/曾17/曾19/曾21/曾24/曾28/曾3/曾30/曾30/曾31/曾31/曾33/曾35/曾37/曾38/曾4/曾4/曾40/曾41/曾45/曾45/曾47/曾49/曾5/曾55/曾56/曾57/曾59/曾64/曾68/曾69/曾7/曾8/曾82/曾83/曾84/曾85/曾87/曾89/曾9/曾91/曾91/曾93/曾95/曾97/郭·语三7/汇·仰1/汇·望二1/汇·望二13/汇·信二14/汇·望二23/汇·望二30/汇·信二4/汇·信二5/新·乙四:6·553/	紡		

543

10	驂	57/曾173/曾167/曾144/曾153/曾168/曾143/曾146/曾150/曾174/曾173/曾152/曾142/曾174/曾150/曾144/曾145/曾158/曾165/曾142/曾146/曾143/曾178/曾147/曾149/曾169/曾154/曾176/曾153/曾171/曾156/曾166/曾175/曾172/曾172/曾147/曾151/曾177/曾152/曾170/曾155/曾145/曾155/曾170/曾178/曾156/曾165/曾176/曾154/曾167/曾157/曾166/曾157/曾175/曾171/曾177/曾158/曾151/		驂
11	兆	54/新·甲一：12·10/新·甲二：10·32/新·甲三：52·101/新·甲三：111·147/新·甲三：166、162·196/新·甲三：170·200/新·甲三：214·239/新·甲三：218·243/新·甲三：229·253/新·甲三：365·389/新·甲三：4·56/新·甲三：19·69/新·甲三：40·89/新·甲三：43·92/新·甲三：44·93/新·甲三：47·96/新·甲三：48·98/新·乙一：17·452/新·乙一：24·458/新·乙二：23、零：253·481/新·乙三：1·499/新·乙三：41·526/新·乙四：23·566/	新·乙四：38·577/新·乙四：43·579/新·乙四：71·603/新·乙四：83·610/新·乙四：96·620/新·乙四：96·620/新·乙四：96·620/新·乙四：97·621/新·乙四：100、零：532、678·623/新·乙四：122·636/新·乙四：133·647/新·乙四：145·659/新·零：389·1027/新·零：460·1097/新·零：487·1123/新·零：497·1133/新·零：12·675/新·零：83·740/新·零：219·866/新·零：232·878/新·零：291·935/新·零：336、341·975/上六·天甲11/上六·天本10/上九·卜1/上九·卜1/上九·卜10/上九·卜2/上九·卜3/上九·卜4/上九·卜6/	兆
12	嚻		53/包112/包6/包110/包116/包158/包189/包187/包29/包108/包105/包7/包225/包257/包243/包10/包174/包165/包118/包181/包111/包170/包121/包170/包203/包28/包105/包163/包211/包114/包191/包113/包177/包180/包127/汇·信一19/上·孔21/上五·三5/上五·三16/上九·邦10/新·甲三：36·85/新·甲	嚻

附录一：见于《说文解字》的楚简新出字字表（968 例）

			三：296・316/新・零：354・992/清一・楚6/清一・楚6/清一・楚7/清一・楚9/清一・楚10/清二・五章29/清二・二十一章114/清二・二十一章116/清三・芮23/清三・芮7/清五・殷26/		14	逯	49/包 43/包 44/包58/包 67/包 129/包131/包 140/包 141/包162/包 205/包 206/包207/包 212/包 216/包218/包 218/包 219/包220/包 221/包 224/包225/包 231/汇・望一 19/汇・望一 33/汇・望一 69/汇・望一 70/九・五六 44/九・五六 87/郭・语一 101/郭・六 13/郭・尊 32/新・甲三：99・137/上一・孔 10/上一・孔 11/上三・周4/上 三・周 50/上五・鲍 8/上五・季19/上 六・平 2/上九・灵 3/上九・灵 3/上九・灵 3/上九・灵5/上 九・成 2/清一・金 5/清一・尹 3/清五・殷 23/清五・汤处 4/清五・汤处 5/	
13	宝		49/包22/包128/包185/包202/包207/包207/包219/汇・望一 36/汇・望一 75/郭・性5/郭・性14/郭・性67/郭・六19/郭・老甲6/郭・唐24/上一・性8/上三・彭7/上一・性3/上三・周51/上三・周32/上四・柬6/上五・季14/上五・姑4/上五・姑5/上五・姑8/上五・三4/上七・君3/上一・君4/上九・陈13/上九・史7/新・甲二：7・29/新・甲二：29・44/新・甲三：52・101/新・零：3・667/新・甲三：306・326/新・乙四：82・609/新・乙二：38、46、39、40・492/新・乙三：17・506/新・乙一：15・450/新・乙三：60、乙二：13・543/新・乙四：97・621/新・乙四：86・613/新・乙四：26・569/新・乙四：140・654/新・零：413・1051/清一・祭8/清一・耆2/清一・楚5/	主	15	聿	49/包 197/包 199/包201/包 204/包 209/包212/包 216/包 226/包228/包 230/包 232/包234/郭・缁13/郭・语一 14/郭・语 四 15/郭・语四 15/郭・语三24/郭・性43/郭・语三43/郭・语 三 56/郭・语一6/郭・语三62/郭・语 一 90/上一・性 36/上二・从甲 14/上二・民 9/上二・容 49/上三・中25/上 四・曹 32/上四・曹 56/上四・曹8/上 七・君 6/上七・君 6/上八・志 7/	① 盡 ② 進

545

		上九·灵4/上九·举8/上九·举31/上九·举32/新·甲三:160·191/新·甲三:282·306/新·甲二:10·32/新·甲:25·41/新·乙一:31、25·463/清一·祭9/清一·金13/清一·楚5/清二·二十三章131/清二·二十三章135/清三·芮9/		17	悉	48/郭·成20/郭·五21/郭·六德17/郭·五13/郭·唐10/郭·五33/郭·唐8/郭·老乙8/郭·成20/郭·性40/郭·老甲36/郭·唐6/郭·五33/郭·緇25/郭·性40/郭·唐7/郭·尊26/郭·唐13/郭·五33/郭·尊26/郭·唐6/郭·尊33/上二·容35/上一·性34/上一·性34/上二·鲁2/上二·鲁3/上三·中23/上一·材13/上一·孔27/上一·孔17/上四·曹17/上四·内1/上一·孔17/上二·容1/上四·曹12/上八·志7/上九·举35/清一·程9/清一·程9/清五·汤处15/清五·汤处15/清五·汤处16/清五·汤处17/清五·汤处17/清五·汤处18/		愛
16	箮	49/包237/包241/郭·老甲35/郭·穷4/郭·老甲24/郭·老甲36/郭·性55/郭·五33/郭·老甲36/郭·成24/郭·成24/郭·唐9/郭·性39/上二·容46/上二·子13/上四·柬13/上四·柬16/上四·曹4/上五·君11/上五·君12/上五·君15/上七·吴8/上七·凡甲4/上七·凡甲4/上七·凡甲5/上七·凡甲5/上七·凡甲11/上七·凡甲11/上七·凡甲11/上七·凡甲11/上七·凡甲12/上七·凡甲14/上七·凡甲14/上七·凡乙3/上七·凡乙4/上七·凡乙4/上七·凡乙5/上七·凡乙9/上七·凡乙9/新·甲三:374、385·398/新·乙四:136·650/新·零:368·1006/新·零:415·1053/新·零:415·1053/新·零:539·1170/	①孰②篤③築④熟	18	婁	42/包103 反/包128/包141/包143/包161/包161/包162/包164/包164/包173/包179/包179/包185/包187/包19/包192/包25/包259/包7/包48/包5/包65/包66/包69/包74/包75/汇·望二22/九·六二一9/郭·成5/郭·成27/郭·语一90/郭·语二44/上一·性14/上二·容2/上二·容37/上六·竞10/上七·君4/上八·鹠1/上八·鹠1/上八·鹠1/上八·鹠1/新·甲三:294、零:334·314/	①婁②數③屢④僂

546

附录一：见于《说文解字》的楚简新出字字表（968 例）

19	逃	(字形)	42/包85/包87/包136/包137/包137反/包144/包156/包165/九·五六27/九·五六65/九·五六71/九·五六34/九·五六66/九·五六67/九·五六30/九·五六60/九·五六32/九·五六68/九·五六30/九·五六31/帛·乙·行1-3/郭·语二18/上二·容41/上二·容40/上二·从甲8/上二·容40/上二·容42/上二·容40/上四·昭6/上四·昭7/上五·姑5/上六·孔5/上六·孔12/上六·孔21/上六·用11/清二·三章14/清二·六章37/清二·十二章61/清二·十四章69/清二·十五章79/清二·十五章81/清二·十七章92/清二·二十三章130/清三·赤5/	①逃②盗③佻			
20	与	(字形)	42/郭·语三9/郭·语三11/郭·语三11/郭·唐15/郭·语一86/郭·六46/郭·唐6/郭·语一107/郭·老乙4/郭·性48/郭·性22/郭·六19/郭·六2/郭·语三9/郭·语三71上/郭·六1/郭·性46/郭·性6/郭·六2/郭·六46/郭·语三71上一·性39/上六·孔9/上六·孔10/上六·孔11/上七·郑乙	①與②歟③擧			
21	凶	(字形)	1/上七·凡甲11/上九·史4/上九·史5/上九·史6/上九·史6/上九·史7/清二·六章34/清二·八章49/清二·九章51/清二·十八章102/40/帛·丙/帛·丙/帛·丙/帛·甲·行5-7/帛·甲·行11-13/上三·周29/上三·周29/上三·周14/上三·周40/上三·周24/上三·周58/上三·周7/上三·周10/上三·周38/上三·周7/上三·周28/上三·周24/上三·周52/上三·周47/上三·周4/上三·周56/上三·周41/上三·周26/上三·周39/上三·周24/上三·周8/上三·周9/上三·周44/上五·三4/上五·三9/上五·三9/上五·三14/上五·三25/清四·二十一节37/清四·二十一节37/清四·二十一节37/清四·二十一节38/清四·二十一节38/清四·二十一节38/清四·二十一节38/	凶			
22	固	(字形)	39/包125/包186/包191/汇·望一86/汇·望一14/汇·望一55/汇·望一60/汇·望一53/汇·望一4/汇·望一96/汇·望一59/汇·望一39/汇·望一97/		固		

547

			汇·望一8/汇·望一99/汇·望一95/汇·望一98/郭·老甲24/郭·成34/上四·曹15/上四·曹56/上四·曹13/上四·曹13/上五·三12/上五·季22/上五·三6/上五·鬼8/上六·庄2/上六·庄2/上七·凡甲2/上七·凡乙2/上九·邦8/上九·举33/上九·举34/新·甲三:353·379/清二·五章28/清二·十四章66/清二·十四章69/清二·二十一章118/		24	惪	![字形]	38/郭·老甲34/郭·性64/郭·五12/郭·语二30/郭·唐16/郭·唐16/郭·五9/郭·性34/郭·性62/郭·老乙4/郭·六德41/郭·五5/郭·语二7/郭·语二31/郭·性31/上一·性19/上三·周41/上三·彭7/上一·性31/上一·孔16/上一·从乙3/上四·内6/上四·昭10/上二·从甲16/上四·内6/上五·竞5/上五·竞9/上五·三4/上五·三7/上五·三14/上五·三14/上五·三16/上七·吴6/清一·皇12/清一·耆7/清三·芮7/清三·芮8/清三·芮10/清四·二十九节55/清五·封8/	①憂②寡③蛸④嚘
23	情	![字形]	39/郭·性23/郭·性28/郭·性29/郭·语一31/郭·语二1/郭·语二1/郭·缁3/上一·性14/上一·性17/上一·性34/上一·孔18/上一·孔1/上一·孔16/上一·性21/上一·性38/上一·性2/上一·性10/上一·孔22/上一·性35/上一·性21/上一·性22/上一·性18/上一·孔10/上一·性2/上一·性12/上一·性11/上六·竞4/上七·郑乙3/上七·凡甲15/上七·凡乙10/上七·凡乙15/上八·李2/上八·李2/上八·李2/清一·耆7/清三·芮16/清五·汤在17/	①或隶②情②靖情	25	秀	![字形]	36/九·五六27/上二·容34/上五·君7/上八·李2/上八·有6/包54/包119反/包90/包80/包59/包169/包50/包20/包66/包84/包187/包101/包45/包57/包85/包44/包89/包25/包43/包119反/包119反/包23/包31/包263/包146/包119反/包119反/包53/包78/包193/清一·耆5/	秀
					26	馈	![字形]	34/包248/包222/包243/包214/包206/包214/包200/包240/包205/包215/包241/包203/包250/包224/包202/汇·望	馈

附录一：见于《说文解字》的楚简新出字字表（968例）

		一54/汇·望一77/汇·望一129/汇·望一54/汇·望一75/汇·望一78/汇·望一79/新·甲三：209·234/新·甲三：261·287/新·甲三：136·168/新·甲二：38、39·51/新·甲三：200·226/新·甲三：145·174/新·甲三：304·324/新·甲三：419·438/新·乙一：29、30·462/新·零：13·676/新·零：230·876/清三·赤5/				甲16/上四·曹51/上七·武15/新·甲三：5·57/新·甲三：247、274·273/新·乙一：9、乙二：7·445/新·乙四：35·575/新·零：14·677/新·乙四：71·603/新·零：286·930/新·乙二：35、34·490/新·零：65·723/清一·保1/清一·保3/清一·楚6/清一·皇8/清二·五章24/清二·十五章78/清五·汤处11/清五·汤在15/		
27	箸	34/包1/包139反/包14/包145反/包4/包8/汇·信一29/汇·信一46/汇·望一95/郭·性15/郭·性16/郭·六24/上一·性8/上一·性9/上五·姑10/上五·君16/上五·鲍3/上五·姑6/上五·季6/上五·季6/上五·姑7/上七·凡甲16/上七·凡乙11/上七·武2/上七·武2/上七·武3/上七·武3/上七·武13/上七·武13/上七·武15/上七·武16/上八·志1/新·乙三：33·519/清一·金11/清一·保3/清五·殷9/	①書②著	29	惻	30/包207/包220/帛甲·行8-10/汇·望二43/郭·老甲1/郭·老甲31/郭·语二27/郭·语二43/上二·从甲15/上二·从甲15/上二·容6/上二·容42/上五·姑10/上五·鬼2/上六·用3/上六·用9/上七·郑甲4/上七·郑乙4/上七·凡甲25/上七·凡甲26/上七·凡乙18/上七·凡乙19/新·甲三：377·401/清一·皇9/清三·芮10/清三·芮26/	①惻②賊③則	或隶：慂
28	訓	31/包179/包193/包199/包210/帛·丙/九·五六26/郭·性17/郭·性27/郭·尊39/上一·性10/上一·性16/上二·从	順	30	貧	30/曾39/曾45/曾71/曾54/曾54/曾72/曾39/曾86/曾97/曾54/曾104/曾45/曾45/九·五六47/九·五六54/郭·成17/郭·性53/郭·缁44/上一·材22/上		貧

549

		一·性23/上三·彭5/上四·曹3/上五·弟6/上五·三11/上六·兢10/上八·颜11/上八·颜12A/上八·颜13/清一·皇3/清四·十五节31/				一·孔10/上一·孔14/上四·柬16/上一·性36/上四·柬17/上五·鲍5/上五·君5/上五·弟25/上五·鬼8/上六·用16/上七·凡甲27/上八·志2/上九·史6/上九·卜7/清四·二十四节42/清四·二十四节51/清四·二十四节51/清四·二十四节60/清五·殷11/清五·殷21/	
31	豩	29/汇·望一56/上二·容28/包248/包210/包214/包200/包238/包206/包240/包227/包241/新·甲二：27·42/新·甲三：77·117/新·甲三：77·117/新·甲三：413·433/新·零：98·754/新·甲三：392·413/新·甲三：393·414/新·甲三：264·290/新·甲三：405·426/新·甲三：325-1·344/新·甲三：409·430/新·甲三：414、412·434/新·乙三：37·522/新·乙三：23·511/新·零：91·748/新·零：380·1018/新·零：531·1164/新·零：744·1361/	豩	34	羊	27/包260/曾5/曾40/曾15/曾84/曾56/曾9/曾107/曾60/曾116/曾43/曾20/曾37/曾46/曾95/曾16/曾68/曾48/曾94/曾65/曾72/曾70/曾86/曾90/曾3/曾97/曾33/汇·仰20/	矢
32	賸	29/曾103/曾13/曾15/曾16/曾18/曾18/曾1正/曾22/曾22/曾25/曾3/曾30/曾32/曾35/曾36/曾38/曾38/曾39/曾4/曾41/曾47/曾7/曾83/曾87/曾89/曾91/曾93/曾97/曾98/	賸	35	軒	27/曾120/曾120/曾128/曾129/曾172/曾174/曾203/曾26/曾28/曾4/曾45/曾48/曾50/曾50/曾53/曾54/曾57/曾7/曾签1/曾签2/汇·望二13/汇·望二25/包267/上二·容1/上四·柬18/上五·弟20/上七·吴5/	軒
33	色	27/汇·信一2/郭·五13/郭·五13/郭·五14/郭·五14/郭·性44/郭·成24/上	色	36	虚	26/九·五六47/郭·老甲23/郭·老甲24/上三·亙1/上三·亙/上三·亙1/上三·亙2/上三·亙10/上五·三8/上五·三10/上五·三11/上五·三20/上九·灵2/上九·灵2/上九·灵3/上九·灵5/上九·灵5/上九·灵5/	虚

附录一：见于《说文解字》的楚简新出字字表（968例）

37	瀍	26/包 16/包 18/包 102/包 145/汇·信一 24/郭·老甲 23/郭·老甲 23/郭·老甲 23/郭·老甲 23/郭·老甲 31/郭·缁 9/郭·缁 27/上三·亘 11/上二·昔 3/上三·亘 13/上三·亘 5/上二·从乙 2/上五·三 19/上五·竞 3/上五·竞 4/上五·季 15/上六·天乙 3/上五·鬼 1/上六·慎 1/上六·天甲 4/上六·用 14/上七·吴 9/上八·志 7/上九·陈 11/清五·封 8/	①瀍 ②廢			上四·束 1/新·乙二：14·475/清二·十八章 100/清三·良 7/清三·说下 4/清四·二十一节 37/清四·二十一节 37/清四·二十一节 38/清四·二十一节 38/清四·二十四节 56/清四·二十四节 59/清四·二十五节 48/清四·二十六节 48/清四·二十七节 55/清五·封 6/	
38	斾	25/曾 6/曾 14/曾 125/曾 40/曾 142/曾 61/曾 82/曾 30/曾 3/曾 127/曾 55/曾 37/曾 33/曾 91/曾 131/曾 9/曾 62/曾 102/曾 100/曾 17/曾 68/曾 84/曾 42/曾 20/曾 1 背/	斾	41	郵	24/包 145/包 6/包 61/包 189/包 226/包 242/包 180/包·牒 1/包 230/包 77/包 228/包 232/包 249/包 245/包 236/包 239/包 184/包 234/包 67/包 247/包 180/汇·望一 26/上九·陈 3/上九·陈 3/	郵
39	倀	24/包 163/九·五六 38 下/九·五六 46/帛·乙·行 4-6/郭·缁 11/郭·五 14/郭·缁 16/郭·缁 23/郭·缁 6/郭·性 7/郭·五 8/郭·五 9/上四·曹 18/上四·曹 25/上四·曹 28/上四·曹 28/上四·曹 35/上四·曹 36/上四·束 19/上八·有 3/上九·卜 3/上九·卜 4/上九·举 21/	倀	42	逾	23/包 135/郭·老甲 19/郭·尊 17/上五·君 4/上六·庄 4/上六·庄 4/新·甲一：12·10/新·甲二：16·36/新·甲三：5·57/新·甲三：5·57/新·甲三：201·227/新·甲三：280·304/新·甲三：111·147/新·甲三：373·397/新·乙一：26、2·459/新·乙四：9·556/新·乙四：137、甲三：360·651/新·零 58·718/新·零：301、150·944/清二·二十三章 131/清二·二十三章 133/	①逾 ②輸
40	羅	24/包 167/包 180/包 22/包 24/包 26/包 68/包 83/包 93/汇·仰 8/上三·周 56/	羅				

551

43	難	22/郭·老丙13/郭·老甲16/郭·性25/郭·性32/郭·性35/郭·性35/郭·语四14/上三·彭2/上三·中21/上三·中12/上三·中20/上五·弟4/上五·弟4/上六·孔26/上六·王问3/清一·祭19/清三·芮1/清三·芮7/清三·芮12/清三·芮16/清三·芮21/清三·芮26/	①難②歎	46	鞁	22/曾15/曾87/曾94/曾38/曾97/曾92/曾7/曾35/曾59/曾114/曾115/曾95/曾49/曾18/曾89/曾22/曾83/曾41/曾57/汇·望二11/汇·望二20/汇·望二20/	鞁
44	肥	22/汇·望一56/汇·望一56/包202/包203/包225/包251/上三·周31/上二·容49/上二·容16/上五·季1/上五·季6/上五·季8/上五·季11/上五·季11/上五·季18/新·甲三：175·205/新·甲三：240·266/新·乙四：80·607/清一·楚13/清一·楚16/清三·良10/清三·周13/上九·卜1/	肥	47	聚	22/曾58/帛·丙/汇·望一106/汇·望一107/九·五六15下/九·五六28/九·五六45/九·五六46/郭·六4/郭·性53/上六·天甲10/上五·三15/上四·曹23/上一·性23/上六·孔26/上四·曹54/上二·从甲6/上四·柬8/上六·天乙9/上六·孔26/清二·九章50/清三·芮1/清五·殷26/	①聚②驟
45	忌	22/包28/包34/包39/包91/郭·性32/郭·性41/郭·性41/上一·性20/上二·容25/上五·忌1/上七·凡甲19/上七·凡乙13/上八·命7/新·甲一：21·17/新·甲一：7·5/新·甲一：11·9/新·乙三：6·503/新·乙三：5·502/新·零：448·1086/新·零：691·1310/清一·程2/清一·程3/	①忻②祈③沂④近 或隶：忻	48	罰	22/郭·緇27/郭·緇29/郭·成5/郭·成38/上一·紂15/上二·从甲8/上二·容4/上四·曹21/上五·季20/上五·季22/上五·鬼1/清一·皇12/清一·祭19/清三·说下6/清三·芮22/清五·命9/清五·命10/清五·命11/清五·命12/清五·命12/清五·殷16/	罰
				49	贛	21/上四·相4/上四·相4/上五·君11/上五·君12/上·君15/上五·弟1/上五·弟8/上六·用7/上六·用20/新·甲一：10·8/	貢

附录一：见于《说文解字》的楚简新出字字表（968例）

		新·甲三：136·168/ 新·甲一：27·22/ 新·甲三：46·95/ 新·甲三：242·268/ 新·甲三：298·318/ 新·乙一：11·446/ 新·零：287·931/ 新·乙二：1·465/ 新·零：40·701/ 新·零：331-1·972/		53	逈	19/郭·六45/郭·语一102/郭·语三41/郭·六46/郭·六45/郭·六45/郭·老27/郭·语三41/上二·容5/上二·容25/上二·容25/上二·容26/上二·容26/上二·容27/上二·容32/清二·十五章79/清·二十章108/清二·二十一章115/清三·说下5/	①通②同③慟
50	䋙	20/包253/包260/曾12/曾31/曾37/曾43/曾64/曾129/汇·信二10/汇·信二23/汇·信二12/汇·信二13/汇·信2/汇·信二6/汇·信2/汇·信二6/汇·信二13/汇·信二7/汇·信二20/汇·信二25/汇·信二7/	或隶：漆：䣛	54	深	19/郭·五46/郭·成10/郭·性23/郭·老甲8/郭·五46/郭·成4/郭·尊19/郭·性31/郭·成23/上一·性19/上一·孔2/上四·柬8/上四·柬8/上四·采4/上五·鲍6/上·五·三11/上五·鬼8/上六·用20/上八·李1/上九·举29/上九·举33/	深
51	兇	20/九·五六28/九·五六65/九·五六67/上五·鬼6/上六·用1/上六·用11/上六·用13/上七·武4/上·七·武14/上九·卜8/上九·卜10/清三·芮20/清四·一节6/清四·一节7/清四·一节10/清四·一节12/清四·六节17/清四·二十一节39/清四·二十一节39/清五·殷26/	凶	55	牂	18/包217/包237/包237/包240/包243/包243/郭·穷4/郭·语一33/新·甲三：214·239/新·乙三：17·506/新·乙四：124·638//新·乙四：86·613/新·乙四：62·597/新·零344·982/新·零：538·1169/新·零：553·1183/汇·望一41/汇·望一104/	①牂②牂③莊
52	飛	19/曾176/曾174/曾172/曾172/曾173/曾175/曾175/曾173/曾171/曾174/曾176/曾171/上三·周56/上六·用5/上八·鹖1/上九·陈19/清二·三章14/清二·三章14/清三·说下3/	①騑②飛	56	鞌	18/曾1正/曾7/曾12/曾13/曾16/曾18/曾22/曾25/曾28/曾31/曾32/曾36/曾38/曾39/曾47/曾62/曾75/曾105/	

553

序号	字	字形	出处	对应字
57	清		18/郭·五8/郭·五9/郭·五11/郭·五12/郭·五12/郭·老乙15/郭·老乙15/郭·老甲10/郭·尊13/上一·孔5/上一·孔21/上二·容1/上三·亙4/上六·競6/上七·凡甲12/上七·凡乙9/清三·周10/清五·汤在2/	①清②争
58	缟		18/曾70/曾88/曾115/包259/包259/包261/包262/包263/包263/包269/包273/包·牍1/汇·仰16/汇·仰29/汇·仰31/汇·望二26/汇·望二29/汇·望二30/	缟
59	檐		18/九·五六3/九·五六7/九·五六7/九·五六6/九·五六3/九·五六3/九·五六6/九·五六1/九·五六5/九·五六4/九·五六4/九·五六3/九·五六2/九·五六1/九·五六3/	擔
60	堣		17/汇·仰5/汇·仰12/汇·仰13/郭·穷7/郭·穷11/郭·穷8/郭·穷5/郭·穷4/郭·穷6/郭·穷3/郭·穷11/郭·唐14/郭·穷11/郭·唐14/上六·競7/	①遇②寓③訏
61	悲		17/九·六二2/包179/郭·老丙10/郭·性2/郭·性29/郭·性29/郭·性31/郭·性31/郭·语一73/郭·语二29/上一·性1/上一·性18/上一·性18/上一·性19/上一·性19/上二·民11/上二·昔4/	悲
62	藍		17/包7/包92/新·甲三：297·317/新·乙四：54·589/新·零：294、482、乙四：129·643/新·乙四：63、147·598/新·零：416·1054/新·零：421·1059/新·零：633、634·1258/清一·祭14/清一·楚15/清一·尹2/清三·芮8/清三·芮17/清三·周2/清三·周7/清三·芮7/	藍
63	瘉		17/包10/包171/包188/新·甲三：16·67/新·甲一：9·7/新·甲三：39·88/新·甲三：22、59·72/新·甲三：184-2、185、222·215/新·零：189·838/新·零：300·943/清一·祭3/清一·祭10/清三·赤13/清三·说中4/清四·十节10/清四·十节11/清四·三十节62/	瘉
64	棘		16/郭·六28/郭·缁26/上一·紂14/上六·王与2/上六·王与2/上六·王与4/上七·凡甲5/上七·凡甲6/上七·凡乙5/上七·凡乙11/上九·陈3/上九·陈20/上九·陈20/上九·陈20/新·乙四：53·588/清五·封8/	①麻②麼

附录一：见于《说文解字》的楚简新出字字表（968例）

65	殳		16/曾14/曾40/曾30/曾3/曾33/曾82/曾91/曾110/曾84/曾62/曾102/曾17/曾37/曾68/曾99/曾20/	殳				竞10/上八·兰4/上八·成10/上九·成甲3/清二·二十一章114/清三·芮19/	
66	貨		16/九·五六25/九·五六29/九·五六33/九·五六35/九·五六42/九·五六42/九·五六50/郭·老甲12/郭·老甲35/郭·老丙13/上四·曹17/上六·用8/上六·用13/清三·说上1/清三·说下7/清五·汤处12/	貨	70	夬		15/包260/九·五六96/汇·仰6/郭·老乙14/郭·语一92/上三·周38/上三·周39/上三·采3/上七·凡甲5/上七·凡乙5/上八·兰1/上八·成15/上九·举31/	①缺②玦③决
67	芋		16/包·牘1/包·牘1反/上·汇·望二9/汇·望二17/汇·信二9/汇·信二28/上一·孔9/上四·逸2/上五·竞9/上五·三8/上八·李2/清二·十一章56/清二·十一章57/清二·十一章57/清二·十一章60/清二·十六章88/	①芋②盂③華	71	辱		15/包21/郭·老乙5/郭·老乙6/郭·老乙6/郭·老乙11/郭·老甲36/上二·从甲6/上四·昭3/上六·王问5/上七·吴7/上七·吴9/上八·命2/上八·命2/上八·成4/	辱
68	苔		15/郭·穷13/汇·信二12/上二·容1/上五·三17/上五·鬼5墨节下/新·甲三·42·91/上八·兰2/上八·李1/上九·举18/清一·耆12/清二·二十三章127/清三·周5/清三·周12/清五·殷11/清五·殷23/	苔	72	闵		15/郭·老乙13/郭·语四60/九·五六61/九·五六62/九·五六64/九·五六65/九·五六67/九·五六68/九·五六69/九·五六71/上六·用3/上九·举24/清三·芮20/清三·芮22/	闭
69	約		15/包268/包271/包·牘1/汇·望二11/汇·望二49/汇·望二50/郭·性9/上五·弟6/上六·竞8/上六·	①約②要	73	墨		15/包7/包12/包192/曾46/曾47/曾173/帛乙行4-6/帛·乙行4-6/上六·用3/上九·卜7/上九·卜7/上九·举3/新·零：213、212、860/清二·十五章77/清二·十五章77/	墨
					74	種		15/包103/包105/包106/包107/包108/包109/包110/包111/包112/包113/包114/上二·容21/上二·容53/上六·王与2/	种

555

75	軖	(字形)	15/包145/汇·望二32/曾42/曾155/曾126/曾120/曾154/曾120/曾158/曾157/曾197/曾18/曾156/曾169/曾167/	廣	81	恖	(字形)	14/包82/包117/包118/包169/包172/包182/包186/包190/郭·语一107/郭·性12/郭·性47/郭·尊35/清三·芮27/清五·汤处2/	①快/或隶：快 ②决
76	囩	(字形)	15/曾4/曾7/曾45/曾53/曾120/曾120/包264/汇·信二9/汇·信二9/汇·信二14/汇·信二28/汇·望二8/汇·五里牌17/上二·容7/上三·亙9/	圓	82	恥	(字形)	14/郭·语二3/郭·缁28/上一·孔8/上一·孔9/上二·从乙3/上五·季3/上五·三11/上五·三13/上六·天甲7/上六·天甲8/上六·天乙7/上六·天乙7/上八·王2/清一·祭18/	恥
77	骨	(字形)	15/包152/包152/包263/汇·望一106/汇·望一107/汇·望一108/汇·望二7/汇·仰35/汇·仰6/郭·老甲33/上四·昭3/上二·容21/上四·昭4/上四·昭4/上六·用17/	①骨 ②滑	83	枳	(字形)	14/包259/包260/包265/汇·信二18/汇·信二18/郭·唐26/上四·相4/上五·鬼4/上五·弟23/上六·用15/上七·武9/上八·李1背/清三·芮19/清三·芮19/	①枝 ②歧
78	騏	(字形)	14/曾142/曾145/曾146/曾150/曾153/曾154/曾154/曾156/曾156/曾158/曾158/曾162/曾177/曾181/	騏	84	㕙	(字形)	14/上一·財18/上一·財3/郭·缁36/郭·缁5/帛·乙行4-6/帛·乙行4-6/清一·祭9/清一·程8/清一·保3/清一·保7/清三·芮16/清三·说中2/清三·周4/清五·汤处2/	允/或隶：允
79	近	(字形)	14/上二·从甲13/上三·中20/上五·競7/郭·性57/郭·性56/郭·性40/郭·六48/郭·性29/郭·性57/郭·性3/郭·性3/郭·五7/郭·尊8/郭·成37/	近	85	艮	(字形)	14/上三·周48/上三·周48/上三·周49/上三·周49/上三·周49/清四·二十一节37/清四·二十一节37/清四·二十一节38/清四·二十一节38/清四·二十二节40/清四·二十五节45/清四·二十六节45/清四·二十七节56/	艮
80	愴	(字形)	14/包68/包142/包143/包144/包187/新·甲一:3·2/新·甲三:208·233/新·甲三:258·284/汇·望一17/汇·望一18/汇·望一31/汇·望一92/汇·望一95/汇·望一99/	愴/或隶：愈					

附录一：见于《说文解字》的楚简新出字字表（968例）

86	羞	14/上三·互7/上五·三3/上五·三11/上七·郑甲4/上七·郑乙4/清一·尹3/清一·尹3/清一·皇8/清三·说中5/清五·厚9/清五·厚10/清五·殷13/清五·殷15/清五·殷27/	①詳②祥	91	許	13/上三·周35/上三·周35/上三·周35/上三·周35/上三·周35/上三·周36/上四·采1/上四·采2/上四·采3/上四·采4/上五·鬼/上五·競7/	許
87	縷	14/包259/上三·周45/汇·望二1/汇·信二2/汇·信二2/汇·信二2/汇·信二12/汇·信二24/汇·仰34/汇·仰34/汇·仰34/清五·殷25/	縷	92	塙	12/包149/包163/包171/包176/包187/包192/包21/包27/包32/包37/包76/包86/	塙
88	卹	13/上五·三16/上三·周38/上五·三16/新·乙四:95·619/新·零:115,22·770/清一·皇2/清一·皇3/清一·皇8/清一·皇13/清三·芮1/清三·芮6/清五·汤在17/清五·殷18/	恤	93	豹	12/曾167/包268/包268/包277/汇·望一19/汇·望一40/汇·望一57/汇·望一58/汇·望一59/汇·望一61/汇·望一63/上四·逸2/	豹
89	僮	13/曾75/曾120/曾177/包3/包217/包237/汇·信二12/郭·老37/上三·周1/上三·周22/上三·周26/上三·周53/上三·周53/	①童②動③蠢	94	孔	12/包122/包122/包122/包122/包122/包122/包122/包122/包122/包123/包123/	子
90	羹	13/九·五六13上/九·五六14上/九·五六14下/九·五六15上/九·五六16上/九·五六17上/九·五六18上/九·五六19上/九·五六20上/九·五六21上/九·五六22上/九·五六23上/九·五六24上/	羹	95	膚	12/新·甲一:13·11/新·零:221、甲三:210·235/新·甲三:301-2、301-1·321/新·甲一:14·12/新·乙二:19·478/新·甲三:219·244/新·零:584、甲三:266、277·292/新·甲三:238·264/新·甲三:149·178/新·零:199·848/新·乙三:35·520/新·甲三:22、59·72/	膚
				96	弇	12/曾31/曾60/曾62/曾97/新·甲三:92·132/新·甲三:203·229/新·甲三:203·229/新·甲三:244·270/新·甲三:311·330/上六·競7/清一·皇10/	弇

557

编号	字	字形	出处	释文
97	請		12/包 180/汇·信一 47/上六·用 15/上七·凡甲 3a/上七·凡乙 3/上八·命 7/上九·举 10/上九·举 13/上九·举 15/上九·举 27/清三·周 13/清五·殷 2/	請
98	剐		12/包 116/清四·算 12/清四·算 14/清四·算 16/清四·算 18/清四·算 20/清四·算 21/清四·算 21/清四·算 21/清四·算 21/清四·算 21/	剐 或隶：剐
99	詞		11/上四·柬 12/上四·柬 14/上七·凡乙 18/上九·邦 11/上九·邦 11/上九·邦 12/上九·邦 12/上九·史 4/上九·史 4/上九·举 4/清一·皇 8/	詞
100	桂		11/包 266/郭·性 61/郭·成 21/上一·性 31/上二·从甲 15/上七·武 15/上七·武 15/上八·志 3/清五·殷 15/清五·殷 20/清五·殷 28/	①桂 ②或隶：桂
101	體		11/郭·缁 8/郭·缁 8/郭·缁 9/郭·性 17/新·甲三：189·218/新·零：256·902/上八·王 3/上八·兰 5/清三·赤 9/清五·汤在 17/清五·汤处 2/	體
102	收		11/包 122/包 147/上四·曹 47/上四·曹 54/上六·孔 7/上八·颜 11/上八·颜 12A/清三·芮 9/清二·二十四节 46/清五·汤在 7/	收
103	忢		11/上一·孔 14/上一·孔 19/上三·中 26/上三·彭 4/上四·柬 21/上五·鲍 4/上六·孔 13/上八·王 4/上八·李 1背/清一·皇 13/清三·良 10/清三·芮 26/	①忢 ②愿 ③願
104	漸		11/包 61/包 140/包 186/包 249/包 250/上三·周 50/上三·周 50/上九·成甲 2/上九·成乙 2/清一·楚 5/清一·楚 6/	漸
105	躬		11/包226/汇·望-6/上三·周 1/上三·周 49/上三·周54/上五·姑 1/上八·兰 3/新甲一：9·7/新·零：90·747/新·零：293·937/清四·二十节32/	躬
106	材		11/郭·语四24/郭·尊 32/郭·六 11/郭·六 13/郭·六 14/郭·六 21/上一·孔 3/上五·三 1/上五·三 17/上八·志 4/清五·命 14/	材
107	常		11/曾 6/曾 53/曾 69/曾 123/包 203/包 214/九·五六 109/汇·信二 4/汇·信二 5/新·甲三：207·232/新·甲三：269·295/	裳
108	贏		11/包 18/包 41/包 48/包 86/包 269/包·牍 1/汇·仰 3/汇·仰 5/汇·仰 8/帛·乙·行 1-3/上六·孔 7/	贏
109	紛		11/曾 43/曾 63/曾 67/包 260/包 268/包·牍 1/包·牍 1/汇·信二 12/汇·信二 12/郭·老甲 27/	紛

附录一：见于《说文解字》的楚简新出字字表（968例）

110	弆	10/包38/包38/包38/包60/包60/包138/汇信一29/汇·信二24/上三·周44/郭·穷8/	射
111	佗	10/包102/包161/包185/包191/汇·望一72/汇·望一73/新·甲三：293·313/新·甲三：43·92/新·零170·820/上八·李2/	佗
112	房	10/包149/包266/包266/汇·信二21/汇·望二6/汇·望二/九·五六78/清二·十四章67/清二·十四章68/	房
113	卉	10/帛·甲·行1-2/帛·甲·行5-7/上二·5正背/上二·容15/上二·容16/上五·三1/上七·凡甲12/上七·凡甲13/上七·凡乙9/上九·陈19/	卉
114	堋	10/郭·语四14/汇·信二3/汇·信二3/上一·𢼸23/上二·容49/上三·中19/上三·中25/上三·周14/上六·天甲10/上六·天乙10/	或隶：塱
115	柔	9/郭·性8/郭·性9/郭·性63/汇·望二9/汇·望二40/上五·弟3/清一·尹4/清三·芮20/清五·殷22/	柔
116	淒	9/九·五六39下/郭·成25/郭·成26/郭·六16/上二·容31/上四·曹43/上三·周58/清一·皇13/清五·汤处18/	濟
117	祖	9/上三·彭1/上三·彭1/上三·彭2/上三·彭2/上三·彭7/上五·竞2/上六·竞10/上九·举9/	①祖②祖
118	佫	9/包15/包15/包16/包15反/包15反/包125/包175/包157/包157/	佫
119	邨	9/包27/包32/包98/包162/包163/包167/包175/包185/包186/	邨
120	膳	9/郭·语三52/郭·语三52/郭·语一84/郭·语一84/郭·语一15/郭·语一92/郭·语三47/郭·语三38/郭·语三25/	善
121	絑	8/包170/包177/包269/包269/包·牍1/包·牍1/新·甲三：79·119/新·乙三：21·509/	絑
122	郯	8/包81/包82/包128/包141/包143/包183/包179/包194/	郯
123	綠	8/包262/包269/包·牍1/汇·信二17/汇·望二5/汇·仰1/上一·孔10/上一·孔16/	綠
124	郑	8/包120/包120/包120/包121/包122/包122/包123/包123/	郑
125	紅	8/汇·仰6/汇·望二26/汇·望二8/汇·望二28/汇·仰14/汇·望二8/汇·信二5/汇·仰15/	紅
126	彫	8/汇·信二7/汇·信二8/汇·信二11/汇·信二13/汇·信二13/汇·信二13/汇·信二23/汇·信二25/	彫
127	仿	8/包73/包100/包100/包149/包161/包161/包182/郭·穷14/	①仿②旁
128	株	8/包108/包108/包117/包117/包182/包189/上五·三21/清二·二十章113/	株

559

编号	字	字形	出处	释
129	坦		8/包132/包157/包175/九·五六45/九·五六47/九·五六57/清一·金2/清一·金2/	埋
130	桓		8/郭·性8/上三·彭8/包244/包250/包266/包266/清一·程1/清一·程5/	①豆 ②樹
131	柰		8/包236/包239/包243/包245/包247/新·甲三：112·148/新·甲三：112·148/新·甲三：184-2、185、222·215/	崇
132	只		8/包155/包155/包155/包155/郭·尊14/上三·彭4/上五·鬼2背/清一·楚5/	或隶：足 技
133	邟		8/包28/包56/清二·十四章66/清二·十四章67/清二·十四章68/清二·十四章70/清二·十四章71/清二·十四章72/	邟
134	肴		8/上六·竞9/清四·一节10/清四·一节13/清四·七节21/清四·二十三节41/清四·二十六节43/清四·二十九节52/清四·二十九节61/	看
135	縢		8/清一·祭3/清一·祭3/清一·祭3/清一·祭4/清一·祭9/清一·祭20/清三·说2/	
136	鄂		7/包12/包157/包157反/包169/包177/新·零：113·768/清一·楚16/	
137	佴		7/清五·命3/清五·命3/清五·命3/清五·命7/清五·命9/清五·命10/	耻
138	孤		7/新·零：9、甲三：2357·73/上七·吴2/上七·吴4/上七·吴8/上七·吴8/上七·吴8/清五·汤处11/	孤
139	卬		7/上四·柬14/上五·三15/上六·孔26/上七·凡甲23/上七·凡乙15/上九·卜1/上九·卜2/	仰
140	戾		7/上二·从甲10/上四·内10/上六·用2/上六·用3/清一·祭15/清三·芮24/清三·芮27/	戾
141	哭		7/郭·性29/郭·性30/上一·性18/上一·性18/上五·三1/上九·卜3/清四·一节2/	哭
142	懼		7/九·六二一13/上五·三4/上六·王问1/上六·王问3/上九·灵4/上九·陈10/清二·十九章106/	懼
143	栽		7/包131/汇·望一47/汇·望一56/上四·曹32/上六·王问2/上九·陈6/上九·陈10/	①栽 ②鄾
144	逗		7/包24/包219/包220/上四·柬15/上四·柬16/新·甲三：182-2·212/清二·二十章112/	逗
145	綢		7/曾123/曾125/曾128/曾128/曾131/曾133/包·牍1/	綢
146	廄		7/曾143/曾175/曾207/曾208/曾210/曾4/曾48/	或隶：廄 廄
147	象		7/新·甲三：89·129/汇·信6/汇·信6/汇·信7/汇·信9/汇·信12/汇·信16/	或隶：象 或隶：荔

附录一：见于《说文解字》的楚简新出字字表（968例）

148	攷	7/郭·老甲1/郭·老乙14/郭·性45/郭·性64/上三·周18/上四·内7/清三·周13/	巧
149	芳	7/曾212/郭·穷13/新·甲三：35·84/九·五六44/九·五六44/上八·兰2/上八·兰4/	芳
150	傑	7/新·零：629·1254/上四·曹65/上七·君甲8/上七·君乙8/清五·汤处14/清五·殷17/清五·殷23/	桀
151	殳	6/郭·唐2/上四·曹9/上五·三3/上五·三17/上五·鬼2/上五·鬼3/	没、殁
152	恚	6/九·五六78/九·五六80/新·甲三：265·291/新·甲三：184-2、185、222·215/新·乙二3、4·467/新·乙三47·531/	奎
153	柜	6/包261/汇·信二7/汇·信二17/汇·望二5/汇·望二6/仰35/	虡
154	紃	6/曾7/曾11/包268/包268/包271/汇·信二13/	紃
155	㦧	6/郭·成39/郭·语二42/上三·周51/上三·周53/上三·中2/上三·中7/	①譽②與
156	珥	6/曾10/曾64/汇·信二2/汇·信二2/新·甲三：207·232/新·甲三：269·295/	珥
157	惡	6/郭·语二25/郭·语二25/上一·紂1/上一·紂4/上一·紂22/上一·紂23/	惡
158	塝	6/九·五六48/九·五六49/九·五六50/九·五六50/九·五六51/九·五六52/	塝
159	翌	6/汇·信二19/汇·信二19/汇·信二19/汇·望二5/汇·望二5/汇·望二5/	翌
160	鼠	6/帛·甲行3-4/帛·甲行8-10/帛·甲行11-13/上四·柬5/上五·鬼6/上五·鬼6/	①鼠②爽
161	垩	6/汇·信二3/汇·信二3/汇·信二76/新·甲三：318·337/新·甲三：319·338/新·甲三：352·378	坙
162	犠	6/包248/新·甲三：79·119/新·甲三：99·137/新·零2·666/新·零242·889/新·乙四58·593/	或隸：羲
163	佝	6/上三·周34/新·甲三：380·404/上五·季11/上五·鮑2/上五·鮑2/	①佝②媾
164	敏	6/郭·性23/上一·性14/上三·周17/上三·周40/上三·周41/上五·姑9/	①敏②扣③姤
165	攺	6/包142/包143/郭·穷7/汇·仰18/上二·容8/上五·季11/	①攺②伯③迫
166	窮	6/郭·成11/郭·成14/上六·孔24/上七·凡乙14/新·乙四：125·639/新·甲三：404·425/清一·楚1/	穷
167	剀	6/郭·缁12/郭·缁42/上二·鲁6/上四·内8/上六·孔14/清五·汤处11/	①豈②剴

附录一：见于《说文解字》的楚简新出字字表（968例）

561

168	竽	6/包157/包157/汇·信二7/新·甲三:179·209/上七·君三3/上七·君乙3/	竽
169	威	6/汇·信二7/上五·三10/上五·三11/上六·天乙10/上六·天甲11/上七·武14/	威
170	丈	6/郭·六27/上三·周7/上三·周16/上三·周16/上六·競10/清四·十四节25/	①丈 ②杖
171	楘	6/上三·周32/上三·周33/上三·周33/清三·芮22/清五·殷16/清五·殷28/	蝥
172	棠	6/上一·孔10/上一·孔15/上一·孔24/上七·郑甲7/上七·郑乙7/上九·陈4/	棠
173	謌	6/郭·忠1/郭·忠3/郭·忠4/上五·姑6/八·志1/清五·汤在14/	謌
174	患	6/郭·老乙5/郭·老乙7/郭·性42/郭·性62/上九·成甲4/上九·成乙1/	患
175	詣	6/包153/上二·民1/五·季19/清一·保4/清一·保5/清三·芮25/	①詣 ②詩
176	斬	6/曾155/郭·六27/郭·六31/清三·赤13/三·赤14/三·芮10/	斬
177	罌	6/包58/包169/包191/九·五六15下/上九·史12/上九·史12/	罌
178	厰	6/郭·语二2/郭·语二2/清三·说上1/清三·说上3/清三·周5/清五·殷10/	嚴
179	穴	6/上二·容10/新·甲三:83·123/新·甲三35·84/新·零·560、522、554、1189/新·零:254、162·900/清一·楚2/	穴
180	訪	6/郭·五·行40/上八·成1/上九·举4/上九·举6/上九·举22/清一·皇8/	訪
181	悼	6/清二·六章33/清二·六章33/清二·二十章108/清二·二十一章114/清二·二十三章133/清二·二十三章137/	
182	彝	6/汇·望21/汇·望23/郭·穷6/上二·容43/清二·二十一章115/清二·二十一章116/	
183	痤	6/汇·望一8/汇·望一14/汇·望一24/汇·望一24/汇·望一58/汇·望一155/	或隶:尪
184	省	6/清二·四章17/清二·四章19/清二·四章19/清二·五章25/清二·五章28/清二·八章47/	
185	滅	6/郭·唐/上七·郑甲4/上七·郑乙4/清二·二章7/清二·四章19/清二·二十三章132/	
186	紝	6/汇·信二2/清一·耆3/清三·赤2/清三·赤3/清三·赤3/清三·赤3/	紝
187	敨	5/包135反/包142/包144/上九·陈11/清一·皇4/	捕
188	廛	5/郭·缁36/上四·采3/上六·用17/上八·王4/清五·汤处7/	
189	僉	5/上七·凡甲24/上七·凡甲24/上七·凡乙17/上七·凡乙17/上八·颜7/	

附录一：见于《说文解字》的楚简新出字字表（968 例）

190	咼	5/清二·二十一章115/清二·二十一章116/清二·二十二章119/清二·二十二章121/清二·二十三章134/	
191	卦	5/清四·一节死生19/清四·五节至10/清四·二十三节果41/清四·三十节十七命63/清四·三十节十七命63/	卦
192	脂	5/郭·唐11/上七·武9/清一·耆3/清一·耆7/清三·赤1/	脂
193	券	5/包168/包183/包185/新·甲三：26·75/上六·孔20/	倦
194	椎	5/曾123/曾123/汇·信二6/上三·彭4/清一·祭21/	墜
195	俑	5/上四·昭3/上八·颜4/上八·颜4/清三·芮12/清五·汤在15/	俑
196	友	5/曾170/上五·三18/上六·天乙11/上六·天甲11/清二·十一章56/	拔
197	樫	5/包266/汇·望二6/上六·庄1/上六·庄2/上六·庄4上/	樫
198	波	5/包110/上二·容24/上九·举21/清一·楚1/清一·楚8/	陂
199	昆	5/郭·六28/郭·六29/郭·六29/新·甲三：244·270/清三·芮4/	昆
200	澡	5/郭·太3/郭·太3/郭·太4/郭·太4/上八·成5/	燥
201	隶	5/郭·尊30/郭·尊31/郭·尊32/郭·性36/清四·二十六节45/	逮
202	夢	5/包58/包63/新·零：9/甲三：23、57·73/清二·十一章58/清五·殷28/	暮

203	壤	5/郭·成18/上五·君9/上六·竞12/清五·命9/清五·命11/	讓
204	牀	5/上五·季9/上五·三10/包260/清三·赤8/清三·赤12/	①牀②臧
205	堂	5/九·五六53/上五·君8/清一·程3/清二·十四章68/清三·赤3/	堂
206	佖	5/郭·语四10/上四·曹34/上五·鲍5/上五·三16/上八·王6/	匹
207	級	5/郭·语四5/郭·语四5/上五·鲍9/上五·竞1/上八·子1/	①級②隰
208	杦	5/上三·周45/上三·周45/汇·望二13/汇·望二22/汇·望二22/	①杦②救
209	冢	5/包94/汇·望二3/汇·望二7/汇·望二20/汇·望二30/	冢
210	胫	5/汇·信二15/汇·信二15/汇·信二16/汇·信二16/汇·信二16/	胫
211	蒼	5/包176/包179/郭·老乙15/上二·容22/上四·相3/	①滄②倉
212	澤	5/郭·性23/上二·容3/上二·容13/上二·容24/上四·曹2/	澤
213	削	5/曾3/曾43/曾61/曾98/曾115/	削
214	杲	5/汇·信一35/包87/帛·丙/上三·周15/上五·三19/	冥或隶：槑
215	揣	5/包274/曾73/曾74/曾120/上五·三11/	①楯②揣

563

编号	字	字形	出处	释
216	鄘		5/包31/包31/包50/包165/包180/	鄘
217	膓		5/九·六二一19/曾164/曾166/曾166/上一·孔25/	膓
218	臼		5/包272/包276/包277/包276/汇·仰9/	臼
219	卵		5/包265/汇·望二33/汇·望二36/上二·羔11/	卵
220	冀		4/曾15/曾84/曾149/上五·季9/	①翼②異
221	糧		4/九·五六44/九·五六44/郭·成13/上五·鲍3/	糧
222	位		4/包224/包225/郭·缁25/郭·老丙10/	①位②苙
223	缗		5/郭·老丙3/郭·六38/郭·缁29/上一·紂15/清五·殷10/	①缗②昏
224	杙		4/曾164/曾169/曾214/郭·穷6/	①杙②械
225	舀		4/郭·性24/郭·性31/郭·性44/上五·季5/	①陶②擾
226	组		4/汇·望二7/汇·望二13/汇·望二19/汇·仰8/	组
227	鄱		4/新·零：145·799/包153/包154/包175/	鄱
228	痎		4/包12/包13/包126/包127/	痎
229	桎		4/包144/上二·容44/上二·容45/上二·容45/	桎
230	邗		4/包121/包183/包184/包189/	邗
231	瘫		4/包12/包13/包174/包175/	瘫
232	倚		4/包78/包135/包184/包125反/	倚
233	糗		4/包256/汇·信二27/汇·信二28/汇·信二28/	糗
234	纓		4/曾123/曾123/曾123/汇·仰37/	纓
235	湎		4/新·甲三：117、120·152/新·乙一：19·454/新·零：103·759/上三·周24/	湎
236	号		4/清一·楚6/清三·祝3/清三·祝4/清三·祝5/	号
237	溺		4/上七·武8/上七·武8/上七·武8/上七·武8/	溺
238	遗		4/上五·姑7/清三·良3/清三·良3/清五·殷14/	遗
239	箸		4/清一·楚7/清一·楚7/清一·楚9/清一·楚9/	都
240	懂		4/上三·中22/清五·命4/清五·命4/清五·命12/	懂
241	场		4/包121/包122/包122/包123/	场
242	逐		4/包173/上四·柬12/上五·季19/郭·语二48/	逐
243	逯		4/包65/包74/包130/包103反/	逯
244	觐		4/包268/包271/包273/包·牍1/	觐
245	鄠		4/包200/包203/包214/包240/	鄠
246	穀		4/曾73/曾74/曾120/曾176/	穀
247	酷		4/包124/包125/包125反/包150/	酷
248	苽		4/曾212/上一·孔18/上一·孔18/上三·周41/	①苽②瓜
249	诎		4/郭·老乙14/郭·性46/上一·性33/上一·性38/	诎

附录一：见于《说文解字》的楚简新出字字表（968例）

250	䁈	4/上五·姑8/上五·姑9/上五·姑9/上五·姑10/	䁈
251	壯	4/郭·穷10/郭·性63/郭·尊20/上五·弟5/	壯
252	賤	4/郭·成17/上一·財10/上一·財22/上四·采4/	賤
253	泂	4/曾177/曾214/上四·逸1/郭·成35/	梁
254	畔	4/包151/郭·老甲25/郭·老甲30/上二·容45/	①叛②判
255	終	4/郭·语一49/帛·甲·行3-4/汇·信二18/上三·中24/	終
256	瞿	4/郭·语二32/郭·语二32/新·零：198、203·847/上九·邦8/	懼
257	表	4/包262/九·五六36/上二·容22/上七·吴5/	表
258	鈇	4/包270/包·肤1反/汇·信二10/汇·信二20/	鏡
259	豞	4/曾1正/曾55/汇·望一40/新·甲三：175·205/	豞
260	緯	4/包259/包263/上三·彭2/清五·殷21/	緯
261	奇	4/包75/上五·姑2/上五·姑10/上八·子4/	①奇②錡
262	燭	4/包163/包186/包262/上二·容2/	燭
263	紀	4/上四·曹16/上四·曹26/上九·举20/郭·老甲11/	紀
264	迪	4/郭·缁19/郭·缁29/郭·尊20/上八·颜7/	迪
265	樛	4/上一·孔10/上一·孔11/上一·孔12/郭·五41/	樛
266	精	4/郭·老甲34/郭·缁39/上六·慎1/上八·成4/	精
267	恭	4/帛·甲·行8-10/郭·缁8/清三·良11/清五·殷11/	恭
268	縱	4/上五·鲍4/上八·志1/上八·志5/清三·芮7/	縱
269	渭	4/上二·容27/清一·楚3/清一·楚8/清三·赤9/	渭
270	芒	4/汇·信二18/新·零：24·685/新·零：338·977/上七·吴3a/	芒
271	味	4/郭·老丙5/清一·程5/清五·汤处15/清五·汤在5/	味
272	埤	4/上五·三1/上七·凡乙7/上七·凡乙9/清三·赤15/	埤
273	邧	3/汇·仰20/包166/包179/清二·五章30/	邧
274	芸	4/上二·容42/清二·十六章85/清二·十六章86/清二·十六章86/	昏
275	孛	4/汇·望一10/汇·望一59/汇·望一60/郭·老乙10/	孛
276	諸	4/上四·柬4/上四·柬15/上八·王6/上八·王7/	諸
277	惠	4/郭·尊17/郭·性63/清三·芮11/清三·芮14/	惠
278	濁	3/郭·老甲9/郭·老甲9/新·零：382·1020/	濁
279	覵	3/郭·老甲1/郭·老甲31/上二·容6/	盗
280	鋌	3/包276/包272/汇·仰18/	鋌
281	項	3/包1/汇·望二3/汇·望二4/	項

282	蓏	3/包 255/包 258/包 258/上二·容 26/	①蓏 ②苽
283	綵	3/汇·信二 4/汇·信二 5/汇·望二 16/	綵
284	郲	3/包 150/包 167/包 175/	郲
285	藥	3/上三·周 21/清一·程 5/清三·说中 4/	藥
286	測	3/上七·凡甲 20/清一·保 5/清五·厚 9/	
287	欻	3/上五·弟 5/上七·郑甲 2/上七·郑乙 2/	
288	敍	3/新·甲三 201·227/新·零 148·802/清五·殷 16/	
289	操	3/上七·凡乙 14/上七·凡甲 19/上七·凡甲 19/	
290	修	3/上九·举 7/上九·举 14/上九·举 19/	
291	誦	3/清一·耆 8/清一·耆 9/清三·芮 13/	
292	逺	3/清二·二十三章 128/清二·二十三章 129/清二·二十三章 130/	
293	喬	3/清一·耆 12/清一·耆 13/清三·芮 20/	
294	朸	3/上六·王 4/上六·王 6/上八·李 1/	
295	汗	3/上八·兰 1/上八·兰 2/上八·兰 4/	
296	迁	3/上六·慎 1/清五·命 5/清五·命 8/	
297	弦	3/上五·三德 1/上六·用 12/清二·八章 46/	弦
298	柞	3/清一·程 1/清一·程 4/清一·程 6/	

299	欰	3/清一·耆 1/清一·祭 12/清五·汤处 13/	
300	繹	3/清一·耆 1/清一·耆 3/清一·耆 6/	
301	繰	3/曾 66/汇·仰 31/上五·競 9/	繰
302	條	3/郭·性 31/汇·信二 6/汇·信二 6/	悠
303	楮	3/包 149/上八·有 1下/上八·有 3/	楮
304	但	3/包 96/上六·用 20/清一·金 4/	但
305	賆	3/郭·语三 60/上六·孔 23/上九·史 6/	貨
306	匯	3/包 13/清一·金 6/清一·金 10/	匯
307	洍	3/包 42/汇·望二 28/清一·楚 3/	洍
308	暑	3/包 185/上六·王与 1/上六·王与 3/	暑
309	紿	3/上六·用 18/上六·用 20/上九·12/	紿
310	英	3/上四·逸 1/上四·逸 2/上九·陈 2/	英
311	紉	3/郭·六 31/郭·六 31/上九·陈 17/	恩
312	忿	3/郭·尊 1/包 172/上七·武 9/	忿
313	汙	3/上五·三 12/九·五六 47/上九·卜 3/	穿
314	憖	3/包 194/包 15 反/清二·八章 45/	憖
315	蟲	3/包 191/郭·老甲 21/上八·志 4/	蚰
316	畀	3/郭·鲁 2/上四·曹 16/清三·周 11/	搟
317	几	3/包 146/包 260/汇·信二 15/	几
318	餅	3/包 265/汇·信二 21/上三·周 44/	瓶
319	鄙	3/包 115/包 103/清一·金 13/	鄙

附录一：见于《说文解字》的楚简新出字字表（968 例）

320	琥	3/包 218/包 218/清四·二十九节 57/	虎
321	當	3/包 158/包 198/清五·命 7/	當
322	鼓	3/汇·信一 10/上一·紂 21/上九·邦 13/	豈
323	忧	3/郭·六 16/新·甲三：198、99-2·225/上八·志 6/	忧 或隶：怃
324	晏	3/郭·五 40/郭·五 43/上六·競 12/	晏
325	汲	3/上三·周 45/上五·競 2/上五·競 5/	①汲 ②隰
326	促	3/包 185/汇·仰 8/汇·仰 8/	促
327	渚	3/郭·语四 17/上四·逸 2/新·乙四：9·556/	渚
328	滄	3/上二·从甲 19/上四·柬 1/郭·缁 10/	①滄 ②寒
329	唇	3/汇·望一 52/汇·望一 143/上二·容 52/	①辰 ②朕
330	淫	3/郭·缁 6/郭·唐 12/清二·十六章 90/	①淫 ②輕
331	枊	3/汇·信二 25/上二·鲁 6/上五·三 18/	①梁 ②刃
332	絢	3/汇·仰 8/汇·仰 42/郭·老乙 1/	絢
333	艸	3/汇·信二 5/汇·信二 19/汇·信二 24/	艸
334	拇	3/上三·周 26/上三·周 27/上三·周 37/	拇

335	蔓	3/上二·容 25/新·零：317·959/新·甲三：42·91/	蔓
336	柅	3/上三·周 40/汇·信二 6/汇·信二 6/	柅
337	閨	3/上四·昭 1/上四·昭 3/上四·柬 9/	①閨 ②圭
338	等	3/包 132 反/上四·曹 41/上五·季 14/	①等 ②志
339	增	3/上五·三 19/上六·孔 7/九·五六 50/	增
340	適	3/曾 1 正/上一·紂 9/上九·卜 1/	適
341	代	3/汇·信一 40/上五·季 14/包 61/	代
342	欸	3/上五·弟 11/上五·弟 17/上五·弟 18/	矣
343	危	3/上六·孔 14/上四·曹 63/郭·六 17/	危
344	紬	3/包 122/上二·容 50/上二·容 53/	紬
345	詰	3/包 133/上五·鲍 5/上五·鬼 3/	詰
346	睹	3/包 173/包 184/帛丙/	暑
347	糴	3/包 103/包 276/包·牘 1/	糴
348	柫	3/曾 38/曾 167/曾 133/	柫
349	捭	3/包 96/包 97/包 187/	捭
350	脯	3/包 255/包 257/包 258/	脯 或隶：肏、斉或隶：
351	顏	3/包 145/新·甲三：90·130/新·甲三：203·229/	顏 或隶：䜌

352	鈔	3/包263/郭·语四23/汇·信二21/	削
353	斦	3/包149/包169/包187/	斦
354	巠	3/包42/包82/包193/	勁
355	答	3/包223/新·乙二：8·471/新·乙一：5·441/	答
356	譽	3/上三·周35/上三·周38/郭·老丙1/	①譽 ②夜
357	裛	3/汇·信二4/曾25/曾127/	裛
358	廊	3/包175/包190/新·甲三：364·388/	廊
359	訨	3/上五·季20/清三·芮3/清五·殷20/	訾
360	業	2/上一·孔5/上七·吴7/	業
361	仞	2/清五·命13/清五·命13/	仞
362	枑	2/上八·成9/上九·举6/	枑
363	颺	2/清一·祭8/清一·祭8/	揚
364	恂	2/清三·芮11/清三·赤12/	恂
365	捉	2/汇·信二11/郭·老甲33/	捉
366	柱	2/汇·望二23/汇·望二16/	柱
367	想	2/汇·杨六32/上五·姑7/	想
368	錢	2/包265/上五·鲍3/	錢
369	憖	2/郭·五·简10/新·甲三：31·80/	憖
370	阪	2/包167/包167/	阪
371	紃	2/帛·甲·行1-2/帛·甲·行1-2/	紃
372	兜	2/郭·唐9/郭·唐24/	或隶：冗
373	淺	2/汇·信二22/帛·甲·行5-7/	淺
374	閏	2/帛·乙·行7-8/帛·甲·行3-4/	閏
375	團	2/包172/包186/	圃
376	絹	2/汇·信二5/汇·信二4/	絹
377	弎	2/上一·紂8/上五·姑10/	弎
378	登	2/汇·信二22/汇·信二15/	登
379	苢	2/汇·信一44/上三·周41/	苢
380	坿	2/上三·周51/上三·周52/	坿
381	栒	2/上五·三21/包97/	栒
382	駜	2/郭·缁42/郭·缁42/	匹
383	堇	2/郭·老甲33/郭·穷13/	堇
384	旱	2/上二·鲁1/上二·鲁1/	旱
385	瘇	2/包249/包177/	瘇
386	豬	2/包257/包257/	豬
387	坷	2/包99/包100/	坷
388	厞	2/包45/包57/	厞
389	鯛	2/包190/包165/	鯛
390	楥	2/郭·语二15/郭·语二15/	喧
391	厲	2/包53/包83/	厲
392	儺	2/包165/包184/	雁
393	玫	2/包146/上六·用13/	玫
394	緹	2/包259/汇·信二/	緹
395	鄟	2/新·乙四：27·570/包121/	鄟
396	喦	2/包166/包185/	喦
397	遺	2/郭·成37/汇·望一52/	措

附录一：见于《说文解字》的楚简新出字字表（968例）

398	郢	2/包167/新·零：10259·758/	郢		419	悁	2/上一·性19/郭·性34/	悁
399	鄘	2/包158/九·六二一3/	鄘		420	悸	2/上一·性15/上三·周48/	悸
400	鄭	2/包189/包115/	鄭		421	泗	2/上二·容37/上二·容37/	伊
401	厭	2/包216/新·乙三：42·527/	厭		422	菜	2/上三·周21/上一·孔17/	采
402	静	2/包161/包140/	静		423	萬	2/上三·孔16/上一·孔17/	葛
403	芫	2/曾161/上五·君10/	芫		424	經	2/上三·周28/上三·周28/	恆
404	貉	2/包87/包227/	貉		425	我	2/上一·孔9/上一·孔26/	我
405	恃	2/郭·语一38/汇·信一1/	恃		426	离	2/上二·10/上二·12/	契
406	胚	2/新·甲三：301-2301-1·321/新·甲三：100·138/	背		427	莴	2/上四·采3/上一·性28/	葛
407	雙	2/汇·望二2/汇·望二2/	雙		428	忞	2/上一·性4/上一·性5/	交
408	藙	2/上二·容15/上二·容14/	刈		429	鄴	2/新·甲三：32·81/新·甲三：294零：334·314/	鄴
409	槆	2/上五·弟20/上二·容14/	槆		430	穋	2/新·零：415·1053/上四·曹20/	穋
410	悤	2/郭·语二17/郭·语二18/	悤		431	訴	2/上五·竞7/上四·昭9/	訴
411	湝	2/上二·容23/上二·容24/	湝		432	祖	2/上五·三7/郭·六28/	祖
412	誂	2/上二·从甲10/上二·从甲10/	誂		433	憎	2/上五·三2/上五·三19/	憎
413	罹	2/上六·天甲4/上六·天乙4/	羅		434	竿	2/上五·三21/上六·用11/	竿
414	資	2/上四·曹17/新·零：192·841/	資		435	根	2/上六·天乙5/上六·天甲6/	根
415	葦	2/上四·采3/上四·逸1/	葦		436	盧	2/包147/上二·容3/	鹽
416	詩	2/郭·语一38/上四·曹21/	詩		437	暴	2/上五·鬼1/上五·鬼3/	暴
417	綾	2/上三·周38/上三·周41/	綾		438	桀	2/上五·鬼2/上五·鬼背/	桀
418	朦	2/上三·彭7/上三·彭8/	朦		439	桯	2/包124/上七·武8/	桯
					440	頸	2/包16/上四·昭7/	頸

569

441	毄	2/上三·周1/上九·灵4/	擊
442	惛	2/郭·性64/上六·競6/	昏
443	繪	2/包·牘1/汇·仰6/	繪
444	祈	2/包266/上七·武12/	祈
445	醅	2/包18/包35/	醅
446	烎	2/包245/上六·天甲12/	烎
447	殤	2/新·甲三:271·297/上二·容4/	殤
448	瓜	2/上六·王与1/上八·命9/	瓜
449	受	2/上六·用5/上九·成2/	受
450	揣	2/郭·老甲38/清三·祝1/	揣
451	鉛	2/郭·语四5/郭·语四6/	鉛
452	全	2/包210/包241/	全
453	松	2/郭·五32/上六·競11/	容
454	茜	2/包221/包255/	蒨
455	練	2/郭·五39/上七·凡乙10/	練
456	緒	2/包263/清一·保7/	緒
457	壁	2/包218/上八·命5/	避
458	桃	2/包10/上七·吴4/	桃
459	绂	2/包·牘1/包·119反/	绂
460	端	2/曾176/清四·节丧46/	端
461	讓	2/上二·子6/上八·颜7/	讓
462	懋	2/郭·缁26/清一·祭8/	遂
463	衤	2/曾123/汇·信二4/	衤
464	貪	2/郭·语三19/上六·競6/	含
465	縛	2/郭·穷6/上六·競8/	縛
466	筭	2/汇·望一153/汇·五16/	筭
467	胸	2/汇·望二3/清三·赤9/	胸
468	繫	2/上三·周40/清二·二十二章120/	繫
469	贈	2/上一·孔27/清五·封6/	贈
470	盎	2/汇·望二35/汇·望二35/	盎
471	倫	2/上三·彭2/上六·用6/	倫
472	縵	2/郭·性45/清二·十九章106/	縵
473	迅	2/上五·競10/上五·鲍5/	刃
474	曷	2/上五·競5/上九·举13/	曷
475	權	2/上六·用13/清四·二十九节爻象53/	權
476	糞	2/包145/上五·鬼6/	蹼
477	詷	2/上四·曹34/清一·保3/	詷
478	沁	2/上六·用16/清一·祭15/	沁
479	選	2/新·甲三:1124·62/上八·兰1/	選
480	薛	2/上八·兰1/上八·兰5/	薛
481	絞	2/上八·颜11/上八·颜12A/	絞
482	次	2/上三·周53/清一·保10/	次
483	波	2/上九·成乙1/上九·成甲1/	波
484	淫	2/清一·保4/清一·保11/	淫

附录一：见于《说文解字》的楚简新出字字表（968例）

485	瘍		2/清二·命9/清二·命11/		508	荼		2/上八·子4/上八·子5/
486	痤		2/清一·皇2/清一·皇12/		509	鄒		2/包132/包133/	鄒
487	傷		2/上六·天乙11/上六·天甲12/		510	膠		2/上八·有6/上八·有6/
488	棟		2/清三·赤8/清三·赤12/		511	毨		2/上一·紂14/上九·举26/	苗
489	訣		2/上七·凡乙12/上七·凡甲17/		512	鮨		1/包255/
490	漆		2/上七·凡乙9/上七·凡甲14/		513	伋		1/上五·竞9/	伋
491	設		2/上九·举14/上九·举14/		514	鴉		1/清一·金9/
492	曆		2/清二·三章14/清二·三章14/		515	幕		1/清二·二十三章136/
493	絺		2/上五·弟16/清一·皇1/		516	浂		1/上三·周11/	交
494	訖		2/清三·周3/清三·周16/		517	窖		1/九·五六49/	窖
495	態		2/清三·芮19/清五·殷16/		518	牒		1/汇·信一49/	牒
496	儌		2/清三·芮8/清三·芮17/		519	徎		1/汇·望二48/	逞
497	里		2/清三·芮17/清三·芮19/		520	粉		1/包259/	枌
498	俊		2/上七·凡甲26/上七·凡乙19/		521	嫌		1/包175/	嫌
499	亢		2/上八·李1背/清四·一节死生19/		522	譯		1/郭·成27/	悻
500	狐		2/新·零·245·892/上九·卜2/		523	橫		1/包259/	橫
501	惜		2/清一·祭8/清五·汤处2/		524	望		1/包187/	望
502	柀		2/清三·芮20/清三·芮22/		525	綊		1/汇·仰24/	綊
503	犮		2/包203/清一·程8/		526	湘		1/包83/	湘
504	厽		2/上七·凡甲21/上七·凡甲21/		527	沫		1/郭·尊35/	蔑
505	漳		2/新·甲三：268·294/上九·陈4/		528	邙		1/汇·杨六13/	邙
506	橳		2/包260/汇·信二7/		529	俊		1/郭·老甲25/	散
507	沾		2/上九·卜3/上九·卜3/		530	磬		1/郭·缁44/	堅
					531	笙		1/汇·信二7/	笙
					532	樊		1/曾212/	樊
					533	避		1/郭·尊17/	僻

571

534		1/曾117/	褒
535		1/上二·容38/	璠
536		1/汇·信二18/	柿
537		1/上二·民11/	述
538		1/包259/	桂
539		1/郭·缁30/	話
540		1/包190/	篁
541		1/郭·六28/	朋
542		1/包182/	郊
543		1/上一·孔28/	薺
544		1/上三·彭祖3/	眂
545		1/上二·子1/	治
546		1/包85/	敂
547		1/郭·六22/	睦
548		1/包184/	郗
549		1/郭·语四26/	荁
550		1/帛·丙/	盜
551		1/包67/	紩
552		1/郭·老丙5/	淡
553		1/汇·信二11/	鑑
554		1/上六·競10/	鄄
555		1/上六·慎5/	櫨
556		1/上六·用8/	蓄
557		1/上六·用7/	怍
558		1/上六·孔21/	仔
559		1/上六·孔22/	赴

560		1/上六·用2/	憮
561		1/上六·用2/	誇
562		1/上六·用14/	赾
563		1/上三·中·附簡/	飪
564		1/新·零:291·935/	胸
565		1/上五·鬼7/	訐
566		1/汇·五里牌9/	弩
567		1/包258/	桃
568		1/汇·杨六34/	妁
569		1/汇·望二28/	獬
570		1/汇·信二19/	贏
571		1/包194/	鲵
572		1/上三·周43/	剝
573		1/上一·孔26/	悶
574		1/郭·语四11/	韭
575		1/郭·成28/	埻
576		1/九·五六35/	剡
577		1/上一·紂17/	敝
578		1/九·五六54/	秋
579		1/汇·望一10/	臘
580		1/包174/	隴
581		1/汇·望二33/	盌
582		1/帛·乙·行1-3/	戲
583		1/上二·容24/	決
584		1/上二·容24/	末

附录一：见于《说文解字》的楚简新出字字表（968例）

585	漳	1/郭·成4/	漳		611	圓	1/曾203/	圓
586	樟	1/上二·容1/	樟		612	釾	1/汇·信二22/	釾
587	泪	1/帛·乙·行1-3/	泪		613	拳	1/曾212/	拳
588	縑	1/曾26/	縑		614	軑	1/汇·望二22/	軑
589	姪	1/包177/	姪		615	燒	1/包186/	燒
590	山	1/包271/	鍱		616	柤	1/曾214/	柤
591	痀	1/包47/	痀		617	填	1/曾10/	填
592	娛	1/包66/	娛		618	椰	1/包171/	椰
593	駐	1/曾163/	駐		619	鉏	1/曾11/	鉏
594	繡	1/包262/	繡		620	襄	1/包140反/	襄
595	煬	1/郭·六36/	煬		621	鞹	1/曾80/	鞹
596	齮	1/曾142/	齮		622	浩	1/包67/	浩
597	轄	1/包157/	轄		623	捕	1/郭·老甲33/	搏
598	探	1/曾171/	探		624	帬	1/汇·信二4/	裙
599	駒	1/郭·穷10/	厄		625	梭	1/包·牍1/	梭
600	溥	1/汇·信一8/	溥		626	邘	1/包115/	邘
601	瑗	1/包5/	瑗		627	說	1/郭·成29/	悅
602	攫	1/郭·老甲33/	攫		628	茈	1/包258/	茈
603	應	1/包174/	應		629	寶	1/包129/	寶
604	疹	1/包187/	疹		630	墮	1/包163/	墮
605	昜	1/包187/	昜		631	銘	1/上二·容18/	銘
606	柘	1/曾39/	柘		632	晧	1/包·1/	晧
607	瑞	1/包105/	瑞		633	繙	1/包·1/	繙
608	葦	1/包125/	葦		634	鄰	1/包40/	鄰
609	疙	1/包8/	疙		635	指	1/郭·性28/	指
610	筥	1/包103反/	筥					

573

編號	字	出處	釋		編號	字	出處	釋
636	胎	1/郭·窮3/	枲		661	檜	1/匯·仰20/	檜
637	逮	1/郭·語一75/	逮		662	蓁	1/上二·容31/	蓁
638	倚	1/包137反/	倚		663	遜	1/上四·柬14/	遜
639	謹	1/包189/	謹		664	錟	1/匯·信二15/	錟
640	枭	1/郭·緇15/	表		665	楣	1/上二·容2/	曚
641	繁	1/上三·周57/	柵		666	諱	1/上一·孔9/	祈
642	菱	1/上二·容14/	鍾		667	淇	1/上四·逸1/	淇
643	閶	1/上三·周58/	閶		668	菉	1/上四·采1/	菉
644	枋	1/上三·瓦9/	方		669	芙	1/上二·子12/	芙
645	像	1/帛·甲·行8-10/	像		670	飭	1/上二·容28/	飭
646	憧	1/上三·中4/	憧		671	主	1/上三·瓦7/	主
647	啥	1/上二·容2/	喑		672	蠱	1/上四·采3/	蠱
648	緊	1/上一·性27/	緊		673	眯	1/上六·用19/	眯
649	椓	1/匯·信二15/	椓		674	繮	1/新·甲二：27·42/	繮
650	臍	1/上一·性29/	臍		675	遏	1/上三·周32/	遏
651	笥	1/匯·仰16/	笥		676	寒	1/上三·周45/	寒
652	鞠	1/匯·望二22/	鞠		677	悝	1/郭·尊34/	悝
653	階	1/匯·楊六8/	階		678	轚	1/上四·柬18/	轚
654	筍	1/匯·仰39/	筍		679	改	1/上四·曹3/	撫
655	談	1/郭·語四23/	談		680	猴	1/匯·望二9/	猴
656	爨	1/上二·魯38/	焦		681	慧	1/上一·性38/	慧
657	驅	1/上三·周10/	驅		682	普	1/上三·周44/	普
658	桫	1/包·牘1/	桫		683	圪	1/上四·曹46/	圪
659	藿	1/上二·容6/	藿		684	袵	1/上四·昭7/	袵
660	桶	1/匯·望二43/	桶		685	播	1/新·甲三：318·337/	播

附录一：见于《说文解字》的楚简新出字字表（968例）

686	溫	1/新·甲三：322·341/	溫
687	悔	1/上六·用12/	悔
688	蓄	1/新·甲三：215·240/	蓄
689	枯	1/新·甲三：263·289/	枯
690	算	1/新·甲三：352·378/	算
691	浼	1/上六·用6/	浼
692	諦	1/上五·競6/	諦
693	馳	1/上五·競9/	馳
694	倪	1/上五·競9/	倪
695	慨	1/上六·用11/	慨
696	送	1/上五·季5/	送
697	賕	1/上五·季15/	賕
698	予	1/上五·季21/	予
699	恩	1/上五·姑9/	恩
700	佻	1/上五·君5/	偷
701	倩	1/上五·君7/	静
702	僑	1/上五·弟1/	僑
703	徑	1/上六·用4/	徑
704	筱	1/上六·慎5/	筱
705	詯	1/上五·三7/	詯

706	滔	1/上五·三7/	滔
707	護	1/上五·三10/	護
708	琯	1/上七·武1/	
709	邧	1/清二·十八章97/	
710	餓	1/上八·子1/	
711	馗	1/上九·卜1/	
712	諏	1/清五·汤处12/	
713	邗	1/清二·二十二章119/	
714	懲	1/清一·祭1/	
715	扨	1/上一·紂1/	
716	伺	1/清三·良1/	
717	劼	1/清五·厚1/	
718	歇	1/清五·厚10/	禍
719	椅	1/清三·芮10/	
720	疫	1/清二·十八章101/	
721	仢	1/清二·十八章103/	
722	氽	1/清五·汤处11/	
723	孚	1/清一·楚11/	
724	俟	1/清一·皇11/	
725	捕	1/清一·金11/	
726	稷	1/清二·二十二章121/	
727	汧	1/清二·二十二章122/	
728	鈍	1/上九·陈13/	
729	涷	1/上九·举13/	

575

730	嚚	1/清二・二十三章 138/		754	澅	1/上八・王3/	
731	泣	1/上四・柬14/		755	袂	1/清三・说3/	
732	郰	1/包143/		756	讟	1/清三・芮3/	
733	騎	1/曾183/		757	鄭	1/上九・陈3/	
734	程	1/清三・周17/		758	沃	1/清三・说3/	
735	鏤	1/清五・汤处16/		759	鈘	1/上八・命3/	
736	阮	1/上九・陈19/		760	幾	1/上九・举32/	
737	霜	1/上九・陈19/		761	賂	1/清二・六章33/	
738	柧	1/上八・有1下/		762	縱	1/上五・鲍4/	
739	言	1/清一・耆2/		763	觀	1/清三・说4/	
740	悟	1/清一・程2/		764	副	1/清一・程4/	
741	綺	1/上七・吴2/		765	鄧	1/清四・别4/	
742	偽	1/上八・子2/		766	㹎	1/清三・芮4/	
743	鴅	1/清三・良2/		767	悃	1/上九・举4/	
744	宏	1/清五・汤在20/		768	徑	1/上六・用4/	
745	譏	1/上九・举25/		769	逡	1/上八・子4/	
746	哇	1/清三・芮27/		770	顒	1/清二・八章47/	
747	瀺	1/新・甲三：268・294/		771	迌	1/上八・兰5/	
748	譟	1/上九・举3/		772	吟	1/清五・汤处5/	
749	蝼	1/上八・兰3/		773	轊	1/上七・吴5/	
750	濂	1/上九・史3/		774	胳	1/清三・说中5/	
751	蛾	1/上八・兰3/		775	踵	1/清三・祝5/	
752	腱	1/清三・说3/		776	謙	1/清四・别5/	
753	俖	1/上九・成3/					

附录一：见于《说文解字》的楚简新出字字表（968 例）

777	柆		1/清四·二十节崇 50/	
778	綮		1/上三·周 57/	
779	麋		1/清二·十一章 57/	
780	霽		1/清四·二十九节 59/	雪
781	腫		1/清四·二十九节 59/	
782	淵		1/清五·厚 6/	
783	璁		1/清五·封 6/	
784	筜		1/清五·封 6/	
785	慨		1/清四·别 6/	
786	邋		1/清三·芮 6/	
787	扈		1/清二·十二章 62/	
788	裹		1/清五·汤在 7/	
789	酨		1/清一·耆 7/	

790	機		1/上七·武 7/	
791	檻		1/上七·武 7/	
792	尋		1/上五·鬼 7/	
793	函		1/上六·平 7/	
794	骼		1/清二·十四章 71/	
795	惕		1/上七·武 8/	傷
796	剝		1/清一·耆 9/	
797	若		1/汇·信二 19/	
798	裹		1/包 72/	
799	顿		1/上九·邦 9/	

2. 见于《说文》古文的楚简新出字字表（95 例）

序号	隶古定	原篆	字频及出处	字用	备注
1	牆		177/包254/包144/包16/包102/包130反/包253/包142/包149/包211/包137反/包147/包102反/帛·甲·行1-2/帛·甲·行11-13/汇·信二13/汇·信二17/汇·信二17/汇·望一35/汇·望一35/汇·望一37/郭·语四16/郭·老甲13/郭·老甲10/郭·老甲19/郭·老甲20/郭·老甲10/郭·尊13/郭·老丙9/郭·老甲13/郭·老甲14/郭·老甲14/郭·	①將②酱	酱

丙8/上一·孔4/上一·孔4/上一·孔17/上二·鲁4/上二·鲁5/上二·鲁4/上二·鲁5/上二·容53/上二·容50/上二·民8/上三·彭1/上四·曹1/上四·曹23/上四·曹25/上四·曹25/上四·曹31/上四·曹32/上四·曹32/上四·曹39/上四·曹40/上四·曹40/上四·曹51/上四·曹51/上四·曹60/上四·柬4/上四·柬9/上四·柬10/上四·柬11/上四·柬17/上四·柬17/上四·柬19/上四·柬19/上四·柬22/上

577

	四·柬22/上四·昭1/上四·昭1/上四·昭1/上四·昭2/上四·昭2/上四·昭3/上四·昭4/上四·昭6/上四·昭6/上四·采2/上五·鲍2/上五·鲍5/上五·三2/上五·三2/上五·三14/上五·三14/上五·竞5/上五·竞5/上五·姑8/上六·王与2/上六·孔7/上六·竞11/上六·竞2/上六·庄6/上六·庄7/上七·吴1/上七·武2/上七·武8/上七·武9/上七·武9/上七·武12/上七·郑甲2/上七·郑甲3/上七·郑甲3/上七·郑甲4/上七·郑甲6/上七·郑甲6/上七·郑甲7/上七·郑乙2/上七·郑乙3/上七·郑乙3/上七·郑乙4/上七·郑乙6/上七·郑乙6/上七·郑乙7/上七·凡甲9/上七·凡甲10/上七·凡甲10/上七·凡乙7/上七·凡乙8/上七·凡乙8/上八·有1上/上八·有4上/上八·有4下/上八·子3/上八·子5/上九·卜1/上九·卜6/上九·陈4/上九·陈5/上九·陈5/上九·陈11/上九·陈15/上九·举3/上九·举11/上九·举15/上九·灵5/上九·邦4/上九·邦5/新·零28·689/新·甲二：16·36/新·乙三：2、	甲三：186·500/新·甲三：25·74/新·甲二：32·46/新·甲三：10·61/新·甲一：12·10/新·甲三：232、95·256/新·零481·1118/新·乙二：45·497/新·乙一：26、2·459/新·零：89·746/新·乙四：122·636/新·乙四：44·580/新·零：246·893/新·乙四：95·619/清一·金7/清二·五章23/清二·五章25/清二·八章46/清二·八章46/清二·九章52/清二·十一章56/清二·十四章67/清二·十五章84/清二·二十二章119/清二·二十三章130/清二·二十三章132/清二·二十三章136/清三·祝3/清三·祝4/清三·祝5/清三·赤6/清三·赤6/清四·一节20/清五·殷10/清五·殷10/清五·殷12/清五·汤处14/	
		115/包163/汇·信一10/汇·信一41/郭·老甲34/郭·老丙2/郭·语一109/郭·老甲8/郭·老甲8/郭·成19/郭·老甲5/郭·老甲9/郭·鲁4/郭·尊28/郭·尊1/郭·老甲2/郭·六4/郭·缁46/郭·老甲6/郭·老甲5/郭·老甲9/郭·成5/郭·尊29/郭·老甲9/上二·容4/上三·周42/上二·容	①乎②號③悟

2 虐

578

附录一：见于《说文解字》的楚简新出字字表（968例）

| | | | 20/上二·容45/上四·柬23/上一·孔7/上二·容37/上二·鲁5/上三·周38/上二·容34/上二·容41/上二·容45/上二·容8/上三·周39/上四·柬3/上二·容11/上二·容34/上三·周55/上一·孔13/上二·容47/上二·容44/上三·中25/上一·孔6/上三·中15/上二·容41/上二·容41/上二·容25/上二·容39/上五·弟10/上六·竞7/上六·竞7/上五·鬼6/上五·鬼5墨节下/上五·鬼5墨节上/上五·鬼4/上五·鬼4/上五·弟23/上五·弟20/上五·弟19/上五·弟19/上五·弟15/上一·孔9/上五·弟11/上二·容26/上五·弟8/上五·弟8/上五·弟8/上五·弟2/上五·弟1/上五·弟4/上五·弟4/上六·竞11/上四·相4/上四·柬21/上六·孔14/上五·弟14/上七·武1/上七·武1/上七·武2/上七·武11/上七·武12/上八·成2/上八·子2/上八·子4/上八·颜1/上八·颜6/上九·举14/上九·举17/上九·举1/上九·成乙3/上九·史4/上九·邦7/清一·皇1/清一·皇12/清一·程4/清一·程6/ | | 清一·程8/清一·保7/清一·保9/清二·四章19/清二·九章51/清五·命3/清五·命3/清五·命5/ | | |
| 3 | 死 | 亙 | 93/包218/包129/包199/包220/包130/包210/包226/包249/包245/包223/包129/包197/包213/包217/包247/包201/包236/包130/汇·望一11/汇·望一86/汇·望一90/汇·望一107/汇·望一124/汇·望一75/帛·甲行8-10/帛·甲·行8-10/帛·甲·行8-10/郭·鲁3/郭·成29/郭·老丙12/郭·老乙2/郭·鲁6/郭·老甲24/郭·鲁5/郭·唐13/郭·老甲6/郭·成24/郭·成1/郭·老甲18/郭·老甲13/郭·尊17/郭·性45/郭·性52/上三·亙1/上三·彭1/上三·周29/上三·亙3背/上一·纣23/上三·周28/上三·亙3正/上三·周28/上三·亙2/上三·亙2/上一·孔13/上三·亙9/上三·周15/上三·周2/上四·曹48/上五·季22/上五·弟5/上五·三17/上六·孔15/上六·用16/上八·李1/上九·举21/上九·举29/上九·举32/上九·史4/新·甲一：24·20/新·甲一：22·18/新·甲三：58·105/新·甲二：37·50/新·甲三：284·308/新·甲三：112·148/ | ①恆②亙 | 恆 |

579

		新·甲三：112·148/新·甲三：117、120·152/新·甲三：132、130·164/新·甲三：365·389/新·甲三：198、199-2·225/新·甲三：247、274·273/新·零：195·844/新·乙四：84·611/新·乙四：27·570/新·零：7·671/新·零：201·850/新·零：202·851/新·零：208·855/新·零：120·775/新·零：53·714/新·零：330·971/新·零：437·1075/新·零：251·898/新·零：412·1050/				2/上四·曹7/上五·君4/上五·季14/上五·姑7/上五·三5/上六·孔20/上六·競13/上六·競13/上六·庄9/上六·王问2/上七·吴3a/上七·吴5/上七·吴7/上七·吴7/上七·吴8/上七·君甲1/上七·君甲8/上七·君乙1/上七·君乙8/上七·郑甲5/上七·郑乙5/上八·命3/上八·颜1/上八·颜1/上八·颜5/上八·颜6/上八·颜10/上九·邦13/上九·灵2/新·甲三：61·106/新·乙四：28·571/新·乙四：70·602/新·零：85·742/新·乙四：48·584/新·零：363·1001/新·零：508·1144/新·零：651·1274/清一·皇1/清一·祭10/清一·金6/清一·金11/清一·程2/清二·十章54/清三·周11/清三·周15/清三·芮12/清五·汤处11/清五·殷2/清五·殷4/清五·殷6/清五·殷12/清五·殷24/		
4	敢		92/包85/包15/包17/包225/包38/包132/包224/包135/九·五六43/九·五六43/帛·乙·行4-6/郭·五46/郭·五46/郭·五46/郭·老甲18/郭·六17/郭·老丙14/郭·六16/郭·五46/郭·老甲9/郭·五45/郭·五45/上三·中27/上二·民1/上三·中9/上二·容18/上二·民3/上二·容46/上二·容22/上二·民5/上三·彭3/上二·容22/上三·中9/上二·从甲14/上四·柬7/上二·民8/上四·柬13/上四·柬15/上三·中11/上二·从甲14/上二·容46/上四·昭2/上四·柬6/上四·相	①敢 ②嚴	敢	
5	记		58/包164/郭·老甲31/上二·容38/上二·容52/上二·容41/上四·内8/上二·容37/上二·容47/上四·柬17/上四·曹55/上四·曹64/上五·三18/上五·君4/上五·競9/上六·競12/上五·季15/上五·三14/上六·庄8/上六·王与2/上		起	起

附录一：见于《说文解字》的楚简新出字字表（968例）

6	尾		六·用15/上六·用18/上七·郑甲3/上七·郑甲6/上七·郑乙3/上七·郑乙6/上七·凡甲3/上七·凡甲15/上七·凡甲25/上七·凡乙10/上七·凡乙18/上八·有1上/上八·兰5/上八·志6/上九·陈13/上九·卜6/上九·举17/上九·举30/清一·楚10/清一·楚13/清一·楚16/清一·祭20/清一·金13/清二·四章19/清二·五章25/清二·六章38/清二·十章54/清二·十五章84/清二·二十三章131/清三·赤10/清三·芮17/清三·说中6/清五·殷10/清五·汤在14/清五·汤在15/清五·汤在16/			
			44/汇·信一34/包171/包190/郭·成30/郭·成30/郭·老甲10/郭·老乙8/上二·容18/上三·彭1/上四·曹51/上五·三12/上五·姑7/上五·三7/上五·三8/上五·三11/上六·天甲7/上六·天甲8/上六·天乙7/上六·天乙7/上七·凡甲3a/上七·凡甲6/上七·凡甲23/上七·凡乙3/上七·凡乙5/上七·凡乙15/上九·史5/上九·举17/清一·尹5/清一·祭4/清一·祭5/清三·芮3/清三·芮11/清三·芮16/清三·芮24/清五·殷15/清五·殷23/清五·命1/清五·命2/清	①宅②度③橐④託	宅
7	旨		五·命3/清五·命3/清五·命4/清五·命5/清五·命6/清五·命6/42/包81/包21/包30/包36/包78/包44/包61/包28/包19/包35/包57/包64/包51/包29/包47/包48/包79/包24/包43/包215/包38/包42/包39/包54/包31/包60/包33反/包72/包45/包32/包20/包33/包56/包53/包25/包266/包70/包73/新·零:124·779/新·三:236·261/新·甲三:17·68/上八·有1下/		期	期
8	僅		40/郭·老甲18/包133/包155/包133/包133/包133/包137反/包155/包155/包16/包16/包135/包16/包16/包137反/包135/包135/包155/包128反/包15/包135/包15/包15/包15/包137反/包15/上三·周53/上三·周53/上四·昭3/上四·昭3/上四·昭4/上四·昭4/上四·昭4/上四·昭6/上四·昭8/上四·昭9/清二·七章44/	①僕②樸	僕
9	冒		36/包27/包26/包66/包74/包71/包65/包69/包110/包82/包75/包104/包62/包108/包23/包34/包111/包67/包50/包114/包76/包41/包46/包106/包109/包107/包105/包49/包59/包22/包112/包68/包198/包52/包113/包40/包221/		期	期

10	各	亼	33/包2/包80/包81/包83/包205/包206/九·五六40上/九·五六78/九·五六84/帛·甲·行1-2/帛·丙/郭·老甲8/郭·老甲10/郭·五18/郭·缁10/上一·性2/上一·紂6/上二·子12/上二·容22/上四·昭7/上六·王问5/上八·李1/新·甲三：107·144/新·甲三：224·248/新·乙一：31、25·463/新·零：294、482、乙四：129·643/新·乙四：63、147·598/新·零：496·1132/清四·二节22/清四·十四节31/清四·十四节31/清四·二十一节38/清五·汤在20/	①冬②終	冬	13	会	亼	郭·性33/上二·子7/上二·子11/上二·子12/上五·弟4/上五·君6/上八·有1/上八·子1/上八·子3/上八·子4/上八·子5/25/包135/包180/包134/包133/包135/包133/包134/郭·语四16/郭·太2/郭·太2/郭·太5/郭·太5/郭·太8/上二·容29/上六·天乙4/上六·天甲5/上七·凡甲2/上七·凡乙1/清一·保6/清二·十七章92/清二·十七章94/清二·二十三章127/清四·二节14/清四·十一节17/清五·殷28/	陰黔
11	迟	怂	28/包122/包122/包122/包123/郭·老乙7/郭·语二19/郭·语二19/上二·民12/上二·民13/上四·曹52/上五·鲍1/上五·鬼2/上五·鬼3/上六·用1/上六·用10/新·甲三：268·294/新·乙四：9·556/新·零：6·670/新·零：259·905/清一·金7/清一·金11/清一·尹1/清一·耆12/清一·尹2/清一·尹4/清三·芮9/清五·殷8/清五·殷26/	①及②急	及	14	剚	𣂦	25/包135反/包135反/包134/包192/包16/包102/包137/包137反/包134/包137反/汇·望二36/上四·昭2/上四·采3/上四·曹62/上五·三10/上六·慎3/上六·天甲9/上六·天乙8/上八·成7/上八·李1/上九·陈12/清三·芮11/清三·芮20/清三·芮20/清三·芮22/	①斷②劗③專	斷
12	遊	逰	27/包188/包181/包152/包190/包7/包35/包187/包175/曾120/郭·语三9/郭·语三12/郭·语三14/郭·语三51/郭·性33/郭·性33/郭·性33/	①遊②游	遊	15	式	弌	21/郭·缁17/郭·缁39/郭·性9/郭·穷14/郭·六39/郭·六40/郭·六43/新·乙四：148·661/新·乙四：82·609/上三·瓦2/上三·彭7/上三·彭7/上三·彭7/上九·举8/清四·算1/清四·一节4/清四·一节19/清四·十二节20/清四·十五节28/清四·二十六节47/清四·二十六节47/		

582

附录一：见于《说文解字》的楚简新出字字表（968例）

16	退	21/帛·甲·行8-10/郭·老乙11/郭·鲁2/郭·唐27/郭·性65/上一·孔3/上一·性27/上二·容48/上四·曹58/上四·相4/上五·君7/上六·競3/上六·競9/上六·競12/上六·用19/上八·颜9/上九·陈12/上九·陈18/上九·举7/清三·芮23/清五·汤处19/	退	退
17	异	20/包15/包36/包47/包80/包83/包84/包96/包99/汇·望二1/汇·望二28/汇·望二30/郭·老甲30/郭·忠4/郭·忠4/郭·忠8/上六·天甲11/上六·天乙11/上七·吴9/上七·吴9/清四·十八节31/	①期②忌	期
18	异	20/汇·信一29/汇·信一42/郭·老甲5/郭·老甲20/郭·唐22/郭·语三17/上二·民10/上五·競2/上五·競5/上五·競9/上五·競10/上五·競10/上六·孔2/上六·孔14/上六·孔6/上六·孔16/上七·武3/上七·凡甲11/上七·凡甲16/上七·凡乙11/	①與②歟	與
19	闕	19/上二·容6/上四·逸3/上四·逸4/上六·莊3/上六·莊3/上六·用9/新·甲一：22·18/新·甲三：17·68/新·甲三：158·187/新·甲二：28·43/新·甲三：348·374/新·零：401·1039/新·零：440·1078/	開	開
20	繼	18/曾14/曾5/曾13/曾102/曾16/曾16/曾119/曾80/曾26/曾99/曾115/	絕	絕

		曾102/曾28/曾19/曾115/曾90/上五·三16/上六·孔15/		
21	弃	18/汇·信一36/包121/包179/郭·老甲1/郭·老甲1/郭·老甲1/上二·容3/上五·三13/上五·三19/上五·競7/上五·季19/上六·莊7/上六·用1/上六·用4/上六·用5/上九·举34/上九·成甲4/清二·章4/	棄	棄
22	困	18/郭·性62/上一·性27/上三·彭4/上五·君1/上五·君1/上五·君2/上五·君3/上五·君4/上五·弟20/上七·凡甲15/上八·颜1/上八·颜3/上八·颜5/上八·颜6/上八·颜9/上九·卜7/上九·卜8/	淵	淵
23	忑	18/九·六二一13/上三·中26/上三·彭8/上六·競7/上六·孔22/上六·孔22/上七·武5/上八·命1/新·甲三：15、60·66/清一·保1/清一·保2/清一·保3/清一·保4/清三·祝1/清三·芮27/清三·芮8/清五·命4/清五·命5/	恐	恐
24	尼	17/包180/上一·孔21/上一·孔22/上二·容39/上二·民8/上二·民11/上三·周51/上五·鬼3/上八·成4/清一·金1/清一·祭2/清一·耆3/清二·七章43/清三·良1/清三·周10/清三·祝2/清五·殷10/	夷鳲	仁

583

25	否	(字形)	15/曾156/曾165/郭9/上三·周23/上一·纣6/上五·竞10/上五·竞1/上五·竞1/上五·竞5/上五·竞6/上五·竞9/上五·鲍6/上五·鲍7/上五·鲍9/清三·良4/	牙牙	31	富	(字形)	周45/上三·周45/上三·周45/上三·周45/12/郭·性20/郭·性63/上一·孔5/上三·周42/上三·周54/上一·孔24/上一·孔5/上一·性12/上六·王问1/上六·天甲3/上六·天乙3/清三·周10/	①庙②貌 廟
26	愳	(字形)	15/包207/包236/包239/包242/包245/包247/郭·语一92/郭·语二8/郭·语二8/郭·语三8/郭·语三30/郭·语三35/郭·语三40/郭·语三40/上六·用11/	①爱②气 忢	32	珪	(字形)	12/郭·缁35/上一·纣18/上二·鲁2/上五·鲍3/上六·竞1/新·零:207·854/清一·金2/清一·金5/清一·金5/清二·二十三章128/清二·二十三章135/清五·封5/	圭 圭
27	箕	(字形)	14/包3/包5/包7/包7/包8/包11/包12/包13/包16/包16/包16/包16/汇·望二12/清一·尹3/	典 典	33	頤	(字形)	10/包6/包54/包57/包80/包163/汇·信一16/上二·子12/上二·容9/清·祭15/清四·别1/	履 履
28	毀	(字形)	14/九·五六37下/郭·语一108/上二·从甲18/上四·昭5/上四·曹10/上五·季22/上五·鬼6/上六·王问2/上六·天甲12/上六·天乙11/上八·王3/清三·说中6/清四·九节9/清四·十节11/	毁 毁	34	凸	(字形)	10/包260/汇·信二18/郭·六43/上五·弟13/上五·季23/清二·十章55/清二·十七章93/清二·十七章94/清四·二十九节57/清五·汤在19/	曲 曲
29	闿	(字形)	13/包13/包152/汇·望一65/上二·容9/上二·容51/上四·曹14/上四·曹24/上四·曹24/上四·曹26/上五·三4/新·甲三:232·95·256/新·甲三:甲三:208·233/新·甲三:235-2·260/	闿 闿	35	丘	(字形)	9/郭·性36/上一·性2/上一·性2/上一·性18/上一·性25/上一·性25/上一·性34/上一·性34/	近 近
30	萊	(字形)	12/九·五六27/上三·周44/上三·周44/上三·周44/上三·周44/上三·周44/上三·周44/上三·周44/上三·周44/上三·	井阱	36	鴐	(字形)	9/上四·逸2/上四·逸3/清三·赤6/清三·赤6/清三·赤7/清三·赤7/清三·赤7/清三·赤9/	乌 乌
					37	乘	(字形)	9/汇·信二14/汇·信二14/汇·信二14/上四·柬2/上七·君2/上七·君甲2/上七·君甲2/上七·君乙2/上七·君乙2/上九·邦7/	乘

附录一：见于《说文解字》的楚简新出字字表（968例）

38	悳		8/上五・姑8/上二・从乙3/清一・耆/ /清一・耆13/清一・耆14/清一・楚5/清三・赤5/清五・殷11/	懼	懼	48	坙		5/郭・唐19/郭・尊13/郭・性65/上六・孔22/上六・孔22/	①輕②勁	坙
39	性		8/包24/包24/上三・中附简/上九・陈6/上九・陈6/上九・陈12/上九・陈14/上九・陈14/	性	狂	49	見		5/新・乙四：23・566/新・甲三：4・56/新・甲三：270・296/新・零47・708/新・甲三：43・92/	期	期
40	怒		8/郭・语一46/郭・语二25/郭・语二26/上五・竞6/上六・天甲6/上六・天乙5/上九・举35/清三・赤5/	①怒②恕	怒	50	穿		5/汇・望43/郭・成16/郭・成23/上二・从乙1/上三・中10/	①弇②掩③淹	弇
41	巨		8/曾172/上五・弟19/郭・语四14/上六・天甲6/上六・天乙6/清二・二章11/清二・二章12/清五・封5/	①巨②矩③蘧	巨	51	殆		5/包248/包217/汇・望一85/清四・二十六节47/清四・二十六节48/	辜	辜
42	弍		7/汇・信一25/郭・语三67上/上三・彭8/上八・李1背/清一・程6/清四・算1/清四・十二节20/	弍	二	52	絸		4/包268/包277/清一・祭18/清三・周13/	絸	繭
43	至		7/包237/包237/包241/包241/上四・采2/清三・良8/清五・汤处1/	丘	丘	53	迩		4/上一・材22/上二・容19/上七・凡甲9/上七・凡乙7/	週	週
44	茒		7/郭・六7/上二・子2/上二・子5正、背/上二・子6/上二・子6/上四・曹2/清三・良1/	尧	尧	54	杍		4/上四・逸2/清一・程1/清一・程4/清一・程7/	杍	李
45	厇		6/包155/汇・望一78/郭・成34/上二・容2/上二・容3/上五・竞10/	①宅②度	宅	55	毎		4/上三・周47/上四・曹55/清二・九章50/清四・雒19/	悔	謀
46	佃		6/上二・容28/上三・周37/上五・三德1/清一・保11/清三・周3/清三・周6/	宿	姎	56	逞		4/汇・信一19/郭・老甲39/郭・语二43/上二・昔1/	退	退
47	希		5/郭・语一103/郭・语二24/郭・语二24/郭・施3/郭・唐7/	①肆②殺③殺	殺	57	歖		4/郭・唐3/郭・唐3/郭・唐15/郭・唐22/	矣	喜
						58	訡		4/上一・孔1/上一・孔4/上一・孔16/上一・性8/	①詩②志	詩
						59	畬		3/郭・老乙1/郭・老乙1/上二・子2/	①嗇②穡	嗇
						60	戽		3/九・五六27/郭・语四4/上三・周52/	户	户
						61	瞏		3/上一・性9/上一・性15/上一・性15/	觀	觀

585

序号	原篆	字频及出处	字用	备注
62	信	3/包80/包80/上六·慎5/	冶①居②	剛
63	誁	3/上六·用17/上六·天甲4/上六·天乙3/	讙	讙
64	㝯	3/上一·性21/上一·性21/上一·性21/	遊	不清
65	澘	3/上一·性19/清五·汤在13/清五·汤处19/	容	扶
66	敉	3/清三·良2/清三·芮6/		
67	諂	2/上二·容22/上九·史7/	訟	訟
68	羿	2/上一·紂15/清一·尹5/	播	番
69	灾	2/上三·周21/上三·周56/	災	栽
70	菐	2/郭·老甲2/郭·语四18/	樸	僕
71	弱	2/郭·五34/郭·五41/	強	勞
72	俻	2/郭·语一94/郭·语三54/	服	備
73	迲	2/郭·性34/新·零:64·722/	舞	撫
74	屮	2/上四·逸3/上四·逸4/	關	礦
75	伇	2/包122/包123/	口	奴
76	㙯	1/汇·信一61/	遊	遊
77	覩	1/包19/	睹	睹
78	𤖅	1/郭·语三29/	莊	莊
79	敯	1/汇·信一44/	播	播
80	丑	1/包214/	丑	鈕
81	麃	1/上三·周6/	表	表
82	届	1/郭·语四27、27背/	貌	廟
83	穿	1/郭·六31/	掩	弇
84	濉	1/郭·尊1/	盡	津
85	篁	1/上二·容38/	築	築
86	甾	1/上二·子8/	畎	く
87	禁	1/新·甲三:150·179/	麓	麓
88	襛	1/上五·三15/	農	農
89	壞	1/郭·唐28/	壞	壞
90	昏	1/上六·天甲13/	謀	謀
91	弎	1/清四·算1/		三
92	坐	1/清三·祝1/		堂
93	陣	1/清三·良4/		陳
94	兆	1/包265/	胱	𦘒
95	百	1/上九·举·禹31/	百	百

3. 见于《说文》籀文的楚简新出字字表（14例）

序号	原篆	隶古定	字频及出处	字用	备注
1	䋣	䋣	38/包254/包256/包259/包260/包262/包262/包262/包262/包263/包272/汇·信二1/汇·信二11/汇·望二16/汇·仰16/汇·信二17/汇·信二17/汇·信二18/汇·信二18/汇·信二18/汇·信二18/汇·信二19/汇·信二19/汇·望二20/汇·仰21/汇·望二21/汇·信二26/汇·	錦	紟

586

附录一：见于《说文解字》的楚简新出字字表（968 例）

序号	原篆	字频及出处	字用	备注
		信二 26/汇·仰 32/汇·仰 35/汇·仰 4/汇·信 24/汇·仰 4/汇·仰 41/汇·仰 41/汇·仰 7/新·零：409·1047/新·甲三：137·169/		
2	侖	11/郭·尊 1/郭·尊 5/郭·尊 25/郭·尊 30/郭·尊 30/郭·尊 35/郭·成 31/郭·成 32/郭·性 17/上一·性 9/清三·良 6/	①侖②論	
3	戕	8/包 15/包 96/包 176/包 177/郭·老甲 35/上五·季 20/上五·季 22/上六·競 9/	①臧②藏③壯	
4	慸	7/曾 73/上二·民 10/上三·周 11/上八·颜 5/上八·颜 10/上八·李 2/	①悼②威③違	

5	贛	5/曾 161/包 175/包 244/上二·鲁 3/上二·鲁 3/	貢	贛
6	軷	4/上四·曹 32/汇·望二 9/汇·望二 18/汇·望二 19/	車	車
7	垟	4/上二·容 18/新·乙四：136·650/清二·四章 18/清二·二十三章 130/	封	封
8	陉	3/郭·语四 22/郭·忠 4/郭·忠 5/	地	地
9	旁	3/上五·鲍 8/上一·孔 2/上一·孔 4/	旁	旁
10	敊	2/郭·语三 46/上一·性 21/	敊	樹
11	遛	1/包 188/	遛	迅
12	霁	1/上三·周 38/	霁	霸
13	鴄	1/上五·鬼 3/	鴄	雎
14	諙	1/上六·用 18/	諙	話

4. 见于《说文》或体、俗字、篆文的楚简新出字字表（42 例）

序号	隶古定	原篆	字频及出处	字用	备注
1	辜		53/包 269/包 270/曾 122/曾 122/曾 122/曾 123/曾 123/曾 124/曾 124/曾 124/曾 125/曾 125/曾 125/曾 126/曾 126/曾 126/曾 127/曾 127/曾 127/曾 128/曾 128/曾 128/曾 128/曾 129/曾 129/曾 129/曾 130/曾 130/曾 130/曾 131/曾 131/曾 132/曾 133/曾 133/曾 135/曾 135/曾 136/曾 136/曾	胄	胄
2	虱		136/曾 137/曾 137/曾 137/曾 138/曾 138/曾 138/曾 139/曾 1 正/曾 43/曾 43/曾 61/清一·耆 5/ 36/上七·凡乙 12/上七·凡乙 12/上七·凡乙 13/上七·凡乙 13/上七·凡乙 14/上七·凡乙 14/上七·凡乙 14/上七·凡乙 15/上七·凡乙 15/上七·凡乙 15/上七·凡乙 16/上七·凡乙 18/上七·凡乙 18/上七·凡乙 21/上七·凡甲 17/上七·凡甲 17/上七·凡甲 18/		乙

587

#	字	字形	出处	释字
			上七·凡甲19/上七·凡甲20/上七·凡甲20/上七·凡甲20/上七·凡甲21/上七·凡甲21/上七·凡甲21/上七·凡甲22/上七·凡甲23/上七·凡甲23/上七·凡甲25/上七·凡甲26/上七·凡甲28/上七·凡甲29/上七·凡甲29/上八·王2/		
3	經		35/九·六二一10/帛·甲·行1-2/帛·甲·行1-2/汇·仰37/包12/包126/包129/包132反/包135/包140/包162/包169/包184/包205/包206/包207/包209/包212/包216/包218/包220/包221/包224/包225/包267/包271/包58/郭·成35/郭·成35/上二·容28/新·零:238·884/上七·武15/上九·陈10/清一·楚2/清三·祝2/	經縊
4	晨		29/包46/包66/包143/包163/包165/包167/包168/包171/包172/包174/包175/包182/包184/包184/包185/包186/包187/包188/包189/包189/包191/上六·庄9/郭·五19/郭·五20/清三·芮23/清三·说下6/清三·周8/清五·殷16/清五·殷23/	辰晨
5	罔		16/九·五六14下/九·五六31/上六·用11/清三·说下2/清三·说下2/清三·说下4/清三·说下6/清	網网
			三·说下7/清三·说下9/清三·说中4/清三·周1/清三·周15/清三·芮13/清三·芮18/清三·芮22/清五·殷22/	
6	遅		9/包198/包200/包202/汇·望一11/汇·望一100/汇·望一101/郭·老乙10/上三·周14/新·零330·971/	①遅②夷
7	悉		9/郭·性47/上一·性38/上二·容53/上三·彭7/上三·中15/清一·皇10/清一·皇10/清一·皇12/清一·祭12/	①悔②懋③務
8	全		8/包210/包210/包227/包237/包244/上五·鲍3/清三·良8/清三·良10/	全全
9	緩		8/包76/包96/包189/上二·容1/上二·容6/上八·兰2/上八·颜2B/上九·陈11/	①緩②轅
10	頤		7/上三·周24/上三·周24/上三·周24/上三·周24/上三·周24/上三·周25/上三·周25/	頤臣
11	灘		6/上一·孔10/上一·孔11/上二·容27/上二·容28/新·甲三:268·294/清二·二章12/	漢灘
12	篸		5/包260/包260/汇·望二5/汇·信二12/汇·信二19/	婴笾
13	詢		5/包102/郭·五10/上五·三4/新·零:115、22·770/清五·殷27/	詾靚
14	軸		4/包269/包270/包·牍1/包·牍1/	膏膏
15	犯		4/上二·容24/上六·慎3/上八·李1/清二·二十三章135/	粗槟

附录一：见于《说文解字》的楚简新出字字表（968 例）

16	螭	3/郭·唐 21/郭·唐 21/郭·忠 2/	化	㺟
17	鳿	3/上三·周 50/上三·周 50/上三·周 50/	鳿	䧹
18	胗	3/上二·容 5/上二·容 16/清一·皇 9/	禽	函
19	餌	3/郭·老丙 4/上四·曹 55/上九·举 13/	餌	䴇
20	蚤	3/汇·望一 14/郭·尊 28/上六·竞 10/	早	蚤
21	砥	3/上四·曹 39/上四·曹 39/清三·说 5/	砥	厎
22	屔	2/汇·望一 61/汇·望一 9/	屔	遲
23	悖	2/汇·望一 14/汇·望一 106/	悖	誖
24	輨	2/曾 76/曾 120/	輨	輗
25	肩	2/清三·周 3/清三·说 3/	肩	肩
26	狀	2/上六·慎 5/上六·慎 5/	狀	㹞
27	鏞	2/曾 54/包 262/	僮	鐘

28	審	1/上一·孔 21/	審	宷
29	晋	1/包 120/	晋	晵
30	簜	1/曾 9/	簜	篲
31	荇	1/包 164/	荇	莕
32	䬰	1/汇·信二 14/	䬰	鬻
33	脑	1/汇·望一 10/	胸	匈
34	説	1/上二·从甲 19/	説	詢
35	芬	1/上三·周 23/	獖	岁
36	惁	1/上五·三 11/	惰	哲
37	謅	1/上六·用 7/	詘	詘
38	誘	1/清二·五章 27/	㪚	
39	蛇	1/上八·兰 3/	它	
40	紗	1/曾 95/	縻	
41	羛	1/帛·丙 2/	義	義
42	訡	1/清一·皇 9/	吟	

5. 见于《说文》新附字的楚简新出字字表（18 例）

序号	隶古定	原篆	字频及出处	字用	备注
1	賽		46/包 104/包 105/包 106/包 107/包 108/包 109/包 110/包 111/包 112/包 113/包 114/包 149/包 149/包 149/包 149/包 150/包 200/包 208/包 210/包 213/包 214/包 214/包 214/包 214/包 219/郭·老甲 27/郭·语四 17/上二·容 29/新·甲三：303·323/上七·吴 6/上九·灵 1/上九·举 31/清二·五章 23/清二·五章 23/清二·五章 23/清二·五章 24/清二·五章 24/清二·五章 26/清二·五章 26/清二·五章 26/清二·五章 27/清二·五章 27/清二·五章 28/清二·五章 28/清二·五章 28/清二·五章 29/	塞	
2	靭		31/曾 104/曾 105/曾 13/曾 16/曾 18/曾 1 正/曾 23/曾 25/曾 26/曾 28/曾 31/曾 32/曾 36/曾 38/曾 39/曾 4/曾 43/曾 45/曾 53/曾 54/曾 58/曾 61/曾	靭	

589

		62/曾63/曾67/曾70/曾71/曾73/曾75/曾8/曾88/		6	芺		4/包119/汇·信二25/上二·容15/上六·慎5/	芺
				7	脊		4/新·乙四:61·596/上五·君7/	縈
				8	否		3/汇·信一25/汇·信一59/汇·望一65/	呀
3	礪		厲	9	砧		3/上一·紂18/上一·紂18/郭·緇36/	砧
		15/上三·周5/上三·周18/上三·周25/上三·周30/上三·周30/上三·周33/上三·周38/上三·周41/上三·周49/上三·周50/上三·周53/上三·周57/新·甲三:201·227/新·乙四:134·648/清三·说2/		10	礦		3/上三·周22/上四·曹39/上四·曹39/	①礪②厲
				11	藏		3/上三·周38/上三·周40/上三·周54/	①藏②壯
4	緻		緻	12	蓉		2/上八·李1背/上八·兰5/	
		14/包270/包·牍1/汇·信二1/汇·信二4/汇·信二15/汇·信二19/汇·信二24/汇·信二25/汇·信二25/汇·信二26/汇·信二26/汇·信二27/汇·信二27/清二·二十三章134/		13	嵩		1/郭·语三15/	崇
				14	昂		1/上六·孔13/	昂
				15	覯		1/上三·周52/	覯
5	懌			16	泯		1/上六·用19/	泯
		9/新·甲三:61·106/新·甲三:216·241/新·甲三:219·244/新·零:584、甲三:266、277·292/新·乙二:25、零:205、乙二:48·483/新·乙二:27·485/新·乙四:110、117·629/新·零:117·772/新·零:200、323·849/		17	倅		1/包25/	
				18	俏		1/上七·吴5/	

附录二：见于《说文解字》之外其他字韵书的楚简新出字字表（678例）

1. 见于《尔雅》的楚简新出字字表（22例）

序号	隶古定	原篆	字频及出处	字用	备注
1	萰		7/包86/汇·信一44/上八·兰2/上八·兰3/上八·兰4/上八·兰4/上八·兰5/	楝	
2	悦		3/上一·性26/上一·性29/上一·性36/	悦	
3	訑		3/郭·语四6/新·甲三61·106/上九·邦1/	訑	
4	槿		3/上二·容45/上七·凡甲1/上七·凡乙1/	淫	
5	駓		2/曾166/曾203/	駓	
6	陓		2/包86/上五·三10/	洿	
7	釾		2/汇·信二4/曾77/	釾	
8	芏		2/汇·仰2/汇·仰9/	芏	
9	鳶		2/上五·竞4/上六·用5/	鳶	
10	慝		2/上六·用1/清三·芮8/	匿	
11	姒		2/清一·程1/清一·程2/		
12	鉼		1/包252/	鉼	
13	牌		1/包125/	痺	
14	畣		1/上三·中6/	答	
15	禫		1/帛·乙·行7-8/	禫	
16	懯		1/上一·性15/	憤	
17	迨		1/上五·竞10/	迨	
18	蒡		1/清一·祭13/		
19	茾		1/清一·祭14/		
20	交		1/清五·汤处2/		
21	鑯		1/包266/	甗	
22	恪		1/清三·芮6/		

2. 见于《方言》的楚简新出字字表（19例）

序号	隶古定	原篆	字频及出处	字用	备注
1	由		17/上一·紂15/上三·周22/上三·周···32/上三·彭1/上五·三17/上六·用6/郭·成33/清一·祭15/清一·皇9/清二·四章17/清三·芮3/清三·	①猶 ②迪 ③逐	

591

序号	隶古定	原篆	字频及出处	字用	备注
2	㰤		芮6/清三·芮9/清五·殷17/清五·殷27/10/包132反/郭·尊5/郭·尊5/郭·尊6/郭·尊22/上二·容35/上二·容35/上二·容40/上二·容40/上二·容42/	桀	①②世
3	嬛		9/曾174/新·甲三:204·230/新·甲三:8,18·59/新·乙四:63,147·598/新·乙四:105·626/新·零:294,482、乙四:129·643/新·零:77、154·734/新·零:170·820/新·零:257·903/	嬛	
4	禮		8/曾25/曾39/曾48/曾127/曾133/曾136/曾176/清二·十六章85/	彤	
5	羕		5/包120/包120/包121/包184/包190/	样	
6	㨷		5/包20/包47/包191/包273/郭·尊16/	昏	

序号	隶古定	原篆	字频及出处	字用	备注
7	惙		4/包182/上一·性37/上二·从甲5/上二·从甲5/	惙	
8	緤		3/汇·仰15/汇·仰26/九·五六43/	緤	
9	薵		3/上六·王与5/上六·王与5/上六·王与5/	薵	
10	㝮		2/曾123/曾137/	㝮	
11	㱟		2/上八·颜1/上八·颜2B/	正	
12	㲝		1/包1/	㲝	
13	䫌		1/包276/	䫌	
14	筏		1/汇·信二17/	筏	
15	㣶		1/上五·姑3/		
16	攽		1/上三·周10/		
17	衿		1/上五·三9/	锦	
18	謹		1/包60/		
19	䟗		1/包58/	题	

3. 见于《广雅》的楚简新出字字表（30例）

序号	隶古定	原篆	字频及出处	字用	备注
1	翺		58/曾10/曾100/曾101/曾102/曾103/曾103/曾104/曾106/曾110/曾111/曾14/曾14/曾15/曾17/曾17/曾17/曾20/曾20/曾20/曾28/曾3/曾30/曾30/曾30/曾33/曾34/曾37/曾37/曾37/曾40/曾40/曾40/曾43/曾46/曾55/曾6/曾6/曾6/曾61/曾62/曾68/曾68/曾69/曾80/曾82/曾82/曾83/曾84/曾84/曾84/曾88/曾9/曾9/曾91/曾91/曾97/曾99/	翺	
2	祝		36/包210/包214/包214/包231/汇·望一102/汇·望一109/汇·望一131/汇·望一36/汇·望一57/汇·望一61/汇·望一72/汇·望一81/汇·望一9/汇·望一90/新·零:520·1156/新·甲三:96·134/新·甲三:99·137/新·甲三:110·146/新·甲三:208·233/新·甲三:219·244/	祝	①敚②祝③祟④説

附录二：见于《说文解字》之外其他字韵书的楚简新出字字表（678例）

7	鑸		3/包272/包276/包·牍1/	鑸
8	衻		3/汇·信二17/汇·信二17/汇·信二19/	衻 或隶：裹
9	敁		2/曾2/曾11/	敁
10	葉		2/包258/曾60/	葉
11	蓸		2/郭·老甲33/清三·赤9/	蓸
12	寁		2/上五·競4/上八·李1背/	寁
13	醻		2/包255/汇·信二26/	
14	轓		1/曾75/	轓
15	拘		1/包122/	拘
16	棍		1/包258/	棍
17	薈		1/曾3/	翻
18	墿		1/汇·仰27/	墿
19	担		1/郭·缁7/	癉
20	琦		1/汇·信二26/	琦
21	彼		1/包163/	彼
22	葷		1/上三·周43/	葷
23	舶		1/上四·曹6/	舶
24	諢		1/上一·孔8/	諢
25	莫		1/上四·逸3/	莫
26	菖		1/上六·競9/	菖
27	仡		1/清三·周12/	遏
28	敂		1/清五·封5/	路
29	誢		1/清三·说下7/	諟
30	糶		1/汇·仰9/	囊

		新·甲三:265·291/新·甲三:300、307、320/新·甲三:303、323/新·甲三:344-1·368/新·乙二:30·488/新·乙四:50·586/新·乙四:100、零:532、678·623/新·乙四:111·630/新·零:4·668/新·零:198、203·847/新·甲三:39·88/新·甲三:40·89/新·零:265·910/新·零:295·938/新·甲三:45·94/新·零:339·978/		
3	敔		16/包99/九·五六45/郭·五35/郭·五38/郭·五39/上二·容25/上二·容25/上二·容26/上二·容27/上二·容27/上六·競2/上六·競2/上六·競7/上七·凡甲11/上八·命10/清二·八章45/	①誅 ②燭 ③樹
4	愈		14/郭·老甲23/郭·老乙11/郭·穷13/上三·周5/上三·周15/上三·周16/上三·彭7/上四·曹2/上四·柬2/上六·用4/上六·競11/上七·凡甲5/上七·凡乙4/上七·凡乙11/	①瑜 ②渝 ③愉
5	繯		11/曾95/曾129/曾138/包259/包271/包·牍1/汇·仰6/汇·望二3/汇·望二4/汇·望二11/汇·望二50/	繯
6	畢		7/包140/包158/包140反/包173/包159/包182/九·五六78/	畢

593

4. 见于《玉篇》的楚简新出字字表（233 例）

序号	隶古定	原篆	字频及出处	字用	备注
1	仚	〔图〕	97/包166/包210/包214/包265/包266/郭·老甲19/郭·老甲26/郭·老甲34/郭·成29/上五·君1/上二·鲁1/上二·民1/上四·柬10/上四·柬11/上四·曹13/上四·柬13/上六·竞2/上六·庄2/上六·王问2/上六·王问2/上六·王与2/上四·曹20/上四·柬23/上四·曹24/上二·鲁3/上六·竞3/上四·曹34/上四·曹35/上四·曹36/上四·曹38/上四·相4/上六·竞4/上四·曹40/上四·曹42/上四·曹43/上四·曹45/上四·曹46/上四·曹49/上六·王问5/上六·王与5/上四·柬5/上四·曹50/上四·曹53/上四·曹54/上四·曹56/上四·曹57/上六·王問6/上四·曹60/上四·曹64/上四·曹7/上五·鲍7/上六·庄8/上七·武11/上七·武12/上七·武13/上七·吴7/上七·郑3/上七·郑甲3/上七·郑乙3/上七·郑乙3/上八·王1/上八·王6/上八·命2/上八·命3/上八·命7/上九·举10/上九·举22/上九·举28/上九·成3/上九·灵5/上九·灵5/清一·皇9/	①答②會	
2	窑	〔图〕	清五·汤在1/清五·汤在11/清五·汤在13/清五·汤在18/清五·汤在20/清五·汤在3/清五·汤在6/清五·汤处12/清五·汤处13/清五·汤处15/清五·汤处17/清五·汤处17/清五·汤处19/清五·汤处3/清五·殷14/清五·殷2/清五·殷4/清五·殷6/清五·周9/74/包122/包227/包267/包271/包273/包274/包275/汇·五里牌15/曾115/曾116/曾117/曾117/曾118/曾119/曾119/曾119/曾120/曾120/曾120/曾120/曾121/曾121/曾122/曾148/曾159/曾160/曾161/曾162/曾165/曾167/曾167/曾170/曾173/曾174/曾175/曾187/曾188/曾189/曾190/曾190/曾190/曾191/曾192/曾193/曾194/曾195/曾195/曾196/曾197/曾1正/曾203/曾204/曾205/曾206/曾207/曾208/曾209/曾4/曾42/曾47/曾63/曾65/郭·语二26/上二·容14/上二·容51/上二·容51/上三·周37/上五·三12/上五·季12/上五·鲍6/上九·灵2/	①乘②勝	
3	殜	〔图〕	53/九·五六50/郭·穷2/郭·穷2/郭·语四3/郭·语四3/郭·尊		世

594

附录二：见于《说文解字》之外其他字韵书的楚简新出字字表（678例）

		25/上六·天乙1/上六·天乙1/上六·天乙1/上六·天甲1/上六·天乙1/上二·子1/上六·天甲12/上二·从甲12/上五·鬼2/上六·天甲2/上六·天甲2/上五·弟21/上五·季22/上六·慎4/上二·容5/上五·姑6/上五·姑7/上五·姑7/上二·子8/上七·武5/上七·武5/上七·武11/上七·武15/上八·成9/上九·举4/上九·举6/上九·举28/清二·二章10/清二·二章10/清二·三章15/清二·四章21/清二·十一章58/清二·十五章77/清二·十五章80/清二·十五章82/清二·十八章97/清二·十八章98/清二·十八章99/清二·十八章100/清二·十八章100/清二·十九章104/清二·十九章106/清二·二十章110/清二·二十三章127/清五·命10/清五·殷8/		5	鞅	192/包45/包57/包91/包99/上二·容31/上二·容31/上二·容31/上二·容31/上二·容31/	
					34/曾10/曾10/曾101/曾112/曾113/曾113/曾115/曾115/曾21/曾24/曾46/曾49/曾49/曾56/曾56/曾59/曾59/曾59/曾64/曾64/曾66/曾69/曾69/曾7/曾72/曾78/曾78/曾79/曾85/曾86/曾89/曾95/曾95/	鞅
			6	諆	24/包131/包134/包137反/包145反/包15/包155反/包156/包156/包16/包161/包162/包16反/包171/包179/包187/包193/包195/包196/包72/九·五六16下/汇·信二2/上三·亙10/上四·曹27/上四·曹45/	①誅②樹
4	佶	39/包146/包149/包149/包15反/包16/包16/包165/包166/包166/包167/包168/包169/包169/包170/包171/包172/包173/包174/包174/包175/包178/包179/包180/包185/包186/包186/包187/包189/包	佶	7	戲	24/曾10/曾101/曾103/曾104/曾15/曾17/曾20/曾27/曾3/曾30/曾34/曾37/曾40/曾42/曾46/曾54/曾6/曾61/曾69/曾83/曾84/曾88/曾91/曾97/	戲
				8	吕	24/郭·成1/郭·尊10/郭·尊10/郭·成10/郭·性12/郭·穷14/郭·穷15/郭·成19/郭·语四2/郭·成20/郭·成38/郭·性56/郭·语一72/郭·尊9/上一·紂7/上四·内8/上五·姑5/上五·姑9/上六·用	①己②紀③忌

595

9	浧	13/上 六・用 13/上六・孔 15/上六・孔 21/清二・五章 27/ 23/九・五六 26/包 149/包 156/郭・老甲 16/郭・老甲 37/郭・老甲 38/郭・老乙 14/郭・语一 100/郭・语四 24/郭・性 64/郭・太 7/上三・互 4/上六・用 8/上六・竞 9/上七・武 11/上七・凡甲 10/上七・凡甲 29/上七・凡乙 22/上七・凡甲 8/上八・兰 2/清一・楚 8/清一・楚 8/清一・楚 9/	盈
10	郲	21/包 155/包 155/包 155/包 157/包 157/包 157 反/包 167/包 170/包 171/包 174/包 176/包 188/包 188/包 19/包 194/包 49/包 49/包 66/包 81/包 95/新・零 403・1041/	鄩
11	玐	19/郭・语一 89/郭・语一 89/郭・语二 21/郭・语二 22/上一・紂 1/上一・紂 1/上一・紂 2/上一・紂 5/上一・紂 6/上一・紂 8/上一・紂 9/上一・紂 21/上一・紂 21/上一・紂 21/上一・紂 22/上一・紂 22/上六・孔 19/上六・孔 26/	好
12	邖	18/包 72/包 82/包 82/包 82/包 82/包 82/包 100/包 108/包 155/包 169/包 183/包 184/包 184/郭・缁 13/郭・穷 4/上八・王 1/清一・耆 2/	
13	痕	17/新・甲一：13・11/新・甲一：14・12/新・甲三：149・178・	脤

		新・甲三：189・218/新・甲三：257・283/新・甲三：291-1・310/新・甲三：291-2・311/新・乙一：31、25・463/新・乙二：5・468/新・乙二：11・474/新・乙二：19・478/新・乙三：35・520/新・零：125・780/新・零：138・792/新・零 292・936/新・零 306・949/新・零：328・969/	
14	溪	14/包 140 反/包 182/郭・语四 17/上二・容 31/新・零・382・1020/新・甲三・355・381/新・甲三・403・424/新・甲三：404・425/上四・柬 3/上四・柬 8/上四・柬 8/清一・楚 11/清一・楚 12/清一・楚 12/	溪
15	䪴	13/包 180/九・五六 40 下/九・五六 40 下/九・五六 46/上五・季 1/上五・季 23/上六・用 17/清一・皇 5/清一・皇 13/清一・程 8/清三・说下 2/清三・芮 3/清五・殷 18/	①䪴 ②擾
16	鄝	12/曾 26/曾 28/曾 45/曾 47/曾 48/曾 50/曾 53/曾 57/曾 71/曾 73/新・甲三：349・375/清二・四章 19/	鄝
17	逨	11/九・五六 44/上三・周 9/上三・周 9/上五・三 6/新・零：146・800/上七・吴 4/清一・耆 8/清一・祭 2/清一・尹 1/清三・说中 1/清三・说中 1/清三・说上 7/	來

附录二：见于《说文解字》之外其他字韵书的楚简新出字字表（678 例）

18	朙	11/上 二·子 2/上 六·孔 4/上 八·王 5/清 二·五 章 28/清 二·十 四 章 72/清 二·十 六 章 88/清 二·十 六 章 89/清 二·二十三章 128/清 二·二十三章 129/清 二·二十三章 132/清 三·祝 2/	盟
19	箅	11/新·甲一：7·5/ 新·乙一：26、2·459/ 新·乙四：105·626/ 新·零：456·1093/ 新·甲一：21·17/新·甲 三：152·181/新·乙 一：16·451/新·乙三： 6·503/新·乙三：7· 504/新·乙四：55·590/ 新·乙四：85·612/ 新·乙四：105·626/	筮
20	聟	10/郭·五15/郭·五23/ 郭·五23/郭·五25/ 郭·五26/郭·五26/ 郭·五49/郭·五49/ 郭·五50/郭·五50/	聞
21	緜	10/包 262/包 275/ 汇·信二10/汇·信 二11/汇·信二15/汇·信 二19/汇·信 二19/ 汇·信二19/汇·信二 21/汇·信二27/	綿
22	屍	10/曾 124/曾 127/曾 13/曾 130/曾 136/曾 136/曾 15/曾 22/曾 32/曾 39/	殿
23	緈	9/包 268/汇·信二 1/ 汇·信二3/汇·信二5/ 汇·信二6/汇·望二 1/汇·望二7/汇·望 二20/汇·望二27/	緈
24	睛	9/上六·天乙 3/上 六·天乙 3/上六·天 乙 3/上六·天乙 3/上 六·天甲 3/上六·天	精

25	昊	甲 3/上六·天甲 3/上 六·天甲 4/上八·有 6/ 9/包 266/郭·语四 12/ 上二·昔 1/上五·君 6/上六·用 9/新·甲 三：159-1·188/新·甲 三：292·312/上八·志 1/清四·二十六节 49/	①戾 ②恻
26	幅	8/汇·信 二 4/汇·信 二 10/汇·信 二 11/ 汇·信二11/汇·信二 11/汇·信二24/汇·信 二25/汇·信二27/	幅
27	駇	8/曾 165/曾 165/曾 165/曾 174/曾 177/曾 178/曾 178/曾 182/	駇
28	戭	7/包 71/郭·成 9/ 郭·成 21/郭·语四 24/郭·尊 35/上四·曹 55/上九·邦 3/	勇
29	顉	7/包 224/包 225/ 郭·成 38/新·甲三： 209·234/新·零：584· 甲 三：266、277·292/ 新·乙 一：12·447/ 新·乙二：44·496/	夏
30	臧	7/汇·仰 36/汇·仰 43/汇·五里牌 16/ 郭·太 6/郭·老甲 36/ 上一·孔 21/上四·曹 32/	藏
31	遏	7/包 87/包 128/包 141/包 143/包 196/上 八·成 12/上九·邦 1/	遏
32	迻	6/包 226/包 232/包 234/包 236/包 242/包 245/包 247/	将 动词
33	板	6/包 43/郭·缁 7/ 郭·穷 4/郭·穷 7/上 一·纣 4/上二·容 7/	板
34	戤	6/包 144/郭·唐 11/上 二·从甲 19/上五·姑 7/上五·三 5/上六·竞 8/	①傷 ②喪

35	泊		6/汇·信二3/郭·性63/上二·容35/上四·柬1/上四·曹54/上六·用7/	①怕②薄	50	幀		4/包272/包276/包277/汇·望二1/	害
36	攲		6/上七·凡乙12/上七·凡乙12/清一·耆9/清二·一章3/清三·赤13/清三·赤14/		51	憲		4/郭·尊23/郭·尊38/郭·尊38/上六·孔6/	害
37	禧		5/包211/包241/九·五六34/汇·望一85/上六·競8/	詛	52	遝		4/包142/上五·鬼5墨节下/汇·信一26/上八·志2/	①趣②趨
38	醻		5/包255/包255/包255/郭·穷9/郭·语四10/	①醯②盉	53	雩		4/包69/上一·紂20/上五·鲍8/清五·封2/	①雩②虞
39	輾		5/曾149/曾150/曾151/曾152/曾153/	殿	54	洲		4/上五·三16/上九·举30/上九·举31/上九·举31/清一·楚1/	洲
40	櫓		5/包87/汇·望二6/汇·望二6/汇·望二6/	櫓	55	池		4/上二·容45/上四·曹6/上五·三12/清二·十四章69/	池
41	宎		5/郭·唐11/帛·甲行1-2/帛·甲行5-7/帛·甲行5-7/帛·甲行8-10/	①妖②天	56	暲		4/上七·凡甲5/上七·凡甲11/上七·凡乙4/上七·凡乙11/	
42	邟		5/包22/包24/包30/包151/包191/	邟	57	綢		3/汇·望二1/汇·望二8/汇·望二8/	褐
43	韵		5/上四·昭2/上四·昭7/上四·曹29/清二·六章37/	約	58	緦		3/包268/包275/包277/	緦
44	室		5/包145/郭·语一1/郭·语二3/郭·穷4/上九·举1/	望	59	撰		3/曾212/曾212/曾212/	奚
45	紩		5/清三·周1/清三·周2/清三·芮7/清三·芮19/清三·说下9/		60	鄧		3/包159/包162/包188/	鄧
46	奘		4/包49/包138/包150/包194/	奘	61	鈴		3/包12/包13/包13/	墾
47	緅		4/汇·仰1/汇·仰7/汇·仰16/包268/	裏	62	忡		3/郭·五12/郭·五12/上三·周12/	或隶：悆
48	懂		4/郭·穷2/郭·穷3/郭·缁6/郭·缁33/	①謹②巾	63	悟		3/郭·语二11/郭·语二11/上一·孔26/	倍
49	綖		4/郭·六27/郭·六27/上七·郑甲5/上七·郑乙5/	疏	64	瘴		3/上四·柬5/上四·柬8/上四·柬20/	瘴
					65	悥		3/上五·鲍5/上五·弟21/上五·君5/	憂
					66	塍		3/上五·季18/上五·君3/上五·君3/	①惰②邪

附录二：见于《说文解字》之外其他字韵书的楚简新出字字表（678 例）

67	賨	3/汇·望一96/汇·望一98/上五·三9/	保
68	胅	3/上三·周27/郭·语四19/上六·用10/	舌
69	蘘	3/郭·语四22/上二·容32/清二·十七章95/	蘘
70	雒	3/郭·老甲13/新·甲三:268·294/上九·陈4/	欲
71	坨	3/郭·语四22/郭·语四22/清二·三章16/	陀
72	迄	3/郭·语一6/郭·语一12/郭·语二40/	地
73	鐱	3/九·五六13下/九·五六36/清四·十六节47/	劍
74	雁	3/上五·弟1/清五·封2/清五·封6/	
75	訨	3/清三·芮19/清三·芮20/清三·芮28/	
76	碰	3/上七·凡甲2/上七·凡甲26/上七·凡乙2/	
77	腰	3/上四·采2/上四·昭7/上九·举14/	
78	圆	3/清三·芮4/清三·芮9/清三·说中5/	
79	陀	2/上六·孔15/上六·孔15/	陀
80	跙	2/上五·三17/上六·用13/	跙
81	牪	2/上四·曹37/上四·曹37/	犇
82	瑙	2/上四·昭6/上四·昭7/	寶
83	呋	2/包95/包95/	呋
84	夸	2/郭·六24/郭·六36/	夸
85	惛	2/包·1/包249/	惛
86	紵	2/包263/包263/	紵
87	歁	2/郭·性62/上三·彭2/	羨

88	黃	2/包103/包115/	黃
89	郚	2/包184/包186/	郚
90	鄡	2/包63/包184/	鄡
91	梅	2/九·五六7/九·五六8/	梅
92	鑐	2/包265/包265/	鑐
93	遞	2/包240/包243/	越
94	樊	2/汇·信6/汇·信二6/	榮
95	鈚	2/包273/汇·仰23/	鈚
96	獌	2/包202/包202/	獌
97	煬	2/上六·用14/清一·皇11/	揚
98	篁	2/汇·望二3/上五·鲍3/	重
99	溉	2/上六·用10/清一·祭6/	概
100	怭	2/清三·周1/清三·周2/	
101	瘵	2/清一·金1/清一·保1/	
102	貼	2/上四·曹54/上八·兰5/	重
103	綾	2/汇·望二1/上九·举8/	綾
104	遯	2/上九·成甲1/上九·成乙1/	
105	悲	2/清二·二十三章127/清二·二十三章135/	
106	沃	2/清二·十六章85/清二·二十三章130/	
107	欤	2/上三·周14/上三·周55/	
108	飄	2/上七·凡甲14/上七·凡乙9/	
109	妑	2/清五·殷19/清五·殷21/	
110	理	2/上九·成甲3/上九·成甲3/	

599

编号	字形	出处	对应字
111		2/上九·举32/清一·保5/	
112		2/上八·有6/上八·有6/	
113		2/上七·凡乙7/上七·凡甲9/	
114		2/上一·孔9/上八·志4/	
115		2/上五·鲍3/上五·鲍3/	
116		2/上四·曹14/包261/	
117	驮	1/曾144/	驮
118	伳	1/包5/	伳
119	駞	1/包187/	駞
120	胈	1/包175/	胈
121	驥	1/郭·穷10/	驥
122	玃	1/曾143/	玃
123	烘	1/曾11/	烘
124	珞	1/包167/	珞
125	胅	1/包85/	胅
126	踝	1/上六·用12/	踝
127	㭨	1/九·五六45/	㭨 不清
128	薐	1/包153/	薐
129	箷	1/曾70/	箷
130	犇	1/包6/	犇
131	琨	1/曾138/	琨
132	购	1/包257/	购
133	浑	1/包85/	浑
134	徝	1/包277/	徝
135	𩊚	1/曾98/	绅
136	纀	1/包270/	帕
137		1/郭·穷13/	嗅
138	苕	1/包40/	苕
139	時	1/包180/	時
140	菁	1/郭·性26/	菁
141	暖	1/包57/	暖
142	雒	1/曾45/	雒
143	絑	1/九·五六109/	絑 不清
144	嗖	1/郭·忠9/	貉
145	坉	1/郭·老甲9/	坉
146	忛	1/郭·唐7/	隱
147	菉	1/郭·性47/	淵
148	犴	1/包211/	犴
149	㓞	1/上六·孔14/	切
150	詁	1/郭·老甲4/	厭
151	嬾	1/包51/	弱
152	牀	1/汇·仰25/	牀
153	鯖	1/郭·忠6/	爭
154	鋁	1/汇·信二15/	鋁 不清
155	緯	1/郭·缁30/	緋
156	鼠	1/包150/	鼠
157	熒	1/包257/	蒸
158	迌	1/郭·老甲10/	動
159	詹	1/清一·皇9/	詹
160	藁	1/包116/	藁
161	偁	1/汇·仰17/	偁
162	翻	1/郭·缁29/	播

附录二：见于《说文解字》之外其他字韵书的楚简新出字字表（678例）

163	膡		1/ 郭·穷 5/	屠	188	輶		1/ 上四·曹 2/	瑠
164	鋷		1/ 汇·望二 7/	鋷	189	菁		1/ 上四·曹 48/	菁
165	恆		1/ 郭·穷 15/	反	190	鉒		1/ 新·甲三：220·245/	鉒
166	慪		1/ 包 87/	慪	191	詨		1/ 新·零：170·820/	詨
167	翠		1/ 包 277/	翠	192	紃		1/ 上五·季 3/	紃
168	耗		1/ 包 179/	耗	193	懽		1/ 上五·季 5/	勸
169	宲		1/ 上二·容 37/	宲	194	徎		1/ 上五·姑 4/	御
170	剚		1/ 上一·剚 1/	緇	195	蕭		1/ 上五·三 6/	窊
171	莉		1/ 上二·子 3/	黎	196	貌		1/ 上五·三 18/	貌
172	茂		1/ 汇·望二 1/	茂	197	欸		1/ 上八·李 1/	
173	九		1/ 汇·望二 1/	九	198	昀		1/ 清一·尹 1/	
174	繱		1/ 上三·彭 8/	繱	199	迊		1/ 清一·耆 11/	
175	蒂		1/ 汇·信二 17/	帚	200	櫂		1/ 清五·命 13/	
176	筡		1/ 汇·信二 6/	豈	201	譌		1/ 清三·周 14/	
177	苅		1/ 汇·仰 16/	苅	202	惼		1/ 清五·殷 17/	
178	暯		1/ 上三·周 48/	暯	203	誅		1/ 清三·芮 19/	
179	鮀		1/ 上一·孔 21/	鮀	204	殀		1/ 清一·祭 19/	
180	笛		1/ 汇·信二 28/	笛	205	繾		1/ 汇·信二 2/	
181	頵		1/ 上三·周 38/	頵	206	遐		1/ 上八·兰 2/	
182	莫		1/ 上一·性 16/	莫	207	邶		1/ 上九·陈 2/	
183	謁		1/ 上二·容 36/	謁	208	佶		1/ 上九·举 27/	
184	精		1/ 帛·乙·行 4-6/	精	209	鈇		1/ 包 277/	
185	憶		1/ 上三·周 4/	室	210	圾		1/ 清二·五章 29/	
186	埇		1/ 上四·曹 61/	勇	211	賑		1/ 清一·楚 3/	
187	軟		1/ 上二·子 11/	吞	212	臁		1/ 清一·皇 3/	
					213	琫		1/ 清五·封 3/	

或隶：覍（for 181）
不清（for 176）

601

214	迡	1/上九·灵4/	
215	諮	1/清三·芮4/	
216	痐	1/清五·命4/	
217	伐	1/清四·二十六节49/	
218	猒	1/清三·祝5/	
219	脤	1/清四·二十节爻53/	
220	聰	1/清二·十章55/	
221	苯	1/清二·十一章56/	
222	頎	1/清二·十四章68/	
223	韜	1/清五·封7/	
224	故	1/清三·说下7/	

225	袜	1/上九·卜7/	
226	惉	1/清一·耆8/	
227	陴	1/清四·戓8/	
228	綯	1/汇·仰8/	
229	霸	1/郭·语一88/	
230	伽	1/上五·鲍3/	加
231	苴	1/上五·弟5/	
232	溦	1/曾212/	
233	遥	1/上六·竞12/	徑

5．见于《龙龛手镜》的楚简新出字字表（56例）

序号	隶古定	原篆	字频及出处	字用	备注
1	鑲		32/曾15/曾18/曾22/曾25/曾28/曾31/曾35/曾38/曾4/曾41/曾43/曾47/曾49/曾57/曾59/曾61/曾64/曾69/曾79/曾80/曾81/曾83/曾85/曾87/曾89/曾90/曾93/曾94/曾95/曾97/曾98/曾115		
2	箕		27/包257/包257/包257/包257/包257/包257/包257/包257/包257/包258/包258/包258/包258/包258/包258/汇·信二8/汇·信二27/汇·信二27/汇·信二27/汇·信二27/汇·仰32/汇·仰32	箕	

序号	隶古定	原篆	字频及出处	字用	备注
3	罷		27/包200/包200/包200/包203/包203/包205/包206/汇·望54/汇·望55/郭·五16/郭·五16/郭·太7/郭·太7/郭·成18/郭·语四25/上五·季1/新·甲三：136·168/新·甲一：22·18/新·甲一：22·18/新·甲三：284·308/新·甲三：284·308/新·甲三：365·389/新·零：339·978/上八·王5/上九·邦8/清五·汤在6/清五·汤在6		①一②抑③能
4	迊		21/九·五六32/上四·昭1/上四·昭5/上四·柬16/上五·三5/上五·三6/上六·王与1/上六·王与3/上九·陈1/上九·邦4/上九·邦5/清二·二十章108/清二·六章36/清二·六章36		①跖②蹟③至④坏

附录二：见于《说文解字》之外其他字韵书的楚简新出字字表（678例）

		清二·六章37/清二·六章37/清二·六章37/清二·十四章71/清二·十五章75/清二·十五章79/清二·十五章79/					民12/上二·民13/上二·民13/上六·慎2/	
5	冠	18/包156/包219/包231/包259/包263/包263/包264/汇·望二1/汇·望二28/汇·望二30/九·五六13下/九·五六36/九·五六36/九·五六41/上二·容52/上四·内8/上九·邦3/上九·邦9/	冠	11	青	10/郭·语四1/郭·性62/上一·性27/上三·亙1/上三·亙1/上三·亙2/上三·亙2/上四·相1/上八·兰5/	静
6	孚	15/包128/包141/包143/包188/包195/包253/包254/曾6/曾42/曾44/曾61/曾79/曾81/曾106/郭·五17/	羽	12	臤	8/郭·成16/上二·从甲3/上二·从甲4/包193/新·乙四：57·592/新·零：102、59·758/上八·命4/上八·命7/	①贤②资
7	慶	11/包131/包132/包136/包136/包136/包137/包137/包137反/上一·紂8/	慶	13	邵	5/包150/包150/包179/包191/包186/	邵
				14	綉	4/包254/包261/包262/汇·仰35/	繡
8	悆	11/包111/郭·老丙10/郭·尊10/郭·尊31/郭·性2/郭·性29/郭·性33/郭·性43/郭·性67/上二·昔4/上五·三20/	哀	15	癭	3/新·零：221·235/新·甲三：219·244/新·零：584、甲三：266、277·292/	脤
				16	起	3/包182/清一·楚5/清一·楚5/	起
				17	紌	2/郭·缁3/九·五六36/	飾
				18	脂	2/新·甲三：189·218/新·零：256·902/	胤
				19	坐	2/清三·赤13/清三·赤14/	
9	迷	11/新·甲三：127·160/新·甲三：208·233/新·乙四：110、117·629/新·甲三：16·67/新·零：12·675/新·甲三：22、59·72/新·甲三：22、59·72/新·零：189·838/新·零：238·884/新·零：300·943/清四·十八节28/	速	20	颿	2/上七·凡甲14/上七·凡乙9/	
				21	譔	2/上四·采4/上四·采5/	譔
				22	痞	2/新·甲三：198、199-2·225/新·甲三：344-1·368/	痞
				23	坰	2/上二·容29/上二·容29/	陶
				24	埮	2/上四·昭3/汇·望二31/	唉
				25	堙	2/包55/包64/	堙
10	體	11/郭·穷10/上一·性10/上二·民5/上二·民7/上二·民11/上二·民11/上二·	體	26	鞎	2/曾1正/曾166/	鞎
				27	舃	2/汇·信二14/汇·信二1/	舄

603

28	滰	2/ 上三・周 45/ 郭・成 14/	泉
29	烎	2/ 包 155/ 包 155/	烎
30	靮	1/ 曾 64/	勒
31	褑	1/ 曾 172/	褑
32	鼓	1/ 郭・六 36/	鼓
33	块	1/ 郭・太 7/	缺
34	鞜	1/ 包 260/	鞜
35	竺	1/ 曾 155/	竺
36	雎	1/ 包 24/	雎
37	軡	1/ 汇・五里 11/	軡
38	釖	1/ 上二・容 18/	刃
39	刐	1/ 上六・孔 14/	砌
40	衛	1/ 郭・语二 38/	道
41	紉	1/ 曾 117/	絕

42	堎	1/ 帛・乙・行 1-3/	踐
43	迼	1/ 包 68/	迼
44	遦	1/ 汇・仰 9/	逌
45	軒	1/ 包・牍 1/	軒
46	仳	1/ 郭・老乙 14/	拙
47	祆	1/ 上二・容 16/	妖
48	賠	1/ 上二・从甲 5/	貪
49	偖	1/ 上五・鮑 6/	搢
50	苅	1/ 上三・周 51/	瞞
51	癹	1/ 清三・说上 1/	
52	址	1/ 清三・二章 11/	
53	賊	1/ 清二・二十二章 121/	敗
54	堊	1/ 清三・良 6/	
55	勒	1/ 汇・望二 19/	
56	进	1/ 清三・说下 9/	

6. 见于《广韵》的楚简新出字字表（72例）

序号	隶古定	原篆	字频及出处	字用	备注
1	栖		64/ 汇・望一 9/ 汇・望一 31/ 汇・望一 34/ 汇・望一 92/ 汇・望一 95/ 包 100/ 包 128/ 包 140/ 包 162/ 包 163/ 包 166/ 包 167/ 包 173/ 包 174/ 包 175/ 包 176/ 包 185/ 包 186/ 包 188/ 包 190/ 包 220/ 包 24/ 包 27/ 包 35/ 包 40/ 包 45/ 包 51/ 包 52/ 包 57/ 包 61/ 包 68/ 包 7/ 包 89/ 包 90/ 包 90/ 包 94/ 包 99/ 九・五六 13 上／九・五六 14 上／九・五六 15 上／九・五六 16 上／九・五六 17 上／九・五六 18 上／九・五六 19 上／九・五六 20 上／九・五六 21 上／九・五六 22 上／九・五六 23 上／九・五六 24 上／九・五六 25/九・五六 26/九・五六 27/九・五六 28/九・五六 29/九・五六 30/九・五六 31/九・五六 33/九・五六 34/九・五六 35/九・五六 36/九・五六 64/九・五六 69/九・五六 69/九・五六 70/上九・陈 17/	酉	

附录二：见于《说文解字》之外其他字韵书的楚简新出字字表（678例）

2	緣	9/汇·望二1/汇·信二1/汇·信二4/汇·信二5/汇·信二5/汇·信二5/汇·信二14/汇·信二19/汇·信二19/	繼
3	緣	9/郭·忠8/郭·尊1/郭·性30/郭·性67/上一·性19/上一·性29/清一·楚1/清一·楚2/清五·封7/	①戀②戾
4	鐶	7/汇·信二3/汇·信二10/汇·信二20/汇·望二27/汇·望二38/汇·仰14/汇·仰15/	鐶
5	空	7/郭·穷10/上三·周56/新·乙一：22·457/新·甲三：366·390/新·乙一：24·458/新·零288·932/清一·楚1/	①穴②塞
6	菓	5/曾3/曾6/曾9/曾62/曾68/	果
7	闿	5/郭·老甲27/包233/上九·陈16/上九·陈16/清二·十八章101/清二·二十章113/	闭
8	赌	4/包110/包118/上一·孔11/上一·孔21/	益
9	邻	4/包23/包23/包23/包183/	邻
10	肤	4/上三·周4/上三·周33/上三·周38/上三·周41/	①膚②通
11	鹽	4/新·甲三：8、18·59/新·乙四：35·575/新·乙四：4·551/新·乙四：44·580/	鹹
12	杯	4/汇·望二5/汇·信二8/汇·信二8/汇·五里牌10/	杯
13	憍	4/包143/曾149/曾156/曾173/	慝
14	敷	4/上五·姑1/上五·姑1/上五·姑8/上五·姑10/	屬
15	梨	4/上六·競1/上六·競8/上六·競9/上六·競13/	①梁②濟
16	寞	4/上三·周45/郭·唐9/郭·唐24/上九·陈2/	①寞②盲
17	鄖	4/新·甲三：334·356/新·乙三：44、45·529/新·乙四：26·569/新·零237·883/	
18	邺	4/新·甲三：8、18·59/新·乙一：14·449/新·乙一：32、23·1·464/新·乙四：21·564/	
19	迈	4/新·甲三：99·137/上七·郑甲7/上七·郑甲7/上七·郑乙7/上七·郑乙7/	迈
20	鶺	3/上一·孔10/上一·孔11/上一·孔13/	鵲
21	繲	3/上三·周37/上三·周37/上四·曹16/	解
22	慾	3/上三·亘3正/上三·亘4/上三·亘5/	欲
23	蚘	3/上五·鬼7/新·甲三：143·172/新·甲三：182-2·212/	①尤②忧
24	毫	3/包273/新·甲三：347-1·373/新·甲三：414、412·434/	嵩
25	惧	2/清一·尹2/清三·说下4/	
26	箔	2/汇·仰36/汇·仰43/	
27	簹	2/汇·望二4/清三·周10/	
28	邵	2/新·甲三：406·427/清二·120/	
29	濰	2/清二·七章44/清二·十五章77/	
30	蕙	2/新·乙四：12·559/新·甲三：213·238/	惠
31	綽	2/包·牍1/包·牍1反上/	綽

605

序号	隶古定	原篆	字频及出处	字用
32	峇		2/ 上四·采 3/ 上四·采 3/	徵
33	峞		2/ 包 214/ 包 215/	峞
34	糀		2/ 上六·用 17/ 上五·季 15/	迷
35	弧		2/ 上三·周 33/ 上三·周 33/	孤
36	鄟		2/ 包 26/ 包 26/	鄟
37	渳		2/ 上三·中 19/ 上三·中 20/	竭
38	鴗		2/ 上六·天乙 7/ 上六·天甲 8/	禽
39	忕		2/ 包 95/ 包 185/	忕
40	芾		2/ 上三·周 51/ 上三·周 51/	①沛 ②屋
41	薑		2/ 包 258/ 九·五六 138/	姜
42	鈇		2/ 包 44/ 包 26/	抙
43	遰		2/ 包 175/ 包 119 反 /	遰
44	柜		1/ 包 277/	柜
45	吴		1/ 上三·彭 7/	殃
46	鏷		1/ 包 260/	鏷
47	偱		1/ 包 30/	偱
48	磩		1/ 包 46/	磩
49	栁		1/ 包 259/	櫛
50	腜		1/ 包 45/	腜
51	煋		1/ 上一·性 18/	忏

序号	隶古定	原篆	字频及出处	字用
52	玪		1/ 汇·望二 7/	玪
53	閩		1/ 上二·容 38/	門
54	朼		1/ 汇·信二 15/	匕
55	鏵		1/ 汇·仰 32/	鏵
56	鯔		1/ 上二·容 24/ 上九·举 31/	鯔
57	蛋		1/ 郭·语四 18/	蚓
58	炎		1/ 上四·柬 16/	炎
59	䄬		1/ 上五·季 6/	移
60	忎		1/ 上六·竞 3/	浩
61	俓		1/ 上六·孔 18/	俓
62	笋		1/ 包 180/	笋
63	伎		1/ 郭·尊 21/	伎
64	甕		1/ 清二·二十一章 115/	
65	商		1/ 上五·季 23/	
66	檍		1/ 清四·二十六节 45/	
67	佯		1/ 包 67/	
68	洴		1/ 清一·祭 9/	
69	桌		1/ 汇·望一 72/	
70	絓		1/ 曾 42/	
71	佹		1/ 包 237/	
72	抻		1/ 上八·成 13/	譴

7. 见于《集韵》的楚简新出字字表（136例）

序号	隶古定	原篆	字频及出处	字用	备注
1	唇		80/ 包 85/ 包 174/ 包 47/ 包 175/ 包 225/ 包 73/ 包 152/ 包 37/ 包 171/ 包 66/ 包 37/ 包 141/ 包 20/ 包 183/ 包 173/ 包 54/ 包 78/ 包 184/ 包 80/ 包 182/ 包 72/ 包 143/ 包 46/ 包 165/ 包 224/ 包 90/ 包 172/ 包 168/	辰	

附录二：见于《说文解字》之外其他字韵书的楚简新出字字表（678例）

		包167/包85/九·五六35/九·五六17上/九·五六14上/九·五六104/九·五六28/九·五六13上/九·五六30/九·五六29/九·五六31/九·五六18上/九·五六22上/九·五六33/九·五六96/九·五六27/九·五六103/九·五六36/九·五六23上/九·五六64/九·五六16上/九·五六70/九·五六97/九·五六24上/九·五六19上/九·五六21上/九·五六20上/九·五六15上/九·五六97/九·五六34/九·五六64/九·五六32/帛·甲行1-2/帛·甲行5-7/上三·中19/上六·庄9/新·甲一：10、8/新·乙一：4、10、乙二：12·440/新·乙二：23、零：253·481/新·甲三：202、205·228/新·甲三：221·246/新·甲三：343-1·366/新·零：200、323·849/新·乙一：17·452/新·乙一：24·458/新·乙一：28·461/新·零：109、105·764/新·零：40·701/新·零：50·711/新·零：176·826/新·零：307·950/新·零：147·801/新·零：258·904/清二·十五章84/清二·十六章88/清四·十八节27/清四·二十七节56/清四·二十八节56/清五·封2/			
2	襦	（字形）	55/曾102/曾104/曾106/曾106/曾108/曾129/曾13/曾13/曾14/曾16/曾17/曾19/曾19/曾19/曾2/曾2/曾23/曾25/曾26/曾26/曾29/曾29/曾30/曾31/曾32/曾33/曾36/曾39/曾40/曾45/曾5/曾5/曾5/曾55/曾55/曾58/曾63/曾63/曾63/曾67/曾68/曾70/曾71/曾73/曾74/曾78/曾8/曾82/曾84/曾86/曾88/曾9/曾96/曾99/曾99/	襦	
3	慜	（字形）	54/郭·缁22/郭·语二38/郭·尊16/郭·语四23/郭·语四25/郭·性49/郭·六21/郭·语四25/郭·缁22/郭·语三31/郭·语四23/郭·老甲25/郭·语四13/郭·语四13/上二·从乙4/上一·孔26/上一·紂12/上三·周33/上三·中5/上三·周26/上三·周43/上三·周14/上三·中9/上三·彭6/上三·周27/上三·周49/上三·周54/上三·周14/上三·周19/上三·周38/上三·周43/上一·性39/上三·周32/上三·周28/上四·逸3/上四·逸4/上一·紂12/上四·曹61/上四·曹13/上五·三13/上五·君1/上五·三20/上六·孔25/上六·用17/上七·吴9/上七·武6/上九·举6/清五·殷8/清五·殷18/清五·殷21/清五·命3/清五·汤处3/	①謀②悔	

607

4	怀	39/汇·望一154/郭·缁25/郭·语二13/郭·语二14/郭·忠3/郭·忠3/郭·忠4/郭·老甲1/郭·穷14/上一·紂13/上二·子10/上二·从乙3/上三·周48/上五·竞3/上五·鲍4/新·甲一：13·11/新·零：221、甲三：210·235/新·甲二：5·27/新·甲一：14·12/新·甲一：25·21/新·乙二：19·478/新·甲三：22、59·72/新·甲三：219·244/新·零：584、甲三：266、277·292/新·三：233、190·257/新·甲三：238·264/新·甲三：257·283/新·零：199·848/新·乙三：51·534/新·乙三：22·510/新·乙二：37·491/新·乙三：43·528/新·乙四：61·596/新·零：296·939/新·零：571·1199/上九·举9/上九·陈15/清一·祭20/清一·保8/	①背②倍③负
5	靶	30/包186/包169/包190/包172/包122/包87/包96/包67/包93/包71/包167/包168/包93/包181/包94/汇·望一93/上二·容51/上二·从甲1/上二·从甲3/上二·从甲16/上五·弟10/上六·用2/上七·君1/上七·君1/上七·君2/上七·君2/上七·君2/	①範②犯
6	綳	27/包230/包231/包242/曾102/曾106/曾14/曾17/曾19/曾3/曾30/曾31/曾33/曾37/曾40/曾42/曾5/曾54/曾60/曾62/曾5/曾68/曾80/曾82/曾84/曾88/曾9/曾91/曾99/	綳
7	惧	27/包166/包172/包173/包176/包183/包192/郭·老丙1/郭·唐12/郭·缁30/郭·尊33/郭·缁45/郭·性52/郭·性53/郭·性60/郭·老甲9/上一·性23/上一·性30/上二·从甲8/上七·吴5/上七·郑甲4/上七·郑乙4/上八·志2/八·王1/清二·十一章58/清二·十一章59/清五·厚9/	①畏②威
8	迺	24/清一·程1/清一·皇2/清一·皇3/清一·皇7/清一·皇9/清一·保5/清一·保8/清三·周10/清三·芮24/清三·说上3/清三·说上3/清三·说上4/清三·说上5/清三·说下3/清三·说下5/清五·厚3/清五·厚5/清五·厚6/清五·厚6/清五·厚7/清五·厚8/清五·厚10/清五·厚11/清五·厚12/	
9	轆	22/曾15/曾10/曾84/曾59/曾78/曾113/曾30/曾83/曾37/曾91/曾69/曾17/曾56/曾89/曾34/曾28/曾20/曾103/曾86/曾3/新·零：407·1045/	轆

附录二：见于《说文解字》之外其他字韵书的楚简新出字字表（678例）

10	緃	12/曾10/曾10/曾104/曾106/曾20/曾46/曾55/曾6/曾6/曾68/曾69/曾88/	紃
11	厰	12/包253/包254/包270/包270/汇·望二5/汇·望二6/汇·望二7/汇·望二45/汇·望二22/汇·五13/清五·汤处16/	彫
12	獢	11/曾26/曾53/曾75/曾48/曾20/曾71/曾58/曾54/曾8/曾73/曾104/	葵
13	禩	10/九·五六13下/新·甲三：335·357/新·甲三：341·363/新·甲三：271·297/新·乙四：90·615/新·零：163·813/新·零：338·977/上七·吴5/上八·王5/清一·祭13/	稷
14	怵	10/包90/包90/包171/包189/郭·语一99/新·乙四：98·622/新·乙四：105·626/上七·凡甲23/上七·凡乙15/清一·耆7/	求
15	敦	10/包120/包122/包122/包122/汇·仰8/清二·十一章60/清二·十四章70/清二·十八章98/清三·祝1/清三·祝2/	执
16	忎	9/郭·语二26/郭·语二27/郭·语四13/郭·忠1/郭·六43/上八·志3/清一·程8/清三·良6/清四·二十九节61/	①悬 ②認
17	梱	9/包266/包266/包266/包266/汇·信二13/汇·信二20/汇·信二23/汇·信二25/汇·信二8/	栿
18	旹	9/帛·丙/帛·甲·行1-2/郭·语一41/郭·语三20/郭·六27/清四·二节16/清四·十四节30/清四·十四节30/清四·二十一节37/	
19	嚻	8/包38/包70/包28/包273/包269/包·牍1/汇·望二3/汇·望二3/	旌
20	坙	7/包168/九·五六58/郭·语四14/上五·三5/上七·郑甲5/上七·郑乙6/清五·殷20/	基
21	駬	7/曾147/曾166/曾173/曾173/曾173/曾173/曾173/	駵
22	筀	7/郭·尊33/郭·尊39/郭·太8/郭·穷15/上一·性17/清一·皇3/清五·封3/	①釐 ②理 ③賷
23	搡	6/上七·凡甲19/上七·凡甲29/上七·凡甲29/上七·凡乙14/上七·凡乙22/上七·凡乙22/	
24	憓	5/郭·老乙5/郭·老乙5/郭·老乙6/郭·老乙6/上六·用16/	①寵 ②恭
25	孯	5/上三·彭2/上三·彭3/上三·彭8/郭·老丙3/郭·缁25/	①挈 ②慈
26	癙	5/新·零：209·856/新·甲三：283·307/新·乙二：37·491/新·乙四：120·634/新·零：324·965/	懌
27	攼	5/帛·乙篇·行4-6/上二·子12/上七·吴5/清三·芮23/清五·封3/	扞

609

28	怵		5/上二·容3/清一·程2/清一·程2/清一·程2/清一·程2/	怵	44	嚼	3/上三·周17/曾80/清二·二章7/	維
29	擇		5/新·零：447·1085/新·乙一：4、10、乙二：12·440/新·乙一：17·452/新·乙一：28·461/新·乙三：5·502/	擇	45	裻	3/上一·性11/上二·容21/上六·競7/	制
					46	䣛	2/包72/包84/包84/	䣛
					47	玟	2/清五·封2/清五·殷25/	
					48	俩	2/上九·陈20/上九·陈20/	兩
30	殉		4/曾1正/曾16/曾39/曾102/	殉	49	萅	2/包203/清五·汤在20/	春
31	鶃		4/包85/上一·孔10/上一·孔16/上二·子11/	鶃	50	岇	2/清一·楚6/清一·楚6/	
32	憿		4/郭·语一84/郭·语一85/郭·语一85/郭·语一86/	察	51	睥	2/汇·信二7/上九·陈13/	
					52	鞻	2/曾80/曾80/	鞍
					53	飽	2/包257/包257/	醐
33	麃		4/上四·柬4/上四·柬4/上四·柬5/上四·柬5/	表	54	侌	2/九·五六29/九·五六96/	陰
					55	竿	2/汇·信二17/包11/	竿
					56	絅	2/汇·仰29/包263/	絅
34	縺		4/包259/包259/汇·仰2/汇·仰32/	①縺②巾	57	結	2/包263/汇·信二18/	結
					58	惝	2/包197/包199/	尚
35	念		4/郭·语二13/郭·语二13/郭·成2/上二·从甲15/	①貪②含	59	鴻	2/郭·穷4/上二·容51/	津
					60	伙	2/上四·曹29/上四·曹41/	御
36	邞		4/包221/包222/包222/包223/	邞	61	塼	2/上六·競4/上四·昭4/	溥
37	苲		4/曾65/曾71/曾71/郭·语一73/	苲	62	栌	2/汇·望二23/上五·三14/	剸
38	舮		4/包70/郭·语四19/郭·语四20/郭·语四26/		63	纆	2/上六·用14/上六·用20/	莫
39	鼎		4/上六·用3/上六·用5/清四·戠7/清五·封7/	鼎	64	惎	2/上二·容3/上二·容37/	謀
40	弦		3/曾48/曾53/曾57/	靯	65	俉	2/上四·曹24/新·乙四：109·628/	伍
41	鈲		3/包265/汇·仰23/汇·五4/	鈲	66	儍	2/上六·天甲9/上六·天乙8/	懷
42	楝		3/清一·程1/清一·程3/清一·程7/		67	梘	2/汇·信二7/新·甲三：380·404/	梘
43	妹		3/上七·吴8/上七·凡甲15/上七·凡乙10/	或隶：姊	68	獴	2/曾172/曾172/	獴

附录二：见于《说文解字》之外其他字韵书的楚简新出字字表（678例）

69	淏	2/ 清二·二十二章 123/ 清二·二十三章 137/	
70	脖	2/ 上七·凡甲 27/ 上七·凡乙 19/	
71	妛	1/ 包 191/	妛
72	萆	1/ 曾 214/	萆
73	鄡	1/ 包 179/	鄡
74	敖	1/ 包 170/	敖
75	泳	1/ 郭·唐 17/	求
76	訕	1/ 包 7/	賀
77	睗	1/ 曾 212/	睗
78	滧	1/ 包 149/	滧
79	羅	1/ 汇·仰 8/	羅
80	嬾	1/ 包 181/	嬾
81	紶	1/ 包 263/	紶
82	悁	1/ 九·五六 15 下 /	悁
83	笘	1/ 郭·穷 2/	拍
84	壋	1/ 包 83/	壋
85	藞	1/ 上三·周 43/	藞
86	琣	1/ 汇·信二 3/	琣
87	鮍	1/ 包 255/	鮍
88	慌	1/ 上三·亙 10/	慌
89	迸	1/ 上四·柬 14/	伴
90	纊	1/ 汇·仰 7/	黃
91	婔	1/ 上四·采 2/	婔
92	唷	1/ 上六·孔 20/	狳
93	憖	1/ 上四·曹 2/	彌
94	儵	1/ 上五·鲍 6/	
95	悬	1/ 上五·季 21/	悇

96	蓳	1/ 上六·競 8/	澤
97	昏	1/ 上六·競 10/	攝
98	垧	1/ 汇·望一 80/	
99	鵴	1/ 清一·楚 12/	
100	秋	1/ 清三·周 13/	
101	俘	1/ 上九·举 14/	
102	簏	1/ 新·甲三：109·145/	
103	敕	1/ 清三·周 16/	
104	痳	1/ 包 168/	
105	俠	1/ 上九·举 17/	
106	獴	1/ 上七·吴 2/	
107	秠	1/ 清三·芮 24/	稃
108	訞	1/ 上八·志 3/	
109	駱	1/ 上九·陈 3/	
110	抐	1/ 汇·仰 3/	
111	結	1/ 清二·六章 39/	
112	覞	1/ 清三·说中 4/	
113	綯	1/ 清一·楚 4/	
114	況	1/ 清三·芮 4/	
115	坂	1/ 上二·从甲 4/	
116	坏	1/ 上九·举 5/	
117	毗	1/ 清三·周 5/	
118	汰	1/ 清四·二十九节 53/	
119	疃	1/ 清四·二十九节 53/	
120	瀋	1/ 清一·皇 6/	稽
121	缺	1/ 清二·十三 64/	
122	紌	1/ 清三·芮 7/	

611

123	鉚	1/清五·封7/	
124	悤	1/清五·封7/	
125	桎	1/汇·信二8/	
126	瘱	1/清三·赤8/	
127	圻	1/汇·望一80/	
128	訑	1/上八·命2/	諫
129	鋧	1/包276/	鋧

130	鱥	1/清二·十五章80/	蹶
131	祠	1/新·甲三：195·223/	
132	鴟	1/新·甲三：322·341/	鷺
133	姞	1/包66/	姞
134	遹	1/九·五六释十78/	
135	稭	1/包140/	
136	敱	1/包179/	

8. 见于《改并四声篇海》的楚简新出字字表（28例）

序号	隶古定	原篆	字频及出处	字用	备注
1	圡		36/包228/包230/包232/郭·语一111/郭·太4/郭·五42/郭·老4/郭·缁32/郭·五10/郭·缁8/郭·性1/郭·五10/郭·缁34/郭·老甲20/郭·老甲36/郭·五35/郭·尊20/郭·性1/郭·性1/上四·内6/上四·昭1/上四·昭2/上四·昭2/上四·曹21/上四·柬22/上九·陈13/上九·陈14/上九·陈7/上九·陈7/上九·灵5/上九·陈8/上九·邦8/上九·邦9/	①止②待③待④等⑤之	
2	㢟		25/郭·成18/郭·成39/郭·缁44/郭·老甲5/郭·尊29/上一·纣22/上三·中8/上三·瓦4/上四·曹30/上五·季18/上八·成1/上九·举23/汇·望7/汇·望13/汇·望二13/汇·望二20/新·乙三：52·535/新·乙三：62·545/新·	①或隶：主②重	至

3	鞎		乙四：142·656/新·零：218·865/新·零：239-1·1302/新·零：510·885/新·零：510·1146/新·零：682·649/ 22/曾15/曾10/曾34/曾84/曾59/曾20/曾78/曾113/曾30/曾37/曾86/曾28/曾83/曾69/曾17/曾97/曾89/曾91/曾103/曾56/曾3/曾41/		鞎
4	浘		18/包80/包176/包34/包183/包55/包81/包164/包184/包46/包52/包124/包83/包172/包181/上四·昭1/新·甲三：11、24·62/新·甲三：268、294/新·乙四：9·556/		渻
5	煑		18/郭·成2/郭·成31/郭·缁23/上一·纣12/上四·曹2/上五·姑7/上五·姑7/上五·鲍6/上六·用18/上六·用14/上六·用6/上七·凡甲17/上七·凡乙16/上八·子1/上九·史1/清一·祭3/清三·芮7/清三·芮7/清五·汤处11/清五·汤处13/	①图②作③著	

612

附录二：见于《说文解字》之外其他字韵书的楚简新出字字表（678例）

6	駐		7/曾174/曾176/曾176/曾176/曾176/新·甲三：215/240/	駐
7	䣶		3/包50/包179/包184/	䣶
8	丮		3/郭·语二15/汇·望二6/清三·祝2/	嘩
9	釛		3/新·甲三：224/248/清四·算21/清五·命15/	釛
10	戌		2/帛·甲·行8-10/帛·丙/	撼
11	豊		2/上一·紂5/上一·紂5/	體
12	聰		1/包72/	聰
13	騹		1/曾142/	騧
14	綷		1/包259/	綉
15	佳		1/包35/	佳
16	殳		1/郭·语一112/	

17	夯		1/郭·尊36/	勝
18	胃		1/汇·信一35/	胃
19	圿		1/汇·仰15/	圿
20	頷		1/郭·语一47/	色
21	朁		1/上一·紂22/	朁
22	妝		1/上二·容2/	侏
23	郒		1/清三·良11/	
24	䶜		1/清二·二十二章122/	
25	劺		1/清三·周2/	
26	瘫		1/清二·九章51/	
27	鞍		1/汇·望二27/	
28	詙		1/清一·皇7/	

9. 见于《字汇》《字汇补》的楚简新出字字表（35例）

序号	隶古定	原篆	字频及出处	字用	备注
1	尢		24/郭·穷3/上二·容6/上二·容8/上二·容12/上二·容13/上二·容8/上二·容9/上二·容13/上二·容14/上二·容14/上二·容8/上二·容6/上二·容10/上五·鬼1/上七·武1/上九·举17/上九·举21/上九·举22/上九·举23/上九·举24/上九·举25/上九·举30/上九·举30/清一·保7/	尧	
2	迲		17/九·五六15下/郭·老乙8/郭·成21/上二·容16/上二·容33/上二·容41/上一·孔20/	去	

			上二·容38/上二·容19/上四·柬12/上三·彭2/上五·竞8/上五·君3/上五·弟13/上五·三20/上八·兰1/上九·卜1/		
3	溤		10/帛·甲·行11-13/帛·乙·行1-3/清一·楚14/清二·十八章98/上四·昭5/上四·昭5/上四·逸3/上五·竞6/上八·王1/上九·陈13/		
4	鄙		9/包68/包110/包110/包118/包118/包143/包168/包168/包184/	鄙	
5	橐		8/汇·信二7/汇·信二20/汇·信二23/汇·信二28/上二·容9/上	橐	

613

序号	隶古定	原篆	字频及出处	字用	备注
			三·周40/上三·周41/上三·周41/		
6	卡		8/九·五六26/郭·六5/郭·六34/郭·六39/上一·孔4/上四·曹16/上四·曹34/帛·丙	别	
7	鄈		6/包41反/包43/包48反/包183/包140反/包188/	鄈	
8	悥		4/郭·语二31/上二·民4/上二·民4/上五·弟4/	哀	
9	双		3/郭·语三62/郭·语四22/郭·语四23/	友	
10	諎		2/上四·相4/上五·姑1/	斯	
11	悳		2/上五·鬼7/上六·用6/	惟	
12	殺		2/郭·尊3/帛·丙	戮	
13	諕		2/上三·周38/上三·周40/	諕	
14	璆		2/上七·君8/上七·君9/		
15	堅		2/上四·曹43/上三·周50/	阪	
16	攺		1/包101/	巨	
17	旂		1/曾80/	旗	
18	絑		1/曾9/	絆	
19	鏧		1/郭·穷10/	鏧	
20	袿		1/郭·穷3/	经	
21	䏧		1/汇·望一12/	胸	
22	圩		1/汇·望二31/	圩	
23	気		1/上一·性1/	氣	
24	喻		1/上·语一2/	命	
25	厌		1/帛·甲·行3-4/	厌	
26	悢		1/新·零:9、甲三:23、57·73/	哀	
27	鞀		1/新·甲三:237-1·262/	鞀	
28	絣		1/新·甲三:220·246/	絣	
29	敦		1/上六·孔8/	亲	
30	慉		1/上六·用2/	慉	
31	鯀		1/上八·王1/		
32	恋		1/清五·汤处13/		
33	鲻		1/清五·汤处2/		
34	絧		1/清四·二十九节53/		
35	宋		1/上七·武8/		

10. 见于《正字通》的楚简新出字字表（20例）

序号	隶古定	原篆	字频及出处	字用	备注
1	垔		44/九·五六39下/郭·尊5/郭·尊6/郭·尊6/郭·缁12/郭·成33/郭·唐10/上二·容27/上二·容26/上二·容27/上二·容18/上二·容23/上二·容17/上二·子10/上二·容26/上二·容33/上二·容34/上二·容22/上二·容24/上一·纣7/上二·容22/上二·容18/上四·曹65/上二·容23/上二·容20/上二·容25/上二·容21/上二·容17/上二·容25/上五·君14/上五·君15/上五·君15/上五·鬼1/上九·举3/上九·举22/上九·举23/上九·举	禹	

附录二：见于《说文解字》之外其他字韵书的楚简新出字字表（678 例）

			29/上九·举30/上九·举30/上九·举30/上九·举31/上九·举32/上九·举32/上九·举33/		4	迪	4/郭·缁19/郭·缁39/上一·紂20/上三·中11/	陳
					5	縺	3/包272/上六·用2/上八·李2/	縺
2	攸		38/包·牍1/郭·老乙16/郭·老乙16/郭·老乙16/郭·老乙17/郭·老乙17/郭·六41/郭·六47/郭·性56/郭·性57/上一·性19/上二·容40/上二·容36/上一·性25/上三·彭5/上三·周25/上四·柬13/上四·柬11/上四·柬15/上一·性25/上四·曹18/上四·曹5/上四·曹6/上五·競4/上五·競7/上五·三17/上七·凡甲22/上八·成11/上八·兰2/上八·子2/上八·颜6/上九·举18/新·甲三：352·378/清二·十六章87/清二·十六章88/清二·二十二章123/清五·封6/清五·汤处8/	修	6	伙	3/新·零：302·945/清二·一章1/清二·一章4/	
					7	睘	3/新·乙四：102·624/新·零：214·861/新·零：717·1355/	環
					8	悡	3/郭·语二4/郭·语二4/上一·孔17/	犁
					9	坯	2/上三·周2/	坯
					10	寰	2/上二·子1/上八·子6/	脆
					11	进	2/上七·凡甲14/上七·凡乙9/	
					12	壆	1/包190/	壆
					13	旹	1/上二·民8/	諆
					14	怘	1/上一·性6/	囿
					15	悉	1/上四·曹5/	任
					16	坙	1/上五·競1/	逐
3	喾		15/新·甲三：15、60·66/包219/包219/包244/清一·楚3/清一·程2/清二·十五章75/清二·二十章108/清三·赤6/清三·赤7/清三·赤7/清三·赤9/清三·赤10/清三·赤10/清四·二十六节50/	巫	17	赴	1/上六·用10/	徒
					18	徉	1/上九·史11/	
					19	菓	1/曾66/	
					20	焜	1/上九·卜2/	

11. 见于其他字韵书的楚简新出字字表（27 例）

序号	隶古定	原篆	字频及出处	字用	备注
1	海		23/包147/郭·老甲2/郭·老甲20/郭·穷10/郭·性9/上二·民7/上二·民12/上二·容5/上二·容5/上二·容9/上二·容19/上二·容20/上二·容25/上二·容26/上二·容26/上二·容41/上三·中18/上	海	六朝别字记

615

		七·吴5/上七·凡甲15/上七·凡甲16/上七·凡乙11/上八·命/清二·二十章112/			12	鞘	2/曾183/曾184/	鞘	小尔雅
2	楠	11/包175/汇·信一45/郭·老丙13/郭·太1/郭·太1/郭·太2/郭·太3/郭·太3/上八·命4/	輔	篇海类编	13	敬	1/曾57/	敬	说文解字校录
3	諡	11/包102反/包184/包191/上三·彭1/上四·柬3/上四·柬4/上四·柬4/上八·王6/清三·说下7/清三·芮2/清五·封2/	諡	篇海类编	14	陀	1/汇·望一2/	陀	慧琳一切经音义
					15	貮	1/帛·甲·行11-13/	戒	海篇
					16	鈴	1/包266/	鈴	说文古籀补
4	印	6/包133/包135/包135反/包136/包137/包150/	印	篇海类编	17	鈦	1/包272/	鈦	篇海类编
					18	郞	1/上二·容45/	郞	五音集韵
5	粘	6/包202/包214/包233/包237/包237/包243/	粘	干禄字书	19	肝	1/汇·五里16/	肝	干禄字书
					20	窑	1/新·甲三：244·270/	寶	六书故
6	緥	5/汇·望二13/汇·望二13/汇·望二13/汇·望二23/汇·望二24/	緥	篇海类编	21	釪	1/上九·陈13/	于	玄应一切经音义
7	达	5/上三·周43/上五·竞10/清二·二章6/清二·二十二章122/清三·周9/	犬	康熙字典	22	扈	1/清一·祭11/	宣	篇海类编
					23	漶	1/清五·厚9/		篇海类编
8	脡	4/新·甲三：201·227/新·甲三：136·168/新·甲三：212、199-3·237/新·甲三：339·361/	脡	说文通训定声	24	囚	1/清三·良2/		类篇
					25	鵑	1/清三·说上2/		类篇
9	裏	3/汇·望二2/汇·望二2/上六·孔26/	裏	康熙字典	26	袖	1/上三·周44/	敝	类篇
10	敊	3/上四·采1/上四·采1/上四·采2/	敊	切韵	27	顬	1/新·乙三：27·513		说文系传
11	挫	3/上一·紂2/上一·紂3/上一·紂19/	知	汗简					

附录三：未见于后世字韵书的楚简新出字字表（2766例）

序号	隶古定	原篆	字频及出处	字用	备注
1	戠		205/包 103/包 115/包 12/包 120/包 124/包 125/包 126/包 129/包 129/包 130/包 130/包 131/包 132/包 140/包 141/包 197/包 197/包 199/包 199/包 2/包 201/包 201/包 205/包 206/包 207/包 209/包 209/包 209/包 211/包 212/包 212/包 213/包 216/包 216/包 217/包 218/包 220/包 221/包 224/包 225/包 226/包 226/包 226/包 228/包 228/包 228/包 230/包 230/包 230/包 232/包 232/包 232/包 234/包 234/包 234/包 236/包 238/包 239/包 242/包 245/包 247/包 249/包 267/包 4/包 58/包 7/包 90/包·牍1/汇·望一110/汇·望一111/汇·望一25/汇·望一47/汇·望一92/汇·信一28/汇·信一29/汇·信一29/郭·太3/郭·太4/上三·周52/上四·柬13/上五·鲍8/上六·竞1/上六·竞2/上六·王问4/上八·兰5/上八·李1背/上九·举24/新·零：384·1022/新·零：414·1052/新·零：431·1069/新·零：459·1096/新·零：479·1116/新·零：492·1128/新·零：496·1132/新·零：503·1139/新·零：513·1149/新·零：521·1157/新·甲三：87·127/新·零：735·1352/新·甲一：16·14/新·甲三：113·149/新·甲三：117、120·152/新·甲三：158·187/新·甲三：159-2·189/新·甲一：3·2/新·甲三：178·208/新·甲三：183-2·214/新·甲三：204·230/新·零：221,甲三：210 235/新·甲三：215 240/新·甲三：217 242/新·甲三：221·246/新·甲三：223·247/新·甲三：	歲	

617

		225、零：332-2・249/新・甲三：240・266/新・甲三：248・274/新・甲三：248・274/新・甲二：6、30、15、28/新・甲三：258・284/新・甲三：259・285/新・零：584、甲三：266、277・292/新・甲三：272・298/新・甲二：8・30/新・甲三：299・319/新・甲二：14、13・35/新・甲三：342-1、零：309・364/新・甲二：22、23、24・40/新・乙一：5・441/新・乙一：12・447/新・乙一：14・449/新・乙一：16・451/新・乙一：18・453/新・乙一：19・454/新・乙一：20・455/新・乙一：26、2・459/新・乙一：32、23、1・464/新・乙三：29・515/新・甲三：1・53/新・乙四：15・561/新・乙四：16・562/新・乙四：21・564/新・乙四：34・574/新・乙四：38・577/新・乙四：40・578/新・乙四：46・582/新・甲三：8、18・59/新・乙四：63、147・598/新・乙四：67・600/新・乙四：85・612/新・乙四：98・622/新・乙四：102・624/新・乙四：103・625/新・乙四：105・626/新・乙四：122・636/新・零：294、482、乙		
2	貼			四：129・643/新・乙四：130・644/新・乙四：144・658/新・零：17・680/新・甲三：20・70/新・零：51・712/新・零：70・727/新・零：26・75/新・零：97・753/新・甲三：27・76/新・零：113・768/新・零：30・79/新・零：135・790/新・零：142・796/新・零：165、19・815/新・甲三：33・82/新・甲三：33・82/新・零：177・827/新・甲三：34・83/新・零：194・843/新・零：526、甲三：37・86/新・零：214・861/新・零：216・863/新・甲三：42・91/新・甲三：49・98/新・零：360・998/清一・耆9/清一・耆12/清一・耆13/清一・金13/清一・金9/清二・五章28/清二・十四章72/清二・十六章88/清二・十六章89/清二・十八章102/清二・二十三章129/清二・二十三章129/清二・二十三章132/清三・芮23/清四・二十三节40/ 174/曾100/曾103/曾103/曾105/曾106/曾107/曾11/曾113/曾115/曾115/曾120/曾122/曾122/曾122/曾123/曾123/曾123/曾124/曾124/曾

618

附录三：未见于后世字韵书的楚简新出字字表（2766例）

		124/曾124/曾125/曾125/曾125/曾126/曾126/曾126/曾126/曾126/曾127/曾127/曾127/曾127/曾128/曾128/曾128/曾129/曾129/曾129/曾129/曾13/曾130/曾130/曾130/曾130/曾131/曾131/曾133/曾133/曾134/曾135/曾135/曾136/曾136/曾137/曾137/曾137/曾138/曾138/曾138/曾138/曾138/曾139/曾140/曾141/曾15/曾15/曾15/曾15/曾150/曾16/曾16/曾17/曾17/曾173/曾18/曾18/曾1正/曾20/曾20/曾22/曾22/曾25/曾26/曾28/曾28/曾28/曾3/曾3/曾3/曾30/曾30/曾31/曾31/曾32/曾33/曾35/曾35/曾36/曾37/曾37/曾38/曾38/曾39/曾4/曾4/曾40/曾40/曾41/曾41/曾43/曾43/曾46/曾46/曾47/曾48/曾48/曾49/曾5/曾56/曾57/曾59/曾61/曾61/曾62/曾64/曾68/曾7/曾7/曾72/曾72/曾79/曾80/曾80/曾81/曾83/曾83/曾83/曾84/曾84/曾84/曾85/曾86/曾86/曾87/曾87/曾89/曾89/曾9/曾90/曾91/曾91/曾92/曾		
3	舉	93/曾94/曾94/曾95/曾95/曾95/曾97/曾97/曾97/曾98 131/包141/包143/包195/包210/包210/包210/包217/包222/包224/包224/包225/包225/包227/包227/包229/包233/包233/包237/包237/包237/包240/包240/包240/包243/包243/包243/包243/包244/包246/包248/包248/包248/包249/包34/包34/包39/包83/包89/包91/包91/汇·望一101/汇·望一102/汇·望一103/汇·望一103/汇·望一33/汇·望一41/汇·望一42/汇·望一44/汇·望一45/汇·望一57/汇·望二8/郭·五29/郭·六48/郭·缁46/郭·尊3/上一·性9/上一·性30/上二·子2/上二·子2/上三·中8/上三·中9/上三·中9/上三·中10/上三·中10/上三·周7/上三·周8/上三·亙7/上三·亙10/上三·亙10/上三·亙11/上三·亙12/上三·亙12/上三·亙13/上三·彭1/上六·用11/上六·競8/上八·成12/上九·灵4/上九·举4/上九·举13/上九·陈19/上九·成甲2/上九·成甲3/上九·成乙2/新·零：410·1048/新·甲一：15·13/新·甲三：103·141/新·甲三：137·169/	①舉②歟③與④與

619

新・甲三：146・175/新・甲三：147・176/新・甲三：148・177/新・甲三：166、162、196/新・甲三：188、197、217/新・甲一：27・22/新・甲三：195・223/新・甲三：200・226/新・甲二：2・24/新・甲三：237-1・262/新・甲三：237-2・263/新・甲三：243・269/新・甲三：243・269/新・甲三：265・291/新・甲二：12・34/新・甲三：344-1・368/新・甲三：419・438/新・乙一：11・446/新・乙一：13・448/新・乙一：13・448/新・乙一：21・456/新・乙一：22・457/新・乙一：29、30・462/新・乙二：1・465/新・乙二：9・472/新・乙二：24、36・482/新・乙二：38、46、39、40・492/新・乙二：38、46、39、40・492/新・乙三：6・503/新・乙三：8・505/新・乙三：28・514/新・乙三：28・514/新・乙三：41・526/新・乙四：3・550/新・零：1・665/新・甲一：11・9/新・零：260・906/新・零：279・923/新・零：331-1・972/清一・祭21/清二・十五章83/清五・汤处11/

4 悤

113/郭・緇44/郭・緇13/郭・緇11/郭・緇12/郭・緇10/郭・尊16/郭・唐14/郭・唐15/郭・唐19/郭・唐2/郭・唐2/郭・六2/郭・尊3/郭・尊20/郭・语一16郭・语一82/郭・语一92/郭・语一93/郭・语一98/郭・语一21/郭・语一22/郭・唐28/郭・语三22/郭・语三28/郭・老丙3/郭・唐3/郭・五1/郭・五21/郭・五21/郭・五9/郭・五9/郭・五11/郭・五11/郭・五12/郭・五13/郭・五49/郭・五41/郭・五33/郭・五41/郭・五31/郭・五28/郭・五30/郭・六1/郭・六23/郭・六26/郭・六31/郭・六32/郭・六4/郭・六35/郭・六34/郭・语三51/郭・语三35/郭・语三35/郭・语三39/郭・性55/郭・性57/郭・性39/郭・性39/郭・性49/郭・性40/郭・性41/郭・唐7/郭・唐9/郭・唐8/郭・忠8/上一・紂7/上一・紂6/上一・紂6/上一・紂22/上一・性24/上一・性25/上一性33/上一・性33/上一・性34/上一・性34/上二・子10/上二・从甲6/上二・从甲5/上二・从甲3/上二・从甲3/上二・从甲11/上二・从乙6/上

仁

附录三：未见于后世字韵书的楚简新出字字表（2766例）

		二·从乙4/上五·鲍6/上五·君1/上五·鬼1/上五·弟25/上五·弟11/上五·三22/上五·季2/上五·季4/上五·鲍6/上六·孔3/上六·孔4/上六·孔4/上六·孔5/上六·孔6/上六·孔6/上六·孔10/上六·孔11/上·孔7/上六·孔8/上六·孔9/上六·孔9/上六·孔9/上六·慎6/上六·競11/上七·武4/上七·武4/上七·武5/上七·武5/上七·武5/上七·武5/上八·颜11/上八·有1/			五·三8/上五·三12/上六·用10/上六·用12/上七·郑甲1/上七·郑甲1/上七·郑甲2/上七·郑甲4/上七·郑甲4/上七·郑甲5/上七·郑甲6/上七·郑甲7/上七·郑乙1/上七·郑乙1/上七·郑乙2/上七·郑乙4/上七·郑乙4/上七·郑乙5/上七·郑乙6/上七·郑乙7/上七·凡乙12/上七·凡甲16/上七·凡甲22/上八·子1/上九·史3/新·零：483·1119/新·甲三：216、241/新·甲三：219、244/新·甲三：246、272/新·乙二：25、零：05、乙三：48、483/新·乙二：27、485/新·乙四：96、620/清一·皇3/清一·皇5/清一·皇6/清一·皇6/清一·皇7/清一·皇8/清一·皇10/清一·祭7/清一·祭17/清一·金11/清一·金12/清三·周7/清五·命9/清五·封5/
5	豪	107/包197/包200/包202/包203/包206/包212/包214/包218/包226/包236/包240/包248/包249/汇·望一100/汇·望一58/汇·望一60/汇·望一96/汇·望一98/汇·望一99/帛·丙/郭·语一13/郭·老乙16/郭·老乙18/郭·六20/郭·缁20/郭·语四26/郭·老丙3/上二·从乙1/上二·从甲2/上二·中2/上二·中3/上三·周8/上三·周22/上三·周52/上四·柬12/上四·柬18/上四·柬18/上四·曹56/上五·鲍4/上五·鬼2/上五·姑1/上五·姑1/上五·姑10/上五·姑2/上五·姑3/上五·姑5/上五·姑6/上五·姑6/上五·姑7/上五·姑8/上五·姑9/上五·姑10/上五·季8/上五·季10/上五·三4/上	①家②嫁		
6	狂	100/包202/包203/包205/包207/包243/汇·望一43/汇·望一46/汇·望一55/汇·望一56/汇·望一75/汇·望一9/新·甲三：78·118/新·甲三：82·122/新·甲三：85·125/新·甲三：174·204/新·甲三：179·209/新·甲三：180·210/新·甲三：249·275/新·甲			

621

三：250・276/新・甲三：251・277/新・甲三：252・278/新・甲三：278・302/新・甲三：281・305/新・甲三：285・309/新・甲三：309・328/新・甲三：312・331/新・甲三：313・332/新・甲三：317・336/新・甲三：320・339/新・甲三：321・340/新・甲三：323・342/新・甲三：326-2・347/新・甲三：327-1・348/新・甲三：327-2・349/新・甲三：328・350/新・甲三：331・353/新・甲三：333・355/新・甲三：334・356/新・甲三：338・360/新・甲三：354・362/新・甲三：346-1・371/新・甲三：346-2、3・372/新・甲三：351・377/新・甲三：353・379/新・甲三：355・381/新・甲三：355・381/新・甲三：361、344-2・385/新・甲三：364・388/新・甲三：366・390/新・甲三：367・391/新・甲三：371・395/新・甲三：372・396/新・甲三：374、385・398/新・甲三：375・399/新・甲三：376・400/新・甲三：378・402/新・甲三：382・405/新・甲三：386・407/新・甲三：387・408 新・甲三：387・408/新・甲三：390・411/新・甲	三：395・416/新・甲三：397・418/新・甲三：399・420/新・甲三：405・426/新・甲三：407・428/新・甲三：411、415・432/新・甲三：417・436/新・甲三：327-2・652/新・零：362・1000/新・零：509・1145/新・零：510・1146/新・零：528・1161/新・零：588・1215/新・零：608、613・1234/新・零：380・1253/新・零：655・1278/新・零：719・1337/新・零：35・696/新・零：56・716/新・零：218・865/新・零：239-1・885/新・零：273・917/新・零：310・952/新・零：316・958/新・零：317・959/新・零：349・987/新・乙二：15・476/新・乙三：42・527/新・乙三：52・535/新・乙三：55・538/新・乙三：57・540/新・乙三：62・545/新・乙三：64・547/新・乙四：92・617/新・乙四：135・649/新・乙四：137、甲三：360・651/新・乙四：142・656/新・乙四：153・664/
	7 貞 96/曾155/曾156/包102/包138/包158/包159/包159/包161/包168/包194/包240/包245/包54/汇・信一1/郭・六14/

附录三：未见于后世字韵书的楚简新出字字表（2766例）

	郭·六15/郭·六17/郭·六2/郭·六35/郭·六41/郭·六9/郭·语四17/郭·语四20/郭·五21/郭·五32/郭·尊21/郭·尊22/郭·老甲2/郭·老甲35/郭·性9/郭·性43/郭·性60/郭·性8/郭·性32/郭·性33/上一·性20/上一·性20/上一·孔22/上一·孔8/上一·性30/上一·性36/上一·性4/上二·子1/上二·子1/上二·子8/上二·从甲17/上二·从甲17/上二·从甲18/上二·从甲18/上三·中1/上三·中4/上三·中14/上三·中16正/上三·中21/上三·中25/上四·柬21/上四·内5/上四·内7/上五·季12/上五·季14/上五·季15/上五·鲍1/上五·鲍2/上五·鲍7/上五·竞6/上六·竞2/上六·竞2/上六·竞3/上六·竞4/上六·竞4/上六·竞4/上六·竞5/上六·竞7/上六·竞7/上六·竞8/上六·竞8/上六·竞9/上八·成11/清一·保6/清一·金10/清二·五章24/清二·八章46/清二·十一章58/清二·十六章86/清二·十六章87/清二·十六章87/清二·十六章88/清三·说上1/清三·芮7/清五·殷11/清五·汤处12/清五·汤处14/清五·汤处15/	①使②弁③變④辩⑤事	8	陞	93/包140/包140反/包140反/包202/包207/包207/包219/汇·望一40/帛·甲·行1-2/郭·太1/郭·太10/郭·太12/郭·太13/郭·唐15/郭·老甲18/郭·老甲19/郭·语三19/郭·老甲21/郭·老甲22/郭·老子甲23/郭·语四23/郭·老甲23/郭·老甲23/郭·六4/郭·唐4/郭·五48/郭·五49/郭·太5/郭·穷5/郭·太5/郭·尊7/郭·太7/新·甲三：52·101/新·甲三：306、326/新·甲二：7·29/新·乙一：15·450/新·乙二：38、46、39、40、492/新·乙三：17·506/新·乙三：60、乙二：13·506/新·乙四：26·569/新·乙四：82·609/新·乙四：86·613/新·乙四：140·654/新·零：3·667/上五·三1/上三·亘1/上六·用10/上二·容16/上五·三17/上五·三17/上四·曹17/上四·曹17/上五·三18/上二·容19/上三·彭2/上二·从甲2/上二·容30/上二·容36/上三·亘4/上三·亘4/上三·亘4/上二·容49/上五·三5/上五·三6/上四·曹63/上二·容8/上六·用9/上二·容9/上二·容9/上七·吴8/上七·郑甲2/上七·郑	①地②施

623

		乙2/上七·凡甲3a/上七·凡甲11/上七·凡甲11/上七·凡甲17/上七·凡甲29/上七·凡乙22/上七·凡乙22/上九·史10/清一·金5/清三·赤13/清三·赤14/清三·说上·6/清三·说中6/清五·汤在2/清五·汤在3/清五·汤在4/清五·汤在18/清五·汤在18/清五·命6/			包199/包199/包199/包201/包201/包201/包208/包209/包209/包209/包212/包212/包212/包216/包216/包216/包226/包226/包226/包228/包228/包228/包230/包230/包230/包232/包232/包232/包234/包234/包234/包236/包239/包242/包245/包247/包249/包84/包85/包86/九·五六13上九·五六77/九·五六77/九·五六78/九·五六78/九·五六87/九·五六88/九·五六88/汇·望一1/汇·望一5/汇·望一8/汇·望一25/新·甲三:51·100/新·乙四:43·579/新·甲三:8、18·59/新·零:248·895/上六·天甲3/上六·天乙3/上六·王问1/上七·凡甲2/上七·凡甲16/上七·凡乙1/上七·凡乙11/	
9	愳	81/曾2/曾2/曾5/曾8/曾8/曾10/曾14/曾17/曾19/曾19/曾23/曾25/曾26/曾29/曾31/曾32/曾36/曾36/曾38/曾39/曾46/曾47/曾49/曾50/曾53/曾53/曾54/曾54/曾55/曾56/曾57/曾58/曾58/曾59/曾63/曾63/曾64/曾64/曾67/曾70/曾71/曾72/曾73/曾75/曾75/曾75/曾76/曾86/曾88/曾89/曾96/曾97/曾104/曾105/曾106/曾115/曾115/曾122/曾123/曾123/曾123/曾123/曾123/曾124/曾126/曾126/曾126/曾127/曾128/曾128/曾129/曾129/曾129/曾131/曾131/曾134/曾136/曾137/曾138/曾138/曾268/	組			
10	屍	81/包12/包126/包128/包128反/包129/包132/包136/包162/包162/包171/包179/包179/包187/包187/包197/包197/包197/		11	遟	75/包250/包259/九·五六90/九·五六91/郭·五17/新·甲三:159-2·189/新·甲三:165·195/新·甲二:6、30、15·28/新·甲二:19、20·38/新·甲二:14、13·35/新·甲一:3·2/新·甲三:183-2·214/新·甲三:215·240/新·甲三:204·230/新·甲三:258·284/新·甲三:132、130·164/新·甲三:299·319/	徙

624

附录三：未见于后世字韵书的楚简新出字字表（2766例）

		新·甲三：221·246/新·甲三：225、零：332-2·249/新·乙一：20·455/新·乙一：18·453/新·乙四：67·600/新·零：25·686/新·乙一：12·447/新·零：274·918/新·乙一：16·451/新·乙四：15·561/新·乙一：26、2·459/新·零：112·767/新·乙四：47·583/新·乙四：66·599/新·零：79·736/新·零：49、62·710/新·零：498·1134/新·零：507·1143/新·零：677·1298/清二·二章9/清二·六章39/清一·楚10/清一·楚10/清一·楚10/清一·楚10/清一·楚11/清一·楚12/清一·楚12/清一·楚13/清一·楚13/清一·楚13/清一·楚13/清一·楚14/清一·楚14/清一·楚14/清一·楚15/清一·楚15/清一·楚15/清一·楚16/清一·楚16/清一·楚2/清一·楚4/清一·楚5/清一·楚6/清一·楚6/清一·楚7/清一·楚7/清一·楚7/清一·楚7/清一·楚7/清一·楚8/清一·楚8/清一·楚8/清一·楚8/清一·楚9/清一·楚9/清一·楚9/清一·楚9/			五·季10/上三·瓦10/上三·瓦11/上三·瓦11/上三·瓦12/上三·瓦12/上五·季12/上一·口14/上一·性15/上四·曹17/上四·柬17/上三·瓦2/上二·容29/上二·容30/上二·容35/上二·容36/上二·容42/上二·容44/上二·容45/上二·容51/上三·瓦7/上三·瓦7/上三·瓦7/上二·从甲9/上七·凡甲26/上七·凡甲26/上七·凡乙19/上七·凡乙19/上八·兰2/上八·志2/清一·耆2/清一·耆3/清一·耆5/清一·耆6/清一·耆8/清一·耆9/清一·耆10/清一·耆13/清一·皇13/清一·祭2/清一·祭4/清一·尹2/清一·尹3/清一·保4/清三·周1/清三·周2/清三·芮2/清三·芮14/清三·芮28/清三·说中2/清三·说中4/清三·说中5/清三·说中5/清三·说中6/清三·说中7/清三·说下3/清四·二节13/清四·二十九节61/清四·二十九节61/清五·殷10/清五·殷21/清五·厚5/清五·厚5/	
12	复	74/包207/包225/汇·望一31/汇·望一158/郭·性1/郭·老甲13/郭·性18/郭·老甲24/郭·性25/郭·成38/郭·成7/上一·䏌1/上	①作②胙③阼
13	騧	73/曾142/曾142/曾143/曾143/曾144/曾144/曾145/曾145/曾146/曾146/曾147/曾147/曾149/曾149/曾150/曾150/曾151/曾151/曾152/曾152/曾153/曾153/曾154/曾	服

625

		154/曾 155/曾 155/曾 156/曾 156/曾 157/曾 157/曾 158/曾 158/曾 163/曾 163/曾 164/曾 164/曾 165/曾 165/曾 166/曾 166/曾 167/曾 167/曾 169/曾 169/曾 170/曾 170/曾 171/曾 172/曾 172/曾 173/曾 173/曾 174/曾 174/曾 175/曾 175/曾 176/曾 176/曾 177/曾 177/曾 178/曾 178/曾 180/曾 180/曾 181/曾 181/曾 182/曾 182/曾 183/曾 183/曾 197/曾 197/曾 203/曾 203/		215/包 221/包 253/包 71/包 71/包 97/九·五六 41/九·五六 46/郭·六 12/郭·性 18/郭·成 24/郭·五 32/郭·五 32/郭·五 33/郭·五 5/郭·五 5/郭·五 5/上二·容 21/上二·容 7/上三·周 7/上三·亙 8/上六·用 18/上六·用 3/上七·凡甲 11/上七·凡乙 8/上八·李 1/上八·兰 1/新·甲三:236·261/新·甲三:303·323/新·甲三:339·361/新·乙一:8·444/新·乙四:134·648/新·甲三:14·65/新·甲三:17·68/清一·楚 16/清一·祭 17/清一·祭 19/清一·尹 4/清二·六章 39/清二·十四章 67/清二·十四章 68/清三·芮 27/清三·说上 1/清三·说上 4/清三·说上 4/清三·说上 5/清三·说上 6/清三·说上 6/清五·殷 4/清五·殷 4/清五·殷 16/清五·殷 28/	
14	觤	72/包 271/包·牍 1/曾 102/曾 106/曾 11/曾 113/曾 114/曾 114/曾 16/曾 1 正/曾 22/曾 22/曾 3/曾 3/曾 30/曾 31/曾 32/曾 35/曾 35/曾 35/曾 38/曾 39/曾 4/曾 41/曾 41/曾 42/曾 42/曾 43/曾 45/曾 47/曾 47/曾 48/曾 48/曾 49/曾 50/曾 53/曾 56/曾 59/曾 60/曾 60/曾 61/曾 62/曾 63/曾 65/曾 66/曾 66/曾 67/曾 67/曾 7/曾 71/曾 71/曾 72/曾 73/曾 79/曾 83/曾 83/曾 85/曾 85/曾 86/曾 87/曾 87/曾 88/曾 89/曾 89/曾 91/曾 95/曾 95/曾 97/曾 97/曾 97/曾 99/汇·望二 48/	豺	15	审		
		68/曾 126/曾 152/曾 156/曾 18/曾 207/曾 208/包 145/包 150/包 157/包 163/包 167/包 174/包 180/包 198/包		16	訇	66/汇·信一 19/上二·从乙 1/上二·容 8/上二·容 14/上二·容 20/上二·容 21/上二·容 22/上二·容 22/上二·容 25/上二·容 25/上二·容 26/上二·容 26/上二·容 27/上二·容 27/上二·容 29/上二·容 32/上二·容 36/上二·容 37/	①始 ②治 ③辞 ④怡 ⑤夷

附录三：未见于后世字韵书的楚简新出字字表（2766例）

		上三·中26/上三·中8/上三·周55/上四·逸4/上四·曹55/上五·三8/上五·季1/上五·弟11/上六·孔3/上七·武7/上七·凡甲9/上七·凡甲9/上七·凡甲10/上七·凡乙7/上七·凡乙8/上七·凡乙8/上八·命6/清一·楚7/清二·一章4/清二·二章8/清二·二章9/清二·二章12/清二·三章16/清二·六章39/清二·八章49/清二·十五章79/清二·二十章108/清二·二十章112/清三·赤15/清五·命15/清五·汤在6/清五·汤在9/清五·汤在9/				甲8/上二·容13/上四·逸1/上四·逸2/上四·曹16/上四·曹35/上五·君3/上五·三4/上五·三6/上五·三17/上五·三17/上六·竞3/上六·竞8/上六·王问2/上七·凡乙17/上九·举14/	
17	薪	66/曾146/曾144/曾148/曾145/曾57/曾214/曾173/曾67/曾143/曾147/曾142/曾150/曾50/曾171/包5/包224/包5/包5/包15反/包202反/包6/包180/包214/包113/包154/包222/九·六二一30/汇·望一85/汇·望一87/郭·老甲35/郭·五13/郭·尊16/郭·缁20/郭·老丙3/郭·五33/郭·五33/郭·老丙1/郭·六25/郭·六3/郭·成31/郭·缁39/郭·六39/郭·六34/郭·老甲28/郭·六48/郭·六33/郭·六17/郭·六30/郭·五21/郭·六39/郭·六15/郭·尊33/上二·从	①新 ②親 ③薪	18	劘	66/新·甲二：11·33/新·甲三：150·179/新·甲三：175·205/新·甲三：180·210/新·甲三：250·276/新·甲三：278·302/新·甲三：279·303/新·甲三：308·327/新·甲三：310·329/新·甲三：312·331/新·甲三：313·332/新·甲三：314·333/新·甲三：315·334/新·甲三：316·335/新·甲三：317·336/新·甲三：320·339/新·甲三：321·340/新·甲三：322·341/新·甲三：324·343/新·甲三：325-1·344/新·甲三：326-1·346/新·甲三：332·354/新·甲三：333·355/新·甲三：336·358/新·甲三：343-1·366/新·甲三：343-2·367/新·甲三：346-2、3·372/新·甲三：347-1·373/新·甲三：349·375/新·甲三：350·376/新·甲三：353·379/新·甲三：355·381/新·甲三：363·387/新·甲三：368·392/新·甲三：369·	刉

627

| | | 393/新·甲三：373·397/新·甲三：374、385·398/新·甲三：377·401/新·甲三：379·403/新·甲三：382·405/新·甲三：383·406/新·甲三：386·407/新·甲三：387·408/新·甲三：390·411/新·甲三：392·413/新·甲三：393·414/新·甲三：397·418/新·甲三：398·419/新·甲三：400·421/新·甲三：402·423/新·甲三：403·424/新·甲三：404·425/新·甲三：405·426/新·甲三：409·430/新·甲三：411、415·432/新·甲三：414、412·434/新·乙三：62·385/新·乙二：14·475/新·乙三：37·522/新·乙三：59·542/新·乙四：146·660/新·零：362·1000/新·零：399·1037/新·零：304·947/新·零：333·973/新·零：345·983/ | | 三：282·306/新·甲三：310·329/新·甲三：336·358/新·甲三：364·388/新·甲三：87·408/新·甲三：390·411/新·甲三：313·332/新·甲三：314·333/新·甲三：343-2·367/新·甲三：349·375/新·甲三：350·376/新·甲三：358·384/新·甲三：345-2·370/新·甲三：346-1·371/新·甲三：346-2、384·372/新·甲三：404·425/新·甲三：408·429/新·甲三：249·275/新·甲三：28·252/新·甲三：324·343/新·甲三：325-1·344/新·甲三：398·419/新·甲三：409·430/新·甲三：411、415·432/新·甲三：326-1·346/新·甲三：326-2·347/新·甲三：327-1·348/新·甲三：327-2·349/新·甲三：328·350/新·甲三：331·353/新·甲三：332·354/新·甲三：343-1·366/新·甲三：418·437/新·甲三：278·302/新·甲三：347-1·373/新·甲三：353·379/新·甲三：355·381/新·乙三：52·535/新·乙三：56·539/新·乙三：59·542/新·乙四：137、甲三：360·651/新·乙四：46·660/新·零：310· | |
| 19 | 豭 | 65/包187/包207/包207/包219/新·甲二：18·37/新·甲三：316·335/新·甲三：317·336/新·甲三：122·155/新·甲三：361、344-2·385/新·甲三：180·210/新·甲三：376·400/新·甲三：320·339/新·甲三：321·340/新·甲：81·305/新·甲 | | | |

628

附录三：未见于后世字韵书的楚简新出字字表（2766例）

		952/新·零：333·973/新·零：263·908/新·零：299·942/新·零：348·986/新·零：349·987/新·零：441·1079/新·零：455·1092/新·零：552·1182/				62/曾102/曾102/曾104/曾106/曾107/曾109/曾13/曾14/曾14/曾15/曾16/曾16/曾16/曾19/曾19/曾19/曾2/曾2/曾2/曾20/曾26/曾29/曾29/曾3/曾30/曾32/曾33/曾36/曾37/曾39/曾39/曾40/曾42/曾42/曾46/曾48/曾5/曾5/曾5/曾56/曾58/曾60/曾60/曾62/曾63/曾65/曾67/曾68/曾70/曾72/曾74/曾78/曾8/曾84/曾86/曾9/曾90/曾90/曾94/曾96/曾99/曾99/		
20	智	63/包137/郭·老乙18/郭·老甲1/郭·老甲20/郭·老甲20/郭·老甲21/郭·老甲27/郭·老甲27/郭·老甲30/郭·老甲31/郭·老甲34/郭·老甲34/郭·老甲36/郭·老甲36/郭·语一8/郭·语一16/郭·语一25/郭·语一26/郭·语一26/郭·语一26/郭·语一27/郭·语一27/郭·语一27/郭·语一28/郭·语一28/郭·语一29/郭·语一29/郭·语一30/郭·语一30/郭·语一30/郭·语一66/郭·语一86/郭·语一86/郭·语二20/郭·语二20/郭·语二47/郭·语三31/郭·语三38/郭·语四16/郭·语四18/郭·语四18/郭·唐11/郭·唐22/郭·唐23/郭·唐27/郭·忠1/汇·仰34/帛·甲11-13/帛·甲8-10/互5/上四·柬2/上四·柬18/上四·柬22/上六·庄6/上六·王与29/上八·成14/上八·成14/上九·邦7/上九·举文19/上九·举古3/上九·举舜29/清五·命14/清五·厚3/	①知②智	21	齒	61/曾115/曾116/曾117/曾118/曾119/曾119/曾119/曾121/曾178/曾179/曾180/曾181/曾182/曾183/曾184/曾186/曾187/曾188/曾189/曾190/曾191/曾192/曾193/曾194/曾195/曾195/曾196/包121/包128/包141/包143/包143/包150/包159/包179/	服
				22	逰	18/包3/包41/包81/包82/包86/包88/包94/上一·性30/上二·鲁3/上二·容4/上五·弟19/上五·鲍1/上六·王问4/上八·有3/新·甲三：79·119/新·甲三：237-1·262/新·乙二：10·473/新·乙三：21·509/新·零：123·778/清二·十一章58/清二·十五章79/清二·二十章108/清三·赤6/清五·汤处5/	路

23	窗		60/包157/新·甲三：244·270/上二·民1/上二·民3/上二·民5/上二·民5/上二·民6/上二·民10/上五·姑2/上五·姑5/上七·武1/上七·武11/上七·武12/上七·武13/上七·武5/上八·颜1/上八·颜1/上八·颜1/上八·颜10/上八·颜10/上八·颜5/上八·颜6/清二·九章51/清五·厚1/清五·厚1/清五·厚3/清五·汤在1/清五·汤在3/清五·汤在5/清五·汤在10/清五·汤在11/清五·汤在18/清五·汤在19/清五·汤处4/清五·汤处6/清五·汤处10/清五·汤处11/清五·汤处13/清五·汤处14/清五·汤处15/清五·汤处16/清五·汤处17/清五·殷1/清五·殷2/清五·殷4/清五·殷4/清五·殷5/清五·殷5/清五·殷6/清五·殷6/清五·殷7/清五·殷7/清五·殷8/清五·殷12/清五·殷14/清五·殷24/清五·殷24/清五·殷27/	①闻②问		包181/包182/包183/包186/包188/包191/包192/包192/包22/包228/包239/包24/包241/包30/包61/包69/包7/包84/包85/包86/包87/包92/九·六二一17/上四·昭3/新·甲三：175·205/新·甲三：217·242/新·甲三：233、190、257/新·甲三：272·298/新·乙一：4、10、乙二：12·440/新·甲三：20·70/新·甲三：27·76/新·零：165、19、815/新·甲三：33·82/新·甲三：49·98/上七·吴8/上七·吴8/上七·吴9/	
24	陞		56/包102/包11/包135/包135/包135/包135/包138/包138/包138/包138/包145/包147/包159/包162/包162/包166/包168/包172/包172/包179/	陞	25	勔	56/曾10/曾10/曾104/曾106/曾106/曾109/曾11/曾13/曾15/曾19/曾21/曾26/曾29/曾30/曾36/曾4/曾45/曾45/曾48/曾5/曾5/曾5/曾50/曾53/曾54/曾55/曾55/曾56/曾56/曾57/曾58/曾59/曾59/曾63/曾68/曾69/曾69/曾69/曾7/曾70/曾70/曾71/曾71/曾73/曾74/曾78/曾8/曾8/曾86/曾88/曾89/曾90/曾96/曾99/曾99/曾99/	貂
					26	遬	56/汇·望一10/汇·望一12/汇·望一13/汇·望一13/汇·望一31/汇·望一35/汇·望一56/汇·望一75/包135反/包137反/包200/包200/包219/包220/包	或隶：遬

630

附录三：未见于后世字韵书的楚简新出字字表（2766例）

		236/包239/包242/包245/包247/郭·六31/郭·六44/郭·尊28/郭·性36/郭·性49/上二·容22/上二·容32/上四·曹44/上四·柬2/上四·柬5/上五·季22/上七·吴1/上七·吴7/上八·王6/上八·有3/新·零：481·1118/新·零：508·1144/新·零：593·1220/新·甲三：113·149/新·甲一：24·20/新·甲三：187·216/新·甲三：194·222/新·甲三：198、199-2·225/新·甲三：232、95·256/新·甲三：235-2·260/新·甲三：247、274·273/新·乙二：3、4·467/新·甲二：34·48/新·乙三：2，甲三：186·500/新·乙三：47·531/新·零：85·742/新·零：85·742/新·零：121·776/新·甲三：29·78/清一·耆4/清一·耆7/			132/曾133/曾133/曾135/曾135/曾136/曾136/曾136/曾137/曾137/曾138/曾138/曾138/曾139/		
27	縈		56/包·牘1/包·牘1/曾43/曾43/曾122/曾122/曾122/曾123/曾123/曾123/曾124/曾124/曾124/曾125/曾125/曾125/曾126/曾126/曾126/曾126/曾127/曾127/曾128/曾128/曾128/曾129/曾129/曾129/曾130/曾130/曾130/曾131/曾131/曾131/曾	滕	28	縈	54/曾122/曾122/曾122/曾123/曾123/曾123/曾124/曾124/曾124/曾125/曾125/曾125/曾126/曾126/曾126/曾127/曾127/曾128/曾128/曾128/曾129/曾129/曾129/曾130/曾130/曾130/曾131/曾131/曾132/曾133/曾133/曾135/曾135/曾136/曾136/曾136/曾137/曾137/曾137/曾138/曾138/曾139/曾43/曾43/	滕
29	犖		53/包102/包103反/包125反/包133/包142/包145反/包146/包146/包163/包166/包173/包175/包179/包181/包182/包20/包22/包23/包24/包30/包40/包44/包47/包53/包77/包80/包81/包82/包83/包84/包85/包86/包89/包90/包91/包94/包96/包96/包97/汇·望一10/汇·望一59/汇·望一60/帛·甲·行1-2/帛·甲·行5-7/上二·容29/上八·李1背/上八·李2/上九·举27/新·甲三：220·245/新·甲三：304·324/新·零：230·876/清一·祭16/清一·尹3/清二·一章2/清二·二十三章137/清三·周7/	李			

631

30	坴	51/郭·穷10/新·零：425·1063/新·零：489·1125/郭·老乙13/包132反/上五·三14/上一·性15/上五·三15/上五·弟15/新·甲三：117、120、152/上五·三16/上三·中18/郭·语四2/郭·语四21/郭·性25/新·甲三：248·274/郭·性28/郭·语一99/上四·曹32/上三·周35/上三·周35/上三·周35/郭·成36/上三·周36/上三·周37/郭·穷4/上三·周44/新·乙一：19·454/郭·穷5/上五·競5/上五·弟5/新·乙四：110、117·629/上二·容7/上七·吴1/上七·吴8/上七·郑甲1/上七·郑乙1/上七·凡甲6/上七·凡乙5/上八·成1/清二·五章25/清二·八章46/清二·十四章72/清二·十五章76/清二·十五章82/清二·十九五章107/清四·十八节30/清四·二十一节37/清四·二十一节37/清四·二十一节38/清四·二十一节38/	①來②賚③棘
31	駟	50/曾142/曾144/曾144/曾144/曾145/曾147/曾149/曾149/曾149/曾150/曾150/曾151/曾151/曾152/曾152/曾153/曾153/曾153/曾154/曾155/曾156/曾157/曾157/曾158/曾158/曾160/曾161/曾163/曾163/曾	騮
		166/曾167/曾167/曾168/曾169/曾171/曾171/曾171/曾175/曾175/曾175/曾177/曾179/曾180/曾181/曾185/曾187/曾188/曾189/曾200/	
32	槀	49/郭·缁22/郭·鲁4/郭·尊15/郭·老甲2/郭·缁22/上一·材12/上一·材17/上一·孔9/上二·从甲3/上二·容36/上四·曹6/上四·曹34/上四·曹51/上四·曹59/上四·采4/上五·三14/上五·弟16/上五·弟16/上五·鲍2/上五·君6/上五·競6/上五·競8/上六·用5/上六·天甲7/上六·天甲7/上六·天甲7/上六·天乙6/上六·天乙6/上六·天7/上七·吴2/上七·吴7/上七·吴7/上七·吴8/上七·凡甲1/上七·凡甲18/上七·凡乙1/上七·凡乙13/上九·成甲3/上九·举·禹35/上九·举·文8/上九·举·文9/清一·皇1/清三·芮5/清三·芮15/清四·二十六节51/清五·汤处19/清五·殷26/清五·殷27/清五·殷28/	①寡②顧
33	熹	48/包7/包198/包200/包204/包211/包215/汇·望一31/汇·望一31/汇·望一32/郭·语一45/郭·语二28/郭·语二28/郭·性2/郭·性24/郭·性34/郭·性34/郭·性63/上	①喜②憙

附录三：未见于后世字韵书的楚简新出字字表（2766例）

		一·性1/上一·性13/上一·性13/上一·性14/上一·孔18/上一·孔21/上一·孔22/上二·昔3/上二·昔3/上四·采4/上四·曹55/上四·曹61/上五·三6/上五·三7/上五·三25/上六·天甲6/上六·天乙5/上八·命7/上九·陈14/上九·成甲2/上九·成甲5/新·甲三：203·229/新·甲三：314·333/新·零：89·746/新·零：110·765/新·零：139·793/清一·耆10/清一·耆12/清三·周12/清五·殷18/			新·乙四：105·626/新·乙四：130·644/新·零：17·680/新·零：97·753/新·甲三：33·82/新·零：215·862/清二·四章20/清二·六章38/清二·八章47/清二·九章50/清二·十二章62/清二·十六章87/清二·二十二章119/清四·别6/	
34	睪	48/包82/包197/包199/包201/郭·缁7/郭·缁9/上二·容13/上四·曹28/上四·曹46/上四·曹48/上四·昭5/上九·卜6/上九·卜9/上九·陈7/上九·陈7/上九·陈8/上九·陈14/上九·陈14/新·零：492·1128/新·甲三：87·127/新·甲一：16·14/新·甲三：154·183/新·甲三：158·187/新·零：221、甲三：210·235/新·甲三：248·274/新·零：584、甲三：266·277·292/新·甲二：8·30/新·乙四：34·574/新·乙四：38·577/新·乙四：46·582/新·乙四：85·612/新·乙四：102·624/新·乙四：103·625/	卒	35	毫	47/曾10/曾102/曾104/曾104/曾106/曾108/曾113/曾13/曾14/曾19/曾19/曾21/曾29/曾29/曾32/曾32/曾39/曾40/曾42/曾45/曾5/曾55/曾56/曾58/曾59/曾60/曾62/曾65/曾65/曾67/曾70/曾70/曾71/曾71/曾72/曾78/曾78/曾78/曾8/曾86/曾88/曾9/曾90/曾95/曾96/曾98/曾99/	
36	邺	47/汇·仰8/包101/包103/包105/包106/包107/包108/包109/包110/包111/包112/包113/包114/包115/包116//包116/包117/包117/包118/包118/包119/包119/包130/包135/包145/包145/包165/包166/包166/包173/包174/包174/包188/包190/包46/包46/包46/包5/包52/包52/包55/包61/包64/包64/包64/	越
37	遊	47/帛·甲行1-2/帛·甲行1-2/帛·甲行3-4/帛·甲行3-4/上一·紂10/上二·从甲4/	①失②逆

633

		上二·容52/上二·从甲8/上二·鲁1/上三·周10/上三·周16/上三·周16/上三·亙13/上三·彭1/上三·彭5/上四·曹7/上四·曹8/上四·曹9/上四·曹10/上四·曹29/上四·曹31/上四·曹52/上五·三5/上五·三8/上五·三12/上五·三2/上五·三20/上五·季10/上五·季20/上六·孔3/上七·武10/上七·武11/上七·凡甲3a/上七·凡甲19/上七·凡甲22/上七·凡甲23/上七·凡甲27/上七·凡乙2/上七·凡乙15/上七·凡乙15/上七·凡乙20/上八·兰1/上八·兰2/上八·颜8/上九·举舜28/上九·举文5/上九·史7/上九·邦9/		39	癙		①瘧②瘧
38	酉	46/包163/包165/包166/包168/包168/包171/包173/包175/包175/包180/包181/包182/包183/包183/包184/包185/包185/包186/包189/包191/包224/包225/包31/包36/包42/包50/包54/包68/包牍1/九·五六102/九·五六103/九·五六37上/九·五六38上/九·五六39上/九·五六40上/九·五六80帛·丙/汇·望一19/汇·望一52/汇·望一144/新·零:418·1056/新·零:109、105·764/新·零:176·826/新·零:200、323·849/清二·二十三章138/清四·二十五节45/	丙				
				40	徰	44/包19/包21/包228/包23/包230/包239/包25/包26/包28/包31/包33/包34/包35/包36/包37/包38/包39/包40/包41/包45/包46/包47/包48/包49/包50/包51/包52/包55/包56/包57/包60/包62/包64/包65/包66/包68/包69/包70/包71/包74/包75/包76/包78/包85反/	將	动词

45/包236/包236/上四·束20/新·甲一:24·20/新·甲一:24·20/新·甲三:160·191/新·甲三:29·78/新·甲二:34·48/新·甲:212、199-3·237/新·甲三:184-2、185、222、215/新·甲三:22、59、72/新·甲三:194、222/新·甲三:194·222/新·甲三:113·149/新·甲三:265·291/新·甲三:256·282/新·甲三:226·250/新·乙二:45·497/新·乙二:2·466/新·乙三:2、甲三:186·500/新·零:179·829/新·零:85·742/新·乙二:3、4·467/新·零:189·838/新·零:330·971/新·零:300·943/新·零:238·884/新·零:481·111/汇·望一10/汇·望一100/汇·望一101/汇·望一11/汇·望一12/汇·望一12/汇·望一13/汇·望一13/汇·望一150/汇·望一56/汇·望一58/汇·望一61/汇·望一8/汇·望一9/上四·束20/

附录三：未见于后世字韵书的楚简新出字字表（2766例）

41	豬	44/包200/包202/包204/包210/包215/包244/包248/包250/新·零：393·1031/新·零：400·1038/新·零：430·1068/新·零：491·1127/新·零：674·1295/新·甲三：97·135/新·甲三：123·156/新·甲三：124·157/新·甲三：150·179/新·甲三：207·232/新·甲三：250·276/新·甲三：251·277/新·甲三：269·295/新·甲三：285·309/新·甲三：308·327/新·甲三：313·332/新·甲三：333·355/新·甲三：350·376/新·甲三：353·379/新·甲三：361、344-2·385/新·甲三：377·401/新·甲三：390·411/新·甲三：394·415/新·甲三：403·424/新·甲三：404·425/新·甲三：405·426/新·甲三：414、412·434/新·乙一：4、10、乙二：12·440/新·乙一：28·461/新·乙二：7·470/新·乙二：43·495/新·乙三：23·511/新·乙四：80·607/新·乙四：81·608/新·零：308·951/新·零：346·984/		包183/包184/包187/包191/包192/包193/包194/包200/包202/包203/包206/包214/包240/包248/汇·仰23/上九·灵1/上九·灵1/上九·灵1/上九·邦8/上九·邦9/上九·邦9/上九·邦10/清一·楚14/清一·楚15/清二·五章23/清二·五章23/清二·五章25/清二·五章26/清二·五章27/清二·七章43/清二·十八章99/清二·十八章99/	
42	鄰	44/包31/包50/包66/包138/包142/包163/包170/包175/包18/包180/包182/包183	蔡	43/郭·唐1/郭·唐10/郭·唐16/郭·唐22/郭·唐22/郭·唐23/郭·唐23/郭·唐25/郭·唐6/郭·唐9/郭·穷2/上二·容12/上二·容13/上二·容14/上二·容14/上二·容14/上二·容16/上二·容17/上二·容17/上二·容23/上二·容30/上二·子2/上二·子4/上二·子5（正、背）/上二·子6/上二·子6/上二·子6/上二·子7/上二·子7/上二·子8/上四·曹2/上五·鬼1/上五·君12/上五·君14/上七·武1/上九·举10/清一·保4/清一·保6/上九·举·舜26/上九·举·舜26/上九·举·禹32/	舜
44	朓		43/曾100/曾102/曾102/曾103/曾105/曾115/曾117/曾13/曾13/曾16/曾18/曾1正/曾23/曾24/曾		虎

635

			甲1/上七·郑乙1/上八·成8/上九·邦2/上九·邦3/上九·邦4/上九·邦9/上九·邦10/上九·举·禹30/清五·封8/	
		47	42/曾10/曾104/曾113/曾115/曾115/21/曾28/曾30/曾35/曾4/曾4/曾41/曾43/曾45/曾48/曾49/曾50/曾50/曾53/曾54/曾56/曾58/曾59/曾61/曾64/曾66/曾69/曾70/曾70/曾71/曾72/曾78/曾8/曾80/曾83/曾86/曾88/曾89/曾91/曾95/曾97/曾98/	
45	奈	25/曾26/曾28/曾29/曾29/曾32/曾32/曾36/曾39/曾42/曾42/曾58/曾60/曾60/曾65/曾65/曾67/曾70/曾70/曾73/曾78/曾78/曾8/曾91/曾93/曾93/曾96/曾98/曾99/ 42/新·零：36·697/包104/包115/包125/包131/包135反/包156/包165/包172/包182/包187/包19/包2/包20/包200/包203/包205/包206/包207/包4/包80/包81/包82/包83/九·五六101/九·五六16上/九·五六23上/九·五六24上/九·五六77/九·五六77/九·五六77/九·五六77/九·五六78/九·五六78/九·五六81/九·五六84/九·五六85/九·五六85/九·五六91/九·五六91/九·五六91/清一·楚5/	
46	豪	42/包169/包197/包199/包199/包201/包209/包212/包216/包226/包228/包230/包232/包234/包246/郭·五13/郭·五21/郭·五33/郭·五33/郭·六1/郭·六2//郭·六2/新·甲三：56·104/新·甲三：56·104/新·甲三：56·104/新·甲三：137·169/新·乙四：96·620/新·乙四：96·620/新·甲三：14·65/新·零：151·804/上六·王问1/上七·郑	①就②適③戚
48	善	41/郭·语一11/郭·尊12/郭·尊13/郭·尊13/郭·尊14/郭·尊14/郭·尊15/郭·尊15/郭·尊16/郭·性18/郭·尊18/郭·尊18/郭·缁18/郭·尊19/郭·性21/郭·缁23/郭·缁24/郭·性28/郭·成4/郭·尊4/郭·尊4/郭·六40/郭·性51/郭·性9/上二·从甲1/上二·从乙1/上一·财10/上一·财13/上一·财13/上二·从甲15/上五·季3/上四·曹37/上二·从乙4/上四·曹40/上四·曹63/上九·成甲1/上九·成乙3/上九·史4/	①教②設
49	曹	41/包12/包126/包131/包132反/包140/包141/包162/包164/包18/包180/包180/	許

附录三：未见于后世字韵书的楚简新出字字表（2766例）

		包205/包206/包207/包209/包212/包216/包218/包218/包220/包221/包224/包225/包234/包234/包247/包248/包58/包98/汇·望一72/汇·望一73/新·零：495·1131/新·甲三：216·241/新·甲三：320·339/新·乙二：25、零：205、乙三：48·483/新·乙二：27·485/清二·十四章70/清二·十七章91/清二·十八章100/清二·十八章100/清二·十八章101/			甲9/上二·民13/上六·天甲8/上六·天乙7/上七·凡甲27/上七·凡甲27/帛·乙·行1-3/帛·乙·行1-3/清五·汤在6/清五·汤在6/清五·汤在8/清五·汤在8/清五·汤在9/清五·汤在9/清五·汤在9/清五·汤在9/清五·汤在10/		
50	辻	41/曾145/曾155/曾156/汇·望二37/汇·信二22/包194/包74/包146/包74/包169/包112/包145/包178/包16/包73/包16/包15反/包185/包177/包174/包149/包179/包179/包16/包186/包186/包166/包77/包174/包149/包191/包167/包164/包51/包172/包265/新·甲三：211·236/上四·昭3/上四·昭4/上四·昭4/上八·王7/		52	觎	40/曾104/曾105/曾122/曾123/曾124/曾125/曾125/曾126/曾127/曾127/曾128/曾129/曾130/曾131/曾135/曾137/曾138/曾139/曾14/曾17/曾19/曾2/曾23/曾25/曾26/曾29/曾32/曾36/曾38/曾39/曾46/曾49/曾55/曾58/曾6/曾72/曾75/曾8/曾86/曾97/	
51	奠	40/郭·语一45/郭·老甲35/郭·六15/郭·性44/郭·太10/郭·语一48/郭·性2/郭·语一52/郭·语一68/上二·容30/上三·亙2/上一·性36/上三·亙9/上三·亙4/上三·亙2/上三·亙4/上二·民12/上三·亙4/上三·亙2/上二·从	或隶：迅、迁卜	53	衢	38/包194/帛·丙/帛·丙/郭·六8/郭·六18/郭·六35/郭·尊28/上一·孔27/上二·容3/上三·周8/上四·曹22/上四·曹25/上四·曹27/上四·曹28/上四·曹32/上四·曹33/上四·曹36/上四·曹38/上四·曹58/上四·曹58/上五·姑10/上九·陈11/清一·楚1/清一·程2/清一·尹3/清一·尹4/清二·五章25/清二·五六章34/清二·七章41/清二·七章43/清二·七章43/清二·八章47/清二·八章48/清二·十章55/清二·十四章69/清二·十七章94/	①帅②率

637

54	鹵	38/汇·望二9/汇·望二10/汇·望二18/曾102/曾104/曾105/曾106/曾13/曾16/曾19/曾1正/曾23/曾25/曾26/曾29/曾32/曾36/曾39/曾42/曾45/曾48/曾5/曾55/曾58/曾60/曾62/曾63/曾65/曾67/曾70/曾71/曾73/曾74/曾78/曾8/曾88/曾96/曾99/	穬
55	隍	38/包125/包126/包126/包126/包127/包127/包128/包128/包149/包163/包176/包176/包180/包180/包183/包184/包185/包185/包189/包190/包40/包62/包65/包78/包85/包87/包87/包87/包88/包96/汇·信一5/汇·信一5/新·甲三:92·132/新·甲三:331·353/新·甲三:346-2、384、372/新·甲三:348、374/新·甲三:377·401/新·乙四:80·607/	陽
56	敓	37/包128/包141/包143/包146/包149/包152/包165/包166/包166/包177/包184/包186/包187/包189/包190/包193/包194/包2/包25/包5/包5/包5/包73/包74/包85/包91/包99/曾126/曾146/曾18/曾1背/曾1正/曾4/曾57/曾7/上九·陈11/	令
57	常	37/包222/郭·成32/郭·成38/郭·成39/郭·成40/郭·老甲34/郭·缁16/上一·衽9/上一·孔9/上三·彭1/上四·柬6/上四·柬5/上四·柬21/上四·曹50/上四·曹24/上五·季20/上五·三1/上五·三5/上五·三5/上五·三5/上五·三10/上六·莊1/清一·祭21/清三·芮7/清三·芮10/清三·芮21/清五·命1/清五·殷14/清五·殷24/清五·殷28/清五·汤在16/清五·汤在17/	①常②嘗③狂
58	衍	36/上一·衽17/郭·老甲10/郭·老甲13/郭·性12/郭·性14/郭·性14/郭·性14/郭·性14/郭·性15/郭·性15/郭·性15/郭·性19/郭·性21/郭·性3/郭·性41/郭·性41/郭·性41/郭·性42/郭·六26/郭·六43/郭·六47/郭·六5/郭·六5/郭·语一36/郭·语一36/郭·语三50/郭·语三56/郭·性53/郭·性56/郭·六6/郭·语三6/郭·老甲6/郭·六7/郭·忠7/郭·忠7/郭·语一75/	道
59	臤	36/上一·衽23/上一·孔10/上二·子6/上二·子8/上二·容34/上二·容10/上二·容11/上二·容11/上二·容34/上二·容12/上二·容17/上二·容9/上二·容10/上二·容43/	①賢②堅

附录三：未见于后世字韵书的楚简新出字字表（2766例）

60	昏		上二·容13/上二·容10/上二·容1/上二·容10/上二·容37/上二·容17/上二·容39/上三·中9/上三·中19/上三·中7/上三·中10/上三·彭8/上四·曹9/上四·曹36/上五·季10/上五·季18/上五·季21/上五·季22/上八·兰3/上八·成10/上九·举7/上九·举29/36/上二·从甲9/上七·凡甲1/上七·凡甲3b/上七·凡甲14/上七·凡乙1/上七·凡乙9/清四·三节1/清四·四节5/清四·四节7/清四·六节14/清四·六节16/清四·七节18/清四·八节1/清四·八节3/清四·八节5/清四·九节7/清四·十节10/清四·十一节12/清四·十二节19/清四·十三节22/清四·十四节24/清四·十四节24/清四·十五节24/清四·十六节24/清四·十五节26/清四·十六节26/清四·十七节28/清四·十八节24/清四·十九节32/清四·二十一节38/清四·二十二节39/清四·二十三节40/清四·二十九节52/清四·二十九节61/清四·三十节62/清四·三十节63/		凡		62	恕		郭·语二5/郭·语二5/郭·语四6/郭·语一60/郭·性65/郭·语三71上/郭·语一88/郭·语一97/汇·信二12/汇·仰3/汇·望二5/汇·望二8/上一·性10/上一·性11/上一·性12/上一·性13/上一·孔28/上二·子5（正、背）/上四·曹11/上五·季9/上六·用18/上六·用19/上七·凡乙10/上九·成甲1/35/包226/包228/包230/包232/包234/包236/包239/包242/包245/包247/包249/汇·望一14/汇·望一39/汇·望一4/汇·望一40/汇·望一53/汇·望一55/汇·望一58/汇·望一59/汇·望一60/汇·望一72/汇·望一74/汇·望一75/汇·望一86/汇·望一95/汇·望一96/汇·望一97/汇·望一98/汇·望一99/新·零:397·1035/新·零:727·1345/新·甲三:137·169/新·乙四:139·653/清一·楚16/清二·二十三章135/	①悼 ②卹
61	麐		35/包190/汇·望二5/郭·语三10/郭·性17/郭·尊17/郭·性20/郭·性22/郭·语一4/郭·语三41/郭·语三44/		①文 ②取 ③敏		63	勅		35/包113/包130/包164/包169/包180/郭·尊1/郭·老丙10/郭·老乙15/郭·老乙15/郭·成36/郭·成7/郭·成8/郭·成9/上二·從乙1/上三·周30/上四·曹33/上四·曹33/上四·曹41/上四·曹46/上四·曹49/上四·曹		勝

639

		52/上七·凡甲26/上七·凡甲26/上七·凡乙19/上七·凡乙19/上七·武4/上七·武4/上七·武4/上七·武4/上七·武13/上七·武14/上七·武14/上七·武14/上七·武14/		十五章84/清二·二章8/清二·二章9/清二·十九章106/清二·十九章107/清二·二十章108/清二·二十三章135/清二·二十三章136/清二·二十章112/	
64	纖	34/汇·望二1/汇·望二1/汇·望二13/汇·望二13/汇·望二13/汇·望二13/汇·望二13/汇·望二13/汇·望二16/汇·望二16/汇·望二17/汇·望二18/汇·望二18/汇·望二20/汇·望二20/汇·望二25/汇·望二26/汇·望二27/汇·望二28/汇·望二4/汇·望二5/汇·望二7/汇·望二8/汇·望二7/汇·望二8/汇·望二8/汇·望二8/汇·信二1/汇·信二2/汇·信二4/汇·信二28/汇·信二5/		纵
66	敎	33/曾10/曾101/曾105/曾14/曾17/曾18/曾19/曾1正/曾2/曾20/曾23/曾25/曾26/曾26/曾29/曾31/曾36/曾36/曾38/曾4/曾43/曾56/曾58/曾58/曾6/曾69/曾69/曾73/曾73/曾8/曾8/曾8/曾88/	攸
65	女	34/清一·金2/清五·楚7/清五·楚8/清五·楚9/清五·楚10/清五·楚12/清五·楚13/清五·楚13/清五·楚16/清五·楚16/清二·三章16/清二·四章19/清二·四章20/清二·四章21/清二·五章25/清二·五章29/清二·六章35/清二·六章39/清二·八章48/清二·八章48/清二·九章52/清二·九章53/清二·十一章59/清二·十五章79/清二·十五章80/清二·	焉
67	訇	33/郭·尊12/郭·尊12/郭·尊23/郭·尊5/郭·尊6/郭·尊6/郭·尊25/郭·尊31/郭·成5/郭·成23/郭·成32/郭·性22/郭·性26/郭·性46/郭·缁衣7/郭·老丙12/郭·老丙19/郭·老丙20/郭·语一108/上一·孔17/上一·孔23/上一·性13/上一·性38/上一·口4/上二·子12/上三·亙1/上六·競13/上六·孔9/上七·凡甲22/上七·凡甲30/上七·凡乙22/上八·颜5/上八·颜12A/	①治②辞③词④始⑤邰
68	絧	33/包278反/郭·老甲26/郭·六31/郭·六31/郭·语一49/郭·性58/郭·性59/上一·性16/上一·性26/上一·性27/上二·容19/上二·容36/上二·容43/上二·容43/上二·子1/上四·柬9/上四·曹36/上四·曹36/上五·姑1/	①治②始③给

附录三：未见于后世字韵书的楚简新出字字表（2766例）

69	繻	上五·姑3/上五·姑4/上五·姑4/上五·君11/上五·君11/上五·君15/上五·君16/上六·天乙5/上六·天甲5/上八·颜10/上八·命6/上九·举·舜29/清一·皇8/清三·芮1/清三·周13/清五·汤在8/33/包93/包101/包145/包159/包190/郭·缁37/上四·曹21/上六·庄5/上六·庄5/上六·庄5/上六·庄6/上六·庄7/上六·庄8/上六·王与1/清二·二章5/清二·二章6/清二·二章6/清二·十五章75/清二·十五章76/清二·十五章77/清二·十五章78/清二·十五章78/清二·十五章78/清二·十五章78/清二·十五章78/清二·十八章98/清二·十一章57/清二·十九章106/清二·二十章108/清二·八章48/清二·六章40/清三·芮3/清五·命13/清五·命14/	①或隶②绅：繻
70	绎	33/郭·老甲21/上二·从甲8/上四·曹55/上四·曹61/上五·鬼6/清一·至4/清一·耆9/清一·祭3/清一·祭6/清一·祭8/清一·祭9/清一·祭15/清一·祭15/清一·祭17/清一·祭18/清一·祭20/清三·说下7/清三·说下10/清三·说中3/清三·说中5/清三·说中6/清三·周3/清三·周4/清	①灾②字③兹
71	繄	三·周16/清三·芮5/清三·芮6/清三·芮6/清三·芮2/清三·芮2/清三·芮24/清三·芮26/清五·殷9/清五·殷23/32/曾10/曾103/曾113/曾115/曾15/曾18/曾22/曾24/曾28/曾30/曾35/曾38/曾4/曾41/曾47/曾49/曾56/曾59/曾64/曾66/曾69/曾7/曾78/曾80/曾83/曾85/曾87/曾89/曾91/曾93/曾95/曾97/	
72	戬	31/包10/包125/包146/包146/包146/包146/包150/包162/包163/包166/包167/包168/包168/包169/包170/包172/包174/包174/包175/包180/包180/包180/包184/包186/包186/包187/包191/包194/包3/包91/	
73	俊	31/包12/包126/包131/包140/包168/包206/包212/包216/包218/包220/包221/包58/九·五六25/九·五六31/九·五六32/九·五六32/九·五六33/九·五六37下/九·五六38下/九·五六45/九·五六54/上五·君1/上五·君5/上五·鬼6/上五·鬼7/上五·三10/上五·三11/上八·李1/清五·厚8/清五·厚11/	①作②胙
74	貍	31/包165/曾102/曾104/曾104/曾115/曾14/曾19/曾19/曾2/曾2/曾29/曾32/曾	貍

641

		32/曾36/曾39/曾40/曾45/曾55/曾56/曾62/曾65/曾70/曾70/曾72/曾73/曾78/曾9/曾90/汇·望二18/汇·望二43/汇·望二7/			29/包72/郭·缁20/九·五六13上/九·五六17上/九·五六22上/九·五六18上/九·五六15上/九·五六23上/九·五六20上/九·五六14上/九·五六16上/九·五六17下/九·五六24上/九·五六19上/九·五六21上/上一·囗11/上三·亙3正/三·周9/上五·季6/上五·姑5/清一·皇6/清一·皇12/清三·芮2/清三·芮21/清三·芮17/清三·芮28/清三·周7/清三·周8/清五·殷19/	
75	鹽	29/包162/包170/包171/包172/包173/包176/包176/包177/包180/包181/包186/包186/包189/包192/包194/包197/包212/包215/包226/包227/包236/包238/包241/包243/包267/包267/包278反/包3/	鹽	78	盗	寧
76	坴	29/帛·甲·行8-10/九·五六13上/九·五六13下/九·五六16上/九·五六17上/九·五六18上/九·五六19上/九·五六20上/九·五六21上/九·五六23上/九·五六24上/郭·老乙10/郭·老乙11/郭·老乙15/上二·容22/上三·周14/上五·姑4/上五·三6/上六·天甲1/上六·天甲1/上六·天甲1/上六·天乙1/上六·天乙1/上六·天乙1/上六·天乙1/上六·用18/上九·举·禹34/清一·祭13/	建	79	敦	28/帛·甲·行11-13/包156/包156/包166/包191/郭·五28/郭·五31/新·甲三：322·341/新·甲三：391·412/新·乙一：14·449/新·零：319·961/新·零：342·980/上二·容28/上四·柬8/上四·柬9/上六·孔14/上六·用3/上六·庄7/上六·庄8/上七·郑1/上七·郑甲1/上八·王4/上八·志7/上九·成甲3/清二·七章41/清三·芮21/清三·芮24/清五·汤在19/清五·命4/清五·命4/	穀
77	旎	29/包197/包199/包201/包207/包209/包212/包216/包218/包220/包221/包223/包224/包225/包226/包228/包230/包232/包234/包236/包238/包239/包242/包245/包247/包249/包67/清二·十八章100/清二·十八章101/		80	椢	28/曾123/曾124/曾124/曾125/曾125/曾126/曾126/曾127/曾127/曾128/曾128/曾129/曾129/曾130/曾130/曾131/曾131/曾133/曾134/曾135/曾136/曾136/曾43/曾61/	

附录三：未见于后世字韵书的楚简新出字字表（2766例）

81	輪	28/曾12/曾13/曾16/曾18/曾1正/曾22/曾25/曾26/曾28/曾31/曾32/曾36/曾38/曾39/曾4/曾45/曾47/曾48/曾50/曾53/曾57/曾7/曾71/曾73/曾75/郭·语四20/汇·望二13/上三·周58/	輪		85	舍	章127/清二·二十三章128/清三·芮20/清三·芮20/清三·芮22/清五·殷17/ 28/包145反/上二·从甲1/上二·从甲14/上二·从甲2/上三·彭2/上三·彭3/上三·彭5/上六·天乙8/上七·吴6/上九·举·文13/清一·祭20/清一·尹4/清二·二章7/清三·周3/清三·周7/清三·周9/清三·周10/清三·周10/清三·周11/清三·周12/清三·周13/清三·说上3/清三·赤8/清三·赤12/清五·殷27/	①余②餘③予
82	雺	28/曾3/曾7/曾11/曾15/曾18/曾22/曾25/曾28/曾31/曾35/曾38/曾41/曾42/曾47/曾49/曾56/曾59/曾66/曾69/曾79/曾80/曾83/曾87/曾89/曾92/曾93/曾95/曾114/			86	剆	28/包107/包180/新·乙四：110、117·629/新·零：353·991/郭·老甲11/郭·老甲17/郭·老甲36/上二·从甲9/上四·曹33/上四·曹41/上四·曹45/上四·曹52/上五·季18/上六·庄2/上六·王问2/清一·至4/清二·二十二章124/清二·二十三章126/清三·芮24/清三·周13/清三·周14/清五·命8/清五·命10/清五·厚4/清五·厚9/清五·汤处13/清五·汤处17/清五·汤处19/	①台②殆③怠
83	悠	28/郭·太12/郭·成36/郭·老丙4/郭·性49/郭·性49/郭·性49/郭·性50/郭·性55/上一·性21/上一·性24/上一·性32/上一·性39/上一·性39/上一·性40/上三·中7/上三·中10/上三·中19/上三·中20/上四·曹23/上四·曹63/上五·三5/上七·吴3a/上八·有2/上九·邦7/清三·说下4/清五·殷15/清五·命2/清五·命3/	過 名词		87	衒	27/清二·十章54/清二·十一章59/清二·十三章63/清二·十四章66/清二·十四章71/清二·十五章75/清二·十六章89/清二·十六章90/清二·十七章92/清二·十七	率
84	闉	28/包34/包34/包39/包91/包138/包149/包149/包165/包188/上一·孔10/上一·孔10/上一·孔11/上二·容18/上二·容36/上五·三20/上五·三22/上忧/上六·用3/上六·競8/上八·王1/清二·二十三章126/清二·二十三	①關②闉					

643

		章93/清二·十九章105/清二·二十章112/清二·二十一章114/清二·二十一章115/清二·二十一章116/清二·二十一章117/清二·二十二章120/清二·二十三章126/清二·二十三章127/清二·二十三章129/清二·二十三章129/清二·二十三章130/清二·二十三章130/清二·二十三章133/清二·二十三章134/清二·二十三章134/清二·二十三章137/		90	散	26/九·五六13上/九·五六14上/九·五六15上/九·五六16上/九·五六17上/九·五六18上/九·五六19上/九·五六20上/九·五六21上/九·五六22上/九·五六23上/九·五六24上/九·五六24下/九·五六35/郭·老甲15/郭·六38/郭·唐17/上六·競10/上五·季13/上二·容14/上五·季19/上三·周24/上四·曹3/上二·昔3/上七·武2/清五·命15/	①美②微③嬂
88	舞	27/曾28/曾36/曾39/曾42/曾47/曾48/曾51/曾57/曾60/曾62/曾63/包151/包152/包175/包179/包180/包180/包270/包33/包69/包69/包·牍1/郭·成16/郭·尊7/新·甲三：77·117//上九·灵3/清五·殷22/	①馭②御	91	斩	26/包145/包177/包150/包187/上二·容1/上五·弟11/上六·用12/上三·中20/上六·孔21/上三·中23/上三·中23/上三·中25/上二·容39/上六·用7/上一·紂9/上九·陈16/上九·陈17/郭·老丙12/郭·成19/郭·老甲27/郭·性27/郭·成3/郭·成38/郭·成40/郭·性49/郭·性49/	慎
89	杠	26/九·五六23下/包224/包225/包225/郭·老丙2/郭·太12/郭·穷9/上二·容20/上四·内8/上四·曹37/上六·用4/上六·用17/上六·天甲9/上六·天乙9/上九·举·禹33/九·举·禹34/新·零·465·1102/新·甲三：111·147/新·甲三：189·218/清一·金6/清一·金10/清一·祭11/清三·芮13/清三·芮18/清三·周8/清五·殷14/	①攻②貢③功祭名	92	箬	26/包259/包262/包262/包263/包263/包263/包263/汇·望二1/汇·望二16/汇·望二16/汇·望二27/汇·仰7/汇·仰17/汇·仰17/汇·信二21/郭·成34/上五·君4/上六·競12/上六·天甲9/上六·天乙8/上七·武6/上七·武6/上七·凡甲14/上七·凡乙10/清一·耆12/清三·赤9/	席

644

附录三：未见于后世字韵书的楚简新出字字表（2766 例）

93	儢	26/曾105/曾112/曾113/曾115/曾32/曾35/曾38/曾43/曾54/曾56/曾61/曾62/曾63/曾71/曾72/曾83/曾86/曾89/曾95/曾97/新·甲三：15、60·66/新·甲三：31·80/清三·赤7/清三·赤10/清三·说上3/清五·汤处5/	
94	叟	26/包244/九·五六25/郭·鲁1/郭·鲁3/郭·鲁5/郭·成22/上二·子9/上二·容34/上二·子8/上四·曹9/上四·曹9/上四·曹9/上四·曹10/上五·君6/上五·季15/上六·用2/上八·志5/上八·志6/上八·命4/上九·陈13/上九·邦3/上九·邦4/上九·邦10/上九·邦12/清一·祭7/清三·芮16/清三·周9/	①稱②偶
95	褐	26/包213/包215/上五·三13/上五·三14/上六·用9/上六·王问1/上九·邦4/上九·邦11/新·乙一：15·450/新·乙三：5·502/新·零266·911/清一·金8/清一·尹3/清二·十五章84/清二·十六章90/清二·十八章99/清二·十八章102/清二·二十二章122/清二·二十三章131/清三·芮1/清五·命1/清五·命2/清五·命7/清五·命8/清五·命10/	禍
96	時	25/包209/包212/包216/郭·六24/郭·五7/上二·从甲7/上二·从甲12/上二·从甲15/上二·民8/上二·从乙5/上五·君1/上五·君3/上五·君16/上五·鬼6/上五·季7/上五·弟14/上六·庄2/上八·李1/上八·兰2/上九·陈2/上九·13/新·甲三：196·224/清一·程5/	①侍②詩③待④持⑤志⑥寺
97	邕	25/包126/包155/包260/包157/包12/包26/包130/包62/包259/包126/包128/包130/包127/包12/包13/包188/包47/包67/包53/包126/包81/汇·望二5/2汇·望二8/上五·鮑5/上五·姑1/新·甲三：348·374/	邑
98	向	25/包99/郭·鲁3/郭·缁43/郭·六3/郭·老乙17/郭·语四11/郭·尊28/郭·老乙18/郭·老乙18/九·五六44/九·五二7/上一·紂12/上三·彭8/上二·容7/上四·柬1/上五·競7/上六·慎6/上九·举7/上九·举文9/清一·程7/清三·说上1/清三·良5/清四·五节11/清四·五节13/清五·封2/	①向②鄉③嚮④卿
99	芒	25/郭·语四3/郭·语四6/郭·缁9/九·五六46/上三·周32/上三·周38/上六·天甲4/上六·天甲4/上六·王问5/上六·天甲12/上六·天乙4/上六·天乙4/	①亡②喪
			与甲骨文、金文构形不同

645

		上六·天乙11/上七·吴5/上七·郑甲1/上七·郑乙1/新·甲三：364·388/清一·祭3/清一·祭16/清一·尹2/清五·殷5/清五·殷10/清五·殷12/清五·汤处9/		103	䧹	24/曾102/曾14/曾17/曾19/曾2/曾30/曾31/曾31/曾31/曾33/曾37/曾40/曾42/曾45/曾5/曾60/曾62/曾66/曾68/曾80/曾82/曾84/曾9/曾96/	
100	㡭	25/郭·尊29/郭·成18/郭·成39/郭·缁44/郭·老甲5/新·乙三：52·535/新·乙三：62·545/新·乙四：142·656/新·零：218·865/新·零：510·885/新·零：510·1146/新·零：239-1·1302/新·零：682·649/汇·望二7/汇·望二7/汇·望二13/汇·望二13/汇·望二20/上一·紂22/上三·中8/上三·亙4/上四·曹30/上五·季18/上八·成1/上九·举·尧23/	①重②濁③塚④主 或隶：至	104	㔾	24/包123/包137/包137/包137反/包139反/包211/包23/九·五六34/汇·信二12/汇·望一85/上一·孔7/上五·三1/上七·凡5/上七·凡甲8/上七·凡乙4/上七·凡乙6/新·甲三：231·255/新·甲三：227·251/新·零：281·925/清一·尹4/清二·七章44/清二·十一章57/清二·十八章103/清二·二十章111/	①盟②明
101	鞶	24/曾104/曾105/曾14/曾17/曾19/曾2/曾23/曾25/曾26/曾29/曾32/曾36/曾38/曾39/曾46/曾49/曾55/曾58/曾6/曾72/曾75/曾8/曾86/曾95/		105	毯	23/曾10/曾113/曾21/曾28/曾30/曾35/曾4/曾41/曾43/曾46/曾49/曾56/曾59/曾61/曾66/曾72/曾78/曾83/曾86/曾89/曾91/曾95/曾97/	鞍
102	逃	24/上六·王与1/包105/包106/包107/包108/包109/上一·紂11/包110/包111/包112/包113/包114/郭·老丙13/上五·弟17/上四·采2/郭·缁20/郭·性38/郭·语二40/上五·三5/上四·曹52/上五·三8/上五·三8/清二·五章23/	過	106	郯	23/曾107/曾15/曾16/曾20/曾29/曾3/曾33/曾37/曾40/曾43/曾46/曾48/曾5/曾56/曾60/曾65/曾68/曾70/曾72/曾86/曾9/曾90/曾97/	秦
				107	瑨	23/曾105/曾14/曾17/曾19/曾2/曾2/曾212/曾213/曾23/曾25/曾26/曾29/曾32/曾36/曾38/曾39/曾46/曾5/曾58/曾72/曾76/曾8/曾89/	纘

附录三：未见于后世字韵书的楚简新出字字表（2766例）

108	嘞	23/包192/帛·丙/帛·甲·行11-13/帛·甲·行1-2/帛·甲·行1-2/帛·甲·行3-4/帛·甲·行3-4/帛·甲·行5-7/帛·甲·行5-7/帛·乙·行7-8/郭·尊6/郭·尊22/上一·孔22/上二·容43/上三·亙8/上三·亙8/上三·周42/上五·鬼2/上五·鬼3/上五·弟4/上七·凡甲26/上七·凡乙19/上八·李1背/	亂			语一7/郭·语一9/郭·语三22/上一·孔15/上二·容35/上三·彭7/上四·曹30/上四·曹54/上五·鲍6/上五·鲍7/上六·用10/上九·陈14/新·零：236、186、882/清二·四章17/清二·十七章91/清五·封8/	
109	窀	23/包197/包199/包202/包210/包210/包213/包213/包217/包217/包227/包230/包234/汇·望一36/汇·望一37/郭·唐2/郭·唐3/新·甲三：247、274·273/新·乙一：9、乙二：17·445/新·乙二：35、34·490/新·甲三：11、24·62/上四·采5/上八·命1/清五·汤在10/	躬	112	疠	23/包152/包158/包207/包218/包220/包221/包221/包223/包223/包243/包245/包247/包249/新·乙四：5·552/新·零：158·809/新·零：209·856/郭·老甲36/上四·柬2/上四·柬22/上四·柬5/上四·柬8/清五·汤在15/	或隶：疠
110	参	23/九·六二一19/郭·尊23/郭·成33/郭·成33/郭·成36/上二·容29/上三·周14/上三·周14/上三·周14/上三·周14/上三·周15/上三·彭6/上四·昭7/上四·柬9/上四·柬15/上五·弟13/上五·弟13/上七·武10/上八·有1下/上八·有1下/上八·有3/上八·5/上八·6/上八·鹃1/	①余②餘③豫④除	113	救	23/包226/包228/包230/包232/包234/包236/包239/包245//包247/包267/包·牍1/清二·五章25/清二·五章26/清二·十三章63/清二·十二章62/清二·十四章71/清二·十六章85/清二·十六章90/清二·十九章105/清二·二十一章117/清二·二十三章134/清二·二十三章136/	救
111	毛	23/汇·信二4/汇·信二4/郭·老甲4/郭·老甲33/郭·缁2/郭·成5/郭·成9/郭·成27/郭·	厚	114	太	23/包213/包215/包227/包237/汇·望一57/汇·望一85/新·甲三：3·55/新·甲三：4·56/新·甲三：110·146/新·甲三：111·147/新·甲三：177·207/新·甲三：300、307·320/新·甲三：300、307·320/新·乙二：20·479/	太

647

			新·乙四:148·661/新·零:151·804/新·零:178·828/新·零:231·877/新·零:312·954/新·零:402·1040/新·零:426·1064/新·零:448·1086/新·零:690·1309/				新·乙一:28·461/新·乙一:28·461/新·乙四:124·638/新·零:314·956/新·零:324·965/新·零:255·901/新·零:690·1309/上二·容7/上四·曹9/上四·曹51/上五·弟13/上八·王6/上九·陈9/	
115	剭		23/包36/包37/包157/包266/上三·中1/上三·中4/上四·柬13/上四·柬13/上四·柬14/上四·柬11/上四·柬14/上四·柬20/上·柬23/上四·柬23/上四·柬10/上四·柬17/上四·柬19/上四·柬21/上四·柬22/上五·弟11/新·甲三:356·382/清二·二十三章131/清二·十五章83/	宰	119	堂	22/郭·老甲10/郭·性19/上一·性11/上二·容3/上二·容16/上上五·姑7/上五·竞10/上五·季23/上六·孔17/上七·武2/清三·芮10/清三·芮22/清四·五节12/清四·十一节12/清四·十一节14/清四·十八节26/清四·十八节27/清四·三十节63/清五·汤处7/清五·汤在9/	
116	駸		22/曾4/曾7/曾16/曾18/曾22/曾25/曾26/曾31/曾32/曾38/曾45/曾65/曾71/曾73/曾75/曾125/曾126/曾127/曾127/曾131/曾133/曾136/	馭	120	䇂	22/郭·老甲1/郭·尊14/郭·成32/郭·老丙8/汇·望二7/汇·望二9/汇·望二14/汇·望二18/汇·望二19/汇·望二20/汇·望二20/汇·望二21/汇·望二4/汇·望二41/汇·望二54/汇·望二55/上二·容16/上二·容20/上二·容29/上六·慎2/清四·四节5/清四·四节7/	①辨②辩③偏
117	臭		22/包100/包124/包129/包141/包143/包157反/包170/包177/包192/包220/包67/包71/包72/包73/包75/包76/包77/包78/包99/汇·望二7/九·五六20上/九·五六100/	曩				
118	遠		22/郭·六48/汇·望一110/汇·望一111/新·甲三:102·140/新·乙一:4、10、乙二:12·440/新·甲三:267·293/新·乙戚四·127·641/新·乙:7·452/新·乙一:28·461/	①就②戚	121	戳	22/上七·凡甲14/上七·凡甲18/上七·凡甲20/上七·凡甲22/上七·凡甲22/上七·凡甲22/上七·凡甲23/上七·凡甲24/上七·凡甲24/上七·凡甲24/上	察

附录三：未见于后世字韵书的楚简新出字字表（2766例）

122	鼻		七·凡甲24/上七·凡甲25/上七·凡乙10/上七·凡乙15/上七·凡乙15/上七·凡乙15/上七·凡乙17/上七·凡乙17/上七·凡乙17/上七·凡乙17/上七·凡乙17/上七·凡乙18/22/汇·信二20/郭·性25/郭·性26/郭·性34/郭·性34/郭·性34/郭·性34/郭·性34/郭·性35/郭·性35/郭·性35/郭·性48/郭·性48/郭·性48/郭·性49/郭·性51/上一·性残简1/上一·性39/上一·性39/上一·性39/	斯		甲三：189·218/新·零：283·927/新·零：207·854/新·乙四：59·594/新·乙四：149、150·662/新·零：175·825/新·零：297·940/新·零：448·1086/清四·一节15/清四·一节18/清四·十八节24/清四·十九节32/清四·十九节35/清四·二十一节38/清四·一节21/清五·厚8/清五·殷11/	
123	𩪘		21/包135/包133/包102/包96/包63/包84/包135反/包135反/包227/包90/上四·逸1/上四·逸1/上四·曹35/上四·曹42/上五·三11/上六·天甲3/上六·天乙2/上八·志5/清一·耆3/清一·金7/	兄	126	幽	21/包249/包250/郭·老乙4/郭·缁44/郭·缁44/郭·六31/郭·六31/郭·六31/郭·六31/上一·紂22/上一·紂22/上二·容53/上三·彭8/上四·柬14/上七·吴1/上九·陈2/上九·陈3/上九·陈3/上九·陈4/上九·陈4/清二·十四章66、	絕
124	走		21/包192/包236/包239/包242/包245/包247/包249/郭·成6/郭·成7/郭·成9/上四·曹36/上五·季7/上六·庄3/新·甲三103·141/新·乙四：9·556/清一·祭12/清三·赤9/清三·赤13/清五·殷14/清五·命2/	动词上	127	坐	20/包243/汇·信一6/汇·信一6/九·五六13上/九·五六14上/九·五六15上/九·五六16上/九·五六17上/九·五六18上/九·五六19上/九·五六19下/九·五六20上/九·五六21上/九·五六22上/九·五六23上/九·五六24上/上二·容14/上六·庄8/上六·天甲6/上六·天乙5/	①坐 ②危
125	簪		21/郭·缁46/上三·周9/上四·曹52/新·甲三：15、60·66/新·甲三：72·112/新·	笄	128	䍃	20/曾107/曾15/曾16/曾20/曾29/曾3/曾33/曾37/曾40/曾46/曾48/曾5/曾56/曾68/曾72/曾84/曾86/曾9/曾90/曾97/	弦

649

129	庹	20/包257/包258/包258/上一·紂20/上二·昔1/上四·内8/上八·兰2/郭·缁40/九·五六47/九·五六53/清一·耆4/清一·保5/清一·程6/清三·芮1/清三·芮12/清三·芮12/清三·芮21/清三·芮21/清三·说中3/清五·厚4/	①庶②炙
130	佛	20/包227/九·五六25/九·五六25/上二·民1/上二·昔1/上二·昔1/上二·昔1/上四·曹22/上四·逸1/上四·逸2/上四·内4/上四·内4/上四·内4/上四·内10/上四·内5/上四·内6/上五·季15/清一·耆3/清一·金7/清三·芮8/	弟
131	衡	19/包224/包225/包263/郭·性27/汇·望二19/上二·容31/新·甲：7：5/新·甲三：292·312/新·零：268·913/新·乙一：26、2·459/清二·四章18/清二·四章18/清二·四章18/清二·四章19/清二·四章19/清二·四章19/清二·六章37/清二·七章42/清二·七章43/	衡
132	雄	19/曾3/曾6/曾9/曾14/曾17/曾20/曾30/曾33/曾37/曾40/曾42/曾61/曾62/曾68/曾82/曾84/曾91/曾99/曾102/	戟
133	罡	19/包186/包168/包173/包174/包177/九·五六40下/九·五六62/九·五六62/九·五六63/九·五六63/九·五六64/九·五六65/九·五六66/九·五六	罗
134	謹	67/九·五六67/九·五六70/九·五六71/九·五六71/九·五六75/19/包12/包125/包126/包128/包128反/包137/包137/包15反/包22/包24/包27/包30/包42/包47/包54/郭·语一68/郭·穷1/郭·五8/郭·五13/	察
135	媸	19/郭·缁1/郭·缁35/郭·性20/郭·性51/郭·老甲15/郭·老丙7/上二·容21/上五·三8/上六·天甲3/上六·天甲3/上六·天乙3/上六·天乙3/上六·天乙3/上六·天甲4/上六·天4/上六·竞1/上六·竞9/上五·季15/上五·三8/	①或嫩②隶：美散
136	恋	19/包137反/包222/包229/包231/包239/包243/郭·尊39/郭·鲁1/上一·性22/上一·性37/上三·互12/上六·用14/新·零：448·1068/新·甲三：44·93/清三·芮1/清三·芮13/清四·别4/清五·厚13/清五·汤处2/	恆
137	旟	19/曾119/曾162/曾163/曾165/曾166/曾193/曾195/曾198/曾1正/新·乙四：49·585/新·零：37·698/新·甲三：36·85/九·五六96/清一·保6/清二·二章12/清二·二十三章126/清二·二十三章127/清二·二十三章132/清二·二十三章134/	陽

附录三：未见于后世字韵书的楚简新出字字表（2766例）

138	墓	19/曾120/曾122/曾128/曾143/曾162/曾163/曾170/曾172/曾198/曾199/曾200/曾204/曾31/曾28/曾4/曾60/曾·签1/曾·签2/	
139	穒	19/包·牘1/包·牘1/汇·望二2/汇·望二3/汇·望二28/九·五六90/郭·六25/郭·语一40/郭·语三20/上五·鲍7/上六·庄1/上六·用10/清一·程6/清四·二节20/清四·十四节31/清四·十四节31/清四·二十一节38/清五·汤处12/清五·汤在20/	①秋②緅
140	縈	18/新·甲三：110·146/包203/包207/包218/包218/包220/包222/包223/包231/包235/包240/包241/包243/包249/新·乙三：36·521/新·乙三：36·521/新·甲三：19·69/新·零：38·699/	敛
141	簮	18/曾104/曾116/曾18/曾45/曾53/曾54/曾58/曾6/曾63/曾66/曾70/曾71/曾73/曾75/曾76/曾8/曾88/曾96/	席
142	梼	18/曾101/曾105/曾13/曾16/曾18/曾1正/曾22/曾25/曾26/曾3/曾30/曾32/曾36/曾38/曾39/曾43/曾7/曾84/	未隶
143	宠	18/新·甲一：14·12/新·甲一：16·14/新·甲二：8·30/新·甲三：87·127/新·甲三：189·218/新·甲三：198、199·225/新·甲三：	闷

		219·244/新·甲三：291-1·310/新·甲三：291-2·311/新·甲三：22、59·72/新·零：492·1128/新·零：221、甲三：210·235/新·零：584、甲三：266、277·292/新·零：26·687/新·零：126·781/新·零：215·862/新·零：277·921/新·零：306·949/	
144	譻	18/曾151/曾155/曾155/曾157/曾170/曾170/曾170/曾170/曾172/曾172/曾172/曾172/曾172/曾174/曾177/曾178/曾197/曾202/	
145	愄	18/郭·老子1/郭·性62/郭·性48/郭·性60/郭·性65/郭·性48/郭·老甲13/郭·老甲13/郭·语一68/上一·性8/上一·性30/上一·性32/上一·性39/上一·性39/上二·从乙1/上四·曹34/上五·三2/清五·殷15/	①偶②化
146	虡	18/包81/包269/包270/包·牘1/包·牘1/汇·仰33/郭·语三50/上二·容51/上二·容51/上二·容53/上四·曹18/上四·曹31/上四·曹39/上四·曹39/上四·曹51/上九·陈18/上九·陈18/清一·耆2/	①甲②狎
147	斐	18/包70/包125反/包128/包225/包85反/包·牘1/帛·甲·行1-2/帛·甲·行8-10/汇·望二41/汇·望二49/郭·成24/郭·老丙7/郭·老丙3/上二·容3/上二·昔4/上四·柬16/上五·競3/上六·競5/	①发②废③堕④伐

651

编号	字形	出处	释文
148	扈	18/曾104/曾18/曾31/曾45/曾53/曾54/曾58/曾6/曾62/曾63/曾67/曾70/曾71/曾73/曾75/曾8/曾88/曾96/	號
149	斳	18/郭·语四4/郭·缁30/郭·缁32/郭·老甲11/郭·缁15/郭·缁33/上一·淄17/上一·淄16/上一·性16/上二·从甲4/上二·从甲4/上三·彭2/上五·季19/上五·弟11/上六·用7/上六·用12/上六·慎1/上六·慎3背/上九·史2/	慎
150	菖	18/包271/包272/包牍1/汇·望二3/汇·望二3/郭·尊15/郭·唐25/上二·容14/上二·容14/上六·天乙7/上七·武2/上七·武3/上七·武3/上七·武13/上七·武13/清四·二十六节46/	①面②涵
151	厰	17/包163/包164/包167/包167/包174/包176/包183/包184/包189/包189/包189/包191/包61/包61/包69/包69/包99/	廠
152	检	17/曾106/曾42/曾48/曾50/曾53/曾53/曾54/曾55/曾59/曾60/曾65/曾66/曾67/曾70/曾78/曾86/曾88/	錦
153	繡	17/包219/包231/九·五六13下/九·五六36/汇·望二1/汇·望二1/汇·望二2/汇·望二2/汇·望二8/汇·信2/汇·信2/汇·信2/上二·容51/上二·容51/上三·周5/上四·柬2/清二·十四章72/	①带②蹄
154	虞	17/包15/包162/包173/包180/郭·缁16/郭·缁16/郭·五25/郭·五25/郭·五25/郭·五25/上六·用5/新·甲二:5·27/新·甲一:25·21/新·甲三:374、385·398/新·乙一:16·451/新·零:249·896/清四·二十六节46/	號
155	罟	17/郭·缁4/郭·缁32/郭·缁39/郭·穷8/上一·豺16/上一·豺3/上五·竞1/上五·竞1/上五·竞5/上五·竞1/上五·竞6/上五·竞9/上五·鲍7/上五·鲍9/上八·成4/上九·卜1/清一·楚3/清五·汤处14/	①淑②叔
156	矍	16/清二·十二章61/清三·周4/清三·周6/清三·周8/清三·周9/清三·周11/清三·周12/清三·周14/清三·周16/清三·赤14/清三·芮23/清五·殷11/清五·殷12/清五·命8/清五·汤在9/清五·汤在16/	亂
157	樂	16/郭·五6/郭·五6/郭·五8/郭·五8/郭·五28/上一·性8/上二·从甲13/上二·从甲16/上二·从乙3/清一·耆10/清一·耆11/清一·耆11/清一·耆12/清一·耆13/清一·耆14/清五·殷17/	樂
158	贒	16/汇·望一135/包230/包231/包242/包244/郭·老乙18/郭·老乙18/郭·老乙18/上二·子11/上五·鲍1/上五·鲍1/上五·鲍2/上七·君甲5/上八·君乙5/上八·李1背/	觀

附录三：未见于后世字韵书的楚简新出字字表（2766例）

159	箠	16/汇·望一31/汇·望一35/上二·容32/上二·容43/上四·曹21/上四·曹37/上四·曹50/清一·耆3/清一·耆4/清一·耆4/清一·耆4/清一·耆6/清一·耆6/清一·耆8/清一·耆9/	爵	165	罢	16/汇·望二43/郭·穷12/郭·尊15/郭·六3/郭·尊34/郭·性48/郭·性48/郭·老甲9/上二·从甲4/上四·曹6/上六·庄2/清一·皇6/清四·二十九节61/清四·二十九节61/	①鄰②吝
160	竃	16/汇·望一72/汇·望一90/汇·望一164/新·零·450·1087/新·甲三：115·150/新·甲三：192、199-1·220/新·甲三：342-2·365/新·乙四：34·574/新·乙四：46·582/新·乙四：63、147·598/新·乙四：103·625/新·零·122·777/新·甲三：33·82/新·零·213、212·860/新·零·234·880/新·零·244·891/		166	佢	16/包65/包80/包153/包153/包153/包166/包171/包181/包190/包192/郭·唐16/郭·唐16/上四·曹17/上四·曹18/上九·举·文9/	或隶：眉
161	珔	16/曾1正/曾4/曾7/曾13/曾16/曾18/曾22/曾25/曾26/曾28/曾31/曾32/曾36/曾38/曾39/曾105/		167	戔	16/包12/包126/包140/包141/包162/包166/包176/包194/包218/包224/包225/包58/汇·望一25/汇·望一26/汇·望一92/上五·三3/	
162	䡄	16/曾11/曾114/曾22/曾3/曾31/曾35/曾47/曾56/曾59/曾69/曾7/曾87/曾89/曾93/曾95/曾97/		168	僉	16/郭·性26/郭·性64/郭·老甲5/上一·紂14/上一·孔3/上二·容21/上二·容35/上四·曹8/上五·鮑7/上六·慎1/上六·慎2/上六·慎3背/上六·孔5/上八·兰4/汇·望二8/汇·望二8/	①僉②敛③譣④慆
163	萝	16/曾104/曾116/曾18/曾25/曾26/曾32/曾39/曾58/曾6/曾60/曾67/曾70/曾71/曾73/曾88/曾96/	劃	169	衰	16/九·五六13下/九·五六17下/九·五六21下/九·五六29/九·五六41/九·五六43/九·五六43/九·五六110/郭·老甲18/郭·六30/郭·六31/郭·六318/郭·语一35/包91/包97/上五·姑9/	妻
164	詀	16/包30/包128/包125/包12/包24/包54/包42/包15反/包137/包47/包128反/包30/包126/包137/郭·穷1/上四·曹45/上五·鲍5/	察	170	緻	15/包267/包272/包276/包277/包277/包·牍1/汇·望二13/汇·望二13/汇·望二16/汇·望二19/汇·望二20/汇·望二24/汇·望二27/上二·容51/	①縢②索

653

171	㾏	15/汇·望一31/郭·老甲21/郭·五36/上二·容17/上二·容36/上二·容39/上五·鬼5 墨节下/上六·天乙6/上六·天甲7/上八·成13/清一·楚3/清三·芮11/清三·说上2/清三·周3/清四·二十三节41/	①狀②莊
172	舊	15/包157/包157/九·五六1/九·五六1/九·五六1/九·五六1/九·五六10/九·五六2/九·五六3/九·五六3/九·五六4/九·五六4/九·五六5/九·五六7/	雠
173	郶	15/包131/包131/包131/包132/包132/包135反/包135反/包137反/包137反/包138/包138/包139反/包162/包51/包51/	陰
174	彊	15/曾122/曾124/曾125/曾126/曾126/曾127/曾128/曾128/曾130/曾133/曾135/曾137/曾138/曾139/曾43/	
175	郎	15/包122/包133/包133/包134/包134/包139反/包164/包170/包183/包192/包92/包93/新·乙四：35、575/新·甲三：8、18、59/新·零：236、186、882/	
176	㦵	15/郭·性7/上四·曹2背/上四·曹14/上四·曹43/上四·曹14/上四·曹13/上四·曹44/上四·曹24/上四·曹19/上四·曹19/上四·曹52/清一·祭4/上九·陈15/清五·殷15/	①陳②伸
177	寑	15/包10/包194/包209/包209/包21/包212/包212/包216/包216/汇·信一24/汇·信一26/郭·五42/新·甲三：325-1·344/上八·李1/上八·李1背/	集
178	鞎	15/曾11/曾25/曾28/曾31/曾47/曾69/曾79/曾85/曾94/上二·容22/包259/包270/汇·望一58/汇·望二20/清三·良9/	鞎
179	寶	15/汇·信二1/汇·信二11/郭·六27/郭·六28/郭·忠5/郭·忠8/上一·孔9/上二·容19/上三·周24/上四·相3/上四·相3/上四·采3/上五·弟23/清一·皇6/清一·保6/	①實②經
180	學	15/上二·从甲11/上三·中22/上三·中23/上三·中24/上三·中25/郭·老乙3/郭·老乙4/郭·老丙13/郭·老丙13/郭·尊4/郭·尊5/郭·尊5/郭·六4/郭·性8/郭·性36/	學
181	岜	15/郭·老乙4/上一·性12/上一·性22/上一·孔16/上一·孔21/上一·孔22/上四·曹39/上四·曹39/上四·内9/上四·采2/上六·孔14/上六·孔19/上九·举舜27/清三·说中5/清三·汤在17/	①媺②美
182	彞	15/包217/包237/汇·望一2/帛·乙·4-6/上五·鬼7/上五·鬼5 墨节下/新·甲三：83、123/新·甲三：188、197、217/新·甲三：35·84/新·乙一：22·457/新·乙一：24/	融

附录三：未见于后世字韵书的楚简新出字字表（2766例）

			458/新·零：254、162·900/新·零：288·932/新·零：560、522、554·1189/清三·说下2/			九·五六19上/九·五六20上/九·五六21上/九·五六22上/九·五六23上/九·五六23下/九·五六24上/	
183	晶		15/上一·孔6/上一·孔6/上二·从乙1/上四·曹38/上四·曹40/上五·鬼8/清一·耆8/清三·说下5/清三·周顯2/清三·周3/清三·周4/清三·周7/清三·周8/清三·周811/清三·周12/	顯	188	縢	14/新·乙二：16·477/新·乙四：76·605/新·零：196·845/新·乙三：53·536/新·乙三：18·507/新·乙四：74·604/新·零：163·813/新·零：78·735/新·乙三：65·548/新·零：308·951/新·零：308·951/新·零：252·899/新·零：486·1122/新·零：534·1166/	豢
184	袭		14/上三·亙3正/上三·亙3正/清一·楚9/清一·楚9/清一·楚10/清一·楚10/清一·楚11/清一·楚12/清一·楚13/清一·楚13/清一·楚13/清一·楚16/清二·六章38/清二·二十章111/	①襲②哀	189	樊	14/汇·望一24/包261/上一·孔1/上一·孔14/上一·孔2/上一·孔23/上二·子1/上六·用4/上六·用11/上六·競11/上六·孔21/上六·孔3/上七·武6/上九·邦10/	樂
185	語		14/郭·成36/上六·天乙9/上六·天乙9/上六·天乙9/上六·天甲10/上六·天甲10/上六·天甲10/上六·天甲11/上六·天乙10/上六·天乙10/上六·天乙10/上六·王问4/上六·用15/	語	190	糖	14/包189/包218/包220/包236/包239/包240/包242/包242/包243/包245/包247/包247/包51/包58/	瘥
186	芺		14/郭·老乙9/郭·老乙10/郭·性22/郭·性24/上一·性14/上一·性13/上三·周42/上四·柬19/上五·三11/上五·鬼2/上六·庄7/上六·王问4/上六·王问6/清二·十四章68/	笑	191	帮	14/九·五六44/郭·老乙14/郭·性22/郭·缁33/郭·缁40、40背/上一·性13/上一·孔20/上二·鲁2/上二·鲁4/上六·競1/上六·競6/上六·競10/上七·吴9/上九·史1/	①幣②敝
187	蓄		14/九·五六13上/九·五六14上/九·五六151/九·五六15上/九·五六16上/九·五六17上/九·五六18上/	畹	192	狌	14/包131/包131/包135反/包136/包136/包137/包137/包137/包138/包138反/包138反/包139反/包141/包168/	

655

编号	字形	出处	释字
193	诰	14/上一·紂1/上一·紂10/上一·紂13/上一·紂16/上一·紂17/上一·紂2/上一·紂2/上一·紂21/上一·紂21/上一·紂22/上一·紂23/上一·紂5/上一·紂7/上一·紂9/	詩
194	虘	14/帛·甲·行5-7/新·甲三:138·170/郭·语一45/郭·语一65/郭·语一71/郭·语一106/郭·语三65下/上二·子1/上二·子9/上四·昭10/上六·孔17/上九·陈10/清二·九章52/清二·十八章99/	皆
195	惀	14/郭·缁10/郭·缁10/郭·缁22/郭·尊18/郭·尊34/上一·孔27/上二·从甲5/上二·从乙2/上四·曹17/上八·命5/清一·尹2/清五·殷21/清五·殷26/	怨
196	陞	14/包40/包41/包48/包76/包162/包22/包34/上二·容31/上二·容39/上二·容39/上二·容48/上三·周33/上三·周48/上五·三11/	①升②登③陞④拯
197	旟	14/曾100/曾103/曾111/曾15/曾17/曾20/曾3/曾30/曾40/曾6/曾82/曾84/曾87/曾91/	旗
198	絑	14/包267/包272/包276/包277/包277/包·牍1/汇·望二13/汇·望二13/汇·望二16/汇·望二19/汇·望二20/汇·望二24/汇·望二27/	絑
199	剔	14/包22/包24/包30/包80/包83/包142/郭·语四2/郭·语四2/郭·太12/上四·曹32/上四·曹45/上四·曹47/上四·曹51/清三·说中7/	傷
200	酁	14/包176/包181/包183/包191/包201/包204/包210/包214/新·甲三:113·149/新·甲三:178·208/新·甲三:208·233/新·甲三:258·284/新·乙四:79·606/上九·卜2/	
201	敀	14/九·五六13上/九·五六14上/九·五六15上/九·五六15下/九·五六16上/九·五六17上/九·五六18上/九·五六19上/九·五六20上/九·五六21上/九·五六22上/九·五六23上/九·五六24上/上七·吴6/	
202	甹	14/包199/包197/包201/上八·命/上九·陈3/清一·皇1/清一·楚2/清二·四章18/清二·十一章58/清二·十五章66/清二·十五章78/清二·十六章86/清二·十六章87/清二·十六章88/	聘
203	北	14/新·乙二:26·484/郭·唐3/郭·唐28/郭·忠2/郭·语三16/郭·语三56/上一·紂20/上一·紂20/上一·紂21/上六·孔7/上九·卜5/上九·史3/清一·楚5/清五·命15/	必

656

附录三：未见于后世字韵书的楚简新出字字表（2766例）

204	歔	13/新·甲三：183-2·214/新·甲三：258·284/新·乙一：12·447/新·甲三：299·319/新·甲三：225、零：332-2·249/新·乙一：18·453/新·乙一：16·451/新·乙四：15·561/新·乙一：26、2·459/新·零：79·736/新·零：216·863/上七·凡甲27/上七·凡乙19/	鄂
205	虡	13/包101/包218/包221/包221/包224/包225/九·五六83/汇·望一49/汇·望一52/汇·望一53/上六·平3/上六·平4/清三·说下2/	暴
206	逹	13/新·甲三：96·134/新·甲三：112·148/新·甲三：112·148/新·甲三：153·182/新·甲一：24·20/新·甲三：265·291/新·乙二：2·466/新·乙二：3、4·467/新·乙三：39·524/新·乙三：47·531/新·乙四：84·611/新·乙四：110、117·629/新·零：179·829/	
207	戜	13/包269/包273/包273/包·牍1/帛·丙/上三·周13/新·甲一：7·5/新·零：159·810/清二·十八章102/清二·二十一章116/清二·二十三章127/清二·二十三章130/清二·二十三章133/	侵
208	陓	13/郭·五12/上二·容40/上五·三2/上五·三3/上七·凡甲3a/上七·凡乙3/	降
209	謏	上八·兰1/清一·程5/清三·周2/清三·周9/清三·芮6/清三·说上2/清五·命2/	
		13/包149/郭·穷6/上四·柬9/上四·柬10/上四·柬15/上四·相2/上四·相4/上五·弟18/上九·陈6/上九·陈10/上九·陈11/清五·汤在4/清五·汤在10/	相
210	貞	13/汇·望2·4/汇·望二7/汇·望二13/汇·望二13/汇·望二16/汇·望二17/汇·望二20/汇·望二25/汇·望二27/上二·容36/新·甲三：110·146/清二·二十一章118/清三·芮13/	怨
211	痹	13/新·甲一：13·11/新·甲一：14·12/新·乙二：19·478/新·甲三：257·283/新·甲三：149·178/新·乙二：11·474/新·甲三：189·218/新·零：138·792/新·乙三：35·520/新·乙二：5·468/新·零：125·780/新·零：306·949/新·零：328·969/	胖
212	帶	13/曾187/曾188/曾189/曾190/曾191/曾192/曾195/曾197/曾198/曾201/曾202/曾203/曾204/	
213	笒	13/包256/包258/包258/包258/包259/包259/包264/汇·信11/汇·信二5/汇·信二5/汇·望二8/汇·望二39/	筭

657

214	鄔	13/曾144/曾149/曾149/曾150/曾153/曾153/曾158/曾163/曾173/曾194/曾197/曾42/曾60/	
215	纐	13/曾104/曾32/曾49/曾53/53/曾54/曾55/曾64/曾67/曾75/曾75/曾75/曾75/	紛
216	睪	13/上一·淅10/上一·淅11/上一·淅13/上一·淅19/郭·语三40/郭·语一77/郭·语一78/郭·语一79/郭·语二8/郭·语一80/郭·语一81/郭·语二9/清三·芮11/	親
217	輕	13/曾106/曾115/曾117/曾119/曾45/曾48/曾55/曾63/曾70/曾71/曾73/曾85/曾96/	裸
218	緌	13/包146/包259/包270/包277/包32/汇·望二3/汇·望二4/汇·望二8/汇·望二20/汇·望二28/汇·望二39/汇·信二4/汇·仰19/	纓
219	嚳	13/上二·容2/上四·曹25/上四·曹25/清四·二节11/清四·四节5/清四·四节7/清四·七节21/清四·十一节13/清四·十一节15/清四·十三节22/清四·十三节23/清四·二十三节42/清四·二十三节42/	數
220	忞	13/郭·六6/郭·六7/郭·六10/郭·六19/郭·六19/郭·六37/郭·尊4/郭·尊17/郭·尊29/郭·尊32/郭·尊42/郭·性39/郭·性41/	忠
221	翬	12/曾131/曾136/曾137/曾138/曾138/曾6/曾72/曾72/曾89/曾9/曾9/曾9/	翠
222	僤	12/郭·唐1/郭·唐1/郭·唐13/郭·唐20/郭·唐21/郭·唐22/郭·唐24/郭·唐25/郭·唐26/郭·唐7/郭·唐7/郭·唐8/	禪
223	纅	12/上二·民10/上二·民11/上二·民12/上二·民12/上二·民13/上二·民2/上二·民4/上二·民4/上二·民4/上二·民5/上二·民7/上二·民8/	樂
224	俚	12/包173/包260/郭·六32/郭·六32/郭·缁45/上五·竞1/上五·竞2/上五·竞5/上五·竞9/上五·竞10/上五·竞10/上五·鲍9/	朋
225	陼	12/郭·五22/郭·五22/郭·五35/郭·五37/郭·五37/郭·五44/郭·五44/郭·五44/郭·唐6/郭·语一78/郭·语一79/郭·语一82/	尊
226	孚	12/包88/包168/包172/包175/九·六二一8/郭·缁24/郭·成23/上六·用2/上五·鲍2/上四·曹23/清五·殷9/清五·殷27/	①免②勉
227	恖	11/郭·唐2/郭·唐2/郭·唐3/郭·唐7/郭·唐8/郭·唐9/郭·唐14/郭·唐15/郭·唐19/郭·唐28/上二·子10/	仁

附录三：未见于后世字韵书的楚简新出字字表（2766例）

228	斀	11/郭·性10/郭·性26/郭·性30/郭·性30/上一·性4/上一·性5/上一·性16/上一·性18/上一·性19/上一·性23/上二·容22/	①動②撞
229	絹	11/汇·望二13/汇·望二13/汇·望二16/包267/包267/包268/包271/包275/包275/包277/包牘1/	絹
230	杏	11/汇·信一52/上一·孔5/上三·中23/郭·成10/郭·成11/郭·成12/郭·成12/郭·成14/郭·成15/郭·六41/郭·六42/	本
231	㝵	11/包240/郭·唐13/郭·唐13/郭·緇35/上一·紂18/上一·紂18/上二·容47/上五·鮑1/清五·汤处13/清五·汤处13/清五·汤处14/	①夏②雅
232	聑	11/包265/汇·望二13/汇·望二13/汇·望二16/汇·望二19/汇·望二20/汇·望二24/汇·望二25/汇·望二27/上八·命5/	
233	悘	11/郭·緇2/郭·语一76/郭·语一93/郭·语三36/郭·语三24/郭·语三9/郭·语三35/郭·语三25/上四·柬/上四·曹33/新·甲三：28·77	①義②儀
234	鄭	11/包117/包117/包166/包169/包177/包184/包186/曾119/曾119/曾157/曾192/	
235	刱	11/包2/包2/包3/包3/包5/包5/包146/包165/包166/包168/包171/	
236	睪	11/郭·忠1/郭·忠2/郭·忠6/郭·忠8/郭·语三30/郭·唐5/郭·唐6/郭·唐7/郭·唐8/郭·唐9/郭·唐10/	親
237	轊	11/曾122/曾133/曾144/曾145/曾146/曾147/曾16/曾1正/曾25/曾36/曾38/	施
238	嬊	11/包7/包7/包172/包177/包246/上二·容36/上五·姑10/郭·老甲8/郭·老甲33/郭·老甲37/郭·太9/	①弱②妙
239	鄩	11/包170/新·甲三：233、190·257/上九·邦4/上九·邦4/上九·邦5/上九·邦7/上九·邦8/上九·邦10/上九·邦12/清二·十七章91/	
240	遜	11/郭·语一19/郭·语一20/郭·语一24/郭·语一96/郭·语二44/郭·语二53/郭·语二53/郭·语三42/郭·语三43/郭·语三44/郭·语三49/	由
241	遑	10/帛·乙4-6/汇·望一58/郭·尊43/郭·老甲23/上二·鲁3/上五·君2/上五·君2/清一·祭11/清一·金12/清二·二十一章115/	動
242	叟	10/郭·唐2/郭·唐6/郭·唐7/郭·唐8/郭·唐8/郭·唐10/郭·唐20/郭·唐21/郭·唐27/郭·唐28/	
243	异	10/包69/包111/包176/包182/郭·緇11/郭·尊5/上二·从甲18/上二·从乙1/上五·君13/上五·君14/	①己②忌

659

244	宲	10/新·甲三：4·56/新·甲三：5·57/新·乙二：20·479/新·乙四：91·616/新·零：75·732/新·乙賽三：61·544/新·零：12·675/新·乙四：43·579/新·零：248·895/新·零：463·1100/	宲
245	翌	10/包 269/包 269/包 269/包 273/包 273/包 273/包·牘1/包·牘1/包·牘1/包·牘1/	召
246	㥜	10/包 199/包 227/包 210/包 217/包 201/包 229/包 213/包 197/汇·望一6/汇·望一11/	憂
247	䏦	10/汇·仰12/汇·信二13/汇·信二19/包 253/包 253/包 254/包 254/汇·望二28/汇·仰5/汇·望二5/	
248	䭫	10/包 226/包 228/包 230/包 232/包 234/包 236/包 239/包 242/包 245/包 247/	
249	㕑	10/包 102/包 15/包 170/包 184/包 53/包 63/包 63/包 85/上三·周23/上三·彭8/	何
250	都	10/曾 145/曾 147/曾 147/曾 147/曾 164/曾 167/曾 170/曾 179/曾 180/曾 182/	
251	䏦	10/上四·昭6/上四·昭6/上四·昭6/上四·昭9/上四·昭10/上四·昭10/上四·昭7/上四·昭7/上四·昭8/上四·昭9/	䏦
252	堲	10/上五·姑1/上五·姑2/上五·姑2/上五·姑6/上五·姑6/上五·姑8/上五·姑10/上五·姑10/上五·姑10/	郤
253	㤅	10/新·甲三：202、205·228/新·乙三：17·506/新·乙四：12·559/新·乙四：14·560/新·零：290·934/新·乙三：31·517/新·零：312·954/新·零：318·960/上八·王5/清三·周3/	就
254	逴	10/帛·乙行4-6/郭·老甲23/郭·尊39/汇·望一58/上一·性27/上二·鲁3/上五·君2/上五·君2/清一·祭11/清一·金12/	動
255	奔	10/汇·信二3/汇·信二3/汇·信二3/汇·信二4/汇·信二4/汇·信二4/上二·昔1/上七·凡甲9/上七·凡乙8/	
256	䢜	10/郭·尊5/郭·尊23/郭·尊25/郭·唐28/郭·老甲26/上二·从甲1/上二·从甲9/上二·从乙3/上四·內10/上九·邦13/	亂
257	墾	10/上四·曹37/上五·季10/上五·季21/上五·三2/上五·三6/上五·三14/上五·三14/上五·三17/上五·三19/	興
258	恒	10/包 131/包 136/包 136/包 136/包 136/包 137/包 137/包 155/清三·周9/清五·殷22/	
259	寰	10/郭·緇24/郭·緇28/郭·尊16/郭·尊32/郭·性52/上二·从乙1/上二·容6/上四·相3/上四·曹60/上四·曹61/	①勸 ②觀 ③權
260	亶	10/曾 10/曾 101/曾 112/曾 115/曾 20/曾 43/曾 6/曾 61/曾 64/曾 66/	

附录三：未见于后世字韵书的楚简新出字字表（2766例）

261	帰	10/包146/郭·六3/汇·信二17/汇·信二18/汇·信二18/上六·天甲11/上六·天乙10/清三·赤5/清三·赤7/清三·赤11/	寑	268	脮	10/包94/包119反/包163/包182/包186/包193/包62/包65/汇·望一92/汇·望一93/	獲
262	旗	10/包75/包85/包131/九·六二一14/上二·容24/上五·三5/上八·李1/上九·邦7/上九·邦10/清五·封3/	①幹②悍	269	鄒	9/新·甲三：81、182-1·121/新·甲一：15·13/新·甲一：4·3/新·乙一：15·450/新·乙三：27·513/新·乙四：127·641/新·乙四：139·653/新·零：15·678/新·零：351·989/	
263	菩	10/包269/包269/包270/包276/包·牍1/包·牍1/上五·鬼2背/上九·邦3/上六·慎5/上六·庄4/	首	270	麿		鹿
264	绍	10/帛·甲·行3-4/上二·容31/上二·子7/上三·彭5/上三·彭5/上六·用6/上六·用9/上八·李1/清三·芮7/清五·殷10/	紀	271	戌	9/上五·姑1/上五·姑1/上五·姑2/上五·姑3/上五·姑5/上五·姑6/上五·姑7/上五·姑9/上五·姑10	成
265	敔	10/上三·周47/新·甲三：213·238/新·甲三：214·239/新·甲三：214·239/新·甲三：268·294/新·零：231·877/新·零：254、162·900/新·零：282·926/新·乙四：14·560/新·乙四：109·628/	就	272	绰	9/曾123/曾123/曾124/曾125/曾128/曾129/曾133/曾45/曾85/	
266	禩	10/郭·尊7/郭·唐10/上二·容28/上二·容28/上二·子6/上四·柬18/上七·吴2/清一·程3/清三·芮15/清五·汤处8/	禩	273	翌	9/包189/郭·五11/郭·五15/郭·五15/郭·缁28/郭·缁44/上一·紂15/上一·紂22/上一·性27/	輕
267	屋	10/郭·老乙12/清一·保7/清一·保9/清一·保10/清三·芮22/清五·封3/清五·封9/清五·殷14/清五·殷20/清五·殷27/	祗	274	迡	9/包131/包136/包136/包137/包159/包173/郭·太6/上五·三14/上九·有4上/	
				275	占	9/包265/包265/包265/包265/包265/包265/包270/包·牍1/	鼎
				276	裹	9/包145/郭·性24/郭·性34/郭·性34/上一·性38/上五·三1/上九·举·禹32/清一·耆5/清五·汤在8/	奮

661

277	邺	9/包3/郭·缁2/郭·老乙2/郭·老乙2/帛·甲·行3-4/帛·甲·行3-4/清一·祭4/清三·芮14/清五·殷2/	國
278	遄	9/郭·尊28/郭·老甲22/郭·尊12/上五·季14/上五·季14/上六·用10/清一·保3/清一·保9/清五·厚8/	①傳②轉
279	敶	9/曾115/曾50/曾63/曾64/曾65/曾66/曾67/新·零:377·1015/新·零:377·1015/	
280	東	9/上一·性19/清二·一章2/清二·一章3/清二·一章3/清二·一章12/清二·十六章87/清二·十六章89/清二·十六章90/清二·十六章90/	烈
281	恣	9/郭·太10/郭·太12/郭·尊25/上五·鲍6/上五·鲍8/清一·金4/清三·芮11/清三·芮15/清五·殷18/	
282	穢	9/包145/上四·曹1/上四·曹7/上四·曹64/上四·曹64/上八·兰4/清一·皇1/清一·皇7/清一·耆12/	沫
283	筐	9/包49/包135/包164/包192/上八·命2/上八·命3/上八·命6/上八·命10/上八·命10/	僕
284	馀	9/包163/包171/包174/包24/包52/包72/上四·曹43/上四·曹50/上六·用1/	豫
285	肇	9/曾160/曾161/曾165/曾175/曾201/曾202/曾204/曾205/曾206/	
286	學	9/郭·穷15/郭·成34/上五·鬼2/上八·兰1/上八·颜11/上八·颜12A/上九·灵3/清一·金7/清三·芮15/	①幽②幼
287	彧	9/上一·孔4/郭·性34/郭·性34/新·甲三:10·61/新·乙四:95·619/新·零:204·852/清一·金2/清一·程5/清一·程5/	①察②戚
288	役	9/上九·卜6/清一·耆10/清五·汤在11/清五·汤在12/清五·汤在12/清五·汤在15/清五·汤在16/清五·汤在16/清五·汤在16/	役
289	贅	9/包157/包168/包28/包28/曾158/曾158/曾165/曾198/上五·君10/	
290	諲	9/包138/包138反/包149/郭·性22/上二·容41/清二·十五章74/清二·十五章75/清五·命3/清五·命3/	徵
291	豎	9/上二·容53/上二·容53/上五·鲍1/清一·金1/清二·三章13/清三·说上1/清三·说上7/清三·说中1/清五·殷10/	殷
292	簇	9/曾158/曾158/曾165/曾198/包28/包28/包157/包168/上五·君10/	旅
293	叟	8/包240/包245/郭·语四21/郭·五21/郭·五32/上五·三5/上五·三10/上八·有4下/	變
294	獙	8/包62/包169/包170/包171/包172/包185/包185/清一·楚16/	

附录三：未见于后世字韵书的楚简新出字字表（2766 例）

295	畀	8/上二·容20/上二·容20/上二·容20/上二·容20/上二·容21/上二·容21/上二·从甲15/上八·成15/	①旗②基
296	窮	8/郭·穷10/郭·穷11/郭·穷14/郭·老乙14/郭·穷15//包230/包228/包232/	①窮②躬
297	諆	8/包137反/包138/包138反/包138反/包138反/包139反/包149/	徵
298	庸	8/新·甲三:110·146/新·甲三:257·283/新·乙一:31、25·463/新·乙二:5·468/新·零215·862/新·零:357·995/新·零:469·1106/新·零:630·1255/	膚
299	㥈	8/包59/包82/包133/包168/包176/郭·老甲9/郭·緇41/郭·成36/	①懌②澤③釋
300	隊	8/曾123/曾45/曾54/曾63/曾67/曾71/曾73/曾75/	
301	獻	8/包147/新·甲一:21·17/新·甲三:342-2、365/新·甲三:354、380/新·甲一:5·4/新·乙一:21·456/新·乙一:29、30·462/新·零:165、19·815/	獻
302	埋	8/包157/包166/包172/包174/包183/包191/包58/包58/	
303	絓	8/包267/包268/包271/包272/包275/包275/包277/包牘1/	
304	縣	8/曾21/曾22/曾25/曾28/曾28/曾59/曾78/曾91/	

305	豫	8/包7/包11/上一·孔4/上三·中10/上四·曹19/上四·曹19/上四·曹22/上四·曹23/	豫
306	邨	8/包157反/包157/包166/包167/包169/包177/新·甲三:393、414/新·零:346·984/	
307	舍	8/包120/包120/包121/包121/包122/包129/包130/包133/	
308	低	8/上一·性37/上二·从甲1/上二·从甲2/上二·从甲8/上二·从甲9/上二·从乙2/上二·从乙2/	民
309	戠	8/曾42/曾42/曾42/曾60/曾60/曾137/上三·周30/清一·耆5/	飾
310	歂	8/上五·季19/曾128/曾133/曾130/曾139/曾135/曾127/曾43/	戠
311	齡	8/包118/包125/包132/包137反/包145/包145反/包82/包牘1/	
312	墊	8/郭·唐1/郭·唐6/郭·唐9/郭·唐14/郭·唐22/郭·唐24/郭·唐24/郭·唐25/	堯
313	瘣	8/新·甲三:264·290/新·甲三:251·277/新·甲三:380·404/新·零:386·1024/新·零:393·1031/新·零:464·1101/新·零:514·1150/新·零:638·1262/	
314	謠	8/新·甲二:16·36/新·甲三:143·172/新·乙三:7·504/新·乙一:16·451/新·乙一:26、2·459/新·乙一:32、23、1·464/新·零:130、785/新·零:268·913/	後

663

编号	字形	出处	释字
315	鄰	8/包185/包169/包171/包185/包170/包62/包172/清·楚16/	
316	悤	8/上二·昔3/上二·从乙4/上六·竞5/郭·语二7/郭·语二30/郭·语二30/郭·性34/郭·性35/	慍
317	惓	8/上一·䜌13/上一·孔29/上一·孔4/上一·性31/上一·性35/上三·中13/上三·中17/上四·相1/	①悓②俔
318	炏	8/郭·成13/郭·成25/郭·老丙1/郭·尊1/上二·昔4/上二·从甲10/上二·从乙1/上五·鬼5/	務
319	遷	8/包18/包276/郭·缁46/郭·老甲38/郭·唐9/上四·采3/上五·季9/上八·颜7/	遺
320	睧	8/包172/包82/包73/包85/包182/上七·吴9/上七·凡甲27/上七·凡乙20/	或隶：賢：睧
321	會	8/上五·君1/上五·君1/上五·君2/上五·君3/上八·子1/上八·子3/上八·子4/上八·子5	顏
322	惹	8/郭·老甲34/郭·性2/郭·性64/上一·性1/上七·郑甲3/上七·郑乙3/上九·灵4/上九·灵5/	怒
323	慾	8/郭·缁12/上七·吴3a/上七·吴3a/清三·芮18/上五·殷12/清顺五·殷14/清五·殷21/清五·殷27/	
324	蒦	8/包129/包167/包207/包209/包212/包216/包220/上八·有3/	
325	牘	8/上五·三4/上五·三4/清一·耆2/清二·十一章58/清三·芮7/清三·周7/清三·周8/清五·厚6/	逸
326	淊	8/上五·鬼7/郭·穷9/清一·皇1/清一·金11/清一·金12/清三·周9/清三·周10/清三·芮24/	沈
327	篔	8/包9/13/包133/包127/包157/郭·缁4/上五·季7/	等
328	虞	7/郭·语一28/郭·语一30/郭·语一30/郭·语一59/郭·语一61/郭·语一63/郭·语一67/	然
329	鞄	7/上五·竞1/上五·竞1/上五·竞5/上五·竞6/上五·竞9/上五·鲍7/上五·鲍9/	鮑
330	歛	7/包204/包260/汇·信二5/汇·信二21/汇·信二23/上二·从甲19/新·甲一：108/	會
331	䨴	7/新·甲三：157·186/新·甲三：172、乙三：19·202/新·甲三：204·230/新·乙三：20·508/新·乙三：38·523/新·乙三：43·528/新·零：370·1008/	電
332	韎	7/曾124/曾125/曾126/曾126/曾128/曾137/曾138/	
333	戈	7/汇·信一4/汇·信一1/汇·信一42/汇·信一38/汇·望一25/汇·望一26/汇·仰11/	①災②哉
334	絅	7/汇·望二3/汇·望二4/汇·望二7/汇·望二11/汇·望二19/汇·望二19/	絅

附录三：未见于后世字韵书的楚简新出字字表（2766例）

335	敱	7/上三·彭7/上四·曹1/上四·曹2背/上四·曹12/上四·曹5/上四·曹7/上四·曹20/	①曹②遭	347	旁	7/上六·庄9/上五·鬼5墨节下/包151/151/包105/包116/包25/	步
336	邖	7/包102/包188/包189/包27/包76/包90/包93/		348	雚	7/上五·弟10/上六·用14/郭·老甲14/郭·老甲15/郭·老甲15/曾174/上五·姑6/	難
337	亢	7/九·五六96/九·五六96/九·五六96/九·五六97/九·五六98/九·五六99/上六·競2/	①亡②望	349	霓	7/上五·三7/上五·三16/上五·三16/上六·王問7/新·甲三：270·296/新·乙四：52·587/	喪
338	寣	7/包146/包146/包165/包166/包171/包260/包263/	寢	350	戝	7/包61/郭·语四8/汇·信一81/上二·容50/上二·容53/上五·弟19/上六·競3/	誅
339	鄭	7/曾142/曾163/曾172/曾173/曾185/曾203/曾53/		351	寰	7/上三·周54/上三·周54/上三·周54/上三·周55/上三·周55/上三·周55/	渙
340	逗	7/包78/九·五六15下/帛·丙/上四·昭5/新·甲三：240·266/新·甲三：259·285/新·乙四：2·549/	徙	352	邦	7/包119反/包119反/包102/包152/包89/包3/包172/	
341	遇	7/汇·望一2/汇·望一53/汇·望一55/汇·望一55/汇·望一56/汇·望一56/汇·望一61/	舉	353	譽	7/郭·穷5/郭·语四16/上二·容13/上二·从甲8/上二·从乙1/上二·昔3/上三·中7/	①興②舉
342	欁	7/包125/包130/包132/包169/包197/包199/包201/		354	穄	7/九·五六1/九·五六2/九·五六2/九·五六3/九·五六3/九·五六4/九·五六12/	
343	陸	7/包163/包170/包171/包171/包179/包184/包24/	隋	355	匡	7/汇·五里3/汇·五里4/汇·五里5/汇·五里6/汇·五里7/汇·五里8/汇·五里12/	肢
344	笑	7/包124/包125/包153/包185/汇·信二10/汇·信二27/汇·信二27/	箟	356	璺	7/新·甲三：74·114/新·甲三：224·248/新·零：11·674/新·零：525·1160/新·零：529·1162/新·零：529·1162/上九·举·古2/	楷
345	絓	7/曾31/曾43/曾53/曾54/曾63/曾70/曾88/		357	鄸	7/包28/包106/包106/包116/包116/包166/清一·楚15/	
346	倲	7/包120/包120/包121/包121/包122/包123/包123/					

665

编号	字形	出处	释字
358	弜	7/郭·太13/郭·尊22/郭·老甲22/郭·老甲35/郭·五41/郭·五41/郭·太9/	强
359	酓	7/上三·周8/上三·周10/上三·周28/上三·周44/上九·卜4/上九·陈1/清三·祝4/	禽
360	蘆	7/包154/包255/包255/包255/汇·仰3/汇·仰34/清一·尹1/	菹
361	鄆	7/包133/包145/包145/包145/包145/汇·望一25/清一·楚1/	
362	騰	7/上三·周30/上三·周30/上三·周30/上三·周31/上三·周31/清五·封7/	逝
363	權	7/帛·乙·行4-6/帛·乙·行4-6/上三·周18/上三·周18/上三·周18/上五·季5/上八·李2/	①幹②榦③姦
364	钺	7/包146/包184/包186/包189/包189/帛·丙/帛·丙/	
365	毆	7/新甲三:361、344-2·385/上二·容16/上五·季8/上五·季14/上六·孔/清一·楚3/清一·楚3/	①剾②遒③癗
366	筭	7/包133/包99/包190/包263/汇·望二8/清二·八章45/清二·八章46/	①券②笑
367	繢	7/汇·望二8/汇·望二13/汇·望二18/汇·望二20/汇·望二20/汇·望二21/汇·望二47/	
368	歿	7/新甲三:380·404/上三·周22/上四·逸4/上六·孔17/上六·用6/上九·陈17/清三·芮14/	①衛②慧
369	歿	7/帛·乙·行4-6/包165/包170/包183/上三·周28/上三·周29/上六·用18/	浚
370	曾	7/上一·衒21/包169/九·五六34/上九·史1/上九·史1/上九·史6/上九·史9/	留
371	若	7/上二·容15/清一·楚4/清三·周9/清三·周12/清三·周15/清三·芮3/清五·殷16/	箬
372	戟	7/包138反/包138反/上九·陈4/清一·耆6/清二·二章8/清三·芮14/清三·周4/	邾
373	臾	7/清四·十四节27/清四·二十二节39/清四·二十二节39/清四·二十二节40/清四·二十二节40/清四·二十六节44/清四·二十五节44/	坤
374	逳	7/包58/包58/包97/包152/包164/包18/包185/	
375	慈	7/上五·三12/上五·三20/上五·三22/上七·吴1/上八·王5/清一·至4/清三·周4/	①慎②珍③誓
376	邢	7/包83/包99/包173/包188/包219/包220/上四·采5/	
377	實	6/上八·成13/上九·陈1/上九·陈19/清三·芮11/清三·芮26/清五·汤处18/	
378	攟	6/郭·六2/郭·六40/郭·六44/帛·乙·行1-3/清·命15/清·命15/	①法②廢
379	隨	6/汇·五里3/汇·五里4/汇·五里5/汇·五里6/汇·五里7/汇·五里12/	械

附录三：未见于后世字韵书的楚简新出字字表（2766 例）

380	殳	6/上一·孔1/上一·孔3/上一·孔5/上一·孔3/上一·孔6/上一·孔8/	文
381	歖	6/包133/包134/包134/上一·紂4/上一·紂17/	謹
382	畀	6/曾172/汇·望一61/包203/包223/包241/包243	興
383	戜	6/上四·逸1/上四·逸1/上四·逸2/上四·逸3/上四·逸3/上四·逸4/	愷
384	賏	6/郭·緇20/郭·緇44/上三·彭8/上三·周12/上五·弟6/上五·君9/	富
385	敏	6/曾120/曾151/曾65/曾67/曾70/曾71/	畋
386	欙	6/曾4/曾45/曾53/曾55/曾58/曾8/	
387	禁	6/包219/包210/九·五六27/九·五六28/汇·望一55/汇·望一80/	行
388	翠	6/包269/包·牘1/汇·信二14/汇·信二2/汇·望二3/汇·望二3/	翠
389	芋	6/包125反/包148反/包150反/包80/包85反/包90/	
390	嚳	6/包172/包179/包270/包273/包273/郭·穷7/	最
391	覞	6/包167/包167/包175/包186/包46/包64/	
392	邕	6/包182/包184/包186/包191/包63/包63/	
393	秭	6/九·五六1/九·五六1/九·五六2/九·五六3/九·五六3/	
394	寣	6/包255/包257/上一·孔28/上五·民8/上五·季19/	密
395	駪	6/曾171/曾172/曾173/曾174/曾175/曾176/	
396	迿	6/包85/包172/包175/上五·鲍2/上五·鲍2/上五·鲍2/	
397	鴈	6/曾129/曾130/曾131/曾131/曾141/曾210/	匹
398	忩	6/郭·语二10/郭·语二10/郭·语二13/郭·语二15/郭·语二17/郭·语二19/	欲
399	寏	6/包10/包124/包125/包151/郭·緇9/上九·邦10/	
400	幻	6/郭·唐10/郭·唐10/郭·唐10/郭·唐13/郭·唐14/郭·唐28/	①治②始③事
401	瘖	6/新·甲一：24·20/新·甲一：22·18/新·甲三：58·105/新·甲三：192、199-1·220/新·乙二：41·493/新·零：184·834/	
402	㠯	6/郭·语二36郭·语二37郭·语二49/上一·紂2/上一·紂3/上一·紂22/	疑
403	列	6/包179/包220/汇·望一64/郭·老甲23/上八·子一清二·二十三章127/	閒
404	祡	6/帛·乙·行1-3/郭·尊2/上二·容16/上五·竞8/上七·武8/上七·武9/上七·武9/	①禍②化
405	輕	6/包38/包176/曾79/曾92/上九·陈11/上九·陈11/	

667

406	逵	6/郭·性10/郭·性11/郭·性17/郭·緇38/郭·緇39/上五·弟5/	①逆②奉
407	豎	6/包94/上五·競10/上五·鮑5/新·甲三：293、313/新·甲三：398·419/上九·史5/	豎
408	遜	6/包202/包238/上五·競6/上六·王問5/上六·慎6/清三·说上5/	①踐②口
409	酋	6/汇·望二6/郭·尊1/郭·尊4/郭·尊20/上六·天乙9/上六·天甲10/	尊
410	遜	6/新·甲三：209·234/新·甲三：169·199/新·甲三：99·137/新·甲三：212、199-3·237/新·甲三：300、307·320/新·乙二：30·488/	逸
411	殴	6/郭·语一50/郭·语一50/郭·语一51/郭·语一51/郭·语一52/郭·语一52/	司
412	刲	6/包123/汇·信二9/郭·六35/郭·六42/郭·六43/郭·六44/	斷
413	駐	6/包12/包73/包126/包132/包157/上四·柬16/	駐
414	韡	6/曾122/曾122/曾137/曾137/曾138/曾138/	韋
415	倪	6/上四·内4/上四·内4/上四·内4/上四·内5/上四·内6/	兄
416	層	6/帛·甲·行5-7/帛·甲·行8-10/新·甲三：111·147/新·甲一：4·3/新·乙一：15·450/新·乙三：24·512/	擬
417	薔	6/包150/包150/新·甲一：12·10/新·乙一：26、2·459/新·乙四：9·556/上七·君甲9/上七·君乙9/清二·十一章57/	蘭
418	瘑	6/包83/汇·望一72/上四·柬18/上七·吴1/新·零：124·779/新·零：238·884/	因
419	翼	6/上二·民6/上二·民7/上二·民11/上二·民12/上二·容41/上四·采1/	①喪②蒼
420	裘	6/上六·天乙8/上六·天甲9/清一·祭1/清三·芮23/清三·说中7/清五·殷18/	哀
421	怸	6/上一·紂2/上一·紂3/上一·紂22/郭·语二36/郭·语二37/郭·语二49/	疑
422	咸	6/上一·紂1/上一·紂3/上四·逸1/清一·尹诰1/清一·至3/清五·封3/	咸
423	畎	6/上二·子8/上二·容52/清二·一章2/清二·一章4/清二·十七章92/清五·殷27/	歗
424	瘆	6/新·甲三：233、190·257/新·甲二：33·47/新·零：475·1112/新·零：135·790/新·甲三：131·163/新·甲三：233、190·257/	悶
425	贏	6/汇·望23/上二·从乙2/上三·周40/上三·周44/上三·周53/清三·芮15/	①贏②瑣
426	龜	6/新·甲三：3·55/新·乙四：118·632/新·零：122·777/新·甲三：33·82/包85/包194/	

附录三：未见于后世字韵书的楚简新出字字表（2766 例）

427	卺		6/包85/包97/包193/包186/上九·卜3/	陷	439	乩	5/清二·十五章74/清二·十五章76/清二·十五章77/清二·十五章78/清二·十五章79/	
428	繥		6/包115/包231/汇·望一33/汇·望一40/汇·望一40/汇·望一89/	佩	440	敚	5/包145/包229/上二·从甲5/上二·从甲6/上五·鲍1/	除
429	壴		6/郭·老甲26/上二·11/上二·容38/上二·容44/上二·容47/清五·汤处4/	臺	441	孤	5/上三·周2/上三·周2/上三·周2/上三·周2/上三·周2/	需
430	聪		6/上二·容17/郭·五15/郭·五15/郭·五20/郭·五23/郭·五26/	聰	442	厘	5/上三·周12/上三·周12/上三·周12/上三·周13/	谦
431	晉		6/帛·乙·行1-3/二·容14/清三·说上6/清三·赤4/清五·殷10/清五·殷24/	海、畝	443	悤	5/包128/包141/包143/包162/包168/	
432	悟		6/上二·从甲8/包146/上七·郑甲1/上七·郑甲3/上七·郑乙2/上七·郑乙3/	恸	444	衷	5/上一·孔25/上一·紉6/上二·昔4/上三·中23/上四·内8/	①卒②依
433	謓		6/上一·孔8/上八·志3/上八·志4/清二·六章31/清二·六章31/清五·殷19/		445	嶷	5/郭·性59/上一·性39/上一·性39/上四·内6/上四·曹5/	①齐②鄰③憐
434	戠		6/清二·六章35/清二·六章39/清二·十五章76/清二·十六章85/清二·二十三章128/清二·二十三章138/	止	446	跂	5/包105/包116/上二·鲁6/上二·子9/郭·语四27、27背/	①殷②緊
435	耆		6/上五·鲍3/上九·举·古1/上九·举·古2/上九·举·古3/清一·皇1/清五·汤5/		447	絚	5/汇·信二15/汇·仰4/汇·仰13/汇·仰21/汇·仰29/	
436	害		6/上八·颜1/上八·颜1/上八·颜3/上八·颜5/上八·颜6/上八·颜9/	颜	448	暴	5/郭·老乙1/郭·老乙1/上三·中14/上四·曹32/上四·曹32/	早
437	彔		5/郭·鲁6/郭·鲁7/郭·鲁7/清一·至1/清三·周13/	①逯②祿	449	炮	5/九·六二一14/九·六二一15/九·六二一16/九·六二一17/九·六二一18/	
438	復		5/上七·君甲7/上七·君乙7/清四·四节8/清四·十三节23/清五·厚6/	復	450	皀	5/上二·民1/上二·民3/上二·民5/上二·民9/上二·民9/	夏
					451	韀	5/包270/包271/包273/包·胲1/包·胲1/	

669

編號	字	出處	釋
452	藋	5/包199/新·甲三:110·146/新·甲三:133·165/新·乙四:61·596/新·乙四:130·644、	
453	貤	5/曾178/曾180/曾182/曾183/曾183/	
454	旒	5/包141/包143/包167/包191/上五·鮑8/	作
455	逑	5/郭·老甲27/郭·老乙13/郭·老乙13/郭·性46/上一·中25/	①兌②悅
456	廥	5/包3/包172/包181/包·牘1/上四·相3/	府
457	癀	5/包240/新·甲三:284·308/新·甲二:32·46/新·乙三:39·524/新·乙三:61·544/	
458	逫	5/郭·六24/郭·六36/郭·六42/郭·六43/郭·六44/	譏
459	羞	5/包155/包221/包222/包222/包223/	
460	盌	5/匯·信二9/匯·信二21/匯·信二21/匯·信二22/匯·信二22/	盌
461	鄝	5/曾106/曾54/曾54/曾76/曾88/	
462	鼠	5/曾1正/曾2/曾2/包271/匯·望二18/	貘
463	潹	5/上四·柬1/上四·柬11/上四·柬12/上四·柬12/上四·柬18/	旱
464	遝	5/包204/包210/包213/包214/包214/	逑
465	籣	5/九·五六4/九·五六5/九·五六6/九·五六7/九·五六8/	篸
466	丝	5/郭·老甲1/郭·老甲1/匯·望二2/匯·望二2/	絕
467	璪	5/包34/包39/包91/包91/包173/	瑤
468	采	5/包86/唐8/郭·唐12/郭·忠6/上二·子8/	①由②陶
469	龠	5/郭·性17/郭·性25/郭·性25//匯·望一50/匯·望一51/	觀
470	繰	5/包268/包271/匯·望二7/匯·仰15/匯·仰26/	縫
471	砳	5/包255/包255/包255/包255/包255/	缶
472	尻	5/上三·中8/上三·中10/上三·中28/上五·君10/上五·君11/	尼
473	僝	5/新·甲三:111·147/新·乙二:30·488/新·乙三:40·525/新·乙四:48·584/新·零:402·1040/	
474	寇	5/新·甲二:5·27/新·甲一:25·21/新·甲三:172、乙三:19·202/新·乙三:38·523/新·乙三:43·528/	龍
475	緅	5/曾69/郭·緇18/上一·紂10/上六·用19/清五·封6/	煩
476	糸	5/匯·信一1/匯·信一2/匯·信一24/匯·信一77/匯·信一80/	未隸
477	瘏	5/郭·緇27/上六·競1/上六·競2/上六·競2背/清二·一章2/	瘏
478	貢	5/郭·六4/郭·六10/郭·六13/上六·慎3/上八·成1/	任
479	珹	5/郭·成10/郭·尊3/帛·丙/上二·容2/上九·陳16/	①攻②聲
480	惸	5/郭·緇33/上一·性27/上三·彭6/上五·姑7/上八·有3/	慮
481	獻	5/上二·容5/匯·望一92/匯·望一94/匯·望一95/上八·志4/	獻
482	兔	5/曾106/曾115/曾134/曾75/曾97/	
483	茲	5/包154/清三·赤8/清三·赤12/清三·赤13/清三·赤14/	

附录三：未见于后世字韵书的楚简新出字字表（2766例）

484	憗	5/包259/清五·殷15/清五·殷15/清五·殷17/清五·殷21/	懂	498	瞽	5/包151/郭·穷19/上三·周33/上七·吴5/上九·陈9/	噬
485	㛑	5/清三·赤1/清三·祝3/清三·祝4/清三·祝5/		499	溋	5/九·五六47/上五·三8/上六·用17/清三·芮4/清三·芮16/	盈
486	箙	5/郭·老甲27/清三·周1/清三·周15/清三·周16/清三·周16/		500	羿	5/包130/上二·容41/上四·昭7/上八·王1/清三·赤5/	
487	厉	5/郭·老甲36/上二·容31/清一·祭13/清厚一·祭14/清一·祭18/		501	暴	5/郭·语三19/郭·语四12/郭·语四13/清二·十八章100/新·零：9、甲三：23、57·73/	早
488	瞿	5/上五·季4/上七·武11/上七·武11/上七·武12/上七·武13/	望	502	疾	5/包3/包194/上六·竞1/上六·竞9/上六·竞13/	瘩
489	登	5/上一·孔15/上八·李1/上八·李1背/上八·李2/清四·十二四节57/	樹	503	罪	5/包255/包255/包255/包256/包256/	
490	郒	5/包165/包172/清一·楚15/清一·楚15/清一·楚16/		504	酘	5/郭·六32/郭·六32/郭·六32/郭·六32/郭·六33/	放
491	疾	5/包3/包194/上六·竞1/上六·竞9/上六·竞13/		505	垭	5/郭·缁32/上三·互12/上六·天甲7/上六·天乙7/清三·芮5/	恆
492	均	5/上四·曹35/郭·尊34/清三·说中4/清三·芮9/清三·芮9/清五·殷17/	均	506	豫	5/上五·姑1/上五·姑1/上五·姑1/上五·姑9/	豫
493	戟	5/郭·缁19/郭·缁19/郭·缁43/上六·天甲6/上六·天乙5/	戟	507	䩕	5/汇·望一41/汇·望一103/新·甲三：174、204/新·甲二：29、44/新·乙一：28·461/	或隶：羖
494	怠	5/上五·三16/上五·三20/上九·举·文10/清二·二章5/清二·二章5/	怠	508	聱	5/清四·二十四节45/清四·二十四节48/清四·二十五节49/清四·二十六节49/清四·二十七节52/	震
495	痠	5/新·乙四：63、147、598/新·甲三：345-1369/包108/包224/包225/		509	盝	5/清三·赤1/清三·赤2/清三·赤2/清三·赤3/清三·赤5/	羹
496	宋	5/上三·周37/上三·周53/上三·周53/上五·三4/上五·三4/	①鳌②次	510	伥	5/汇·信二17/上七·凡甲14/上七·凡甲15/上七·凡乙10/上七·凡乙19/	跪
497	敛	5/郭·尊3/上二·容27/帛·丙/清五·厚4/清五·厚7/	①除②豫				

671

编号	字形	出处	释字
511	嚻	5/清二·三章14/清二·三章15/清二·四章17/清二·四章18/清二·十七章91/	遷
512	燮	5/清一·耆5/清二·十六章89/清三·芮13/清三·芮14/清三·说中3/	燮
513	淋	5/清一·楚8/清一·楚9/清一·楚13/清一·楚14/清一·楚14/	
514	㸚	5/清二·二十章111/清二·二十章112/清二·二十一章115/清二·二十一章116/清二·二十一章119/	趙
515	取	5/清二·十四章66/清二·十六章87/清二·十八章102/清二·二十二章120/清二·二十二章122/	且
516	塞	5/包28/包65/曾131/清一·楚4/清一·楚5/	
517	蒦	5/清一·皇3/清一·皇4/清一·皇5/清一·皇9/清一·皇12/	助
518	穫	5/上三·周20/上四·曹20/上五·季12/清五·汤在14/清五·汤在15/	穫
519	裹	4/清二·八章46/清二·八章46/清二·十七章93/清二·十七章94/	襲
520	纓	4/郭·老乙5/郭·老乙6/郭·老乙6/郭·老乙6/	①纓②驚
521	塵	4/清三·赤1/清三·赤13/清三·赤14/清三·赤15/	屋
522	涂	4/包260/汇·信二21/汇·信二22/汇·信二22/	澮
523	覞	4/曾147/曾147/曾150/曾169/	
524	臺	4/包85/包109/包109/包121/	
525	鄧	4/包100/包140/包162/包182/	
526	頵	4/郭·六26/郭·语一15/上一·紂1/上美一·紂18/	
527	昭	4/包8/包8/包165/包189/	
528	儞	4/包141/包143/包166/包193/	
529	輸	4/包268/包273/包276/包·牘1/	
530	精	4/新·甲三:146·175/新·零:229、261、875/新·乙四:12·559/新·乙四:14·560/	牲
531	阩	4/包85/汇·望二2/汇·望二2/汇·望二42/	
532	戢	4/包·牘1/包269/包272/包273/	
533	羁	4/包149/包149/包149/包149/	
534	嬄	4/包35/包217/包237/汇·望一105/	鷝
535	柀	4/曾122/曾122/曾124/曾130/	
536	貞	4/汇·信二15/汇·信二22/汇·信二22/汇·信二23/	鼎
537	緟	4/曾31/曾65/曾66/曾125/	組
538	廛	4/曾18/曾51/曾126/曾137/	
539	韭	4/包268/包271/包273/新·零:24·685/	
540	栽	4/包61/包269/包273/包·牘1/	戟
541	偏	4/包90/包166/包171/包193/	
542	屠	4/上一·紂6/郭·緇9/上二·容22/上八·志4/	暑

672

附录三：未见于后世字韵书的楚简新出字字表（2766 例）

543	迖	4/郭·五 21/郭·五 21/郭·五 34/郭·五 34/	肆		557	諜	4/包 138/包 164/包 175/上四·曹 31/	諜
544	趕	4/郭·缁 3/上六·竞 8/上六·王问 7/清·程 3/	①望②柱动词		558	灾	4/上五·三 2/上五·三 9/上五·三 14/上五·三 25/	災
545	欯	4/包 141/包 141/上四·柬 18/清一·楚 16/	歉		559	莊	4/上五·鲍 1/上五·鲍 2/上五·鲍 2/上五·鲍 5/	①葬②亡
546	羕	4/上一·性 26/上一·孔 8/上二·容 38/上六·王问 3/	①宛②琬 苟		560	紎	4/上四·逸 1/上四·逸 3/上四·逸 4/上六·用 16/	豫
547	蟲	4/上二·容 19/上二·容 33/上六·竞 6/清三·赤 9/			561	雛	4/曾 46/曾 86/曾 89/包 183/	雛
548	覥	4/郭·缁 34/上五·鲍 4/上五·弟 8/清一·祭 21/	顧		562	褑	4/包 129/包 141/包 162/包 209/	胙
549	驥	4/新·甲三：79·119/新·乙三：21·509/新·乙二：10·473/清二·六章 31/			563	虞	4/上六·孔 1/上六·孔 3/上六·孔 4/上六·孔 22/	予
550	蠱	4/清一·至 2/清一·金 3/清三·芮 10/清三·芮 17/	虖		564	醢	4/上六·庄 1/上六·庄 2/上六·庄 2/上六·庄 4/	
551	褢	4/清一·耆 7/清三·说下 10/清三·周 5/清三·周 6/	裕		565	菩	4/上六·孔 6/上六·孔 16/上六·孔 18/上六·孔 27/	對
552	室	4/清一·祭 13/清五·命 1/清五·命 8/上七·吴 5/	①曠②廣 或隶：㝵		566	會	4/上五·竞 1/上五·竞 2/上五·竞 5/上五·竞 5/	答
553	蛪	4/清一·耆 9/清一·耆 10/清一·耆 11/清一·耆 13/	蟀		567	聯	4/新·甲一：25·21/新·甲三：8、18·59/新·乙四：35·575/新·甲二：5·27/	
554	稟	4/清三·芮 1/清三·芮 2/清五·殷 8/清五·殷 25/			568	單	4/新·甲三：209·234/新·甲三：261·287/新·甲三：243·269/新·零：13·676/	牢
555	繼	4/清一·祭 1/清一·祭 2/清一·祭 7/清一·祭 21/			569	瓢	4/包 95/包 164/包 259/上三·周 37/	狐
556	陞	4/包 2/包 3/包 5/包 128/			570	奢	4/郭·性 19/郭·性 19/上一·性 11/上三·彭 2/	①余②序③捨
					571	烽	4/包 170/上一·孔 28/郭·语四 2/上五·三 19/	牆

673

572	和	4/ 包 214/ 帛·甲·1-2/ 帛·丙/九·五六 39 上/	秋轉
573	迌	4/ 郭·穷 7/ 郭·尊 37/ 郭·尊 38/ 郭·尊 38/	
574	蕙	4/ 上一·性 4/ 上一·性 5/ 上四·柬 16/ 上六·競 6/	①属②瀝
575	垪	4/ 汇·信二 17/ 汇·信二 17/ 汇·信二 22/ 汇·信二 26/	瓶
576	絅	4/ 上二·从乙 1/ 上二·从乙 3/ 上二·从乙 3/ 上二·从乙 16/	治
577	軟	4/ 汇·望一 10/ 汇·望一 59/ 汇·望一 106/ 汇·望一 107/	歓
578	篋	4/ 帛·丙篇·/帛·丙篇·/帛·丙篇·/上五·鲍 4/	①築②敦
579	廊	4/ 汇·望一 40/ 汇·望一 45/ 汇·望一 54/ 汇·望一 75/	
580	教	4/ 上二·容 30/ 上二·容 30/ 郭·语四 8/ 郭·语四 8/	①察②窃
581	仑	4/ 曾 124/ 曾 124/ 曾 128/ 曾 136/	
582	蓝	4/ 上一·紂 12/ 上一·性 7/ 郭·缁 21/ 郭·性 21/	蓝
583	訸	4/ 包 36/ 包 38/ 包 60/ 包 190/	
584	賵	4/ 包 82/ 包 167/ 包 173/ 包 177/	
585	雎	4/ 包 21/ 包 22/ 包 30/ 包 173/	
586	湯	4/ 包 3/ 包 100/ 上一·孔 17/ 上二·容 25/	湯
587	呦	4/ 包 60/ 包 67/ 包 77/ 包 80/	
588	贊	4/ 包 278 反/ 包 94/ 汇·望二 19/ 汇·望二 25/	賤

589	鎗	4/ 汇·仰 258/ 包 18/ 新·零：480·1117/ 新·乙四：56·591/	劍
590	銷	4/ 包 126/ 包 126/ 包 127/ 包 128/	
591	瑞	4/ 包 219/ 汇·信二 1/ 汇·信二 3/ 九·五六 21 下/	佩
592	故	4/ 包 155/ 包 155/ 帛·丙/帛·丙/	
593	睪	4/ 郭·穷 14/ 郭·唐 21/ 汇·信一 43/ 汇·信一 44/	譽
594	稷	4/ 上一·孔 24/ 上二·子 12/ 上二·子 13/ 上六·用 8/	稷
595	賊	4/ 上五·弟 16/ 郭·缁 5/ 郭·缁 6/ 郭·缁 43/	惑
596	逈	4/ 曾 212/ 帛·乙·行 1-3/ 帛·乙·行 7-8/ 郭·语四 20/	①轉②傳
597	繹	4/ 汇·信二 11/ 汇·信二 17/ 汇·信二 17/ 汇·信二 17/	經
598	繺	4/ 汇·仰 8/ 汇·仰 14/ 汇·仰 30/ 汇·仰 37/	帶
599	虒	4/ 包 128/ 包 141/ 包 143/ 包 179/	
600	戭	4/ 曾 152/ 曾 171/ 曾 211/ 包 157/	箙
601	邵	4/ 包 186/ 包 181/ 包 153/ 包 67/	
602	禂	4/ 上三·周 5/ 上三·周 20/ 上三·周 21/ 上三·周 56/	告
603	懰	4/ 汇·望一 36/ 汇·望一 37/ 包 231/ 包 233/	憂
604	殤	4/ 曾 172/ 包 222/ 包 222/ 包 225/	殤
605	枼	4/ 郭·老乙 15/ 郭·性 23/ 郭·性 63/ 上一·性 14/	拔
606	慹	4/ 郭·五 16/ 上一·孔 28/ 上四·曹 48/ 上四·曹 60/	慎

674

附录三：未见于后世字韵书的楚简新出字字表（2766 例）

607	郲	4/ 包 177/ 上八·有 2/ 上八·有 2/ 上八·有 2/	
608	戜	4/ 郭·尊 26/ 上七·吴 6/ 清一·耆 6/ 清三·芮 13/	仇
609	戕	4/ 上 三· 中 20/ 上 四·曹 16/ 清三·说中 6/ 清三·说中 7	扞
610	袄	4/ 汇·望一 41/ 汇·望一 42/ 汇·望一 88/ 包 243/	
611	瘻	4/ 包 102/ 包 102 反 / 包 109/ 上二·容 37/	未隶
612	鈘	4/ 上六·庄 9/ 上八·命 2/ 上八·命 3/ 清五·命 7/	扶
613	客	4/ 上三·周 42/ 上五·三 15/ 清一·皇 1/ 清五·厚 2/	恪
614	靁	4/ 包 185/ 上四·采 3/ 上九·陈 3/ 清一·楚 6/	
615	萬	4/ 郭·尊 26/ 郭·五 35/ 新·甲三：294、零 334·314/ 清一·保 8/	害
616	瞖	4/ 汇·望一 57/ 汇·望一 59/ 汇·望一 61/ 汇·望一 62/	
617	軔	4/ 包·牍 1/ 包·牍 1 反/ 郭·尊 29/ 上九·举·文 5/	載
618	袄	4/ 包 210/ 包 218/ 新·甲一：7·5/ 新·甲三：146·175/	
619	薨	4/ 包 91/ 包 155/ 包 155/ 包 155/	葬
620	贘	4/ 上一·紂 22/ 上一·紂 11/ 上六·用 4/ 上六·用 4/ 清五·殷 17/	富
621	轣	4/ 包 150/ 九·五六 31/ 上五·鲍 4/ 上六·用 14/	獵
622	経	4/ 汇·仰 6/ 汇·仰 7/ 汇·仰 8/ 汇·仰 29/	
623	舍	4/ 郭·六 25/ 上二·容 46/ 上六·孔 12/ 上八·成 7/	密
624	澶	4/ 上一·性 19/ 上一·性 28/ 上一·性 38/ 上二·从甲 19/	流
625	蹢	4/ 上四·内 6/ 上五·季 10/ 上五·季 22/ 上六·孔 5/	亂
626	罿	4/ 上五·鲍 3/ 上五·鲍 5/ 上六·天甲 8/ 上六·天乙 7/	盟
627	葪	4/ 上五·季 17/ 新·甲三：267·293/ 新·甲三：137·169/ 清一·金 2/	典
628	音	4/ 上五·鬼 4/ 郭·语三 64 上/ 上七·武 1/ 清一·祭 14/	意
629	譻	4/ 上九·成甲 1/ 上九·成甲 2/ 上九·成乙 1/ 上九·成乙 2/	
630	喬	4/ 汇·望二 1/ 汇·望二 2/ 汇·望二 5/	
631	捭	4/ 新·零：221、甲三：210·235/ 新·甲三：219·244/ 新·零：584、甲胖三：266、277·292/ 新·零：306·949/	
632	戠	4/ 清四·十六节 25/ 清四·十六节 27/ 清四·二十六节 51/ 清四·二十六节 51/	勝
633	坙	4/ 上八·兰 2/ 清一·祭 7/ 清三·周 4/ 清五·殷 20/	修
634	潔	4/ 郭·五 17/ 上八·有 4 下/ 清二·十五章 80/ 清二·十八章 99/	懷
635	繻	4/ 清一·皇 11/ 清三·芮 19/ 清三·芮 20/ 清三·芮 22/	繩
636	鄉	4/ 清二·二章 7/ 清二·二章 8/ 清二·十八章 98/ 清二·二十章 109/	號

675

637	䆁	4/ 曾 154/ 曾 155/ 曾 1175/ 曾 210/	宰
638	悬	4/ 清三·芮 14/ 清三·芮 20/ 清三·芮 22/ 清三·说中 3/	
639	臭	4/ 上七·凡甲 4/ 上七·凡乙 3/ 清三·良 2/ 清五·殷 16/	衡
640	敦	3/ 清二·十四章 71/ 清二·十四章 72/ 清二·二十三章 127/	援
641	宅	3/ 上八·成 12/ 清一·楚 4/ 清一·楚 5/	
642	咸	3/ 包 77/ 包 83/ 包 143/	
643	顗	3/ 曾 9/ 曾 72/ 曾 89/	頸
644	論	3/ 上八·有 6/ 上八·有 6/ 上八·有 6/	
645	隊	3/ 清二·九章 51/ 清二·十章 54/ 清二·十四章 66/	隨
646	軋	3/ 清三·良 5/ 清三·良 5/ 清三·良 7/	①犯 ②范
647	慈	3/ 上四·内 4/ 上四·内 5/ 上八·颜 12A/	慈
648	敗	3/ 上七·凡乙 13/ 上七·凡乙 13/2/ 上七·凡甲 19/ 上九·陈 13/	嗅
649	痤	3/ 清三·说下 4/ 清五·厚 13/ 清五·殷 9/	狂
650	罟	3/ 清一·皇 3/ 清一·皇 13/ 清一·皇 13/	憬
651	戴	3/ 包 135 反/ 包 135 反/ 包 138/	
652	詌	3/ 清一·祭 16/ 清一·金 5/ 清一·金 5/	許
653	悉	3/ 清一·说中 4/ 清五·殷 17/ 清五·殷 25/	淫
654	龠	3/ 清二·四章 18/ 清二·四章 34/ 清二·十五章 76/	①予 ②餘
655	邿	3/ 上九·卜 2/ 清二·十四章 69/ 清二·70/	蔡

656	滅	3/ 上七·凡甲 20/ 清一·尹诰 2/ 清三·说中 3/	滅
657	謀	3/ 上八·有 2/ 上七·凡甲 4/ 上七·凡乙 4/	①謀 ②誨
658	省	3/ 上七·凡甲 28/ 上七·凡乙 20/ 清四·二十三节 41/	小
659	觀	3/ 清三·说上 5/ 清五·殷 22/ 清五·殷 22/	叡
660	擇	3/ 新·甲三:201·227/ 新·乙四:134·648/ 清一·楚 4/	擇
661	楚	3/ 清三·芮 8/ 清三·芮 23/ 清三·芮 24/	摩
662	蔥	3/ 上七·凡甲 3a/ 上七·凡甲 3/ 上七·凡乙 25/	始
663	睡	3/ 清一·至 4/ 清五·殷 22/ 清五·殷 23/	①診 ②隱
664	改	3/ 清三·祝 3/ 清三·祝 4/ 清三·祝 5/	撫
665	箺	3/ 上九·灵 3/ 上九·灵 3/ 上九·灵 4/	策
666	隆	3/ 上七·吴 3a/ 清一·保 7/ 清二·十四章 68/	降
667	勠	3/ 清二·六章 31/ 清二·六章 32/ 清二·六章 32/	
668	资	3/ 清二·六章 31/ 清二·六章 32/ 清二·六章 32/	齊
669	僂	3/ 清三·良 5/ 清三·良 9/ 清五·厚 4/	後
670	澬	3/ 新·甲三:403·424/ 上八·成 4/ 上八·王 4/	漬
671	歠	3/ 包 87/ 包 151/ 包 152/	
672	宅	3/ 上五·三 6/ 上五·三 6/ 上八·兰 5/	托
673	馳	3/ 新·甲三:115·150/ 新·甲三:192、199-1、220/ 帛·乙·行 7-8/	

附录三：未见于后世字韵书的楚简新出字字表（2766例）

674	庀		3/上五·季20/包263/上九·史3/	危	693	遽		3/上一·孔11/上一·孔13/上一·孔27/	
675	粆		3/上五·鲍1/上五·鲍1/上八·志1/	梁	694	蠆		3/包185包190/郭·老甲33/	薑
676	豯		3/新·甲三:275·300/新·甲三:363·387/包203/	豢	695	夎		3/包155/包155/包155/	葬
677	仐		3/上五·三3/包159/新·乙一:15·450/	命	696	剗		3/包19/包36/包140/	
678	袼		3/上四·昭1/上四·昭1/上九·灵5/	落祭名	697	鄝		3/包163/包165/包169/	梁
679	陁		3/上二·容6/上六·慎4/清二·十一章59/	施	698	紿		3/包270/包271/包·牍1/	
680	辥		3/汇·信二26/上一·绗2/清二·十六章90/	辥	699	唐		3/郭·忠7/郭·忠7/郭·唐27/	皆
681	罌		3/郭·语一98/郭·语三35/新·乙四:122·636/	丧	700	刎		3/包42/包42/包142/	
682	禮		3/郭·性22/郭·性23/上六·孔19/	礼	701	衩		3/包205/包206/新·甲三:189·218/	位
683	虖		3/上一·绗14/上一·孔12/上一·孔13/	瘧	702	啻		3/包219/包219/包244/	音
684	抧		3/包44/包169/上三·周51/	①肢②抧	703	戀		3/汇·信二7/汇·信二13/汇·信二19/	戀
685	驹		3/包135/郭·唐2/上二·容30/	①均②食	704	逌		3/包137/包137反/九·五六28/	解
686	蒿		3/包267/包267/包267/	苞	705	囿		3/包137/包137/包142/	
687	糌		3/包266/汇·信二24/汇·信二25/	楮	706	寍		3/曾18/曾126/曾152/	
688	仐		3/郭·语三26/郭·语三32/郭·语三33/	治	707	跐		3/汇·信二95/汇·信二9/汇·信二13/	不清
689	乄		3/郭·语二50/郭·语二50/郭·语二51/	势	708	屄		3/上二·鲁2/上二·鲁6/上四·相3/	庶
690	寅		3/郭·老甲36/郭·老甲36/上五·三18/	亡	709	敄		3/包157反/包157/郭·性38/	
691	霝		3/包174/包175/汇·信二9/	雷	710	粘		3/汇·望二17/汇·望二18/汇·望二51/	
692	鞿		3/包186/包273/包·牍1/		711	隱		3/上一·孔1/上一·孔1/上一·孔1/	
					712	蔑		3/郭·成19/郭·尊8/郭·尊17/	①察②窥
					713	耵		3/郭·唐6/上一·绗11/上一·性14/	①聖②聲

677

编号	字形	出处	新字形
714	迟	3/郭·尊17/上二·民8/上二·从甲13/	迟
715	顡	3/上二·容22/包128反/包129/	夏
716	㡭	3/郭·忠1/郭·忠2/郭·忠2/	积
717	蟁	3/上一·孔11/上一·孔15/上一·孔15/	爱
718	繥	3/汇·仰4/汇·仰21/汇·仰29/	纯
719	悥	3/上一·孔3/上一·孔18/上一·孔19/	怨
720	厥	3/上三·亙1/上三·亙1/上三·亙1/	质
721	剢	3/郭·穷9/上五·姑4/上六·用1/	初
722	斁	3/郭·穷4/郭·穷6/郭·穷7/	释
723	敛	3/包121/上六·竞8/上二·容3/	渔
724	䜩	3/郭·五29/郭·五29/郭·五50/	乐
725	鱎	3/包261/汇·信二4/汇·望二22/	赭
726	𠚣	3/郭·六30/郭·六30/清五·汤处13/	磨
727	𥿮	3/郭·缁36/上一·紂18/清二·十四章71/	磨
728	𨍱	3/汇·望二18/汇·望二13/汇·望二7/	力
729	放	3/郭·缁1/上三·中13/清三·芮11/	力
730	輔	3/曾18/曾58/曾63/	
731	鄙	3/曾214/包91/清一·耆1/	
732	繩	3/包288/包268/包268/	
733	繩	3/包244/包219/清三·说上2/	繩
734	䙷	3/曾70/曾160/清一·祭16/	
735	寑	3/上二·容2/上四·曹11/清一·皇10/	新字形寑
736	𨀚	3/上五·三22/上八·李1/上八·成11/	
737	慧	3/郭·性22/郭·性23/上六·孔19/	礼
738	𠁁	3/郭·五32/上五·鬼8/上九·史8/	颜
739	邻	3/包190/清二·十三章64/清二·十八章96/	
740	佚	3/上二·从甲12/新·甲三:235-1·259/新·甲三:267·293/	倦
741	呆	3/上四·曹20/上七·凡甲1/上七·凡乙1/	本
742	鐘	3/上三·周14/上五·鬼8/上九·卜2/	①适②簪
743	嚣	3/新·甲三:117、120、152/新·乙一:18·453/新·零:103·759/	
744	䯨	3/上三·周13/上三·周57/上三·周57/	邻
745	亙	3/汇·望二13/汇·望二23/	不清
746	諗	3/上二·容37/清三·周6/清五·殷25/	喑
747	頾	3/上五·三16/清三·说上4/清五·厚5/	稽
748	佘	3/上五·姑9/新·甲三:391·412/新·零:342·980/	余
749	債	3/上四·曹21/上三·周33/上三·周37/	负
750	敉	3/帛·乙·行4-6/上七·吴6/清三·说上6/	
751	㦖	3/郭·语二43/新·甲三:206·231/清一·耆/	
752	斳	3/上二·容18/上五·弟23/郭·缁26/	折
753	韓	3/包273/上六·用8/上六·用17/	违
754	扫	3/上三·周5/上六·天甲6/上六·天乙5/	斗

附录三：未见于后世字韵书的楚简新出字字表（2766例）

755	耴	3/上六·孔4/上六·孔4/上六·孔6/	①聖②聽
756	堇	3/包167/包194/上六·慎1/	步
757	悳	3/包84/包85/上六·孔21/	德
758	鼺	3/包42/包120/包120/	
759	灂	3/包96/包96/包98/	
760	驫	3/包98/包107/包117/	
761	敓	3/包58/曾9/曾68/	
762	銅	3/郭·语三28/郭·语三30/郭·语三31/	治
763	㠯	3/郭·性16/郭·性38/郭·性60/	舉
764	仔	3/包44/包71/包191/	
765	翚	3/包128/包141/包143/	
766	怔	3/郭·太11/郭·太11/郭·缁21/	託
767	肯	3/包145/包184/包193/	
768	敛	3/包149/郭·缁26/上一·财14/	斂
769	堅	3/曾123/曾123/曾137/	
770	鄜	3/曾153/曾210/曾210/	
771	酪	3/包138/包165/包177/	
772	遍	3/包56/包167/包192/	
773	躅	3/包167/包170/包181/	
774	赠	3/包92/包92/包166/	
775	哉	3/包34/上二·从甲17/上六·庄4/	①敔②吾
776	至	3/汇·信二16/汇·信二21/汇·信23/	

777	帬	3/包269/包273/包·牍1/	
778	宇	3/包87/包116/汇·望一40/	未隶腴主
779	糯	3/包268/上五·竞3/新·甲三：402·423/	
780	銙	3/包85/包85/郭·语四26/	
781	栗	3/汇·信二4/汇·信二4/上六·孔13/	攝
782	珃	3/包226/包236/上六·竞1/	寶
783	笔	3/包269/包269/包·牍1/	
784	孋	3/曾1正/曾12/曾73/	敖
785	过	3/曾211/曾211/曾152/	
786	裻	3/包145/包145/包190/	
787	壬	3/包83/包157/包261/	
788	鞍	3/曾69/曾115/包271/	鞍
789	返	3/上二·容16/上二·容3/郭·五45/	①役②疫
790	鄦	3/包143/包141/包128/	鄦
791	袼	3/上四·昭5/包202/包202/	落
792	緐	3/上四·内8/上六·竞9/汇·信一55/	緐
793	陵	3/上三·周16/上三·周16/上三·周48/	隨
794	悲	3/上三·周24/上三·周24/上三·周25/	弗
795	籠	3/汇·信二5/汇·信二11/汇·信二11/	筐
796	窜	3/上一·性23/上一·性30/上一·性30/	獨
797	疥	3/新·甲二：28·43/新·甲三：198、199-2·225/新·甲三：291-1·310/	疥

679

编号	字形	出处	释字
798		3/上三·彭7/上三·彭7/上三·彭7/	
799	楾	3/上一·孔10/上一·孔11/上一·孔13/	巢
800	逄	3/上四·柬18/上五·季15/上五·君1/	坐
801	敱	3/上四·柬19/上五·三3/郭·缁34/	①辩②辨
802	溴	3/上三·彭6/郭·语四7/包100/	①澤②釋
803	逗	3/上三·中1/包55/郭·穷6/	桓
804	褋	3/上四·昭6/上四·昭7/	袒
805	捍	3/上三·周20/上四·柬23/上四·柬23/	耕
806	福	3/上四·曹3/郭·老子甲31/新·甲三:15、60·66/	富
807	敔	3/上四·曹13/上四·曹22/上四·曹64/	曹
808	繎	3/上四·曹36/上六·庄4/上六·庄8/	申
809	遙	3/上四·曹27/上四·曹32/上四·曹42/	将
810	选	3/上三·周18/新·甲三:142-1·171/新·零337·976/	名词先
811	汾	3/新·甲三:21·71/新·零:9、甲三:23、57·73/新·零:198、203·847/	
812	扇	3/新·甲三:21·71/上五·鲍1/上五·鲍7/	司
813	瑗	3/曾57/上六·竞12/新·乙一:24·458/	
814	鼬	3/包10/上三·周50/上五·三12/	①岸②潤
815	露	3/新·甲三:253·279/新·甲三:357、359·383/新·甲三:325-1·344/	喪
816	嘞	3/新·乙四:16·562/新·甲三:223·247/新·乙四:47·583/	鄂
817	襩	3/上五·弟15/上五·弟21/上五·弟21/	絕
818	韋	3/九·五六44/曾77/清二·二十三章128/	犢
819	僉	3/包244/上七·武2/清五·汤处18/	逾
820	票	3/汇·望一12/郭·老甲38/帛·甲8-1/	櫏不清
821	贖	3/包180/新·甲三:123·156/上七·吴9/	
822	塵	3/清四·一节1/清四·一节3/清四·一节4/	
823	觀	3/清二·十六章87/清五·厚1/清五·厚4/	恭
824	鯱	3/清一·保2/清一·保3/清一·保10/	朕
825	薮	3/清一·楚5/清一·楚8/清一·楚10/	樊
826	蠱	3/清一·耆10/清一·耆11/清一·耆13/	蟋
827	竺	3/清一·金13/清三·说上2/清三·周13/	①築②篤
828	旁	3/清二·十五章84/清二·二十章109/清二·二十章110/	盧
829	欸	3/上九·陈7/上九·陈9/上九·陈11/	整
830	鏞	3/新·甲三:9·60/新·甲三:100·138/新·乙四:8·555/	胛
831	懺	3/包237/包243/包243/	
832	敗	2/新·乙二:3、4·467/新·乙三:47·531/	損
833	慮	3/新·甲三:10·610/新·甲三:61·106/	尤
834	薗	3/上八·兰1/上八·兰5/	黄
835	钺	2/清三·芮1/清三·赤15/	
836	邵	2/包167/清三·芮23/	邵

附录三：未见于后世字韵书的楚简新出字字表（2766 例）

837	宊	2/上八·兰1/上八·兰1/	
838	疲	2/包188/清二·二十一章114/	坡
839	猷	2/包74/包152/	
840	祒	2/九·五六26/新·乙四：53·588/	祠
841	寏	2/包212/清五·汤在14/	寶
842	韓	2/曾122/曾137/	
843	㙫	2/九·五六44/清一·楚3/	攝
844	坙	2/上二·容19/清三·芮14/	
845	敩	2/郭·尊4/清一·皇7/	教
846	墬	2/曾26/曾129/	
847	繡	2/汇·信一1/汇·信二1/	纑
848	枽	2/包58/包63/	早隶
849	篒	2/汇·信二18/汇·信二18/	箅
850	鄂	2/曾65/曾201/	
851	德	2/郭·唐1/郭·唐1/	傳
852	奚	2/包186/郭·缁45/	攝
853	隓	2/包30/包62/	隋
854	城	2/曾152/曾211/	
855	娜	2/包103/包115/	郍
856	芬	3/汇·望二8/汇·信二18/包263/	荒
857	綩	2/包270/包270/	滕
858	鄌	2/包20/包20/	
859	翠	2/汇·信二7/汇·信二7/	翱

860	佁	2/上六·孔10/上六·孔16/	欺
861	恃	2/郭·语一95/上九·邦2/	詩
862	䜌	2/曾167/上四·采1/	巷
863	薊	2/汇·信二14/包152/	
864	迎	2/郭·性44/郭·性44/	節
865	斈	2/上四·内10/新·零：39、527·700/	少
866	堯	2/上四·昭5/清二·三章16/	墓
867	滬	2/上四·昭1/上九·陈4/	滮
868	瑗	2/新·甲三：294、零：334·314/上八·有5/	
869	戮	2/上七·君甲7/上七·君乙7/	
870	脾	2/上五·弟19/上五·弟19/	悼
871	戚	2/上五·三20/郭·唐13/	
872	淮	2/上五·三10/上六·王与3/	淮
873	爰	2/上六·慎2/上六·慎2/	偏
874	虞	2/上六·用14/清一·皇1/	虐
875	繎	2/汇·仰8/郭·老甲21/	寥
876	畱	2/郭·缁41/清五·殷19/	留
877	盍	2/上一·性15/清三·周2/	琴
878	騰	2/新·甲三：15、60、66/新·乙二：45·497/	懼
879	雚	2/汇·信二14/汇·信二17/	
880	絅	2/郭·唐23/郭·唐26/	
881	客	2/上三·周42/上五·三15/	假

681

編號	字	出處	釋
882	兊	2/包255/清一·程2/	
883	戜	2/上六·天甲6/上六·天乙5/	甾
884	埊	2/上六·孔16/上六·孔18/	未隸
885	鎠	2/上六·庄1/上六·庄1/	敵
886	胯	2/上六·庄3/上六·庄4/	舸
887	豣	2/上六·王与1/上六·王与3/	
888	寬	2/上六·王与3/上六·王与1/	寬
889	醓	2/上六·王与3/上六·王与4/	拮
890	夐	2/上六·王与3/上六·王与4/	爨
891	醓	2/上六·王与3/上六·王与4/	
892	癈	2/上六·競1/上六·競2/	疥
893	亯	2/上六·競1/上六·競2/	逾
894	盇	2/上五·三13/上六·王与3/	菜
895	禃	2/上六·用13/上六·用13/	
896	訐	2/上五·三2/上五·三2/	諆
897	駿	2/曾67/曾70/上五·弟20/上四·昭6/	馭
898	盧	2/上五·弟20/上六·競1/	據
899	櫎	2/新·甲三:227·251/新·甲三:231·255/	詛
900	弢	2/新·甲三:356·382/新·零:193·842/	
901	開	2/上六·天乙6/新·甲三:134、108·166/	闚
902	菫	2/新·甲三:346-2、384·372/新·乙四:94·618/	
903	袚	2/新·乙三:41·526/新·甲三:268·294/	先
904	孋	2/新·甲三:268·294/新·乙一:22457/	童
905	祀	2/新·甲三:243·269/新·甲三:243·269/	
906	緂	2/上五·鮑3/上五·鮑267/	
907	蘆	2/上五·三13/上五·三13/	
908	秀	2/上五·季1/上五·季2/	務
909	痌	2/上五·季7/上五·季10/	痲
910	迎	2/上五·鮑2/上五·鮑/	埘
911	瞿	2/新·乙二:23、零:253·481/新·乙一:17·452/	煲
912	骭	2/新·零:210-2858/新·乙四:8·555/	背
913	雕	2/新·零:210-2858/新·乙四:8·555/	膺
914	盬	2/新·甲三:345-2·370/新·甲三:320·339/	
915	敔	2/新·零:66、甲三:234·258/新·甲三:242·268/	
916	鑴	2/新·甲三:182-2212/新·零:16·679/	罐
917	甓	2/新·甲三:11、2462/新·乙四:31573/	遷
918	禋	2/新·甲一:2521/新·甲二:5·27/	
919	縈	2/新·甲三:71·111/新·零:118·773/	
920	蔵	2/上四·曹22/上四·曹13/	沫
921	緊	2/上四·曹39/上四·曹39/	堅
922	鄒	2/上四·曹13/上四·曹17/	邊
923	逆	2/上四·曹18/上四·曹42/	變
924	雍	2/上四·昭1/上四·昭2/	稚

附录三：未见于后世字韵书的楚简新出字字表（2766例）

925	㪇	2/上四·曹13/上四·曹20/	沫
926	骵	2/新·甲三·131·163/新·甲三:245·271/	
927	澌	2/上三·周50/上三·周50/	漸
928	尨	2/上二·民9/上二·民13/	喪
929	裪	2/上二·从政15/上二·从政15/	虐
930	敀	2/新·零:148·802/帛·丙/	去
931	笶	2/汇·信一45/上四·柬2/	
932	攼	2/郭·语四15/上四·曹30/	枚
933	敁	2/上四·曹54/上四·曹55/	
934	剄	2/上四·柬12/上四·柬12/	刑
935	詉	2/郭·性24/上五·君5/	謠
936	慁	2/上三·中13/上三·中17/	緩
937	丝	2/上一·孔27/上一·孔29/	絕
938	臀	2/上三·周26/上三·周26/	覷
939	晉	2/汇·望二20/郭·缁22/	祭
940	階	2/上二·子11/上六·用6/	錯
941	惢	2/上一·性15/上二·容2/	瑟
942	轈	2/汇·信二14/汇·信二14/	
943	頌	2/上三·周27/上三·周49/	輔
944	盡	2/上一·緇12/上一·緇12/	盡
945	柭	2/郭·性48/上一·性39/	輔
946	遁	2/上五·姑5/上五·姑7/	
947	褢	2/上五·姑6/上五·姑7/	
948	袁	2/上五·姑7/上五·姑6/	

949	售	2/上五·姑7/郭·老子乙3/	久
950	緻	2/汇·信二18/汇·信二18/	
951	皁	2/上二·从甲17/汇·信二12/	並
952	忕	2/上六·用4/上四·曹56/	
953	陞	2/上一·緇19/上一·緇19/	格
954	趣	2/上四·采2/上四·采4/	
955	虐	2/上一·緇4/新·甲三:342-2365/	禦
956	陸	2/上三·周16/郭·唐26/	隨
957	頖	2/上三·周14/郭·语一110/	①疑②色
958	㫺	2/郭·性22/上一·性13/	未隸
959	氿	2/上三·周44/上三·周53/	喪
960	亥	2/上二·容44/汇·信二12/	炭
961	㨾	2/汇·望二7/汇·望二20/	
962	泠	2/汇·信二21/	盥
963	悘	2/上一·性37/上五·弟12/	忻
964	圫	2/上六·天甲1/上六·天乙1/	都
965	骨	2/上六·天乙6/上六·天甲7/	侗
966	憎	2/上六·天乙9/上六·天甲10/	逸
967	誓	2/上六·天甲12/上六·天乙11/	祈
968	琗	2/上六·用15/上六·用18/	週
969	弄	2/上二·从甲15/上二·从甲15/	奔

683

970	罷	2/汇·望二3/汇·望二3/	
971	骰	2/包277/包267/	
972	繢	2/汇·信二18/汇·信二1/	
973	鋯	2/汇·望二3/汇·望二4/	
974	獻	2/郭·六40/郭·六41/	獵
975	芅	2/上二·从乙3/上六·王问1/	怒、恕、勱
976	戲	2/上二·容50/上二·容53/	產
977	寬	2/上二·11/上二·11/	
978	版	2/汇·信二26/汇·信二26/	
979	笙	2/上三·彭2/包70/	匠
980	蒚	2/郭·六31/郭·六32/	
981	箔	2/汇·信二3/汇·信二29/	
982	處	2/汇·信二17/汇·信二17/	
983	鬼	2/郭·性67/郭·老丙10/	喪
984	規	2/上六·孔15/上二·容10/	窺
985	覴	2/上三·周22/上五·姑9/	楷
986	隌	2/上六·用7/上二·从甲19/清一·皇13/清险三·芮6/	險
987	䢡	2/上二·鲁3/上三·周32/	巷
988	丞	2/上五·鬼3/郭·老乙13/	瑤
989	条	2/上二·容38/包278/反/	
990	歟	2/帛·乙·4-6/帛·乙·4-6/	

991	嘖	2/上一·性39/上一·性39/	慎
992	怔	2/上三·周56/郭·老甲12/	过动词
993	運	2/上二·容1/上二·容9/	畢
994	晦	2/上三·亙9/上五·鬼8/	晦
995	啐	2/上三·周42/上三·周42/	萃
996	名	2/上一·紂16/上一·紂16/	謹
997	返	2/汇·信一1/汇·信二15/	支
998	號	2/上一·紂9/包130/	赫
999	調	2/上三·中12/上六·用9/	
1000	牀	2/郭·六16/上二·容33/	葬
1001	遴	2/上三·周24/上三·周25/	顛
1002	賮	2/郭·性31/郭·性44/	贄
1003	逨	2/上二·容47/上二·容47/	來
1004	斌	2/帛·乙·1-3/帛·乙·1-3/	獨
1005	鐻	2/包254/包254/	邊
1006	賵	2/郭·语四1/上六·用13/	
1007	遳	2/上二·从乙1/上二·从乙6/	匿
1008	戟	2/郭·缁37/上五·鲍8/	割
1009	壃	2/九·五六43/九·五六44/	
1010	卲	2/汇·信一42/汇·信一33/	
1011	愈	2/郭·缁6/郭·缁8/	欲
1012	讞	2/帛·甲8-10/帛·甲11-13/	鰥
1013	匀	2/郭·尊24/郭·尊26/	軌

附录三：未见于后世字韵书的楚简新出字字表（2766例）

1014	覞	2/郭·老丙8/郭·老丙9/	喪
1015	㑨	2/包88/包88/	
1016	敨	2/郭·性10/上五·弟1/	動
1017	邔	2/包163/郭·穷8/	
1018	瘦	2/上二·容37/上二·容2/	瘦
1019	茅	2/包277/汇·望二9/	
1020	殑	2/上三·周8/上三·周7/	尸
1021	鼉	2/包82/包124/	
1022	鄟	2/包118/包118/	
1023	愿	2/上三·周28/上三·中26/	憂
1024	雯	2/曾44/曾97/	昕
1025	止	2/郭·语二39/郭·语二47/	未隶
1026	鄧	2/包145/包181/	燕
1027	鮇	2/包166/包185/	
1028	㵄	2/包137反/包139反/	
1029	猒	2/包162/包180/	
1030	喿	2/包113/包167/	喪
1031	宑	2/包96/包96/	
1032	鋞	2/包147/包147/	
1033	胐	2/曾10/曾58/	
1034	豯	2/包132反/包95/	
1035	糊	2/包120/包121/	
1036	笌	2/汇·仰35/汇·五里牌12/	
1037	㠭	2/郭·六38/汇·信一2/	作
1038	𠂤	2/上一·𡆧7/郭·缁12/	未隶覺

1039	蝕	2/包227/包210/	蝕
1040	忕	2/汇·仰2534/包93/	
1041	敹	2/郭·缁40、40背/郭·语四10/	轍
1042	鄉	2/包124/包125/曾213/	懺
1043	冏	2/上一·孔21/上一·孔22/	宛
1044	琞	2/上一·紂11/郭·唐25/	聖
1045	舲	2/包·牘1反/上·包·牘1/	
1046	遴	2/郭·缁1/包144/	①巷②衛
1047	鞄	2/包273/包·牘1/	
1048	剘	2/包23/包81/	競
1049	歪	2/曾175/曾175/	
1050	遅	2/包74/包193/	
1051	絨	2/包270/包271/	
1052	懿	2/上一·性24/上一·性33/	篤
1053	淸	2/郭·五22/新·甲三:42·91/	遠
1054	舟	2/上一·孔14/包28/	瑟
1055	鄑	2/包41/包188/	
1056	骳	2/包271/包276/	
1057	幣	2/曾210/曾210/	
1058	鴩	2/上一·孔21/上一·孔22/	鳩
1059	隼	2/包183/汇·望二3/	堆
1060	辟	2/曾155/曾178/	
1061	窒	2/上五·弟25/九·六二一14/	
1062	憑	2/郭·语二34/郭·语二34/	強

685

编号	字	出处	隶定
1063		2/ 上二·子4/ 郭·语一34/	每
1064		2/ 包273/ 包268/	鞅
1065		2/ 包277/ 包1/	
1066		2/ 包99/ 包170/	
1067		2/ 上一·紂21/ 新·乙四:146·660/	示
1068		2/ 包151/ 包151/	
1069		2/ 包145/ 包145/	歸
1070		2/ 包202/ 包205/	戠
1071		2/ 曾62/ 曾62/	攝
1072		2/ 包193/ 新·甲三:294、零:334·314/	
1073		2/ 郭·缁31/ 郭·缁31/	危
1074		2/ 包47/ 包47/	
1075		2/ 包131/ 包136/	
1076		2/ 包27/ 包278/	
1077		2/ 包48/ 上一·紂13/	
1078		2/ 曾136/ 曾138/	
1079		2/ 包150/ 郭·尊18/	①上 ②尚
1080		2/ 曾214/ 曾214/	
1081		2/ 曾125/ 曾16/	
1082		2/ 包67/ 包186/	
1083		2/ 九·五六7/ 九·五六8/	磣
1084		2/ 包255/ 包256/	琲
1085		2/ 包119/ 包119/	

编号	字	出处	隶定
1086		2/ 包255/ 郭·穷13/	
1087		2/ 曾4/ 曾28/	
1088		2/ 包269/ 包269/	僑 未隶
1089		2/ 曾170/ 曾171/	
1090		2/ 曾76/ 曾120/	
1091		2/ 曾4/ 曾10/	未隶
1092		2/ 曾129/ 曾28/	
1093		2/ 曾4/ 曾93/	
1094		2/ 郭·五37/ 郭·五39/	辯 未隶
1095		2/ 包187/ 包188/	
1096		2/ 包153/ 包154/	
1097		2/ 包81/ 包82/	燏
1098		2/ 曾26/ 曾128/	
1099		2/ 包62/ 包142/	
1100		2/ 曾124/ 曾133/	
1101		2/ 九·五六1/ 九·五六1/	
1102		2/ 包·牍1/ 郭·穷7/	
1103		2/ 汇·信二23/ 汇·信二24/	
1104		2/ 郭·穷6/ 包123/	拘
1105		2/ 曾164/ 包173/	踦
1106		2/ 汇·望一88/ 汇·望一89/	
1107		2/ 九·五六78/ 九·五六80/	
1108		2/ 曾32/ 曾130/	
1109		2/ 曾32/ 曾130/	
1110		2/ 曾66/ 曾98/	

附录三：未见于后世字韵书的楚简新出字字表（2766例）

1111	瘖	2/ 包 171/ 包 171/			1135	岑	2/ 包 15/ 清一·至 5/	鷹
1112	鄭	2/ 包 149/ 包 188/			1136	宇	2/ 清四·十一节 15/ 清四·三十节 62/	旱
1113	参	2/ 曾 207/ 曾 205/	未隶		1137	邾	2/ 清一·楚 14/ 清一·楚 14/	鄢
1114	戀	2/ 包 95/ 包 95/			1138	邡	2/ 清一·楚 14/ 清一·楚 14/	
1115	茻	2/ 曾 212/ 曾 213/	未隶		1139	邒	2/ 郭·六 14/ 清二·四章 19/	
1116	敎	2/ 郭·老甲 29/ 郭·老甲·31/	奇		1140	怠	2/ 上七·武 14/ 上七·武 14/	怠
1117	逎	2/ 包 185/ 包 193/			1141	敦	2/ 清一·金 9/ 清一·14/	穆
1118	繻	2/ 汇·仰 14/ 汇·仰 30/	组		1142	陎	2/ 上九·陈 16/ 上九·陈 16/	術
1119	誅	2/ 郭·性 33/ 上一·性 21/			1143	賬	2/ 包 161/ 包 161/	
1120	篹	2/ 曾 67/ 曾 70/			1144	譚	2/ 清三·芮 17/ 清五·殷 9/	讀
1121	惆	2/ 郭·五 13/ 郭·五 32/	温		1145	檡	2/ 郭·唐 7/ 郭·唐 17/	未隶
1122	箐	2/ 包 58/ 包 63/	未隶		1146	敳	2/ 上七·凡甲 18/ 上七·凡甲 18/	徹
1123	迓	2/ 包 86/ 郭·缁 34/	熙		1147	觿	2/ 清三·芮 18/ 清三·芮 19/	壊
1124	邯	2/ 包 34/ 包 34/			1148	懋	2/ 上七·凡甲 26/ 上七·凡乙 19/	盗
1125	簫	2/ 包 204/ 包 213/			1149	頍	2/ 上九·邦 2/ 上九·灵 2/	類
1126	衖	2/ 上一·紂 1/ 包 1426/	巷		1150	漸	2/ 清三·说中 2/ 清三·说下 8/	漸
1127	胯	2/ 包 174/ 包 176/			1151	重	2/ 清三·周 3/ 清三·说上 2/	庸
1128	駢	2/ 曾 146/ 曾 146/			1152	辈	2/ 上七·武 10/ 上九·灵 2/	外
1129	媛	2/ 包 174/ 包 176/			1153	証	2/ 上七·武 2/ 上七·武 2/	祈
1130	愆	2/ 包 278 反/ 包 85/	衍		1154	憺	2/ 上七·郑甲 2/ 上七·郑乙 2/	寵
1131	憲	2/ 清一·皇 4/ 清一·皇 13/	憲		1155	复	2/ 上八·命 5/ 清一·尹诰 2/	復
1132	蘇	2/ 清一·金 9/ 清一·金 13/	秋		1156	柀	2/ 上八·子 2/ 上八·子 2/	偃
1133	臧	2/ 清一·金 9/ 清一·金 13/	拔					
1134	欯	2/ 清一·皇 3/ 清五·厚 10/	諒					

687

1157	豐	2/清三·芮2/清三·芮4/	攄
1158	覃	2/清二·四章20/清二·四章22/	遷
1159	戡	2/包205/包206/	
1160	臺	2/清一·金6/清五·殷21/	覺
1161	歷	2/郭·语一21/郭·语一21/	由
1162	㓙	2/上七·凡甲29/上七·凡乙22/	容
1163	窨	2/清三·芮5/清三·芮24/	咎
1164	貞	2/包253/包254/	鼎
1165	黑	2/包257/包257/	熬
1166	蠡	2/清一·耆7/清五·殷26/	①尤②侑
1167	旮	2/包164/郭·唐27/	萬
1168	敫	2/包270/上八·有3/	載
1169	皐	2/清一·楚9/清二·五章29/	堵
1170	敩	2/清三·祝3/清三·祝4/	注
1171	鼓	2/上七·君甲3/上七·君乙3/	从竹从鼓
1172	劃	2/汇·望二3/汇·望二4/	項
1173	奭	2/上七·君甲3/上七·君乙3/	衡
1174	虘	2/清三·良3/清三·良8/	虢
1175	髊	2/清一·楚3/清一·楚3/	脅
1176	毄	2/郭·五28/郭·五31/	猁

1177	窨	2/上九·卜4/上九·卜4/	深
1178	佳	2/上七·凡甲4/上七·凡乙4/	封
1179	箄	2/上七·武4/上七·武5/	運
1180	畐	2/上六·王问4/上七·吴4/	壽
1181	慭	2/上七·郑甲4/上七·郑乙4/	戕
1182	遺	2/上七·郑甲4/上七·郑乙4/	顛
1183	㾴	2/新·甲三：388·409/新·乙三：33·519/	廖
1184	崇	2/清四·二十六节45/清四·二十六节47/	葬
1185	圓	2/清二·八章47/清二·八章53/	
1186	繾	2/清四·二十六节48/清四·二十六节50/	緇
1187	痓	2/清四·二十六节49/清四·二十六节50/	狂
1188	逞	2/上五·三5/上五·三6/	坏
1189	䀠	2/清三·芮6/清五·殷5/	臧
1190	敎	2/上七·郑甲5/上七·郑乙5/	掩
1191	斾	2/清一·祭5/清一·祭5/	付
1192	茅	2/清一·程5/清一·程8/	①材②災
1193	盃	2/清二·十章54/清二·十章55/	陰
1194	瘝	2/清二·九章51/清二·九章54/	蔑
1195	韋	2/清三·说上5/清五·殷9/	①圍②回
1196	耆	2/上七·郑甲5/上七·郑乙5/	寸

附录三：未见于后世字韵书的楚简新出字字表（2766例）

1197	絖	2/上七·郑甲5/上七·郑乙5/	紘
1198	壺	2/上七·郑甲5/上七·郑乙5/	適
1199	玩	2/清四·二十九节57/清五·封6/	璜
1200	寅	2/清四·二十四节57/清一·程9/	藏
1201	𩣡	2/清二·十一章58/清二·十三章65/	駕
1202	律	2/上八·王6/清一·皇12/	儘
1203	䡅	2/清三·良6/清三·良8/	桓
1204	歓	2/上七·凡甲7/上七·凡乙6/	飽
1205	窒	2/上七·凡甲7/上七·凡乙6/	
1206	嫛	2/清一·楚6/清一·楚6/	摯
1207	㑏	2/清一·程6/清一·程8/	務
1208	寺	2/清四·一节6/清四·一节8/	待
1209	䒷	2/清一·祭9/清三·周6/	戀
1210	藺	2/清二·十二章61/清二·十二章61/	厲
1211	䢔	2/清二·十四章69/清二·十四章70/	道
1212	翔	2/上七·君7/上七·君7/	未隶
1213	攴	2/上七·凡甲8/上七·凡乙7/	荒
1214	籊	2/郭·鲁7/郭·鲁7/	爵
1215	䂮	2/上七·凡甲10/上七·凡乙8/	炎
1216	僃	2/上八·命8/清五·汤处4/	僕
1217	逵	2/上七·吴8/上九·卜2/	踐
1218	湮	2/清二·十五章82/清二·十五章82/	涅
1219	溪	2/上七·君甲9/上七·君乙9/	溪

1220	韋	2/上七·君甲9/上七·君乙9/	乾
1221	鄰	2/清二·十七章93/清二·十七章93/	樂
1222	云	2/清二·二十一章117/清二·二十三章135/	棄
1223	幨	2/清二·二十一章117/清二·二十三章136/	幡
1224	戀	2/上八·颜3/上八·颜11/	茲
1225	䴘	2/清二·二章11/清二·二章12/	眉
1226	旂	2/清四·一节11/清四·一节14/	焉
1227	晉	2/清一·金5/清二·二十三章133/	晉
1228	鎠	2/上九·陈13/上九·陈13/	鐸
1229	㐬	2/上二·民13/上二·民14/	喪
1230	䈽	2/清一·尹诰2/清三·周13/	
1231	紒	2/清一·金6/清一·金10/	縢
1232	䆘	2/清一·楚10/清一·楚10/	暵
1233	敔	2/上九·成甲1/上九·成乙2/	
1234	虡	2/上九·灵1/上九·灵2/	
1235	覓	2/清一·皇1/清三·芮20/	
1236	戀	2/清一·程1/清一·程4/	
1237	鹽	2/上二·容21/上四·曹11/	味
1238	試	2/上五·鲍5/清四·三十节63/	試
1239	𦦲	2/上一·紂1/上九·举·文6/	儀
1240	賛	2/汇·信二14/上八·成10/	
1241	鳶	2/郭·性7/上九·陈19/	雁
1242	猷	2/汇·信二18/包277/	

689

1243	繐	1/汇·望二 7/			1269	鮕	1/上一·孔 16/	覃
1244	㻴	1/上一·性 29/		吝	1270	䜌	1/帛·甲·行 5-7/	繼
1245	繂	1/郭·语三 55/		幣	1271	𨓚	1/上二·容 18/	隱
1246	遷	1/包 167/			1272	昌	1/汇·望一 31/	期
1247	㦎	1/汇·望一 109/		睽	1273	㞋	1/上一·紂 18/	塵
1248	䈞	1/九·五六 71/			1274	慈	1/上二·昔 3/	親
1249	貟	1/郭·语四 26/		祐	1275	䢀	1/汇·仰 2513/	
1250	澪	1/上一·性 13/		薄不清	1276	妎	1/上二·容 38/	
1251	諂	1/九·五六 28/		亂	1277	篏	1/汇·信二 13/	
1252	㞎	1/上二·子 1/		肥	1278	紃	1/汇·望二 8/	
1253	蓂	1/汇·望一 47/		癲	1279	䕫	1/上三·彭 2/	
1254	郢	1/上二·容 16/			1280	紝	1/汇·信二 5/	
1255	蓟	1/新·甲三：263·289/		仳	1281	備	1/上三·周 9/	邊
1256	𤲸	1/帛·甲·行 5-7/		數	1282	靁	1/上二·容 13/	雷
1257	覺	1/汇·望一 101/		不清	1283	梳	1/上一·紂 2/	述
1258	綍	1/郭·六 43/		諱	1284	齒	1/上一·紂 2/	志
1259	威	1/上一·性 19/			1285	蛇	1/汇·望二 34 正/	
1260	隓	1/上四·昭 3/		階	1286	椟	1/上三·周 35/	來
1261	鋔	1/汇·仰 2516/			1287	飴	1/上二·魯 6/	飽
1262	𠭯	1/上二·从甲 18/			1288	譚	1/上二·从甲 13/	就
1263	醓	1/上二·昔 1/		叩	1289	唧	1/上一·性 36/	未隶
1264	匜	1/汇·望二 8/		笪	1290	夛	1/汇·望二 4/	
1265	瀉	1/帛·甲·行 1-2/		湯	1291	鋠	1/汇·望二 7/	
1266	燹	1/汇·望二 33/			1292	臮	1/上四·采 3/	未隶
1267	隁	1/上一·孔 20/			1293	㳂	1/上二·容 24/	
1268	俧	1/上三·中 16 正/		未隶	1294	僧	1/上一·孔 3/	觀

690

附录三：未见于后世字韵书的楚简新出字字表（2766例）

1295	沇		1/上二·容26/	伊	1319	鹽		1/汇·望二2/	
1296	櫋		1/郭·成35/	津	1320	僞		1/帛·乙·行1-3/	漁
1297	㸒		1/郭·成35/	爭	1321	雷		1/上二·容41/	雹
1298	陮		1/上三·中18/	惰	1322	訧		1/上一·紂8/	賴
1299	簨		1/上二·民2/	源	1323	敩		1/上二·容31/	尋
1300	獻		1/帛·丙/	盜	1324	薂		1/上一·孔24/	給
1301	窨		1/汇·望一53/	寶	1325	陘		1/上一·孔26/	隱
1302	簹		1/九·五六53/	廩	1326	犴		1/上一·性38/	猛
1303	綌		1/汇·望二8/		1327	佪		1/郭·忠8/	轉
1304	灓		1/上三·周54/	澳	1328	悥		1/上三·亙13/	慮
1305	諮		1/上二·从甲3/	教	1329	臀		1/上一·性19/	鬱
1306	宎		1/上三·亙5/	殄	1330	罤		1/上四·曹54/	束
1307	辨		1/上一·紂12/		1331	粺		1/汇·望一132/	糧
1308	戠		1/汇·望二12/	歲	1332	飯		1/帛·乙·行1-3/	
1309	祝		1/上四·采1/		1333	悦		1/上一·性38/	悅 未隸
1310	婡		1/上四·内附简/	姊	1334	籨		1/郭·成34/	簠
1311	遉		1/上四·采2/	未隸	1335	弌		1/上二·容12/	戴
1312	儼		1/上二·从甲12/	識	1336	䡍		1/上一·紂20/	轍
1313	垩		1/汇·信二24/		1337	宬		1/上二·子1/	
1314	襡		1/上二·容47/	寒	1338	宁		1/上二·子1/	
1315	悥		1/上三·周4/	惕	1339	韜		1/汇·望二38/	
1316	窞		1/上三·亙11/		1340	罙		1/上四·柬15/	
1317	刺		1/上一·紂1/	頓	1341	壺		1/上四·曹43/	
1318	迵		1/上二·民8/	夙	1342	荁		1/汇·信二15/	坿
					1343	䏁		1/上四·昭9/	慧

691

编号	字	出处	释字
1344	迖	1/上四·東2/	突
1345	綴	1/上四·曹51/	繕
1346	戝	1/上四·曹51/	
1347	追	1/上四·曹60/	陷
1348	㪘	1/上四·曹43/	散
1349	戏	1/上四·曹32/	華
1350	矸	1/上二·容22/	鼓
1351	戋	1/上四·東13/	災
1352	垦	1/上二·容2/	蹯
1353	芞	1/上四·周39/	陸
1354	篧	1/上四·東15/	操
1355	藝	1/上四·東15/	
1356	忩	1/上三·中13/	弛
1357	垈	1/上二·容2/	跛
1358	壴	1/上二·容7/	持
1359	埕	1/上三·周22/	畜
1360	犇	1/上三·周44/	鮒
1361	滄	1/上二·容25/	徐
1362	韏	1/上三·中13/	孝
1363	迶	1/上四·采4/	蹈
1364	鯖	1/上一·孔9/	
1365	訋	1/上二·从乙1/	嘉
1366	圉	1/上二·魯1/	圖
1367	蟲	1/郭·语四18/	蛮
1368	婞	1/上二·容24/	
1369	笙	1/汇·望二39/	
1370	蠆	1/汇·信二7/	蝚
1371	圙	1/上三·周49/	列
1372	衕	1/上三·周49/	胤
1373	濴	1/上二·容23/	潦
1374	䍐	1/上三·周45/	冽
1375	愳	1/上四·曹34/	憚
1376	宋	1/上二·容40/	
1377	攴	1/上一·孔13/	攻
1378	鵨	1/上一·孔8/	宛
1379	㱾	1/上四·曹9/	死
1380	豊	1/上四·曹42/	散
1381	尾	1/上三·中14/	
1382	晉	1/上三·周32/	惡
1383	縈	1/上四·采4/	未隶
1384	䌺	1/上四·采4/	
1385	警	1/上四·曹53/	黔
1386	畜	1/汇·望二9/	
1387	金	1/上一·紂14/	法
1388	韓	1/汇·仰15/	殯
1389	宲	1/上一·性24/	不謂清
1390	鋯	1/汇·仰2519/	
1391	見	1/上四·曹33/	輯
1392	卿	1/上四·曹42/	馭
1393	識	1/上四·曹45/	

附录三：未见于后世字韵书的楚简新出字字表（2766 例）

1394	矦	1/ 上四·曹 45/	厚
1395	蕇	1/ 上二·容 15/	答
1396	寶	1/ 上四·曹 56/	寶
1397	蒦	1/ 上四·曹 56/	阻
1398	坒	1/ 上四·采 1/	
1399		1/ 上四·逸 2/	未隶
1400		1/ 上四·逸 2/	未隶祭名
1401	条	1/ 上四·昭 1/	落
1402	残	1/ 上四·昭 1/	喪
1403	繉	1/ 上四·昭 2/	
1404	狀	1/ 上四·昭 3/	逆
1405	毂	1/ 上四·曹 46/	
1406	袾	1/ 上四·昭 7/	袾
1407	昏	1/ 新·甲三：157·186/	駁
1408	繉	1/ 上四·曹 18/	繕
1409	遾	1/ 上四·内 6/	樂
1410	應	1/ 上四·相 3/	勸
1411	襲	1/ 上四·相 3/	藝
1412	墊	1/ 上四·相 4/	欽
1413	貳	1/ 上四·曹 11/	二
1414	邅	1/ 新·甲三：64108/	
1415	戲	1/ 新·甲三：64108/	
1416	歔	1/ 上四·曹 32/	量
1417	縟	1/ 上四·曹 33/	敦

1418	鼋	1/ 上四·曹 36/	未隶
1419	紊	1/ 上四·曹 52/	未隶
1420	臘	1/ 新·甲三：71·111/	
1421	獒	1/ 新·甲三：72112/	
1422	琸	1/ 上四·曹 63/	
1423	飤	1/ 上四·曹 63/	
1424	軔	1/ 上四·曹 63/	
1425	疼	1/ 新·乙四：7·554/	
1426	痔	1/ 新·甲二：33·47/	悶
1427	鄒	1/ 新·甲三：315334/	
1428	叙	1/ 新·甲三：316335/	
1429	獻	1/ 新·甲三：316335/	
1430	宗	1/ 新·甲三：316335/	
1431	貼	1/ 新·甲三：29778/	
1432	蒪	1/ 新·甲三：3079/	鄩
1433	逍	1/ 新·甲三：11、2462/	
1434	疫	1/ 新·甲三：1263/	瘥
1435	鯤	1/ 新·甲三：233、190·257/	
1436	鄃	1/ 新·甲三：237-12·62/	
1437	祙	1/ 新·甲三：195·223/	
1438	趄	1/ 新·甲三：310·329/	
1439	嚳	1/ 新·甲三：310·329/	
1440	堅	1/ 新·甲三：338·360/	
1441	薩	1/ 新·甲三：362·366/	
1442	戔	1/ 新·甲三：363·387/	
1443	餘	1/ 新·甲三：343-2367/	
1444	簸	1/ 新·甲三：350·376/	

693

編號	字	圖	出處	釋
1445	畨		1/新·甲三:350·376/	肖
1446	徴		1/新·甲三:356·382/	
1447	寤		1/新·甲三:346-2·384·372/	
1448	禮		1/新·甲三:188、197·217/	
1449	惡		1/新·甲三:285309/	
1450	蚰		1/新·甲三:251·277/	
1451	灌		1/新·甲三:343-1366/	
1452	腦		1/新·甲三:304·324/	牢
1453	邨		1/新·甲三:324·343/	
1454	蒙		1/新·甲三:325-1344/	
1455	邵		1/新·甲三:271297/	
1456	鄒		1/新·甲三:347-1373/	
1457	鄴		1/新·甲三:353·379/	
1458	莆		1/新·甲三:355·381/	
1459	禮		1/新·乙二:424·94/	
1460	薦		1/新·乙二:424·94/	薦
1461	褚		1/新·乙三:5502/	
1462	壁		1/新·零:270·914/	迻
1463	遅		1/上五·鮑4/	堪
1464	息		1/上五·鮑5/	
1465	溫		1/上五·鮑5/	洒
1466	纑		1/上五·競10/	鄉
1467	罘		1/上五·競10/ 上七·吳7/	旗
1468	戴		1/上五·競10/	
1469	墓		1/上五·競10/	遽

編號	字	圖	出處	釋
1470	贅		1/上五·三13/	喜
1471	斂		1/上六·競2/	欲
1472	望		1/上五·競2/	雖
1473	隹		1/上五·競2/	未隶
1474	暬		1/上五·競2/ 上八·成2/	謀
1475	蘆		1/上五·競3/	虐
1476	脊		1/上五·競4/	汲
1477	仪		1/上五·競4/	傅
1478	狱		1/上五·競8/	笑
1479	佣		1/上五·競9/	明
1480	靚		1/上五·競10/	説
1481	善		1/上五·競10/	告
1482	井		1/上五·競10/	傑
1483	愳		1/上五·鮑3/	視
1484	犇		1/上五·鮑3/	犧
1485	亸		1/上五·鮑3/	祚
1486	雺		1/上五·鮑3/	弱
1487	謰		1/包157/	察
1488	惛		1/上五·鮑6/	堵
1489	壨		1/上五·鮑6/	害
1490	罘		1/上五·三12/	
1491	堅		1/上五·鬼5墨节下/	畏
1492	紋		1/上五·鮑7/	

附录三：未见于后世字韵书的楚简新出字字表（2766例）

1493	戮	1/上五·鲍8/		伐
1494	杞	1/上五·鲍8/		杞
1495	蟲	1/上五·鲍8/		昆
1496	慎	1/上五·季3/		慎
1497	侮	1/上五·季4/		侮
1498	備	1/上五·季4/		備
1499	縈	1/上五·季8/		縈
1500	勸	1/上五·季19/		勸
1501		1/上五·弟4/		未隶
1502	威	1/上五·季9/		威
1503	夙	1/上五·季10/		夙
1504		1/上五·季11/		
1505	觀	1/上五·季13/		觀
1506	喪	1/上五·季14/		喪
1507	則	1/上五·季16/		則
1508	然	1/上五·季21/		然
1509	滅	1/上五·季22/		滅
1510		1/上五·季23/		未隶
1511		1/上五·姑1/		
1512	褐	1/上五·姑3/		褐
1513		1/上五·姑3/		未隶
1514		1/上五·姑8/		
1515	將	1/上五·姑8/		將 副词
1516		1/上五·姑9/		冊
1517		1/上五·君9/		數
1518		1/上五·君6/		視
1519		1/上五·君6/		
1520		1/上五·君6/		
1521		1/上五·君7/		
1522		1/上五·君7/		痛
1523		1/上五·君7/		偃
1524		1/上五·君7/		眠
1525		1/上五·君7/		搖
1526		1/上五·君10/		
1527		1/上五·君10/		
1528		1/上五·君15/		未隶
1529		1/上五·弟1/		
1530		1/上五·弟8/		消
1531		1/上五·弟10/		擅 未隶
1532		1/上五·弟10/		鉤
1533		1/上五·弟15/		阻
1534		1/上五·弟19/		止
1535		1/上五·弟22/		寐
1536		1/上五·弟25/		未隶
1537		1/上五·三1/		平
1538		1/上五·三2/		詐
1539		1/上五·三3/		異
1540		1/上五·三4/		罪
1541		1/上五·三4/		
1542		1/上五·三6/		措

695

1543	䆀	1/ 上五·三 8/	禋
1544	僳	1/ 上五·三 9/	
1545	剗	1/ 上五·三 10/	
1543	释	1/ 上六·孔 19/	情
1547	䛊	1/ 上六·孔 20/	孰
1548	訨	1/ 上六·孔 20/	譕
1549	瘂	1/ 上五·三 13/	病
1550	朝	1/ 上五·三 14/	朔
1551	繼	1/ 上五·三 14/	繩
1552	殺	1/ 上五·三 14/	滅
1553	陻	1/ 上五·三 14/	隕
1554	最	1/ 上五·三 15/	嚴
1555	餡	1/ 上五·三 15/	飢
1556	係	1/ 上五·三 16/	
1557	攺	1/ 上五·三 17/	敢
1558	豻	1/ 上五·三 18/	
1559	賜	1/ 上五·鬼 2/	富
1560	遝	1/ 上五·鬼 3/	榮
1561	觀	1/ 上五·鬼 6/	
1562	巫	1/ 上五·鬼 7/	坐
1563	悝	1/ 上五·鬼 8/	遇
1564	裦	1/ 上六·競 2/	急
1565	慁	1/ 上六·競 4/	愈
1566	莫	1/ 上六·競 8/	衡
1567	繼	1/ 上六·競 8/	應

1568	竷	1/ 上六·競 9/	據 未隸
1569	豹	1/ 上六·競 10/	癇
1570	瘥	1/ 上六·競 10/	疾
1571	虛	1/ 上六·競 13/	據
1572	㮮	1/ 上六·孔 3/	溥
1573	駟	1/ 上六·孔 5/	未隸
1574	佫	1/ 上六·孔 8/	佼
1575	豕	1/ 上六·孔 8/	狡
1576	迖	1/ 上六·孔 11/	
1577	罼	1/ 上六·孔 12/	觍
1578	弔	1/ 上六·慎 1/	未隸
1579	愻	1/ 上六·用 7/	貞
1580	豊	1/ 上六·孔 15/	未隸
1581	墐	1/ 上六·孔 17/	閑
1582	董	1/ 上六·孔 17/	車
1583	䢄	1/ 上六·孔 17/	與
1584	妕	1/ 上六·孔 25/	升
1585	㞢	1/ 上六·孔 26/	茈 未隸
1586	誋	1/ 上六·孔 14/	
1587	賁	1/ 上六·庄 2/	賞
1588	載	1/ 上六·庄 3/	載
1589	墐	1/ 上六·庄 3/	傳
1590	恩	1/ 上六·王问 2/	固
1591	悬	1/ 上六·王问 3/	忌
1592	㾾	1/ 上六·王问 7/	淑

附录三：未见于后世字韵书的楚简新出字字表（2766例）

1593	覭	1/上六·王问7/	觀
1594	朚	1/上六·慎1/	堅
1595	悗	1/上六·用8/	定
1596	糧	1/上六·用8/	種
1597	歆	1/上六·用8/	飲
1598	碅	1/上六·用8/	積
1599	儨	1/上六·用9/	
1600	弜	1/上六·慎2/	強
1601	方	1/上六·慎4/	方
1602	繈	1/上六·慎5/	繈
1603	栲	1/上六·慎5/	
1604	迲	1/上六·慎5/	適
1605	迨	1/上六·慎6/	
1606	悪	1/上六·用4/	
1607	趵	1/上六·用4/	
1608	勛	1/上六·用4/	
1609	繈	1/上六·用4/	
1610	㝉	1/上六·用6/	未隶
1611	虙	1/上六·用6/	唇
1612	遴	1/上六·用10/	聯
1613	諺	1/上六·用10/	
1614	臚	1/上六·用12/	舌

1615	酉	1/上六·用12/	酋
1616	䳶	1/上六·用15/	未隶
1617	纞	1/上六·用16/	
1618	䟦	1/上六·用16/	威
1619	竸	1/上六·用17/	競
1620	殻	1/上六·用18/	設
1621	殷	1/上六·用18/	
1622	脣	1/上六·用19/	散
1623	敩	1/上六·用19/	
1624	漢	1/上六·用20/	淺
1625	倉	1/上六·用20/	未隶
1626	𡉚	1/汇·信一37/	
1627	潅	1/郭·老甲22/	羡
1628	截	1/汇·信二14/	
1629	邶	1/包179/	梁
1630	張	1/郭·尊24/	長
1631	𢢩	1/郭·语三58/	未隶
1632	菓	1/上二·容40/	巢
1633	鄝	1/包130/	
1634	柔	1/汇·信二22/	
1635	叝	1/包139/	
1636	忬	1/汇·信二25/	
1637	惇	1/郭·穷15/	敦

697

编号	字形	出处	释
1638	盥	1/汇·信二 12/	
1639	丱	1/郭·语二 19/	未隶
1640	幡	1/上一·孔 29/	
1641	寁	1/上二·容 7/	懷
1642	腜	1/帛·丙/	
1643	鞼	1/郭·缁 26/	儉
1644	遬	1/汇·望二 28/	
1645	勎	1/包 118/	
1646	丼	1/郭·六 31/	
1647	黾	1/上二·容 39/	
1648	祂	1/上二·容 39/	
1649	勑	1/汇·信一 27/	教
1650	纕	1/上三·彭 2/	表
1651	坆	1/上二·容 2/	仕
1652	䯧	1/汇·信一 2/	格
1653	㬥	1/郭·尊 33/	懷
1654	綃	1/包 100/	
1655	潡	1/包 179/	
1656	敔	1/汇·信一 26/	
1657	蕙	1/郭·语三 15/	思
1658	臣	1/上一·紂 10/	賢
1659	鑵	1/汇·仰 3/	
1660	㬥	1/汇·信二 13/	
1661	昔	1/汇·信二 13/	譽
1662	儢	1/郭·五 49/	狎
1663	腰	1/汇·信二 22/	燭

编号	字形	出处	释
1664	豐	1/汇·望一 58/	
1665	默	1/包 152/	
1666	敫	1/帛·乙·4-6/	蔽
1667	舎	1/包 277/	
1668	劓	1/包 277/	未隶
1669	垀	1/上三·周 2/	沙
1670	佀	1/上一·性 36/	
1671	冒	1/郭·唐 26/	帽
1672	弥	1/汇·信二 3/	
1673	騮	1/汇·信一 49/	亂
1674	裸	1/汇·信二 19/	褐
1675	刞	1/郭·六 30/	斷
1676	畊	1/郭·穷 2/	耕
1677	敀	1/上三·彭 8/	
1678	聅	1/郭·唐 26/	聰
1679	豊	1/汇·望二 1/	頭 未隶
1680	遐	1/郭·唐 6/	
1681	仗	1/郭·五 32/	貌
1682	倞	1/汇·信一 10/	未隶
1683	㫃	1/汇·仰 23/	
1684	㕠	1/郭·语二 36/	弱
1685	欽	1/上四·周 41/	含
1686	糧	1/上二·容 21/	毇
1687	悖	1/郭·尊 34/	堉
1688	秡	1/郭·五 33/	繼
1689	氂	1/包 95/	

附录三：未见于后世字韵书的楚简新出字字表（2766 例）

1690		1/汇·望二 65/	不清
1691	話	1/郭·尊 15/	訐
1692	肉	1/帛·乙·1-3/	淵
1693	歠	1/郭·老甲 13/	樸
1694	邟	1/包 163/	
1695	筌	1/汇·信二 13/	
1696	澳	1/上二·容 31/	熊
1697	榮	1/汇·信二 7/	
1698		1/包 163/	未隶
1699	誻	1/包 233/	恆
1700	戭	1/包 139/	
1701	詼	1/上二·容 45/	厚
1702	ಠ	1/上二·容 37/	未隶
1703	堨	1/包 95/	
1704	紒	1/郭·语三 48/	邪
1705	怎	1/上一·孔 8/	
1706	緕	1/汇·望二 2/	
1707	檀	1/九·五六 39 下/	樹
1708	銅	1/汇·信二 22/	
1709	劈	1/郭·唐 11/	氣
1710	㵘	1/郭·唐 30/	殺
1711	蠡	1/郭·语一 49/	本
1712	埔	1/上二·容 1/	
1713	桎	1/包 269/	桎
1714	贛	1/汇·信一 47/	
1715	彭	1/汇·信一 47/	未隶

1716	崇	1/郭·尊 39/	集
1717	蠹	1/上二·容 15/	憂
1718	賣	1/郭·语三 31/	寡
1719	魁	1/汇·杨 22/	不清
1720	誫	1/郭·性 25/	悸
1721	騠	1/汇·望二 1/	緹
1722	殞	1/包 277/	
1723	齃	1/包 273/	
1724	軒	1/汇·望二 28/	
1725	逍	1/郭·穷 7/	饋
1726	赞	1/上三·周 44/	繡
1727	聰	1/上二·容 12/	聰
1728	譡	1/汇·信一 60/	察
1729	尃	1/包 258/	
1730	戩	1/汇·望二 13/	不清
1731	忌	1/郭·尊 1/	綦
1732	笋	1/汇·仰 16/	
1733	怹	1/汇·望二 19/	
1734	霆	1/帛·乙·1-3/	
1735	芓	1/汇·仰 16/	
1736	朕	1/郭·唐 26/	倦
1737	望	1/帛·乙·1-3/	皇 未隶
1738	俊	1/汇·望二 8/	
1739	窊	1/上一·孔 19/	臧
1740	絶	1/郭·语一 50/	色

699

1741	戈	1/汇·信二 24/	未隶
1742	貢	1/郭·缁 45/	恆
1743	窛	1/郭·缁 16/	未隶 從
1744	悤	1/上二·12/	忻
1745	篦	1/郭·六 45/	
1746	鏽	1/汇·信二 15/	鑪
1747	蟬	1/郭·忠 5/	遇
1748	酥	1/上二·容 2/	秀
1749	悝	1/上三·中 20/	盡
1750	劭	1/汇·信二 19/	
1751	瘖	1/郭·语四 7/	將
1752	盇	1/汇·信一 45/	尪
1753	饋	1/汇·信一 42/	難
1754	贈	1/上二·从乙 2/	斂 名詞
1755	鏟	1/汇·信二 25/	鋅
1756	猖	1/郭·尊 50/	嗇
1757	戾	1/汇·望一 57/	矦
1758	闗	1/包 100/	
1759	楫	1/汇·仰 35/	柜
1760	濈	1/郭·性 30/	浸
1761	觴	1/包 259/	笏
1762	紗	1/汇·望二 9/	
1763	肯	1/上一·紂 19/	志
1764	杂	1/上三·周 23/	衢
1765	迬	1/上二·容 14/	劚
1766	翌	1/汇·信二 19/	坿
1767	堯	1/上二·容 52/	冕
1768	儴	1/上二·容 44/	圜
1769	薈	1/上三·周 12/	蛤
1770	刹	1/郭·尊 34/	未隶
1771	繰	1/郭·语一 10/	
1772	諗	1/郭·性 33/	吟
1773	芹	1/汇·望二 8/	
1774	龕	1/上一·紂 9/	瞻
1775	慸	1/郭·性 30/	戚
1776	嘰	1/郭·尊 21/	違
1777	玓	1/汇·信二 6/	
1778	朕	1/上三·中 16 正/	蜓
1779	筲	1/郭·五 47/	喻
1780	廪	1/上一·孔 23/	鹿
1781	伲	1/汇·信一 45/	
1782	淕	1/汇·信二 22/	
1783	祎	1/汇·信二 12/	
1784	魆	1/汇·望二 5/	
1785	裛	1/郭·性 33/	嘔
1786	巚	1/汇·信二 25/	獻
1787	卻	1/郭·五 36/	懈
1788	嫶	1/郭·成 16/	庶
1789	霉	1/帛·乙·1-3/	雹

附录三：未见于后世字韵书的楚简新出字字表（2766例）

1790	蠹	1/上二·容5/	鼇
1791	詻	1/上二·民9/	辯
1792	檚	1/包270/	
1793	敖	1/汇·望二7/	
1794	陎	1/上二·容7/	委
1795	枽	1/上一·孔29/	茶
1796	牧	1/上三·周33/	往
1797	詻	1/郭·语一64/	嚴
1798		1/上一·孔2/	未隶
1799	霹	1/郭·成39/	逆
1800	屮	1/郭·尊13/	弗未隶
1801	逮	1/上二·容19/	近
1802	饙	1/上二·从甲19/	
1803	紩	1/汇·望二29/	
1804	鹽	1/上三·周50/	衍
1805	价	1/上二·容14/	謁
1806	禰	1/郭·六43/	體
1807	敉	1/汇·望一2/	不清
1808	舩	1/汇·仰8/	
1809	渶	1/郭·语四12/	訣
1810	禈	1/汇·望一131/	童
1811	晃	1/上三·中23/	死
1812	㚔	1/汇·信一16/	橐不清
1813	洠	1/上三·亙2/	寂
1814	賤	1/上二·鲁3/	繁
1815	濕	1/帛·甲·1-2/	泪
1816	帥	1/帛·甲·5-7/	霈

1817	金	1/郭·性24/	琴
1818	萊	1/上三·周51/	來
1819	雺	1/帛·甲·3-4/	霜
1820	㐬	1/郭·忠3/	忘
1821	陘	1/上四·曹43/	障
1822	蠱	1/上一·孔28/	蠅
1823	燊	1/汇·望二36/	
1824	开	1/郭·性24/	瑟
1825	盈	1/上二·7/	
1826	卲	1/郭·尊3/	怨
1827	餡	1/郭·缁33/	稽
1828	莵	1/郭·老甲25/	兆
1829	霓	1/郭·老甲25/	脆
1830	頼	1/上一·紂7/	道
1831	富	1/郭·成30/	
1832	鹐	1/郭·六33/	逸
1833	漅	1/上二·容25/	阻
1834	緤	1/汇·仰19/	緋
1835	槷	1/上一·紂9/	表
1836	鹽	1/郭·尊24/	適未隶
1837	聚	1/上三·周58/	曳
1838		1/上二·8/	未隶
1839	婜	1/上三·周47/	蜩
1840	賦	1/汇·望二4/	
1841	鱅	1/上三·周45/	龄

701

1842	燹		1/上二·民 10/	氣	1866	禍		1/上二·容 45/	鎬
1843	柢		1/汇·信二 10/		1867	噩		1/上二·容 45/	
1844	灷		1/上三·周 30/	斂	1868	悤		1/郭·尊 24/	
1845	惶		1/郭·语一 12/	形	1869	陞		1/郭·尊 14/	陵
1846	綢		1/上三·亙 8/	治	1870	矜		1/郭·老甲 7/	矜
1847	筆		1/郭·忠 2/	伐	1871	濱		1/郭·性 31/	濟
1848	宋		1/郭·性 35/	撫	1872	絋		1/汇·望二 28/	
1849	垰		1/汇·望一 105/		1873	謹		1/九·五六 44/	
1850	箮		1/上二·容 35/	莒	1874	篷		1/汇·信二 7/	
1851	遬		1/郭·六 46/	敝	1875	綈		1/九·五六 36/	
1852	繡		1/上三·周 5/		1876	繢		1/包 259/	
1853	眢		1/上二·容 38/		1877	旟		1/郭·语三 2/	旌
1854	輯		1/包 259/	帽	1878	旂		1/包 260/	未隸
1855	濾		1/上二·容 3/	害	1879	庫		1/包 260/	
1856	圌		1/郭·性 54/	獵	1880	護		1/曾 28/	盍
1857	刕		1/汇·望一 19/	痛	1881	謬		1/包 122/	
1858	劏		1/郭·老甲 27/	抽	1882	輨		1/郭·老丙 7/	
1859	漗		1/上二·7/	汁	1883	繃		1/郭·老丙 7/	
1860	瑙		1/汇·信二 14/		1884	寣		1/包 132/	
1861	厬		1/上一·紂 23/		1885	慇		1/包 217/	順
1862	燊		1/帛·丙 /	毀	1886	臀		1/包 135/	
1863	裹		1/汇·望二 3/		1887	晁		1/汇·望二 58/	
1864	遍		1/汇·信二 7/		1888	帑		1/曾 119/	
1865	迬		1/上二·昔 2/	寺	1889	賠		1/郭·缁 16/	瞻
					1890	魷		1/包 80/	

附录三：未见于后世字韵书的楚简新出字字表（2766 例）

1891	瘕	1/包 247/			1918	稈	1/曾 98/	鞍
1892	戠	1/包 95/			1919	軷	1/包 269/	載
1893	窢	1/包 267/	葬		1920	郣	1/曾 142/	
1894	褅	1/九·五六 20 下/			1921	韃	1/包 259/	
1895	囟	1/包 222/	内		1922	鞊	1/包 259/	
1896	輇	1/曾 69/			1923	匋	1/曾 62/	
1897	敳	1/帛·丙/			1924	㞖	1/九·五六 27/	鑿
1898	鏵	1/曾 11/			1925	銅	1/包 265/	
1899	翟	1/曾 79/			1926	麥	1/九·五六 46/	
1900	牡	1/包 170/			1927	慚	1/包 191/	
1901	豺	1/郭·语二 14/			1928	挐	1/包 130/	
1902	鋂	1/包 261/			1929	靁	1/包 85/	雷
1903	郢	1/包 164/			1930	郱	1/包 100/	
1904	卸	1/包 135/			1931	恕	1/包 141/	
1905	獴	1/曾 61/			1932	輹	1/曾 71/	
1906	郫	1/包 168/			1933	㲋	1/包 120/	咎
1907	墜	1/包 168/			1934	鼺	1/包 91/	
1908	罷	1/包 35/			1935	驕	1/曾 171/	
1909	韃	1/曾 123/	韇		1936	毚	1/曾 81/	
1910	霆	1/包 116/			1937	敫	1/郭·语三 12/	獵
1911	牆	1/包 1736/			1938	受	1/郭·语一 75/	寇
1912	苗	1/包 99/			1939	驪	1/曾 166/	
1913	懷	1/郭·穷 10/	衰		1940	亥	1/九·五六 35/	未隶
1914	郊	1/包 192/			1941	蔔	1/包 90/	未隶
1915	卜	1/包 122/	未隶		1942	旇	1/曾 11/	
1916	鈒	1/曾 106/						
1917	瘷	1/包 25/						

703

1943	瞀	1/ 包 121/	
1944	謙	1/ 曾 214/	
1945	駄	1/ 曾 167/	
1946	緼	1/ 包 268/	
1947	辿	1/ 曾 212/	未隶
1948	截	1/ 包 243/	戠
1949		1/ 上二·容 18/	未隶 蔡
1950	沰	1/ 曾 174/	
1951	椁	1/ 曾 77/	
1952	迣	1/ 曾 150/	
1953	㣕	1/ 包 88/	未隶
1954	訏	1/ 郭·语二 43/	訏
1955	腏	1/ 包 205/	胙
1956	鄶	1/ 包 86/	
1957	𤣥	1/ 包 58/	
1958	鄀	1/ 曾 70/	
1959	坽	1/ 曾 208/	
1960	猒	1/ 郭·老甲 33/	猛
1961	薔	1/ 包 125/	
1962	癓	1/ 汇·望一 59/	
1963	歖	1/ 包 163/	
1964	謡	1/ 包 85/	
1965	屌	1/ 包 5/	
1966	皇	1/ 郭·穷 14/	毁
1967	鋽	1/ 包 260/	

1968	戕	1/ 汇·望一 51/	
1969	笁	1/ 曾 10/	
1970	鄜	1/ 包 174/	鄜
1971	偤	1/ 包 184/	
1972	緣	1/ 包·牍 1/	
1973	鲁	1/ 郭·语三 11/	未隶
1974	鞁	1/ 曾 123/	
1975	憖	1/ 郭·语一 46/	
1976	籥	1/ 包 122/	
1977	邁	1/ 包 173/	
1978	雀	1/ 上一·紂 15/	
1979	䣟	1/ 包 129/	
1980	篾	1/ 包 256/	
1981	葙	1/ 包 258/	
1982	鄯	1/ 包 77/	
1983	窍	1/ 包 15 反 /	
1984	轣	1/ 曾 138/	
1985	韼	1/ 曾 67/	
1986	栃	1/ 曾 123/	
1987	弃	1/ 上一·紂 2/	
1988	窒	1/ 曾 116/	
1989	憗	1/ 曾 116/	
1990	参	1/ 包 256/	未隶
1991	罢	1/ 包 269/	
1992	跎	1/ 包 268/	

附录三：未见于后世字韵书的楚简新出字字表（2766例）

1993	鼉		1/汇·五里95/		2019	捗	1/曾157/	叡
1994	姗		1/包89/		2020	舥	1/九·五六20下/	
1995	牆		1/包237/		2021	慮	1/郭·老甲1/	慮
1996	鄢		1/包190/	绑	2022	絜	1/包176/	
1997	异		1/郭·五48/	臨	2023	廊	1/包76/	
1998	夅		1/郭·成31/	降	2024	𥼷	1/曾58/	
1999	郯		1/包153/		2025	龘	1/包115/	
2000	鄂		1/包117/	嚚	2026	贇	1/包145反/	歸
2001	剪		1/包174/	苉	2027	籚	1/包264/	
2002	息		1/包147/		2028	碼	1/包149/	
2003	豪		1/郭·五29/	家	2029	敘	1/帛·丙/	瘵
2004	阽		1/包182/		2030	敦	1/包120/	
2005	𡕱		1/包·牍1/		2031	囟	1/包260/	
2006	袷		1/汇·望一71/		2032	𦱤	1/九·六二一27/	未隶
2007	斷		1/曾212/		2033	純	1/曾65/	純
2008	𡋡		1/曾213/		2034	蟲	1/包21/	
2009	迈		1/郭·性60/	路	2035	適	1/包121/	遙
2010	臀		1/包80/		2036	霖	1/包91/	
2011	韽		1/包85/		2037	紪	1/曾124/	紫
2012	熁		1/包85/		2038	憃	1/郭·语二3/	望
2013	屏		1/包207/	薦	2039	鍒	1/包260/	
2014	鄡		1/包44/	绐	2040	礼	1/曾143/	
2015	閒		1/包121/	關	2041	櫡	1/包263/	
2016	剭		1/包146/	缉	2042	橄	1/包274/	
2017	鍒		1/包115/					
2018	𠃵		1/郭·性64/	希 未隶				

705

2043	僧	1/ 包 147/		僧	2067	臭	1/ 郭·语二 44/	
2044	醒	1/ 包 256/			2068	뚬	1/ 郭·忠 8/	義
2045	裿	1/ 九·五六 41/		祠	2069	棘	1/ 包 267/	
2046	憲	1/ 郭·成 4/			2070	銃	1/ 汇·仰 25/	銃
2047	躅	1/ 包 88/			2071	魫	1/ 包 170/	漁
2048	巠	1/ 郭·成 8/		經	2072	囷	1/ 包 254/	圈
2049	毇	1/ 包 99/			2073	鎈	1/ 包 254/	鍊
2050	膛	1/ 包 278 反/		膣	2074	臭	1/ 郭·六 33/	
2051	壨	1/ 郭·语五 104/		由	2075	荤	1/ 郭·语四 10/	炎
2052	鎚	1/ 包 252/		鉼	2076	弆	1/ 郭·语一 103/	豐
2053		1/ 上二·从乙 4/	未隸		2077	喚	1/ 曾 1 正/	
2054	貲	1/ 郭·老甲 36/		費	2078	賜	1/ 汇·信一 23/	
2055	魓	1/ 包 52/			2079	柵	1/ 包 183/	
2056	玌	1/ 包 183/			2080	珊	1/ 包 74/	
2057	蒙	1/ 包 164/			2081	桨	1/ 包 92/	喪
2058	妊	1/ 郭·性 62/		任	2082	渝	1/ 曾 138/	
2059	釜	1/ 汇·信二 29/			2083	龠	1/ 曾 213/	
2060	貱	1/ 汇·信二 29/			2084	鼉	1/ 包 103/	
2061	筝	1/ 郭·语二 29/		訏	2085	鄒	1/ 包 12/	
2062	旛	1/ 曾 65/		旋	2086	賏	1/ 包 149/	購
2063	懷	1/ 郭·六 16/		勞	2087	鐙	1/ 包 265/	
2064		1/ 上一·孔 19/	未隸	溺	2088	駒	1/ 包 119/	騎
2065	頭	1/ 曾 165/			2089	迼	1/ 包 129/	
2066	剷	1/ 包 216/		則	2090	鏞	1/ 包 168/	
					2091	뾂	1/ 包 133/	捕
					2092	鏽	1/ 包 89/	
					2093	纏	1/ 上二·从乙 4/	勸

附录三：未见于后世字韵书的楚简新出字字表（2766例）

2094	亭	1/曾171/	
2095	舲	1/包171/	
2096	萈	1/曾61/	縢
2097	誡	1/包42/	燹
2098	瘖	1/包102/	
2099	鼅	1/包125/	
2100	鷭	1/曾4/	
2101	鐮	1/曾4/	
2102	鉛	1/包266/	卣
2103	遅	1/汇·望二16/	
2104	櫨	1/汇·仰259/	
2105	茍	1/上一·性27/	憶
2106	桯	1/郭·语一93/	梘
2107	錫	1/郭·成24/	蕩
2108	樸	1/汇·仰25·35/	
2109	歕	1/上三·周52/	蛣
2110	瘟	1/包29/	
2111	樺	1/郭·穷6/	枊
2112	鑪	/汇·信二24/	鑪
2113	蠠	1/包271/	靭
2114	絑	1/包186/	
2115	秾	1/郭·老甲33/	柔
2116	紵	1/包·牘1/	條未隶
2117	荃	1/帛·丙/	涂
2118	緼	1/汇·仰25·35/	
2119	鵤	1/上二·容29/	氣

2120	仰	1/郭·忠5/	
2121	烖	1/郭·性38/	察
2122		1/郭·唐12/	法未隶
2123	解	1/汇·仰25·8/	
2124	燮	1/郭·成32/	亂
2125		1/包97/	玄未隶
2126	举	1/汇·望二43/	
2127	觓	1/郭·语四26/	雌
2128	深	1/郭·缁6/	御
2129	屫	1/汇·仰25·9/	
2130	惑	1/包106/	惑
2131	簡	1/汇·信二18/	
2132	鵤	1/郭·性59/	制不清
2133	邕	1/包56/	
2134	駬	1/曾171/	
2135	牆	1/上一·性/28/	莊
2136	樺	1/包153/	横
2137	愚	1/包198/	禹
2138	維	1/包85/	
2139	紮	1/包84/	
2140	鄙	1/包164/	
2141	訛	1/包179/	
2142	戠	1/包60/	
2143	愩	1/包117/	
2144	蠹	1/帛·甲·行11-13/	憂

707

2145	縋	1/ 包 275/	縋		2171	𩵋	1/ 曾 53/	
2146	詔	1/ 郭·成 25/			2172	繼	1/ 汇·五里 11/	
2147	㸓	1/ 包 153/			2173	𨖷	1/ 郭·五 32/	遷
2148	鱃	1/ 包 183/			2174	徲	1/ 郭·緇 43/	週
2149	恭	1/ 郭·緇 3/	恭		2175	𤰔	1/ 包 262/	
2150	齜	1/ 包 102/			2176	室	1/ 包 124/	
2151	跳	1/ 包 95/			2177	䏽	1/ 包 92/	
2152	雀	1/ 郭·魯 6/	爵		2178	𨚍	1/ 包·牘 1/	悼
2153	鄹	1/ 包 83/	羅		2179	佣	1/ 曾 212/	俑
2154	𩹲	1/ 包 266/	未隸		2180	聑	1/ 包 20/	
2155	迠	1/ 汇·信一 45/			2181	輙	1/ 包 188/	
2156	㲺	1/ 包 25/			2182	虞	1/ 汇·望一 23/	赫
2157	逗	1/ 郭·語三 10/	起		2183	㭫	1/ 包 23/	
2158	偈	1/ 包 101/			2184	𤿈	1/ 包 265/	未隸
2159	隹	1/ 曾 206/	躍		2185	緍	1/ 包 150/	紳
2160	陽	1/ 包 111/			2186	䨟	1/ 汇·望一 91/	聞
2161	鼔	1/ 郭·穷 7/	牧		2187	貒	1/ 汇·望一 40/	貛
2162	鞅	1/ 包 271/			2188	閔	1/ 郭·忠 9/	
2163	豫	1/ 包 85/			2189	𩰀	1/ 包 16/	
2164	軚	1/ 包 276/			2190	疆	1/ 上三·周 25/	蚰
2165	獻	1/ 包 105/	狎		2191	鶡	1/ 包 88/	
2166	廗	1/ 包 121/			2192	厝	1/ 郭·唐 8/	咸
2167	甓	1/ 包 205/	臧		2193	齫	1/ 郭·語一 35/	未隸
2168	縢	1/ 包 182/	绡將					
2169	甲	1/ 郭·唐 15/	未隸申					
2170		1/ 郭·成 23/						

附录三：未见于后世字韵书的楚简新出字字表（2766例）

2194	籃	1/ 郭·老甲 23/	籥
2195	嗇	1/ 包 268/	
2196	飱	1/ 汇·信二 20/	
2197	厴	1/ 包 143/	
2198	緣	1/ 汇·信二 4/	
2199	叟	1/ 郭·五 16/	淑
2200	埊	1/ 上一·紂 22/	述
2201	紋	1/ 汇·仰 2524/	不清
2202	盉	1/ 郭·老甲 32/	化
2203	盉	1/ 上一·孔 14/	琴
2204	鑾	1/ 包 265/	
2205	簹	1/ 包 277/	笴
2206	馰	1/ 包·牘 1/	
2207	娉	1/ 包 185/	
2208	繹	1/ 汇·信二 2/	
2209	鄆	1/ 包 193/	
2210	灰	1/ 包 189/	
2211	綏	1/ 包 267/	
2212	魸	1/ 包 164/	
2213	鱓	1/ 包 163/	
2214	梁	1/ 包 157/	梁
2215	槃	1/ 包 266/	盤
2216	聖	1/ 郭·唐 3/	聖
2217	毄	1/ 郭·语二 4/	

2218	簌	1/ 包 255/	笄
2219	餘	1/ 包 130/	
2220	盖	1/ 包 256/	未隶
2221	蔡	1/ 包 150/	未隶 蔻
2222	瘬	1/ 包 233/	
2223	儀	1/ 包 188/	
2224	臂	1/ 上三·亙 5/	既
2225	囻	1/ 郭·老甲 23/	囊
2226	樸	1/ 包 172/	
2227	鄧	1/ 包 180/	
2228	洺	1/ 郭·语一 75/	
2229	紙	1/ 郭·缁 44/	著
2230	緷	1/ 包·牘 1/	
2231	坴	1/ 上三·周 33/	塗
2232	韈	1/ 包 271/	巾
2233	厎	1/ 郭·语三 50/	比
2234	斤	1/ 上三·周 14/	介
2235	惎	1/ 包 267/	卲
2236	華	1/ 包 258/	
2237	剄	1/ 九·五六 34/	絕
2238	糵	1/ 包 273/	
2239	僉	1/ 包 5/	
2240	敨	1/ 郭·老丙 7/	美
2241	舡	1/ 上一·孔 20/	干
2242	蕫	1/ 郭·五 32/	旆
2243	迖	1/ 曾 13/	

709

2244	敃	1/ 包 23/			2270	檔	1/ 郭·尊 28/	置
2245	護	1/ 包 90/			2271	徔	1/ 汇·仰 253/	
2246	歪	1/ 曾 175/			2272	臸	1/ 汇·望一 59/	室
2247	敦	1/ 包 4/	皋		2273	纖	1/ 包 259/	厭
2248	毡	1/ 上二·从甲 16/	熵		2274	音	1/ 汇·望一 55/	
2249	龏	1/ 包·牍 1/			2275	誅	1/ 包 193/	
2250	楶	1/ 包·牍 1/	羽		2276	贎	1/ 包 140/	
2251	音	1/ 汇·望一 78/		不清	2277	絜	1/ 包 97/	
2252	荅	1/ 包 268/			2278	坼	1/ 包 263/	芋
2253	經	1/ 包 268/	經		2279	時	1/ 郭·唐 27/	詩
2254	舂	1/ 郭·缁 46/	筮		2280	樟	1/ 曾 207/	
2255	覎	1/ 包 28/			2281	輗	1/ 包 42/	甲
2256	午	1/ 汇·信一 6/		不清	2282	龛	1/ 九·五六 33/	陰
2257	墇	1/ 郭·六 21/			2283	翼	1/ 上八·鹠 1/	翩
2258	貳	1/ 汇·信一 2/	歲		2284	骼	1/ 清三·赤 1/	鵠
2259	覯	1/ 郭·老甲 9/	澳		2285	訌	1/ 上七·武 1/	睹
2260	遣	1/ 郭·唐 14/	逢		2286	令	1/ 清三·祝 1/	舍
2261	餁	1/ 汇·信二 22/	鐵		2287	謁	1/ 上八·王 1/	
2262	縷	1/ 上一·紂 10/	陳		2288	祿	1/ 上八·鹠 1/	枭
2263	李	1/ 帛·丙 /清一·程 3/			2289	驜	1/ 清三·良 1/	
2264	雗	1/ 郭·语三 45/	難		2290	炙	1/ 清三·良 1/	舜
2265	舺	1/ 郭·语三 45/	犯		2291	箋	1/ 上八·志 1/	
2266	襡	1/ 郭·成 7/	冕		2292	姜	1/ 上七·吴 1/	
2267	鬻	1/ 汇·信一 2/	戮		2293	歓	1/ 上七·吴 1/	竈
2268	絲	1/ 帛·甲·行 11-13/	攸		2294	齡	1/ 清四·別 1/	
2269	狌	1/ 郭·性 47/	作					

附录三：未见于后世字韵书的楚简新出字字表（2766例）

2295	盍		1/清四·别1/		2320		1/清五·命1/	訓未隸
2296	鯉		1/上八·李1/		2321	削		1/清四·算1/	半
2297	懋		1/上九·邦1/		2322	脟		1/郭·唐10/	益
2298	楚		1/清一·程1/		2323	瀋		1/清三·芮10/	害
2299	朗		1/清一·程1/		2324	轄		1/曾10/	轄
2300	慜		1/清一·诰1/		2325	邊		1/清五·命10/	復
2301	演		1/清一·保1/		2326	壁		1/清一·祭10/	殷
2302	越		1/清一·至1/		2327	繞		1/清一·金10/	
2303	訑		1/清一·祭1/	旻	2328	隆		1/清一·耆10/	降
2304	孚		1/上九·成乙1/	免	2329	趙		1/清一·耆10/	
2305	遊		1/清一·楚1/		2330	謂		1/上九·史10/	①滑 ②猾
2306	窬		1/上九·邦1/		2331	查		1/清三·说下10/	敕
2307	剡		1/上九·邦1/		2332	鞻		1/清一·皇10/	梏
2308	悊		1/上九·灵1/		2333	窗		1/清三·良10/	富
2309	邸		1/上九·陈1/	固	2334	菊		1/清三·良10/	蔑
2310	圉		1/上九·陈1/	深	2335	厓		1/清三·良10/	
2311	兔		1/上九·陈1/	逸	2336	喜		1/清三·良10/	逝
2312	陸		1/上九·举·古1/		2337	斯		1/清三·良10/	
2313	韵		1/清三·说中1/		2338	遞		1/汇·望二28/	
2314	潘		1/清三·周1/	慆	2339	智		1/上二·容38/	
2315	蜜		1/清三·周1/	琴	2340	惑		1/上二·容20/	惑
2316	珠		1/清三·祭1/	昧	2341	毗		1/包28/	
2317	爨		1/清二·一章1/	登	2342	途		1/上六·用19/	達
2318	盦		1/清二·一章1/	寅	2343	聯		1/上七·武2/	觀
2319	乇		1/清一·楚1/	宅	2344	聖		1/清二·十八章101/	召

711

2345	尹	1/ 清二·十八章 102/			2368	尭	1/ 上九·史 12/	
2346	連	1/ 清二·十八章 103/			2369	歕	1/ 清二·二章 12/	輾
2347		1/ 郭·语一 107/		未隶	2370	嗛	1/ 清二·二十二章 123/	廉
2348		1/ 上九·邦 11/		未隶	2371	溢	1/ 清二·二十二章 123/	
2349	秾	1/ 郭·缁 11/		爭	2372	贕	1/ 清二·二十三章 126/	
2350	衺	1/ 上七·凡甲 11/		遠	2373	死	1/ 新·甲三：86·126/	亡
2351	栽	1/ 上九·陈 11/			2374	㥦	1/ 清二·二十三章 127/	犢
2352	禓	1/ 清四·五节 11/			2375	䯿	1/ 清二·二十三章 128/	舒
2353	旗	1/ 曾 11/			2376	膞	1/ 清二·二十三章 129/	
2354	湮	1/ 清一·金 11/		泣	2377	嘄	1/ 上七·凡甲 13/	鳴
2355	季	1/ 上九·邦 11/		嘉	2378	徔	1/ 上九·陈 13/	跪
2356	邢	1/ 清二·二十章 112/		鞏	2379	鋭	1/ 上九·陈 13/	鏡
2357	墥	1/ 清二·二十一章 116/	奪	未隶	2380	踞	1/ 上九·陈 13/	
2358	漣	1/ 清二·二十一章 116/	岸		2381	遏	1/ 清四·五节 13/	易
2359	膝	1/ 清二·二十一章 117/	遜		2382	燚	1/ 清三·芮 13/	協
2360	壙	1/ 清二·二十一章 117/	岸		2383	寘	1/ 清一·祭 13/	歃
2361	殯	1/ 清二·二十二章 119/	悼		2384	舭	1/ 清一·皇 13/	主
2362	燚	1/ 清二·二十二章 119/			2385	憦	1/ 清二·二十三章 131/	欣
2363	敳	1/ 清一·皇 12/	敬		2386	遁	1/ 清二·二十三章 131/	將
2364	䎽	1/ 清一·祭 12/	敵		2387	鄭	1/ 清二·二十三章 131/	
2365	忞	1/ 上七·凡甲 12/	近		2388	津	1/ 清二·二十三章 132/	津
2366	急	1/ 清三·芮 12/	憷		2389	瀾	1/ 清二·二十三章 133/	
2367	慈	1/ 清三·赤 12/			2390	繻	1/ 清二·二十三章 134/	擊
					2391	窣	1/ 上九·陈 14/	災

附录三：未见于后世字韵书的楚简新出字字表（2766例）

2392	芇	1/清三·赤14/	未隶
2393	綏	1/汇·信二14/	禦
2394	忎	1/清三·周14/	聰
2395	貟	1/上七·凡乙15/	具
2396	呂	1/清二·三章15/	
2397	窂	1/清二·三章15/	卑
2398	蠹	1/清五·殷15/	祥
2399	忺	1/清五·殷15/	規
2400	歷	1/清三·芮15/	矜
2401	徟	1/清四·二节15/	失
2402	鹽	1/清一·祭15/	寅
2403	墟	1/清一·祭15/	辜
2404	懋	1/清三·芮15/	懋
2405	戩	1/上七·武15/	敗
2406	簋	1/清三·芮15/	
2407	練	1/上七·凡甲15/	陳
2408	厰	1/包154/	
2409	壵	1/清二·三章16/	墳
2410	駤	1/清一·楚16/	謝
2411	庝	1/清三·周16/	彥
2412	慮	1/清一·祭16/	作
2413	閅	1/上九·陈16/	關
2414	冥	1/清一·祭17/	又
2415	詎	1/郭·五17/	慎
2416	僭	1/包174/	

2417	庙	1/清一·祭18/	顏
2418	憖	1/清一·祭18/	
2419	努	1/清一·祭18/	
2420	沂	1/清一·四章18/	淇
2421	毉	1/清三·芮18/	監
2422	裱	1/清三·芮18/	續
2423	哉	1/清三·芮18/	箴
2424	墊	1/上九·陈18/	障
2425	歙	1/清一·祭19/	陷
2426	娌	1/上九·陈19/	
2427	剆	1/上八·李1背/	毀
2428	毁	1/上九·成甲2/	
2429	檠	1/上九·邦2/	濚
2430	姷	1/清一·楚2/	游
2431	芴	1/上一·孔2/	易
2432	刾	1/上九·举·古2/	
2433	嬠	1/上九·举·古2/	族
2434	逸	1/上四·采2/	未隶
2435	瘳	1/清四·一节2/	病
2436	襄	1/清一·楚2/	徜
2437	道	1/上九·灵2/	遣
2438	桌	1/上九·灵2/	
2439	畬	1/清四·别2/	
2440	頤	1/清四·别2/	頤

713

2441	沓	1/ 上九·卜 2/	陷	2466	穵	1/ 清一·祭 20/	蠻
2442	彈	1/ 清三·说上 2/	關	2467	憨	1/ 清三·芮 20/	甄
2443	峫	1/ 清四·别 2/	蠱	2468	臂	1/ 清二·四章 20/	戴
2444	譱	1/ 清四·别 2/	貢	2469	釜	1/ 清三·芮 20/	
2445	憹	1/ 清四·别 2/	蒙	2470	繢	1/ 上九·举·文 20/	任
2446	濔	1/ 上九·邦 2/	梁	2471	繩	1/ 上九·陈 20/	軀
2447	敽	1/ 清四·别 2/	損	2472	筥	1/ 包 201/	菩
2448	屬	1/ 清三·祝 2/		2473	橔	1/ 郭·语一 21/	枝
2449	飥	1/ 清三·祝 2/	既	2474	帮	1/ 清五·殷 21/	
2450	堊	1/ 清三·祝 2/	投	2475	果	1/ 清四·七节 21/	少
2451	壘	1/ 上一·紂 2/	厚	2476	衡	1/ 上九·举·文 21/	衡
2452		1/ 清三·良 2/	泰 未隶	2477	鄙	1/ 包 22/	
2453	觚	1/ 清三·良 2/	扈	2478	豪	1/ 郭·六 22/	嫁
2454	瘭	1/ 清一·至 2/	暴	2479	固	1/ 郭·老甲 22/	囷
2455	鐘	1/ 清一·至 2/	琥	2480	蓝	1/ 包 221/	
2456	㝎	1/ 清一·保 2/		2481	劘	1/ 上九·举·尧 23/	戡
2457	汛	1/ 清一·祭 2/	淑	2482	喜	1/ 清三·芮 23/	違
2458	爨	1/ 清一·诰 2/	協	2483	殠	1/ 清三·芮 24/	盡
2459	凪	1/ 上八·命 2/		2484	悤	1/ 清三·芮 25/	逸
2460	鉭	1/ 清一·金 2/	埵	2485	懲	1/ 清三·芮 25/	美
2461	耂	1/ 清一·金 2/	植	2486	閔	1/ 郭·老甲 26/	亂
2462	詵	1/ 上八·兰 2/		2487	篦	1/ 包 262/	筵
2463	曺	1/ 清一·楚 2/		2488	罨	1/ 新 甲 三：237-1·262/	
2464	屋	1/ 清三·芮 20/	扃	2489	蘒	1/ 包 265/	
2465	磐	1/ 上七·凡甲 20/	窮	2490	纏	1/ 包 275/	

附录三：未见于后世字韵书的楚简新出字字表（2766 例）

2491	萄	1/ 上九·举·舜 28/	怨
2492	赫	1/ 清二·五章 29/	
2493	旒	1/ 上九·卜 3/	
2494	坄	1/ 上八·志 3/	瘵墬
2495	徎	1/ 清三·祝 3/	随
2496	意	1/ 清一·至 3/	胡
2497	鼹	1/ 上九·陈 3/	援
2498	鹳	1/ 清三·说下 3/	雀
2499	叙	1/ 上八·志 3/	虑
2500	虡	1/ 上九·成甲 3/	於
2501	䈽	1/ 清三·说下 3/	诣
2502	窜	1/ 上九·成乙 3/	
2503	柵	1/ 上七·武 3/	曲
2504	邮	1/ 清三·良 3/	芮
2505	遣	1/ 清一·金 3/	害
2506	䝿	1/ 清三·周 3/	示
2507	孛	1/ 上九·史 3/	举
2508	函	1/ 清三·良 3/	颠
2509	劳	1/ 清一·金 3/	迁
2510	冕	1/ 郭·穷 3/	冢
2511	賺	1/ 清五·祭 3/	魂
2512	瘠	1/ 清五·保 3/	病
2513	塌	1/ 上九·陈 3/	息
2514	塣	1/ 清四·十五节 30/	邦
2515	鮨	1/ 上九·举·禹 31/	

2516	粲	1/ 新·甲三：309·328/	不清
2517	鼃	1/ 郭·老甲 33/	蛙
2518	遺	1/ 上九·举·禹 33/	違
2519	偖	1/ 上九·举·禹 33/	陟
2520	僾	1/ 清二·六章 34/	背
2521	邕	1/ 新·甲三：335·357/	
2522	卤	1/ 清四·二十一节 37/	
2523	宮	1/ 清二·六章 39/	密
2524	蟡	1/ 清四·二十一节 39/	惟
2525	朝	1/ 清四·二十二节 39/	晦
2526	紈	1/ 上八·兰 4/	美
2527	蔥	1/ 上七·吴 4/	親
2528	聖	1/ 上九·成甲 4/	玉
2529	澈	1/ 上九·灵 4/	漅
2530	囮	1/ 清五·汤处 4/	箴
2531	芇	1/ 上七·吴 4/	孽
2532	竈	1/ 清四·别 4/	
2533	砒	1/ 清四·别 4/	
2534	瀷	1/ 清四·别 4/	
2535	型	1/ 上七·吴 4/	荆
2536	芴	1/ 上七·郑甲 4/	未隶
2537	飰	1/ 上八·成 4/	餓
2538	勘	1/ 清一·保 4/	耕
2539	蓝	1/ 清一·金 4/	廷

715

编号	字形	出处	释字		编号	字形	出处	释字	
2540		1/上八·命4/	未隶		2565	敔	1/上七·吴5/	擠	
2541	窩		1/上八·命4/			2566	趣		1/清三·周5/	熙
2542		1/上八·王4/	未隶		2567	蓼		1/清三·良5/	文
2543	牰		1/清一·楚4/	幢		2568	韶		1/清三·良5/	昭
2544	糕		1/清一·楚4/	竊		2569	挃		1/清四·別5/	升
2545	枝		1/清一·楚4/			2570	亘		1/清四·別5/	
2546	愈		1/清三·芮4/	貪		2571	謹		1/清四·別5/	臨
2547	眾		1/清三·说下4/			2572	遖		1/清三·周5/	慎
2548	复		1/清三·说中4/	腹		2573	籩		1/上八·有5/	慎
2549	覃		1/清三·说中4/	旱		2574	瑩		1/上八·有5/	忤
2550	麈		1/清三·说下4/	麇		2575	纏		1/清一·祭5/	膚
2551	罩		1/清三·说下4/			2576	誩		1/上八·有5/	誑
2552	鑢		1/清二·七章41/	鉏		2577	罔		1/上八·兰5/	岡
2553	悬		1/郭·语二42/	譽		2578	鐜		1/清一·耆5/	轄
2554	宾		1/清四·二十六节43/	滅		2579	戇		1/清一·至5/	僭
2555	仅		1/清四·二十六节44/	奴		2580	敦		1/上八·兰5/	亞
2556	墠		1/清二·七章44/	踐		2581	雋		1/清一·至5/	服
2557	朣		1/新·乙:29、30、462/	棧		2582	戎		1/清一·皇5/	式
2558	繁		1/清二·八章48/	脱		2583	悤		1/清四·別5/	泰	未隶
2559	嵞		1/清二·八章48/	峭		2584	𢀖		1/清三·赤5/	廷
2560	𠈌		1/清四·二十六节48/			2585	瘵		1/清三·赤5/	昧
2561	寭		1/清四·二十六节48/	熱		2586	遉		1/清三·说上5/	逝
2562	衡		1/清二·八章49/			2587	得		1/清三·祝5/	干
2563	亘		1/上九·举·文5/	懼		2588	舼		1/清一·楚5/	
2564	楚		1/上九·成甲5/	怒		2589	朝		1/清一·楚5/	
					2590	叙		1/清二·二章5/	娶

附录三：未见于后世字韵书的楚简新出字字表（2766例）

2591	悶	1/ 上七·武 5/	懼	2619	諄	1/ 清一·保 6/	
2592	犴	1/ 清四·二十六节 50/	字	2620	迼	1/ 清一·程 6/	
2593	兹	1/ 清四·二十六节 50/		2621	役	1/ 清四·别 6/	夬
2594	濾	1/ 新·乙三：7·504/		2622	睨	1/ 清三·说中 6/	覞
2595	佋	1/ 清二·九章 51/	抱	2623	臧	1/ 清一·祭 6/	畢
2596	悖	1/ 清二·九章 52/	閔	2624	遥	1/ 清一·祭 6/	襲
2597	寅	1/ 清二·九章 52/	寘	2625	愧	1/ 新·乙四：85·612/	
2598	骷	1/ 清二·九章 52/	辛	2626	卌	1/ 新·甲三：11、24·62/	
2599	飢	1/ 清四·二十九节 53/	醪	2627	醴	1/ 新·乙四：98·622/	
2600	遴	1/ 清二·十章 54/	送	2628	鄉	1/ 新·乙四：132·646/	
2601	駻	1/ 清二·十章 54/	董	2629	遁	1/ 清二·十四章 69/	須
2602	諛	1/ 清四·二十九节 55/	飢	2630	蓰	1/ 清三·说中 7/	志
2603	悬	1/ 清四·二十九节 55/	懼	2631	恩	1/ 清三·说中 7/	病
2604	畢	1/ 清二·十一章 57/	徙	2632	窒	1/ 上九·陈 7/	垂
2605	瓕	1/ 清四·二十九节 57/	玦	2633	逊	1/ 上九·陈 7/	恆
2606	圓	1/ 清四·二十九节 58/	圓	2634	窜	1/ 上九·邦 7/	觀
2607	襦	1/ 清三·赤 6/	撫	2635	玫	1/ 上九·史 7/	柱
2608	宿	1/ 上七·武 6/	側	2636	鼉	1/ 上九·史 7/	乘 未隶
2609	隋	1/ 清三·芮 6/	靖	2637	逞	1/ 清一·程 7/	芇
2610	敷	1/ 清二·二章 6/	昇	2638	窌	1/ 清一·耆 7/	毖
2611	壽	1/ 清三·良 6/	高	2639	颭	1/ 清一·耆 7/	
2612	慙	1/ 清四·别 6/	咸	2640	偙	1/ 上八·颜 7/	愛
2613	懇	1/ 清四·别 6/	隨	2641	輕	1/ 上九·史 7/	氐
2614	補	1/ 上八·有 6/	請	2642	濟	1/ 清四·别 7/	濟
2615	𩔉	1/ 上八·命 6/	黔 未隶	2643	慫	1/ 清四·别 7/	睽
2616	郵	1/ 清三·良 6/	葉	2644	朋	1/ 清一·祭 7/	又
2617	㝎	1/ 清四·别 6/					
2618	繻	1/ 清一·楚 6/	延				

2645	瞋	1/上八·命7/	聞		2669	蟲	1/清三·周8/	舉
2646	燮	1/清四·別7/	噬		2670	載	1/曾80/	載
2647	癹	1/清四·別7/			2671	覥	1/清二·十五章81/	極
2648	遡	1/上八·成7/	朝		2672	譆	1/清二·十五章81/	讒
2649	賤	1/清三·良7/			2673	額	1/清二·十五章81/	奢
2650	胃	1/清三·良7/	殺		2674	瀸	1/清二·十五章82/	壑
2651	虋	1/清四·別7/	晉		2675	豊	1/清二·十五章84/	隨
2652	迊	1/上七·凡乙7/	升		2676	㵦	1/清二·十六章86/	歸
2653	悆	1/上六·孔7/	貌		2677	波	1/清二·十六章88/	罷
2654	𡎖	1/上七·武7/	慎		2678	虫	1/清一·耆9/	蟋
2655	𩩇	1/清一·楚7/			2679	𣨺	1/上八·命9/	未隸
2656	笁	1/清二·十四章71/			2680	豹	1/上七·凡乙9/	鳴
2657	堂	1/清二·十五章76/	徵		2681	㷱	1/上九·举·文9/	
2658	纎	1/清二·十五章79/	竊		2682	溢	1/清三·芮9/	溢
2659	懇	1/上七·吴8/	履		2683	榖	1/清三·芮9/	穀
2660	佳	1/清三·芮8/	兄		2684	𤲃	1/上九·邦9/	未隸
2661	悆	1/清四·別8/	渙		2685	週	1/上九·邦9/	通
2662	蒋	1/清四·別8/	漸		2686	畺	1/上九·史9/	強
2663	酱	1/清四·別8/			2687	貝	1/清一·保9/	貽
2664	倸	1/上九·邦8/	承		2688	羉	1/清一·祭9/	畢
2665	㠯	1/上九·史8/	信		2689	㢮	1/清三·赤9/	及
2666	醒	1/清一·耆8/	禋		2690	駆	1/清一·祭9/	
2667	鑑	1/上七·武8/	盤		2691	迎	1/上七·吴9/	犯
2668	尾	1/清三·周8/	宅					

718

附录三：未见于后世字韵书的楚简新出字字表（2766 例）

2692	卲	1/ 清一·祭 9/	召
2693	歖	1/ 清三·赤 9/	歡
2694	筩	1/ 曾 9/	箮
2695	隁	1/ 清二·十六章 90/	鄢
2696	緵	1/ 清二·十六章 91/	溟
2697	敉	1/ 曾 95/	
2698	絧	1/ 上三·亙 8/	治
2699	壁	1/ 上五·競 2/	雉
2700	尸	1/ 上一·紂 11/	已
2701	窀	1/ 上一·情 39/	仁慮
2702	窅	1/ 郭·成 8/	窮
2703	藻	1/ 郭·成 8/	源
2704	屄	1/ 郭·尊 33/	
2705	屲	1/ 郭·六 19/	危
2706	蹓	1/ 清三·周 3/	亂
2707	爂	1/ 新·甲二：14、13·35/	鄂
2708	遙	1/ 郭·唐 13/	傳
2709	寊	1/ 上二·容 6/	賽
2710	寋	1/ 郭·老子甲 19/	賓
2711	緄	1/ 包 268/	
2712	燿	1/ 新·甲三：41·90/	
2713	鄔	1/ 新·甲三：310·329/	
2714	䍏	1/ 新·甲三：137·169/	
2715	𠠗	1/ 新·甲三：323·342/	
2716	瓣	1/ 新·甲三：271·297/	
2717	壆	1/ 新·甲三：259·285/	鄂
2718	珢	1/ 新·乙三：44、45·529/	
2719	趾	1/ 新·甲三：342-2·365/	
2720	轕	1/ 新·乙三：23·511/	
2721	鄴	1/ 新·乙三：23·511/	
2722	靴	1/ 新·乙二：10·473/	
2723	駝	1/ 新·乙三：5·502/	
2724	纑	1/ 新·乙四：6·553/	
2725	靈	1/ 新·乙二：14·475/	
2726	廎	1/ 新·乙四：17·563/	
2727	龖	1/ 新·乙一：31、25·463/	
2728	產	1/ 新·乙四：30、32·572/	
2729	遺	1/ 新·乙四：30、32·572/	遏
2730	禫	1/ 新·乙四：97·621/	
2731	豑	1/ 新·乙四：98·622/	
2732	譻	1/ 新·零：452·1089/	皆
2733	蕋	1/ 新·零：461·1098/	
2734	蕓	1/ 新·零：467·1104/	
2735	厭	1/ 新·零：471·1108/	
2736	牊	1/ 新·零：472·1109/	
2737	尢	1/ 新·零：472·1109/	憂
2738	筴	1/ 新·零：652·1275/	
2739	譻	1/ 汇·望二 8/	
2740	迲	1/ 汇·信二 14/	
2741	豋	1/ 汇·信二 16/	登

719

编号	字	出处	备注		编号	字	出处	备注
2742	瑾	1/曾42/			2754	覓	1/包274/	
2743	瘵	1/曾71/			2755	翼	1/包184/	
2744	箮	1/曾54/			2756	陎	1/包185/	
2745	嬬	1/包174/	嬊		2757	郤	1/包181/	陸
2746	屦	1/曾212/			2758	䣚	1/包190/	
2747	緅	1/包56/			2759	陬	1/包231/	取
2748	陷	1/包119反/	阢		2760	腠	1/包224/	
2749	憨	1/包119反/			2761	𢶮	1/包174/	
2750	韠	1/包145/			2762	槀	1/包174/	
2751	詟	1/包137/			2763	欶	1/包168/	
2752	桓	1/帛·甲·行1-2/	桓		2764	遂	1/包169/	
2753	緫	1/包275/			2765	䆵	1/汇·望一78/	不清
					2766	隨	1/包167/	

附录四：楚简传承字字表（1344例）

序号	隶古定	原篆	字频	字用	备注
1	之		4563		
2	不		1724		
3	㠯		1607	以	
4	又		1215		
5	於		1183		
6	也		1090	也	
7	而		1017		
8	一		981		
9	爲		952		
10	人		930		
11	曰		810		
12	子		762		
13	王		742		
14	君		688		
15	亓		617		
16	者		595		
17	二		575		
18	大		531		
19	元		510	其	
20	可		508		
21	公		502		
22	民		445		
23	天		426		
24	亡		417		
25	是		372		
26	日		371		
27	言		368		
28	女		364		
29	夫		341		
30	命		336		
31	古		319		
32	行		317		
33	三		315		
34	乃		312		
35	百		310		
36	少		309		
37	生		304		
38	四		289		
39	與		281		
40	所		278		
41	吉		277		
42	邦		275		
43	五		273		
44	胃		273	謂	
45	尹		265		
46	至		262		
47	月		260		
48	則		256		

721

49	事		241		75	正		181	
50	紫		241	紫	76	毋		180	
51	下		237		77	十		180	
52	于		235		78	受		179	
53	才		232		79	佳		176	
54	道		222		80	聖		176	
55	既		218		81	必		174	
56	司		216		82	楚		169	
57	占		214	貞	83	甞		167	時
58	黃		212		84	母		166	
59	旻		209	得	85	馬		166	
60	弗		204		86	左		163	
61	見		203		87	咎		161	
62	城		201		88	方		159	
63	或		198		89	出		158	
64	上		198		90	內		154	
65	虗		197	吾乎	91	勿		153	
66	未		196		92	敓		152	
67	六		194		93	屯		150	
68	能		193		94	亦		149	
69	此		192		95	先		148	
70	心		190		96	我		148	
71	九		188		97	敗		148	敗
72	臣		185		98	疾		148	
73	自		183		99	周		146	
74	立		182		100	句		143	
					101	悳		141	

附录四：楚简传承字字表（1344例）

102	身		140		
103	帀		140		師
104	易		139		
105	善		137		
106	占		137		
107	無		136		
108	郢		133		
109	中		132		
110	凡		132		
111	死		130		
112	文		128		
113	巳		127		
114	飤		126		
115	皆		125		
116	成		124		
117	己		123		
118	䎽		123		聞問
119	莫		123		
120	義		123		
121	樂		122		
122	非		121		
123	右		121		右佑
124	父		120		
125	尚		120		
126	長		119		

127	金		119		
128	八		118		
129	白		118		
130	頣		118		夏
131	若		117		
132	返		117		復
133	利		117		
134	唯		113		
135	敬		112		
136	豊		112		禮
137	門		111		
138	甲		110		
139	甬		109		
140	告		109		
141	明		109		
142	亞		109		惡
143	丑		107		
144	從		107		
145	訐		107		信	或隶：𠱾、信
146	東		105		
147	里		105		
148	邵		104		昭韶
149	眚		103		性姓
150	陸		102		陵
151	齊		101		

723

152	車		101	
153	晉		101	
154	矦		101	侯
155	坪		100	
156	志		95	
157	辛		94	
158	逡		90	後
159	型		90	型
160	乙		90	
161	同		90	
162	武		89	
163	各		89	
164	員		87	
165	備		87	服
166	邑		87	
167	奠		87	鄭
168	亥		86	
169	申		86	
170	玉		85	
171	自		85	師
172	魚		85	
173	多		85	多
174	寺		83	
175	取		83	
176	北		82	
177	居		82	
178	客		82	
179	州		82	

180	余		82	
181	悳		81	德
182	述		81	
183	吳		80	
184	名		78	
185	絫		78	奚
186	殺		77	从攴
187	寅		76	
188	臧		76	臧莊
189	咊		76	和
190	戊		76	
191	足		76	
192	室		75	
193	西		75	
194	青		75	
195	年		75	
196	尔		74	
197	千		74	
198	彔		74	
199	戠		73	職特
200	祭		72	祭
201	相		71	
202	宜		70	
203	好		69	
204	昏		69	
205	遠		68	

附录四：楚简传承字字表（1344例）

206	戌		68		235	孔		57	
207	用		68		236	新		57	
208	高		67		237	帝		57	
209	神		66		238	南		56	
210	癸		66		239	秦		56	
211	七		65		240	宋		55	
212	卯		64		241	即		54	
213	壬		63		242	純		54	
214	午		63		243	疋		54	
215	翼		62		244	山		54	
216	众		62	三	245	猒		54	猶
217	廷		61		246	禀		54	福
218	定		60		247	會		54	
219	外		60		248	及		53	
220	士		60		249	已		53	
221	夜		59		250	官		53	
222	夏		59		251	阩		53	
223	兩		59		252	内		52	
224	果		58		253	徒		52	
225	湯		58		254	氒		52	厥
226	攻		58		255	求		52	
227	眾		58		256	克		52	
228	良		58		257	盍		51	蓋
229	反		58		258	酉		51	酒
230	異		58		259	氏		51	
231	登		58		260	牛		51	
232	木		57		261	鞦		51	執
233	裏		57		262	丘		50	
234	谷		57						

725

263	畬		50	飲	289	衣		41	衣
264	虜		50	乎	290	斨		41	折制
265	首		50		291	童		40	童
266	雷		50		292	兵		40	
267	丁		49		293	秈		40	利
268	水		49		294	亯		40	享
269	苟		48		295	耑		40	前
270	競		48		296	皋		40	罪
271	習		48	荊	297	羕		40	
272	革		48		298	兌		40	悅
273	土		47		299	還		40	
274	宮		46		300	各		39	
275	組		45		301	今		39	
276	軍		45		302	囟		39	
277	加		45		303	貴		39	
278	弓		45		304	難		38	
279	川		44		305	回		38	
280	伐		44		306	力		38	
281	甚		44		307	進		38	
282	孫		44		308	喬		37	
283	交		43		309	畏		37	
284	戲		42	戰	310	昔		37	
285	朝		42		311	宗		37	
286	共		42		312	忠		37	
287	保		41		313	祝		37	
288	束		41		314	章		37	

附录四：楚简传承字字表（1344例）

315	彭		37		340	桼		33	光
316	繇		37	繇由	341	祀		32	
317	袋		37	勞	342	丹		32	
318	訟		36		343	戈		32	
319	專		36		344	辟		31	
320	政		36		345	器		31	
321	秉		36		346	害		31	
322	惠		36		347	睪		31	懌擇釋
323	赤		36		348	參		31	三
324	丹		35	終	349	戕		31	戔
325	改		35	改	350	解		31	
326	畫		35		351	達		31	
327	鞅		35		352	益		31	
328	貴		34	貴	353	啟		31	
329	乍		34		354	載		30	
330	皇		34		355	忘		30	
331	顯		34		356	韋		30	
332	龏		34	龔恭	357	幾		30	豈忌
333	歸		33		358	康		30	
334	屈		33		359	元		30	
335	連		33		360	田		30	
336	弋		33		361	易		30	
337	孛		33	教	362	庚		29	
338	萬		33		363	尚		29	
339	老		33		364	番		29	
					365	舒		29	

727

366	夕		28		392	巫		26	
367	璧		28		393	濰		26	流
368	因		28		394	獻		26	
369	孝		28		395	薦		25	薦存
370	卿		28	亨饗	396	聝		25	聞
371	貞		28		397	臨		25	
372	某		28	某	398	差		25	佐嗟
373	弟		27		399	嘉		25	
374	冬		27	終	400	商		25	商
375	雨		27		401	耳		25	
376	奉		27	逢豐藝勢埶	402	臣		25	
377	褸		27		403	賞		25	
378	初		27		404	晉		25	友
379	音		27		405	壴		24	矣鼓
380	婦		27		406	虎		24	
381	習		27		407	哀		24	
382	涉		27		408	舊		24	久
383	監		27		409	晨		24	益嗌
384	獸		26		410	石		24	
385	索		26		411	馴		24	
386	工		26		412	達		24	失
387	逆		26		413	耆		23	壽
388	集		26		414	有		23	
389	穆		26		415	目		23	
390	迬		26	往					
391	朕		26						

附录四：楚简传承字字表（1344例）

416	三		23	四
417	妾		22	
418	比		22	
419	安		22	
420	紳		22	
421	冒		22	
422	鐘		22	
423	蜀		22	獨
424	男		22	
425	起		22	桓
426	敗		22	
427	膚		22	
428	戒		22	
429	疆		22	
430	麗		22	
431	弼		22	費
432	牢		22	
433	妻		21	
434	發		21	
435	且		21	祖俎
436	它		21	
437	孚		21	
438	厶		21	私
439	匠		21	
440	奴		21	
441	卑		21	
442	環		20	
443	割		20	

444	皮		20	
445	嚻		20	壤（讓）
446	魯		20	
447	埜		20	野
448	季		20	
449	真		20	
450	族		19	
451	欽		19	
452	風		19	
453	獸		19	獸
454	戎		19	
455	拜		19	
456	龍		19	寵隆
457	止		19	
458	倉		19	
459	旦		19	
460	羣		19	群
461	禦		19	禱
462	攸		18	啟
463	救		18	
464	兼		18	
465	旨		18	
466	頪		18	類
467	卜		18	
468	河		18	

729

469	氘		18	
470	獸		18	
471	坓		18	廣
472	蓳		18	萬
473	龜		18	
474	末		18	
475	慶		18	
476	遞		18	旅
477	宵		17	
478	坓		17	刑
479	卣		17	
480	結		17	
481	甘		17	
482	公		17	容
483	畜		17	
484	惕		17	
485	執		17	執
486	須		17	
487	口		17	
488	牧		17	
489	盤		17	
490	翟		17	
491	鄭		17	鄂
492	靜		16	
493	斨		16	斯

494	姑		16	
495	其		16	
496	賈		16	
497	亢		16	荒
498	頌		16	
499	遇		16	
500	象		16	
501	犬		15	
502	教		15	
503	賜		15	
504	經		15	
505	節		15	
506	浴		15	
507	敢		15	伍
508	國		15	
509	鼓		15	
510	語		15	
511	寇		15	寇
512	豕		15	
513	焚		15	
514	幽		15	
515	陳		15	
516	返		15	
517	襄		15	
518	彤		15	

附录四：楚简传承字字表（1344例）

519	宪		14	乘
520	卂		14	
521	去		14	
522	走		14	
523	并		14	
524	歙		14	
525	興		14	
526	剌		14	烈
527	台		14	以
528	詞		14	歌
529	羊		14	
530	巽		14	
531	惑		14	
532	竝		14	並
533	鄎		14	
534	啻		14	敵謫
535	挽		14	
536	缶		14	
537	然		14	
538	戰		14	
539	普		14	春
540	巿		14	紼
541	占		14	占
542	食		13	
543	念		13	
544	羽		13	

545	鹿		13	
546	豐		13	
547	褱		13	懷壞
548	迎		13	御
549	降		13	
550	龙		13	
551	晉		13	晉
552	齒		13	
553	戈		13	
554	雁		13	
555	承		13	
556	雷		13	
557	狐		13	
558	圣		12	右
559	吏		12	
560	昌		12	
561	畫		12	
562	分		12	
563	困		12	
564	弔		12	淑叔
565	舟		12	
566	社		12	
567	兄		12	
568	許		12	
569	火		12	
570	兹		12	滋

731

571	夢		11	
572	獄		11	
573	祟		11	
574	量		11	
575	考		11	
576	梟		11	
577	惢		11	哀
578	免		11	勉
579	帛		11	
580	占		11	
581	堇		11	勤
582	屖		11	徙
583	齋		11	
584	建		11	
585	鄭		11	
586	朱		11	
587	亐		10	
588	駁		10	
589	旂		10	旗祈
590	斯		10	
591	觀		10	
592	京		10	
593	央		10	
594	埑		10	刑

595	征		10	
596	角		10	
597	曼		10	
598	戶		10	
599	奠		10	
600	敚		10	養
601	寡		10	賓
602	市		10	市
603	藿		10	觀勸
604	喪		9	
605	被		9	
606	呂		9	
607	永		9	承
608	衰		9	
609	臥		9	賢
610	矔		9	觀
611	干		9	
612	訓		9	鳴
613	贅		9	
614	玄		9	
615	旬		9	
616	雟		9	雍
617	慮		9	
618	兔		9	

732

附录四：楚简传承字字表（1344例）

编号	字	字形	数	备注
619	賓		9	
620	肉		9	
621	江		9	
622	叚		9	假
623	辟		9	親
624	薆		9	乘
625	埶		9	設遌藝
626	戀		9	
627	酓		9	酉
628	斦		9	
629	鄝		9	
630	債		8	
631	起		8	
632	畁		8	
633	都		8	
634	翏		8	
635	茅		8	
636	均		8	
637	甘		8	其
638	俞		8	
639	沽		8	
640	盛		8	
641	鈞		8	
642	雀		8	爵
643	直		8	

编号	字	字形	数	备注
644	禾		8	
645	夾		8	
646	竺		8	
647	血		8	
648	畋		8	
649	休		8	
650	甸		8	軍
651	腹		8	
652	頁		8	首
653	鬲		8	
654	甫		8	
655	骨		8	
656	栗		8	
657	豆		8	
658	衛		8	
659	嘗		8	甞
660	效		8	教
661	爾		8	彌弭
662	闍		8	
663	咸		7	
664	臠		7	亂
665	狗		7	苟者
666	尾		7	
667	牆		7	臧
668	蒿		7	

733

669	洛		7	
670	俾		7	
671	羔		7	
672	再		7	
673	坒		7	從
674	獻		7	厭
675	即		7	
676	縈		7	
677	慈		7	
678	守		7	
679	匹		7	
680	矢		7	
681	鹵		7	乃
682	章		7	郭
683	卒		7	衣萃
684	迷		7	
685	來		7	
686	毛		7	
687	鳥		7	
688	介		7	
689	禺		7	
690	鳴		7	
691	沱		7	
692	奔		7	
693	恭		7	嗌益縊

694	服		7	
695	竹		7	
696	葉		7	
697	漾		6	
698	鉈		6	
699	旃		6	旃
700	羍		6	
701	熊		6	
702	陽		6	
703	冎		6	
704	冋		6	頃
705	府		6	
706	泉		6	
707	幼		6	
708	望		6	
709	具		6	
710	植		6	
711	零		6	露
712	蔑		6	
713	星		6	
714	矛		6	
715	井		6	
716	絲		6	
717	產		6	
718	逐		6	

附录四：楚简传承字字表（1344例）

719	天		6	沃妖
720	諫		6	
721	陞		6	
722	窑		6	
723	殷		6	
724	嘼		6	
725	哉		6	
726	矣		6	
727	爰		6	援
728	晶		6	參
729	舍		6	
730	張		6	
731	賁		6	
732	新		6	親新
733	引		6	
734	荆		6	刑
735	名		6	左
736	邾		6	
737	勻		6	鈞
738	顕		6	夏
739	延		6	
740	復		5	
741	敵		5	敢
742	鑴		5	
743	髀		5	
744	兀		5	元
745	逹		5	往

746	史		5	
747	布		5	
748	否		5	
749	塞		5	
750	忍		5	
751	耆		5	
752	亯		5	誥
753	爽		5	
754	臭		5	斁
755	需		5	
756	林		5	
757	縣		5	
758	皋		5	梏
759	幸		5	
760	云		5	
761	曾		5	
762	轚		5	曹
763	區		5	
764	衆		5	
765	洹		5	
766	肯		5	肯
767	惟		5	
768	朔		5	
769	夏		5	

735

770	敘		5	
771	芻		5	
772	駐		5	牡
773	獻		5	闕
774	宣		4	
775	趺		4	越
776	麋		4	
777	龍		4	龍
778	邿		4	
779	邞		4	
780	氏		4	
781	兝		4	美
782	戍		4	
783	鼠		4	抑噫一
784	桐		4	
785	旁		4	
786	故		4	
787	米		4	
788	侣		4	強
789	囟		4	攝
790	釆		4	
791	侃		4	
792	伊		4	
793	晋		4	
794	昧		4	

795	蛊		4	
796	禍		4	
797	鮮		4	
798	妥		4	綏
799	鬼		4	歸威
800	如		4	
801	依		4	
802	啞		4	愕
803	爭		4	
804	开		4	開
805	炎		4	
806	梁		4	
807	潭		4	潰
808	厚		4	
809	涇		4	
810	鄉		4	
811	算		4	尊
812	后		4	
813	甫		4	服佩
814	叕		4	嚴
815	彊		4	強
816	柏		4	
817	宋		4	
818	永		4	
819	髆		4	

附录四：楚简传承字字表（1344例）

820	步		4		848	丩		3	糾
821	瑗		4		849	松		3	
822	黽		4		850	貝		3	
823	杓		4		851	臺		3	敦
824	楊		4		852	付		3	
825	胆		4		853	姐		3	祖
826	刀		4		854	壞		3	瀘
827	脩		4	脩	855	薦		3	
828	鷄		3	鷄	856	迮		3	作
829	朮		3	朮	857	發		3	廢發
830	欽		3	欽	858	遂		3	
831	絡		3		859	遂		3	
832	鄦		3	許	860	違		3	
833	入		3		861	稟		3	植
834	邨		3		862	忌		3	
835	牡		3		863	裛		3	
836	璜		3		864	家		3	
837	寶		3		865	本		3	
838	械		3		866	梨		3	
839	吁		3		867	牲		3	
840	通		3		868	宛		3	
841	丝		3	斷	869	鱻		3	鮮
842	鯀		3		870	浸		3	浸
843	曐		3	晨					
844	世		3						
845	束		3						
846	允		3	允					
847	戚		3						

737

871	虜		3		893	弁		3	辮
872	匋		3		894	束		3	靜
873	班		3		895	丂		3	巧孝
874	剛		3		896	勻		3	
875	鼓		3	鼓	897	戠		3	捷
876	鑾		3		898	朋		3	
877	今		3	挽	899	歮		3	止
878	罰		3		900	耿		3	
879	吾		3		901	嗣		3	
880	僕		3		902	彝		3	
881	縣		3		903	輔		3	
882	龔		3		904	印		3	懿抑
883	學		3		905	息		3	
884	因		3	因	906	嚴		3	
885	手		3		907	臯		3	
886	雩		3		908	勤		3	艱
887	伏		3		909	虔		3	
888	串		3	穿患	910	莆		3	
889	隻		3	獲	911	雞		3	
890	戔		3	幾	912	禹		3	
891	飤		3	施	913	宰		3	
892	臭		3	嗅	914	堵		3	
					915	喜		3	喜
					916	剡		3	絕
					917	勒		3	

附录四：楚简传承字字表（1344例）

918	耴		3	
919	䜌		3	縣
920	鑑		3	
921	冊		2	冊
922	盞		2	盞
923	豙		2	豙
924	匕		2	匕
925	鉉		2	
926	嬴		2	
927	瘉		2	瘉
928	驪		2	驪
929	黑		2	
930	采		2	幣
931	湛		2	
932	乳		2	
933	造		2	
934	妣		2	
935	汝		2	
936	罟		2	戰
937	妟		2	偃
938	瘧		2	
939	簪		2	筮
940	師		2	
941	唬		2	虖
942	息		2	
943	取		2	取

944	妃		2	姬
945	蓋		2	闔
946	鎬		2	
947	示		2	祇
948	毀		2	
949	佣		2	
950	寵		2	
951	碩		2	
952	夬		2	
953	頡		2	
954	威		2	
955	杜		2	
956	旬		2	洵
957	嬰		2	要謠
958	妝		2	莊
959	虘		2	且
960	气		2	
961	意		2	
962	庫		2	
963	蓺		2	執
964	任		2	
965	夋		2	後
966	肅		2	
967	游		2	
968	敩		2	務
969	析		2	

739

970	絕		2	
971	宦		2	
972	寒		2	
973	趣		2	
974	聾		2	
975	煮		2	
976	襃		2	
977	孟		2	
978	素		2	
979	聿		2	
980	复		2	復
981	旅		2	
982	飯		2	
983	便		2	
984	庶		2	
985	闟		2	亂
986	盟		2	
987	浮		2	
988	列		2	
989	何		2	苛
990	斤		2	
991	耇		2	
992	宮		2	
993	矗		2	

994	猶		2	
995	虫		2	
996	呈		2	
997	癹		2	
998	品		2	
999	雷		2	
1000	鉦		2	
1001	追		2	
1002	埶		2	勢
1003	閗		2	鬭
1004	監		2	絕
1005	爯		2	稱
1006	重		2	
1007	息		2	息
1008	寊		2	塞
1009	禪		2	廟
1010	徍		2	往
1011	購		2	
1012	屖		2	遲
1013	猒		2	由
1014	升		2	
1015	逯		2	

附录四：楚简传承字字表（1344 例）

1016	刃		2	
1017	霝		2	靈
1018	貴		2	得
1019	冘		2	深
1020	遂		2	後
1021	求		2	持
1022	牝		2	
1023	檻		2	樸
1024	間		2	
1025	策		2	
1026	過		2	
1027	敝		2	幣
1028	延		2	征
1029	截		2	
1030	乏		2	
1031	殷		2	斂
1032	陟		2	
1033	配		2	
1034	埜		2	舞
1035	汸		2	
1036	慕		2	
1037	戲		2	

1038	要		2	
1039	㡀		2	幣
1040	殹		2	
1041	姬		2	
1042	弱		2	溺
1043	䡐		2	城
1044	憲		2	
1045	盟		2	盟
1046	郊		2	
1047	仰		2	
1048	鼻		2	
1049	瑵		2	
1050	邡		2	
1051	弭		2	
1052	途		2	
1053	戻		2	
1054	壑		2	城
1055	圍		2	
1056	傳		2	
1057	駕		2	
1058	秎		2	
1059	駞		2	
1060	袞		2	
1061	梻		1	林
1062	畺		1	疆
1063	賕		1	責
1064	愚		1	

741

編號	字	字形	數	釋	備註
1065	瞽		1	鼓	
1066	厲		1		
1067	葉		1		
1068	鱞		1		
1069	使		1	士	
1070	戜		1	仇	
1071	冑		1	由	
1072	眠		1	示	
1073	功		1		
1074	憨		1	猶	
1075	圭		1		
1076	左		1	宏	
1077	習		1	巽	
1078	邨		1		
1079	鈞		1		
1080	監		1	衛	
1081	洒		1		
1082	酋		1		
1083	珉		1	飾	
1084	賦		1		
1085	召		1	傾	
1086	淮		1		
1087	孟		1		
1088	毳		1	磧	
1089	圢		1	泥	
1090	海		1	盈	或隸：汲
1091	覓		1		
1092	斛		1		
1093	陸		1	陸	
1094	孕		1		
1095	酌		1		
1096	賊		1		
1097	惟		1		
1098	勛		1	敏	
1099	戈		1	豺	
1100	辰		1	長	
1101	劀		1		
1102	袺		1		
1103	息		1	怕	
1104	奐		1	縮	
1105	妹		1		
1106	賓		1	府	
1107	堃		1	啓	
1108	簀		1	策	
1109	烏		1	於	
1110	畝		1		
1111	延		1		
1112	卵		1		
1113	䚈		1	劬	

附录四：楚简传承字字表（1344 例）

1114	坛		1	社		1137	亭		1	
1115	僎		1	擁		1138	羿		1	
1116	庭		1			1139	涂		1	
1117	槖		1	憂		1140	戕		1	壯
1118	軏		1	軏		1141	視		1	
1119	嗣		1	明		1142	在		1	
1120	夙		1			1143	牷		1	
1121	憂		1			1144	卧		1	緝
1122	書		1	曹		1145	塞		1	懷
1123	蛋		1			1146	黔		1	袀
1124	痁		1	苦		1147	蜘		1	耕
1125	斈		1	學		1148	休		1	保抱
1126	擇		1			1149	槀		1	槁
1127	懷		1			1150	肘		1	守
1128	旂		1	幹		1151	髟		1	冒
1129	釜		1			1152	敁		1	婦
1130	系		1			1153	瑤		1	語
1131	婁		1	數		1154	更		1	
1132	聑		1	聽		1155	从		1	
1133	淵		1			1156	忎		1	仁
1134	舌		1			1157	黨		1	
1135	攴		1	持		1158	淫		1	
1136	弃		1	棄		1159	亳		1	

743

編號	字	字形	次數	釋
1160	每		1	繁
1161	脊		1	慎
1162	政		1	政
1163	衣		1	裕
1164	屮		1	草
1165	宋		1	
1166	爺		1	布
1167	鑵		1	
1168	涕		1	
1169	軫		1	
1170	官		1	目
1171	鼻		1	
1172	厎		1	近
1173	崙		1	害
1174	化		1	禍
1175	庀		1	
1176	票		1	裳
1177	賜		1	贍
1178	㕣		1	咎
1179	哉		1	
1180	岕		1	加
1181	彰		1	章
1182	休		1	弱

編號	字	字形	次數	釋
1183	昫		1	軍
1184	曑		1	參
1185	書		1	早
1186	適		1	逝
1187	歐		1	殴
1188	兒		1	
1189	沇		1	
1190	諱		1	違
1191	習		1	詔
1192	橐		1	
1193	卣		1	由
1194	稻		1	
1195	㯱		1	戀
1196	乞		1	迄
1197	瀕		1	賓
1198	夾		1	
1199	沒		1	
1200	罾		1	
1201	帥		1	率
1202	宇		1	
1203	禋		1	
1204	鄂		1	
1205	屎		1	繼
1206	罷		1	
1207	婢		1	

744

附录四：楚简传承字字表（1344例）

1208	衡		1		1233	涵		1	
1209	癰		1		1234	憲		1	憲
1210	邘		1		1235	役		1	
1211	轎		1		1236	䰩		1	顯
1212	巷		1		1237	誨		1	謀
1213	芧		1	杼	1238	庮		1	
1214	飢		1		1239	敦		1	
1215	軛		1		1240	邕		1	
1216	濟		1		1241	斧		1	
1217	肖		1	宵	1242	侰		1	訓
1218	蘆		1		1243	恩		1	聰
1219	郎		1		1244	小		1	
1220	詆		1		1245	罹		1	
1221	敎		1		1246	鳴		1	
1222	料		1		1247	穌		1	
1223	寓		1		1248	䜣		1	禱
1224	邵		1	召	1249	罷		1	
1225	斥		1		1250	宅		1	
1226	冥		1		1251	斁		1	擇
1227	洵		1		1252	餕		1	
1228	扳		1	返	1253	塝		1	
1229	敯		1		1254	羌		1	
1230	畾		1		1255	郫		1	
1231	渴		1		1256	合		1	
1232	典		1		1257	廛		1	
					1258	郜		1	
					1259	柤		1	

745

1260	邖		1	
1261	簡		1	
1262	夏		1	受
1263	囬		1	牢
1264	敳		1	
1265	牧		1	
1266	逃		1	卦
1267	巣		1	
1268	鄦		1	
1269	繁		1	
1270	肴		1	
1271	輓		1	
1272	鄬		1	衛
1273	衼		1	
1274	昏		1	文
1275	季		1	年
1276	嘉		1	
1277	槳		1	
1278	敇		1	
1279	禪		1	
1280	徔		1	作
1281	訨		1	憂
1282	詡		1	
1283	黍		1	
1284	饎		1	

1285	晟		1	
1286	鄎		1	
1287	叙		1	
1288	玩		1	
1289	惇		1	
1290	譏		1	幾
1291	瘖		1	
1292	蒂		1	
1293	更		1	
1294	牆		1	
1295	壘		1	不清
1296	鼠		1	
1297	藏		1	
1298	唐		1	
1299	勒		1	
1300	杠		1	
1301	皿		1	
1302	匡		1	
1303	鷹		1	
1304	壹		1	
1305	納		1	
1306	鐯		1	
1307	沫		1	
1308	弘		1	
1309	書		1	

1310	裦		1	裘	裏
1311	畢		1		
1312	綃		1		
1313	鞞		1		
1314	屮		1		
1315	邌		1		
1316	銅		1		
1317	犀		1		
1318	紝		1		
1319	邊		1		
1320	駒		1		
1321	牗		1		
1322	趙		1		
1323	鑄		1		
1324	親		1	親	
1325	珏		1		

1326	陵		1		
1327	疥		1		
1328	芮		1	内	
1329	姦		1		
1330	地		1		
1331	曆		1		
1332	邨		1	部	
1333	雔		1		
1334	豕		1	猕	同"豕"
1335	栽		1		
1336	迃		1	旍	
1337	釱		1		
1338	電		1		
1339	職		1		
1340	夊		1		
1341	墨		1		
1342	寮		1		
1343	坏		1	附	
1344	瀧		1		

主要参考文献

一 著作类

1. [东汉]许慎著:《说文解字》,中华书局1963年12月第1版
2. [辽]释行均编:《龙龛手鉴》,中华书局1985年5月第1版
3. [宋]丁度等编:《集韵》,上海古籍出版社1985年5月第1版
4. [梁]顾野王编:《原本玉篇残卷》,中华书局1985年9月第1版
5. [梁]顾野王编:《大广益会玉篇》,中华书局1987年7月第1版
6. [梁]顾野王编:《宋本玉篇》,北京市中国书店1983年9月第1版
7. [唐]释慧琳、[辽]释希麟撰:《正续一切经音义》,上海古籍出版社1986年10月第1版
8. 《〈尔雅〉〈方言〉〈广雅〉〈释名〉清疏四种合刊》,上海古籍出版社1989年8月第1版
9. 周祖谟著:《广韵校本》,中华书局2004年6月第3版
10. [清]段玉裁著:《说文解字注》,上海古籍出版社1981年10月第1版
11. [清]朱骏声著:《说文通训定声》,武汉市古籍书店1983年6月影印
12. [清]王筠撰:《说文释例》,武汉市古籍书店影印1983年4月
13. [清]桂馥著:《说文解字义证》,上海古籍出版社1987年3月第1版
14. 丁福保编著:《说文解字诂林》,中华书局1988年4月第1版
15. 中国社会科学院考古研究所编辑:《甲骨文编》,中华书局1965年9月第1版
16. 容庚编著:《金文编》,中华书局1985年7月第1版
17. 胡吉宣著:《玉篇校释》,上海古籍出版社1989年9月第1版
18. 高明编著:《古文字类编》,中华书局1980年11月第1版
19. 汉语大字典编辑委员会:《汉语大字典》,湖北辞书出版社、四川辞书出版社1988年5月第1版
20. 何琳仪著:《战国古文字典》,中华书局1998年9月第1版
21. 徐中舒主编:《甲骨文字典》,四川辞书出版社2003年5月第1版
22. 古文字诂林编纂委员会编纂:《古文字诂林》,上海教育出版社2004年12月第1版
23. 李零、刘新光整理:《汗简·古文四声韵》,中华书局1983年12月第1版
24. 《中国大百科全书·语言文字》,中国大百科全书出版社1988年第1版
25. 张世超、孙凌安、金国泰、马如森撰著:《金文形义通解》,[日]中文出版社1996年3月初版
26. 李圃主编:《异体字字典》,学林出版社1997年1月第1版
27. 曾宪通:《长沙楚帛书文字编》,中华书局1993年2月第1版

28. 郭若愚：《战国楚简文字编》，上海书画出版社 1994 年 2 月第 1 版
29. 滕壬生：《楚系简帛文字编》，湖北教育出版社 1995 年 7 月第 1 版
30. 张守中等：《包山楚简文字编》，文物出版社 1996 年 8 月第 1 版
31. 张守中等：《郭店楚简文字编》，文物出版社 2000 年 5 月第 1 版
32. 李守奎：《楚文字编》，华东师范大学出版社 2003 年 12 月第 1 版
33. 程燕编：《望山楚简文字编》，中华书局 2007 年 11 月第 1 版
34. 孙伟龙等编：《上海博物馆藏战国楚竹书（1-5）：文字编》，作家出版社 2007 年 12 月第 1 版
35. 饶宗颐编：《上博藏战国楚竹书字汇》，安徽大学出版社 2012 年 10 月第 1 版
36. 李守奎等编：《包山楚墓文字全编》，上海古籍出版社 2013 年 1 月第 1 版
37. 李学勤：《清华大学藏战国竹简（壹－叁）文字编》，中西书局 2014 年 5 月第 1 版
38. 李零：《长沙子弹库战国楚帛书研究》，中华书局 1985 年 7 月第 1 版
39. 河南省文物研究所：《信阳楚墓》，文物出版社 1986 年 3 月第 1 版
40. 湖北省博物馆编：《曾侯乙墓》，文物出版社 1989 年 7 月第 1 版
41. 湖北省荆沙铁路考古队：《包山楚简》，文物出版社 1991 年 10 月第 1 版
42. 湖北省文物考古研究所编：《望山楚简》，中华书局 1995 年 6 月第 1 版
43. 荆门市博物馆编：《郭店楚墓竹简》，文物出版社 1998 年 5 月第 1 版
44. 湖北省文物考古研究所编：《九店楚简》，中华书局 2000 年 5 月第 1 版
45. 商承祚：《战国楚竹简汇编》，齐鲁书社 1995 年 11 月第 1 版
46. 马承源主编：《上海博物馆藏战国楚竹书（一）》，上海古籍出版社 2001 年 11 月第 1 版
47. 马承源主编：《上海博物馆藏战国楚竹书（二）》，上海古籍出版社 2002 年 12 月第 1 版
48. 马承源主编：《上海博物馆藏战国楚竹书（三）》，上海古籍出版社 2003 年 12 月第 1 版
49. 马承源主编：《上海博物馆藏战国楚竹书（四）》，上海古籍出版社 2004 年 12 月第 1 版
50. 马承源主编：《上海博物馆藏战国楚竹书（五）》，上海古籍出版社 2005 年 12 月第 1 版
51. 马承源主编：《上海博物馆藏战国楚竹书（六）》，上海古籍出版社 2007 年 7 月第 1 版
52. 马承源主编：《上海博物馆藏战国楚竹书（七）》，上海古籍出版社 2008 年 12 月第 1 版
53. 马承源主编：《上海博物馆藏战国楚竹书（八）》，上海古籍出版社 2011 年 5 月第 1 版
54. 马承源主编：《上海博物馆藏战国楚竹书（九）》，上海古籍出版社 2012 年 12 月第 1 版
55. 李学勤主编：《清华大学藏战国竹简（壹）》，中西书局 2010 年 12 月第 1 版
56. 李学勤主编：《清华大学藏战国竹简（贰）》，中西书局 2011 年 12 月第 1 版
57. 李学勤主编：《清华大学藏战国竹简（叁）》，中西书局 2012 年 12 月第 1 版
58. 李学勤主编：《清华大学藏战国竹简（肆）》，中西书局 2013 年 12 月第 1 版
59. 李学勤主编：《清华大学藏战国竹简（伍）》，中西书局 2015 年 3 月第 1 版
60. 陈伟：《包山楚简初探》，武汉大学出版社 1994 年 4 月第 1 版
61. 李运富：《楚国简帛文字构形系统研究》，岳麓书社 1997 年 10 月第 1 版
62. 李零：《郭店楚简校读记》，北京大学出版社 2002 年 3 月第 1 版
63. 刘钊：《郭店楚简校释》，福建人民出版社 2003 年 12 月第 1 版
64. 张传旭：《楚文字形体演变的现象与规律》，首都师范大学博士论文，2002 年 5 月
65. 张静：《郭店楚简文字研究》，安徽大学博士论文，2002 年 5 月
66. 吴建伟：《战国楚文字构件系统分析》，华东师范大学博士论文，2004 年 4 月

749

67. [清]郑珍著：《郑珍集·小学》，贵州人民出版社 2001 年 12 月第 1 版
68. 康有为著：《新学伪经考》，中华书局 1956 年 3 月第 1 版
69. 黄侃、黄焯：《文字声韵训诂笔记》，上海古籍出版社 1983 年 4 月第 1 版
70. 杨树达著：《积微居小学述林》，中华书局 1983 年 7 月第 1 版
71. 杨树达著：《积微居金文说·新识字之由来》，《中国现代经典·余嘉锡 杨树达卷》，河北教育出版社 1996 年 10 月第 1 版
72. 沈兼士著：《沈兼士学术论文集》，中华书局 1986 年 12 月第 1 版
73. 商承祚著：《〈说文〉中之古文考》，上海古籍出版社 1983 年 3 月第 1 版
74. 梁东汉：《汉字的结构及其流变》，上海教育出版社 1959 年 2 月第 1 版
75. 唐兰著：《中国文字学》，上海古籍出版社 1979 年 9 月新 1 版
76. 唐兰著：《古文字学导论》（增订本），齐鲁书社 1981 年 1 月第 1 版
77. 姚孝遂著：《许慎与说文解字》，中华书局 1983 年 7 月第 1 版
78. 刘叶秋著：《中国字典史略》，中华书局 1983 年 6 月第 1 版
79. 高明著：《中国古文字学通论》，文物出版社 1987 年 4 月第 1 版
80. 裘锡圭著：《文字学概要》，商务印书馆 1988 年 8 月第 1 版
81. 刘彬徽著：《楚系青铜器研究》，湖北教育出版社 1995 年 7 月第 1 版
82. 祝敏申著：《〈说文解字〉与中国古文字学》，复旦大学出版社 1998 年 12 月第 1 版
83. 刘志基著：《汉字体态论》，广西教育出版社 1999 年 7 月第 1 版
84. 刘又辛、方有国著：《汉字发展史纲要》，中国大百科全书出版社 2000 年 1 月第 1 版
85. 张桂光著：《汉字学简论》，广东高等教育出版社 2004 年 8 月第 1 版
86. 何琳仪著：《战国文字通论（订补）》，江苏教育出版社 2003 年 1 月第 1 版
87. 刘钊著：《古文字考释丛稿》，岳麓书社 2005 年 7 月第 1 版
88. 刘钊著：《古文字构形学》，福建人民出版社 2006 年 1 月第 1 版
89. 赵振铎著：《集韵研究》，语文出版社 2006 年 1 月第 1 版
90. 《古文字研究》第一至第二十六辑，中华书局版
91. 中山大学古文字研究室编：《战国楚简研究》第一至第六辑，未刊稿
92. 华东师范大学中国文字研究与应用中心编制的《宋本玉篇数据库》
93. 裘锡圭著：《裘锡圭学术文集》（全六卷），复旦大学出版社 2015 年 8 月第 1 版

二　论文类

1. 裘锡圭：《谈谈随县曾侯乙墓的文字资料》，原载《文物》1979 年第 7 期，后收入《古文字论集》，中华书局 1992 年 8 月第 1 版

2. 张政烺：《中山王䶜壶及鼎铭考释》，《古文字研究》第一辑，中华书局 1979 年 8 月第 1 版

3. 商承祚：《中山王䶜鼎、壶铭文刍议》，《古文字研究》第七辑，中华书局 1982 年 6 月第 1 版

4. 汤余惠：《略论战国文字形体研究中的几个问题》，载《古文字研究》第十五辑，中华书局 1986 年 6 月第 1 版

5. 黄锡全：《利用〈汗简〉考释古文字》，载《古文字研究》第十五辑，中华书局 1986

年 6 月第 1 版

6. 尚玮：《字圣李斯》，载《天中学刊》第 10 卷第 3 期，1995 年 8 月
7. 张渭毅：《〈集韵〉研究概说》，载《语言研究》1999 年第 2 期
8. 李学勤：《郭店楚简与儒家经籍》，载《郭店楚简研究》（《中国哲学》第二十辑），辽宁教育出版社 1999 年 1 月第 1 版
9. 李学勤：《〈郭店楚简文字编〉序》，载《郭店楚简文字编》，文物出版社 2000 年 5 月第 1 版
10. 黄天树：《〈说文〉重文与正篆关系补论》，载《语言》第一卷，首都师范大学出版社 2000 年 1 月第 1 版
11. 张振林：《古文字中的羡符》，载《中国文字研究》第二辑，广西教育出版社 2001 年 10 月第 1 版
12. 刘延玲：《近五十年来异体字研究与整理状况综述（上）》，《辞书研究》2001 年第 5 期
13. 刘延玲：《近五十年来异体字研究与整理状况综述（下）》，《辞书研究》2001 年第 6 期
14. 李守奎：《略论楚文字与小篆的关系》，载《北华大学学报》，2003 年 6 月第 4 卷第 2 期
15. 刘志基：《应当注重异体字的历时特性》，张书岩主编：《异体字研究》，商务印书馆 2004 年 9 月第 1 版
16. 杨泽生：《孔壁竹书的文字国别》，载《中国典籍与文化》2004 年第 1 期
17. 赵铮：《〈说文〉正篆性质研究评说》，载《新疆大学学报》（哲学·人文社会科学版）2005 年 11 月
18. 李守奎：《〈曹沫之陈〉之隶定与古文字隶定方法初探》，载《汉字研究》第一辑，中国文字学会、河北大学汉字研究中心编，学苑出版社 2005 年 6 月第 1 版
19. 赵平安先生《新出〈史律〉与〈史籀篇〉性质》一文，载武汉大学简帛网 2006 年 3 月 12 日
20. 李若晖：《〈说文〉古文论略》，载《红河学院学报》2006 年第 1 期
21. 董琨：《楚文字若干问题的思考》，《古文字研究》第二十六辑，中华书局 2006 年 11 月第 1 版
22. 张峰、孙丽娜《〈说文解字〉重出字研究》，载《佳木斯大学社会科学学报》2007 年第 1 期